대안교육의 실천과 모색

• 이병환 · 김영순 공저 •

학지사

이 저서는 2006년 정부(교육인적자원부)의 재원으로 한국학술진흥재단의 지원을 받아 수행된 연구임(KRF-2006-812-B00033)

| 머리말 |

대안교육의 아름다운 미래를 꿈꾸며

오늘날 교육자나 학생, 학부모라면 누구나 한번쯤 '대안교육', '대안학교' 라는 말을 들어 봤을 것이다. 대안교육이나 대안학교 모두 공교육의 위기론이 대두될 때마다 언론에서 떠들썩하게 소개하곤 한다. 그러나 정작 대안교육에 대해서 공교육과는 뭔가 다르고 차이가 있을 것이라는 막연한 상식 이외에 알려진 것이 별로 많지 않다. 실제로 대안교육이 새로운 대안적 학교를 꿈꾸는 사회적 수요와 결부되어 크게 각광을 받고 있지만, 한국의 대안교육은 이념적으로나 철학적 방법론적으로 그 정체성이 모호하다. 따라서 새로운 개혁의 전형을 가지는 어떤 유형의 학교도 경우에 따라서는 '대안' 의 범주에 포함시키는 언어적 남용이 극심하다. 여기에는 특성화학교 제도라는 국가주도의 대안교육 양성화 정책이 주된 요인으로 작용했음은 부인할 수 없다.

대안교육에 관한 극심한 정체성의 혼란은 지속 가능한 '대안성' 의 유지와 발전에 그리 우호적이지 못하다. 이러한 문제에 착안하여 이 책에서는 대안교육의 과거와 현재 및 미래를 종적 차원에서 조망해 보고 다양한 양상으로 전개되고 있는 대안학교를 개념적으로 정의한다. 아울러 한국 대안학교의 몇 가지 사례를 소개하여 공교육기관에서 학교 혁신의 모습을 강구하는 데 유용한 참고자료가 될 수 있도록 한다. 또한 미래 대안교육의 방향으로서 학교, 가정, 사회가 함께하는 '통합적 대안교육 체제' 를 위한 연구를 제안한다.

이 책은 총 3부로, 제1부와 제2부는 이병환 교수가, 제3부는 김영순 교수가 집필하였다. 먼저 제1부 '왜 하필 대안교육인가' 는 모두 4개 장으로 구성된다. 제1장에서는 학교교육의 문제와 대안교육에 대해 논의하며, 제2장에서는 대안교육의 개념과 역사적 배경에 대해 살펴본다. 제3장에서는 해외 대안교육의 이념과 동향에 대하여 소개하고, 제4장에서는 신사회운동으로서 대안교육의 방향과 정체성에 대해 논의한다.

제2부 '대안교육 어떻게 실천되는가' 에서는 대안교육의 실태 및 운영 현황에 관해 5개 장으로 구분하여 논의한다. 제5장에서는 청소년 문제와 대안교육에 대해 학업중단 예방 방안을 중심으로 살펴보며, 제6장에서는 대안교육으로서 홈스쿨링에 대해 논의한다. 제7장에서는 한국 대안학교의 줄기와 분류에 대하여, 제8장에서는 대안학교의 운영현황에 대해 정규학교형 대안교육 기관인 특성화고등학교를 중심으로 기술한다. 제9장에서는 대안학교 교육의 실제에 대해서 교육이념과 교육내용을 중심으로 하여 분석하며, 아울러 제9장에서는 대안학교 법제화의 주요 쟁점을 심도 있게 논의하고, 이를 통해 향후 대안교육 정책을 위한 발전과제와 전망을 제안한다.

제3부 '통합적 대안교육을 위하여' 는 모두 4개 장으로 구성된다. 제10장에서는 학교, 가정, 지역사회가 함께하는 통합적 대안교육의 총론적 구상을 제안한다. 제11장에서는 사회 영역의 대안교육으로서 평생교육 체제의 구축에 대하여 교육인적자원부 평생학습도시로 선정된 인천시 남구의 평생교육 정책을 중심으로 논의한다. 제12장에서는 학교축제와 지역축제를 학습의 장으로 유인하기 위하여 축제콘텐츠의 교육현장화 작업을 진행한다. 다시 말해 학교 영역에서의 대안교육, 학습방법론에서의 대안교육을 실천하기 위해 지역사회 연계 학교축제 전략과 축제의 지역학습화 교수-학습전략을 제안한다. 제13장에서는 통합적 대안교육으로서 미디어교육과 문화 리터러시에 대해 유럽의 학교 미디어교육, 민주시민교육과 문화 리터러시, 주안미디어문화축제의 미디어교육 활용 가능성 등을 중심으로 논의한다.

지금까지 대안교육을 소개한 몇몇 저서는 하나같이 대안학교로 지칭되는 일부 학교사례를 소개하여 새로운 교육 수요자의 갈증을 어느 정도 해소하는 데에는 기여하였다. 그러나 대안교육의 이념적 기원, 사회학적 의미, 미래 대안교육의 전망에 대한 학문적 접근 그리고 실제 교육현장에서의 새로운 실천 사례와는 거리를 둔 면이 없지 않다.

이 책은 대안교육의 학문적 지평을 조망할 수 있는 자료를 제공함과 동시에 다양한 대안교육 사례를 소개하여 독자로 하여금 대안교육 전반에 대한 올바른 이해를 구하고자 하였다. 아울러 미래 대안교육 연구를 위하여 '통합적 대안교육 체제' 에 관한 연구를 제안하였다. 특히 10장에서는 미래 대안교육을 위한 36개의 연구주제에 대한 연구내용을 제공하여 대안교육을 주제로 논문을 준비하는 교육대학원 및 대학원 연구생들에게 미래 대안교육의 연구 방향을 제시하였다.

이 저서의 집필계획서가 2006년 한국학술진흥재단 저술지원사업에 선정되어, 집필기간 내내 한국학술진흥재단의 든든한 재정적 후원이 있었음을 밝힌다. 아울러 집필기간 동안 많은 조언과 자료를 제공해 주신 대안학교 관계자분들께, 함께 대안교육을 연구하는 동료 학자분들과 현장에서 대안교육을 실천하는 선생님들께, 자료를 정리해 주신 인하대학교 문화교육연구실 대학원생들께도 심심한 감사를 드린다. 그리고 이 책의 출간을 맡아 주신 학지사 김진환 사장님과 편집과정에서 애써 주신 편집진께 지면을 빌려 고마운 마음을 전한다.

끝으로 이 책으로 인해 형성될 수 있는 대안교육의 학문적 담론과 실천적 행위가 한국 고유의 사회 · 문화적 특수성을 고려한 자생적 대안교육으로 확산되길 바란다. 그렇게 된다면 지금의 '답답한' 한국교육 현실을 상당 부분 개선할 수 있을 것이다. 모쪼록 이 책이 한국의 대안교육과 대안학교 발전에 조금이나마 도움이 되길 바란다.

2008년

저자 이병환 · 김영순

차 례

머리말 _ 3

제1부 왜 하필 대안교육인가

제 1 장 학교교육의 문제와 대안교육 _ 17

1. 학교교육 문제의 역사적 개관 _ 17
2. 학교교육 문제의 양상 _ 20
   1) 학교 내부적 문제 _ 21
   2) 사회적 문제 _ 24
   3) 교육구조적 문제 _ 29
3. 교육 체제 패러다임의 전환과 대안교육 _ 33

제 2 장 대안교육의 개념과 역사적 맥락 _ 37

1. 한국 대안교육의 역사 _ 37
2. 대안교육의 개념과 준거 _ 43
   1) 대안학교 개념 정의의 딜레마 _ 43
   2) 대안학교의 준거와 개념적 정의 _ 49
3. 대안교육의 대두 배경 _ 63
   1) 공교육의 한계 _ 63
   2) 사회운동의 일환으로서 대안교육운동 _ 67
   3) 사회사적 입장에서 대안교육의 의미 _ 69
4. 대안교육의 성격과 이념적 지향 _ 72
   1) 대안교육의 철학 _ 72
   2) 대안교육의 지향 이념 _ 78

제 3 장 국외 대안교육의 이념과 동향 _ 83

1. 국외 대안학교 분류의 틀 _ 83
2. 국외 대안학교의 이념과 동향 _ 86
   1) 영국: 인간중심적 대안교육 _ 86
   2) 독일: 자유주의적 대안교육 _ 98
   3) 미국: 사회통합적 대안교육 _ 111
3. 대안학교의 특성 비교 _ 130

제 4 장 신사회운동으로서 대안교육 _ 135

1. 신사회운동의 개념과 특성 _ 135
2. 시민사회운동으로서 신사회운동 _ 140
   1) 신사회운동의 방향과 정체성 _ 140
   2) 우리나라 신사회운동의 양상 _ 143
3. 신사회운동과 대안교육운동 _ 146
   1) 신사회운동과 대안교육의 관계 _ 146
   2) 신사회운동에 기반한 대안학교의 모델 _ 152

제2부 대안교육 어떻게 실천되는가

제 5 장 청소년 문제와 대안교육 _ 159

1. 학업중단 청소년 문제와 학습권 _ 159
   1) '중도탈락'과 '학업중단'의 의미 _ 160
   2) 대안교육과 학습권 보장 _ 162
   3) 학업중단의 원인 _ 164
2. 학업중단 청소년의 실태와 예방 _ 169
   1) 학업중단 청소년의 실태 _ 160
   2) 학업중단 예방 및 적응 방안 _ 171
3. 대안교육기관을 통한 학업중단 예방 방안 _ 174

1) 대안교육 기회와 대안교육 프로그램 운영 _ 174

2) 학교 체제 재구상을 통한 학업중단 예방 _ 177

제 6 장 대안교육으로서 홈스쿨링 _ 181

1. 홈스쿨링의 의미와 등장 배경 _ 181

2. 국외 홈스쿨링의 현황과 정책 _ 184

1) 국외의 홈스쿨링 현황 _ 185

2) 국외의 홈스쿨링 정책 _ 189

3. 한국의 홈스쿨링 실태와 현황 _ 191

1) 홈스쿨링 현황과 특징 _ 191

2) 홈스쿨링 운동의 교육적 의의 _ 194

제 7 장 한국 대안학교의 줄기와 분류 _ 201

1. 한국 대안학교의 다양한 줄기 _ 201

1) 대안학교의 오래된 미래 _ 202

2) 도시형 대안학교 _ 203

3) 공동육아운동 _ 205

4) 아름다운 학교운동 _ 207

5) 대안교육운동가와 교사의 노력 _ 208

6) 종교단체와 교육 관계 당국의 움직임 _ 211

2. 한국 대안학교의 분류 _ 214

1) 제도권과의 관련정도에 따른 분류 _ 215

2) 대상에 따른 분류 _ 216

3) 운영형태에 따른 분류 _ 219

4) 성격에 따른 분류 _ 220

제 8 장 대안학교의 교육이념과 교육내용 _ 225

1. 교육이념과 교육목표 _ 227

1) 풀무학교 _ 227

2) 거창고등학교 _ 234

3) 간디학교 _ 240

4) 영산성지고등학교 _ 244
5) 교육이념과 교육목표의 특성 _ 246

2. 교육내용과 교육방법 _ 251
1) 풀무학교 _ 252
2) 거창고등학교 _ 255
3) 간디학교 _ 257
4) 영산성지고등학교 _ 259
5) 교육내용의 특성 _ 262

제 9 장 한국 대안학교의 과제와 전망 _ 265

1. 한국 대안학교의 특징 _ 265
1) 신앙을 바탕으로 한 교육이념 _ 265
2) 주체적 존재로서의 아동관 _ 267
3) 자연친화적 가치추구와 노작교육 _ 269
4) 공동체 정신 함양 _ 271
5) 교육의 자율성 회복 _ 272
6) 지역사회와 함께하는 '작은 학교' 지향 _ 274

2. 한국 대안학교의 과제 _ 276
1) 대안적 가치의 지향 _ 277
2) 사회적 인식 _ 279
3) 교육환경적 측면 _ 281

3. 한국 대안학교의 법제화 _ 283
1) 대안학교 법제화의 의미 _ 283
2) 대안학교 법제화 추진 경과 _ 285
3) 대안학교 설립 · 운영에 관한 규정 _ 288

4. 한국 대안학교 법제화의 쟁점과 전망 _ 291
1) 대안학교의 성격 이해와 법제화 논의 _ 291
2) '자율성' 과 '공공성' 의 조화 _ 292
3) 학교설립을 위한 재원 조달 _ 295
4) 대안학교 법제화의 성과와 전망 _ 296

제3부 통합적 대안교육을 위하여

제10장 통합적 대안교육의 총론적 구상 _ 301

1. 통합적 대안교육의 체계와 내용 _ 302
    1) 통합적 대안교육의 체계 _ 302
    2) 통합적 대안교육의 내용 _ 304
    3) 통합적 대안교육의 연구주제 _ 308
2. 학교 영역의 통합적 대안교육 모색 _ 310
    1) 학교 영역 대안교육의 가능성 _ 310
    2) 학교 영역 대안교육의 현황조사 _ 313
    3) 학교 영역 대안교육 프로그램 개발 _ 319
3. 가정 영역의 통합적 대안교육 모색 _ 326
    1) 가정 영역 대안교육의 가능성 _ 327
    2) 가정 영역 대안교육의 현황조사 _ 329
    3) 가정 영역 대안교육 프로그램 개발 _ 335
4. 사회 영역의 통합적 대안교육 모색 _ 342
    1) 사회 영역 대안교육의 가능성 _ 343
    2) 사회 영역 대안교육의 현황조사 _ 345
    3) 사회 영역 대안교육의 프로그램 개발 _ 352

제11장 통합적 대안교육과 지역자치단체의 평생교육 체제 _ 361

1. 평생교육 체제 구축을 위한 정책 방향 _ 362
    1) 평생교육 추진 인프라 구축 _ 362
    2) 평생교육의 다양화와 특성화 _ 369
2. 평생학습도시 조성을 위한 미래도시 비전 _ 381
    1) 인천 남구의 구정 방향 _ 381
    2) 인천 남구의 비전과 평생교육 사업 _ 382

제12장 통합적 대안교육으로서 학교축제와 지역축제 _ 397

1. 학교축제의 의미와 가치 _ 398
    1) 축제의 기원과 논의 _ 399
    2) 학교축제의 교육적 가치 _ 405

2. 지역사회의 축제와 지역학습 _ 418
    1) 지역사회의 축제와 학교교육 _ 418
    2) 지역학습 소재로서의 지역축제 _ 423
    3) 축제의 지역학습 교육콘텐츠 _ 428
    4) 지역학습의 교수-학습모형 _ 439

제13장 통합적 대안교육으로서 미디어교육과 문화 리터러시 _ 445

1. 유럽연합의 미디어교육 _ 446
    1) 멘토 프로젝트 개요 _ 446
    2) 프랑스의 학교 미디어교육 _ 450
    3) 독일의 학교 미디어교육 _ 455

2. 민주시민교육과 문화 리터러시 _ 459
    1) 민주시민교육의 이해 _ 460
    2) 문화 리터러시의 방향 _ 463

3. 문화축제를 통한 미디어교육과 리터러시 _ 479
    1) 미디어교육의 영역 확장 _ 480
    2) 주안미디어문화축제와 미디어교육 _ 483
    3) 문화축제 활용 미디어교육과 리터러시 _ 490

• 참고문헌 _ 495

• 찾아보기 _ 511

표 차례

〈표 3-1〉 대안학교의 스펙트럼에 따른 분류 준거
〈표 3-2〉 독일 대안학교 간 특징의 스펙트럼상 비교
〈표 3-3〉 대안적 사회운동의 지향목표
〈표 3-4〉 각국 대안학교의 특징 비교
〈표 7-1〉 제도권과의 관련 정도에 따른 대안학교 분류(위치에 따른 분류)
〈표 7-2〉 대상에 따른 대안학교 분류
〈표 7-3〉 운영형태에 따른 대안학교 분류(형식적 분류)
〈표 7-4〉 성격에 따른 대안학교 분류
〈표 7-5〉 고등학교과정 대안학교의 구분
〈표 8-1〉 국내 대안학교의 교육이념 비교
〈표 8-2〉 국내 대안학교의 교육목표 비교
〈표 8-3〉 국내 대안학교의 교육내용 비교
〈표 10-1〉 통합적 대안교육 제1단계 연구주제 그룹
〈표 10-2〉 통합적 대안교육 제2단계 연구주제 그룹
〈표 10-3〉 전통문화 체험주제
〈표 11-1〉 남구시민대학의 주요 기능
〈표 11-2〉 남구시민대학의 운영 방안
〈표 11-3〉 남구시민대학 프로그램 운영의 예
〈표 11-4〉 도시재생 추진 관련 평생교육 사업 제안
〈표 11-5〉 자립경영도시 실현 관련 평생교육 사업 제안
〈표 11-6〉 문화도시 실현 관련 평생교육 사업 제안
〈표 11-7〉 맞춤형 교육도시 실현 관련 평생교육 사업 제안
〈표 11-8〉 복지도시 실현 관련 평생교육 사업 제안
〈표 11-9〉 친환경 도시 실현 관련 평생교육 사업 제안
〈표 11-10〉 1등 도시 건설 관련 평생교육 사업 제안
〈표 12-1〉 일상성과 축제의 이항 대립적 성격
〈표 12-2〉 고전적 축제와 스펙터클화된 축제
〈표 12-3〉 성공적인 학교축제
〈표 12-4〉 교사의 역할강화
〈표 12-5〉 『고등학교 사회(1)』에 나타난 지역축제
〈표 12-6〉 『고등학교 사회 · 문화』에 나타난 지역축제

〈표 12-7〉 지역학습 교육 콘텐츠 틀
〈표 12-8〉 인천 지역축제 개최 현황
〈표 12-9〉 인천 지역축제 주제 · 내용별 현황
〈표 12-10〉 인천 지역축제 소재별 현황
〈표 12-11〉 인천 지역축제 월별 축제 개최 현황
〈표 12-12〉 강화 고인돌축제 교수-학습 모형
〈표 12-13〉 인천 중국의 날 문화축제 교수-학습 모형
〈표 12-14〉 서해안 풍어제 교수-학습 모형
〈표 12-15〉 부평 풍물대축제 교수-학습 모형
〈표 13-1〉 문화 리터러시 교수-학습 2단계
〈표 13-2〉 옐름슬레우의 4분법에 따른 내용 분석
〈표 13-3〉 외시와 공시 체계
〈표 13-4〉 주안미디어문화축제 프로그램(2004)
〈표 13-5〉 주안미디어문화축제 프로그램(2005)
〈표 13-6〉 축제 유형 분류표
〈표 13-7〉 JuMF 미디어 프로그램 내용(2004, 2005)

그림 차례

[그림 4-1] 사회운동의 경향
[그림 9-1] 대안학교와 국가의 요구 수준과의 관계
[그림 10-1] 통합적 대안교육 체계
[그림 10-2] 학교 영역의 대안교육 연구내용
[그림 10-3] 학교 영역 대안교육 연구의 제1단계 연구내용
[그림 10-4] 대안학교 경영의 영역
[그림 10-5] 학교 영역 대안교육 연구의 제2단계 연구내용
[그림 10-6] 학교 영역 대안교육 프로그램 개발과정
[그림 10-7] 가정 영역의 대안교육 연구 방향
[그림 10-8] 가정 영역 대안교육 연구의 제1단계 연구내용
[그림 10-9] 가정 영역 대안교육 연구의 제2단계 연구내용
[그림 10-10] 언어 순화 및 예절교육 프로그램 개요

[그림 10-11] 사회 영역의 대안교육 연구 개요
[그림 10-12] 사회 영역 대안교육 연구의 제1단계 연구내용
[그림 10-13] 사회 영역 대안교육 연구의 제2단계 연구내용
[그림 10-14] 사회교육 영역 지원 체제 구축
[그림 11-1] 미래 도시 비전과 주요 역점 사업 간의 상관관계
[그림 11-2] 인천시 도시재생 사업
[그림 11-3] 인천문화산업진흥지구 예정지와 용현학익지구의 위치도
[그림 11-4] 남구에 집적되어 있는 평생교육에 적합한 시설
[그림 12-1] 강화 고인돌축제 사진자료(2003～2004년)
[그림 12-2] 인천 중국의 날 문화축제 사진자료(2003～2004년)
[그림 12-3] 서해안 풍어제 사진자료
[그림 12-4] 부평 풍물축제 사진자료
[그림 13-1] 그레마스의 서사 프로세스를 응용한 교수-학습 프로세스
[그림 13-2] 야콥슨의 커뮤니케이션 모형
[그림 13-3] 야콥슨의 언어의 기능
[그림 13-4] 행동자 모델(예: 광고)
[그림 13-5] 표준 서사도식(예: 광고)
[그림 13-6] JuMF 미디어 프로그램 포지셔닝(2004, 2005)

제1부

왜 하필 대안교육인가

제1장 학교교육의 문제와 대안교육

제2장 대안교육의 개념과 역사적 맥락

제3장 국외 대안교육의 이념과 동향

제4장 신사회운동으로서 대안교육

제1장 학교교육의 문제와 대안교육

1. 학교교육 문제의 역사적 개관

대안교육에 대한 명제를 논의하기에 앞서 한국 교육의 문제점을 진단해 보아야 한다. 이러한 작업은 대안교육이 나타나게 된 역사적 연원을 이해하고 대안교육의 지향점을 명료화하는 데 도움을 준다.

우리가 흔히 문제라고 일컫는 대부분의 사건은 그 시대, 그 상황에만 적용되는 것이 아니라 과거의 누적된 결과라고 볼 수 있다. 그러한 의미에서 한국의 교육문제도 현재의 상황뿐만 아니라 과거의 상황을 고려해 보아야만 그 진면목을 볼 수 있다. 그렇기 때문에 오늘날 제기되는 교육문제도 그 역사적 연원을 가지고 있으며, 이에 대한 정확한 이해는 바람직한 미래를 위해서 중요한 의미를 가진다.

누가 뭐라 할 것도 없이 한국 교육문제가 뒤틀릴 수밖에 없는 두 가지 역사적 사실은 일제에 의한 오랜 식민 지배와 정통성 없는 군사정권의 장기집권으로 볼 수 있다. 게다가 외국 제도의 무분별한 도입은 한국 교육의 연원적 취약함에 결부되어 교육의 정체성 혼란을 가중시켰다.

일제 식민교육은 철저하게 민족문화를 말살하는 반민족적 성격으로 진행되었다. 교육은 식민 체제에 순응적이거나 협조적인 사람과 식민 체제에 동화되지 못한 사람을 이원화시켰으며, 식민 체제의 유지와 강화에 필요한 노동자와 저급 기술 인력을 양성하여 지식을 도구화하였다. 이러한 추세에 부응하여 학교교육을 향한 교육열은 지식 탐구가 아니라 출세를 위한 향학열로 나타났다. 이런 성격은 외세 의존형의 식민지 엘리트 의식만을 키워 이후 여러 문제의 온상이 되었다. 오늘날 문제가 되고 있는 경쟁적 학력주의도 따지고 보면 일제의 식민교육에 그 뿌리를 두고 있다.

암울한 일제 식민통치에서 벗어나 해방이 되자 그 역사적 주도권이 미국으로 바뀌게 되었을 뿐 자생적 한국 교육의 맹아는 여전히 요원하였다. 해방 이후의 권력 공백기에는 미국식 교육이론의 확산과 적용이 전국적으로 일어나게 되었다. 당시 미국식 자유주의의 이념, 교육에 대한 국가주의적 이념, 발전교육론의 이념이 대표적 사상이라고 볼 수 있는데, 이러한 이념 속에는 다원적이고 업적주의적인 사회관과 교육을 통해 사회의 발전을 이룰 수 있다는 기대가 들어 있었다. 그 때문에 우리 사회에 어렵지 않게 전용되었으며, 국민의 교육에 대한 애착심과 맞물려 초기 한국 교육의 양적 팽창에 상당한 기여를 하였다고 볼 수 있다.

미 군정기는 우리나라 교육계의 방향을 잡아야 할 중대한 시기였다. 이 시기의 역사적 과제는 일제 식민교육을 청산하고 자주적 민족교육을 수립하는 것이었다. 그러나 미 군정은 한반도를 군사적 점령상태에 두면서 불온세력 타도를 명분으로 자주적 민족교육 세력을 억압하고, 또 한편으로 민주주의 교육이라는 이름으로 미국식 교육제도와 문화를 이식하여 친미적 인간 양성의 여러 조치를 시행하고 있었다. 이러한 왜곡된 교육의 영향으로 우리의 교육은 외국 지식이나 사조의 모방 수준을 벗어나지 못하게 되었다.

일제 잔재를 끌어안은 채 수립된 정부는 민주주의적 제도 시행의 미숙과 부정부패로 점철되었다. 권력욕에만 눈이 멀었던 위정자는 남북 분단이라는 민족적 아픔을 권력의 연장을 위해 철저히 이용하였고 정치권력의 연장을 위해서 수단과 방법을 가리지 않았다. 이러한 혼란 양상은 호시탐탐 정권 찬탈을 노려 왔었던 군인에게 절호의 기회를 제공하였으며, 급기야 총칼을 앞세운 정치군인에 의해서 민주주의 체제가 전복되었다. 이후 30여 년간 오로지 그들의 권력 유지를 위한 방편으로 교육이 도구화되었다. 그들은 교육의 본질적인 측면을 구현하려는 의지는 애초에 없었고 오로지 교육을 국가 산업 발전에 기여하는 수단 정도로 간주하였다. 또한 그들은 교육을 국가 산업 발전의 원동력으로 보고 문맹 퇴치에 크게 기여하였으며, 교육의 대중화를 통해 기회균등이라는 민주주의의 이상을 달성하였다고 주장하였다. 그러나 국가 발전 이데올로기의 명분 아래 개인을 전체주의적 틀에 복속시켰고, 지식교육만을 추구하여 학생들의 개성을 억제하고 평균화시켰고, 맹목적 학력주의를 부추겨 경쟁적 인간만을 양산하였음은 주지의 사실이다. 국민은 군사정권의 우민화 정책에 의해 세속적인 출세의 허상을 바라며 '개천에서 용이 나는' 예외적 상황에 흥분하고 자녀교육의 귀감으로 되새기고 있었다. 이러한 권위주의적, 경쟁주의적, 획일주의적 교육 풍토가 관행으로 자리하고 있는 상황에서 맞이한 1990년대 이후의 정치적 문민화는 새로운 경쟁의 조장을 위하여 '세계화' 라는 카드를 꺼내들고 교육개혁을 촉구하였으나 뚜렷한 지향점도, 미래에 대한 구체적 전망도 없는 개혁안은 학교현장의 혼란만 가중시켰다. 나아가 이것은 공교육 붕괴 현상으로 이어지면서 극심한 사회계층 간 갈등 양상으로까지 나타나게 되었다. 이러한 정치경제적 권력구조 속에서 교육계는 교육의 자율성을 신장시킬 수 있는 계기를 포착하지 못한 채 사회적 변화의 동인으로서의 역할을 담당하지 못하여 왔다.

이와 같은 역사적인 변화와 구조적 모순을 근거로 김부태(1995)는 한국의 '학력사회화' 라는 현상이 발생하였다고 간주한다. 즉, 한국 사회의 학력사회화 현상은 '위로부터의 요구' 라는 사회구조적 연관성과 역사성을 가지며, 이런 현상은 사회의 모든 조건과 결부되어 학력주의적 신념 체계가 지배적 이데올로기로 작용한다고 보았다. 이에 따라 교육 모순이 심화되어 교육의 개념을 왜곡시키고, 교육의 문화사상적 토대를 허물어 버리는 교육 파괴 현상이 일어났다고 본다. 결국 학력에 대한 접근 기회가 불평등하게 분배되고, 국가와 자본에 의해 주도되는 학력 산출과정을 거쳐 구성된 학력이 차별적 보상의 지표가 됨으로써, 사회 불평등의 재생산으로 이어질 수 있는 체계적인 모순 구조를 이루게 되었다는 것이다.

이러한 한국 교육 문제의 역사적 개관을 요약하면 일제의 식민지와 미군정기의 교육을 겪으면서 사회적으로 비합리적인 계층 상승 욕구라는 모순을 가져왔다는 것이다. 이후에도 오랫동안 지배해 온 군사정권은 교육을 정권 유지의 수단으로 이용하였기 때문에 교육의 가치에 대한 진지한 성찰은 애초에 기대하기 힘든 척박한 환경이었던 것이다. 이와 같이 삶의 지향점이 혼란했던 시대에 사람들은 사회적 지위를 획득하기 위해서 타인과의 경쟁에서 무조건 이겨야 한다는 모순적 진리를 체득하게 되었으며, 이러한 경쟁 풍토는 오래도록 한국 교육계의 지배적 관행으로 이어져 오고 있다.

2. 학교교육 문제의 양상

아마 학교교육 문제만큼 복잡하게 얽혀 있고 해결하기가 어려운 문제도 없을 것이다. 학교교육 문제는 단순한 차원의 문제가 아니라 한국 사회의 모순된 구조적 문제가 난마처럼 얽혀 있는 문제이기 때문에 단일 요소로 파악하기보다는 사회적, 역사적, 문화적 차원으로 폭넓게 조망해 보아야 한다.

1) 학교 내부적 문제

한국 학교의 문제는 비단 어제오늘의 일이 아니다. 오늘날 우리가 직면하고 있는 교육의 문제는 크게 보면 사회적 차원에서 다루어야 하지만 학교교육 문제는 어쨌거나 교육문제의 핵심적 이슈임에 분명하다. 여기서 학교교육 문제가 심각하다고 하는 것은 최근에 갑자기 학교교육의 질이 떨어졌다는 것이 아니라 다른 부문의 성장과 팽창에 비하여 학교교육이 상대적으로 위축되었거나 별다른 진전의 노력을 보여 주지 못했다는 것으로 해석될 수 있다. 오늘날의 교육수요자는 지금까지 행사하지 못했던 교육받을 권리에 대해서 적극적인 주장을 펼치고 있다. 우리 한국에서 학교교육에 대한 불만의 목소리는 학생이나 학부모의 높아진 요구 수준이 크게 작용한 것이 사실이다.

물론 다른 부문에서도 그래 왔지만 해방 이후 오래도록 공급자 중심의 교육 관행이 지배해 왔다. 그러다 보니 학교 체제가 경직될 수밖에 없었고 교육 체제에서의 다양성은 배려될 수 없었다. 공급자 중심의 뿌리 깊은 관행에 오래도록 익숙해 있는 한국 교육 체제는 급격한 사회 변화로 인해 조장되었던 교육관련 이해집단의 다양한 요구를 담아내기에는 여전히 한계를 갖고 있다. 여기에다 1990년대 이후 우리 사회에 갑자기 불거져 나온 공교육 붕괴 문제는 불난 데 기름을 부은 형국이었다. 다원화되고 창의성이 존중되는 사회적 풍토에도 불구하고 우리의 교육 체제는 지속적으로 답보상태를 면하지 못하고 있다 그러므로 학부모나 학생들이 여기저기서 학교교육을 불신하는 목소리를 내며 새로운 학교를 찾아 나서고, 교육 이민의 대열에 동참하게 된 것은 충분히 예상된 결과일 것이다.

과거에는 적어도 고등교육 단계에서 제한적으로 외국 유학을 선택하는 경우가 대부분이었으나 오늘날에는 그 연령층이 유치원 단계에서부터 대학원 단계에 이르기까지 매우 다양한 양상을 띠고 있다. 이렇게 학교에 대한 불만족의 정도가 높은 상태에서 느닷없이 등장한 세계화라는 언어적 수사는 급작스러운 초등학교 영어 교과의 도입과 이로 인한 외국어 열풍을 불러일으키며 조기 유학을 폭발적으로 증가시켰다. 이제 특정 영어권 국가로만 유학을 하던 추세에서 벗어나 동남아, 심지어 아프리카까지도 우리나라의 어린 학생들이 '교육 엑소더스(exodus)'를 펼치고 있는 것이 오늘날 우리 교육의 서글픈 현실이다.

한국의 학생과 학부모가 어떤 문제로 우리나라 학교를 불신하고 있고 또 대안학교에 폭발적인 관심을 보이며 조기 유학의 대열에 동참하고 있는가? 한마디로 한국 학교는 학생들의 잠재능력을 극대화하는 교육, 자율과 창의가 살아 있는 교육, 인간에 대한 애정과 타인을 존중하는 교육, 학생들을 실력 있는 인재로 키우는 교육으로 이끌지 못하고 있다는 것이 대부분 교육수요자의 한결같은 마음이다. 경제적 여건이 허락하기만 한다면 기존의 학교보다는 다른 유형의 학교나 해외로 눈을 돌린다는 것이 대부분 학부모의 마음일 것이다.

우리의 학교 현실을 들여다보자. 학생들을 직접 가르치는 교사는 교육에 대한 사명감이 충만하며 학생들의 능력을 최대한 이끌어 내는 학생 지도 역량을 제대로 갖추고 있는가? 우리나라 공교육에 대한 불신의 핵심은 바로 학생들을 직접 가르치는 선생님에 대한 불신일진데 아직도 이 부분에 대한 제도적 처방은 요원하다. 고등교육에 대한 경쟁 체제의 도입은 시대적 대세라고 누구나 인정하면서 초중등 교육 현장의 개혁은 아직도 미약한 실정이다. 학교 현장 개혁은 경쟁 체제를 도입한다든지 아니면 교사를 대상으로 주기적인 검정시스템을 가동한다든지 하는 실제적인 처방은 논외로 치더라도 적어도 지금보다는 훨씬 강도 높은 교육혁신이 요구되는 것이 사실이다.

가르치는 일이 본업인 교사가 교재 연구와 교수법 향상에 전념할 수 있도록 제반 여건을 확충하는 일도 중요하다. 선진국의 사례에서와 같이 수업 부담을 줄여 준다든지, 수업 외적인 행정적인 업무 처리의 지원을 강화

한다든지, 학급당 학생 수를 감축하여 개인차를 고려하는 수업이 이루어지게 한다든지 하는 방식으로 교육 여건을 개선해 나가야 한다.

학생들이 학교에서 실제로 배우고 학습하는 교육과정에 대한 근본적인 개혁도 필요하다. 모든 과목을 완벽하게 학습하는 양적인 측면의 교육보다는 학생들이 스스로 가치를 인식하고 몰입하는 학습을 통해 실제적 삶의 가치를 찾아나가는 질적인 차원의 접근이 필요하다. 오늘날 학생들의 교과 선택권에 대한 배려가 점차 높아 가고 있는 것은 이러한 추세를 반영한 것이라 할 수 있다. 수업 혁신에 대한 개혁의 목소리는 아무리 강조해도 지나침이 없을 것이다. 학생들의 개성과 창의력을 존중하는 수업, 수렴적 사고와 확산적 사고가 동시에 고려되는 수업, 학생들의 사고활동을 촉신하여 질문이 활발하게 이루어지는 수업, 하나의 정답을 요구하기보다는 다양한 해석과 논리를 인정해 주는 수업, 단일 요인에 의한 평가보다는 수행과정을 중시하는 수업, 평가 결과가 학생들의 인지 구조 속에서 재해석과 적용이 가능한 수업을 지향해야 한다. 학생들이 학습의 원천으로 삼고 있는 교과서 제도의 경우를 보더라도 지역과 학생들의 수준에 따라서 다양성이 존중되어야 하는데도 불구하고 국가 검정의 틀 속에서 획일화되어 있기 때문에 다양한 교육 활동에는 한계가 있다.

관료화된 학교 풍토에도 많은 문제가 있다. 학교의 주체는 학생이라는 말은 어디까지나 사문화되어 있기에 학생들은 교육의 주체가 아니라 소수의 학교경영자나 교육행정기관에 예속되어 교육의 객체 상태를 벗어나지 못하고 있는 것이 현실이다. 이런 측면에서 본다면 오늘날 학교 문제의 화두는 '누구를 위한 학교인가?' 에서부터 시작해야 할 것이다. 오늘날 학교는 시급히 학생들이 스스로 학교의 주체로 자리를 잡고 진리 탐구는 물론 따뜻한 인간 사랑의 교류 장소가 되도록 변화되어야 할 것이다.

2) 사회적 문제

(1) 학력주의

학력은 학교교육 체제에서 이루어지는 국가 공인의 교육 내용과 수준, 개인의 능력을 상징적으로 표현하고, 나아가 이것이 사회 구성의 합리적 지표로 인식되면서 각 사회 성원에 대한 사회적 인식 및 평가의 준거로 작용한다. 뿐만 아니라 개별 사회 성원이 특정 사회적 위상을 점유하는 과정에서나 사회생활에서 신분의 상징으로 작용하기도 한다. 그리고 이러한 학력은 도구적, 질서적, 선발적 측면의 세 가지 가치와 그에 상응하는 사회적 기능을 가지고 있는 것으로 논의되기도 한다.

이러한 학력의 사회적 가치와 기능에 대한 논의가 분석적 측면에서 중요한 준거로 이용될 수 있는 것이 사실이지만, 단순히 평면적으로 열거되거나 관념적으로만 이해되는 경우, 역동적인 사회 현상의 논의에는 제한적일 수밖에 없다. 학력이 사회정치적 구성물이라는 사실을 인정한다면, 실제 학력의 사회적 가치와 기능은 학력을 산출해 낸 사회의 객관적 조건과 구조적 성격에 대한 논의와 결부될 필요가 있다.

'학력주의' 는 학력의 산출을 요구하는 사회의 객관적 조건에 의해 파생된 것으로서, 중립적인 언어로 표현해 본다면 이것은 학력이 가진 일정 부분의 합리성에 근거하여 학력을 사회 구성의 지표로 수용하는 신념 체계이다. 그 합리성이란 곧 긍정적으로 인식된 학력의 사회적 가치 · 기능과 능력주의 혹은 업적주의적 요소를 말한다. 말하자면 학력주의는 학교교육의 능력주의 실현에 대한 신뢰와 그 결과로서 학력이 갖는 목적적 · 도구적인 기능적 효용에 대한 믿음을 전제로 정당화된 신념 체제라는 것이다. 따라서 학력주의가 이러한 믿음을 실현하지 못하는 것이라면 그 정당성은 재고되어야 할 것이며, 이것은 또한 사회의 모순 구조를 반영하는 것으로 해석될 수 있다.

학력사회의 유형적 분류를 상정하는 경우 몇 가지 형태를 고려할 수 있다. 학력의 기능적 속성이나 학력에 부여된 능력에 관한 의미에 초점을 맞출 때, 미국의 경우는 학력이 전문적 능력을 증명하는 것이기 때문에 '기능적 학력' 이라 할 수 있고, 일본은 전문적 능력이라기보다는 일반적 능력과 특정 학교 출신을 중요시하는 '상징적 학력사회' 로 볼 수 있다. 이러한 분류에 따르면 한국 사회는 '상징적 학력사회' 에 가깝다. 물론 이러한 차이는 단순한 유형적 차이라기보다는 사회 전체의 구조적 연관성 속에서 이해되어야 한다. 다시 말해 각 사회가 갖는 학력사회성의 차이는 그 사회의 객관적 조건과 그것이 학력을 통해 반사되는 총체적인 차이라는 것이다.

학력사회가 학교의 정당성, 학교교육의 능력주의 실현에 대한 믿음과 학력주의의 사회적 합리성, 효율성에 대한 가정을 근거로 정당화되고 있지만, 기존의 학교교육에 대한 많은 문제 제기와 사회에 대한 새로운 인식은 그 전제의 현실성과 적합성을 의심하게 한다. 예컨대, '학력 획득의 과정에서 접근의 기회 균등과 능력주의가 실현되고 있는가.' '학력은 능력을 입증하는가.' '기존의 사회는 능력주의가 실현되고 있는가.' '학력주의는 모두를 위한 신념 체계인가.' 등의 문제가 그것인데, 이들 문제에 답을 구하려 했던 대부분의 노력은 긍정적인 답을 얻어 내지 못하고 있다. 한마디로 학력이 사회 구성 지표로서는 불충분하다는 것이다.

학력이 갖는 사회적 의미는 이미 학력의 사회 구성 지표로서의 불충분성을 함의하고 있다. 그것은 우선 학력이 순수한 개인적 차원의 능력이나 노력의 산물이 아니라는 데 있다. 학력이 그 획득에서 개인적 능력이나 노력 이외에도 사회경제적 배경과 밀접하게 관련되어 있고 내용상으로 정치적 의미를 갖는 사회적 산물이라면, 학력주의 사회는 학력 획득에 유리한 위치에 있다. 혹은 그 산출과정에 지배적 영향력을 행사하는 특정 집단을 옹호하는 편향적 성격을 내포하는 사회일 수도 있는 것이다. 그렇다고 할 때, 정당화된 학력주의는 하나의 교육과 사회문제로 인식될 수 있다.

이데올로기적 근거의 실현 전망이 좀 더 불투명한 '상징적 학력사회' 의 경우는 문제가 더울 커질 수 있다. 이때 학력은 각기 출발점을 달리하는 불평등한 조건에서 사회의 기본적 가치를 획득하고 이를 지키기 위한 경쟁의 수단으로 크게 작용할 수 있고, 학교교육 또한 현실적으로 좀 더 높은 학력의 획득을 위한 경쟁의 과정을 떠나서는 이해하기 어려울 것이다. 말하자면 이러한 학력사회는 학교교육이 사회 구성의 가장 중요한 기제로 되어 있는 사회로, 학력이 사회 구성 지표로서 불충분한 것인 한 사회 자체가 모순적이라 할 수밖에 없다. 학력주의는 이러한 사회의 모순 구조를 반영하고 있는 동시에 이를 정당화하는 이데올로기인 것이다(김부태, 1995).

요컨대 학력이 갖는 사회적 의미를 평면적이고 분절적으로 이해할 때, 그것이 여러 가지 가치와 기능을 갖는 것으로 논의될 수 있다. 그럴지라도 학력의 실질적 내용이 가정된 사회적 기대와 불일치하는 한 사회 구성의 지표로서는 불충분하며, 이러한 학력을 핵심적 사회 구성 지표로 삼는 학력사회는 근본적으로 모순적인 구조를 갖는 사회임을 논의했다. 그리고 학력주의는 이러한 모순 구조에 상응하는 이데올로기라는 것이다.

결국 학력사회란 국가가 인정한 교육 체제를 이수한 증명서를 바탕으로 사회적 계층이동과 지위가 달라지는 사회이다. 학력사회에서 학력이 초인플레 되면서 더욱 악성의 학력사회 변종을 만들어 내게 되었는데, 그것이 학벌이라는 것이다. 우리 사회를 학벌사회라고도 부르는데, 이 사회는 전쟁터를 방불케 하는 대학 입시의 해괴한 메커니즘으로 나타나서 같은 학력 내에서도 어느 서열의 대학이나 학과를 졸업했느냐에 따라 획일적인 평가가 내려진다. 이제 '학벌 카스트' 라는 말이 거부감 없이 받아들여질 정도로 사회는 학력과 학벌을 하나의 신분 내지 계급으로까지 인식하게 되었고 이것은 개인의 취업 문제를 넘어 이성친구나 결혼의 문제까지도 압도적인 영향을 미치게 된다(김동훈, 2002). 결과적으로 우리 사회에서는 졸업장이 모든 학력의 대표 수단이 된다. 학생과 학교는 진정한 학력주의 의미를 상실한 채 졸업장 추구라는 기이한 현상으로 빠져들어 교육의 문제를 더 가중시키고 있다. 따라서 학력이 제대로 기능을 발휘하는 사회, 즉 단순한 졸업증서를 추구하는 사회가 아니라 학력 자체가 그 사람의 능력과 업적을 표현할 수 있는 사회가 되어야 한다. 그러기 위해서는 학력 간 임금 격차를 대폭 줄여야 하고 학력에 대한 사회의 인식과 편견을 없애야 한다(김경식 외, 2006).

(2) 부모의 교육열

우리나라 부모의 교육열은 전 세계적으로 잘 알려져 있으며 많은 긍정적 결과가 있었던 것으로 평가받아 왔다. 그러나 최근의 여러 사회적 징후를 보면 결코 긍정적인 평가를 내릴 수 없다. 우리나라 부모의 교육열은 교육 결과, 즉 과거 급제, 학력, 학벌, 성적, 순위로 얻게 되는 사회적 가치에 의해 이루어진 것이다.

부모들의 이러한 교육열은 '학교 교육열' 이다. 교육의 결과에 의해 방향 지어진 교육열은 학교 교육열로 나타날 수밖에 없다. 학교가 학력 부여권을 독점하고 있기 때문이다. 학원이나 과외에 대한 욕구가 높은 것도 성적을 올리기 위한 것이기 때문에 학교 교육열의 표현이다. 학교교육도 최상의 학교, 특히 대학입시에 집중된 교육열이다. 대학 졸업이 아니라 대학 입학에 집중된 교육열인 이유는 우리나라 대학의 부실 때문이다. 한국인의 교육열이 학교 교육열이라는 점은 교육열의 형식주의적 · 도구주의적 측면을 잘 나타낸다(이종각, 1997).

이현청(1994)은 이와 같은 우리나라 교육의 특징을 '한풀이교육' 으로 보고 있다. 이것은 부모가 자식을 통해 대리보상을 받으려는 성향이 높고 그 결과로 교육현상이 두드러지게 병리적 속성을 발휘하지 못한다는 것이다. 즉, 부모의 교육 소원이 스스로의 교육적 한에 바탕을 두고 있기 때문에 자녀를 통해 교육적 대리 보상을 받고자 한다. 이러한 부모의 교육적 한은 과잉교육, 과열교육, 과잉경쟁교육, 과잉보호교육으로 나타나고 이러한 교육열이 고착화되어 모든 교육활동이 대학입시에 집중되는 왜곡된 교육현상이 나타난다.

이와 같은 교육열이 나타나는 형성 배경을 거시적인 측면에서 살펴보면 다음과 같다. 첫째는 자원구조로서 우리나라는 인적, 물적 자원 중에서 물적 자원이 극히 빈약하고 인적 자원밖에 없는 상황이다. 둘째는 신분구조로서 구시대적인 신분구조가 어느 사회보다도 급격하게 무너진 사회이다. 신분구조의 붕괴는 곧 신분적 측면에서 개방사회가 되었다는 말이며, 교육이 개방사회에서의 지위 획득이나 출세의 수문장 역할을 하게 되었다. 따라서 사회의 신분이나 지위 투쟁에서 학교의 분배기능은 급격히 높아지게 되고, 부모의 교육열도 높아지게 된다. 셋째는 정서구조로서 해방된 자유세계에서 구세대의 교육에 대한 염원이 폭발했다고 볼 수 있다.

미시적인 측면에서 살펴보면 다음과 같다. 첫째는 문화적 요인으로서 유교적 가치관에 기초한 부모-자녀 간의 공생적 관계, 인문 숭상의 전통, 체면 의식 등이 지적된다. 둘째는 역사적 요인으로서 과거제도, 일제의 식민교육정책 등이다. 셋째는 경제적 요인으로서 학력에 따른 차별적인 임금정책, 단층적 노동시장 구조이다. 게다가 자녀에게 상속을 많이 물려주어야 한다는 의식, 공공성이 빈약한 가족주의적 특성, 관료적 출세와 지위의 추구가 최고라는 부모 세대의 경험이 반영되어 있다. 전문가 사회에서는 흔히 학력이 높아지는 경향이 있기 때문에 한국 사회의 전문화 과정은 교육열의 강화에 영향을 미쳤다고 판단된다(이종각, 1997).

이러한 우리나라 과잉 교육열을 오욱환(2000)은 한마디로 '교육 출세론'으로 정의한다. 이것은 한국인이 마음속 깊이 자리잡고 있는 신념으로 '교육은 출세의 지름길' 이라는 것이다. 그는 교육 출세론이 인간 자본론, 지위 획득론, 선별 이론, 계층 경쟁론, 계급 통제론 등 어느 외국 이론보다 우리 사회의 교육열에 대한 적절한 연구 기제임을 강조한다(김경식 외, 2006).

교육열을 요약하면, 우리의 교육에 문제가 발생하는 원인은 대다수의 사람들이 학교교육에 대해 잘못된 기대와 의식을 가진다는 데 있다. 즉, 학교교육을 받거나 자녀를 학교에 보내는 주요한 목표를 올바른 인성 함양이 아니라 사회적 지위 상승이나 부의 추구 등에 필요한 학력 취득이나 자격증 획득에 두는 경향이 강하다. 그러므로 많은 학생과 부모는 상급학교의 진학에 관심을 두며, 그러한 사고는 학력주의와 교육열로 이어져 많은 문제가 누적적이고 복합적으로 드러나게 된다.

3) 교육구조적 문제

우리나라의 보편화된 의무교육으로 모든 학생에게 시행되는 대중교육의 구조적 문제점도 지적할 수 있다. 대중교육은 학생들의 개성과 조화로운 사회성을 북돋워 주지 못한다는 것이다. 이러한 문제의 원인은 과밀 학급에서 실시되는 평균인을 위한 일제 수업, 융통성 없는 학년제와 진급제도, 만인 공통의 유일한 교과서, 획일적인 입시준비 교육, 성적을 위한 무자비한 경쟁, 교사의 업무 과중과 무성의 등이 있다. 이와 같은 이유로 우리의 학교는 학생들의 개성과 개인차에 입각한 인간적 교육을 실시하지 못하며, 교사와 학생 사이에서 일어나는 인간적이고 개인적인 접촉을 가질 기회를 박탈당한다(김경식 외, 2006).

교육경쟁을 조장하는 교육 구조도 문제이다. 유연성이 부족한 우리 교육의 학제는 한 번 탈락하면 원하는 목표에 도달하기가 상당히 힘든 구조이다. 물론 방송통신대, 독학사 제도, 대학의 학사 편입제도, 종래의 산업대 체제 등의 여러 제도가 시행되고 있지만 고등학교 졸업 후에 바로 대학에 진학해야 한다는 관념이 일반화되어 있어서 과나한 교육경쟁을 하게 한다. 능력주의 이데올로기는 우리 사회가 적극적으로 표명하고 있는 대표적인 신념 체계 중의 하나이다. 학력이 사회 구성의 핵심적 지표가 되는 학력사회에서는 학력이 능력을 의미하는 것으로 받아들여짐에 따라, 능력주의는 학력사회를 정당화하는 핵심적 이데올로기가 된다. 능력주의가 지배적 이데올로기로 작용하는 사회는 제한된 사회적 가치를 경쟁의 과정을 통해 배분한다. 학력사회로서 한국 사회는 경쟁을 통해 학력이라는 사회적 가치를 배분한다. 사회적 가치의 희소성 정도는 경쟁의 정도를 결정짓는 관건이 된다. 따라서 우리 사회와 같은 학력 수급의 불균형이 심한 사회에서 극심한 학력 경쟁이 일어나는 것은 어쩌면 당연한 일이다. 이러한 경쟁에서 개개인의 능력이 준거가 된다는 것은 충분히 정당성을 부여받을 수 있다. 그런 점에서 '모든 경쟁이 다 나쁜 것은 아니다.' 라는 주장은 설득력을 갖는다.

그러나 한국 사회에서의 학력 경쟁은 순수한 능력주의적 맥락에서 이루어지고 있지 않다. 거기에는 계층, 지역, 성 등의 변인이 밀접하게 관련되어 있다. 그렇다면 한국 사회의 학력 경쟁은 이미 출발점을 달리하는 사회적 상황 속에서 이루어지는 것이라 할 수 있다. 그럼에도 불구하고 우리 사회 성원은 학력을 비롯한 사회적 가치의 획득이 개인의 노력과 능력에 의해 성취될 것이라고 믿고 있다. 사회 성원은 학교를 능력주의가 구현되고 있는 곳으로 인식하며, 학교교육을 통해 열심히 노력하는 사람이 공부를 잘하고, 공부를 잘하면 사회에 성공적으로 진출할 수 있다는 업적주의적 신념을 갖고 있다. 이러한 인식은 환경적 여건에 관계없이 의지와 노력만 있으면 그것을 극복할 수 있다는 낙관적이고 개인주의적인 믿음에 근거를 두고 있는 것이다. 그런 그들에게 구조적 박탈감 같은 것은 최소화된다.

학교에서 경쟁의 심화는 주로 교사와 행정가에 의해 이루어진다. 학생이나 학부모만이 아니라, 교사나 행정가에 의해 적극적으로 경쟁이 심화되는 현상은 교육 체제에 작용하고 있는 또 다른 '업적주의' 개념으로 설명되어야 한다. 교사나 행정가에게 지배적으로 작용하는 업적주의는 관료화된 교육 체제의 효율성 논리에서 비롯되는 것이다. 교사에게 담당 학생들의 성적이나 진학 실적은 그들의 능력을 의미하는 것으로 간주된다. 다시 말해 담당 학생들의 성적이나 진학 실적에 의해 교사의 능력이 평가된다는 것이다. 이러한 실적은 교사의 능력 평가 기준일 뿐만 아니라 '승진 기준', '보이지 않는 이력서' 등으로 작용한다. 이런 상황에서 교사는 학생에 대한 자신들의 난폭함도 '성적 향상을 위한' 혹은 '자신을 지키기 위한' 것으로 합리화하거나 불가피한 것으로 생각해 버릴 수도 있다. 즉, 업적주의적 신념 체계가 학교 체제 성원에게 경쟁 심화의 구조적 조건으로 작용하고 있는 것이다.

성적은 학생과 교사에게뿐만 아니라 교장을 위시한 행정 관료에게도 상부 기관이나 사회로부터 업적의 근거로 간주된다. 교장이나 행정 관료는 관할권 내 학생들의 학력 제고나 대입 실적을 업적 근거로 내세우며, 교육 정책이나 학교 방침의 정당화 지표로 이용한다. 여기에다 학부모의 과도한 성적 향상 요구도 한몫을 하고 있다. 실제로 학부모를 중심으로 한 사회의 학력 제고에 대한 요구는 진학 실적에 대한 학교 행정 책임자의 이기적 업적주의와 부합되어 있는 것으로 보인다.

사학은 비리를 은폐하는 데 대학 입학 실적을 이용하여 학부모로 하여금 침묵하게 하고, 교사와 학생에게는 교육 주체로서의 위상을 박탈해 버린다. 이러한 가운데 학교교육의 목적은 학생들의 전인적 발달을 위한 것으로 언명되고 있지만, 실제로는 성공적인 사회 진출을 열망하는 학생 개인, 가족, 학교 당국자, 행정 관료 등의 소속 집단 이기심이 결집되어 있어 경쟁 구조는 더욱더 가열되고 악순환되며 배타적이 될 수밖에 없다. 이러한 사실에 비추어 본다면, 학교교육에서 성적 혹은 진학 실적을 높이기 위한 관행은 개별 성원의 우연적이거나 일시적인 현상이 아니라, '구조'로서 존재하고 유형화된 전체적 압력으로 작용하는 것이라 할 수 있다. 그것은 개별 성원이나 개별 학교로서는 따르지 않을 수 없게 되어 있다.

학교는 특히 자체의 업적 제고를 위해 효율성의 논리에 따라 우수 학습자 중심의 학교 체제를 운영한다. 교사는 이 사실을 인정하지만 학력 중심의 체제 탓으로 불가피함을 변명하고 있다. 이런 가운데서 학교교육에서 중간 집단 이하는 충분한 관심을 받지 못한다. 심지어 공부 못하는 학생이나 문제아로 낙인찍힌 학생들은 방치되거나 다른 학생의 수업 분위기를 위해 지나치게 규제되고 있다. 반면에 학교의 업적을 높일 수 있는 우수 학습자는 늘 관심권 내에 있으며 보호를 받는다. 이런 사실은 결국 학교교육에서 '교과지도는 명문대 진학이 가능한 학생을 위한 것이고 생활지도는 진학 불가능한 학생을 위한 것' 이었다는 결론을 타당하게 해 준다. 이것은 한마디로 심화되는 경쟁 구조 속에서 실적 제고를 위한 학교 체제의 차별적 관행이 일상화되어 있다는 것을 보여 주고 있다.

이를테면 사회 성원은 학교가 능력주의를 구현하고 있는 곳이며, 자신들의 의지와 노력에 의해 학력 획득은 가능하고, 그 학력 획득을 통해 사회에 성공적으로 진출할 수 있을 것이라 믿는다. 그리고 이러한 업적주의적 신념은 경쟁 심화의 기초로 작용하고 있다. 그러나 출발점에서부터 불리한 여건에 있는 성원들의 배제를 초래할 수도 있다.

한편 학교 체제에는 학생들의 성취가 곧 자신의 업적이나 능력으로 평가되는 교사, 행정가에 대한 또 다른 업적주의가 작용하고 있다. 이것은 학생, 학부모와 함께 교사나 행정가도 학력 경쟁에 빠져들 수밖에 없도록 만드는 구조로 작용하고 있다. 그리고 학교는 자체 업적의 제고를 위한 효율성의 논리에 따라 우수 학습자 중심의 체제를 운영함으로써, 학교 체제 내적으로도 성적 부진아를 배제시키는 엘리트주의적 관행을 보여 주고 있다(김부태, 1995). 요약하면 교육 구조상의 문제는 학생 선발의 문제이며, 이러한 문제의 발단은 국민의 교육적 요구는 무한하지만 학교가 제공할 수 있는 욕구 충족 수단은 매우 한정되기 때문에 돌출된다는 것이다. 또한 교육의 대중화는 양적 팽창을 가져왔지만, 질적인 면에서 성장을 했다고 볼 수 없다. 왜냐하면 교육의 대중화로 인한 교육의 평등 개념이 항상 똑같이 해 주어야 한다는 절대적 평등 개념으로 변질되었기 때문이다. 절대적 평등은 하향 평준화를 의미하고 이것은 개혁을 가로막는 장애물이 될 수도 있다. 따라서 교육의 평등성과 수월성을 동시에 추구해야 하며, 학제적 측면에서 단선형과 복선형의 학제를 적절하게 가미해서 사회적 · 교육적 획일성을 넘어서야 한다.

3. 교육 체제 패러다임의 전환과 대안교육

오늘날 우리 사회의 전반적인 변화 현상을 설명하는 데 '패러다임' 이라는 용어를 광범위하게 사용하고 있다. 과연 오늘날 교육 부문에서의 변화 양상이 패러다임으로 설명될 만큼 혁명적인 의미를 가지고 있는 것인지에 대한 논의에 앞서 먼저 이 용어의 기원을 들여다볼 필요가 있다.

패러다임(paradigm)이라는 용어는 미국의 과학사학자이자 철학자인 쿤(T. Kuhn)이 1962년에 발표한 그의 저서 『과학혁명의 구조(*The Structure of Scientific Revolution*)』에서 처음으로 제시했던 개념이다. 패러다임은 '사례, 예제, 실례' 등을 뜻하는 그리스 어에서 유래한 것으로, 언어학에서 빌린 개념이다. 즉, 으뜸꼴, 표준꼴을 뜻하는데, 이는 하나의 기본 동사에서 활용에 따라 파생형이 생기는 것과 마찬가지다. 이런 의미에서 쿤은 패러다임을 한 시대를 지배하는 과학적 인식, 이론, 관습, 사고, 관념, 가치관 등이 결합된 총체적인 틀 또는 개념의 집합체로 정의하였다.

쿤에 따르면, 과학사의 특정한 시기에는 언제나 개인이 아니라 전체 과학자 집단에 의해 공식적으로 인정된 모범적인 틀이 있는데, 이 모범적인 틀이 패러다임이라고 했다. 그러나 이러한 패러다임은 전혀 새롭게 구성되는 것이 아니라 기존의 자연과학 위에서 혁명적으로 생성되고 쇠퇴하며, 다시 새로운 패러다임으로 대체된다. 즉, 하나의 패러다임이 나타나면, 이 패러다임에서 나타나는 갖가지 문제점을 해결하기 위해 과학자들은 계속 탐구 활동을 하는데, 이를 정상과학(normal science)이라고 한다. 이어 정상과학을 통해 일정한 성과가 누적되다 보면 기존의 패러다임은 차츰 부정되고 경쟁적인 새로운 패러다임이 나타난다. 그러다가 과학혁명이 일어나면서 한 시대를 지배하던 패러다임은 완전히 사라지고, 경쟁관계에 있던 패러다임이 새로운 패러다임으로 자리를 대신하게 된다. 따라서 하나의 패러다임이 영원히 지속될 수는 없고, 항상 생성, 발전, 쇠퇴, 대체되는 과정을 되풀이한다.

본래 패러다임은 자연과학에서 출발하였으나 자연과학뿐 아니라 각종 학문 분야로 파급되어 오늘날에는 거의 모든 사회현상을 정의하는 개념으로까지 확대되어 사용되고 있다. 급격히 변화하는 사회환경과 학생의 변화로 교실 모습이 하루가 다르게 변화하고 있는 현상은 가히 교육 패러다임의 전환이라고 할 만큼 이전의 모습과 전혀 다른 양상을 띠고 있다.

우리의 상황을 보면, 교육의 양적인 면에서 기회가 확대되었으나, 오늘날 질적인 측면에서 심각한 상황에 직면하고 있다. 급격한 경쟁으로 특징지어지는 대전환의 시대는 전통적인 교육에 대한 개념을 완전히 바꾸어 놓을 것으로 예견되며, 이러한 학교 체제의 변화를 수용할 수 있기 위해서는 기존의 학교교육과 다른 새로운 패러다임의 구축이 시급하다.

오늘날 우리 사회는 지식의 체계적 집적과 가용도가 중시되고 있다는 점에서 지식기반사회로 불린다. 지식기반사회는 무엇보다 지금까지 사회발전에서 중시되었던 유형적 자원보다는 지식에 대한 체계적 활용과 재구성 능력이 미래의 경쟁력이라는 점을 강조하고 있다. 지식기반사회의 특징은 인간 탐구에 대한 중심 과제가 집단에서 개인으로, 가르치는 일이 중시되는 교육 풍토에서 '학습하는 방법에 대한 학습'을 중시하는 교육 풍토로, 주어진 사실적 지식에 대한 강조에서 새롭게 창출하고 구성하는 지식의 강조로, 결과 위주의 평가보다는 과정 위주의 총체적 평가 중시로, 또 특정 부문에 대한 기능보다는 인간의 성장에 필요한 전반적인 교양을 중시하는 분위기가 지배하는 사회를 말한다.

지식기반사회에서는 사회 변화의 동인을 학교 내부에서 찾는 것이 아니라 학교의 외부적 요인에서 찾고 있다. '오늘날 학교의 변화 양상이 사회의 변화를 따라가지 못한다.'는 명제에서도 발견되고 있듯이, 사회 전반에서 발생하고 있는 강렬한 변화의 추동력을 보수적인 학교 체제가 적절하게 따라가지 못하고 있다. 이에 따라 공교육 붕괴 현상이 나타나고 있고 결국 교육 부문의 대대적인 혁신만이 시대적 요청에 부응하는 학교교육의 최저 수준을 충족시킬 수 있을 것이다.

이렇게 본다면 교육 부문에서의 대안 모색은 적어도 현재의 문제 상황에 대한 정확한 인식을 토대로 미래에 대한 구체적인 전망을 담고 있어야 대중적인 설득력을 갖추게 된다. 그러면 지식기반사회의 도래에 부응하지 못하는 보수적인 교육 체제의 모습은 무엇을 말하는가? 오늘날 우리 공교육 체제는 교육수요자가 자기 자신의 의사에 따라 배우거나 배우게 하고 싶은 것을 선택할 수 있는 기회가 부족하다. 제도의 틀에 얽매여 자신의 필요와 관계없이 획일적인 교육과정을 따르지 않으면 안 되게 되어 있고 교육수요자가 특별한 필요를 요하는 경우에도 그에 따른 선택의 여지가 거의 없다. 교육 체제 개혁의 세계적 추세와 역사적 변천과정을 볼 때, 새로운 교육 체제는 크게 공교육 체제의 재구조화와 학습사회 중심 교육 체제의 다원화를 특징으로 한다. 우리나라 교육 현실로 볼 때, 학교가 제 기능을 발휘해 개인을 비롯한 사회 및 국가의 요구에 부응하도록 하기 위해서는 사회 속에 자생하는 다양한 형태의 교육적 환경을 체계적으로 수용해 제도적으로 연계시키는 것은 물론 공교육 체제로서의 학교교육의 존재방식에 대한 전반적인 검토를 실시해야 할 것이다.

교육 체제의 패러다임은 산업사회의 전통적인 학교교육 중심 운영으로부터 지식기반사회에서는 학교, 가정, 지역사회, 사이버공간 등으로 교육 체제가 분산된다. 이에 따라 학교를 중심으로 한 공교육 체제로서의 학교교육은 탄력적이고 개방적인 운영을 바탕으로 교육 공급의 다양화, 특성화를 지향함으로써 교육수요자의 적성과 능력에 따른 교육서비스를 가능하게 하고, 학습사회 중심 교육 체제는 비형식 교육 및 무형식 교육을 공교육 체제인 학교교육과 폭넓게 연계하는 방향으로 나아가고 있다. 그리고 교육 체제 패러다임 전환 모형은 공교육 체제인 학교교육을 중심으로 사회 체제 속의 다양한 교육 유형과의 연계를 통한 다원화와 융통성 있는 운영 형태를 지향하고 있다. 또 공교육 체제인 학교교육의 구조적 개혁은 학교경영의 자율화와 책무성을 강화하고, 교육수요자의 교육 선택 기회를 확대하고 있다. 학습이 일상화되는 사회에서 교육 체제가 사회변화와 교육수요자의 요구에 부응하기 위해서는 학교교육과 비형식 교육의 연계 및 학교교육과 무형식 교육의 연계를 적극적으로 추진하는 방향으로 교육 체제의 패러다임 전환이 요청된다(김홍태, 2001).

대안교육은 바로 이러한 패러다임의 전환이라는 시대적 요청의 산물이다. 대안교육은 교육 체제의 획일성에 대한 비판적인 시각을 견지하면서 교육수요자의 교육권을 폭넓게 확대하는 대안적 방식으로 접근한다. 대안교육은 기계론적 인간관과 생산성 극대화를 지상의 과제로 삼고 있는 근대문명에 대한 반성적 성찰을 토대로 인간 중심의 교육을 현실에서 구현하고, 억압적인 관료적 통제에서 벗어나서 자율적이고 유연한 학교를 건설하고자 한다. 말하자면 전환기 교육 패러다임에 부합하는 교육을 제대로 구현하고자 하는 노력이 대안교육으로 나타나고 있는 것이다. 최근 공교육 개혁의 모델로 대안교육이 부상하는 것은 대안교육의 철학과 운영방식이 전환기 교육 패러다임의 지향점을 반영하고 있기 때문일 것이다.

제2장 대안교육의 개념과 역사적 맥락

1. 한국 대안교육의 역사

한국 교육문제의 역사적 연원은 오랫동안 다양하게 전개되어 왔다. 이 문제에 대한 해법은 역사적 차원, 사회구조적 차원, 심리학적 차원, 문화적 차원 등에 대한 폭넓은 이해가 전제되어야 한다. 학교문제가 이처럼 복잡하게 얽혀 있기 때문에 해결 방안 역시 그리 단순하지가 않다. 대안교육의 역사는 한국 교육 문제와 역사적 맥락을 같이한다고 해야 할 것이다. 그러면 이제 눈을 돌려 대안교육의 역사를 살펴보도록 하자.

어떤 사람은 한국 학교교육의 문제가 특히 불거져 나온 1990년대의 시대적 상황이 대안교육을 불러일으켰다고 주장하기도 한다. 물론 이러한 지적이 틀렸다고는 볼 수 없지만 그렇다고 그런 해석이 전적으로 맞다고는 볼 수 없다. 왜냐하면 '왜 1990년대 상황에서 유독 한국의 학교교육 문제가 불거져 나왔느냐 하는 물음' 에는 선불리 대답할 수 없기 때문이다. 어떤 문제가 맥락도 없이 불쑥 나타나기는 어렵다. 그 이전부터 한국 교육의 문제는 잉태되어 왔었고, 그것이 1990년대의 사회적 분위기와 상승 작용을 일으키면서 사회의 전면으로 떠올랐다고 보는 지적이 옳을 것이다. 학교 붕괴니 교실 붕괴라는 말도 학교교육의 문제가 특히 불거진 1990년대 시대상의 소산이지만, 이러한 용어가 단지 그 시기에 나타났기 때문에 그 당시의 시대상이 특히 조명될 수밖에 없었던 것이지 그 이전에 이러한 문제나 징후가 전혀 없었다는 것은 아닐 것이다. 대안교육이라는 용어가 등장한 1990년대라는 척박한 시대적 상황이 대안교육의 수요를 불러일으켰다고 단정지을 수 없는 이유가 여기에 있다.

그러면 1990년 이전의 학교교육은 어떤 문제가 있었는가? 그렇지 않고 특별한 문제가 없이 경제 성장의 동력으로서 국가 발전을 위한 순기능적 역할을 충실히 수행하고 있었는가? 사실 1990년대 이전의 상황은 국내 정치적 환경과 밀접한 관련이 있다고 봐야 할 것이다. 이것은 불행하게도 비단 교육 부문의 문제만이 아니라 사회의 전 분야에 걸쳐 관련이 되어 있다.

해방 이후 한국의 정치적 상황은 독재와 부패로 얼룩졌었다. 열강의 오랜 식민 지배에서 벗어났지만 이것이 완전한 정치적 독립으로는 연결되지 못하였던 대다수 제3세계 국가의 전철을 우리도 그대로 밟고 있는 상황이었다. 남북 분단이라는 상황은 역사적 정통성 문제에 대한 진지한 고민의 기회마저 박탈해 버렸다. 분단 상황은 편협한 이데올로기 경쟁으로 이어졌고 이 과정에서 친일 인사에 대한 준엄한 역사적 심판의 문제는 논외가 되어 버렸다. 후손에게 엄청난 부담만 지워 준 채 정치적 안정과 결부된 현실적 논리에 의해서 미리 규명되어야 할 과제가 철저히 묻혀 버렸다. 해방 이후의 혼란했던 정치적 상황은 교육 문제를 논할 토양이 전혀 아니었을 뿐 아니라 교육이라는 문제가 일반 대중의 관심으로 이행될 정도로 보편화되지도 못한 상황이었다.

친일파와 결탁된 독재 정권은 반민주적 행태로 일관하였고, 급기야 절대 권력을 유지하기 위한 부정 선거는 30여 년간의 기나긴 군부 집권을 초래하는 역할을 하였을 뿐이었다. 군사정권의 속성은 철저한 이데올로기에 의한 통제로 귀결된다. 부도덕한 권력 획득의 과정과 통치 이념의 부재는 대중의 우민화에 의해 철저히 은폐되고 있는 상황이었다. 군부의 집권으로 우리 사회 각 부문은 경직될 수밖에 없었다. 오늘날 너무나 당연한 권리로 받아들여지는 다양한 의견의 표출은 그 자체가 용인되지 않거나 불온한 시도로 금기시되었다. 경제성장과 반공이데올로기라는 두 개의 거대한 축은 군사정권의 부실한 통치 기반을 공고히 하였다.

대중의 관심은 경제성장 동력으로서 경이로운 학교교육의 역할에 집중될 수밖에 없었다. 교육의 본질에 대한 진지한 고민이나 교육 문제에 대한 성찰의 노력은 불필요한 일로 간주되었다. 학교교육을 통해 정치적, 경제적인 출세는 가능되었다. 누구나 열심히 공부하면 명문학교에 진학할 수 있고, 이것은 또한 세속적 출세의 보증 수표가 되었다. 이런 경식된 환경에서는 교육이 이루어지는 교실의 문제나 학생의 성장과 적응의 문제는 관심의 대상이 되질 않는다. 군사정권은 권력을 연장하기 위하여 학교교육을 철저하고도 계획적으로 통제하였다. 학교교육의 내용이나 교육제도는 학생의 인격적 성장보다는 경제성장이나 반공이데올로기에 의해서 부실하게 재단(裁斷)되었다.

1970년대 이래 혹독하게 추구된 정치적 해방과정을 배경으로 이 시기 우리 사회에서 집요하게 추구된 몇몇 뜻깊은 교육실천을 찾아볼 수 있다. 그 첫 번째가 다양한 형태의 민중교육운동으로, 여기에는 급속한 경제 개발과정에서 도시로 유입된 근로 청소년을 대상으로 한 '야학' 을 들 수 있다. 또한 산업화 과정에 따른 사회적 모순의 와중에서 소외된 노동자 · 농민 · 도시 빈민을 대상으로 한 '의식화' 내지 '해방교육' 이 주로 사회참여적 종교인에 의해 주도되었다. 아울러 사회적 모순과정에서 발생한 저소득 빈민 혹은 맞벌이 부부 가정의 자녀를 대상으로 한 '공부방운동' 을 들 수 있다. 이런 노력은 거의 모두가 급속한 사회변화와 학교교육 기회 확장에 따라 발생한 사회적 모순을 해결하기 위한 대응책으로 평가된다. 다시 말해서 생계와 노동으로 인해 학교교육 기회를 받을 수 없는, 혹은 교육기회를 얻어도 열악한 생활 여건으로 끊임없이 결손된 상황에 처해 있는 다수의 젊은이를 돕기 위한 노력의 일환이라 할 수 있다. 이들 중 어떤 부분은 사회변화와 제도적 개선과정에서 사라진 것도 있고, 지금도 여전히 그 활동을 거듭하고 있는 경우도 있다.

1980년대 이후 이들 민중 교육적 차원에서 해석 가능한 일련의 노력과 아울러 언급할 만한 것으로는, 제도권 교육에서 초래된 문제를 새로운 관점에서 극복하기 위해 제도권과는 별도로 전혀 새로운 관점에서 대안적 철학을 담은 프로그램을 구상하여 실천에 옮긴 고무적 시도가 있었는데, 여기에는 1984년에 결성된 '또 하나의 문화' 운동이나 '자유학교 물꼬' (1985), '두밀리 작은 학교' (1986), 1990년을 전후하여 문을 연 '다솜학교' 등을 들 수 있다. 1989년에는 지금의 전국교직원노동조합의 전신이라 할 수 있는 '전국교직원노동자조합' 이 결성되어 교사를 중심으로 민주 · 민족 · 인간화 교육에 대한 진지한 모색이 시도되었다. 특히 합법화되기 이전의 교원노조를 지지하거나 고수하다가 해직된 교사는 공교육의 부도덕성을 인식하고 대안학교 설립과 운영에 적극적으로 참여하였다.

이러한 움직임은 1990년대에 들어 구체적 실천의 모습으로 빠르게 확산되었다. 1992년부터 1996년 사이에 문을 연 사례로 유아를 대상으로 하는 '꾸러기 학교' (1992), '여럿이 함께 만드는 학교' (1992), '민들레 학교' (1993), '숲속마을 작은학교' (1994), 성남주민생활협동조합의 '창조학교' (1994), 안산의 가출청소년을 위한 '들꽃피는 학교' (일명 예수가정, 1994), '공동육아협동조합 어린이집' (1994)과 '엄마사랑유치원' (1995), '부산 창조학교' (1995), '따로 또 같이 만드는 학교' (1995), '숲속의 학교' (1996), '함께 크는 우리' (1995) 등을 들 수 있다.

이런 시도는 거의 제도권 교육과 병행하거나 그 틀과 별도로 시도된 것으로 그중에는 추후 상당수가 '자유학교 물꼬' 나 '민들레 학교' 혹은 '숲속마을 작은 학교' 처럼 추후 대안학교 설립을 지향하게 된 경우도 있었다. 앞서 언급한 사례는 거의가 사회운동적 차원에서 전개된 것이거나 공교육 제도에 대한 강한 불신과 비판 의식을 토대로 그와는 별도의 교육 방향을 모색한 사례라 하겠다.

이상에서 살펴본 바와 같이 제도권 안팎에서 이루어진 다양한 시도와 아울러, 1990년대 중반 이후 전국 각처에서는 교육을 주제로 한 다양한 시민운동 단체가 결성되어 활동을 거듭하고 있었다. 또한 그들의 구체적인 활동 양상은 종래 경직성에서 벗어나지 못했던 교육 체제 개선에 청신호가 되었다. 크고 작은 교직단체가 결성되었는가 하면, 여러 학부모 단체도 잇따라 만들어졌고, 교사와 학부모, 학생이 상호 결합하여 독특한 모임도 결성하였다. 대안교육운동은 바로 이 시기, 즉 1990년대 중반의 교육적 상황을 배경으로 전개되기 시작했다. 그 시기를 즈음하여 우리 사회에 여러 가지 정신적 운동이 태동하였고, 그중 지금까지 뜨거운 관심사를 동반하면서 두드러지게 성장해 온 몇몇 사례 가운데 하나가 바로 이 대안교육운동으로 나타난다(송순재, 2007).

이러한 사회적 환경은 대중으로 하여금 교육에 대한 새로운 인식의 계기를 던져 주었다. 우리가 당면한 교육문제는 무엇인가? 우리가 지향해야 하는 교육의 모습은 어떠해야 하는가? 교육의 참된 가치는 무엇인가? 등에 관한 반성적 성찰이 일부 교사에 의해서 시도되었던 것이다. 그동안의 억압적 교육 체제에서 기인했던 수많은 교육 문제에 대해서 탈정치적 맥락으로 활발하게 논의되었다. 이러한 시도는 학생과 학부모에게도 그동안 관심 영역 밖에 존재하고 있던 개인의 성장과 교육의 문제에 대해서 진지하게 고민할 수 있는 여지를 제공하였다. 이러한 여건은 1990년대에 대안교육이라는 화두의 등장을 가능케 했던 시대적 배경이 될 수 있다. 대안교육이라는 용어가 1990년대에 유난히 불거졌던 학교 문제의 부각과 함께 느닷없이 등장한 것이 아니라는 의미에서 대안교육 등장의 역사적 배경을 살펴보았다.

어쩌면 오랜 독재정권 체제하에서 새로운 이상향을 꿈꾸는 다양한 시도가 각계에서 있어 왔다고 할 수 있다. 최근 들어 '대안' 이라는 용어가 우리 사회의 여러 부문에서 쉽게 통용되고 있는 것을 보더라도 좀 더 새로움을 추구하는 노력은 너무나 자연스러운 현상으로 인식되고 있다. 이렇게 교육

부문에서의 '대안' 추구는 오늘날에는 당위적 과제가 되어 버렸다.

그러면 학교교육의 문제와 대안교육의 관련성에 대해서 살펴보도록 하자. 학교교육에 대한 반성적 차원에서 대안교육이 등장했다고 하는 것은 지나치게 편협한 사고방식이다. 공교육의 위기가 대안교육을 촉진할 수 있었던 원동력이 되었음은 부인할 수 없지만 그것이 전부는 아니다. 대안교육은 미래 우리 교육이 지향해야 하는 가치나 구체적 모습을 그리려는 노력의 소산으로 등장한 것이지 단순히 문제 원인에 대한 처방으로 순식간에 제시된 학교는 아니다.

앞에서 살펴보았듯이 대안교육의 등장에는 오랜 역사적 맥락이 있고 무엇인가 문제의 원인을 바람직한 상태로 되돌려 보자는 노력의 일환으로 제기되었음을 인식해야 한다. 공교육에서 시도하지 못했던 새로운 교육적 체험이 대안학교에서 이루어진다. 너무나 획일적인 학교의 모습을 보여 주었던 우리의 교육 현실에서 대안교육의 외형적인 성과는 학교 체제가 다양화되었다는 점뿐 아니라 새로운 학교의 모습에 대한 상상력을 유발시켰다. 지금까지 우리나라의 억압적 상황이 다양성을 용인하지 않았지만 대안학교로 인해 새로운 교육의 가능성을 보게 된 것이다. 대안교육이라는 새로운 시도는 교육에 대한 근본적인 성찰을 가능하게 하였다. 이것은 대안교육의 등장이 공교육 전반의 개혁에 긍정적인 영향을 주었다는 것을 의미한다.

한편 학교교육의 문제와 대안교육을 등치시키는 오류는 대안교육의 개념 정립에서도 그대로 드러난다. 대안교육이라는 용어가 등장한 1990년대는 물론이거니와 그 이후로 10여 년이 지난 지금까지도 대부분의 대중이나 심지어 교육전문가도 대안교육을 마치 일반학교의 적응에 실패한 문제아 대상 교화기관으로 인식하고 있다는 점이다. 이러한 인식의 오류는 초기 대안학교 설립 당시 입지 선정에서 지역주민의 강력한 반발에 직면했다는 사실로도 충분히 짐작할 수 있다. 대안학교는 새로운 가능성을 실험하는 일종의 실험학교이지 부적응 학생을 대상으로 재활프로그램을 적용하는 학교는 아니다. 이런 점에서 본다면 학교교육 문제는 대안교육의 필요조건이지 충분조건은 될 수 없다.

2. 대안교육의 개념과 준거

대안교육은 기존의 공교육과 다름을 추구하는 작업에서 비롯된다. 그런데 이러한 정의는 대단히 막연하고 추상적인 측면을 가지고 있다. 이제 좀 더 구체적으로 대안교육의 명제에 접근하여 보자. 대안교육은 무엇인가? 무엇을 지향하고 있는가? 우선 대안학교를 둘러싸고 있는 개념 정의의 복잡한 양상에 대해서 살펴보도록 한다.

1) 대안학교 개념 정의의 딜레마

대안학교의 개념에 대해서는 교육학자나 대안교육 실천가 사이에서도 일치된 견해는 없다. 더구나 교육부에서 특성화고등학교란 이름으로 대안학교를 학교의 한 형태로 규정지으면서 대안학교 개념 정의가 더욱 복잡해졌다. 교육부는 대안학교를 "정규학교 부적응아를 위한 교육을 실시하는 학교로서, 자연현장학습과 체험 위주 및 인성교육을 전문적으로 실시하는 학교"로 정의하고 있다. 그런데 이 정의는 당초 그려 왔던 대안학교의 개념적 정의와는 거리가 있는 것으로, 정규학교 부적응 학생을 대상으로 하는 교육기관 정도로 협소하게 해석하고 있는 것이다. 이것은 대안교육이나 대안학교가 명료한 개념적인 경계를 갖고 있지 못함을 보여 주는 것이다. 오히려 현존하는 교육 문제를 심각하게 여기는 사람들이 자신의 신념에 따라 '교육의 본질'을 회복하기 위해 애쓰는 노력이 대안교육의 실제적인 내용과 의미를 이루고 있다고 볼 수 있다.

대안학교라는 개념의 정립 문제는 학자 간에도, 대안교육 관계자 간에도, 정책입안자 간에도, 학생과 학부모 간에도 그 명칭 사용에서 합의된 바가 없기 때문에 혼란 양상이 극심하다. 대안학교에 대한 정련된 개념 정의는 사실상 불가능하거나 그 자체가 큰 의미를 가지지 못할 수도 있다. 그러나 대안학교의 개념 혼란 양상에 대한 현실적인 접근을 통하여 막연하게나마 우리 사회에서 제기되었던 대안교육의 담론에 대한 이해를 도울 수 있을 것이다.

(1) 용어 사용의 혼란

대안교육이라는 용어의 적절성에 대해서는 많은 논란이 있다. 송순재(2007)는 제도권과의 경계를 기준으로 '대안' 이라는 개념의 양상을 기존의 것을 대치하는 방안으로 선택적인 모색을 꾀하는 보수적 관점과 기존의 것에 대한 철저한 비판 위에서 이루어질 수 있는 전혀 다른 모색의 두 가지로 구분하고 있다. 이 구분에 따르면 학교라는 틀 속에서 제도권 교육과 차별화되는 방식으로 교육에서의 대안을 모색하는 학교는 전자에 해당되고 공교육의 제도권 밖에서 새로운 학교의 모색을 시도하는 학교는 대체로 후자 쪽에 그 기류를 형성해 온 경향이 있다. 전자처럼 학교라는 제도적 틀 속에서 대안성을 모색하는 방식의 학교는 정부의 합법적인 인가 여부를 기준으로 미인가 대안학교와 대안교육 특성화고등학교에서처럼 인가된 대안학교로 구분될 수 있다. 후자에서와 같이 탈학교적 관점에서 출발한 대안교육의 경향은 전통적 학교의 틀을 넘어서는 급진성을 특징으로 하는데, 대부분 미인가 대안교육기관으로서 홈스쿨링, 공동체학교 등이 포함된다. 이렇듯 제도권 학교 안팎에서 다양한 형태로 이루어지는 교육실천에 대해서 '대안교육' 이라는 명칭이 명확한 개념 구분 없이 통용되었다.

그런데 전자의 경우처럼 제도권 틀 속에서 대안을 모색한다고 할 때 당연히 '대안' 의 강도는 약해질 수밖에 없다. 이럴 경우 '대안적 학교' 라는 좀 더 완화된 용어를 사용하여 개념 혼란의 문제를 비켜 나가는 경우도 있다. 여기서 사용된 '적' 이라는 조사는 앞선 '대안' 이라는 명사와 유사하거나 간주할 수 있다는 의미를 지니기 때문에 대안학교로도 볼 수 있다는 뜻이 되며, 이런 해석이라면 상당히 광범위한 영역의 학교까지도 이 범주에 포함될 수 있다. 후자의 경우 전통적인 학교라는 형식의 틀을 떠나서 존재하는 모든 교육 형태를 포괄하는 개념이기 때문에 전술한 바와 같이 대안교육기관이라는 용어가 대안학교보다는 더 적절한 것으로 보인다.

'대안학교' 와 '대안교육' 의 용어도 이러한 방식으로 구분이 가능한데 전자와 같이 학교라는 틀 속에서 대안을 모색한다면 대안학교라 할 수 있고, 또 대안학교를 포함해서 대안성을 기반으로 기존 교육과 다른 교육을 실천하는 여타 교육 형태를 두루 대안교육으로 볼 수 있다. 이렇게 본다면 대안교육의 범주 속에 대안학교도 포함될 수 있다는 가정이 성립된다. 대안교육의 영역에 속하면서도 학교라는 보편적 틀을 준수하는 학교는 당연히 대안학교라는 개념 규정이 가능한 것이다. 한편 기존의 '특성화 학교' 관련법 범주 안에서 인가를 받은 대안학교는 명백히 대안학교라 부를 수 있을 것이다. 이들 학교는 이념적 지향이 대안적일 뿐 아니라 학교라는 형식에도 부합하며 관련 법령의 기준에도 충족되기 때문이다.

(2) 이념적 기원

대안학교에 대한 개념의 혼란 양상은 대안학교가 추구하는 이념의 기원이 다르다는 점에서 찾아볼 수 있다. 이러한 문제점으로 인해 대안학교 연구자들은 대안학교의 추구 이념에 따라 유형 구분을 시도하기도 했다. 이는 다양한 이념적 스펙트럼으로 인한 대안학교 개념의 혼란을 유형화라는 방식으로 정리해 줌으로써 기존 대안학교의 성격과 그 설립이념을 이해하는 데 어느 정도 도움을 주고 있다.

실제로 한국에서의 대안교육운동이나 독일, 영국 등 유럽에서의 대안교육 움직임은 공통적으로 이러한 틀 속에서 진행되고 있다고 보고 있으며, 국내외를 막론하고 대안학교의 범주에 따라 그 종류가 다양하여 일련의 스펙트럼 양상을 보인다. 그런데 다양한 이념적 스펙트럼이라는 접근은 대안학교의 정련한 개념 정의에 별로 도움이 되지는 못한다. 대안학교의 종류를 다양하게 나열해 놓은 상태에서 단지 해석하는 관점에 따라 대안학교일 수도 있고 그렇지 않을 수도 있다는 입장이다. 현실적으로 대안학교의 종류가 많고 뚜렷한 개념적 준거가 없기 때문에 이러한 접근 방식은 자의적 기준으로 시도된 개념 정의의 과도한 주관성으로 빚어질 수 있는 논란을 비켜갈 수 있다는 점에서 장점을 가진다.

설립이념의 중심이 무엇인지에 대한 특성이 두드러지지 않을 경우, 대안학교의 개념을 정립하는 작업은 상당한 어려움을 가진다. 이는 한국 대안학교의 역사적 기원에 근거하고 있기 때문에 나타나는 현상이다. 한국의 대안학교는 서구의 대안학교가 지니는 공교육 체제에 대한 반성적 성찰이라는 이념 지향적 기원보다는 현실적 요구에 의해 설립·확산되었다. 이른바 특성화고등학교라는 이름으로 대안적 학교의 일부를 제도권으로 받아들여 재정 지원을 꾀함으로써 설립이념의 기반이 취약할 수밖에 없었다. 대부분의 연구자는 한국 대안학교의 이념을 서머힐(Summerhill), 발도르프 학교(Waldorf Schule) 등과 같은 외국의 대안학교에서 차용하고 있으나, 우리나라 대안학교는 대안교육의 이념과 정신의 구현 정도가 미약하다. 이는 한국적 대안학교의 개념이 충실하지 못함을 말해 주고 있는 것으로, 대안학교를 하나의 정연한 개념으로 이해하기 힘들게 만드는 요소로 작용한다.

(3) 학교 개념 정의

대안학교 개념의 혼란 양상은 학교에 대한 이해의 차이에서 비롯되기도 한다. 대안학교 연구자들이 사용하는 학교의 개념은 일반적인 학교의 개념과 차이가 있다. 이들에 따르면 대안학교는 대안적 교육을 실천하기 위해 만들어지고 운영되는 곳이기 때문에 대안적 정신을 실천하는 모든 곳이 대안학교이다(강대중, 2002: 21). 사실 대안학교의 범주에 포함시킬 수 있는 유형의 준거가 존재하지 않는 상황에서는 어디까지를 대안학교로 규정할 것인가를 확정하는 것은 대단히 어려운 일이다. 전국에 산재해 있는 여러 가지 유형의 대안교육기관이 대안교육 실천가의 입장에서는 대안학교라고 규정할 수 있다(최석민, 2006: 5).

그러나 대안학교를 새로운 유형의 학교로 정의한다고 해도 학교라는 틀 속에서 요구되는 전통적 기준, 예컨대 교직원, 시설과 같이 유형적인 기준과 조직이나 운영 원리와 같은 무형적인 기준은 어느 정도 충족하고 있어야 비로소 학교의 범주에 포함시킬 수 있다. 이런 섬에서 본다면 엄밀히 말해 대안적 교육기관을 통칭하는 '대안교육' 이라는 개념과 대안적 교육기관 중에서 학교라는 최소한의 형식을 준수하고 있는 교육기관을 지칭하는 '대안학교' 라는 개념은 구분될 수 있다.

마찬가지로 최근 대안학교 법제화의 대안교육 개념 규정에서 대안학교는 학교부적응아를 위한 혹은 개성 발달에 초점을 맞추어 여기에 부합하여 이루어지는 다양한 학교형태로 규정되고 있는데, 여기서 학교부적응아뿐만 아니라 개성과 인성 발현 문제를 언급한 것은 진일보한 것이나 지금까지 학교부적응아 문제가 늘 중심적 과제로 인식되어 왔음은 부인할 수 없다. 전국의 여러 시 · 도교육청에서 관심을 가지고 설립하고자 하는 공립 대안학교는 학교 부적응아에 대한 것이 대부분이다. 이러한 오해는 대안학교의 건전한 육성을 위해서 바람직하지 않다. 대안학교가 우리 사회의 다원화 추세에 맞춰 학교 체제의 다양성을 보장해 줄 뿐 아니라 교육수요자의 학교선택권을 확충해 주는 기제로서의 역할을 한다는 사실이 간과되어서는 안 될 것이다.

(4) 새로운 학교유형의 등장에 따른 명칭 정립

대안학교의 개념이 명확하지 못한 이유 중의 하나는 최근 생겨나고 있는 새로운 유형의 학교가 제각기 다양한 모습으로 등장하고 있기 때문이다. 특성화고등학교, 자율학교, 자립형사립고등학교, 특수목적고등학교 등 최근에 등장한 새로운 유형의 학교 명칭은 대안학교 개념 정립의 어려움을 가중시키는 원인이 되고 있다(김병길, 황금섭, 2001: 9).

예를 들어, 일반적으로 대안학교로 인정되는 풀무학교는 대안교육 분야 특성화고등학교가 아니기 때문에 법적 테두리에서는 대안학교라고 볼 수 없다. 또 대안학교라는 용어가 등장한 초창기에 대표적인 대안학교로 주목받은 거창고등학교는 법적으로는 어떠한 대안학교 유형에도 포함시킬 수 없는 일반학교이면서 교육과정 운영의 특례를 인정받은 자율학교로 운영되고 있다. 한편 개인의 수월성 함양을 목표로 하는 민족사관고등학교의 설립 취지는 대안학교와 유사하지만 대안학교로 규정하지는 않고 단지 자립형사립고등학교로 지정되어 있다. 재적응, 중도탈락자를 주된 교육의 대상으로 삼는 영산성지고등학교는 대안교육 분야 특성화고등학교이지만 자립형사립고등학교는 아니다. 이것은 새로 등장한 학교에 대한 분명한 이해와 상호 간의 포함 관계에 대한 상세한 비교 없이는 대안학교에 대한 명확한 개념 정립이 혼란스러울 수밖에 없음을 말해 주고 있는 증거이다(최석민, 2006: 6).

새로운 학교와 대안학교 사이의 개념적 혼란 양상은 통상 연구자 개인에 의해 자의적인 개념 설정에 의존할 수밖에 없는 환경을 조성하기 때문에 대안학교에 대한 개념 정립의 어려움은 가중된다. 그렇다고 해서 대안학교에 대한 개념 정립의 작업은 대안학교의 정체성 확보를 위해서 소홀히 해서는 안 될 것이다.

2) 대안학교의 준거와 개념적 정의

(1) 준거 지향적 개념 설정의 필요성

대안학교 관련 연구에서 나타나고 있는 보편적인 접근 방식은 먼저 대안학교의 개념적 정의를 시도하고, 그 범위 내에서 교육내용과 방법, 예시 등에 대한 논의를 전개하는 것이다. 그러나 이런 접근 방식은 피터스(R. S. Peters)가 교육의 개념을 분석하는 작업에서 제기하였던 문제와 그 형식이 정확하게 일치한다(이홍우 역, 2003). 즉, 그가 『윤리학과 교육(*Ethics and Education*)』에서 논의하였던 방식을 대안학교의 개념 분석에 적용할 때, 대안학교에 대한 잠정적 정의와 이에 따른 논의 전개는 분석하고자 하는 용어(대안학교)의 개념 속에 놓여 있다. 예를 들어, 대안학교를 '기존의 학교교육에 대한 새로운 시도를 목적으로 설립한 학교' 라고 말할 때의 대안학교 개념은 새롭다는 것을 개념의 두드러진 특성으로 간주할 수 있다. 그러나 대안학교가 지니고 있는 많은 특성 중에서 일부 필요조건만을 제시한 것에 불과하다. 그러므로 피터스의 방법론에 따르면, 대안학교라는 낱말이 사용되고 있는 모든 사례를 분석하고, 그 속에 내재된 가족유사성(family resemblance)을 추출하며, 그것을 준거로 사용함으로써 그 개념적 타당성을 따져 보는 방식을 적용할 수 있다. 그것은 교육의 개념이 예시하듯이 대안학교 개념도 어떤 특정한 학교를 지칭하는 것이 아니라 학교가 갖추어야 하는 공통적 기준을 명시하는 것과 같기 때문이다. 그렇다면 이러한 분석철학적 방법을 차용한 준거 중심의 개념 분석방법을 통해 대안학교의 개념을 분석할 때, 이 접근이 가져다줄 수 있는 장점은 무엇인가?

우선 우리에게 '인 것' 과 '아닌 것' 을 비교적 명확히 구분할 수 있는 기준을 제시해 준다는 점에서 개념의 도구적 기능성을 보증해 준다. 일반적인 개념 정의에서 볼 수 있는 대안학교의 특정 측면만의 강조가 가지고 있는 관념적이고 이상적인 개념화가 아니라, 가시적이며 명확한 기준을 제시해 준다.

또 다른 장점은 개념에 대한 평가가 용이하다는 점이다. 스미스와 버크(Smith & Burke, 1976)가 제시한 세 가지 준거 중 세 번째의 것은 미국이라는 다인종 사회에서는 타당할 수 있는지는 모르나 단일 민족으로 구성된 한국적 상황에는 적합치 않다. 또한 지역적 요구와 관련된 두 번째 준거도 비교적 동일한 교육적 문제를 안고 있는 국내 상황과 비교할 때 그리 적절해 보이지 않는다. 그러므로 개념의 명시성과 구체성에는 오는 평가의 용이성은 그 준거의 적절성을 다양한 관점에서 물을 수 있다는 장점을 가진다.

물론 이런 분석방법에도 한계는 있다. 그것은 일반적인 분석철학의 한계에 대한 지적과 그 맥락을 같이한다. 즉, 이 준거들은 그 속성상 과거 지향적일 수밖에 없다. 이는 현재 사용되고 있는 용례는 이전의 개념 논의의 반영이라는 점에서 쉽사리 도출될 수 있는 한계 영역이다. 또한 문화권이나 사회에 따라 같은 대상에 대한 다른 방식의 준거가 제시될 수 있다. 이는 언어게임(language game)적 관점에서는 절대적 기준에 대한 비판과 같은 맥락에서 충분히 타당한 것으로 이해될 수 있으나, 모더니즘의 관점에서는 보편타당한 기준이 미비하다는 측면에서 제약을 의미할 가능성도 안고 있다.

(2) 대안학교의 준거

① 논리적 준거: 이상의 실험-이상의 포괄성과 수요자의 선택

이미 앞에서 논의한 바가 있는 것처럼, 대안학교는 기존의 공교육제도에 대한 문제 제기에서 비롯되었다. 공교육문제에 대한 대안의 설정과 그것의 구현에 있다는 점, 그리고 구현 방식과 내용이 다양한 스펙트럼을 형성하고 있다는 점은 곧 대안학교의 개념적 조건의 한 측면을 시사한다. 그것은 대안학교 생성의 논리적 전제를 의미하는 것으로서, 첫째, 대안학교는 이상에 대한 지향 행위의 실체화로 존재한다. 다시 말해 교육에 대한 이상이 먼저 있고 그다음에 그것을 구체화할 방법론으로 학교가 생겨난다. 학교

없는 이상은 다양한 형태로 그 발현을 모색하지만, 적어도 이상 없는 학교는 대안학교라 불리기 어렵다. 이상은 현실과 대치되고 현실에는 존재하지 않는 초월적 규범과 가치를 가리키는 말이라 할 때, 대안학교는 곧 교육의 이상을 실험하는 곳인 것이다. 결국 자구적 의미에서 대안학교의 대안은 '또 다른'의 의미가 아니라 이상을 의미하며, 학교는 이상 실험의 구체적 모습이다.

많은 대안학교에서 이러한 이상의 실험은 지나치게 학생을 통제하고 억압하며 교사를 중심으로 이루어지고 있다고 비판한다. 또한 학생의 잠재 가능성을 존중하여 상대적으로 학생의 주체성과 자율성을 인정하며 민주적인 삶의 방식을 어릴 때부터 경험하도록 하는 방향으로 학교 운영에서 구체화하고 있다. 뿐만 아니라 개별화된 인간과 격화되는 경쟁을 부정하고 공동체적 의식과 삶의 태도를 향상시키기 위해 학교 운영과 규칙의 제정 등에 학생의 참여를 활발하게 유도하는 한편, 노작활동을 통해 노동의 가치와 생명존중 사상을 가르치고 있다. 대안학교는 새로운 이상을 기반으로 학교를 설립하였으며, 그 이상의 실험을 교육과정의 운영이라는 모습으로 구체화시키고 있다(이병환 외, 2004).

그러나 여기서 우리는 우선 이상적 실험의 내용적 범위가 아니라 공통적·형식적 범위를 한정할 수 있다. 다시 말해 이상의 구현을 위해 학교를 설립한다는 말은 적어도 그 이상의 규모와 방법론의 범위가 '학교'를 설립하여서만이 해결될 수 있는 정도의 비교적 큰 범위에 국한된다는 점이다. 개별 교원의 노력만으로도 다소간의 해결책을 도출할 수 있는 작은 문제에 대해 대안교육이라는 용어를 사용하고 대안학교를 세우려고 한다는 것은 논리적으로나 현실적으로 모순에 가깝기 때문이다. 고병헌(1997)이 지적하고 있듯이 대안교육이란 기존의 교육과 그저 조금 달라서는 안 되며, 학교교육의 이념적 성향이나 인간관, 자연관, 사회관, 세계관 등에 근본적인 문제를 제기하는 것이다. 그러므로 대안학교는 기존 학교 관행에 대한 비판과 그에 대한 대안을 구현하는 학교이지만, 그 문제 제기의 범위가 학교 수준

탐색 이상의 문제를 해결하려는 시도라는 사실을 염두에 두어야 한다.

이러한 이상의 형식적 범위와 더불어 대안학교가 추구하는 이상적 실험의 두 번째 논리적 조건은 학생과 학부모의 '선택' 요소이다. 이상은 그것이 이상이라는 측면에서 그 실험의 성공을 누구도 확고하게 장담할 수는 없으며, 그러므로 여기에는 학생과 학부모의 선택이 필수적이다. 물론 여기서의 선택은 단순한 선택이 아니다. 여기서의 선택은 대안의 이상성이 가져다주는 이념에 매료되어 학생 자신과 자녀의 평생을 건 위험을 자발적으로 감수하는 선택이다. 대안학교가 교육의 다양화를 통한 학부모의 교육 선택권을 강화하기 위한 목적으로 설립된 것이라고 보는 견해(Raywid, 1994)는 이상적 실험의 논리적 준거인 선택의 요소를 강조하고 있는 것이라고 볼 수 있다. 대안학교의 이러한 측면은 이상의 타당성에 대한 검증에 대한 지적이기도 하거니와 향후 학교 운영에 필요한 구성원의 자발적 참여 조건이 되기도 한다는 점에서 매우 중요한 역할을 한다. 예컨대, 초기 미인가로 설립된 간디학교의 자발적인 학부모 모금 활동과 운영회의에 대한 열성적 참여는 바로 이상의 선택에 대한 책임에서 비롯되었다고 볼 수 있다.

결국 대안학교의 논리적 준거는 대안의 이상성과 범위 조건 및 구성원의 선택으로 요약될 수 있다. 이는 주로 대안학교가 지향하는 내용적 조건이라기보다는 주로 존재에 대한 외적 조건을 나타낸다.

② 역사적 준거: 진보주의 교육

대안교육을 연구하는 사람들 사이의 논의에서 대안교육보다는 '새로운 교육문화'로 호칭하여야 함이 주장되었다는 사실(이종태, 2001)은 대안학교의 준거를 밝히는 이 장의 목적에 시사하는 바가 크다. 기존의 학교문화는 지식과 정보의 전수에만 집중하는 교사 중심의 수업, 과도한 경쟁을 통해서 학습 효과를 높이려는 경쟁적인 수업분위기, 교과목 위주의 수업운영, 입시 위주의 학습방법 등으로 일관해 왔다. 이 때문에 학생들의 자율성과 창의성이 말살되고, 타인이 대상화되며, 개인이 원자화되는 결과를 초래(송순재, 1997)하여 어느 나라를 막론하고 수만 명 이상의 학업 중단자를 양산시켰다.

학교의 위기에 대한 이러한 인식을 바탕으로 새로운 교육문화, 즉 교육과 삶 사이의 균열 극복, 행위 능력이 있는 성품을 가진 인간으로의 도야, 개별화, 공동체 정신 함양, 전인교육, 아동의 관심, 자발성, 자기규정성 존중, 통합과목의 실시, 자연으로의 접근, 이에 상응한 교사역할의 변화 등(김명신, 2002)을 목적으로 운영되는 학교가 설립되기 시작하였고, 이를 포괄적으로 대안학교라는 이름으로 명명하였다. 이에 따라 대안학교는 아동관, 지향가치, 학습 내용과 방법, 기반 철학, 활동 내용, 규모 등에서 기존의 학교문화와는 다른 새로운 교육문화를 염두에 두고 만들어졌다.

물론 대안학교는 문제 제기의 근거가 되는 기존의 문화에 대한 인식차이나 문화적 특성, 지리적 환경에 의해 각 나라마다 제각기 특징적인 면이 있을 수 있다. 그러나 지향하고자 하는 근본정신에서는 큰 차이를 보이지 않는다. 다시 말해 교육 이념에서의 공통 요소는 근본적으로 아동 중심적 교육관을 견지하고 있으며, 교육 내용의 특징은 영국 하트랜드(Hartland)의 '작은 학교' 에서 예시되는 것처럼 노작 중심의 생활교육이나 발도르프학교에서처럼 예능교육 및 체험교육을 강조하는 등 다소간의 차이를 보여 준다고 할 수 있으나, 일상생활과 유리된 박제된 지식이 아니라 생활 속에서 스스로 인식을 통해 구성해 낸 지식을 실제 체험을 통하여 내면화하는 방식을 채택하였다. 그럼으로써 다양성을 존중하는 교육, 전인적 인간성의 육성을 목적으로 하는 교육을 실천하고 있음을 알 수 있다. 특히 이러한 측면은 학교 운영의 중심이 되는 교육과정 운영에도 그대로 적용되므로 학교가 목적으로 하는 이상적 정신이 학생들의 생활과 학습을 통해 구체화되도록 하였다. 또 교육환경적 측면에서는 자연과 함께 쉽게 동화될 수 있는 학교환경을 마련하고 있으며, 학교 규모 면에서 학생 개개인의 개성이 존중될 수 있도록 '작은 학교' 를 지향하고 있다.

그러나 이런 새로운 교육문화는 교육의 철학적 탐색에서는 어떤 면에서 별반 새롭지 않다고 보아도 좋을 것이다. 19세기 말부터 시작된 신교육운동, 20세기 초 개교하여 현재는 전 세계적으로 널리 알려진 서머힐이나 슈타이너(J. Steiner)의 발도르프학교, 시카고대학교에 설치되었던 듀이(J. Dewey)의 실험학교나 최근 세계적 주목을 받고 있는 서드베리밸리(Sudbury Valley)학교, 하트랜드의 '작은 학교' 등은 이미 이런 교육을 실험적으로 적용하여 교육철학적으로 낭만주의(romanticism), 자유학교(free school) 혹은 생태주의 운동을 이미 성립시켰기 때문이다. 이는 큰 범위에서 볼 때, 진보적 교육사조에 해당되며, 기존 학교문화의 재생산보다는 자유, 협동, 노작, 환경을 중시하는 새로운 학교 구성의 이념의 생성과 전개를 의미한다.

이러한 분석은 비단 듀이를 근대 대안학교 운동의 아버지로 간주하고자 하는 몰리(Morley, 2001)의 지적이나, 대안학교는 미국 교육이 생겨날 때부터 이미 존재했다는 영(Young, 1990)의 분석, 그리고 국내 대안교육의 주도자들의 사상적 기저가 진보적 교육운동가에서 비롯되었다는 연구자들의 분석(김경식, 이병환, 2002)에서 공통적으로 드러나는 바와 같이 비단 학술적인 측면에서만 감지될 수 있는 것은 아니다. 그러한 대안학교의 이념으로서 진보 정신의 추구는 이미 우리의 의식 속에 자리잡고 있다고 보아도 좋을 것이다. 예를 들어, 우리는 최근 교육적 우수성으로 널리 알려지고 있는 민족사관고등학교를 대안학교라 칭하기 꺼리는 이유를 알고 있다. 즉, 이 학교가 드러내는 교육적 성과의 탁월성 여부의 관점과는 다른 측면에서 이곳은 이념과 취지에서 진보적 역사성을 반영하지 못하고 있기 때문이다. 그러므로 대안학교는 역사적 근원으로 보아 진보적 교육을 추구하는 교육운동의 실천적 지향 형태이며, 따라서 대안학교 교육의 내용적 조건을 형성하고 있다고 볼 수 있다.

③ 법제적 준거: 법적 요건 충족

대안학교도 학교라는 점에서 기존의 인가된 학교들이 충족하고 있는 학교로서의 조건을 만족시켜야 함은 어찌 보면 당연한 일이다. 이는 학교로 지칭되기 위해서는 설립과 운영에서 최소한의 법제적 요건을 충족시켜야 한다는 것을 의미하며, 대안학교도 다소간은 학교가 가지고 있는 공통적 합의를 준수하여야 한다는 조건에 대한 규정을 시사하고 있다고 볼 수 있다. 외관상으로 보아 매우 사소한 조건으로 보일 수 있는 이러한 법제적 측면은, 예를 들어 간디중학교와 경남교육청 간에 있었던 여러 가지 갈등 양상에서 보듯이 규정에 의거한 학교의 관점에서 대안학교를 바라볼 때, 대안교육을 행하는 모든 곳이 곧 대안학교는 아니라는 입장을 견지하는 것으로 간주될 수도 있다는 측면에서 대안학교가 가지고 있는 학교문화 비판이라는 이념적 측면을 강조하는 관점과 갈등의 소지를 안고 있다. 그러므로 대안학교 개념 준거 설정에 법제적 기준을 포함시켜야 하는가의 문제는 매우 논쟁적인 성격을 띠고 있다는 점에서 그 정당화에 엄격성이 요구된다.

이 문제에 대한 논의를 위해 우선 현재의 대안학교에 대한 법제적 측면에 대해 살펴보자. 현재 대안학교에 대한 가장 직접적인 규정은 2005년 3월 24일에 신설된 초중등교육법 제60조 제3항의 "학업을 중단하거나 개인적 특성에 맞는 교육을 받고자 하는 학생을 대상으로 현장 실습 등 체험 위주의 교육, 인성 위주의 교육 또는 개인의 소질 적성 개발위주의 교육 등 다양한 교육을 실시하는 학교"로 정의하고 있는 규정과 동 법에서 위임한 사항과 그 시행에 필요한 사항을 규정하고 있는 「대안학교의 설립 · 운영에 관한 규정」(대통령령 제20116호, 2007. 6. 28. 공포)이다. 이 규정의 제정으로 단위 대안학교와 시 · 도교육청의 재량권은 대폭 확대되었지만, 상대적으로 교육운영의 전반에 걸쳐서 책무성도 높아지고 있다.

한편 법제적 측면을 중심으로 대안학교를 바라보는 것에 대해 관련 연구자들이 보여 주는 태도는 일반적으로 부정적이다. 사실 여러 형태의 대안학교를 제도교육과의 관계에 따라 제도 밖, 제도 안, 제도 곁의 대안교육으로 유형화하고 있으며 이러한 분류가 여러 곳에서 재인용되고 있다는 사실, 그리고 강대중(2002)의 이념적 분류인 자유학교형, 생태학교형, 고유이념추구형, 재적응학교형에 대해 계절제나 방과 후 프로그램형 대안학교가 제외되는 문제점을 지적한 바는 대안학교가 학교로서의 법제적 기준을 충족하지 않더라도 성립이 가능함을 보여 준다. 이러한 인식에는 "사립 각급 학교의 교사 및 교지는 당해 학교를 설립 경영하는 자의 소유여야 한다는 규정은 열악한 재정 여건에 있는 대안학교가 학교로 인가를 얻을 수 없도록 만들고 있다."거나(김성기, 2004), "이 같은 규정이 정부나 자산가의 학교 독점을 정당화하는 근거"(이종각, 2001)라는 지적에서 예시되는 바와 같이, 법제적 기준을 충족하는 새로운 형태의 학교는 그 설립에 막대한 자본이 요구됨으로써 학교를 통한 교육적 이상의 추구라는 대안학교의 이념이 구체화되기 어렵다는 생각이 그 기저에 깔려 있다. 그러나 이와 같은 대안학교의 법제적 측면과 대안학교 연구자들이 보여 주는 관점의 대립은 다음 두 가지 사항의 고려를 통해 그 절충점을 찾을 수 있을 것이다.

첫째, 현재 법 제도의 변화 가능성이다. 법은 과거 시민정신의 반영이라는 점에서 다소간 과거 지향적인 속성을 띨 수밖에 없으며, 더욱이 선각자의 눈에는 법이 늘 진부하고 시대정신에 부합하지 않는다고 볼 수 있는 측면이 있을 수 있다. 미국의 홈스쿨링의 사례는 그러한 단면을 잘 보여 준다. 홈스쿨링은 초기 대부분의 주에서 비합법적으로 운영되다가 그 수가 폭발적으로 증가하자 이제 거의 모든 미국의 주에서 합법적으로 인정되고 있다. 그럼에도 불구하고 미국의 주 정부가 교육의 질을 관리해야 하는 의무를 저버리고 있는 것은 아니다. 모든 주는 홈스쿨링에 관련된 법과 규제가 있으며, 여기에는 연례 평가와 학생들의 학업수행에 대한 보고를 필수 조건으로 요구함으로써 학생들의 성취와 교육효과를 높이는 데 초점을 두고 있다(Koetzsch, 1997). 이는 교육수요자의 교육선택권과 의무교육정신에 입각한 국가의 국민 교육에 대한 책무를 조화시키고 있는 것이다.

이러한 시점에 우리나라의 대안교육 관련법도 그 기준의 엄격성이 다소 허용적으로 변화해 나가고 있다는 사실은 무척 다행스러운 일이 아닐 수 없다. 대안교육의 본래 목적을 충분히 인정하면서도 그 법제적 성격을 충족할 수 있다면 교원 인건비 등 여러 가지 지원이 가능해져 교육활동이 더욱 만족스러워질 수 있다는 생각 때문이다. 물론 향후 우리나라의 대안학교 관련법도 홈스쿨링을 포함하여 좀 더 다양한 학교제도를 인정하게 될 것이다. 그러나 그에 따라 준수해야 할 제반 규정도 생성될 수밖에 없을 것이다.

둘째, 법제적 기준이 없거나 완화되는 것도 꼭 바람직하다고 볼 수 없다는 우려가 있다. 예를 들어, 대안교육 전문지 『민들레』 발행인 현병호는 "학교 설립 기준이 완화되면 대안학교에 대한 철학도 없는 이들이 너도나도 대안학교 설립에 뛰어들어 대안학교의 정체성에 상당한 혼란이 생겨날 것"이라고 우려했다. 사실 이러한 우려는 단순한 기우만은 아니다. 대안학교의 한 종류 혹은 공립학교의 대안정신에 의한 교육의 한 형태라고 할 수 있는 차터스쿨(Charter School)의 상당수가 영리를 목적으로 운영하고 있는 것으로 나타나고 있으며(이명숙, 2005), "기본으로 돌아가자(back-to-basics)."라는 전통적 가치를 내걸고 운영되는 대안학교도 새롭게 등장하고 있다는 것(Koetzsch, 1997)에서 보듯이, 대안의 본래 정신과 거리가 먼 대안학교가 생길 수 있음을 충분히 예측할 수 있는 상황이기 때문이다.

이러한 사실을 종합해 볼 때 법제적 측면은 대안학교를 육성하고 지원할 수 있는 하나의 체제를 의미하며, 또한 학교 설립의 이념과 목적의 순수성을 유지시켜 줄 수 있는 준거의 역할을 한다는 측면에서 매우 중요하다는 것을 알 수 있다. 다만 시대의 흐름을 좀 더 유연하게 반영하여 개정 신설될 수 있는 시스템이 대안학교 관련 법령 속에 구축되도록 하는 것이 앞으로 다시 생겨날 수 있는 법령과 실천가 사이의 갈등을 대비하는 전제라는 점은 명백해 보인다(최석민, 2006).

(3) 대안교육 개념 논의

'대안교육'이란 무엇인가? 대안교육에 대한 일관된 입장을 정리하기 쉽지 않기 때문에 앞서 몇 가지 준거를 통해 대안학교의 얼개를 추정하였다.

대안학교 개념 정의의 혼란 양상은 대안학교, 대안적 학교, 새로운 학교, 열린 학교, 작은 학교, 실험 학교 등 유사한 용어가 혼재되어 편의에 따라서 사용되고 있다는 점에서도 쉽게 이해할 수 있다. 변화의 실제가 다양한 만큼 대안교육이라는 말로 표현되는 내용도 매우 광범위하다. 예컨대, 그러한 변화는 미국의 '학교 재구조화 운동(Restructuring movement)'[1]이나 1990년대에 한국의 학교 현장에 불어 닥쳤던 '열린 교육운동' 처럼 기존 학교교육의 틀을 그대로 둔 채 학교운영과 학습방법의 혁신을 모색하는 것을 비롯하여 전혀 새로운 형식과 내용을 추구하는 학교에 이르기까지 일련의 스펙트럼을 이루고 있다(Mecklenburger, 1992). 이 중에서 '어디부터가 대안교육이라고 할 수 있는가?'의 물음에 대한 이해는 사람마다 다르다.

'대안교육이란 무엇인가?'라는 문제는 사전적 정의를 둘러싼 물음에 관한 것이라기보다는, 대안교육이라는 말 안에 '어떤 내용을 담아낼 것인가?' 하는 물음에 관한 것이다. 대안교육에 대한 개념을 이해하기 위해서는 처음 '대안' 이라는 용어가 사용되었던 의도나 맥락을 우선 이해해야 한다. 1990년대 중반 한국 교육의 문제를 고민하면서 새로운 학교를 꿈꾸는 모임을 통해 '대안' 이 제기되었다. 특히 고병헌과 함께 연구하였던 사람들은 근대 사회가 지향하는 가치관에 대한 문명 비판적 입장 속에서 우리 교육의 변혁 필요성을 절감하던 중, 그 지향성을 가장 적절하게 표현해 내기 위한 용어를 '대안(alternative)' 이라는 개념에서 찾았음을 밝혔다.

---

1) 미국에서 공화당의 부시 행정부에서부터 전개된 '새로운 미국 학교' 건설의 움직임이다. 이를 위해서 1991년에 '새로운 미국 학교 개발 법인(the New American Schools Development Corporation: NASDC)' 이 설치되고, 그해에 이 법인은 학교에 대한 고정관념을 깨면서 세계 최고 수준의 21세기형 학교를 설계하는 아이디어를 공모하였다. 아이디어의 공모는 "미국 최고의 지성이 학교의 개념을 완전히 다시 생각하며" 미래를 생각하여 창안하게 되는 21세기의 '학습 환경' 의 모습을 찾기 위해 이루어졌다(Kearn, 1993). 실제로 법인은 686개 응모 제안 중 11개 제안을 선정하여 지원을 약속한다(Mecklenburger, 1992). 여기에서 등장한 것이 차터스쿨(Charter School)의 형태인데 재정은 정부에서 지원하고 지역의 특성에 맞는 교육 프로그램을 자체적으로 개발하는 학교이다. 이는 학교 간의 경쟁을 불가피하게 하여 학교교육의 질을 향상시킬 것을 목적으로 한다(Bodily, 1996).

이런 점에서 대안이라는 말은 교육 영역에서 쓰이는 고립된 용어가 아니며, 이를테면 대체 의학, 대안 미디어, 대안 사회 같은 용어와 어깨를 나란히 하도록 하여 사용할 수 있는 개념이다. 고병헌은 자신의 개념을 생소한 것이라거나 새로운 것이라 말하지는 않는다. 다만 그는 우리 교육 풍토에서 어떤 내용을 그 말에 담아내느냐 하는 데 관심을 기울였고, 그 점에서 그가 말하는 대안교육이란 다른 문화권의 그것과 차별성을 가질 수밖에 없다는 견해를 피력하였다. 이런 관심사를 그는 '대안교육 모색을 위한 워크숍'(1995년 7월 4~5일, 경기도 수지)을 통해 표명하였다. 이 자리에는 그러한 문제의식을 가지고 오래전부터 일해 왔거나 혹은 새로이 관심을 표명한 일단의 교사, 학부모, 교육관련 실천가, 교육행정가, 학자, 언론사 관계자가 함께하였다. 여기서 '대안' 이라는 명제하에 이루어진 몇몇 의미 있는 발제와 대화의 결과는 이후 일련의 사회적 반향을 불러일으키게 되었다.

그는 자신의 명제 제기가 한국적 상황에 바탕을 두고 이루어지긴 했지만, 아울러 국제적 연대 의식까지도 반영한 것이라는 점을 밝히고 있는데, 특히 현대 주류 사회와 현대 문명이 강요하는 성장주의, 경쟁 이데올로기 등이 판치는 반생태적 현대 문명의 불가피성에 저항하기 위한 의도에서 제도뿐만 아니라 제도에 바탕을 이루는 철학을 근본적으로 재검토하면서 교육 패러다임을 모색하기 위한 노력의 표현이었다고 주장한다. 그는 당시 유일한 진보적 교육운동 단체인 전국교직원노동조합이 교육 제도와 구조의 변혁, 조직의 합법화와 강화에 초점을 맞추고 있었던 반면, 이러한 문제와 위기의 근본적 원인이라 할 수 있는 '지속 가능한' 혹은 '지속가능할 만한' 가치나 철학은 상대적으로 소홀히 다루었다는 점을 지적하면서 그것과 대안교육운동 간의 지향점상 차별성을 부각시키고 있다. 이는 요컨대 교육개혁에 대한, 단순히 법과 제도의 쇄신에 집중된 '재건주의적(reconstructive)' 방식과 구별하여 '변혁주의적(transformative)' 방식으로 이해하려는 것이다.

요컨대 그렇게 대충 걸어놓은 큰 틀이라는 뜻에서 고병헌이 의도했던 대안교육이란 무엇인가? 그것은 말하자면 우리 교육 전반에 걸쳐 이루어져야 할 특정한 변혁에 대한 촉구라 할 수 있겠다. 그러한 변혁이라면 아마도 상당수 사람들이 공감할 수 있을 것이며, 다만 그러한 바를 '대안' 이라는 말로 묶어서 표현한 것이 아닌가 한다. 여기서의 변혁은 어떤 부분적인 변화가 아니라 우리 근대 교육 근저에 깔려 있는 패러다임의 전환을 통한 변화를 의미한다. 이는 그가 자신의 명제를 시종일관 생태교육적이며 평화교육적인 시각에서 풀어내고 있는 데서 잘 확인할 수 있다. 즉, 그의 근본 의도는 바로 이어진 다양한 연구모임에서, 당시 문민정부가 내건 세계화 교육정책에 대해, 즉 그 문제점과 향후 초래될 부정적 파장에 대해 거론하기 시작한 데서 잘 드러난다. 당시 세계화 교육정책이 발표될 당시만 해도 이 문제가 가진 성격과 위험성을 간파하고 명료한 입장에 서서 논쟁의 기치를 내건 교육운동 단체는 거의 없었다 해도 과언이 아니다(송순재, 2007).

한편 '대안' 을 사전적 정의에서 근거해서 이해할 경우에는 대안교육에 대해 오해할 소지가 있다. 사전적 정의에 따르면 '둘 중 또는 셋 이상에서 하나를 선택할 여지' 로 해석된다. 그런데 이런 식의 이해로는 '대안교육' 은 단지 새로운 형태의 교육에 불과하며, 처음에는 대안적인 것일지라도 일단 보편화된 다음에는 그것 역시 '전통적' 인 것이 되기 때문에 궁극적으로는 '기존의 교육' 과 차별성이 없다는 문제 제기가 가능하다(강태중 외, 1996). 그러나 여기서 중요한 점은 '선택' 이 가치 중립적인 상태에서 이루어지는 맹목적인 것이 아니라, 오히려 적극적인 '가치 선택' 을 전제로 하고 있다는 것이다.

대안교육에서 말하는 '대안' [2)]은 '기존의 교육' 과 그저 어떤 면에서 조

2) 대안이라는 말의 뜻을 국어사전에서 찾아보면 일반적으로 네 가지 의미로 해석되는데, 첫 번째 대안(大安)은 아주 평안하다는 뜻이며, 두 번째 대안(代案)은 '어떤 일에 대처할 안' 이라는 뜻이고, 세 번째 대안(對岸)은 바다나 호수 · 강 등의 건너편에 있는 언덕이나 기슭이며, 네 번째 대안(對顔)은 서로 마주 보는 것을 뜻한다. 하지만 '대안교육' 이라는 단어에서의 '대안' 에 해당하는 대안은 아마도 두 번째나 네 번째의 해석이 적합한 것이 아닌가 한다. 다시 말해서 여기서 '대안' 이라는 말은 구체적인 이상향을 품은 교육의 새 꿈을 실현해 나가는 과정 자체까지 기존의 그것과는 다른 방식으로 꾀한다는 뜻이다. 즉, 교육의 새 꿈을 꾸고 그 길을 닦고 실현하는 모든 과정에서 새로움을 모색한다는 뜻으로 해석하여야 할 것이다.

금 '다른, 새로운' 그 무엇이 아니라 기존의 학교교육에 기반하고 있는 이념적 성향이나 인간관, 자연관, 사회관, 세계관에 대한 근본적인 문제 제기를 근거로 하고 있다. 그러므로 대안교육은 단순히 '새로운 교육'이 아니며 따라서 대안교육운동은 일련의 '교육개혁안'과 질적 차별성을 갖는다(고병헌, 1997). 이는 새롭다고 해서 반드시 좋다는 것을 뜻하지 않으며, 그동안 시도되어 온 수많은 '새로운 교육실천'이나 '교육개혁안'과 비슷한 성격을 지니고 있긴 하나 분명한 차별성도 보이고 있기 때문에 '대안'이라는 용어를 사용했다. 즉, '새롭다'는 것이 결코 '가치 있다'는 의미일 수 없으며, 또한 대안교육운동이 추구하는 것은 행정적, 제도적 변화뿐만 아니라, 근본적으로는 사고의 변화, 가치 형성에서의 변화, 기존 가치의 근본적 전제들과 현 사회 질서와 학교 제도가 뿌리를 두고 있는 토대 그 자체의 변화까지도 포함하기 때문이다. 그러므로 '어떠한 가치를 지향하느냐.'가 바로 하나의 교육 실천이 대안교육의 범주에 포함되는지의 여부를 판가름하는 매우 결정적인 기준이 된다.

'대안'이라 함은 기존의 법과 제도, 질서를 모두 무시하는 새로운 생각이 아니라 기존의 모든 제도와 법, 질서를 인정하면서 그 안에서 새로운 제도와 법과 질서를 찾는 것을 말한다. 대안교육은 성적(成績) 지상주의에 바탕을 둔 경쟁적이고 비인간적인 기존의 학교교육에서 탈피하여 개인적인 가치와 사회적인 가치가 존중되는 '공동체적 사회를 실현하는 것'을 교육목적으로 하는 새로운 교육실천운동이라고 할 수 있다. 즉, 대안교육은 개인의 잠재력과 능력을 계발하는 교육의 본질적인 목적 이외에 이웃, 지역사회, 자연과의 상호작용과 협동을 중시하는 공동체적 인간을 양성하는 것을 목적으로 한다.

위와 같은 논의를 토대로 '대안교육'[3]과 '대안학교'를 정의하면 대안교

---

3) 대안교육운동과 대안학교를 개념적으로 정리해 보자. 대안교육운동을 정의 내리는 데 몇 가지 견해가 있다. 우선 한국에서 대안교육운동을 초창기부터 주창해 온 고병헌은 독일의 '자유대안학교(Freie Alternativschule)' 운동의 대안적이란 말과는 근본적인 차이가 있음을 지적하면서

육이란 "기존의 제도권 학교교육이 무책임하고 비합리적이고 때로는 부적합하다는 한계에 대한 비판과 불만에서 출발하여 나름대로의 교육적 신념과 이상을 실천하고 운영하는 교육운동을 포괄한다."라고 정의 내릴 수 있다. 즉, 국가 주도 교육의 경직성 타계 및 공교육 정상화를 목표로 교육다운 교육을 추구하는 유형의 교육 형태를 말한다. 따라서 대안교육의 범주에는 학교의 틀 속에서 대안적 가치를 실천하고 있는 대안학교는 물론, 홈스쿨링(homeschooling),[4] 학습 공동체[5]와 같은 탈학교 유형의 교육 형태까지 포괄하는 개념이다. 이에 대해 '대안학교'는 학교라는 제도 유형을 따르면서 대안적인 접근방식을 취하는 학교 유형을 말한다. 이렇게 볼 때 '대안학교'는 대안교육의 범주에 속하며 학교라는 실체를 인정하면서 교육 본연의 모습을 되찾고자 하는 움직임으로 해석할 수 있다. 여기에서 우선 공통적인 것은 기존의 공교육 제도에서 더 이상 만족스러운 교육을 기대할

한국의 대안교육운동은 다양한 부문 운동 가운데서 교육에 초점을 맞춘 '교육운동'이며, 이제 막 사회적 관심을 받기 시작한 단계에 있는 것으로 기본적으로 '운동(movement)'의 성격을 띠고 있음을 주목해야 한다고 말하고 있다. 대안교육운동은 첫째로, 기존의 학교에 기초하고 있는 인간관, 사회관, 세계관, 자연관에 근본적인 문제제기를 하고, 미래에 대한 새로운 '대안적' 가치를 선택하는 적극적인 의미를 내포하고 있으며, 둘째로, 대안교육운동은 현실 변혁적 성격을 띠는 '운동'이어야 하며 마지막으로 대안교육운동은 교사와 학생 간의 실존적 만남을 통해서만이 가능한 책임감이 요구되는 '교육운동'이라는 것이다(고병헌, 1997). 이렇게 볼 때 대안교육운동은 제도권 안팎을 넘나들면서 실천을 만들어 내는 구조이기 때문에 다양한 교육 주체 간의 협력과 연대뿐만 아니라, 학부모운동이나 이전의 전교조운동과 같은 교육운동과 쉽게 그 접점을 형성할 수 있다. 따라서 '대안교육운동'은 공교육의 불합리를 개선하기 위한 밑으로부터의 자발적인 개혁으로 볼 수 있다. 이러한 자발적인 노력을 기초로 학교라는 현실적 실체 속에서 새로운 대안을 모색하려는 것이 '대안학교'로 규정될 수 있다.

4) 홈스쿨링(가정학교 혹은 재택학교로도 소개됨)에 대해서는 이혜영의 번역서(M. Mayberry 외 지음, 배우미출판사, 1998)가 소개되어 있는데 최근 미국을 중심으로 활발한 움직임을 보이고 있는 탈학교 유형에 해당된다. 즉, 학교라는 기관을 배제하고 가정에서 학습자의 흥미와 수준에 맞춰 교육하는 것으로 우리나라에서도 전국적으로 상당히 많은 학생이 홈스쿨링에 참여하고 있다. 영국의 경우 1944년 교육법에서부터 학교 이외의 장소에서 교육을 받을 수 있는 권리를 명시하고 있다. 1991년 현재 영국에서는 약 1만여 명에 달하는 학생들이 가정과 같은 학교 이외의 장소에서 교육을 받고 있다(Randle, 1991).

5) 학습공동체는 극단적인 대안교육의 형태로 학교라는 기관을 통하지 않고 지역사회의 기관을 이용하여 학습자 스스로 정한 주제에 대해 각자의 방식으로 학습하는 일종의 스터디 그룹을 말한다.

수 없다고 하는 것이다. 국가의 힘과 관료적인 조직을 기반으로 운영되는 기존의 공교육 제도는 학습자 개인의 자유로운 욕구를 충족시킬 수 없음은 물론이고 국가의 필요에 따라 원치 않는 것을 개인에게 강요하는 구조를 가지고 있다. 따라서 대안교육은 일차적으로 다양한 개인의 생각을 반영할 수 있는 자유로운 형식의 학교를 추구한다. 이러한 학교는 제도보다 인간을, 집단보다는 개인을, 교사보다는 학습자를 우선시한다.

이상에서 살펴보았듯이, 대안교육이나 대안학교가 개념적으로는 모호하고 명확하지 않지만 그것의 본래 의미나 성격은 파악할 수 있을 것이다. 여기서 말하는 대안교육은 개념적인 표현이기보다는 교육 현장에서 일고 있는 변화의 실세를 지칭하는 표현이기 때문이다. 그리고 그 변화는 기존의 방식과 내용에 따른 교육이나 학교로는 교육다운 교육을 담아낼 수 없다는 비판적 정서를 바탕으로 하고 있다.

3. 대안교육의 대두 배경

1) 공교육의 한계

획일적인 공교육 제도에서 탈피하여 교육 목적과 학생 수준 등에 따라 자유롭고 다양하게 교육과정 · 학습방법 등을 운영하는 대안학교는 기존의 교육제도와 학교 운영에 대한 의문과 비판에서 시작된다. 대안교육은 공교육 체제로서는 더 이상 대안적 교육이 불가능하다는 진단에서 대두되었다. 공교육 위기의 문제가 첨예하게 대두되면서 상대적으로 대안교육에 대한 관심이 증대된 것은 대안교육을 통하여 공교육에서 대두되고 있는 문제의 일부를 해소할 수 있다는 기대가 반영되었다고 볼 수 있다. 이것은 학교 붕괴로 대변되는 공교육 위기의 문제가 사회적 파장을 불러일으키고 있던

1990년대 후반에 가서야 정부에서 특성화고등학교의 형태로 공교육의 일부로 인정하였던 것에서도 알 수 있다. 이 당시 정부에서 대안교육에 관심을 가지게 된 계기는, 공교육 위기라는 절박한 상황이 압박하고 있던 상황에서 부적응 학생을 대상으로 기다림의 교육을 실천하고 있는 몇몇 대안학교의 경이로운 모습에서 공교육이 직면하고 문제의 해법을 찾았기 때문일 것이다.

사실 정부에서 처음부터 대안교육에 대해서 우호적이었던 것은 아니었다. 왜냐하면 대안교육이 추구하고 있던 이상적 교육의 모습이 지나치게 급진적인 모습을 띠고 있다고 판단한데다 대안교육을 이끌어 가는 주체들이 기존 체제에 대해 비판적인 성향을 지니고 있다고 생각했기 때문이다. 또한 지나치게 이상적인 교육을 추구하기 때문에 최소 수준의 학업성취에도 도달하기 힘들 뿐 아니라 학교라는 제도적 틀 자체에 대해서 회의적인 도피주의자의 실험적 노력쯤으로 생각되었다. 대안교육으로의 움직임은 정부의 교육 개혁 정책이 표방한 학교 체제의 근본적인 개선 노력과 공교육 붕괴라는 환경적 요인으로 인해서 제도권으로 향하게 되었다. 한마디로 대안교육 운동은 제도 교육의 병폐를 치유하고, 사회 개혁적 지향성을 가지며, '대안학교' 를 만들고자 하는 교육개혁운동이라고 할 수 있다(심성보, 1998).

대안교육, 대안학교라는 용어가 본격적으로 알려지기 시작한 지 겨우 10여 년이 지났다. 그러나 최근 한국의 교육모순이나 문제점을 지적하면서 새로운 대안으로서 대안교육, 대안학교가 새로운 화두로 떠오르고 있다는 것은 공교육으로는 교육 문제의 근본적 치유가 힘들거나 불가능하여 새로운 대안이 모색되어야 함을 인정하는 것이라 볼 수 있다.

오늘날 학교 부재론이나 학교 무용론으로 대표되는 비판의 목소리는 '생명이 없는 교실에서의 수업', '사제 간의 존경과 사랑이 사라진 학교', '더 이상 학생들에게 꿈을 심어 주지 못하는 교육현실' 등으로 나타나 다양한 모습으로 교육의 한계성을 표출시키고 있다. 그러나 교육 제도와 학교교육에 대한 의문과 비판은 비단 한국에만 국한된 문제는 아니다. 이미 1970년대에 프레이리(F. Freire)가 이에 의문을 제기했고, 이와 비슷하게 일리치(I. Illich)가 학교 이데올로기에 관한 명제와 함께 공적인 교육 제도의 허구를 폭로하면서 '학교교육에 대한 대안'을 문제로서 제기한 것은 오늘날 학교교육이 봉착한 위기 상황에 대한 하나의 단호한 문제 제기임에 분명하다.

공교육 제도 안에서의 이러한 결과는 국가적인 산업 발전에만 치중한 결과이다. 산업주의의 발달은 문맹을 퇴치시키고 고학력의 인구를 증가시키는 데 일조를 했지만 억압적이고 획일화된 교육방법으로 인해 개개인의 인간성은 상실되고 개성은 말살되어 결과적으로는 교육 그 자체를 황폐화시켰다(송순재, 1997). 부모나 교사까지도 대학 진학에만 관심을 가져 학생들의 삶은 무시당하고, 점점 자신의 목소리를 잊은 채 삶의 질적인 부분에는 정성을 기울이지 않아 소위 지적인 엘리트만을 양산해 내는 결과를 초래하였다. 교육계의 이러한 현상은 사회 각 분야에서 심각한 문제를 야기하고 있는데, 이를테면 이기주의가 팽배한 사회로 만든다거나 생명의 소중함을 생각하지 않는 무가치한 사회 분위기를 조성한다.

기존의 공교육 제도에 만족할 수 없다고 하는 것은 비단 형식의 문제뿐만이 아니다. 기존의 학교 제도는 근대 산업사회와 함께 출현, 발달한 것으로 근대성의 이념을 바탕으로 하고 있다고 본다. 즉, 오늘날 학교는 도구적 이성을 바탕으로 한 지식 위주의 교육 내용과 인간과 자연을 엄격히 분리된 관계로 보는 가치관을 지니고 있으며, 산업사회에 필요한 노동력을 양성하기 위한 통제 위주의 대량 교육 체제의 성격을 띠고 있다는 것이다. 이러한 바탕은 현대 문명의 위기와 비인간화의 근원이다. 따라서 대안교육의 또 다른 중요한 의미는 근대성을 기반으로 하는 기존의 학교교육과는 다른 세계관과 가치관을 지향한다는 데 있다.

일반 공교육 제도 안에서 교육에 대한 새로운 시각의 목소리인 '대안교육 운동'의 근본 취지는 교육의 형식, 틀, 구조 등 교육에 관련된 모든 활동 범위를 좀 더 다양하게 열린 구조로 가자는 것이 기본적인 주장이다. 이를 통해 위기에 처한 학교교육을 바로 세우려는 시도를 대안학교에서 하고 있다.

지금까지의 교육이 도구적 지식을 골자로 하는 교과교육을 통해 경쟁에서 생존하기 위한 방법과 능력은 잘 가르쳤지만 민주시민사회의 한 구성원으로서 필요한 시민으로서의 삶, 도덕적이고 윤리적인 품성의 도야, 실질적인 사회에서의 관계적인 측면은 비교적 소홀히 다루었다. 개인 본위의 지식 위주 교육이 현대교육에서 가져온 폐단은 많은 부분이 근대 계몽주의의 인간 이성에 대한 과도한 집중과 극단적인 진보주의의 믿음에 기인한다. 근대 계몽주의는 인간 해방과 인간 이성을 통한 합리적인 사회진보의 사상을 바탕으로 계몽적 교육 패러다임을 낳았고, 이 패러다임은 근대 산업사회에 적응하는 힘과 능력을 키워 주는 합리적 교육이념으로 발전하였으나, 교육에서 지식 교육의 팽창을 낳았다. 또한 시민사회의 기반이 된 자유주의 교육관은 개인주의적 교육철학을 토대로 개인의 발전이 사회의 진보를 이룬다고 하는 패러다임을 성립시켰지만 인간 개개인을 개별자로 전락시키는 원인이 되기도 했다. 특히 도덕적인 가치관, 공동의 목적을 위해 희생할 수 있는 공동체 의식, 학교 안에서의 사랑, 우정과 헌신이라는 공동체적 유대감과 연대감의 결여로 인한 도덕적 위기가 심화되고 있다. 이러한 문제점이 한국 학교의 수업상황에도 그대로 드러나고 있다. 지식과 정보의 전수에만 집중하는 교사중심의 수업, 경쟁적인 수업분위기, 교과목 위주의 수업운영, 지식 주입 위주의 획일적 학습방법, 그리고 교과서를 교육과정과 동일시하는 수업의 운영 등이 그러하다. 이와 같이 편협한 지식 위주의 학교교육은 학생들의 자율성과 창의성을 말살함은 물론이고 나아가 타인을 철저히 대상화하고, 개인은 원자화시키는 결과를 초래하였다.

그렇다면 문제는 '어떻게 이러한 현상을 극복하기 위한 새로운 교육의 모습을 찾는가.' 일 것이다. 이러한 일련의 노력이 현재 대안학교의 모습으로 나타나고 있다. 최근 날로 심각해지고 있는 청소년 문제의 원인이 학교교육에도 있는 만큼 사랑과 인간적인 결속을 중요시하고 환경을 생각하며 더불어 사는 공동체적 인간을 육성하려는 대안학교에 대한 관심이 높아지는 것은 당연한 결과라고 하겠다.

2) 사회운동의 일환으로서 대안교육운동

'신교육(new education)' 을 통하여 기존 제도 교육의 폐단을 뿌리 뽑고, 새로운 사회를 건설하고자 하는 교육을 통한 사회개혁운동은 사회에서 소외되었던 어린이, 여성, 노동자, 노예 등에 대해 인권의 개념을 확장 적용하려는 폭넓은 사회운동의 일환에서 일어난다고 할 수 있다. 특히 유럽 대안교육의 경우 참여적 사회 민주주의의 정신에 입각해서 교육을 통한 사회재건을 추구하였다. 이러한 사회운동의 경향은 오랜 시간에 걸쳐 지속되어 왔고, 서구 대안교육의 발흥에 좋은 토양을 제공하였다. 예컨대, 인권, 평화, 생명, 상생과 같은 근대적 가치는 사회적 민주주의의 성숙과 함께 교육부문에서 뿌리를 내릴 수 있었다.

서구의 교육개혁운동이 매우 오랜 역사적 맥락과 배경을 가지고 발전해 왔음을 볼 때, 한국의 경우 교육개혁에 관한 논의와 실천의 역사도 짧고 그 발자취 역시 순탄치 못하였다. 일제 식민 통치나 해방 후 미 군정의 교육정책은 교육의 본질적인 측면에 대한 관심과는 거리가 멀었다. 대안교육운동은 해방 직후 좌파 지식인의 교육운동에서부터 1960년대 초의 교원노조운동, 1980년대 말의 전교조운동 등 조직 및 교육개혁 실천운동으로 끊이지 않고 이어져 왔다(정유성, 1997).

그 후 급진적 사회운동의 흐름을 타고 교육제도의 구조적 변화를 위해 전개되었던 1980년대의 교육운동 및 1990년대 포스트모더니즘과 같은 새로운 사조 속에서 인간중심의 소규모 교육실천이 우리나라 대안학교운동의 특징으로 나타났다. 그 선구적 형태로서 다양한 캠프활동과 빈민 지역의 공부방 운동도 대안교육의 등장에 일부 영향을 주었다. 이렇게 교사 중심의 운동에 힘입어 학부모운동, 교육시민운동 등이 1990년대 들어서면서 조금씩 나타나기 시작했다.

교육을 바로 세워 보고자 하는 운동은 대안교육의 필요성을 강력하게 이끌어 가는 동력이 되었다. 그런 의미에서 초창기 대안교육은 어떤 의미에서 '운동'의 성격을 띤다. 왜곡된 교육, 획일화된 교육, 주체가 상실된 교육을 지양하고 제대로 된 교육을 펼쳐 보자는 사회운동의 성격을 가졌던 것이다. 새로운 교육을 꿈꾸면서 열성적으로 모임을 주도했던 참여자들은 학교교육에 몸담고 있는 학자나 교육자뿐 아니라 평범한 근로자, 만학도, 학부모, 출판업자, 학생 등 각계각층을 망라하였다. 이러한 움직임은 지금 현재의 교육으로는 문제를 해결할 수 없고 종국에는 교육에 대한 획기적인 인식의 전환이 필수적으로 요구됨을 주창하고 있었기 때문에 하나의 교육을 통한 사회의 개혁이라는 점에서 '사회운동'의 성격을 띠었는데, 그것도 종래의 구사회운동과 구별하는 의미에서 신사회운동으로 이름 붙일 수 있다. 이러한 시대적 상황이 대안교육을 하나의 운동으로 자연스럽게 연결되도록 하였고 초창기 대안교육은 하나의 운동의 성격이 강하였다.

'대안교육'이라는 말이 처음부터 그 뜻이 뚜렷하게 정의되어 쓰인 것은 아니다. 그러나 막연하게나마 교육의 올바른 상을 추구하며 여러 분야에서 일해 왔거나 새로운 교육을 꿈꾸던 사람들이 '대안교육'이라는 주제를 가지고, 1996년 8월 서울 평화교육센터의 주최로 한자리에 모이게 되었다. 이때의 이야기 주제는 올바른 교육, 어린이와 인간을 위한 교육의 상, 자유와 자율, 민주적인 사고를 키우기 위한 교육방법, 바람직한 학교 형태, 교육과정과 교수 기재를 개선하는 문제, 생태계를 고려한 새로운 생활방식과 문화의 모색, 토착적이면서도 타 문화권과 공존하는 평화의 정신 같은 것이었다.

원래 이 모임을 주도한 이들은 대안교육에 대한 뚜렷한 정의나 의미 규정 아래에서 모임을 모색한 것이 아니라, 교육이 나아가야 할 방향을 암중모색하며 실천 사례와 다양한 관심사를 한데 모아 보자는 데서 출발하였기 때문에 다양한 사례가 소개될 수 있었다. 그러나 중앙집권적이고 수직적인 교육 구조하에서는 이러한 산발적인 움직임이 자리 잡기가 어려워 이러한 노력이 상호 연계되지 못하고 개별적으로 진행되다가 1994년에서야 대전에서 '새로운 학교를 꿈꾸는 사람들의 모임' 으로 처음 만남을 가질 수 있었다. 이후 1995년에 수지에서 '대안교육 모색을 위한 워크숍' 을 통해 이론적인 논의와 함께 실천의 교류가 이루어졌고, 1996년 서울 평화교육센터가 주최한 '대안교육 한마당' (정유성, 1997)을 통해 본격적으로 알려지게 되었다.

3) 사회사적 입장에서 대안교육의 의미

한국의 대안교육은 서양과 마찬가지로 제도교육의 모순에서 비롯되었다는 점에서는 크게 다르지 않다. 제도교육의 모순 속에서 등장한 대안교육의 이념은 1980년대부터 싹트기 시작했다. 학교교육이 지배 세력의 재생산 도구라는 인식이 팽배하던 시대에 대안교육을 모색하는 이론이 많이 유입되고 제창되었다.

실버먼(C. E. Silberman)의 『교실의 위기(*Crisis in the Classroom*)』, 라이머(E. Reimer)의 『학교는 죽었다(*School is Dead*)』, 볼스와 진티스(S. Bowles & H. Gintis)의 『자본주의와 학교교육(*Schooling in Capitalist America*)』, 카노이(M. Carnoy)의 『교육과 문화적 식민주의(*Education as Culture Imperialism*)』, 프레이리(F. Freire)의 『교육과 의식화(*Education for Critical Consciousness*)』, 애플(W. M. Apple)의 『교육과 이데올로기(*Ideology and Curriculum*)』, 해리스(K. Harris)의 『교사와 계급』 등은 한국 제도 교육의 모순을 간파할 수 있는 이론적인 틀을 제공하였던 대표적 비판서로 소개되었다(심성보, 1996). 이 저서들은 학교의 경쟁중심의 비인간적 분위기와 학교교육의 경제적, 문화적 불평등으로 인하여 하층 계급 아동의 교육적 소외, 학교교육의 외세 종속성과 식민화에 대한 비판, 그것을 극복하는 비판 의식과 저항 의식을 고양하는 비판적 입문서였다. 사회 운동가, 종교 운동가를 비롯하여 교육학을 전공하는 진보적 소장 학자들에 의해 널리 소개되었던 이 이론서들은 당시 제도 교육의 억압성과 제도적 모순을 지적하는 비판서가 빈약한 시절에 제도 교육의 개혁을 실천하는 중요한 지침서 역할을 하였다.

'탈학교 사회(deschooling society)' 를 주창한 일리치는 현대 산업 자본주의의 물신숭배 경향을 비판하고 '공생적(convivial)' 사회의 이념을 제창하면서 공교육의 이념을 넘어선 '탈제도화(deinstitututionalization)' 전략을 제시한다. 일리치는 의무교육 제도화에 의해 빈민의 평등화가 획득되는 것이 아님을 간파하고 현대 공교육 체제가 가치를 제도화하고 사회화하는 인간 소외의 거점이기에 공교육의 대안적 체제로서 빈민과 대중이 쉽게 이용할 수 있는 진정한 교육을 위한 '학습망(learning webs)' 체제를 구상하였다. 학습망 구축은 참여적, 지방 분권적, 자유스러운 학습 기술에 대한 직접적인 전망을 제시해 주는 것으로서 교육의 사회적 관계에 대한 철저한 변화의 전망을 보여 준다(김광한 역, 1984).

많은 급진적 비판 교육론자들은 서머힐 같은 자유 학교형의 열린 교육에 대해 매우 부정적이었다. 문화적 식민주의 교육론을 제시한 카노이는 학교가 감옥 같고, 가난한 어린이의 흥미와 무관한 내용을 가르치고 있으며 현실과는 별 관계없는 내용만을 가르치고 있다고 비판하였다. 교육의 경제적 재생산론자로 알려진 볼스와 진티스는 자유학교 모형이 생산 구조 등 정치 · 경제적으로 관계를 맺지 않는 학교 제도를 구상하고 있다고 비판하였다. 또한 그런 사람들이 신중산층을 기반으로 한 사회 세력을 형성하고 있으며, 경쟁을 바탕으로 한 업적주의 사회에 동화될 위험이 있다고 비판하였다. 영국의 마르크스주의 교육사학자인 사이먼(C. Simon)은 진보주의 실험 학교를 무정부적 자유주의 교육이라고 비판하였다. 영국의 신교육사회학자인 사럽(M. Sarup)은 진보주의 학교가 고립된 교실을 사회변화를 위한 지렛대로 삼는 낭만주의적 개혁주의로 귀착하고 있으며, 학교교육의 자아개발 능력을 매우 중시하는 개인주의적 관점에 기반해 있어 개인의 의식변화란 결국 사회화의 조건을 제공할 뿐(Fuchs, 1993)이라는 공격을 하고 있다. 이들이 이상으로 삼는 사회는 바로 계급이론과 식민주의 이론에 기초한 사회주의 사회 모델이다(Moor, 1980).

그런데 이들 비판 이론은 대부분 대안 없는 비판에 치우친 한계를 갖는다. 이 비판론들은 당시 학교교육의 모순에 대한 체계적 비판이 빈곤했던 시절에 그 모순을 비판하는 문제 제기와 의식을 고양하는 데는 크게 기여하였지만, 새로운 대안을 향한 '가능성의 언어'를 창출하는 데는 취약한 논리 구조를 갖고 있었다. 그리고 새 학교를 만들어 가는 이상이나 청사진, 구체적 전략의 제시나 현실성이 취약하였다. 교육적 대안으로 유일하게 소개된 것으로는 영국의 서머힐이 유일하였다(심성보, 1998).

이러한 비판서 대부분이 사회주의적 성향을 가지고 있어 현실 자본주의 모순을 비판하는 데는 도움을 주었지만, 그것이 실천적 대안이 되기에는 관념적 급진성을 보였다. 1980년대 후반부터 가속화된 사회주의권의 현실적 몰락은 자본주의 교육 모순의 반작용으로 동경의 대상이 되었던 사회주의 유토피아에 대한 동경을 사라지게 하였다. 그래서 자본주의 교육 자체의 장점을 부분적으로 수용하면서 새로운 대안적 전략을 세우지 않으면 안 되게 되었다.

비판적 교육론에서 대안적 교육론으로 인식의 전환을 보이는 것은 분명 사회적 상황과 조건의 변화와 무관하지 않을 것이다. 그것은 교육 모순의 조건과 정도가 상당히 완화되고 있고 사회적 조건도 변화하였기 때문이다. 비판과 저항의 언어로 가득 찬 교육관에서 학교교육의 '가능성의 언어'를 창출하려는 모습을 보이고 있으며, 프레이리가 말한 대로 '희망의 교육학'을 통한 대안적 교육관을 세우는 것으로 발전하고 있다.

앞서 언급하였듯이 우리나라에서 대안학교라는 용어가 사용되기 시작한 것은 1990년대이다. 1990년대라는 시대적 환경이 대안학교라는 용어를 뿌리내리게 한 동인으로 작용한 것이다. 한 세기가 끝나고 다음 한 세기를 전망해야만 하는 시대적 환경과 그간의 익압된 사회적 모순에 대한 해방의 열망으로 표출된 것이다. 그 이전부터 갈망해 왔던 참된 교육에 대한 갈증은 이러한 시대적 환경과 맞물리면서 대안교육에 대한 관심으로 나타나게 되었다.

4. 대안교육의 성격과 이념적 지향

1) 대안교육의 철학

대안교육운동의 대두는 학교교육의 중대한 위기를 맞이하여 새로운 변신을 하고자 하며, 그것은 사회 발전의 필연적 귀결이라고 할 수 있다. 대안교육을 하는 사람들은 새로운 대안학교 만들기가 공상이 아니라 현실 실현이 가능한 운동이라는 것을 차츰 자각하였고, 이상으로만 설정했던 대안학교의 상을 구체화하며, 이제는 그것이 현실적 실체로 드러나기 시작하였다고 본다. 물론 이전과 달리 새롭다고 하여 모두 대안학교가 될 수는 없다. 현재 학교교육의 결함과 모순을 대신해 줄 수 있는 바람직한 방향으로 바꾸어 나가는 진보주의적 교육 철학과 교육 개혁의 의지가 담겨 있어야 한다. 그리고 사회관, 교육관, 아동관 등에서 진보적 관점과 전망을 보여 주어야 한다. 또한 대안교육의 실천이 단순히 개인적 차원에 머물지 않고 조직적으로 공동의 목표를 향해 목적의식적인 사회 연대성을 지향하는 운동성을 보여야 한다. 그래야 그것을 진정한 의미에서의 '대안교육운동'[6] 이라고 이름 붙일 수 있을 것이다. 이처럼 대안교육이 대안적 세계관에 바

6) '운동' 이라는 말에서 대안교육운동의 운동으로서의 '보편성' 이, '교육' 이라는 말에서 '교육' 운동으로서의 '특수성' 이 나오는 것이다. 이렇게 볼 때, 대안교육운동은 방법 면에서 다른 사회 부문 운동에 비해 사뭇 제한적이라 할 수 있다. 대안교육운동은 '교육적' 이어야 하기에 운동의 방식을 철저히 그 운동이 지향하는 가치를 담아야 하기 때문이다. 특히 대안교육운동 실천가들에게는 다른 운동 실천가들에 비해 남다른 책임이 뒤따른다. 왜냐하면 이 운동의 영향을 아직은 성장과정에 있는 우리 학생들이 가장 크게 받기 때문이다(고병헌, 1997).

탕을 둔 대안적 사회를 지향하고 있다면, 그 이념의 구체적인 내용은 무엇인가?

우선, 대안적인 교육이념과 실천을 지향하여 영국에서 1986년 창간된 녹색교사(Green Teacher)는 그들이 기본적으로 가정하고 있는 것을 다음의 여섯 가지로 제시하고 있다(Randle, 1989).

첫째, 지구를 보호하기 위한 협력이다. 이는 날로 심각해지고 있는 환경문제를 올바로 인식하고 하나밖에 없는 지구를 보호하는 일이 우리 모두의 공동 책임임을 깨닫도록 하기 위한 것이다.

둘째, 사람 사이의 모든 종류의 경계를 초월해 서로 협력하고 보호하는 것이다. 이는 이념과 이익 추구를 위한 경쟁적 삶을 지향하고 상호 협력과 평화를 지향한다. 특히 여기서는 인간 사이에 서로 협력하고 보호하는 것이 자연을 보호하는 것과 동일한 것임을 깨닫는 것이 중요하다.

셋째, 자율성과 자신감 및 독립성을 지닌 개인으로 성장하도록 한다. 성장을 교육의 중심으로 삼는다는 것은 아동이 자신의 잠재력을 최대한으로 실현할 수 있게 함으로써 현재는 물론 미래의 삶까지도 행복하게 살도록 한다는 것이다.

넷째, 기술공학과 삶의 양식을 위와 같은 목적에 부합하는 방향으로 설계하고 이용함으로써 '지속 가능한 사회'를 지향하는 것이다. 지금까지 기술공학의 선택은 전문가의 몫이며 보통 사람은 단지 그것을 향유하기만 하면 되는 것으로 생각해 왔다. 그러나 기술공학의 활용은 단순한 재정적 기술적 차원을 넘지 않으면서도 인간의 욕구를 충족시킬 수 있는 대안적 기술공학으로서 모색되기 시작하였다. 그것은 유물론에서 인간적 관계에 관한 관심으로, 개인주의에서 집단주의적이고 협력적인 삶의 방식으로, 편가르기(compartmentalization)에서 유기적 통합으로의 전환을 모색한다.

다섯째, 아동의 미래를 준비한다는 의미에서 '정치 행위(doing politics)'를 새로운 방식으로 해 보는 것이다. 예컨대, 모의 선거처럼 실제 세계에서 이루어지는 정치 행위를 직접 해 보고 이에 관해 토의함으로써 권력의 이

양이나 평등, 참여 등을 실감나게 이해하는 한편 스스로의 권리 의식을 키울 수 있도록 한다.

여섯째, 모든 변화의 바탕이 되는 영적 변화를 겪도록 하는 것이다. 과학에 바탕을 둔 서구의 물질문명은 종교가 지닌 비물질적이고 내면적인 삶의 차원을 억압하였지만, 최근 영적 진리의 중요성을 재확인하는 경향이 대두되고 있다.

랜들(D. Randle)은 이상의 여섯 가지 기본 가정에서 자연스럽게 수반되는 대안교육의 또 다른 지향점을 인간적인 상호작용을 가능케 하는 규모의 작은 학교, 단순한 내용 전달이 아니라 아동이 조사와 토의, 발견과 창조를 통해 학습하는 '과정 중심' 의 교육내용, 지역사회가 하나의 커다란 학교로서 풍부한 학습의 원천이 될 수 있는 학교와 지역사회의 긴밀한 결합, 학부모가 학교의 교육과정과 특별활동의 내용을 결정하는 데 실질적으로 참여할 수 있는 학교와 학부모의 협력 등으로 들고 있다.

대안교육의 철학적 바탕은 근대문명에 대한 근본적인 반성에서 비롯된다고 할 수 있다. 즉, 계몽사상 이후 도구적 이성과 기술적 합리성을 근간으로 하여 전개된 서구의 근대 문명은 물질적 풍요의 대가로 물신화를 통한 비인간화를 초래하는 한편 자연환경을 파괴하여 결국 인간의 생존 자체가 위협받는 지경에 이르렀다는 것이다(강대중 외, 1996). 랜들은 대안적 세계관으로 유기체적 세계관을 제시하고 있는데, 이는 비물질적인 영역도 중요시하는 동시에 인간과 물리적 세계를 유기적 전체로 보려는 관점을 말한다. 인간과 자연을 주체-객체의 분리된 관계로 파악하는 기계론적 세계관과 달리 여기에서는 인간을 우주적 생명의 근원과 연관된 존재(Randle, 1989)로 본다. 대안교육의 이념적 뿌리는 여기에서 찾을 수 있다.

대안교육운동은 기본적으로 기존 문명에 대해 생태학적 비판을 하면서 새로운 대안문화를 창출하려는 모습을 보인다. 새로운 교육운동으로서 대안교육은 전통교육과 상반되는 진보주의 철학을 신봉하고 있다. 베넷(J. Bennet)은 진보주의 관점에서 '대안학교' 의 구체적인 실천에 대해 다음과 같이 정리한다. 첫째, 아동의 홍미와 필요 및 기능에 바탕을 둔 아동 중심적 교수-학습과정이 이루어진다. 둘째, 교사는 아동의 학습 안내자이고 지원자이다. 셋째, 창조성과 자기 표현을 강조하면서 사회적 · 정서적 학습이 균형을 이루는 학문 활동이 이루어진다. 넷째, 학생 사이의 경쟁보다는 협동을 강조하고 학습 낙오자와 학교 탈락자를 위한 교육적 배려를 하고, 학생의 학습 욕구를 만족시켜 주려고 한다. 따라서 정규 학교에서 낙오한 아동이 계속 학습을 받도록 기회를 부여한다. 다섯째, 여러 가지 이유로 정규 학교에서 흥미를 느끼지 못했을 때 새로운 교육경험을 가질 기회를 마련하여 학생을 도와주려고 한다. 여섯째, 기존 학교 체제 내에서 적용할 수 있는 새로운 학교규정이나 계획의 개발 가능성을 탐구하는 실험성, 즉 '실험학교' 의 특성을 보인다. 일곱째, 획일적인 제도과정과는 내조적으로 학생과 학부모의 다양한 학습 요구에 맞추기 위한 대안 프로그램을 개발하여 공동체의 유익한 학교 형태가 발흥되도록 이끌고, 학습자를 광범위하게 사용한다. 여덟째, 여러 교사가 한 팀을 이루어 열린 프로그램을 가지고 개인적으로나 집단적으로 혼합적 활동을 한다. 아홉째, 교육과정을 문제해결식 개념에 기초하여 통합된 일과를 보내도록 한다. 열째, 학교의 결정은 참여하는 성원 모두에 의해 이루어진다(Smith & Burke, 1976). 이렇게 볼 때 대안교육은 '진보주의 교육' 을 포괄하고 있다고 할 수 있다(Avis, 1991).

전통적 교육이 교과서 중심, 교사 중심, 강의식, 경쟁, 암기식, 지력, 시험 등의 특징을 갖는 경향이 있다면, 대안교육은 자유, 성장, 흥미, 활동, 발견, 생활, 사회 재건, 협동, 발견 학습, 감성 등에 핵심을 두고 있다. 대안학교는 선택의 자유를 신장시켜 더욱 인격적이고 인간적인 환경을 마련할 수 있고, 더욱 만족스럽고 흥미로운 교육 프로그램을 만들 수도 있다. 또한 아동기와 성인기를 잘 연계할 수 있고, 세상의 문제와 부조리를 더 정확하게 파악할 수 있으며, 제도화된 학교 프로그램에 잘 적응하지 못하는 학생을 위해 더 많은 교육 기회를 제공하려고 한다(Biggs & Porter, 1994). 그렇기 때문에 대안학교는 학교가 즐겁고 인간적인 장소가 되어야 한다는 믿음에서 출발하는 인본주의 교육철학을 견지한다. 대안교육은 '아동 중심' 철학에 바탕을 두고 있어 이를 포괄하는 측면에서 보면 다분히 '실존주의'[7] 철학과 기본 노선을 같이한다고 할 수 있다(유현옥, 1996).

오늘날 진보주의 교육은 지식에 대한 태도에서 학생들의 흥미를 중시한 나머지 지식의 내적 완결성과 인류 문화 유산에 대한 입문식 성격을 갖는 교육의 개념을 소홀히 한다는 항존주의자, 본질주의자의 비판(Darling, 1994)을 받는다. 밀스(Mills, 1971)는 대안학교와 전통학교의 문제에 대한 연구 결과를 다음과 같이 제시한다. 즉, 전통적인 시험이나 인지능력의 관점에서 전통학교에서 교육을 받은 학생이 대안학교에서 교육받은 학생보다 조금 더 낫다는 경향을 도출하였다.

그러나 이러한 차이점은 아주 미미해서 어느 하나의 학교에 대한 다른 학교의 전면적인 우월성을 주장하는 것은 불가능하다. 그러므로 대안학교가 장점이 더 많다고 주장하는 것은 무리가 따른다. 그러나 우선 평등성[8]은 대안학교에 대한 논쟁을 재검토하도록 이끌어 준다. 드리븐(R. Dreeben)이 매우 설득력 있게 주장한 한 가지 논점은 전통교육은 아동을 사회화시키는 데 필요하고 그들은 경쟁적이고 관료적인 제도의 관습을 받아들이는 데 도움을 준다고 한다. 또 중요한 것은 우리 주위에 있는 지역사회, 교회, 공장, 또래집단이 자본주의 정신을 계발하는 데 일정한 몫을 한다는 점이다

---

7) 실존주의 교육목표는 개인이 인류라는 집단의 한 구성 요소로 머물지 않고 대중문화나 대중 경제 속에 매몰될 수밖에 없는 부품으로 전락되지 않은 채 주체적이고 개별적인 진정한 자아가 될 수 있는 계기를 만들어 주고 도와주는 교육에 있다. 환언한다면, 실존주의 교육이 총체적이며 전인적인 주체적 인간을 지향하기 때문에 실존교육은 대안교육의 인간관과 일치됨을 볼 수 있다. 대안교육이 현대 공교육의 획일화 규격화에 대한 반발에서 나왔고 학교의 조직이 관료화됨으로써 모든 교육활동이 계량화되고 궁극적으로 비인간화를 초래한다는 문제를 지적한다는 것은 실존철학이 강조하는 주체로서의 인간형성과 맥락이 닿아 있기 때문에 실존주의 교육관을 학교에서 실천하려는 움직임을 대안교육이라 하여야 할 것이다.

8) 갈등론자들이 자본주의 학교교육의 모순을 경제적 · 문화적 차이에 따른 학교교육의 재생산 기능을 지적하였는데, 여기서 말하는 평등성이란 적어도 대안학교에서는 갈등론자들이 지적한 '빈익빈 부익부' 의 편중 현상이 다소 완화되거나 나타나지 않는다는 의미다.

(Glatthorn, 1975).

이런 측면에서 오늘날의 대안교육론자들은 인식론을 보완하기 위해 피아제(J. Piajet)의 '구성주의' 교육론의 지원을 받으면서 새로운 이론 구성을 모색하고 있다. 주지적 교과를 단순히 거부하는 것이 아니라 학생의 관심과 흥미를 고려하여 창의적인 수업을 하고, 지성과 감성 및 덕성을 조화시키는 전인교육[9]을 하고자 한다. 또한 생활 영역과 밀접한 삶의 수업을 하고자 노력하고, 인간의 특수한 부분만이 아닌 전면적인 잠재력을 계발하려고 한다. 이러한 주제는 근대 이래의 현대적 대중교육 체제에 대한 반성과 함께 등장한 서구 대안교육운동의 맥락과 연관성을 가진다. 개인과 공동체가 함께 성장할 수 있는 바람직한 학교 모형은 이미 서구의 개혁교육학이나 실험학교 운동에서 잘 나타나고 있다. 오늘날의 실험학교운동은 서구의 근대적 문명을 비판하면서 동시에 새로운 '지속 가능한 가치(sustainable value)' [10]를 제창한 환경운동이나 여성운동 등의 신사회운동 흐름과도 맥락이 닿아 있다.

9) 김정환은 전인교육을 "문화의 여러 기초를 삶으로 다지고, 문화와 삶의 발전을 기하는 온전한 문화인격교육" 으로 정의한다(김정환, 1998).

10) 무엇이 '지속 가능한' 것인가에 대한 논의는 좀 더 상세하게 다루어야 할 문제로, 이는 교육 영역 내에서 고립적으로 이루어질 문제가 아닌 여타의 사회운동과 함께 채워 갈 문제이다. 여기서는 다만 이전과는 질적으로 다른 새로운 가치의 창출이 필요함을 지적하고자 한다. 새로운 교육 이념의 창출과 관련하여, 전교조의 '민족, 민주, 인간화 교육' 에 대한 발전적 문제 제기가 눈길을 끈다. 유상덕(1997)은 변화하는 사회에 맞는 교육이념과 목표의 재정립의 필요성을 지적하면서, "지금 우리는 '민족' 교육 또는 '민주' 교육 따위의 교육이념이 계속 표방되어 온 슬로건으로 사용되어도 좋은지를 재음미해 봐야 한다. 우선 민족이나 민주라는 말은 대중에게 너무 식상해 있다. 그 내용이야말로 너무 추상적이고 또한 정치적으로 오염되어서 설득력이 부족하다. 우리는 그런 추상적인 이념 대신에 '인권' , '생명' , '환경' , '평화' , '공존' , '공생' 같은 새로운 개념을 구체화해 교육이념과 목표를 재정립해야 한다."라고 하였다. 만약 그의 지적이 타당한 것이라면, 현재로서는 대안교육운동은 지향하는 가치적 측면에서 전교조 운동과 일정한 차별성을 갖는다고 하겠다.

2) 대안교육의 지향 이념

대안학교의 논의에서 가장 중요한 것은 '어떤 가치를 지향하는가.' 의 문제이다. 학교가 아무리 첨단 기자재로 완벽하게 설립되었다 하더라도 대안적 가치의 근본 전제가 나타나지 않으면 특수목적고는 될 수 있어도 대안학교는 될 수 없다.

우리는 정치, 경제, 사회, 문화 등 사회의 모든 영역에서 전례를 찾아보기 힘든 위기에 봉착해 있다. 그리고 이러한 위기를 헤쳐 나가기 위해 무엇보다도 사고의 전환, 가치관의 전환이 요구되는데, 조기 영어교육이나 위성과외의 실시, 교육 정보환경 구축 등에서 보듯 우리의 교육적 대응은 기존의 가치관을 유지한 채 개인적 차원이나 국가적 차원에서의 행동이나 기술공학적 제도 개선을 통하여 위기에 대응하고자 한다. 그러나 현재 위기의 극복은 제도와 구조의 개선을 넘어 가치관의 변혁으로 이어지지 않으면 안 된다. 우리나라의 대안교육운동은 바로 이러한 시대적 요구에 성실히 부응하려는 과정에서 운동의 발전과 확산이 이루어지고 있다는 점에서 기존의 진보적 교육운동과 차별성을 갖는다.

대안학교가 추구하는 대안적 가치는 어떤 것인가? 이 물음은 대안학교를 이해하고 해석하는 데 가장 중대한 문제가 된다. 한마디로 경제 개발과 이윤 획득, 편리한 생활을 가치관의 핵심으로 삼고 있는 정부, 기업, 시민의 보편적 의식과 풍요한 소비주의를 지향하는 현대의 생활양식을 바꾸지 않고서는 인류가 직면한 총체적 위기의 원천적 해결은 불가능하다. 환경문제 하나만 놓고 보더라도, 환경은 그저 단순히 우리를 둘러싸고 있는 물리적 자연만을 의미하는 것이 아니라 생명을 담보하는 것이다.[11] 무엇보다 생명

11) 박이문(1996)은 '환경' 이라는 말은 생명 중심적 개념으로서 생명을 둘러싼 조건들을 의미하는데, 근래에는 일반적으로 인간의 환경만을 지칭하는 제한적 개념으로 사용하고 있다고 지적한다. 또한 김지하(1996)는 '환경' 이라는 말 자체가 이미 인간을 중심으로 일체의 자연과 우주 생명을 주변장치로 보는 인간중심주의의 산물이라고 보고 있다. 생명론에 대해서는 체계

의 철학, 생명의 윤리(김지하, 1995)의 확립과 교육이야말로 환경 파괴의 근원적 해결을 위한 첫걸음이다.

환경 문제는 본질적으로 인간 중심적인 사고, 즉 자연 환경은 무한정 잡아 늘이는 것이 가능하고, 그렇게 하는 것이 '진보' 라고 생각하는 유럽 중심의 과학적 세계관에서 비롯되었다(Norberg-Hodge, 1996). 바로 이러한 세계관과 철학 그리고 그것에 입각해서 발전한 과학에 의해서 산업문명은 성립되었고, 그 산업문명은 인간에게 엄청난 생산력과 생활의 편리를 가져다주었다. 그러나 동시에 사람들은 그들이 원하는 것을 획득하는 과정에서 윤리성과 도덕성에는 별로 관심을 보이지 않았다. 오히려 사회의 모든 것, 심지어 인간의 생명, 인간관계, 생태계 등과 같은 것까지도 시장가치나 물질적 가치로 고려하게 되었다. 이 모든 것이 지구의 자원을 고갈시키고 생태계를 파괴하고 있다. 그리고 그 결과 인류의 지속적인 생존이 근본적으로 위협받게 된 것이다. 따라서 산업사회가 우리에게 불어넣는 '허황된 꿈과 욕망' 을 통제하고, 소비주의를 대치할 수 있는 '새로운' 가치를 창출하며, 그것을 기초로 우리가 맺고 있는 제 관계들과 생활방식을 생명 존중과 자연친화적인 것으로 바꾸어 내는 노력을 각자의 일상생활에서 스스로 만들어 갈 수 있게 하는 교육, 이것이 바로 현재의 것을 대신할 수 있는 대안교육의 핵심적 특징이 될 것이다. 생태위기의 근본적 해결책은 지속적인 생산력 증대와 그로 인한 자원 고갈을 조장하는 소비주의적 삶의 양식을

적으로 정리되고 보편적으로 합의된 것은 아직 없으나, 생명에 대한 이해를 깊고 풍요롭게 하려는 노력이 진행되고 있다. 그리고 김지하의 생명론은 이러한 노력의 중심에 있다고 볼 수 있다. 김지하에게 생명이란 "우주의 모든 유기체와 무기질을 포함하는 것이며, 그 안에서 신성한 영성이 살아 숨 쉬는 것이며, 그것은 끝없는 생성 변화를 지향한다." 그에 따르면, "모든 문제는 이러한 생명의 본성을 억압하고 그것을 무시하는 행위, 사상, 운동, 체제에서 발생한다. 따라서 인간은 다른 인간과의 관계나 자연 생명이나 사물이나 도구와 관계를 맺는 데, 그리고 새로운 정치사회상을 만들어 나가는 데 있어서 이런 모든 만물에 내재하는 생명의 '흐름과 결' 을 공경하면서 모든 창조적 활동에 함께 참여해야 한다는 것이다. 그는 이런 생명론을 바탕으로 모든 대립하는 것의 통합과 조화를 강조하며, 우주생명의 본성과 생성에 어울리는 인간과 사회의 모습과 현실적 형식을 강조한다." (김지하, 1996)

포기하고 '지속 가능한 소비(sustainable consumption)' 를 우리 모두가 일상화함으로써 기대할 수 있다. '지속 가능한 소비' 를 일상화한다는 것은 바로 생태적 질서를 인간 사회의 조직과 활동 원리에 도입한다는 의미로 해석할 수 있다. 이렇듯 '지속 가능한 소비' 가 그 사회의 조직과 활동의 원리로 작용하는 사회를 우리는 '생태적 공동체' 라고 부른다. '공동체' 란 한마디로 삶의 원리로서의 '더불어 사는 삶' 이 실체화된 '공간' 을 말한다. 그런데 '생태적 공동체 운동' 은 생태 파괴로 대변되는 전 인류적인 위기의 본질을 자각하고, 문제 해결을 위해 의도적으로 공동체를 형성하여 인간과 인간, 인간과 자연이 조화를 이루는 '대안사회' 를 건설하는 것을 지향한다.

이 새로운 대안적 가치인 인간과 인간, 집단과 집단, 인간과 자연의 '더불어 사는 삶' 을 어떻게 다른 사람, 다른 집단, 자연의 관계에서 조화롭게 통일하느냐 하는 것이 무엇보다 중요하다. 여기에 대안교육의 시작이 있으며, 왜 우리 사회에서 대안교육운동이 짧은 시간에 사회적으로 확산되었는지를 설명해 주는 이유가 있다. 그리고 바로 이 때문에 새로운 '공동체적 가치' [12]를 어떻게 교육의 결과로서 일상생활화할 것인가가 대안교육 성패의 관건이 될 것이다.

슈마허(Schumacher, 1981)는 인류가 가까운 미래에 멸망할 가능성이 높아지는 것은 과학기술의 부족이 아닌 과학기술 지식을 파괴적으로 사용하기 때문임을 직시해야 한다고 보았다. 따라서 우리 인류가 직면한 이 엄청난 위기에 대처하기 위해서는 무엇보다도 우리 인간이 삶을 어떻게 영위해야 할 것인가에 대한 가치관을 전해 주어야 한다. 우리가 조금만 여유 있게 사고하면 새로운 삶의 철학의 기본적 성격 및 내용이 무엇인지와 대안학교

12) 공동체적 가치를 지향하는 것이 현재의 위기 상황에서 오는 시대적 요청인가의 문제도 합리적, 논리적으로 반박당할 수 있다. 그러나 이제는 우리가 직면한 위기가 현대 산업사회를 지탱하는 인식체계와 가치관으로는 해결이 어렵고, 따라서 '논리적' 이진 않을지 모르나 '느끼고 공감' 할 수 있다는 것만으로도 '논리적으로 증명된 것' 이상의 의미와 설득력을 가질 수 있다는 사실에 동의할 수 있다면 '공동체적 가치' 를 지향해야 한다는 주장도 쉽게 받아들여질 수 있을 것이다.

란 이런 가치관을 중시하는 학교임을 알 수 있다.

교육의 중차대한 시대적 과제는 개인적 차원에서부터 국가적 · 지구적 차원에 이르기까지 우리가 직면하고 있는 심각한 위기에 대응할 수 있는 새로운 삶의 철학을 창출하고, 그 새로운 삶의 방식과 새로운 관계 방식의 타당성을 우리 모두에게 설득하는 것뿐 아니라 바로 그 가치가 우리의 일상적인 삶과 관계 방식에 녹아들게 해야 한다.

이제 지향하는 '가치' 와 알고 있는 '지식' 이 일상적인 '삶의 내용과 방식' 과 조화를 이루어 서로가 서로에게 녹아 있는 교육 방식을 찾아내야 한다. 인류가 지향해야 할 새로운 가치를 모색하고, 사소해 보이는 일상생활에서 그러한 가치의 '철학적인 설명(philosophize)' 을 행할 수 있어야 하는데, 이것이야말로 21세기 교육의 최대 과업일 것이다.

21세기를 살아가야 할 우리 청소년에게 필요한 첫 번째 도덕적 덕목은 개인적 차원에서 지역적, 국가적, 세계적, 나아가 생태적 차원에 이르기까지의 제반 문제에 대해 균형 잡힌 식견을 갖추고, 그에 걸맞은 가치관과 삶의 태도를 형성하고 실천하는 것이다. 대안학교는 바로 이러한 인간상의 구현에 역점을 두고 교육의 정상화를 실현시키고자 한다. 따라서 교육문제를 생각하는 사람이라면 누구나 대안학교에 관심을 가지는 것은 당연시되고 있다. 대안교육이 추구하는 새로운 시도는 공교육의 다양한 문제를 직시하고 교육을 정상화시키려는 시도로 보아야 할 것이다. 학교 공간으로 한정된 교육을 넘어 지역으로 확대시키고, 개인만의 존립에서 가정 기능과 공동체의 부활로, 그리고 자연의 이용에서 자연과의 공존을 강조한다. 대안교육은 학교교육의 비판을 넘어서 구체적인 대안을 제시한다는 점에서 공감을 얻고 있다. 하지만 대안교육이 실질적으로 제도권 교육에 대한 내안을 제시해 주고 이를 통해 학교교육의 문제점을 개선할 수 있는 방안을 제시하기 위해서는 대안학교의 교육 실천을 체계적으로 분석 · 논의해 보아야 한다.

제3장 국외 대안교육의 이념과 동향

1. 국외 대안학교 분류의 틀

서구에서의 대안교육은 계몽주의 시대의 새로운 교육사조에서 그 뿌리를 찾을 수 있다. 프랑스의 사상가 루소(J. J. Rousseau)가 『에밀(*Emile*)』을 통하여 기존 제도교육을 비판한 이래 20세기에 이르러 스웨덴의 사상가 케이(E. Key)는 『아동의 세기(*Das Jahrhundert des Kindes*)』에서 아동 본성의 자연스러운 발현을 중시했으며, 영국의 교육사상가 닐(A. S. Neill)과 이탈리아의 몬테소리(M. Montessori)가 교육에 관한 새로운 관점을 제시하기에 이르기까지 비교적 다양한 관점에서 논의되었다. 이들의 한결같은 주장은 교육은 어린이를 이해하는 것에서부터 출발해야 한다는 아동중심주의적인 철학을 바탕으로 하고 있다.

학교교육 문화의 오랜 전통은 한국의 대안교육 이해에 적잖은 시사점을 던져 주고 있다. 모든 교육활동은 가치, 철학, 방향, 경향성, 이념 등과 같은 의식적 지향점을 가지고 있다. 한국의 대안교육 전통이 빈약한 것은 새로운 학교교육 문화에 대한 진지한 고민의 여유가 적었던 탓이다. 그렇기 때문에 서구의 오랜 학교교육 개혁의 전통에 비해 우리나라 대안교육의 의식적 지향점이 취약할 수밖에 없다. 영국, 독일, 미국 등 서구 대안교육을 재조명해야 할 이유가 여기에 있다. 서구의 교육 사조와 우리나라의 교육적 전통은 근본적으로 다르다. 그렇다고 오늘날 모든 교육 체제가 외국의 사례와 전혀 다른 것은 아니다. 우리나라의 교육 체제의 전반적인 모습은 서구의 영향을 받은 것이 적잖다. 초창기 대안교육의 필요성을 주창하였던 대안교육운동가 중 상당수가 외국의 대안교육 철학에서 많은 아이디어를 얻었으며, 이것은 고스란히 학교경영에 반영되었다. 한국적 대안교육의 원형을 그리고 추구하거나 한국적 대안학교의 경영 기법을 이해하기 위해서라도 대안적 전통이 뿌리 깊은 서구의 대안교육 사례를 이해해야 한다.

대안학교의 특성을 이해하기 위해서는 대안교육의 준거를 토대로 개념적으로 분류해 보아야 한다. 우리나라는 물론 대안교육이 발달했던 서구에서도 다양한 관점의 대안교육이 병존해 왔다. 오늘날 대안교육운동은 과거의 사회운동론에 입각하여 결정론적 학교개혁을 하려는 것과는 달리 공동체적이고 생태적 차원에서 이상적 학교를 세우고자 하는 교육운동으로 나타나고 있다(Hicks, 1993). 실제로 한국에서의 대안교육운동이나 독일, 영국 등 유럽에서의 대안교육 움직임은 공통적으로 이러한 틀 속에서 진행되고 있다고 보며, 국내외를 막론하고 대안학교의 범주[1]에 따라 종류가 다양하여 일련의 스펙트럼 양상을 보인다(이병환, 2004).

〈표 3-1〉은 각국의 대안학교 분석을 위한 준거를 제시한 것이다. 대안학교에도 기존의 학교 체제를 유지하면서 방법상의 개선을 꾀해 나가는 보수적 관점과 학교의 틀 자체를 근본적으로 재인식하자는 급진적 경향으로까지 일련의 스펙트럼으로 연결되어 있다. [선택 1]은 보수적 공교육 체제의 성격이 강하며 [선택 3]으로 갈수록 탈학교적 성격이 강하게 나타난다. 보수적 공교육의 성격이 강할수록 제도교육의 성격을 띠고 탈학교적 성격을

1) 대안교육의 단순한 형태상의 분류보다는 내용상의 특징을 고려하는 분류가 필요하지만 이것도 개념 오류가 존재할 수 있기 때문에 신중히 접근해야 한다.

표 3-1 대안학교의 스펙트럼에 따른 분류 준거

← 보수적 성격 대안학교			급진적 성격의 대안학교 →
준거	선택 1	선택 2	선택 3
재정	공공세금	연방이나 주의 기금	자선이나 기부
통제주체	공공기관	교회, 대학, 다른 기관	부모, 지역사회
교사(校舍)	학교건물	비학교시설	건물 없음
시간운영	일일 혹은 연간 계획	주로 전일제	모든 것이 대안적임
교원자격 유무	자격증 있음	주로 자격증이 있음	자격증 없음
학생선발	강제적 배치	지원자 중 선발	누구나 허용됨
퇴학	규칙 위반 시	매우 심각한 비행의 경우	아무도 하지 않음
학생평가	지필평가	절대평가	무평가
시간표	학교시간표	융통성 있는 시간표	시간표 없음
학년조직	엄격한 분화	한계 내에서 무학년	모든 연령대 완전히 혼합
교육내용	관청이나 전통학교에서 제공	전통적인 것과 자체 개발의 혼재	주로 자체 개발
지도성	1인의 리더	민주적 리더	다수 협의에 의한 결정

출처: Glatthorn(1975), pp. 28-29.

중시할수록 급진적 대안학교의 형태를 띠고 있는 것으로 볼 수 있다. 스펙트럼상의 분류는 대안교육 운영의 전반적 경향성과 운영 방식을 이해하는 데 어느 정도 도움을 줄 수 있지만, 또 한편으로는 학교교육의 과정의 산출물에 주로 의존하기 때문에 진정한 대안교육의 분류의 척도로서는 어느 정도 한계를 갖고 있기도 하다.

대안학교를 분석하는 준거는 고정불변하지는 않다. 그러나 지금까지 대안학교를 둘러싼 다양한 접근은 한편으로 거시적 차원의 윤곽이 필요함을 말해 준다. 대안학교에 대한 정의가 복잡하고 절대적인 준거를 설정하기가 쉬운 일이 아니기 때문에 이해의 편의를 도모하기 위한 차원에서 일련의 스펙트럼이라는 접근으로 준거 틀을 제시하는 것이다. 외국이나 우리나라

모두 사실상 일반학교에 가까우면서 대안적 프로그램을 운영하는 학교가 있는가 하면, 제도권 학교에서 더 이상 기대할 것이 없어서 전혀 다른 유형의 이상적 교육을 실천하는 학교가 혼재되어 있는 것이 사실이다. 이러한 학교를 모두 대안학교의 범주에 포함시킬 것인지에 대한 여부도 모호하다. 전자의 경우마저도 대안학교로 규정을 하게 된다면 일반학교와 대안학교의 경계가 모호해지고 경우에 따라서는 이것이 강한 개성의 대안학교 성장에 걸림돌이 될 수 있기 때문에 스펙트럼이라는 도구를 통해 개념 규정의 위험성을 피해 가고자 하는 것이다. 보통 이럴 경우 전자는 제도권의 틀 속에서 부분적인 대안을 추구하기 때문에 대안이라는 용어 뒤에 유사한 성격을 띠고 있다는 의미의 조사를 붙여서 대안적 학교로 규정할 수 있다. 또한 후자의 경우는 학교라는 형식을 일부 갖추고 있을 경우 대안학교로 볼 수 있고, 그 외 광범위한 교육기관을 포괄하는 경향성을 일컬어 대안교육이라고 이해할 수 있다.

2. 국외 대안학교의 이념과 동향

1) 영국: 인간중심적 대안교육

(1) 영국 대안교육의 뿌리: 신교육운동

영국에서는 종래 전통적인 고전 중심의 교육이 주류를 이루었으나 19세기 후반부터 나타나기 시작한 신교육운동에 의하여 학교교육 전반에 대한 개혁적 재구조화가 시도되었다. 이러한 움직임은 그동안 영국 교육이 지향해 왔던 문자이해 능력의 습득을 기반으로 하는 실용적인 교육에 대한 근본적인 반성이었다. 영국의 신교육운동은 전통적인 영국식 교육 체제의 틀을 유지하면서 현시(現時)적 요구에 부응하는 변화된 교육을 제시하고자 하는 데 목적이 있었다. 신교육운동의 방향성은 페스탈로치(J. H. Pestalozzi)나 프뢰벨(A. Fröbel)과 같은 자연주의 교육학자가 창안하고 몬테소리가 재발견한 자율적 활동(self-activity), 흥미, 자유의 원칙이라는 발달 심리학적 지식에서 얻은 새로운 교육적 아이디어를 실행에 옮기고자 한 일련의 시도이기도 하였다.

신교육운동의 선구자들은 새로운 학교는 민주적 교육, 좋은 학교와 사회생활의 근본적인 조건으로서의 자유에 대한 신념을 공유하고 있었다. 이런 학교 중 가장 근접하게 연결된 그룹은 전원기숙사학교(country boarding schools)이다. 이들 중 첫 번째는 1889년 레디(C. Reddie)가 설립한 애보츠홀름(Abbotsholme)학교였다. 또한 그의 제자 중의 하나였던 배들리(John. H. Badley)가 1893년에 비슷한 유형의 비데일스(Bedales)학교를 설립하였다. 새로운 전원기숙학교인 애보츠홀름이나 비데일스 같은 학교는 전원생활 자체가 학습의 장이 되게 하여 자연을 대상으로, 또 자연에서 나온 여러 교과 영역을 다양한 노작활동을 포함한 체험중심으로 학습하면서, 구성원 간의 우정과 협력을 경험하게 하였다. 새로운 전원기숙사학교운동은 급속히 파급되어 영국 전역에 많은 전원학교가 설립되었으며 독일, 스위스, 프랑스, 네덜란드의 전원기숙사학교운동을 촉발하는 데 직접적인 영향을 주었다(오인탁 외, 2006).

전원기숙사학교의 확산은 새로운 교육에 대한 관심을 촉발시켰고 제1차 세계대전 이후 영국 신교육운동은 비권위주의 교육운동으로 이어졌는데, 당시 비권위운동의 선구적인 역할을 한 사람은 홈스(Edmond Holmes)였다. 장학관으로서 현장경험을 바탕으로 새로운 교육의 비전을 제시한 그의 대표적 저서 『교육의 현재와 미래(*What Is and What Might Be*)』는 많은 교육자에게 읽히면서 지대한 영향을 주었다. 이 저서를 통해 그는 맹목적이고 수동적이며 비지성적인 복종이 서구 교육 체제의 기초였음을 비판하였다. 또한 전통적인 교육이 아동의 자발성과 창의성을 말살시키고, 편협한 교육과정과 경직된 교수법이 학교교육을 기계적인 학습으로 축소시켰다고 지적했다. 이를 개혁하기 위해서 그가 강조한 것은 자유의 중요성이었으며, 이는 아동을 선천적으로 '벌 받아야 할 아동(child of wrath)' 이 아니라 스스로 자아실현의 길을 가는 '신의 아동(child of God)' 으로 인식해야 한다는 아동에 대한 이해의 전환을 요청하였다.

홈스의 뒤를 이어서 신교육운동의 씨를 뿌린 사람은 호머 레인(Homer Lane)이었다. 그는 미국 뉴햄프셔(New Hampshire) 주의 비행청소년 감화 시설인 '포드 리퍼블릭(Ford Republic)' 의 책임자로 일하면서, 프로이트(S. Freud) 정신분석학의 독자적인 해석에 기초한 독특한 방식을 활용하여 비행청소년 모두를 정상적인 청소년으로 변화시켰다. 이러한 교육적 성과로 인해 1913년 영국 샌드위치 백작에게 초청되어 포드 리퍼블릭과 유사한 교육시설인 도싯(Dorset)에 소재한 '리틀 코먼웰스(Little Commonwealth)' 의 책임자가 된다. 여기서 레인은 문제 아동에게 최대한의 자유와 신뢰가 주어졌을 때 그들이 긍정적으로 변화되어 가는 것을 실증하였으며, 이러한 교육의 원리와 실천과정은 동시대의 많은 교육가에게 커다란 경탄을 불러일으켰다. 리틀 코먼웰스에서 레인이 행한 실천은 대단히 급진적인 것으로서, 그가 아동에게 부여한 자유와 아동에게 보여 준 신뢰는 일찍이 유례가 없었던 수준으로 적지 않는 반향을 일으키며 비권위주의 교육운동의 불씨를 지폈다.

레인의 뒤를 이어서 신교육운동의 전성기인 1920년대 초에 가장 급진적인 비권위주의 학교인 서머힐 학교를 레이스톤(Leiston)에 설립하여 커다란 영향을 준 인물은 닐이었다. 그에게서 새로운 교육의 본질은 곧 불안과 죄의식에서의 자유를 의미했다. 이를 위해서 요구되는 것은 아동에 대한 전적인 신뢰였으며, 이 신뢰 위에서 그는 아동의 자율적인 성장을 가로막는 일체의 도덕적이고 종교적인 억압을 학교교육에서 제거하였다. 그 대신 각자가 자신의 자발적인 자기선택의 원리에 의해 학습을 포함한 일체의 생활을 자율적으로 주도하게 하였으며, 공동체적 생활에 필요한 규칙과 질서도 자치에 의해서 만들어 가게 함으로써 그 어느 학교보다도 학생에게 포괄적인 자유를 부여하는 비권위주의 학교의 전형이 되었다(오인탁 외, 2006).

20세기 전반에 걸쳐서 영국의 교육제도는 완전히 변화되고 진보주의 교육의 철학이 폭넓게 퍼져 왔음은 의심할 여지가 없으며, 특히 초등교육에서 그러한 경향이 두드러졌다. 교수방법, 커리큘럼, 학교 조직에서의 새로운 발전과 실험은 처음에 한두 지역의 사례로 여겨져 왔다. 많은 서구적인 사립학교, 예를 들어 애보츠홀름, 비데일스, 서머힐(Summerhill), 고던스토운(Gordonstoun), 그 밖의 다른 대안학교는 20세기를 시작하면서 새로운 교육을 여러 방면에서 탐색하고 그에 따른 방법을 제공하였다. 그러한 모범적인 학교들은 시간이 지나면서 더욱 늘어나고 다양해졌다. 그리고 이러한 교육운동은 영국 교육법령의 개정과 발전에 영향을 주면서 서시히 공교육에도 변화가 오기 시작했다. 초등교육의 계속적인 발진은 영국 초등교육의 높은 수준의 진보성을 보여 주는 『플라우덴 보고서(*Plowden Report*)』를 통해 공식적으로 확인되었다. 1967년의 『플라우덴 보고서』는 지나간 추세의 비평과 미래를 위한 제안이라는 관점에서 진보주의 선상에 섰고, 또 공교육 제도 안에서 진보주의의 물결을 보여 주었다. 실제로 1988년 교육개혁법에 의해 국가수준의 커리큘럼이 도입될 때까지 이러한 진보적 교육은 계속되었다.

(2) 현대 영국 대안교육의 이념

신교육운동의 오랜 전통은 1980년대 이후 교육에서의 뚜렷한 지향점을 제시해 주었다. 신교육운동은 인간, 생명, 자연, 공동체, 평화, 자유의 아름다움 등과 같은 지속 가능한 가치가 교육 부문에서 어떤 의미를 갖고 있으며, 어떻게 교육현장에서 구현되어야 하는지에 대한 인식을 촉구하였다. 1980년대 이후 영국에서 나타났었던 생명가치구현운동과 인간규모운동은 이러한 전통 속에서 활발히 시도되었다. 신교육운동이 19세기에 시작되었으니 영국 대안교육의 뿌리는 100년 이상의 전통을 가지고 있음을 알 수 있다.

영국 대안교육운동의 철학적 바탕은 타인을 위한, 지구를 위한, 자신을 위한 생명교육에 있다. 포괄적인 의미의 생명교육이기에 여기에는 생명 가치를 유지 · 보존하는 데 관련되는 여러 개념, 이를테면 '평화교육', '인권교육' 등이 포함될 수 있다. 그러나 이들 개념과 생명교육과의 관계는, 생명교육을 평화교육[2]이나 환경교육과 같은 다양한 교육실천과 병렬의 관계로 보기보다는 생명교육을 다른 교육 실천의 토대로서 보는 것이 타당할 것이다.

영국의 대안교육운동가들은 현재 범세계적인 문제에서부터 좁게는 학교교육 현장에서 벌어지는 반생명적 문제에 이르기까지, 이를 해결하기 위한 대안으로 모든 생명체와 자연은 하나의 연대공동체(Solidargemeinschaft)이며 하나의 운명공동체라는 생명관으로 시선을 돌릴 것을 주장한다. 즉, 모든 생명체가 자연과 공생관계에 있다는 생태학적 윤리학[3]과 인간의 윤리적 책임은 인간에게 벗어나 땅 위에 있는 모든 것으로 확대되어야 한다는 인식이 영국의 대안교육을 주창하는 사람들의 철학적 바탕으로 자리하고 있다

---

2) 대안교육을 논의하면서 평화교육의 이론이 등장하는데 유럽에서는 사회의 여러 분야에서 대안의 실천과 이론은 대체로 1960년대 중반부터 '운동'의 형식을 띠고, 1970년대에 들어서 활동이 활발해진다. 그리고 대안교육의 가장 핵심적인 내용은 평화운동에서 먼저 대두된다. 앞에서 대안교육운동이 교육 영역에서 대안적 실천을 모색하는 '운동' 임을 보았다. 그런데 대안교육운동은 단순히 교육제도를 개혁하는 데 초점을 두고 있는 것이 아니라 우리 사회의 문화적 · 문명사적 · 정체적 위기에 대응하는 성격을 갖고, 바로 이 점에서 평화운동과 일맥상통한다. 따라서 이런 측면에서 볼 때, 대안교육과 평화교육은 서로 공유하는 내용이 많다 하겠다.

3) 현대적 아나키즘(anarchism)은 '불가능한 것을 요구하는(demanding impossible)' 시대적 요청에 의하여 1960년대부터 일기 시작한 새로운 사회운동의 물결과 함께 역사적으로 재등장하고 있다. 자본의 시대, 혁명의 시대, 국가의 시대가 급격하게 퇴조하는 20세기의 후반기에 아나키즘은 새로운 대안적 이념으로 재구성되고 있다. 자본주의적 경쟁체제 대신에 상호부조의 공동체를 지향하고, 직업혁명가 주도의 권위주의적 계급 독재 대신에 민중 · 시민이 직접 참여하는 자유주의적 자치사회를 모색하며, 또 폭력과 억압에 기반을 두는 강권적 국가지배 대신에 지역단위의 소규모 연합사회를 추구하는 아나키즘은 감히 단언컨대, 21세기를 위한 분명한 시대적 좌표가 될 수 있다. 특히 아나키즘의 고유한 생태주의적 자연관은 기존의 인간중심주의적 자연관을 비판함으로써 현재의 생태위기에 대처할 수 있는 가장 참신하고도 설득력 있는 이론적 틀을 제공한다(구승회 외, 1998).

(이관춘, 1996).

생명가치 구현이 많은 영국 대안교육운동가의 교육목표의 철학적 바탕이라고 한다면, "작은 것이 아름답다(Small is beautiful)."라는 교육목표 달성을 위한 구체적이고 실천적인 방법론적 철학이라고도 할 수 있다. 이는 영국 경제학자 슈마허(E. F. Schumacher)[4]의 1973년 저서 제목에서 전용되었고 '거대주의' 산업문명에 대한 발상의 전환을 촉구하는 하나의 구호가 되어 1970년대 이후 널리 알져지게 되었다. 슈마허는 이 책에서 '대량생산 대량소비' 라는 현대 산업사회의 모습에 반발하고 있다. 즉, 대규모의 산업, 고도의 기술이 자원을 고갈시키고, 다른 요인과 함께 세계 경제를 붕괴 지점으로 몰아붙이며, 그리고 그 때문에 대규모의 환경오염과 생물권에 대한 돌이킬 수 없는 손상을 끼치고 있다. 더 나아가 인간의 건강과 복지, 그리고 장기적으로 지구상의 생명 자체에 위험이 가해지고 있음을 지적하고 있다. 이에 대한 해결책으로서 슈마허는 대량생산 대신 '대중' 생산을, 대량소비 대신 절제와 만족을 제시한다. 대중생산이란 인간의 정교한 손과 창조적인 머리의 쓰임새가 강조되는 '중간 기술' 을 개발함으로써 기계 대신 대중을 생산 전 과정에 복귀시킨다는 취지이다.

슈마허가 강조한 점은, '인간의 키' 에 맞추는 경제, '인간의 규모' 에 맞는 기술이다. 따라서 "인간은 작은 것이다. 작은 것은 훌륭한 것이다."라는 원칙을 강조한다. 교육에서도 그는 마찬가지 논리를 편다. 교육이 잘되지 않고 있는 것은 지나친 전문화 때문이 아니라 교과의 내용에 인간 중심의 형이상학적인 의식이 결여되이 있기 때문이라고 주장한다(김진욱 역, 1998).

슈마허는 모든 학문 분야는 아무리 전문화되어 있어도 하나의 중심과 결부되어 있다고 분석한다. 중심을 형성하고 있는 것은 우리의 근본적인 확신, 다시 말해 인간을 움직일 힘을 가지고 있는 관념 또는 사상이며, 따라

4) 영국의 경제 사상가로 독일에서 태어났고, 독일, 영국, 미국 등지에서 슘페티, 게인스 등 서넝한 학자에게서 경제학을 배웠다. 저서로 『난국을 위한 지침서(*A Guide for the Perplexed*)』(1977), 『건전한 노동(*Good Work*)』(1978) 등을 남겼다.

서 전인이란 이 근본적인 확신에 대해 흔들림 없는 사람이라고 결론을 내린다. 슈마허의 이런 주장은 당시 서구의 생태계 파괴와 인간소외 문제 등의 해결을 교육문제에서 찾으려는 많은 교육자에게 발상의 전환을 하게 만들었다. 그들은 어떤 활동에나 그에 어울리는 규모가 있으며, 활동에서 친밀성이 많이 필요할수록 그에 참가하는 사람의 수는 줄어들고 집단의 수는 많아진다는, 어찌 보면 지극히 당연한 주장을 학교교육에 응용하려는 시도를 하였다. 이러한 움직임이 다음에 다룰 인간규모운동으로 발전되었는데, 이는 현재 영국 대안교육운동에 지대한 영향을 미치고 있다. 인간규모교육운동(human scale education movement)은 1985년 영국의 교육제도가 교육 본래의 방향 감각을 상실했으며, 따라서 인간규모 원리에 바탕을 둔 교육개혁이 필요하다는 비판이 높게 일면서 공식적으로 설립되었다(Randle, 1991).

여기서 주목해야 할 점은, 기존 학교교육의 한계성을 인식하면서 출발하게 된 실험교육운동 혹은 대안교육운동은 영국에서 훨씬 이전부터 여러 형태로 있어 왔다는 점이다. 실제로 실험교육운동이 정식으로 공교육 현장에 도입되어 일종의 제도화된 체제로서 적용되기는 영국의 초등교육이 처음이었으며, '개방교실 활동' 이 영국에서 가속화되었다.

그러나 제2차 세계대전 이후 서서히 불붙기 시작한 실험교육운동은 1960, 1970년대 들어 가속화되었다. 지역사회학교의 경우에는 역사가 더 깊어, 영국에서는 이미 1930년에 소스턴(Thorstein)에 마을학교가 설립되기도 하였다(이병곤, 1995). 당시 많은 교육자는 물론 학부모까지도 거대한 학교 건물에서 이루어지는 학교교육의 문제점을 간파하였다. 학교에서 학생을 가르쳐 내보내는 것이 마치 생산 공장에서 제품을 생산하는 것처럼 비교육적으로 진행되고 있다는 인식을 하게 된 것이다. 이러한 때에 슈마허의 저서는 많은 교육자, 학부모의 발상의 전환을 촉구하는 사회적 계기가 되었다. 그들은 슈마허의 '작은 것이 아름답다.' 는 원리를 교육에 적용시켜, 인간의 키에 맞는 교육, 인간의 규모에 맞는 학교교육으로 학교교육의 형식과 내용을 전면적으로 재개편해야 한다는 데 인식을 같이하게 되었다. 특히 학생과 교사 또는 학생 상호 간의 인간적인 친밀감이 절대적으로 중시되는 교육에서는 현재와 같은 '거대 규모'는 비효율적, 더 나아가 비교육적 문제를 유발할 수밖에 없다고 주장한다.

큰 규모의 교육 체제나 규모가 큰 학교는 학교 구성원 간의 친밀하고 신뢰 있는 인간관계를 구축하는 데 방해가 되며, 인간과 자연 모두를 위한 생명교육은 당연히 불가능하게 된다는 것이었다. 따라서 학습 체제를 인간규모에 맞추어 재편성하여 학생들을 개별적 인간으로서 교육하는 것이 시급하다는 여론이 크게 일게 되었다(이관춘, 1996).

'작은 학교' 외에 인간규모운동이 추진하는 두 번째의 대안교육형태는 '미니학교교육'이다. 미니학교교육은 인간규모교육 운동가의 한 사람인 필립 투굿(P. Toogood)의 저서 『미니학교교육(*Minischooling*)』에 잘 소개되어 있다(Randle, 1991). 이것은 큰 규모의 학교 내에서 인간 규모에 적합한 단위를 창출하여 단위별로 완전한 자율성을 부여하여 운영하는 교육방식이다. 다시 말해 어떤 활동에서나 그에 어울리는 규모가 있듯이, 교육활동에서도 해당 교육목표에 적합한 인간규모가 있어서 교육목표 달성을 위한 교육방법과 기기 사용을 인간규모에 맞게 자율적으로 운영하는 방식을 말한다. 미니학교는 학생들의 인지능력과 정서에 맞는 학교를 운영하기 위한 혁신적인 조치로서, 기존의 큰 학교 건물 안에 학생 수가 얼마 안 되는 여러 개의 작은 학교를 설치하는, 이른바 '학교구역 내 학교설치운동'(한순상, 1996)과 동일한 맥락에서 이해할 수 있을 것이다.

인간규모운동이 벌이는 세 번째 교육형태는 '탄력학교교육(flexischooling)'[5] 이다. 이 교육 형태는 학생들이 학교 내에서와 학교 밖에서의 교육을 번갈아 가며 받을 수 있게 하는 것이다. 주로 가정을 중심으로 이루어지는데,

5) 탄력학교교육은 1980년대 초부터 시작된 미국의 홈스쿨링(homeschooling)과 유사하다. 재택교육은 자녀의 정서와 정신건강을 보호하고 그들의 능력에 알맞은 교육과정을 실시하기 위하여 학부모가 집에서 자녀를 가르치는 방식을 총칭한다(한준상, 1996).

자녀들의 정신건강을 보호하면서도 지적 수월성을 추구하기 위해 학부모가 가정에서 자녀를 직접 가르치는 방식이 주를 이룬다. 1991년 현재 영국에서는 약 1만여 명에 달하는 학생들이 가정과 같은 학교 이외의 장소에서 교육을 받고 있는데, 학교 밖에서 교육을 받을 수 있는 권리는 1944년 교육법에서부터 명시되고 있다(Randle, 1991). 그렇다고 이런 교육론자가 원칙적으로 학교교육을 반대하는 것은 아니다. 이들은 단지 아동의 특정한 교육적 요구에 따라 교육장소가 학교보다는 가정이 낫다고 판단한 것이다.

인간규모교육운동은, 종래의 학교교육은 급변하는 사회가 요구하는 탄력성과 부모와 학생의 요구에서 비롯되는 탄력성을 적절하게 충족시키기에는 구조적으로 지나치게 느리고 적응에 무디다고 비판한다(이관춘, 1996). 그러나 영국에서 학교교육의 탄력적 운영은 앞으로 크게 증가할 것으로 전망한다.

(3) 영국 대안학교의 현황

영국의 대안학교를 일목요연하게 정리하기는 매우 어렵다. 우선 대안교육의 개념 규정 자체가 모호하기 때문이다. 실제로 영국 대안교육의 개념은 넓은 외연을 가지고 있어 그 다양한 스펙트럼을 어디서부터 어디까지 한데 묶어야 할 것인가가 복잡한 문제로 남아 있다. 대안학교 중에서 너무 극단적이어서 그것을 학교의 범주에 넣어야 하는지의 의문이 제기되는 학교가 있는 반면에, 그와 정반대로 일반학교와 유사하여 그것을 굳이 대안학교라고 불러야 하는가라는 의문이 제기되는 학교도 있다. 학교교육의 틀을 벗어나 있는 홈스쿨링이나 다양한 형태의 대안교육센터가 전자에 해당한다면, 아동중심의 교육원리를 강조하는 경향을 보이는 학교는 후자에 속한다. 사실 오랜 민주주의의 전통을 가지고 있는 영국에서는 대부분의 학교가 대체로 아동중심 교육을 따르고 있으며, 학교 운영도 민주적인 경향이 지배적이다. 그렇기 때문에 한국의 실정에서 본다면 대부분의 학교를 대안학교로 보아야 할지도 모른다.

영국의 대안학교를 구분하는 한 가지 기준은 대안학교가 기존학교에 대해 어떤 점에서 대안적인가이며, 다른 하나의 기준은 대안학교가 이념적으로 진보주의 철학을 어느 부분에서 어느 정도 수용하고 있는가다. 대안학교가 어떤 점에서 대안적인가는 교육과정을 비롯한 전체 운영 면에서 대안적인 학교도 있고, 교육과정이나 프로그램만 대안적인 학교도 있다. 이념적으로도 근본적인 면에서 진보주의적인 학교도 있고, 중도적이거나 온건하게 진보주의 철학을 수용하는 학교도 있다. 이러한 기준에 따르면, 영국의 대안학교는 모두 스펙트럼의 우측에 위치해 있는 것으로 볼 수 있다(〈표 3-1〉 참조). 영국의 대안학교는 크게 네 가지로 분류해 볼 수 있다. 이념적 성향이나 일반학교와의 차별성 면에서 급진적 대안학교와 중도적 대안학교로, 인간중심의 소규모 학교를 지향하는 인간중심 대안학교와 독특한 교육프로그램 중심의 대안학교로 나누어 볼 수 있다.

첫째, 급진적 대안학교로서, 학교생활 전체가 기존 학교에 대안적인 학교이다. 이런 유형의 대안학교는 이념적으로 우측 끝단에 위치하는 학교로서, 교사와 학생의 관계, 수업 여부, 출결석 관계, 수업방식, 교육과정 등 학교생활 전부가 학생의 자율에 맡겨져 있는 학교이다. 이런 유형의 대안학교에는 서머힐학교와 샌드학교(Sands School) 등이 속한다. 이러한 극단적인 학교는 국가교육 체제와 종종 갈등을 일으켜서 폐교의 위협에 직면하기도 하였으나, 이에 굴하지 않고 분명한 학교이념과 원칙을 유지 고수해 오고 있다.

둘째, 중도적 대안학교로서, 학교운영 방식은 기존 학교와 비슷하나 다른 부분에서 기존 학교에 비해 대안적인 학교이다. 이런 유형의 대안학교는 이념적으로 우측 중앙에 위치하는 학교로서, 교육과정에서의 강조점, 수업을 진행하는 방식, 교복, 교사-학생 관계, 학생자치 등에서 상당한 정도로 진보주의 철학을 수용하고 있는 학교이다. 이러한 유형의 대안학교에는 킹알프레드학교(King Alfred School, 사립), 스텐넌베리학교(Stantonbury Campus, 공립), 성크리스토퍼학교(St. Christoper's School), 브록우드파크

학교(Brockwood Park School) 등이 속한다.

셋째, 인간중심 대안학교로서, 교육의 주된 관심사가 학업이나 성적보다는 인간과 인간관계이다. 이러한 대안학교는 대체로 '작은 학교'를 지향한다. 많은 학생이 공부하는 곳에서는 학생 개개인에게 세심한 관심을 가질 수 없기 때문이다. '인간중심교육(human scale education)'을 지향하는 작은 학교가 여기에 속한다. 이러한 학교는 이념적으로는 서머힐학교 등 급진적인 대안학교부터 브록우드파크학교 등 중도적 대안학교에 이르기까지 다양한 스펙트럼을 가지고 있다. 작은 학교 중에서도 서머힐학교와 샌드학교와 같이 원래부터 대규모의 학생을 모집하는 경우가 있는가 하면, 성크리스토퍼학교, 브록우드파크학교와 같이 대규모의 학교를 독립된 소규모의 몇 개 학교로 나누어 교육하는 경우도 있다.

넷째, 프로그램 중심 대안학교로서, 학교생활 전체가 기존 학교와 비슷하나 교육과정이나 교육방법 측면에서 기존 학교에 비해 대안적인 학교이다. 이런 유형의 대안학교는 이념적으로 대체로 기존의 학교보다 약간 우측에 위치하며, 표면상으로는 일반학교와 다를 바가 없다. 다만 명시적으로 교육과정 운영이나 수업방법 면에서 독특한 진보주의 철학을 수용하고 있다. 이런 유형의 대안학교에는 전국에 걸쳐 산재해 있는 슈타이너학교(Steiner Schools), 몬테소리학교(Montessori Schools) 등이 속한다(손민호 외, 2005).

(4) 영국 대안학교의 교육적 시사점

영국의 '작은 학교' 운동은 이농현상과 출산율의 저하로 갈수록 늘어가는 우리나라 농어촌 소규모 학교 통폐합 정책에 시사하는 바가 크다. 현재 정부에서는 투자의 효율성이라는 측면에서 소규모 초·중등학교 통폐합 대상 선정기준 학생 수를 기준으로 이에 미치지 못하는 학교를 통폐합하고 있어 각지에서 지역 주민과 마찰을 빚고 있다. 이에 따라 경기도 가평군 두밀리 분교 분쟁에서도 볼 수 있듯이 학교를 존속시키려는 지역주민과 학교를 통폐합하려는 행정당국 사이에 마찰이 일고 있다.

종래 한국 교육의 전통적인 상징이었던 학교의 모습은 넓은 운동장과 거대한 교사(校舍)로 특징지어진다. 교실에는 50~60명이 앉을 수 있는 의자가 마치 콩나물 시루처럼 빽빽이 들어차 있다. 학생 수가 40명 이내로 줄어든 것은 21세기가 되어서야 이루어진 일로 학생 개개인이 교육의 주체로 설 수 있는 환경은 엄두도 낼 수 없었다. 학교 건물 내에서 가장 좋은 위치에 교장실과 교무실이 있고 그 근처에는 무거운 정숙함이 학생들의 접근을 허락하지 않는다. 전형적인 거대규모 학교의 모습이다. "학교가 작아서 교육이 제대로 이루어지지 않는다."라는 신화는 한국적인 상황이 빚어낸 오해에서 비롯된다. '작은 학교'라면 으레 떠올리는 장면이 복식수업이다. 학생 수가 적다 보니 교사 수가 적을 수밖에 없고 그 때문에 여러 학년을 묶어서 소수의 교사가 지도하니 질 높은 교육을 기대할 수 없는 것이 당연하다. 재정 지원도 절대적으로 학생 수를 기준으로 하기 때문에 작은 학교는 소외될 수밖에 없고 그로 인해 운영은 더욱더 비효율적으로 이루어진다.

그동안 과대학교와 과밀학급은 한국에서 교육문제의 핵심을 차지해 왔다. 획일적인 교육, 암기 위주의 주입식 교육 등 비효과적인 교육을 이야기할 때마다 학생 수가 많기 때문에 어쩔 수 없다는 교사의 변이 따라다닌다. 다시 말하면, 학생 수만 줄어든다면 학생들의 참여를 유도하고 개개인의 특성에 맞는 다양한 교수방법을 적용할 수 있다는 것이다. 그러나 소규모 학교 통폐합 추진과정을 보면, 한국에서는 근본적으로 소규모 학교와 소규모 학급을 운영할 수 있는 환경 여건이 소싱되어 있지 않고 또 소규모 학급을 운영할 수 있는 교사의 역량이 부족하다는 것을 알 수 있다. 소규모 학교를 통폐합하려는 이유는 비효과성과 비효율성으로 집약되는데, 전자의 경우 우선 현행 교육과정이 일제식 강의 위주 교육방식에 적절한 학급규모를 상정하여 만들어진 것이기 때문에 소규모 학교에는 적합하지 않다는 것이다. 또한 교사 1인이 여러 학년을 중복 지도하게 됨으로써 교육효과가 떨어지며, 한 학급에서 두 학년 이상의 수업을 진행함으로써 학습효과가 저하된다는 입장이다. 이러한 문제의 접근방식이 지속된다면 현행 농어촌의 소규모 학교 문제뿐 아니라 한국 전체 교육의 획일성과 암기 위주의 주입식 교육문제도 해결되기 어렵다. 교사는 한 가지 방법에 의한 한 가지 수준의 수업준비를 당연시하고, 여러 방법에 의한 다양한 수업준비를 과부담으로 여겨서는 안 된다. 소규모 학급운영에 적합한 교육과정과 교육자료, 교사 프로그램도 개발되어야 한다. 한국 소규모 학교는 통폐합보다는 대안적 교육프로그램의 개발을 촉진할 수 있는 촉매제의 역할을 수행할 수 있도록 뒷받침되어야 하며, 영국의 작은 학교 운동을 참고사례로 활용해야 할 것이다. 한편 대부분의 한국 대안학교는 작은 학교를 지향한다. 뒤에서 논의되겠지만 분명한 사실은 영국뿐 아니라 한국도 교육다운 교육을 위해서는 작은 규모, 작은 학교를 지향해야 한다는 점이다.

2) 독일: 자유주의적 대안교육

(1) 독일 대안학교 개념의 다양성

독일의 대안학교가 국내에 많이 소개되고 있음에도 이러한 학교를 이해하는 데 배경적 지식이 될 수 있는 독일 대안학교의 개념에 대한 명확한 정보는 발견하기 힘들다. 따라서 독일의 대안학교가 일반학교와 상이한 유토피아적인 학교 모형 또는 자유학교를 지칭하는 것으로 오해되기도 한다.

독일의 경우에도 다른 서구의 여러 국가와 마찬가지로 '대안학교'의 범위를 설정하는 문제가 그렇게 간단하지 않다. 오히려 대안학교라는 명칭에 의한 범위설정은 무의미하다. '독일 자유대안학교 연합(Bundesband der Freien Alternativschulen: BFAS)'에는 100개 가까운 교육기관이 가입되어 있는데, 가입된 학교 중 대안학교라는 명칭을 사용하는 학교는 '드레스덴 자유대안학교(Freie Alternativschule Dresden)'가 유일하다. 다른 기관은

'자유학교(Freie Schule)' 라는 명칭을 사용하고 있다.

'독일 자유대안학교연합' 은 자유대안학교들이 1978년부터 연 2회 '자유대안학교 전국모임' 을 개최하여 서로의 경험과 정보를 교환하여 오다가 1988년에 창설되었다. '독일 자유대안학교연합' 이라는 명칭 때문에 이 단체에 가입되어 있는 학교들이 독일 대안학교의 대부분이고 대표성을 갖는다고는 할 수 없다. 왜냐하면 독일의 경우 대안학교는 명칭만 다를 뿐 '개혁학교(Reformschule)', '자유대안학교', '자유학교', '실험학교(Versuchsschule)', '열린 학교(Offene Schule)' 와 특별히 구분되지 않기 때문이다. 분류에 따라서는 대안학교의 범주에 개혁학교, 자유학교, 실험학교가 포함되기도 하고, 개혁학교의 범주에 자유학교, 실험학교가 포함되기도 하며 실험학교의 범주에 개혁학교, 자유학교가 포함되기도 한다는 사실이 이러한 이해를 뒷받침해 준다(정기섭, 2005). 대안학교 개념의 다양성은 그만큼 대안교육에 대한 넓은 저변을 말해 주는 것이니만큼 이러한 형태의 학교를 포괄하여 대안학교로 정의할 수 있다.

이렇게 하나의 학교가 여러 개의 학교 명칭으로 분류되는 것을 볼 때, 명칭에만 의존하여 독일의 대안학교와 일반학교의 특성을 비교하는 것은 큰 의미가 없다. 오히려 독일의 대안학교는 특별한 교육 방식과 내용으로 공립학교를 보완하는 학교 형태로 보는 것이 타당할 것이다. 예를 들어, 헤센(Hessen)주의 공식적인 학교 유형을 보면 기존학교, 하우프트슐레(Hauftschule), 레알슐레(Realschule), 김나지움(Gymnasium), 특수학교, 직업학교, 종일제학교, 유립학교, 환경학교, 외국학교, 음악학교, 기숙사학교, 사립학교로 분류되어 있다. 다른 주와 마찬가지로 공식적인 학교 유형 분류에는 대안학교라는 명칭이 사용되지 않는다.

헤센 주의 문화부에 등록된 각 학교에 관한 기록을 보면 카셀 개혁학교(Reformschule Kassel)와 비스바덴 헬레네랑에학교(Helene Lange Schule Wiesbaden)는 공립 종합학교로, 슈타이나우 예나플랜학교(Jenaplan Schule Steinau)는 공립 기초학교-하우프트슐레로 분류되고, 호엔베르다 리츠학교

(Hermann-Lietz-Schule Schloss Hohenwehrda)는 5~9학년까지의 사립 김나지움으로, 오덴발트학교(Odenwaldschule)는 국가가 인정하는 사립 직업학교로, 카셀 자유발도르프학교(Freie Waldorf Schule Kassel)는 국가가 인정하는 1~13학년까지의 사립 김나지움으로, 카셀 자유학교(Freie Schule Kassel)와 비스바덴 몬테소리학교(Montessori Schule Wiesbaden)는 사립초등학교로 분류된다. 이러한 분류를 통해 우리가 대안학교라고 흔히 일컫는 독일의 학교들은 사립학교만 있는 것이 아니라 공립학교도 존재하고 있다는 것을 알 수 있다. 헬레네랑에학교의 경우, 학교 유형은 공립 종합학교로 분류되지만 그 학교가 갖고 있는 특별한 교육학적 프로그램 때문에 개혁학교, 실험학교로 자주 언급되는 것이 그 예다. 그럼에도 불구하고 독일에서 대안학교로 언급될 수 있는 학교는 몇몇의 공립학교를 제외하면 대부분 사립학교이며, 이러한 사립학교는 대부분 국가가 인정하는 대체학교(Ersatzschule)라고 명시하고 있다. 바로 위에서 언급한 리츠학교, 오덴발트학교, 카셀 자유학교, 카셀 발도로프학교 외에도 우리가 독일의 대안학교로 인식하고 있는 학교의 대부분이 대체학교이다. 즉, 독일의 사립 대안학교는 대체학교로서 고유한 교육이념, 교육이론, 교육방법에 기초한 교육프로그램을 갖고 있는 학교라고 말할 수 있다(정기섭, 2005).

(2) 독일 대안학교운동의 배경과 특성

19세기 말에서 20세기 초반에 불어 닥친 신교육운동은 독일에서도 예외는 아니었다. 이 시기에 독일에서 광범위하게 일어났던 매우 다양한 종류의 신교육운동은 일반적으로 '개혁교육학운동(Reformp Dagogische Bewegung)' 이라고 부른다.

'개혁교육학' 을 학문적인 대상으로서 다루기 위해서는 무엇보다 이 영역이 지니고 있는 '시대성' 에 초점을 맞추어야 한다. '개혁교육학' 이 가지고 있는 현재성 내지는 다른 시대와의 연계성에도 불구하고 이 영역이 하나의 사조로서의 독자성을 확보할 수 있도록 하는 바탕이 있다면 그것은 바로 이 영역이 속해 있었던 시대, 즉 19세기에서 20세기로 넘어가는 이른바 '세기의 전환기' 의 역사적 차원에서 비롯된 특수성 때문일 것이다. 특히 독일은 '세기의 전환기' 에 세계사적인 차원에서 특수한 사건을 경험했다는 점에서 당시 유럽의 다른 나라와는 뚜렷이 구별된다. 바로 그런 맥락에서 독일의 '개혁교육학운동' 은 한편으로는 당시 유럽 전역에 걸쳐 확산되어 있던 '신교육운동' 의 전반적인 흐름을 대표할 수 있을 만한 일반적인 특징을 보여 주고 있지만 동시에, 다른 한편으로는 바로 그와 같은 국가적 특수성을 바탕으로 하여 독일적인 고유의 성격을 지닌 논점을 포함하고 있다. '개혁교육학' 을 교육이라고 하는 사회 내의 한 부분 영역의 차원에서가 아니라 더 넓은 사회 전체의 차원에서 바라볼 때, 이는 당시 독일 사회에서 전반적으로 이루어지던 '삶의 개혁운동' 이라는 거대한 흐름의 한 지류에 불과하다고 할 수 있다(오인탁 외, 2006).

새로운 세계를 열고자 하는 미래지향적 비전이나 유토피아적 이상 등을 바탕으로 하여 현실 문제에서 탈피하려는 경향성은 거의 모든 '개혁교육학운동' 의 흐름 속에서 발견된다. 특히 독일 정신문화의 전통 속에서 발견되는 교육학적 이상향으로서 '교육의 성역' 을 이루고자 하는 시도는 '전원기숙사학교운동' 속에서 가장 뚜렷하게 나타난다. 영국 출신의 교육개혁가인 레디가 에보츠홀름이라고 하는 '전원기숙사학교' 를 설립한 것에 영향을 받은 헤르만 리츠(Hermann Lietz)가 선구인 전원기숙사학교(Landerziehungsheim)[6]는 말 그대로 현대문명의 비인간적이며 반자연적인

6) 헤르만 리츠가 1901년 독일 튀링겐 주의 숲 가운데에 위치한 하우빈다에 '전원기숙사학교' 를 세웠다. 그에서 비롯된 '전원기숙사학교운동' 의 역사도 이제 100년 이상의 전통을 자랑한다. 현재까지도 초등학교 단계와 중등학교 단계 중 주요학교(Hauptschule)와 실과학교(Realschule)를 포괄하고 있는 하우빈다의 학교와 그곳에서 그리 멀지 않은 헤센 지방의 도시인 풀다 근처에 위치하고 있는 호헨베르다 성(Schloß Hohenwehrda)의 중등학교(주요학교와 실과학교 포함), 비버슈타인 성(Schloß Bieberstein)의 김나지움은 100년 전의 모습을 그대로 간직한 채 리츠가 이 학교들을 세웠을 당시의 교육이념과 실천을 대부분 그대로 계승하며 성공적으로 운영되고 있다(오인탁 외, 2006: 303).

요소가 만연해 있는 도시에서 뚝 떨어져 광활하고 거친 자연의 모습을 그대로 경험할 수 있는 장소에 세워진 기숙사학교를 지칭하는 말이다. 이 학교는 기숙사학교이니만큼 학생들이 부모에게서 떨어져 공동생활을 하도록 되어 있으며, 원칙적으로 정신적 · 경제적인 차원에서 외부 세계와 단절된 채 자급자족적인 생활이 이루어지도록 구성되어 있다. 또한 일반 교육제도에 속해 있는 학교와는 달리 '노작' 이나 '금욕', '체험' 과 같은 교육활동을 통하여 더욱 전인적이며 자연친화적인 교육이 이루어지도록 하고 있다. 당시로서는 매우 획기적인 방식으로 운영되던 이와 같은 학교가 일종의 실험학교의 형태로 한둘씩 설립되기 시작하면서 차차 '개혁교육학' 의 다양한 조류와 활발하게 영향을 주고받는 가운데 하나의 큰 운동으로 발전하게 되었는데, 이 운동이 바로 '전원기숙사학교운동' 이다.

'전원기숙사학교' 가 현재까지도 옛날의 이념과 실천을 그대로 유지하는 가운데 건재하고 있다는 사실 외에도 이 교육운동이 현대 독일의 정규 학교교육에 미친 영향이 곳곳에서 발견되고 있다. 구체적인 예로 현대 독일에서는 정규 학교에 다니는 학생들이 특정 기간 '전원기숙사(Schullandheim)' 에서 묵으며 공동생활을 하도록 하는 교육 프로그램을 운영하고 있는데, 이러한 교육활동은 이 운동의 직접적인 영향을 받은 것이다. 그 외에도 리츠가 당시 일상적 교육실천 속에서 구현하고자 했던 여러 가지 교육적 개념, 즉 '노작', '체험', '교육내용의 삶과의 실제적 연관성', '자연과의 합일', '전인교육' 등의 개념은 오늘날 독일에서의 교육제도 내부와 외부 모두에서 상당히 광범위하게 수용되고 있다는 점을 확인할 수 있다(오인탁 외, 2006).

한편 1970년대 이후 교육의 '새 꿈' 을 새로운 학교의 길로 실현하고자 했던 가장 두드러지는 움직임이 '자유대안학교(Freie Alternativschule)' 운동이다. 발도르프학교 같이 제도에 비켜서 있다가 제도 곁에 들어온 고전적인 대안학교에 비해 좀 더 제도 밖에서 새로운 교육의 꿈을 실현하고자 하는 이 실험학교운동은 말 그대로 '대안적(alternativ)' 이다. 여기서 '대안적' 이라는 말은 구체적인 이상향을 품은 교육의 새 꿈을 실현해 나가는 과정 자체까지 기존의 그것과는 다른 방식으로 꾀한다는 뜻이다. 즉, 교육의 새 꿈을 꾸고 그 길을 닦고 실현하는 모든 과정에서 새로움을 모색한다는 뜻이다(정유성, 1997). 발도로프학교 등의 고전적인 대안학교 모형보다도 더 새롭고 '대안적' 이라는 뜻을 분명히 하기 위해 '자유대안학교' 라고 칭해진 이 학교들은 1970년대 초부터 활동을 시작하여 20년이 넘도록 애써 온 끝에 옛 동독 지역을 포함한 여러 지역에 20개 정도의 학교를 세우고 연합체를 구성하여 이론과 실천을 병행하며 노력하고 있다. 그 과정은 험난했는데 실제로 학교인가를 받는 데만 10여 년이 훨씬 더 걸리기도 했고, 재판을 통해 인가를 받으면 보수정권이 들어서서 인가가 취소되는 시련도 겪었다.

미래에 대한 구체적인 전망을 바탕으로 자유대안학교는 작은 학교, 학습기회를 다양하게 제공하는 학교, 교수법(Diaktik)보다는 학습법(Mathetik)의 강조, 체험학습, 인지학습과 사회학습의 조화, 업적주의 평가의 포기, 실제 행동 및 학교 생활의 민주화와 같은 교육 원칙에 따라 교육한다. 이렇게 볼 때 자유대안학교운동은 이념이나 교육 실천 등에서 서구 사회에서 오랫동안 꾀해 온 다양한 '오래된 교육의 새 꿈' 을 이어 가고 있다(정유성, 1997). 밖의 오래된 교육의 새 꿈은 겉으로 보기엔 아주 다양하고 복잡할 것 같지만 잘 들여다보면 서로 통하는 구체적 전망, 곧 이상향을 품고 있다. 여기에는 나름대로의 확고한 세계관, 인간관, 교육관이 들어 있고, 또 다양한 형태의 교육 및 학교모델, 교육내용으로 나타나기도 하지만 그 바닥에는 한데 묶을 수 있는 교육의 새로운, 대안적인 '바탕 틀' 이 엿보인다. 먼저 교육의 대안적 바탕 틀의 세계관, 인간관, 교육관을 보면 '생태주의적 바탕 틀' 이 눈에 띈다. 세계를 이루는 모든 구성물이 자기 생성과 자율적인 조정으로 이루어져 있다는 인식에서 출발하여 이러한 생태계의 질서 안에 자리한 인간 또한 자연생태계와는 물론 사회환경과 교류하며 스스로를 형성해 가는 존재라는 것이다. 그러므로 인간은 주체로서 스스로를 생성하고 자율적인 조정을 통해 인간을 완성해 나가는 존재로, 교육은 단지 이런 과정이 자율적, 자발적으로 일어날 수 있도록 돕는 것이다.

이와 같은 이른바 거대 담론 차원의 교육개혁 논쟁 및 시도는 노력에 비해 실제로 교육 현장에는 이렇다 할 새로운 바람을 일으키지 못했다. 특히 그것이 이데올로기적 성격과 구조 중심의 논의로 집중되었기 때문에 구체적인 교육 현장의 개혁, 교육 현실의 개선까지 나아가지 못했기 때문이다. 물론 이 와중에 처음으로 사회민주당이 정권을 잡음에 따라 교육의 민주화, 기회균등의 보장, 종합학교(Gesamtschule)의 설립, 통합 교과의 도입 등 현저한 변화가 일어난 것은 사실이나 그 구조나 체제에 비해 내용적 변화는 미미하다는 것이 오늘날의 일반적인 평가이다. 이러한 거대 담론에 따른 대규모의 교육개혁 논의와 시도 이후에 독일에서는 오랫동안 구조와 체제 수준의 교육 개혁 논의나 시도를 피해 왔다. 오히려 그보다는 부분적이고 내용적인 개혁의 시도가 꾸준히 있어 왔을 뿐이다.

그러던 가운데 1990년대를 맞아 독일 교육 개혁의 노력은 새로운 전기를 맞게 된다. 무엇보다도 1990년대 갑작스레 이루어진 통일과 1990년대 들어서면서 대두한 사회 문화적 변화 과정에 직면하여 거듭 교육개혁의 필요성이 절실해진 것이다(정유성, 1997). 그러나 이번에는 1970년대 거대 담론의 교육 개혁 논의와 시도에 비해 다양성과 자율성을 강조하는 탈현대주의적 개혁이라고 지칭할 만한 개혁 노력이 일어나고 있는 것이 주된 특성이다.

(3) 독일 대안학교의 현황

독일은 왕성한 실험 정신을 보이고 있는 유럽 여러 나라 가운데 하나이다. 독일에서 시도되고 있는 대안교육이나 학교는, 독일 정부가 1960년대 주도한 팽창 위주의 교육개혁 정책을 좌초한 것으로 평가한 데서 시작되었다. 1967년에는 프랑크푸르트에서 부모들이 주도하여 자유로운 탁아소를 설립했고, 1972년에는 현대의 대안학교 모형이라 할 수 있는 '글록제 학교(Glocksee Schule)' 가 1977년 에센에서는 '자유초등학교' 가 베를린에서는 '작업학교(Werkschule)' 가 설립되었다. 이 밖에도 '카를스루에 자유학교(Freie Schule Karlsruhe)', '함부르크 어린이학교(Kinderschule Hamburg)', 보쿰(Bochum)의 '자유학교(Freie Schule Bochum)' 등을 언급할 수 있다.

이와 비슷한 범주의 것으로 1919년에 시작된 '발도르프학교' 가 있다. 또한 '몬테소리학교' 는 이탈리아에서 도입되어 현재 독일 전역에 걸쳐 폭넓게 확장되고 있으며, 1970년대 초반에 헨티히(H. von Hentig)가 빌레펠트 대학에서 시도하고 있는 '실험학교(Laborschule)' 역시 설득력을 가지고 발전하고 있다. 실험학교를 세운 헨티히는 일리치와의 논쟁에서 '학교 무용론' 이나 '교육에 대한 학교 독점론' 의 어느 한쪽에 빠지는 것을 경계하고, 사회 안에서 학교가 가지는 고유한 의미를 인식함과 동시에 그 한계를 직시하였다(송순재, 1997). 여기서 그는 개개인의 삶의 발달에 좀 더 적합하도록 꽉 짜인 것이 아닌 느슨한 형태의 학교 모형을 제시하면서도, 사회를 고유한 자리에서 학습이 발생하는 곳으로 인식하는 명제를 제시하였다. 헨티히의 실험학교는 학과를 경험 영역에서 발전시켰으며, 성적 대신 학습의 성취과정을 보고하거나 학교 건축을 학생들의 경험과 삶의 공간을 증대시키는 방향에서 고안하는 등 새로운 모형을 추구하고 있다.

독일에서는 대안학교를 교육학의 한 명사로, 기존의 공적 제도인 학교교육에 대하여 일정한 거리를 가지면서 나름대로 교육사상과 다른 교육적 구조를 추구하는 시도로 이해하는 경향이 있다. 그런 점에서 기존의 공교육 제도가 이 대안학교의 시도에서 많은 차안점을 발견하고 이를 자체의 제도에 반영하려 하거나, 공교육의 한자리를 내주려는 것은 당연하다고 규정지을 수 있다(정유성, 1997). 이 범주에 들어가는 예를 들면, 처음에는 대안학교였으나 후에 정규학교로 받아들여진 '발도르프학교' 와 본래 정규 제도 안에 있으면서도 대안적인 성격을 기조로 하고 있는 헨티히의 실험학교를 들 수 있다.

이처럼 새로운 교육을 지향하며 실천하는 학교 유형은 매우 다양한데, 이를테면 발도르프학교[7]부터 몬테소리학교,[8] 자유연대(Freinet)학교,[9] 자유대안학교, 헨티히에 의해 운영되는 실험학교까지 여러 특성을 가진 대안학교가 설립·운영되고 있다.

여기서는 15개의 준거로 대안학교의 특징을 비교했는데 〈표 3-2〉의 우측으로 갈수록 급진적 학교 특성을 보이고 좌측으로 갈수록 전통적 학교의 특성을 가진다. 발도로프학교는 대체적으로 스펙트럼의 좌측에 있는데 인간의 몸, 영혼, 정신의 조화로운 발달을 추구하는 교육을 통해 학생들의 능력과 적성에 맞는 다양성의 교육을 강조한다. 한편 대체로 우측에 위치한 자유대안학교는 기존 학교의 틀을 가장 분명하게 벗어나 있음을 볼 수 있는데, 그런 측면에서 대안학교라는 용어 앞에 재차 '자유'라는 말을 넣었다.

7) 발도르프학교는 슈타이너(R. Steiner)의 인지주의 사상에 바탕을 두고 독일어권에서 비롯된 학교로 1919년 9월 7일에 개교한 이래 오늘날 전세계적으로 많은 학교가 운영되고 있는 가장 대표적인 대안학교다. 이 학교의 교육목표는 학생들의 영적, 정서적, 육체적 능력을 온전하고 조화롭게 계발시키는 것이다. 발도르프학교는 교과서가 거의 없고, 학생들은 수업 시간에 배운 것은 스스로 노트에 적거나 그림으로 그려 놓는다. 학생들로 하여금 수업에 적극적으로 참여하도록 하는 데 매우 중요한 역할을 하고 있는 것은 상상력이다. 즉, 자연과 역사에서 배운 내적인 이미지를 그대로 그려 내는 것이다. 발도르프학교는 한마디로 익명성이 지배하는 것이 아니라 서로 만나고 경험할 수 있는 학교, 교사와 학부모, 학생이 함께 꾸며 나가고 만들어 가는 학교이기를 원하는 학교이다(정유성, 1997).

8) 몬테소리학교는 이탈리아의 교육학자인 몬테소리의 교육사상을 실천하는 대안학교이다. 몬테소리교육의 지도방법은 아동이 관찰하고 그것을 바탕으로 아동의 성장 발달을 도와주고자 하는 것이 특징이다. 교육활동에서는 자연 속에서 또는 자연물을 가지고 전개하는 활동 등을 중요하게 다룬다. 예를 들면, 정원에서 씨를 심고 기른 것을 거두고 나뭇잎이나 자연물을 모으는 활동, 살아 있는 것에 대한 관심과 배려, 식물과 동물 돌보기 등을 즐거운 활동으로 다룬다. 몬테소리는 결국 아동의 존재를 인간의 원형으로 혹은 고유한 인격으로 그 존엄성을 발견하고, 이들의 창의적인 생산성에 바탕을 둔 자연스러운 성장을 돕는 아동 중심의 교육과정을 개발하였다(오미경 역, 1997; 이영옥, 1998).

9) 현대 프랑스의 진보주의 교육을 계승시킨 프레네(C. Freinet)에 대한 이론과 실제를 다루는 학교로서 그는 아동은 근본적으로 놀이의 욕구보다 일의 욕구가 지배적이므로 아동의 흥미에 부합하는 노작교육에 기초한 수업이 이루어져야 한다고 보았다(황성원, 1997).

표 3-2 독일 대안학교 간 특징의 스펙트럼상 비교

특성	← 스펙트럼상의 비교 →					
인간관	영성적		발도르프	몬테소리		자유대안	비판적 합리주의적
발달단계	규정적	몬테소리 발도르프			프레네	자유대안	비규정적
교수 학습법	교사중심		발도르프		자유대안 프레네 몬테소리		창의성 중심
수업참석	참석의무	발도르프	프레네 몬테소리		자유대안		비의무(수업 기회만 제공)
교육과정	교육과정 의 자율성		발도르프		자유대안 프레네 몬테소리		국가교육 과정 준용
교사권위	인정	발도르프			몬테소리	자유대안 프레네	불인정
개인의 독자적인 학습 가능성	최소화		발도르프			자유대안 프레네 몬테소리	최대화
감관활용	오감을 통한 학습	몬테소리	자유대안 발도르프 프레네				한두 가지 감관에 집중
교육환경	어른중심	발도르프		몬테소리	자유대안 프레네		아동중심
문화	고급문화 선호		발도르프	몬테소리	자유대안 프레네		청소년의 생활문화 선호
학생들의 학교운영 참여	최소화		발도르프		몬테소리	자유대안 프레네	최대화
시공활용	시공의 규제	발도르프		몬테소리 프레네	자유대안		시공의 열림
학습유형	집단학습			발도르프 프레네	몬테소리 자유대안		개인학습

평가	객관적 평가 및 시험 성적표 존재		프레네		자유대안 발도르프 몬테소리		개인발전에 대한 주관적 서술 평가
학습방법	단일성		발도르프		자유대안 프레네 몬테소리		다원성

출처: 정유성(1999), p. 13.

(4) 독일 대안학교운동의 시사점

① 혼합연령의 학급 구성

학교마다 조금씩 다르기는 하지만 독일의 대안학교는 학년을 혼합하여 수업을 진행하는 곳이 많다. 모든 교과에서 학년을 혼합한 형태의 수업이 이루어지기보다는 교과와 과정에 따라서 몇 개 학년의 혼합 또는 학년 구별 없이 혼합된 형태의 수업과 학년별 수업을 병행하는 학과가 많다. 혼합연령 학급을 도입하고 있는 학교는 대개 3학년을 하나의 집단으로 묶는다. 이러한 혼합연령의 교과 단위 학급 구성으로 다양한 연령의 학생들이 서로를 신뢰하면서 돕는 학습과정을 통해 사회성 발달에 도움을 줄 수 있을 뿐 아니라 수업 장면에서도 교재와 교구가 개인적 특성에 맞게 고려되어야 하므로 학습의 개별화를 촉진할 수 있다.

② 수업활동의 내적 분화

이것은 일반학교에서처럼 학생들을 외적인 분화에 의해, 즉 연령이나 능력에 따라 각기 다른 교실로 분리하고 다른 교사가 가르치는 것을 의미하지 않고 거의 모든 교과에서 학생들이 모둠을 이루어 서로 도와가며 함께 공부하는 것을 의미한다. 이것은 또한 학생들에게 다양한 내용적, 방법적 수준이 제공되어 학생들이 구별되는 도움을 받는 것을 의미한다. 헬레네랑에학교의 경우 학년이 올라가면서 능력의 차이가 두드러지는 것을 감안하여 7학년부터는 영어와 수학에서, 8학년부터 독일어와 프랑스어에서, 9학년부터 화학과 물리에서 구별되는 요구 수준에 따라 두 개의 과정(심화과정: E, 기초과정: G)으로 구분된다. 이러한 내적인 분화는 주 문화부에서 허가된 것이다. 기초과정은 하우프트슐레 학생 또는 성취수준이 낮은 레알슐레 학생에게 제공되는 요구 스펙트럼이 반영된다. 확장과정은 성취수준이 높은 레알슐레 학생 또는 김나지움 학생을 위한 과정이다. 과정의 분류는 교과 담당교사만에 의해 대체되는 것은 아니고 학년회의에서 토의되고 해당 부모와의 면담을 통해서 이루어진다.

③ 프로젝드 수업

대인학교에서 프로젝트 수업은 동일 연령 집단 또는 혼합 연령 집단에서 몇 주 또는 학기 또는 학년 과정으로 학교 내외에서 실시되는데, 학생들이 함께 하나의 주제에 몰두함으로써 지속적인 토론과 교제를 가능하게 하여 대화능력 발달과 사회성 발달에 도움을 준다.

④ 학습의 개별화 노력

대안학교에서는 학습의 개별화를 위해 분화의 다양한 형태를 시도해 보려고 노력한다. 또한 개인의 흥미에 따라 선택 분화된 수업으로 프로젝트, 자유주제 학습, 열린 학습, 주간계획표에 의한 학습과 같은 것을 실시하고, 구별되는 능력과 진로가 상이한 학생들이 팀을 이루어 학습하는 내적 분화의 형태 및 능력과 진로에 따라 학습할 수 있는 가능성을 제공한다.

⑤ 교사의 협농삭업

대안학교의 교육 실천에서 나타나는 대표적인 특징 중의 하나는 교사 간의 협동작업이 잘 이루어진다는 것이다. 교사는 교사회의를 통하여 학생들에게 제시될 작업의 내용과 성취 수준을 계획하는데, 이것은 교사에게 팀 능력뿐 아니라 자수성과 자신의 고유한 직업에 대한 책임을 요구한다. 또한 교과를 포괄하는 수업과 프로젝트 수업은 모든 단계에서 교사에게 새로운 교사의 역할을 요구한다. 교사에게는 전문적인 교과 지식이 우선시되는 것이 아니라 개별 학생과 대화하고 상담하면서 학습과정을 지원하는 것이 중시된다. 이러한 교사의 역할에 대한 새로운 이해는 팀에서의 개방적 교류와 자신의 수업실천에 대한 비판적이고 반성적인 대화를 통해서 촉진될 수 있다. 그렇기 때문에 교사는 협동적인 작업이 가능하도록 그에 맞는 학교 조직을 만들어 운영한다.

⑥ 생활공동체로서의 학교

대안학교의 또 다른 특징은 학생들이 일상생활을 통하여 사회생활에서 요구되는 관용, 예절, 남을 배려하는 마음과 같은 인간적인 미덕, 민주적인 생활태도를 몸에 익힐 수 있도록 학교를 생활 공동체로 형성시키는 데 있다. 학교는 사회생활에서 필요한 인간적인 태도를 학생들 스스로 행하면서 익히는 자유로운 생활공간이어야 한다는 것이다(정기섭, 2005).

사회적인 상황에서 행위하는 문제 역시 더욱 유의할 주제로 떠올랐다. 개인의 자유뿐 아니라 사회현실에서 자기 자리를 찾도록 해 주는 것은 아주 중요한 교육적 과제다. 이런 맥락에서 독일의 대안학교가 가지는 의미는 중요하다. 개인의 자유와 개방된 학습을 말하면서도 학습이 사회 안에서 하나의 현실적인 문제가 되도록 하기 위하여 학습구조를 치밀하게 계획하고, 그 적용을 과학적인 안목으로 철저하게 추적해 나가는 사례를 발전시켰기 때문이다. 개혁학교의 역사적인 선례를 도입하면서도, 자신이 처한 사회 역사적인 자리에서 이를 의미 있게 만들었던 것이다. 학교가 지역사회 안에서 자신의 자리를 가질 수 있는 다양한 접근과 시도는 매우 인상적이다.

⑦ 종일제 학교

독일 대부분의 초중등학교에는 오후 수업이 없다. 오후까지 학교활동을 하는 종일제 학교는 예외적인 학교 형태로서 드물고 대안학교가 종일제 학교로 운영되는 경우가 많다. 이는 오후 시간을 이용하여 교과수업 이외의 다양한 활동을 학생들에게 제공하는 것이 가능하기 때문이다. 대표적인 종일제 학교는 전원기숙사학교로서 단순한 지식전달 수업은 지양하고 인격의 발달을 돕기 위해 학생의 자기 활동성에 바탕을 둔 방과 후 활동을 제공한다.

종일제 학교의 일반적인 특징은 방과 후에 점심식사를 제공하고 학교 과제를 도와주며 취미활동 및 특별활동을 위한 시간을 배려한다는 것이다. 종일제 학교의 형태는 시간적으로 45분 단위의 교과 수업에서 벗어나 학생들이 자신의 고유한 욕구에 따라 자유롭게 공간을 이용할 수 있는 가능성을 제공하고, 또 학생들이 학교에 늦은 오후까지 머물면서 부모가 미처 제공할 수 없는 교육적 자극과 지원을 학교에서 제공받을 수 있도록 배려함으로써 개정배경으로 인한 학생들의 학습 결손 상태를 보완할 수 있는 장점을 가지고 있기 때문에 주목을 받고 있다(정기섭, 2005).

무엇보다도 독일의 대안학교가 기울이고 있는 개인의 삶과 인격에 대한 배려는 지극한 것이며, 한 사람의 개성을 발견하고 그 진로선택을 돕기 위해 교사들은 그의 일상생활을 면밀하게 관찰하여 이를 적절하게 표현해 낸다. 특히 12년간 통합학교로 운영되는 발도르프학교는 현재 우리의 학교체제에서 일반적으로 행해지는 선발 기제를 재고해 볼 기회를 준다.

3) 미국: 사회통합적 대안교육

(1) 미국 대안교육의 뿌리: 진보주의 교육운동

영미권과 유럽대륙 서의 전 지역에 걸쳐 나타난 이른바 신교육운동은 당대의 학교교육 문제를 비판적으로 반성하고 대안을 모색함으로써 이론적으로나 실천적으로 상당한 의미를 갖는 선례를 남겨 주었다. 미국의 진보주의 교육운동은 당시 학교교육 현실에 대한 교육계 내부의 비판적 문제의식에서 비롯된 것만이 아니며, 경제-산업적 요구, 과학과 학문의 발달, 사회-문화적 갈등과 같이 다양한 교육 외적인 조건에 의해 추동되었다. 미국의 진보주의 교육운동은 19세기 후반에서 20세기 전반기에 걸쳐 서구 전역에서 전개된 신교육운동과 맥을 같이하는 보편적 현실을 반영하면서도 미국의 특수한 현실을 반영하면서 전개되었다. 유럽 국가의 경우와 달리, 미국은 신생국가로서 사회의 발전적 전망에 대해 좀 더 의식적이었고, 사회공동체적 연대 의식에 대한 요구가 각별하였다. 따라서 학교교육에서 자유로운 인간 형성이라는 개인적 목적과 더불어, 공동체의 발전과 통합이라는 사회적 목적을 추구해야 하는 요구가 다른 서구 사회에 비해 상대적으로 높았다. 이러한 미국 교육 현실의 특수성은 19세기 중엽 공교육 체제의 당위성을 설득력 있게 전개한 만(H. Mann)의 공립 보편교육 이념에도 잘 나타나 있다. 이렇듯 미국의 진보주의 교육운동은 서규 유럽의 경우와 비교할 때 공적으로 지원되고 공적인 가치를 추구하는 보편교육의 이념과 민주적인 사회공동체라는 범주가 좀 더 적극적으로 고려되는 특성을 갖게 되었다.

듀이(J. Dewey) 철학을 중심으로 한 진보주의 교육운동의 뿌리는 현실 삶과 유리된 전통적 학교교육의 한계를 극복하기 위한 다양한 실험적 시도에 개방된 것이면서도 교육 외적인 힘에 종속되지 않고, 인간과 사회에 관한 최신의 과학적 성취를 반영하면서 동시에 인간적이고 민주적인 교육이념을 실현하려는 실험적 모색으로 나타난 것이다(오인탁 외, 2006).

진보주의 교육운동을 특징짓는 인간적이고 민주적인 가치는 근원적으로 만이 정립한 미국 공교육 이념에 그 뿌리를 두고 있다. 만은 19세기 중엽에 미국 사회의 인종적, 종교적, 계층적 다양성에 대해 깊이 고민하였고, 가치의 갈등으로 인해 사회적 연대가 깨어지고 무기력해지는 가능성을 염려했다. 따라서 각기 다른 배경의 모든 미국인이 다원성 가운데 공동의 가치와 공동체 의식을 꽃피울 수 있는 길을 모색하였고, 이를 실현하는 도구로서 '일반학교(common school)'라는 공립 보편교육 이념을 고안하였다. 만의 '일반학교' 아이디어는 사회적 조화를 일차적 목표로 삼으며 모든 사람에게 공통이 되는 대중교육 체제로서 추구된 것이었다. 이러한 미국 공교육 이념이 듀이의 프래그머티즘(Pragmatism, 실용주의) 철학에서 계승 · 발전되어 진보주의 교육운동의 철학적 기초를 제공하는 형식으로 체계화되었다.

동시대를 살았던 현대 철학자들과 마찬가지로 듀이는 무엇보다 당시 산업 자본주의와 기계문명의 영향으로 인간 경험이 생명력을 상실하고 황폐해지며, 사회공동체적 삶이 소외와 대립으로 치닫는 현실을 고민하였다. 이러한 문제의식에서 듀이는 『경험과 교육(*Experience and Education*)』에서 명시적으로 밝히고 있듯이, 전통적인 교육에 반대하며 진보주의 교육운동을 정당화할 수 있는 가장 핵심적인 이념으로서 인간주의와 민주주의의 가치를 제안한다(박봉목, 2000). 듀이에게 민주주의는 특정한 정치 형태를 넘어서 경험을 공유하며 살아가는 사회적 삶의 방식을 뜻한다. 사회적 삶의 질을 판단하는 준거로서 듀이는 모든 구성원의 다양한 개성의 발달과 집단 간의 자유로운 상호작용을 제시한다. 듀이에게 다양한 관심의 자유롭고 균등한 소통이 중요한 이유는 서로 간의 차이와 이견이 지성을 자극하여 개인적 성장의 조건이 되기 때문이다. 이와 같이 다양한 관심과 능력을 갖는 개인의 차이가 존중되고 경험을 공유하는 과정에서 비판적 지성과 사회적 관심이 성장한다는 점에서, 듀이에게 진정한 인간성과 민주적인 사회를 실현하는 교육은 상호 필연적으로 연계되어 있다(오인탁 외, 2006). 듀이에 따르면 교육이란 생명체의 성장에 뿌리를 두는 경험의 계속적인 재구성이며, 성장에 이르는 상호작용적 과정은 개인 내면의 활동적 요구와 관심에서 나오는 것이다. 따라서 교육자의 과제는 현재 학생들의 활동적 관심에서 출발하여 새롭고 확장된 경험으로의 연속적인 발달을 보장하는 교육과정을 실험적으로 구성·재구성해 가는 일이다.

이러한 듀이의 아이디어와 뜻을 함께하는 지식인, 학부모, 교사의 적극적인 참여에 힘입어 1896년에 시카고대학교에 실험학교가 문을 열게 된다. 이 학교는 1904년 듀이가 시카고대학교를 떠나기까지 '듀이학교'로 불리며, 이후 확산되는 진보적인 학교에 크게 영향을 주는 실천적 원형이 되었다.

미국 진보주의 교육운동은 제2차 세계대전 직전에 그 정점에 이르렀고, 공교육을 포함하여 미국 교육 전반에 걸쳐 깊은 영향을 남겼다. 그러나

1940년부터 불어 닥친 사회 전반적 보수화 분위기로 진보주의 교육에 대한 부정적인 평가와 비판이 뒤따랐다. 보수적 입장에서 비판의 핵심은 기본적인 교과 학습을 소홀히 하고 학생들의 생활 경험에 부합하면 미국 교육의 질적인 하락을 초래하였다는 것이다. 이러한 전면적인 비판 가운데 진보주의 교육운동은 서서히 와해되었으며, 1957년 협의회 해체와 함께 표면적으로 끝을 맺게 된다.

이후 진보주의 교육운동에 대한 평가는 다양하게 엇갈리며 계속적인 쟁점이 되고 있다(Berube, 1994). 보수적인 본질주의 입장에서의 지속적인 비판뿐 아니라, 특히 1960년대 이후에는 사회비판적 입장에서 신마르크스주의(Neo Marxism) 관점을 반영하는 볼스와 진티스(S. Bowles & H. Gintis) 등에 의해 진보주의 교육 비판이 전개되었다. 그 비판의 논지는 미국의 진보주의 교육이 결국 자본주의 체제에 순응적이며 사회 · 문화적 다양성과 계층적 갈등의 문제에 대해 충분히 비판적이지 못함으로써 사회의 구조적 불평등을 재생산해 내는 기제가 되었다는 것이다. 이러한 입장에서는 진보적 학교들이 주로 엘리트 교육을 목표로 하는 사립학교에서 교육에 대한 적극적인 관심을 가진 학부모의 지원 속에 확산된 점을 근본적인 한계로 지적한다(오인탁 외, 2006). 그러나 이와 같이 거듭되는 비판에도 불구하고, 진보주의 교육운동은 현재에 이르기까지 미국뿐 아니라 전 세계적으로 교육혁신을 모색하는 많은 사람에게 재발견되면서 지속적인 영향을 미쳐 왔다. 1960년대와 1970년대에 미국의 열린 교실, 자유학교운동 등 다양한 대안적 교육 실천을 주도한 사람들이나 1990년대 이후 다양한 수준에서 교육의 진보적 혁신을 주도하는 사람들은 자신들의 정체성을 듀이 철학과 진보주의 교육운동과의 연속적 흐름 속에서 규정하고 있다(오인탁 외, 2006).

(2) 미국 대안학교의 현황

미국의 대안학교는 1960년대부터 본격적으로 생기기 시작하였다. 1950

년대 말 미국 정부는 '교육의 기회균등' 이라는 구호를 걸고 교육개혁 정책을 시도했는데, 그 성과에 대해 의문을 제기하는 사람들이 나타나기 시작했다. 이들은 개혁의 실패를 비판만 할 것이 아니라 기존 교육을 대체할 새로운 학교를 세우기에 이르렀다. 1964년 데니슨(G. Dennison)의 '자유학교(Free School)' 설립을 시작으로 1966년에는 코졸(J. Kozol)이 교사와 학부형의 연대로 일종의 열린 학교(open schools)라 할 수 있는 '어린이를 위한 새로운 학교(New School of Children)' 를 만듦으로써 어린이 삶의 환경과 정서, 인격의 형성을 무엇보다 중요한 학습 목표로 삼으려 했다(Goodlad, 1973).

이 당시 미국의 대안학교운동을 이론적으로 뒷받침해 준 사람들은 굿맨(P. Goodman), 콜(H. Kohl), 코졸, 데니슨, 홀트(J. Holt), 헌던(J. Herndon), 프레이리(F. Freire) 등이었고, 이와 같은 운동이 본격적으로 가열되기 시작한 것은 주로 미국의 도심지 사립학교였다. 왜냐하면 공립학교 기관이 교육소비자로서의 학부모나 가정에 대해 아무런 선택권이나 대안교육권을 인정해 주고 있지 않고 획일성만을 강조한 데 따른 반발이 그 원인이었다. 따라서 대안교육운동은 이러한 획일성의 요구에 의해 야기되는 교육문제를 해결하려는 과정에서 시작되었다. 그 결과 궁극적으로는 사회 · 문화의 질 역시 획일화된다는 관점이 미국 대안교육이론의 밑바탕에 깔려 있다(Bridge & Blackman, 1978; Fantini, 1971). 특히 1983년에 발표된 『위기에 처한 국가(*A Nation at Risk*)』 보고서는 공립학교의 질적인 개선을 주요한 국가정책으로 부상시키는 역할을 하였다.

초기에는 사립학교 중심 실험학교 교육의 성과에 대해 상당한 열기가 있었음에도 불구하고, 이들 운동은 1980년대 들어오면서부터 악화되기 시작한다. 그 이유는 재정이 영세할 뿐만 아니라 지속적인 교육과정 개발 한계성 및 시대 변화에 따른 교육과 개인에 대한 기대가 더욱 전문화되었기 때문이다. 학교교육의 문제를 해결하기 위한 노력은 1980년대 이래 공교육 문제로 환원되기 시작했다. 어떻게 하면 공립학교 교육을 새롭게 변화시킬 것인가에 대한 실험 교육적 초점과 해결책이 모아지기 시작했다. 따라서 대안교육운동이 공립학교 체제를 바꾸는 식의 새로운 학교운동으로 나타난다.

미국에서도 대안학교가 1990년대 이후 10여 년 사이에 급격히 늘어났다는 점에서 우리나라의 사정과 크게 다르지 않다. 미국 교육통계센터(NCES)에 따르면, 1993～94년에는 2,606개의 공립 대안학교가 있었으나, 1997～98년에 3,850개 학교로 늘어났으며 2000～01년 사이에는 1만 900개로 증가하였다. 일반 공립학교 학생의 1.3%에 해당하는 61만 2,000명의 학생들이 대안학교에 다니고 있는 셈이다. 최근 통계를 보면, 일반 공교육 시스템으로 도저히 수용할 수 없는 사례가 꾸준히 증가하고 있는데, 이 또한 대안학교의 설립과 운영에 대한 사회적 요구에 가세하고 있다. 2001년 16～24세인 미국인의 11.5%가 학교에서 중도탈락한 것으로 나타났는데, 이 중 상당수는 소수민족이나 빈곤층 출신 자녀가 차지하고 있다. 학교부적응을 포함한 중도탈락자에게 대안교육 프로그램을 제공하여 기초교육과 직업 준비교육 등 주 수준에서의 노력으로 어느 정도 효과를 거두고 있기도 하다.

현재 미국에는 다양한 대안학교가 설립되어 운영되고 일부 그 효과를 거두고 있으나, 대안학교와 관련된 관리체제나 대안학교 학생 현황, 프로그램, 심지어 어디까지가 대안학교의 범주에 속하는지 등에 관해서 체계적으로 정리된 내용을 찾기란 쉽지 않다. 다만 지난 20여 년 동안 각 주에서 공포하여 적용하고 있는 대안학교 관련 법령을 통해 관리 체제에 관한 정보를 찾아볼 수 있다. 1990년대까지만 하더라도 22개 주에서는 대안학교 관련 법령을 통과시켜 운영하고 있다. 그리고 콜로라도나 뉴멕시코, 오하이오 주에서는 따로 법령을 두지 않고 「차터스쿨법」으로 관할하고 있다. 32개 주에서 대안학교 재정지원 관련 규정을 명시하고 있는데, 이들 주에서 인가를 받은 대안학교에 대한 재정 지원이 주, 지역 구, 연방차원에서 이루어지고 있다. 16개 주에서는 대안학교 교사자격에 관한 내용을 명시하고 있는데, 즉 대안학교 교사 자격을 주에서 제시하고 있는 자격으로 한정시킨다. 12개 주는 주에서 예산지원을 받은 대안학교에 대해서 학교운영 및 교육과정 운영을 모니터링하고 있다(손민호 외, 2005).

인종통합을 위한 정책적 차원에서 장려되고 있는 마그넷스쿨(Magnet School)과 공공 기관인 주 정부의 재정적 지원을 받는 공립학교에서 개인이나 기업에 의해서 독자적 운영을 하는 차터스쿨(Charter School)도 꾸준히 늘어나고 있는 추세이다. 또한 미국은 교육내용에 대한 선택뿐 아니라 학교선택권도 실질적으로 보장해 주고 있다. 예컨대, 홈스쿨링의 광범위한 인정은 미국 대안교육의 두드러진 특징이다. 홈스쿨링은 1980년대 이후부터 하나의 교육운동이자 사회운동으로 급격하게 확산되어 현재 거의 모든 주에서 정식 학력으로 인정하여 학생·학부모의 학교선택권을 실질적으로 보장하고 있다. 학생과 학부모 등 교육수요자로 하여금 학교선택권을 보장해 줄 뿐 아니라 대안적 학교경영 방식으로도 주목받고 있는 마그넷스쿨, 차터스쿨과 몇 가지 유형의 대안학교에 대해서 좀 더 구체적으로 알아보도록 한다.

① 마그넷스쿨

마그넷스쿨은 전형적으로 이질적인 학생 인구 구성을 유지하며 학문, 진로, 직업적 주제에 따라 특성화되어 있는 공립학교를 말한다. 마그넷스쿨은 1960년대 인종통합정책의 일환으로 출발한 학교이다. 대도시 지역에 흑인이 몰려들자 백인은 교외로 빠져나가고 대도시 학교는 흑인으로, 교외 학교로는 백인으로 채워져 공립학교에 인종 분리 현상이 두드러지게 되었다. 학교구와 연방 법원은 인종 분리를 완화시키기 위한 정책으로 백인과 소수민족 학부모가 자발적으로 선택할 만큼 매력 있는 교육 프로그램을 운영하는 학교로 발전시키고자 하였다. 즉, 초기의 마그넷스쿨은 백인이 교외로 빠져나가는 것을 방지하기 위한 방편으로 설립되었다. 마그넷스쿨은 인종통합에 가장 효과적인 제도일 뿐 아니라 미국에서 가장 창의적이고 효과적인 학교에 속하는 것으로 평가되고 있다.

정규학교가 학생들의 교육을 독점하는 데 반해서 마그넷스쿨은 학교가 그 지역인 특히 학부모 및 교육과정과 관련된 산업체와 공통으로 학생들의 교육을 실시하기 때문에 교육 및 취업알선 등을 관련된 사람들과 더불어 책임을 지고 있다. 이러한 특성 때문에 유치원에서 고등학교에 이르는 교육과정이 마치 단과대학을 무색하게 할 정도인데, 언어학교, 과학 · 수학학교, 의학학교 등으로 명명된 학교가 바로 마그넷스쿨이다. 결국 마그넷은 인종을 통합한다는 개념에서 시작하였으나 남녀의 통합, 이익 집단과 불이익 집단의 통합, 학생과 교사의 통합, 비생산 연령과 생산 연령의 통합, 더 나아가 신생국가와 선진국가의 통합 등을 의미한다.

성공적으로 운영되는 마그넷스쿨이 증가함에 따라 많은 학교구에서 마그넷스쿨을 증설하고 있다. 최근에는 거의 모든 대도시 학교구에서 교육 프로그램을 다양화하고 학부모, 교사, 학생에게 더욱 광범위한 선택의 여지를 제공하기 위해 마그넷스쿨을 활용하고 있다. 많은 학교구에서 전체 학생 인구의 5～20%에 해당하는 학생들이 마그넷스쿨, 대안학교 또는 위기극복센터(at-risk center)에 등록해 있다. 현대의 마그넷스쿨은 고등학교 졸업에 필요한 일반적인 과정에 덧붙여 진로, 예술, 환경 등 특수한 주제에 초점을 맞춘 프로그램을 운영하고 있다. 즉, 학생인구의 통합, 고교 필수과정, 진로개발의 세 기능을 수행하고 있는 셈이다.

1970년 초에 시작했을 당시에는 미국 전 지역에 있는 공립학교에서 인종차별이나 성차별 대우 폐지를 주장하며 자발적으로 마그넷스쿨 혹은 마그넷프로그램을 만들어 냈다. 소위 '이웃' 학교에 없는 유일한 교육 프로그램을 제공하는 마그넷프로그램이 만들어져 학생들이 자신의 특별한 관심과 능력에 기초한 교육경험을 선택하는 기회를 제공받을 수 있게 되었다. 『U. S. News and World Report』(2004, May)에 따르면 전국적으로 8,000개 이상의 마그넷스쿨이 있다고 한다.

마그넷스쿨은 기업과 지역사회 집단이 새로운 방식으로 공립교육에 참여할 것을 촉구하고 있다. 예컨대, 학교-일터 파트너십, 기업-교육 원탁회의 프로그램을 통하여 기업사회의 인적 · 물적 자원을 학교구와 개별학교에 투입하도록 한다. 마그넷스쿨은 기업이 학교경영을 지원하기도 한다. 기업의 교육에 대한 지원은 학교와 도시 지역을 부흥시키는 강력한 힘이 되어왔다. 기업-교육의 파트너십 결과 특수 진로와 직업에 초점을 맞춘 마그넷스쿨이 발전하게 되었다. 이와 같은 새로운 마그넷스쿨은 매우 성공적이어서 마그넷이라는 용어의 의미가 인종통합학교에서 특정 진로와 직업을 강조하는 학교로 지칭하는 것으로 변화했다.

마그넷스쿨은 수적으로 많고 도시에 위치해 있으며, 인종통합과의 관련성 때문에 면밀하게 연구되어 왔다. 마그넷학교는 우선 인종통합에 효과적인 제도로 보고되고 있다. 또한 연구 결과들은 마그넷스쿨이 학교 폭력과 학생의 파괴적인 행동을 현저하게 감소시키고 있다는 것을 보여 준다. 일반 공립학교에 비해 대부분의 마그넷스쿨은 출석률도 높고 특별활동에 참여하는 학생 수도 증가하고 있다고 보고하고 있다. 학생들의 자아개념도 개선되고 있으며, 학교에 대한 태도도 긍정적이 되어 가는 것으로 나타난다. 최근의 연구들은 마그넷스쿨 학생들의 학업성취도는 공립종합고등학교나 교구학교 학생들의 학업성취도에 비해 높은 것으로 나타났다 (Gamoran, 1996).

1980년대 로스앤젤레스와 뉴욕의 두 개 주에서 실시한 주요 학교 평가사업에서 마그넷스쿨의 긍정적인 효과가 명료하게 드러났다. 로스앤젤레스에서는 실제로 모든 마그넷프로그램 학생들이 읽기와 수학 성취도에서 해당 학교구와 전국적 평균 수준 이상을 나타냈으며, 마그넷프로그램에 더 오래 노출될수록 상대적인 학업성취도는 더 높고 학교에 대해 더욱 적극적인 태도를 갖고 있는 것으로 나타났다. 뉴욕에서도 이와 유사한 결과가 나타나 연구자들은 마그넷스쿨이 초등과 중등 수준 모두에서, 그리고 소수민족 학생과 주류 학생 모두에게 읽기와 수학에서 더 높은 성취도를 달성하는 데 기여하고 있다고 결론지었다. 거의 모든 학부모와 교사가 자신들의 마그넷스쿨에 높은 만족도를 나타내었다.

그러나 이와 같은 긍정적 연구결과에도 불구하고 몇 가지 문제가 제기되고 있다. 그중 하나는 중등 마그넷스쿨의 과반수와 초등 마그넷스쿨의의 4분의 1 정도가 어떤 형태의 입학시험을 실시하고 있다는 것이다. 특성화된 교육과정이 특정 유형의 학생들을 유치하도록 설계되었기 때문에 많은 마그넷스쿨이 자신들이 추구하는 이념에 적합한 학생들을 찾아서 선발하기 위해 입학시험을 활용한다. 다른 공립학교나 공립 대안학교 중에서 입학시험을 실시하는 학교가 거의 없음을 감안할 때 선별적 입학 허가는 교육의 기회 균등을 저해할 수도 있다. 또 하나는 마그넷스쿨이 일반 종합고등학교에서 가장 우수한 학생들만 선별하기 때문에 해당 학교구의 다른 학교에 부정적 영향을 미친다는 우려가 제기되고 있다. 많은 교육자가 마그넷스쿨이 우수한 학생뿐 아니라 유연하고 혁신적인 교사를 끌어들인다는데 동의하고 있다. 실제로 어떤 마그넷스쿨은 유능하고 재능 있는 학생들을 유치할 수 있도록 선발 절차를 주의 깊게 설계하기도 한다. 이와 같은 문제를 해결하기 위한 접근은 더 많은 마그넷스쿨을 설립하여 모든 학생이 학교선택과 연결된 교육기회에 참여하도록 고무하는 한편 많은 도시 학교구가 할당제를 사용함으로써 마그넷스쿨이 지역사회 인구의 다양성을 반영하여 다양한 학생 집단을 수용할 수 있도록 격려하는 것이다(김영화, 2001).

② 차터스쿨

차터스쿨이란 학교를 설립하고자 하는 사람과 승인 기관간의 계약에 따라 운영되는 자율적인 교육 체제이다. 차터스쿨을 실시하는 주마다 적용범위와 개념이 다소 다르기 때문에 일괄적으로 정의하기는 어려우나, 차터스쿨은 대체로 학생의 학업성취 수준의 개선에 대한 책무성을 실현한다는 전제 아래 교육과정, 재정, 인사, 등의 학교 운영 전반에 관하여 자율성을 보장받은 학교라고 할 수 있다. 이때 책무성과 자율성에 관한 학교공동체와 교육행정 당국 사이의 법적 합의 문서를 '차터(charter: 협약, 헌장)' 라고 부르며, 여기에는 학교의 의무, 프로그램, 목표, 수용, 학생, 평가방법 및 성취계획서 등이 포함된다.

1980년대 이후 공립학교의 질적 개선을 위한 다양한 논의 속에서 그 개혁방안 중의 하나로 등장한 차터스쿨은 주정부의 재정지원을 받는 공립학교이지만, 개인의 다양한 선호와 요구를 반영하여 운영할 수 있는 자율성을 갖고 있다. 이러한 특징 때문에 많은 차터스쿨은 학부모와 학생들을 만족시킬 수 있고, 공립학교의 질적인 개선을 가져올 것으로 기대하고 있다. 차터스쿨은 공립학교체제에 시장원리를 도입하여 공립학교의 재구조화를 꾀한다는 점과 다른 한편으로 공립학교의 장점을 유지하면서 교육의 책무성을 높일 수 있다는 점에서 호응을 받고 있다. 차터스쿨은 1992년 미네소타 세인트 폴에서 처음으로 설립된 이후 매우 빠른 성장을 보이고 있다(주철안 외, 1999).

학교교육 개혁론자들은 미국의 전통적인 공립학교의 구조는 새로운 형태로 개혁되어야 하며, 학교의 재구조화가 요구되고 있다고 끊임없이 주장해 왔다. 이러한 논의의 핵심은 학생들과 직접 관계가 있는 교육당사자인 교사, 학부모, 지역인사 등에게 더 많은 권리를 부여함과 동시에 그들에게 학생의 성취에 대해서도 더 많은 책임을 지게 해야 한다는 것이다. 학교가 교육관련 기관의 권위에서 자유로워짐으로써 혁신적인 학습 환경을 개발할 수 있게 해야 하며, 이를 위해 학교에 더 많은 자율성과 책무성을 어떤 방법으로 부여할 것인가를 궁리해 왔다. 차터스쿨은 이러한 문제의 해답을 제공하기 위한 수단으로 제안되었으며, 여러 가지 개혁적 사고를 통합하고 높은 자율성과 책무성이 있는 학습환경을 개발하기 위한 실행 가능한 수단을 제공하고 있다(김홍태, 2000).

1991년 미네소타 주에서 처음 등장한 차터스쿨은 클린턴 정부의 적극적인 육성책으로 1999년에는 1,205개로 늘어났으며, 부시 정부에서도 지속적으로 증가시키고 있다. 2006년 현재 거의 대부분의 주에서 차터스쿨 운영을 위한 법제가 마련되어 있으며, 새로운 공립학교 개혁의 대안으로 자리잡았다. 차터스쿨은 초등학교와 중학교를 합친 학교 유형이나 중학교와 고등학교를 합친 유형이 많지만 초 · 중 · 고 통합학교 체제도 존재한다. K-12학년 체제로 운영되는 차터스쿨은 전체의 12% 정도이다. 차터스쿨의 핵심적인 아이디어는 단위학교와 학교 구성원의 자율적인 지배구조에 있다. 그러나 단위학교가 주와 지역 교육구에서 실제로 누릴 수 있는 자율성의 범위는 주와 학교에 따라 차이가 있다. 조지아 주에서는 차터스쿨 운영자가 공립학교의 교사와 학부모로 국한되어 있으며, 애리조나, 알래스카, 아칸소 주에서는 교사와 학부모뿐만 아니라 영리, 비영리 단체도 학교를 세울 수 있다.

일반적으로 차터스쿨은 전통적 학교에 비하여 재정 운영에 폭넓은 자율성을 가진다. 그러나 주마다 재정 운영의 자율성은 각기 다르다. 미네소타 주의 차터스쿨은 같은 학교구 차원에서 재정을 운영하며, 위스콘신 주에서는 학교구의 재량으로 운영하고 있다. 뉴멕시코 주에서는 차터스쿨로 승인을 받은 이후에도 지역 학교위원회에 예산을 제출하여 심사를 받도록 요구하기도 한다. 매사추세츠 주의 경우에는 차터스쿨이 외부기관과 자율적인 계약을 체결할 수 있는 법적 권한을 인정한다. 이때 외부기관과의 계약에는 학교교육 프로그램의 운영을 포함한다. 예산에 대한 심사와 계약의 체결권을 부여하는 정도에 따라 차터스쿨 운영에서 재정 운영 자율의 폭이 결정된다. 차터스쿨은 주정부에서 받은 교부금으로 운영한다. 차터스쿨에 배당되는 배정액은 다른 공립학교와 마찬가지로 학생 1인당 경비를 합한 금액이다. 그러나 학부모나 기업체에서 특별교육비나 다른 범주의 기금을 받을 수 있다. 몇몇 주정부에서는 설립에 필요한 자금이나 중요한 교육기자재를 구입하는 데 필요한 금액을 지원하기도 한다(김영화, 2001).

차터스쿨의 사례에서도 볼 수 있듯이 미국 대안교육 프로그램의 특징은 교육받을 학생이나 보호자의 자유의지에 따라 교육내용을 선택할 수 있다는 원칙이 중요시된다. 이러한 원칙에 따라 차터스쿨은 유연하고 다양한 교육관, 인간관, 교수법에 기초해서 프로그램을 제공하고, 학생들에 대한 자유선택의 존중과 결과에 대한 책임 부여를 특징으로 한다.

③ 본질주의 학교 연합에 의한 학교 내의 학교

'학교 내의 학교'는 미국에서 가장 성공적인 중등학교 개혁모델로서 가장 일찍 시작되고 가장 널리 보급되었던 학교 형태이다. 이와 같은 형태의 대안학교는 보통 전통적 학교 영역 내에 위치해 있다. 경우에 따라서 복도 끝에 설치되기도 하고 학교 내의 격리된 건물에 설치되기도 하며, 학교 부설 형태로 설립되기도 한다. 이 프로그램은 자유학교에서 퇴학당한 청소년을 위한 프로그램에 이르기까지 모든 유형의 대안 모델에 적용된다. 많은 경우 대안학교는 기존의 학교 내에 공간을 확보하여 시작하다가 성공적으로 발전하면 별도의 장소를 구하여 독립하게 된다. '학교 내의 학교'의 아이디어는 '본질주의 학교 연합(coalition of essential schools)'이라는 전국적 개혁 주도 세력에 의해 확산되었다. 본질주의 학교 연합은 중등학교에 초점을 맞추어 작고 자율적이며 초점을 맞춘 학습 환경을 조성함으로써 종합중등학교 모델을 혁신하고자 시도해 왔다(김영화, 2001).

본질주의 학교 연합은 1984년 브라운대학교 사범대학 학장 테드 사이저(T. Sizer)에 의해 설립되었다. 사이저는 1979년에서 1984년에 걸쳐 이루어졌던 고등학교 5년 연구의 후속 조치로 이 연구에서 확인된 문제점을 해결한다는 목적하에 이 단체를 설립했다. 본질주의 학교 연합은 학교가 도시화, 관료화, 거대화되어 가는 추세에 대한 반성에서 출발하였다. 그는 9개의 헌장(common principles)을 제정하여 대안적인 고등학교 교육개혁 운동을 전개시켰다. 본질주의 학교 연합이 개혁을 위해 제시하고 있는 학교의 목표는 대안교육 프로그램 운영의 규범적인 모습에 대한 미국인의 신념을 잘 드러내 주는 것으로서 세부 내용은 다음과 같다.

1 청소년이 그들의 마음을 계발하는 데 지원한다.

2 가능한 한 소수의 교과와 지식을 전달하도록 한다.

3 학교의 목표는 모든 학생에게 똑같이 적용되어야 한다.
4 교수학습은 개별화한다. 교사 1인당 지도 학생은 80명을 넘지 않아야 한다.
5 학생은 적극적이고 자기주도적 학습자로 활동하며 교사는 코치나 조언자 역할을 하도록 한다.
6 졸업요건으로는 학생이 이수한 학점수나 시간보다는 학생이 실제로 성취한 능력의 발휘로 평가하도록 한다.
7 학부모, 학생, 교사 간의 관계를 돈독히 한다.
8 교사와 교육행정가는 교육전문가이기에 앞서 일반 시민이라고 인식해야 하며, 모든 학생이 공동 책임을 진다.
9 교사에게는 그들이 맡고 있는 교육과정과 학생들을 연구할 수 있도록 충분한 시간과 보수를 제공해야 한다. 학생당 교육비는 일반 학교의 학생당 교육비 10% 이상은 초과하지 않도록 한다.

사이저는 이러한 원칙을 가지고 1984년 9개 학교로 출발하여 1995년에는 220여 개 학교가 이 프로그램에 참여하였으며, 469개 학교가 일부 프로그램을, 263개 학교가 실제로 프로그램을 실시할 계획을 추진하였다.

④ 온라인학교

미국에서는 지난 10여 년 사이에 온라인학교(on-line school)가 상당수 발전해 왔다. 온라인학교는 현대 정보기술의 발전이 가져다준 지식과 정보의 전달방식의 변화와 더불어 교육수요자의 요구방식의 다양화로 인해 대안적인 교육 체제로 발전될 수 있는 잠재 가능성이 크다. 온라인학교의 장점은 지식의 전달 체제나 소비자의 접속 방식이 갖는 특성 때문에 교육과정을 융통성 있게 운영할 수 있다는 것이다. 특히 현대의 종합고등학교 체제가 많은 제약점을 가지고 있다는 점과 홈스쿨링을 통해서 전문적 교과지도를 받기 힘들다는 문제점을 체험하고 있는 학생과 학부모에게 융통성 있는 교육과정을 제공함으로써 다양한 요구를 만족시켜 주고 있다.

캘리포니아 주의 정식 설립인가를 받은 '초이스 2,000(Choice 2000)' 온라인학교의 경우 7~12학년을 대상으로 한다. 대형 공립학교나 통학거리가 먼 학교에 다니는 학생, 장기간 투병 중인 학생, 영재아, 학습부진아 등의 학생들에게 정규 학교교육을 대치할 수 있는 역할을 한다. 전 수업시간은 온라인으로 개설되고 오전 8시에서 오후 5시까지 실시간 수업으로 운영되며, 학생들은 평일 4시간 정도의 수업을 듣게 된다. 학급당 정원은 20명을 원칙으로 하는데, 과목에 따라서는 20~40명 정도까지 수강한다. 웹기반 교실 시스템은 24시간 개방하여 교사와 학생, 교사 간, 학생 간 상호작용이 상시적으로 이루어지도록 지원하고 있다. 또한 온라인 체제의 수업이기 때문에 정규 오프라인 학교의 출석제와는 수업 참여 방식이 다르다. 현재 이 학교에서는 온라인 정규수업에 연속 15일 이상 로그온하지 않을 경우 퇴학조치를 함으로써 출결석을 체크하고 등록생의 교육과정 이수를 관리한다. 물론 이 학교에 오프라인 활동이 전혀 없는 것도 아니다. 학생들의 사교활동이나 여행 등 특별활동은 오프라인으로 이루어지고 있다. 졸업에 필요한 이수단위는 225학점이며, 소정의 졸업학력시험에 합격하게 되면 고등학교 졸업장을 받게 된다. 일반적으로 11학년 봄에 실시하고 언어나 수학 등 주요 과목 불합격자에 대해서는 12학년에 보충 교육과정을 이수하게 한 뒤 12학년 가을에 재시험을 치르도록 하고 있다.

특이한 사항은 캘리포니아 주의 '졸업을 위한 대안적인 점수(alternative credits toward graduation)' 정책에 의거하여 학생이 학교 밖에서 경험한 선행학습을 온라인학교에서 이수한 학점으로 인정받는다는 사실이다. 온라인학교에 등록하는 학생들의 특성상 그들이 경험한 학습과정, 즉 학교 밖의 지업사회에서 경험한 개인 학습과정이나 이전 중도탈락 고등학교에서 이수한 학점 등과 같은 선행학습을 인정하여 교육소비자인 학생들의 개별적인 상황에 맞추어 교육과정의 이수방식을 융통성 있게 운영한다는 것이다. 이미 직업의 세계에 종사하면서 어느 정도 사회적 능력을 갖춘 성인이나 적령기에 교육기회를 놓친 성인이 교육의 기회에 접근할 수 있는 알맞은 교육체제라 할 수 있다(손민호 외, 2005).

이 외에도 다양한 형태의 대안학교가 운영되고 있는데 소수민족의 문화적 감각과 뿌리의식에 합당한 교육과정을 마련하고 있는 다중문화학교(multi-culture school), 조직, 교육과정, 교수방법 등에서 관련 인사의 공동참여에 의해 구체화되는 지역사회학교(community school), 학교에서 학습한 기술을 일터에서 활용하는 산학협력체 형태의 기술훈련학교(structured skills school), 무학년제로 운영되며 시공간을 초월해서 운영되고 있는 벽 없는 학교(schools without walls) 등의 형태로 다양하게 운영되고 있다.

(3) 미국 대안학교의 시사점

미국 대안학교는 사회운동의 성격으로 독자적으로 발전하여 왔으며 다양한 사회적 특성을 반영하고 있다. 미국 대안학교는 한마디로 학생과 학부모의 학교선택권을 존중해 주자는 의지가 반영된 것인데, 그 배경에는 주권재민의 민주주의 원리가 깔려 있다.

와인버그(C. Weinberg)는 '운동'이라고 말할 때 그것을 사회의 소외집단에 대한 해방투쟁으로 해석한다(Weinberg, 1973). 이러한 투쟁은 보통 민권운동으로 분류되는데, 미국에서 흑인차별 철폐 시위에서부터 공교육 체제와 이념적으로 반대되는 입장에 있는 사립 독립학교의 설립까지 포함하는 광범위한 영역을 포괄한다. 해방운동은 다수의 공통된 목표를 지향하며 이 목표를 기술하는 것이 대안의 창조와 실제적인 전략을 이해하는 기초를 제공할 수 있다고 본다(Glatthorn, 1975; Goodlad, 1973).

〈표 3-3〉은 미국 사회의 해방 투쟁의 광범위한 목표로서 사회운동의 궁극적인 목표는 평등, 자율, 기회, 개방, 통합을 추구하며, 대안교육은 교육에서 위와 같은 목표를 찾는 형태로 발전되고 있음을 보여 준다. 미국의 사회운동은 개인의 존엄성을 바탕으로 하는 민권의식의 신장을 특징으로 한

표 3-3 대안적 사회운동의 지향목표

지향목표	내 용
평 등	이것은 참여에 직접적인 영향을 미치는 문제에 대한 결정과정에 힘과 책임감을 공유하는 환경을 조성하는 목표
자 율	각 개인이 재래의 지배와 통제권을 가진 사람들의 위협이나 조종이 없는 삶을 창조하는 통로를 확립하는 목표
기 회	각 개인이 동일 체제 내에서 달성하고자 노력하는 구성원들이 평등하게 제도를 운영하는 것을 보장하는 목표
개 방	각 개인이 달성하고자 하는 최대한의 다양한 방법을 제공하기 위하여 체계와 제도를 운영하는 목표
통 합	각 개인이 공동체의 온전한 성원으로 통합되고 가치는 일원이라고 생각하고 느끼도록 소외감을 해소시키는 환경을 조성하는 목표

출처: Weinberg(1975), p. 49.

다. 미국 대안학교는 바로 이러한 민주주의의 기본적인 가치를 추구하고 있다는 점에서 이채롭다.

예컨대, 앞서 언급한 바와 같이 마그넷은 인종을 통합한다는 개념에서 시작하였으나 남녀의 통합, 이익 집단과 불이익 집단의 통합, 학생과 교사의 통합, 비생산 연령과 생산 연령의 통합, 더 나아가 신생국가와 선진국가의 통합이 바로 21세기를 향한 국제 경제협력 체제에 긍정적으로 유도할 수 있는 계기를 유발한다는 개념이다. 인종차별이나 성차별 폐지의 수단으로 마그넷은 백인과 흑인의 자연스러운 융화를 위한 가장 좋은 대안으로 대두되고 있다. 마그넷스쿨과 그 프로그램은 비슷한 관심과 능력을 갖춘 학생들이 서로 다른 문화와 배경을 가진 학생들과 함께 학습경험을 나눌 기회를 제공함으로써 공교육을 변형시키도록 돕고 있다. 또 공공 기관인 주 정부의 재정적 지원을 받는 공립학교에서 개인이나 그룹에 의해서 독자적 운영을 하는 차터스쿨도 꾸준히 늘어나고 있는 추세이다.

마그넷스쿨과 차터스쿨은 교육수요자의 요구를 반영하기 위하여 도입된 교육 제도이며, 이런 점에서 본다면 민주주의의 교육적 발로이다. 이 외에도 미국의 학부모는 공립학교에 대한 불만을 해결하기 위해 자녀를 종교학교에 취학시키거나, 홈스쿨링 제도를 선택하는 등 부모의 교육권과 자녀의 학습권을 최대한 활용하고 있다. 미국은 모든 사회 체제에서 다양성이 존중되고 있는데 교육부문에서도 예외는 아니다. 다양성에 대한 존중은 여러 다양한 형태의 학교가 유지될 수 있는 환경이 된다.

미국 공립 대안교육의 운영 사례를 통해 획득할 수 있는 시사점을 김영화는 다음과 같이 제시하고 있다.

1. 대안학교는 재능 있는 학생 또는 부적응 학생 등 일부 학생만을 대상으로 교육서비스를 제공하는 것이 아니라 다양한 학생 인구의 요구와 흥미에 부응하는 프로그램을 제공하여야 한다.
2. 대안학교는 지역사회의 문제 해결에 도움을 주거나, 특정 집단 학생의 요구와 관심을 충족시킬 수 있거나, 지역사회 고유의 자원과 기회를 이용할 수 있거나, 특성화된 서비스를 제공하거나, 새로운 교육개혁안의 실험의 장을 제공함으로써 설립 근거를 확보할 수 있다.
3. 대안학교가 일반학교에서 학업성취도가 높은 학생만을 선발하여 해당 학군의 다른 학교에 부정적인 영향을 미치는 일이 없도록 선발 절차에 주의를 기울여야 한다. 지원자가 많을 경우에는 지역사회의 인구 구성의 다양성을 반영하여 다양한 학생집단을 수용할 수 있도록 하는 선발 절차를 구안해야 한다.
4. 대안교육 프로그램 운영을 위해 추가적으로 소요되는 비용은 산업체를 비롯한 지역사회 각계각층의 협조와 발전 기금으로 충당하여야 한다.
5. 대안교육 프로그램은 지역사회의 실정과 요구를 반영하고 지역사회 주민의 지지를 기반으로 설립 운영되어야 한다.
6. 대안학교는 교육 프로그램의 효과성을 증명하고, 문제를 확인하며, 필요한 조정 작업을 수행하기 위해 교육의 과정 및 결과의 평가 계획과 종합적인 학생 평가 도구를 개발해야 한다. 그러나 대안학교의 성

과를 평가하기까지 충분한 시간을 허용해야 한다.

⑦ 대안학교는 대안교육 프로그램을 운영하는 동시에 기초 공통교육을 충실히 실시해야 한다. 따라서 이와 같은 기초 공통교육에 대한 책무성을 평가하는 장치가 필요하다.

⑧ 대안학교는 특히 교직원 간의 상호작용과 교직원 전문성 향상을 위해 시간을 충분히 할애해야 한다. 대안교육의 성공 여부는 이를 담당할 수 있는 헌신적 태도와 전문성을 갖추고 있는 교사를 확보하는 데 달려 있기 때문에 해당 교육 프로그램에 대한 전문성을 개발하고 교사 간에 경험을 공유할 수 있는 기회를 충분히 제공해야 한다.

⑨ 학부모가 적절한 선택을 하도록 돕기 위해 신뢰할 수 있는 정보 제공 시스템이 필요하다(김영화, 2001: 212).

이상에서 살펴본 대안교육 실험은 우리도 눈여겨봐야 할 본보기이긴 하지만 그렇다고 막무가내로 모방해서는 안 된다. 물론 우리 교육도 이제는 전 세계적으로 퍼진 자본주의에 바탕을 두고 있는 만큼 문제 인식이나 해결방식에서 나름대로의 시사점이 많은 것은 사실이나 워낙 다양한 사회·문화적 배경에서 우러난 것이라서 본질을 꿰뚫어 보지 않고서는 그나마의 배움이나 얻음이 적을 것이다. 아울러 밖의 대안교육 실험들을 통틀어 가장 눈에 띄는 중요한 문제점 한 가지는 바로 전형적인 서구 대안교육운동의 문제점으로 지적되는 개인중심주의다.

결국 이들은 옛 질서와 공동체적 사회로부터 해방을 통한 개인의 자유와 자율의 완성이라는 계몽주의 이후의 꿈을 삶의 방식의 다양성 및 문화적 다원주의라는, 이를테면 포스트모더니즘 같은 새로운 탈바꿈으로 확산·심화하고자 하는 노력을 통해 오래된 교육의 새 꿈을 실현하기 위한 실험을 거듭하고 있다. 그런 만큼 이러한 교육운동이 다른 사회운동 또는 삶의 방식의 운동과 이어지고 서로 영향을 주고받는 여지를 마련해야 한다는 점에서 유용한 시사점을 얻을 수 있다.

3. 대안학교의 특성 비교

대안교육은 기존 학교교육의 문제뿐만 아니라 현 사회가 직면한 문제점을 해결하고자 한다. 그 내용은 각 나라나 지역이 처한 역사와 문화적 전통에 따라 달라질 수 있다. 공통된 철학의 바탕은 근대 문명에 대한 근본적인 반성에서 비롯된다고 할 수 있다. 대안교육에 대한 논의에서 각 나라마다 제각기 특징적인 면이 있기는 하나 근본정신은 대동소이하다. 다만 지향점이 문화적 특성이나 지리적 환경에 따라 약간의 차이를 보인다는 것이다.

영국의 대안교육운동은 공통적으로 현대 사회의 혼란과 위기의 근원적 원인을 생명의 죽임 현상, 즉 인간과 자연의 연대관계의 파괴가 인간과 인간관계의 파괴로 되돌아오는 악순환의 고리라는 인식을 바탕으로 한다. 이러한 악순환 고리의 절단은 교육에 있다고 보고 학교교육의 형식과 내용을 과감하게 해체하여 생명교육으로 향하는 작업이 비교적 일찍부터 여러 형태로 시도되었다.

독일은 한국처럼 강력한 중앙집권적 교육 체제 아래서도 대안교육운동 부문에서 왕성한 실험 정신을 보여 주었다고 평가된다. 독일 역시 교육개혁 정책의 실효성에 의문을 제기하면서 다양한 형태의 대안교육이 시도된다. 이들이 추구하는 원칙은 제도교육의 틀에서 벗어나 교사, 학부모, 지역사회의 자치적 참여에 의한 학교 형성이다. 내용 원칙은 어린이의 존재에서 우러나오는 자발적이고 창의적인 힘에 바탕을 둔 교육과정이라 할 수 있다.

미국의 대안학교가 추구하는 가치는 한마디로 묶기가 어렵지만 대체로 학교 선택권을 보장하려는 여러 가지 제도적 장치가 마련되어 있다. 학교의 규모는 작은 형태를 지향하고 전통적 가치보다는 내적 가치를 중요시한다. 또한 개인차를 인정하고 인격적 발달을 추구하여 전인적 발달을 지향할 뿐 아니라 부적응아를 수용한다는 것도 보편적 특성이다. 〈표 3-4〉는 각국을 대표한다고 볼 수 있는 대안학교의 특징을 교육이념, 교육내용, 교육과정, 교육환경을 준거로 비교한 것이다.

교육이념에서의 공통 요소는 근본적으로 아동 중심적 교육관을 견지하고 있다는 것을 알 수 있다. 교육내용의 특징을 보면 영국 하트랜드학교에

표 3-4 각국 대안학교의 특징 비교

국가 내용	영 국	독 일	미 국	한 국
주요 학교	하트랜드의 노스데번	발도르프학교	차터스쿨	풀무학교
교육이념	• 학생 개인의 정신적·육체적 생명 가치 구현 • 따뜻하고 신뢰할 수 있는 가정과 같은 공동체	• 아동의 내적 요구에 부합하는 전인교육 • 무두무미(無頭無尾)의 실천 • 신체·영혼·정신의 조화	• 학교 운영의 자율성 • 수요자 선택권 부여 • 관료 체제의 비효율성 극복 • 부적응학생 수용	• 머리, 가슴, 손의 조화 • 기본 층의 평민 • 성서 위에 학원 • 무두무미의 실천
교육내용	• 지역사회학교 지향 • 불, 부엌, 건물, 옷의 중요성 강조	• 예술교육 강조 • 학생의 능동적 참여 • 성적표 없음 • 조기 외국어 실시 • 주기집중 수업	• 교수-학습의 변화 • 특수 목적 교육 • 종교에 대해 중립적	• 지역 속의 학교 • 노작 및 체험 활동 • 영성활동
교육과정	• 진학이나 취업을 위한 5개의 필수공통과목(영어, 수학, 문학, 체육, 과학) • 심성, 상상력을 계발시키는 활동을 학생 스스로 선택(시, 연극 등)	• 독어·영어·수학 등의 주지 교과목 시간 • 음악·공작 등 예능교과 • 체육·율동·농장 경영 • 견학 등의 실제 활동	• 다양성 있는 교육과정 운영(학교의 특성 고려)	• 과목별 이동 교실 • 노작교육의 강조 • 견학·체험학습의 강조
교육환경	• 학생 수 30명의 소규모 • 폐교 활용	• 8년 담임제 • 재정적 독립성	• 학교운영위원회 강화 • 재정운영의 자율성	• 작은 학교 • 지역사회학교 • 전원 기숙제

출처: Glatthorn(1975), pp. 28-29.

서는 노작 중심의 생활교육을 강조하고 있고, 발도르프학교에서는 예능교육 및 체험교육을 강조하고 있다. 즉, 일상생활과 유리된 박제된 지식이 아니라 생활 속에서 스스로 인식되는 지식을 실제 체험을 통하여 내면화하는 다양성 존중의 교육을 통해서 전인적 인간의 육성을 꾀하고 있음을 알 수 있다. 이는 교육과정 운영에도 그대로 적용되고 있다. 교육환경적 측면에서는 세 학교가 모두 학교 규모 면에서 '작은 학교' 를 지향하고 있음을 알 수 있는데, 그들의 주장에 따르면 대안학교가 지향하는 다양한 이념의 실천이 작은 규모의 학교가 아니고는 실천이 불가능하다고 주장한다.

이상에서 살펴본 바와 같이 외국의 대안교육과 대안학교운동은 그 폭이 매우 광범위하고 다양하다. 낭만주의적 · 이상주의적 경향을 띠거나, 더 나아가서 공동체운동 또는 사회주의적이거나 급진적인 방향의 운동으로까지 전개되고 있음을 볼 수 있다.

여기에서 하나 짚고 넘어가야 할 것은 대안의 철학적 바탕은 대부분 국가의 경계를 뛰어넘는다는 사실이다. 영국의 신교육운동이 유럽 전역에 전파되었는데 특히 독일의 전원학사운동을 일으키게 하는 계기가 되었다. 또한 미국의 호머 레인(Homer Lane)은 영국의 비권위운동을 촉발시켰으며, 이는 곧 서머힐학교를 탄생시키는 시대적 환경이 되었다. 우리나라 대안교육 실천을 위한 추동력도 국가의 경계를 허물고 새로운 조류를 수용하는 열린 사고 속에서 발휘될 수 있다. 이 책에서는 소개하지 않았지만 일본의 기노쿠니기숙사학교, 태국의 무 · 반 · 덱학교의 인간교육 사례, 미국의 무수한 대안적 학교의 경영기법 등에 대한 관심을 가져야 할 것이다. 인간교육이라는 본질적 차원의 문제에서는 동서양이 따로 없다.

서구나 우리나라나 똑같이 대안교육, 대안학교라는 용어를 사용하고, 이러한 대안교육, 대안학교는 본질적으로 기존교육과 기존학교에 대한 문제제기에서 출발하였다는 공통점이 있다고 하더라도 대안교육, 대안학교가 겨냥한 문제의 종류와 성격은 시기, 문화, 이념, 경제발전 정도 등 다양한 요소에 따라 천차만별이기 때문에 그 교육적 처방이 서로 다를 수밖에 없다. 국내에서의 대안교육 실천은 서로 배타적인 것이 아니라 실천 양태는 다양성을 지니지만 지향하는 이념에서는 공통성을 보여 주고 있다.

노작교육에서 공동체적 체험교육의 강조에 이르기까지 공통적으로 추구하는 가치에서부터 학교 환경적 측면까지 유사한 점이 많이 발견된다. 이 점에서 한국 대안학교가 선진국의 영향을 받았고 어떤 면에서는 상당 부분 외국의 사례를 그대로 이식한 점도 보인다. 외국의 사례와 다른 점은 한국의 경우 대부분의 대안학교가 종교단체와 밀접한 관련을 맺고 있다는 점이다. 외국에는 교육 및 환경운동가나 지역주민의 자발적 참여에 의해서 대안학교가 설립되고 있으나 한국에는 종교단체의 직접적인 후원을 받는 대안학교가 대부분이라는 사실은 이채로운 일이다(이병환, 2004).

지금까지의 논의에서 볼 때 한국에서 일어나고 있는 대안교육운동이 외국의 사례와 크게 다르지 않음을 지적할 수 있다. 다만 독일의 사례에서처럼 대안학교와 구별하여 '교육적 대안' 이라고 이해하는 범주는 지금 우리가 폭넓은 의미에서 사용하는 '대안교육' 이라는 말과 어느 정도 바꾸어 쓸 수 있는 용어가 될 것이다. 그러나 한국에서는 '대안교육' 을 '대안학교' 와 명백하게 구분하지 않고, 대안학교를 포괄하는 상위 개념으로 사용하는 경우도 있다. 그래서 다양한 시도를 포괄하는 넓은 뜻에서 대안적 교육, 대안적 교육 모형 또는 '대안교육적 사고' 라는 용어를 쓰고, 한편 뚜렷이 체계를 갖춘 교육 형태에 대해서는 대안학교라고 부르는 것이 무난할 것이다. 오늘날 우리가 대안교육 또는 대안학교라고 부르는 교육운동은 대체로 1960년대와 1970년대 이래 유럽에서 공교육을 둘러싸고 일어난 학교 존립에 관한 생산적인 논의에 힘입은 결과이다.

제4장 신사회운동으로서 대안교육

1. 신사회운동의 개념과 특성

사회운동에 대한 사전적 정의는 “사회의 변혁 · 개량이나 사회문제 해결을 위하여 집단으로서 지속적으로 행하는 행동”이다. 서구사회에서 사회운동은 전통적으로 피지배계급의 운동으로 노동운동과 시민권운동을 기본 축으로 발전되어 왔다.

사회운동은 삶의 조건을 바꾸어 새로운 질서를 만들려는 집단의 지속적인 실천행위로 규정할 수 있다. 사회학의 탄생이 유럽의 급격한 사회변동에 대한 원인을 파악하고, 그것이 낳은 문제 상황을 이해하기 위한 것이라고 할 때 사회변동과 밀접하게 연관된 사회운동에 대한 관심은 사회학의 창시자로부터 꾸준히 이어져 오고 있다고 할 수 있다. 이러한 사회운동은 다른 여러 영역을 포함한 사회 전체의 구성원에서부터 일상생활에 이르기까지 여러 수준에서 다양한 모습과 연관되어 나타나기 때문에, 당시의 사회맥락과 연결하여 검토해 보아야 한다. 사회운동의 생성 · 전개과정과 연결하여 이러한 사회배경은 세 가지로 구분할 수 있는데, 먼저 사회구성원이 억압받고 구속받으면서 바꾸려고 하는 대상으로서의 사회 구속성, 사회운동을 일으키고 유지 · 발전시켜 나갈 수 있는 사회 역량인 사회 허용성, 사회운동의 목표를 제공해 주며 사회구성원으로 하여금 사회운동에 참여하거나 지지하도록 만들어 주는 새로운 사상의 전수가 그것이다(김중섭, 1998). 이러한 배경에서 사회운동은 참가자 · 조직 · 활동 목표 · 전략과 같은 내부환경, 운동을 억압하는 통제 집단 · 사회 규범 · 법규 등의 외부 환경과 같은 다양한 요인이 복합적으로 상호 작용하면서 형성 · 발전된다.

19세기 유럽사회의 사회운동은 사실상 정치적 참여의 권리를 획득하기 위한 참정권운동과 노동계급의 권리획득운동이었다고 할 수 있다. 그리고 이들 운동은 나라마다 양상을 달리하면서 노동조합과 정당을 통해 수렴되었다. 이러한 사회운동의 두 축은 1960년대 여성운동, 시민권운동, 학생운동, 환경운동, 반전반핵운동 등으로 분화되면서 1980년대 이후 신사회운동이란 이름을 획득하게 된다(강명구, 1994).

신사회운동은 집단 사이의 갈등에 기초한 전통적인 사회운동과는 달리, 환경 오염과 생태계의 파괴에서 인류를 보호하고자 하는 녹색운동, 핵의 위험을 제거하고자 하는 반핵운동, 생명의 존엄성을 지키고자 하는 생명운동, 독점 기업의 횡포에서 소비자를 보호하고자 하는 소비자운동 등과 같이 보편적인 가치를 전제로 하여 사회 전체의 복지를 추구하려는 집합행동을 일컫는다. 이러한 신사회운동은 탈산업주의, 탈근대주의가 설득력을 더해 가는 현대적 전환의 추세 속에서 근대적 형태의 사회운동이 당면한 전략적, 실천적, 이념적 한계를 극복하려는 의도를 갖고 태어난 사회운동의 한 형태로서 근대성의 발판 위에서 탈근대적 가치를 완결시키고자 하는 변혁적 운동이다.

오페(Offe, 1990)는 이러한 신사회운동이 구사회운동의 이념, 조직구조, 동원방식 등 여러 측면을 '거부한다'는 점에서 새로움을 발견할 수 있다고 보았으며, 이러한 새로운 사회운동을 크게 첫째, 자연환경과 인위적 환경에 대한 관심까지 포함하는 생태환경운동, 둘째, 정체성과 존엄성의 인권 보호운동, 여성운동, 셋째, 반전운동과 평화운동, 넷째, 재화와 용역의 생산과 분배에서 '대안적인' 또는 '공동체적' 양식을 주장하거나 옹호하는 운동 등으로 구분한다. 또 다른 부류의 연구자들은 근대적 제반 환경의 한계를 비판하는 탈근대성 담론에서 신사회운동의 이론적 정당성과 현실 적합성을 찾아내고 있는데, 이 역시 신사회운동의 지향점이 기존 체계에 대한 '거부와 저항' 이라는 점에서 공통적 맥락을 찾을 수 있다.

신사회운동 연구자들의 견해가 대부분 위와 같은 주장에 동의를 하는 것은 아니다. 왜냐하면 국가와 시기에 따라서 신사회운동은 전혀 다른 양상을 보이고 있기 때문이다. 예컨대, 페미니스트운동, 환경운동, 생태운동은 급진적 · 반자본주의적 이념을 강하게 표방하고 있는 것으로 알려지고 있지만, 미국의 경우는 이데올로기적 성향이 낮고 조직의 규모와 활동범위가 넓은 반면, 유럽의 경우는 이념적 성향이 강하고 조직과 활동범위가 특정 집단과 지역에 국한되는 경향이 발견된다. 그러므로 신사회운동의 특성을 일반화하기란 대단히 어렵다.

여성운동, 평화운동, 환경운동 등은 오랜 역사적 기원을 갖고 있다. 그럼에도 1970년 중반 이후 전개된 사회운동은 운동이념, 조직구조, 행위자와 가치관, 정책과 전략, 정치적 관계 등에서 새로운 면모를 드러내고 있으며, 보편주의적 가치관과 쟁점을 수용하지 못하는 현대적 정치질서의 단단한 경계를 무너뜨리거나 확장하고자 한다. 우선 이데올로기적 측면에서 신사회운동은 좌파 · 우파, 자본주의 · 사회주의의 대립적 축을 벗어나서 인간해방적 관점으로 나타나고 있으며, 물질적 풍요보다는 그것의 문화적 의미와 삶의 질을 문제시하고 있다.

키츠켈트(Kitschelt, 1990)는 "좌파-자유주의자는 사회주의적 의제에 속하는 중요 쟁점을 수용하고 있지만, 전통적인 사회주의가 주창하는 가부장석-관료제적(paternalist bureaucratic) 해결책뿐만 아니라 무형의 사회적 만족을 도외시하는 성장주의를 거부한다."라고 본다. 그러므로 신사회운동이 관료제적-위계적 조직 구조를 부정하고 탈중심적 · 분권적 구조를 지향하는 것은 자연스러운 귀결이다.

구사회운동은 가입과 탈퇴를 엄격하게 규정하므로 일단 회원으로서의 자격이 확정되면 위계적 권위에 근거한 관료제적 명령을 준수해야 한다. 이에 비하여 신사회운동의 조직형성은 의무와 강요가 따르지 않는 자발적인 것이다. 따라서 회원은 다양한 단체와 직업 집단에 속한 사람들로 구성되어 있으며, 중복적인 참여를 배제하지 않는다. 신사회운동의 조직적 특성을 '다조직적 구조(multi-organization)', '네트워크의 네트워크(networks of networks)'로 부르는 것은 바로 이러한 이유에서이다(Klandermans, 1990).

자격요건의 개방성과 성원 간의 중복 가입이라는 특성은 신사회운동이 일종의 무지개 연합(rainbow coalition)임을 가리킨다. 기존의 사회운동의 연대력이 계급, 종교, 지역적 이해 등에 기반을 두었다면, 신사회운동은 자본주의적 발전의 폐해를 고발하고 민주주의의 한계를 극복하고자 하는 비판정신을 연대의 핵심적 원동력으로 설정한다. 그런데 잉글하트(R. Inglehart)가 탈물질주의적 가치관이라 칭한 비판 정신과 위기 의식은 대체로 젊고 학식 있는 교양층과 전문가 집단에서 많이 발견되고 있으므로, 신사회운동의 적극적인 참여자가 주로 여성을 위시한 중간계층에서 충원되는 것을 쉽게 이해할 수 있다(Kitschelt, 1990).

신사회운동 단체는 시민의 관심을 촉발하고 여론형성과 시민계몽을 통하여 정책 결정에 압력을 행사하는 우회적 방식을 선택한다. 이들의 행위는 반동적(reactive)이라기보다는 주창적(proactive)이며, 권력 지향적이기보다는 정체성 지향적(identity-oriented)이다(Kitschelt, 1990). 이들은 여론형성과 시민의 자각을 목적으로 한 사회적 이벤트를 기획하는데 더 많은 경주를 하고 있다. 따라서 이들은 운동의 명분과 적실성을 확산시키고 주창하는 이념이 시민적 삶의 질의 향상과 반성적 성찰에 얼마나 중요한 것인가를 각인시키는 데 주력한다. 구사회운동, 특히 노동운동이 좌파 정당과의 관계를 굳건히 하여 권력 장악에 목표를 두고 있는 것과는 달리 여성운동, 생태운동, 평화운동, 대안교육운동 등의 신사회운동은 정당설립을 통하여 정치의 중앙무대에 진출하기보다는 정체성의 확대를 추구한다(권태환 외, 2001). 따라서 신사회운동은 경제적으로 복지자본주의, 정치적으로 자유민주주의라는 토대에서 규격화되고 합리화된 기술관료제하의 생활을 거부하고, 사회복지와 새로운 삶과 추구하려는 정체성 회복을 추구하는 변혁적 운동이다.

오늘날 우리나라에서 대안사회에 대한 전망을 집단화, 사회화하면서 현실속에 실체화하려는 노력이 곳곳에서 진행 중이다. 농민운동가, 대안교육운동가, 시민운동가와 지역주민운동가, 환경단체, 종교단체, 생협단체 등 많은 사람이 지역사회에서 다양한 형태의 실험적 공동체를 만들기 위해 노력하고 있다. 현재 진행되고 있는 것을 크게 내용적으로 대안교육운동, 대안경제운동, 대안정치운동 등으로 구분할 수 있다.

대안교육운동에는 실험학교, 풀무학교, 간디학교와 같은 공동체적 교육과 교육민회 등과 같은 교육자치운동, 공동육아운동 등이 있다. 대안경제운동에는 생산자협동조합운동, 생활협동운동 등이 있으며, 대안정치운동에는 생활세계에 기반한 제반 문제를 다루는 시민운동과 지역사회운동, 주민자치운동, 생명민회운동 등이 있다. 이론적 연구나 탐색에 훨씬 앞서 지역 곳곳에서 다양한 형태의 대안 탐색 움직임이 일어나고 있는 것이다. 물론 실현과정에 직면하는 장애요소도 많다. 자본주의 사회에서 인간과 자연을 배려하는 대안경제를 건설하고자 하는 공동체운동의 경우만 하더라도, 결국 '운동'과 '경영'이라는 일면 모순된 양 수레바퀴를 동시에 굴려야 하는 어려움이 있으며, 이에 대안자본의 도전 또한 만만치 않다. 지금은 '이것이야말로 진리다.' 라고 자신 있게 주장할 사람이 없는 만큼 혼란스럽고 전망이 모호한 시대다. 따라서 새로운 출구를 향한 대안 탐색시대에는, 비록 소박하고 보잘것없어 보이는 작은 실험일지라도 구체적인 삶의 형태들 통해 보여 주는 무언의 메시지는 매우 강력하다. 상상력의 빈곤시대에 대안사회를 접근해 가는 구체적인 실천과 모델 형성은 새로운 세계를 향한 폭발적인 변화의 에너지를 내포하고 있다.

2. 시민사회운동으로서 신사회운동

1) 신사회운동의 방향과 정체성

신사회운동에 대한 이론적 논의는 잉글하트의 '조용한 혁명(silent revolution)'에서부터 시작하여 최근 코헨과 아라토(Cohen & Arato, 1992)의 자기제한적 급진주의와 시민 불복종론에 이르기까지 매우 다양한 스펙트럼을 보여준다. 특히 신사회운동이 과연 '새로운' 사회운동인가에 관해서는 상당한 논의가 이루어졌다. 그러나 신사회운동에 내재하는 새로움이 과연 무엇인지, 그것이 기존의 사회운동과는 어떤 차별성과 유사성 그리고 단절성과 연속성을 갖는 것인지에 대해서는 아직까지 학자 간에 많은 논란이 제기되고 있다.[1] 신사회운동 패러다임은 관찰자의 시선이 아니라 참여자의 자기인식, 즉 자기의 정체성, 목표, 투쟁대상과 전략에 대한 집단적 행위 주체의 자기 이해를 기반으로 한 사회운동의 접근이라는 점에서 시민사회 중심적 접근방식이라 할 수 있다. 시민사회론적 관점에서 신사회운동을 고찰하는 주요 이론을 멜루치(A. Melluci), 투레인(A. Touraine), 오페(C. Offe), 하버마스(J. Habermas), 코헨(J. Cohen)과 아라토(A. Arato)의 논의를 대상으로 검토해 보기로 한다.

멜루치(Melluci, 1980)는 신사회운동을 '사회를 조작하는 매개체와 사회의 자원을 재소유하고자 하고 자신의 정체성을 실현할 권리, 즉 개인의 창조성과 감성적인 생활, 생물학적 상호주관적인 존재를 스스로 처분할 권리를 집단적으로 제기하려 하는 개인의 욕구를 표출하는 갈등'으로 이해한다.

---

1) 신사회운동의 새로움을 강조하기 위하여 구사회운동과의 단절과 불연속성에 초점을 맞추는 논의는 신사회운동을 '새로운 저항운동', '새로운 정치', '새로운 민중주의', '신낭만주의', '반정치', '비정통적인 정치행위와 무질서한 정치', '대안운동' 등으로 규정하고 있다(Offe, 1990).

시민사회 내부의 대립과 갈등에 주목하는 투레인(Touraine, 1981)은 시민사회의 확장이라는 주제로 나아간다. 즉, 신사회운동은 단순하게 국가에 대항하는 시민사회적 자율성의 옹호나 재고를 주창하는 수준에 안주해서는 안 되고, 시민사회 자체의 모순과 대립을 극복하기 위해서는 더 구체적으로 '어떤 종류의 시민사회(which kind of civil society)'를 형성하여 이 같은 과제를 실천할 수 있는지를 검토해야 한다고 주장한다. 여기에서 신사회운동은 방어적 전략을 통하여 시민사회의 정체성과 자율성을 확보하며, 공세적 전략을 통하여 시민사회의 개혁과 민주화를 추구하는 투쟁을 전개한다(Touraine, 1981). 물론 투레인이 의미하는 공세적 측면은 결코 정치사회로의 진입이나 권력 획득을 위한 혁명전략이 아니며, 시민사회의 민주화, 즉 공공성의 확대를 의미하는 것이다.[2] 요컨대, 투레인에 따르면 "시민사회와 신사회운동은 동일한 외연을 갖는 상이한 중심이라 할 수 있는데, 동일한 외연을 구조의 측면에서 보면 시민사회이고, 행위의 측면에서 보면 사회운동"이라는 것이다.

오페(Offe, 1990)는 복지국가에 대한 급진적 대안으로서 비관료적 행정의 발전을 위한 중요한 동인으로 신사회운동을 파악하여, 국가와 시민사회라는 이분법적인 틀을 중심으로 발생하는 비제도적인 정치화라고 규정한다. 그는 허물어지고 있는 국가와 시민사회 간의 경계를 복원함으로써 국가에 의한 시민사회의 잠식을 방지하고자 하였다. 신사회운동의 시민사회 재형성 전략은 대의 민주제적-관료제적 정치제도에 대한 더욱 적극적인 비판을 통하여 국가에 의한 규제와 개입을 거부하고 자율적인 시민사회제도를 정착시키고자 한다. 그리하여 신사회운동은 국가의 경직된 규제에서

2) 이 같은 상황에서 투레인(Touraine, 1980)은 페미니즘에서 여성운동이 독립적으로 발전되어 나가며, 지역운동이 위기에 처한 지역을 방어하는 것만이 아니라 자립적인 지역발전이나 지역해방으로 나아가고, 신사회운동은 방어적 행동에서 권력에 이의를 제기하는 행동으로 이행되며, 정체성의 확인에서 지배관계의 폭로로 이행하는 역할을 수행할 것으로 기대한다(권태환 외, 2001).

벗어나서 시민사회를 새롭게 재구성하고자 시도하는 것이다.

한편 의사소통이론에 기반을 두면서 체계와 생활세계의 구분을 통하여 시민사회를 재구성하고 신사회운동의 위상을 분석한 하버마스는, 전략과 정체성 혹은 구조와 행위, 제도화와 반제도화라는 신사회운동의 이중적 차원과 그것의 연속 · 비연속성을 매우 적절하게 설명하고 있다. 그는 근대화에 대한 비판론과 옹호론의 양자를 동시에 수용하는 동시에 비판함으로써, 근대성의 긍정적인 잠재력에 대한 신뢰를 바탕으로 자기 제한적 급진주의를 추구하여 미완의 근대성을 자기완성의 단계로 이끌어 간 것이다(김성국, 1996).

또한 하버마스는 초기에는 국가와 시민사회의 융합에 따라서 시민사회의 공공영역이 변질되는 역사적 현상에 대하여 비판적인 시각을 견지할 뿐, 신사회운동에 대해서 별로 중요한 의미부여를 하지 않았다. 그러나 과거에 볼 수 없던 사회 · 문화적 통합과 재생산에 관련된 새로운 유형의 갈등이 드러나면서 그는 차츰 근대성의 이중성이나 근대사회의 양면성에 관하여 적극적인 측면을 인식하게 되어, 신사회운동은 왜곡된 근대성의 제도화를 복원하고 시민사회의 민주화에 기여할 수 있다는 점을 인정하게 되었다.

이러한 하버마스의 신사회운동을 비판적으로 승계한 코헨과 아라토는 신사회운동을 좀 더 일관되게 시민사회론과 연관시켜 논의하고 있다. 그들은 하버마스를 포함한 기존의 시민사회 모델을 이론적으로 재구성하여 신사회운동의 확장과 체계화를 시도하였다. 하버마스가 자신의 사회이론은 보편주의적 지향성을 갖는 것으로 인식하지만 신사회운동은 특수주의적이며 방어적인 성격을 지닌 것으로 파악하고 있다는 점을 비판한다. 또한 코헨은 신사회운동을 과거 사회운동과의 연속성과 비연속성을 동시에 포괄하는 생태학적 문화 모델로 이해하고자 하였다. 그렇지만 이들은 문화 모델이 지니고 있는 반근대성, 낭만주의적 유기체성을 경계하면서 문화적 근대성에 순응하는 새로운 윤리적 성찰의 기회로서 신사회운동을 파악하였다. 그리하여 코헨과 아라토는 신사회운동이 담론의 제도화를 통하여 시민사회적 공간을 방어하고, 이처럼 확보된 시민사회의 공간을 제도화를 위한 토대로 구축할 수 있다고 보고 있다.

2) 우리나라 신사회운동의 양상

권위주의 체제의 오랜 관행에서 벗어나지 못한 한국 사회에서 포스트모던적 현상으로 규정되는 신사회운동에 대한 논의가 아직 시기상조라는 지적도 있다. 그러나 구사회운동의 목표와 가치가 세계화(globalization)의 환경 속에서 신사회적인 쟁점으로 변환되어 나타나는 것은 한국도 예외가 아니다. 한국의 사회운동은 급속한 경제성장에 뒤이은 정치적 민주화라는 근대적 사회로의 이행과정을 압축적으로 경험하면서 동시에 공교육 위기, 환경보전, 사회적 소수자에 대한 관심 등과 같은 탈근대적인 이슈들이 혼재된 상태에서 성장해 왔다는 점에서 다소 이질적인 목적과 조직운영 방식이 상호 밀접히 결합되어 있을 가능성이 높다(권태환 외, 2001).

해방 이후 한국 사회의 가장 큰 변화는 권위주의에서 민주주의로의 이행이며, 1990년대 이후 사회운동은 도덕적 정당성과 이데올로기적 입장을 떠나 일상생활의 개선을 위해서 현실비판과 더불어 구체적인 대안을 제시하는 방식으로 전개되었다.

서구의 신사회운동이 '근대적 제반 여건' 이 지니는 병폐에 대한 근대적 비판과 아울러 탈근대적 지향을 목적으로 한다면, 한국의 사회운동은 근대적 병폐뿐만 아니라 전근대적 질곡을 동시에 해결하려는 근대의 완성단계에 있는 것으로 보인다. 한국에서는 신 · 구사회운동이 산업회의 모순과 민주화의 장애를 극복한다는 점에서 서로 갈라지기보다 만날 수밖에 없는 형편에 놓여 있다. 이런 가운데 신 · 구 사회운동은 전통과 근대의 한계를 동시에 초월하면서도 반근대와 탈근대를 동시에 대안으로 상정하여 온 것이다.

이 점에서 한국 사회에서 전개되고 있는 여러 형태의 사회운동의 경향을

[그림 4-1]에서 적절히 살펴볼 수 있다. 우리 사회는 사회운동의 주체로 기본권을 향유하는 시민과 그렇지 못한 민중이 공존하고 있다. 이념지향적으로 볼 때 노동, 농민, 빈민운동이 구사회운동으로서 (가) 부분에 위치한다면, 환경, 여성, 대안교육운동은 신사회운동으로서 (나) 부분에 자리잡을 수 있다. 그러나 신 · 구사회운동은 실제로는 그 중간 영역에 지금까지 병존하고 있다. 또한 우리 사회는 민중중심의 사회운동과 시민중심의 사회운동이 양립하면서도 이러한 신 · 구사회운동은 민주주의, 민중생존, 민족통일이라는 기본 방향에서 분기되기보다는 수렴되는 추세를 보여 왔다. 신 · 구사회운동은 정치권 안에 대한 '해방정치'와 동시에 정치권 밖의 '생활정치'를 함께 추구해 왔다는 연속성과 유사점을 지닌다. 이러한 민중운동과 시민운동의 분화와 공존은 다양한 시민사회단체의 출현과 아울러 이들 사이에 협력과 갈등의 환경을 만들어 주고 있다.

이와 같이 우리 사회의 신사회운동은 그 단체들이 비교적 다양한 연결망에 의해 상호연계되어 있으며, 그 연결망은 신 · 구사회운동의 경계를 넘어서 다양한 교차양상을 보이고 있다. 또한 이념이나 분석적 개념의 수준에서는 탈현대적 이슈나 이념을 받아들고 있지만, 이는 전통적인 운동 네트

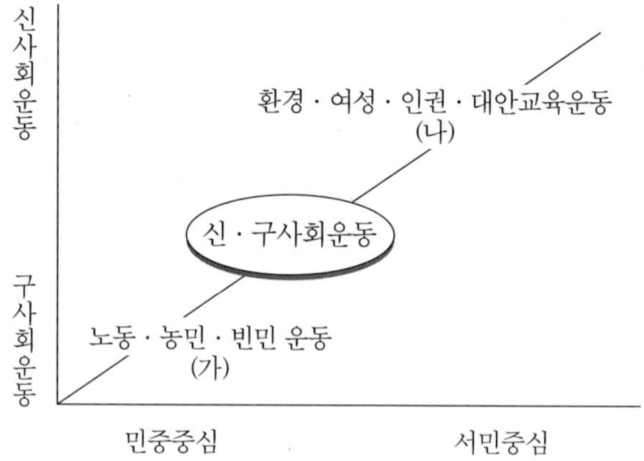

[그림 4-1] 사회운동의 경향

출처: 임현진(2001), p. 414.

워크와 분명하게 구별되지 않고 있다. 같은 뿌리에 기인하면서 이슈에 따라 어떤 경우에는 민주화운동으로, 어떤 경우에는 환경운동으로 분화되기도 하고, 조직의 단위를 보면 공식적인 관계인 데 반해 개인을 단위로 하면 매우 비공식적인 동지관계나 동창관계가 조직 간 관계의 토대가 되고 있다. 조직 생태학적인 함의를 본다면, 우리의 신사회운동은 새로운 사람, 새로운 조직, 새로운 이슈로 출발하지 않았다는 점에서 서구의 이념과 일치하지 않는다. 이는 한국에서는 사회운동의 환경 자체에 전통적 요소와 탈현대적 요소가 뒤섞여 있음을 암시한다(권태환, 1997).

이러한 한국 신사회운동의 특성을 정리하면(강명구, 1994), 첫째, 서구사회의 역사적 조건에서 정치적 권력의 획득과 시민적 권리의 확보를 추구하는 구사회운동과 달리 신사회운동은 삶의 정치에 관심을 두고 있다. 그러나 우리 사회의 맥락에서는 운동의 목표가 분리되기보다는 오히려 통합적으로 추구되어야 한다. 시민적 제 권리와 사회의 계급과 계층의 정치적 대표권이 제도적으로 보장되지 못한 우리의 상황에서 삶의 정치만을 지향할 까닭이 없고 또 그것은 성공할 수도 없기 때문이다. 오히려 신사회운동이 새로이 제기하는 생활세계 중심의 운동은 탈정치로서가 아니라 정치의 확장으로 이해되어야 한다.

둘째, 과학기술과 관료조직에 의해 프로그램화된 사회를 거부하는 신사회운동의 지향성은 지난 30년간 급속한 경제성장으로 우리 사회에서도 상당한 설득력을 지닐 수 있다. 인간과 인간관계가 상품화되는 소비사회의 양상은 새로운 형태의 억압이고 보편적 현상이기 때문이다. 여기에 신사회운동은 근대성의 내부적 준거체계(합리성과 효율성)에 대한 대안으로서 자연과 인간의 새로운 관계, 과학과 기술에 대한 새로운 인식을 제공하고 있다.

셋째, 신사회운동은 운동방식에서도 풀뿌리 민주주의, 시민의 직접참여, 직접행동을 강조한다. 물론 이때 참여의 주체는 거대한 운동조직이 아니라 지역사회의 소규모 조직이나 이슈를 중심으로 연대하는 사회적 네크워크이다. 사회운동은 이슈중심운동, 조직화된 운동단체, 정당과 노동조합 등의 순으로 다양한 수준에서 조직화된 운동이 공존하는 모습을 보인다. 그리고 신사회운동 방식에서 핵심적 지향은 역시 시민의 직접참여라는 참여민주주의에 있다.

넷째, 신사회운동은 단일 이슈 중심의 운동이고 조직의 성격이 느슨한 사회적 연결망(social network)을 근간으로 하고 있다. 이슈가 있을 때 서로 다른 조직 간에 잠정적인 연대가 가능하고 이슈가 잠복하면 운동 자체가 수그러드는 주기적 성격을 가진다.

3. 신사회운동과 대안교육운동

1) 신사회운동과 대안교육의 관계

우리나라의 대안학교운동도 서구와 같이 기존의 제도교육의 모순에 대한 자각과 교육의 본질적 의미를 되살리려는 노력에서 비롯되었다. 1980년대 들어 서구의 많은 제도교육 비판서가 소개되면서 당시 학교교육의 모순에 대한 체계적 비판이 빈곤했던 시절에 그 모순을 비판하는 문제 제기와 의식을 고양하는 데는 큰 기여를 하였다. 하지만 이러한 비판서는 보수적인 교육이론을 공격하는 데는 상당한 영향력을 발휘한 반면에, 새 학교를 만들어 가는 구체적인 실천대안은 제시하지 못하였다. 따라서 교육현장에 이를 실천하는 데 적용할 적절한 논리 구조가 없었다.

제도교육에 대한 비판은 민주화의 확산과 함께 소외계층에 대한 관심 증대에 따라 새로운 이론의 모색을 하게 되었다. 따라서 자본주의 교육 자체가 갖는 이점을 재발견하고 자본주의 교육에 대한 비판을 합리적으로 받아들이는 방향으로 나아가고 있다.

이런 시대적 상황 속에서 제도교육의 비판에 목소리를 높였던 많은 사람은 그동안의 교육운동의 경험과 성과를 통해 제도교육의 틈새를 이용한 대안적 교육활동을 전개하고 있다. 특히 제도교육의 틈바구니 속에서 그 나름의 대안교육을 뿌리내리는 데 성공을 거둠으로써 이를 지켜보던 국민도 새로운 대안학교 건설을 공상이 아닌 실현 가능한 운동으로 받아들이게 된 것이다. 따라서 최근에는 근대적 문명과 학교교육에 대한 근본적 반성을 토대로, 또한 정부의 교육개혁에 힘입어 다양한 형태의 대안교육이 시도되고 있다.

이와 같이 우리나라에서 '대안교육'과 '대안학교'가 짧은 시간에 확산될 수 있었던 사회적, 교육적, 운동적 맥락을 고병헌(1997)은 다음과 같이 정리하고 있다. 첫째, 우리 사회에 평화운동, 인권운동, 환경운동, 생명운동 등과 같이 전통적 의미의 운동과는 다른 새로운 대안적 사회운동이 생겨나면서, '대안학교'나 '대안교육 프로그램'이 그러한 운동의 추진 동력으로서 기능할 수 있는 가능성에 대한 인식이 다양한 운동주체 간에 확산되고 있다. 둘째, 시민 · 사회단체에 의해서 '바람직한 학교를 스스로 만들어 가겠다.'는 움직임이 사회적으로 확산되고 있다. 셋째, 대안교육운동은 기존 교육개혁 운동과는 다르게 다양한 교육주체가 참여할 수 있는 구조이다. 그렇기 때문에 교사, 학부모, 지역운동가 등 관련 주체 간의 자연스러운 공조와 연대가 상대적으로 용이하다. 넷째, 교육부와 언론의 비상한 관심이 대안교육운동의 '합법성'을 간접적으로 증명해 줌으로써 처음부터 진보적 교육운동이라면 흔히 겪게 되는 교육이념 논쟁을 피할 수 있었다. 그래서 이것이 사회 각계각층의 능동적 참여가 가능하게 할 수 있는 심리적 배경으로 작용하였다고 본다. 이러한 사회적 배경과 맞물려 대안학교에 대한 관심이 증폭되고 새로운 관점에서 학교를 보는 토대가 형성되었다. 이러한 분위기는 최근 신사회운동이 일견 대안교육운동 형성에 직 · 간접적 영향을 주거나 상호 유기적인 관련을 맺고 있음을 보여 준다.

대안학교운동의 두드러진 이념의 특징은 기존 문명에 대해 생태학적 비판을 하면서 새로운 대안문화를 창출하려 한다는 점이다. 이러한 문제의식을 가지는 대안학교의 가치지향성은 획일적인 교육활동에 의존하는 일반 학교와 뚜렷이 구별되는 것이라 볼 수 있다. 이러한 지향점에 비춰 볼 때, 대안학교는 첫째, 인간적인 상호작용을 가능하게 하는 규모의 '작은 학교', 단순한 내용전달이 아니라 학생 스스로 토의, 발견, 창조를 통해 학습하는 '과정중심'의 교육내용, 지역사회가 하나의 커다란 학교로서 풍부한 학습의 자원이 될 수 있는 학교와 지역사회의 긴밀한 결합을 중시한다. 둘째, 학교가 즐겁고, 인간적인 장소가 되어야 한다는 믿음에서 '학습자중심의 철학'을 견지한다. 셋째, 대안교육의 궁극적 가치는 인간과 인간, 집단과 집단, 인간과 인간이 '더불어 사는 삶'을 사회의 다양한 이질적 요소에서 어떻게 조화롭게 통일하느냐의 문제를 중시한다.

대안교육운동은 제도교육의 모순을 해결과제로 인식하고, 대중성과 보편성을 확보하기 위한 실천전략을 통해 의도적이고 목적의식적으로 대안사회를 건설하고자 한다. 실천과정에서 이러한 노력이 비록 실패를 경험하더라도 이후 또 다른 형태의 대안운동에 중요한 디딤돌이 될 수 있다는 점에서 의의가 있으며, 이상사회에 대한 가치를 구체적인 현실 속에서 직접 실현하고자 하는 창조적 노력 측면은 충분히 평가될 가치가 있다.

다만 우리나라에서 대안교육운동의 보편적인 성격에 대해서는 아직 합의 정리된 것이 없는 것에서 알 수 있듯이, 대안교육운동이 형성되어 운동으로서 발전되기 시작한 시기가 길지 않아 운동으로서 뚜렷한 형태를 갖추고 있지 못하고 있으며, 대부분의 대안교육운동 참여자가 섣부른 이론화 작업을 경계하려는 경향이 강하여 이론과 관련된 연구는 부족한 실정이다.

이렇게 볼 때 신사회운동을 통해 대안교육운동을 전망하는 시도는 상당히 의의가 있다. 왜냐하면 사회 체제 전반의 기반 위에 대안교육과의 유기적 관련성을 모색함으로써 우리 사회의 성격과 미래에 대한 올바른 전망을 할 수 있기 때문이다. 또한 대안교육운동이 지금까지의 제도교육의 문제점을 지적하고 있는 가운데 정부의 교육개혁 내용에 상당 부분이 반영되고 있기 때문에 '새로운 사회운동'의 모델로서 대안교육운동의 분석은 의미가 있다고 생각된다. 따라서 제도교육 밖의 비제도적[3]인 대안학교의 유형을 중심으로 대안학교운동을 신사회운동의 일환으로 조망하는 것은 대안교육에 대한 이해의 폭을 넓혀 줄 것이다.

'한국의 대안학교운동을 신사회운동의 하나로 볼 수 있는가?' 이 물음에 대해 일각에서는 여성운동, 환경운동, 대안교육운동 등이 모두 '시장 밖의 운동' 으로서 새로운 가치 지향, 생태학적 보전을 지향한다는 점에서 신사회운동으로 이해될 수 있다는 적극적인 견해가 제시되고 있다(이시재, 1998).

기존의 제도교육은 획일화와 표준화로 대표되는 모더니티의 최후의 보루이자 독점적인 사회계층화 기구로서 폭력을 낳는 구조로 간주되었다. 이를 비판하면서 서구사회에서 대안교육운동이 등장했던 것처럼 우리나라 경우에도 기존 제도교육의 모순에 대한 자각과 그 병폐를 개선하여 교육의 본질적 의미를 되살리려고 노력하였다. 이 노력 속에 기존 체계에 대한 '거부와 저항' 을 담고 있다. 이것은 다양한 양상으로 전개된 우리나라 대안학교 특성에서 잘 나타나고 있다.

첫째, 교육이념으로 개인의 자유와 자율성을 존중하며, 공동체 정신을 중시하고, 생태적 삶의 가치를 높이 평가하고 있다. 또한 교육목표에서도 자연친화적 삶의 교육을 통하여 공동체적 인간, 전인적 인간육성을 지향하고 있다. 둘째, 교육내용은 일과 놀이가 구분되지 않는 통합적 교육과정을 추구하고, 실생활에 필요한 교육을 지향한다. 아울러 지식교육보다는 감성, 사회성 교육에 많은 비중을 두고 있고, 삶의 철학이 교육활동 속에 스며들어 있다. 셋째, 교육활동은 활동중심의 탐구학습을 지향하며, 활동 속에 생태적 삶의 가치가 스며들게 한다. 또한 교사와 아동 간의 관계가 평등하며 관계가 친밀하게 이루어져 있다. 넷째, 물리적 교육환경은 인간중심 규모의 작은 학교를 지향하며, 자연친화적 환경과 지역사회학교를 지향하

3) 공동체 건설 같은 대안적인 생활운동, 사회운동 안에 자신들이 추구하는 가치를 실현하는 대안학교를 함께 포괄하려는 노력 또는 캠프 같은 방학 프로그램을 만들어 한시적으로 대안적인 교육내용을 실험하는 노력 등이 포함된다.

고 있다.

생명중심, 자연친화, 공동체 회복 등을 추구하려는 이러한 대안학교운동은 도덕적 정당성과 일상생활의 개선을 목적으로 현실을 비판하고 구체적인 대안을 제시하는 방식으로 전개된 신사회운동의 특성을 담고 있다. 대안교육운동이 지향하는 가치의 일부는 정유성(1998)이 '오래된 교육의 새 꿈'이라고 표현했듯이, 전부터 꾸준히 시도되고 있던 것을 최근에 심각해진 교육문제로 인해 대안교육운동에서 다시 의미를 부여한 것이고, 자율성 추구는 교육 분야가 다른 분야와의 관계에서 가지는 자율성과 아울러 각 교육 주체가 추구하고 있는 자율성과 맞물려 대안교육운동의 중요한 목표가 된다. 대안학교나 대안교육 프로그램을 운영해 나가는 운동의 구성원들은 조직의 형태를 갖추지 않고, 느슨한 연결망의 형태를 유지하며 정기 모임을 통해 서로의 정보를 교환하고, 잡지를 매개로 하여 그들의 공통된 이념을 전파하고 있다. 이것은 중앙집권과 관료제 조직의 원리를 거부하고 분산된 반권위주의적 조직을 내세우며, 부문운동의 자율성을 강조하고 단일 이슈운동이라는 성격을 갖는 신사회운동의 특성이라 할 수 있다. 즉, 신사회운동은 구성원과 비구성원 그리고 일반 구성원과 활동가 사이의 경계와 구분이 불분명하고, 공식화 과정을 별로 겪지 않은 비공식 조직 형태에 기초하고 있다. 그러므로 의사결정이 상층 지도자에 의하여 이루어지기보다는 구성원의 합의를 중시하며, 의사결정과 더불어 권한도 분산되어 있다는 특징을 가진다.

신사회운동은 삶을 규제하는 보이지 않는 훈육적 권력에서 개인적 · 집단적 정체성의 회복에 관심을 두고 있다. 신사회운동이 사회 전체의 큰 영역보다는 개인의 작은 영역에 더 높은 가치를 부여하는 것은 정치적 안정과 경제적 성장은 이미 성취된 것으로 받아들여 그것을 넘어서는 개인적 가치를 추구하고 있기 때문이다. 따라서 비정치적인 요소로서 개인의 삶의 가치를 더 높일 수 있는 교육에 관심을 가지며, 기존의 학교교육이 비정상적 궤도를 걷고 있는 것에 대한 비판과 거부, 그리고 이에 머물지 않고 새로운 대안을 제시하여 교육의 본질을 되찾고자 하는 새로운 학교개혁운동인 대안교육운동과 그 맥을 함께하고 있다.

오늘날 대안교육운동은 과거의 사회운동론에 입각하여 주로 결정론적 학교개혁을 하려는 것과는 달리 자치적이고 공동체적이고 생태적 차원에서 새로운 이상적 학교를 세우고자 하는 교육운동으로 나타나고 있다. 다시 말해, 대안교육은 비자연적, 반생명적 교육의 형식과 내용, 방법 등 교육구조를 해체하는 데 근본적인 목적을 두고 있다. 예를 들어, 대부분의 대안학교에서 추구하는 가치인 공동체운동은 환경운동의 중요한 이슈로 주목할 수 있다. 우리 사회에서 공동체운동의 기원은 오래되었지만, 공동체운동 조직이 새롭게 등장한 것은 그리 오래된 일이 아니다. 공동체운동은 흔히 지역운동, 협동조합운동, 소공동체운동으로 분류할 수 있는데, 이 가운데 지역적 기반성, 대외적 폐쇄성, 의식의 이념성, 대안적 실험성이 두드러지는 소공동체운동이 가장 전형적인 공동체운동이라 할 수 있다(구자인, 1995). 소공동체운동의 전형인 경기도 화성의 두레마을 공동체, 충남 홍성의 풀무학교, 변산 공동체학교 등은 생태주의를 지향하는 대표적인 조직으로 인격적 친밀과 정서적 깊이, 도덕적 헌신과 수양, 내적 응집력, 육체노동과 인간관계의 중시, 만인의 행복추구를 지향하는 친환경적 분권주의 프로그램을 실천하고 있다. 이것은 대안학교운동이 신사회운동의 여러 주체와 느슨한 사회적 네트워크로 연결되어 있는 가운데 자기정체성의 기반으로서 여러 가지 문화적 상징을 채용하게 되며, 탈중심화된 운동구조를 가지고 있음을 보여 준다.

대안학교운동을 주장하고 실천하는 사람들은 종교에 기반한 사학경영자, 교육운동가, 언론 및 지식인 등 비판적 사고 역량을 지닌 사회운동가가 주류를 이루고 있다. 실제 비정규형 대안교육 참여자의 사회적 배경을 보면 행정직과 육체노동자보다는 관리직, 자유전문직, 사무직 종사자의 참여 비율이 훨씬 높았고 교사, 학자, 언론인 등과 같은 '상징전문가(symbol specialist)' 가 많이 참여하고 있다. 이들은 무엇보다도 상대적으로 높은 교육 수준을 가지고 전문화된 지식과 기술의 적용을 담당하고 있어 지배 이데올로기와 논리 체계에 대하여 비판적으로 사고할 수 있는 역량이 있고, 새로운 사회 문제를 감지하고 이해하는 능력이 상대적으로 우월하며, 또 경제 안정을 이룩하여 당면한 물질적 생존에 연연하지 않아도 되므로 물질적 이해관계를 초월하여 사회운동에 참여할 수 있는 여건을 가지고 있기 때문이다(조돈문, 1995).

이렇게 볼 때 대안교육운동은 신사회운동을 통한 시대 · 환경적인 변화 양상이 교육에서 현실화된 것이다. 공교육에 대한 위기의식이 정치적 민주화와 함께 환경보전, 소외집단에 대한 관심, 탈근대성 담론에 바탕을 둔 신사회운동의 지향점과 접점을 형성함으로써 대안교육운동으로 발전하게 되었다. 하지만 대안학교운동은 제도교육의 경직성으로 인한 폐해에 저항하여 청소년의 자율성과 다양성을 인정하는 생활세계의 합리화 과정으로 볼 수 있는 반면, 다른 한편으로 정부가 추구하는 신자유주의 교육정책의 경쟁의 논리에 의해 활성화되고 있는 모순 상황을 가지고 있다. 즉, 대안교육운동에 대한 진지한 논의없이 대안학교 설립이라는 것 자체에 치중하게 되면, 대안교육운동이 가지는 가치와 이념의 문제가 흐려지게 될 것이라는 지적으로 연결하여 생각해 볼 수 있다.

2) 신사회운동에 기반한 대안학교의 모델

탈근대성 담론에 입각하여 새로운 삶을 추구하며 정체성의 회복을 추구하려는 신사회운동과 맥락을 함께하는 대안교육 모델로서 구체적이고 현실적인 몇몇 모델을 소개하면 다음과 같다.

첫째, 생명가치와 주민자치를 지역공동체의 수준에서 실현하고자 하는 모델인 지역공동체 학교 모델이다. 변산 공동체학교와 충남 홍성의 풀무학교가 대표적인데, 이들 학교가 추구하는 이념 및 가치 체계가 생명가치 존중에 바탕하고 있고, 학교운영이 주민자치 원칙에 따른 공동체적 방식에 의해 이루어지며, 나아가 지역공동체와 유기적인 연관을 맺고 있다.

둘째, 신사회운동의 정신에 부합하는 또 다른 학교의 모델로는 경기도 가평 두밀리학교가 있다. 학부모들이 학교의 폐교조치에 반발하여 소송을 걸었다가 실패하자 주민 스스로 지역공동체의 사회 · 문화적인 중심을 되찾고자 나섰다. 이는 교육수요자의 정당한 주권행사로서 부당한 교육정책에 대한 교육 당사자들의 교육적 저항 사례다. 그들은 현재 재판에 실패하고 학생들이 전학할 수 없는 상황에 이르자 공부방을 열어 나름대로의 교육활동을 지속하고 있다. 비록 학교의 공식적 교육과정으로 운영되었지만 연대모임의 지원을 받아 가며 행한 교육의 형식과 방식은 미국식 '홈스쿨링(homeschooling)'의 개인주의적인 한계를 넘어선 지역공동체 학교의 가능성을 열어 보인 것이다. 또 과밀학급으로 인한 열악한 교육환경에서 지역사회의 공동체에 뿌리박은 '작은 학교'에서 새로운 교육문화가 탄생할 수 있다는 전망을 보여 주고 있다. 이는 원격교육, 화상교육 등의 교육기술의 발달과 적절한 교육과정과 교육내용의 개발만 뒤따른다면 얼마든지 현실성이 있음을 보여 주고 있는 모델이다. 앞으로 농촌사회의 공동체적인 발전 방향과 더불어 '작은 학교'의 모델로 삼고 많은 연구와 함께 여러 지역에서의 실험적인 실천이 뒤따른다면 두밀리에서 시작된 작은 시도는 큰 성과를 얻을 것이다(정유성, 1998).

마지막으로 공동육아협동조합의 예를 들 수 있다. 이는 교육당사자들이 자신들의 교육적 욕구를 스스로 현실화하여 대안적인 교육의 장을 일구어 낸 새로운 모델이다. 산업화, 도시화, 핵가족화에 따라 급격히 변화된 유아 환경 때문에 고통받고 있는 부모와 학생들에게는 '탁아' 수준의 영유아 보호시설이 아니라 바람직한 보육의 장이면서 동시에 폐쇄된 삶의 공간을 열어 줄 공동체적인 만남의 장이 필요하게 되었다. 즉, 계층이라는 고정된 기준을 넘어서 지역에 따라 가장 요구가 크고, 당사자의 참여가 가능한 곳부터 대안적인 교육 프로그램을 실현하고자 한 것이 '공동육아연구회'의

'공동육아협동조합' 모델이다. 여기서는 대안적인 보육과 교육의 욕구를 가진 부모와 협동조합을 만들어 물적인 바탕을 마련하는 한편, 이들과 교사를 오랫동안 재교육하여 정신적인 유대를 확보하였다. 이를 바탕으로 1994년 여름 서울 연남동에 '우리 어린이집'을 마련한 뒤로 지금은 수십 곳으로 확대되었다. 운영은 전문가, 부모, 교사가 모인 이사회를 통해 협동조합 특유의 방식으로 이루어지며 '현장학교'를 열어 관심 있는 부모, 교사의 교육에 힘쓰고 그 모델의 지역 확산을 꾀하고 있다. 교육과정은 전형적인 통합교육의 모델에 따라 나이의 벽이나 정상아, 장애아의 벽을 넘어서 함께 어울리는 교육을 추구하며 생활중심, 상황중심의 교육내용과 아울러 생태주의적인 교육의 바탕을 실현하고자 노력하고 있다(김정희, 1997). 이 협동조합 모델은 무엇보다도 새로운 교육문화에 대한 현실적이고 구체적인 전망과 관련해서 주목해 볼 만한 것이다. 이를테면 앞으로 초 · 중등 교육과정에서 대안학교를 만들게 될 때, 학부모나 교사 등 당사자 중심의 협동조합이 그 주체가 되는 방식은 참고해 볼 만하다.

대안교육운동가는 현재 우리 사회의 문제를 기계론, 유물론적 세계관, 개발 · 성장 · 기술 중심의 물질주의, 자연과 생명을 경시하는 산업 사회의 가치관에서 비롯되었다고 본다. 그리고 이러한 사회의 흐름 속에 예속되어 있는 교육의 논리도 '경쟁의 논리', '죽음의 논리'에 바탕을 두고 있다고 보고, 이러한 문제를 해결하기 위한 새로운 가치관으로 생명중심, 자연친화, 공동체 회복과 같은 지속 가능한 삶을 제시한다. 그리고 이러한 특징이 대안교육운동을 새로운 사회운동과 연결하는 접촉점이 된다. 새로운 사회운동의 규정에서 오페는 자연환경과 동시에 인위적 환경에 대한 관심까지도 포함하는 생태, 환경운동, 그리고 재화와 용역의 생산과 분배에서 '대안적인' 또는 '공동체적인' 양식을 주장하거나 옹호하는 운동을 포함시키고 있고, 이런 가치는 결코 새로운 것이라고 할 수는 없어도 새로운 사회운동 안에서 이전과는 다른 중요성과 절박성을 획득하게 된 것으로 규정한다.

즉, 대안교육이 지향하고 있는 커다란 두 흐름인 생태주의와 공동체 지향 운동은 지금의 사회와 교육이념이 추구하고 있는 방향과 구별되는, 새로운 사회운동이 지향하는 공통 분모와 관계 깊은 이념이다. 특히 오페가 주목하고 있듯이 이러한 이슈나 관심이 매우 다양하고 일관되지 않게 보인다 할지라도 이것 모두 특정한 가치에 공통적으로 뿌리를 내리고 있다. 대안교육운동이 하나의 운동으로 규정하기 어려울 만큼 다양한 형태와 방법으로 진행되고 있고, 또 개별적인 학교 단위나 가정에서 이루어지기 때문에 공동의 지향을 가진 운동으로 보기 어려운 부분이 있다. 하지만 대부분의 대안교육이 이 두 가지 가치 면에서 공통점이 있고, 결국 이 공통 분모에 의해서 느슨하지만 가치를 공유하고 있어서 운동의 형태를 띨 수 있다.

진정한 교육은 새로운 교육의 꿈을 실현시키는 노력을 통해 교육은 물론 사회 전체를 거듭나게 하려는 적극적인 노력을 하지 않으면 안 된다. 이런 적극적이고 능동적인 대안교육의 노력은 '새로운 교육문화를 만들려는 사회운동' 이어야 한다. 그렇게 될 때 새 사회와 교육이라는 본질적인 상호작용 안에서 서로가 서로를 바로 세우고 되살리는 역동적인 몫을 다할 수 있기 때문이다(김경식, 이병환, 2002).

대안교육의 실천은 새로운 교육문화를 만들려는 사회운동으로 확산되어야 한다. 대안교육운동은 새로운 교육의 전망을 생명가치 존중과 국민 자치의 과정으로 보고 이를 실천하려는 새로운 사회운동으로서, 사회 전반의 교육문화를 바꾸고 그 틀을 민주화, 인간화하는 자치운동이라 할 수 있다. 물론 대안교육은 새로운 사고와 주제를 탐구할 뿐만 아니라 우리 사회의 앞날에 대한 새로운 전망을 담고 있어야 한다.

제2부

대안교육 어떻게 실천되는가

제 5 장 청소년 문제와 대안교육
제 6 장 대안교육으로서 홈스쿨링
제 7 장 한국 대안학교의 줄기와 분류
제 8 장 대안학교의 교육이념과 교육내용
제 9 장 한국 대안학교의 과제와 전망

제5장 청소년 문제와 대안교육

1. 학업중단 청소년의 문제와 학습권

학업중단 청소년이 점차 증가하여 심각한 사회문제가 되고 있다. 학교교육이 청소년의 문화적 욕구와 개성을 반영하지 못한 채 공급자 위주의 오랜 관행에서 벗어나지 못하고 있는 사이에 학업중단 청소년 수는 눈에 띄게 증가하고 있고 있는 것이다. 『교육통계연보』(2006)에 따르면, 매년 약 6～7만 명의 청소년이 학교를 떠나고 있으며, 초등학교 입학생의 거의 10% 정도가 고등학교를 졸업하지 못한 채 중도에 학업을 중단하고 학교를 떠나고 있음을 밝히고 있다. 학업중단은 학생의 개인적인 인격성장에도 치명적인 오점을 남길 수 있지만 그것이 사회 전반에 끼치는 영향은 실로 막대하다. 다시 말해 학업중단은 단순한 교육의 실패나 개인의 문제로 국한되는 것이 아니라 커다란 사회문제로 나타나기 때문에 더욱 심각하다. 학업중단은 개인적 수준을 넘어서 국가와 사회에 많은 비용을 초래한다. 즉, 교육을 적절히 받지 못해 간접적으로 발생할 수 있는 사회복지비용이나 범죄비용 등도 국가나 사회 전체가 부담해야 한다. 이러한 이유로 학업중단 청소년에 대한 관심을 국가, 사회 전체가 가져야 한다.

우리 사회에서 학업중단 문제에 관심을 갖게 된 것은 1980년대 후반으로 볼 수 있다. 그 당시에는 학업중단 청소년을 대부분 '학교 부적응'의 관점에서 이해하였고, 따라서 이들을 '중도탈락'이라는 용어로 지칭하였다. 이후 1990년대 말부터는 이들에 대해 좀 더 가치중립적인 입장을 반영하는 '학업중단'이라는 용어를 사용하기 시작하였으나, 여전히 중도탈락이라는 용어와 함께 부정적인 관점이 공존해 왔다. 이 시기의 연구는 개인적인 관점에서 벗어나 중도탈락 학생의 사회적응 정책 개발연구나 중도탈락 학생에 대한 개입 체제 개발과 같은 구체적인 개입전략 지침 마련에 중점을 두었다.

최근에 와서는 이들이 학교를 벗어난 것일 뿐 배움을 그만둔 것은 아니라는 긍정적인 시각이 확산됨에 따라 '학교 밖 청소년'이라고 지칭하게 되었으며, 한편에서는 2001년 이래 학업중단 청소년을 위한 지원 체제를 개발하고 그 지원 체제의 정착을 위해 정부부처와 관련 연구기관에서 많은 노력을 해 오고 있다. 그 결실로 2003년에는 「청소년기본법」에 학업중단 청소년을 지원할 법적 근거가 마련되었으며, 2004년부터는 학업중단 청소년을 체계적으로 돕는 기관이 시범적으로 운영되고 있다.

이러한 상황에서는 무엇보다 학업중단의 본질에 대한 정확한 이해를 기반으로 실효성 있는 대책 마련이 요구된다. 학업중단 청소년 문제는 단순히 학교단위의 문제로 국한시켜 해석해서는 안 되며 학교, 가정, 사회, 국가 등 사회 전체의 거시적 맥락으로 이해하고 그 대안을 만들어 나가야 한다.

1) '중도탈락'과 '학업중단'의 의미

학업중단이라는 용어는 학교학업중단, 중퇴생, 중도탈락, 학업중도탈락, 학업중단, 학업중퇴자, 탈학교 청소년, 학교를 거부하는 아이, 학교 밖

청소년 등 다양한 기준에서 혼재되어 사용되어 왔다. 그러나 2003년 개정된「청소년기본법」제42조에서 학업중단 청소년이라고 규정하면서 학업중단이라는 용어가 광범위하게 사용되고 있다.

우선 지금까지 '학업중단' 이란 용어를 대신해서 사용해 온 '중도탈락' 이란 용어의 적절성을 살펴보기로 하자. 일반적으로 중도탈락이란 여러 가지 이유로 인해 학교공부를 지속하지 못하고 사회적으로 졸업자로 인정받지 못하는 것을 의미한다. 교육부는 중도탈락이란 "청소년 자신, 가정, 학교 및 전체 사회에 존재하는 다변적인 요인이 복합적으로 작용하여 학교공부를 중단하게 되는 일종의 사회일탈 현상" 이라고 규정한다. 이와 비슷한 의미이지만 학생이 다른 학교로 전학하는 과정 없이 학교를 졸업하기 전에 학업을 중단하는 것을 의미하기도 한다(조아미, 2001).

학생들의 중도탈락은 크게 두 가지로 분류되는데, 학교에서 여러 가지 규정에 따라 퇴학시키는 명퇴와 학생 스스로 학교생활을 포기하거나 거부하는 자퇴가 있다. 명퇴의 경우에는 자기가 중퇴한 학교나 동일 수준의 다른 학교로 전학할 수 없으나 자퇴의 경우엔 다른 학교나 중퇴당한 학교로 복학할 수 있다는 점이 다르다.

최근에는 학생들에 대한 징계를 처벌 위주에서 민주적 절차와 교육적인 방법을 적용하려는 취지로 그동안의 근신, 유기정학, 무기정학, 퇴학이라는 용어를 훈계, 학교 내 봉사, 특별교육 이수, 선도처분으로 바꾸었다. 그리고 출결상의 불이익을 줄이기 위해 가정학습을 제외한 모든 징계에 대하여 출석을 인정함으로써 중도탈락을 줄이려고 하는 노력을 하고 있다. 징계처분은 중도탈락과 연관성이 높고, 중도탈락은 비행 및 범죄와 연계될 소지가 커 사회적 악순환의 고리를 단절하기 힘들다는 데 심각성이 있다(김연서, 1998).

중도탈락은 'drop-out' 이라는 영어를 번역한 용어로서 해당 학생의 일탈, 패배 또는 정상의 궤도 이탈을 암시하며, 당사자의 주체적인 의사가 고려되지 않은 피동적인 의미를 가진다. 또한 '탈락' 이라는 현상에 대한 사회적 책임이나 그에 대한 정책적 배려의 필요성에 대해서도 적극성을 띠기 어렵게 하는 면이 있다. 중도탈락이라는 용어와 유사한 의미로 사용되는 개념으로 학교 중퇴자, 학교 중도탈락자, 중퇴청소년, 등교 거부자, 부등교, 탈학교 등이 있다.

교육부에서는 이런 용어의 혼란을 줄이기 위해 2002년 5월 중도탈락생 대책을 위한 공청회에서 '학업중단 청소년' 이란 용어를 공식적으로 처음 사용하였다. 학업중단이란 용어는 여러 이유로 학업을 포기하는 학생이라는 정의로 사용되는데, 중도탈락이 가지는 피동성과 모호성을 어느 정도 극복한 용어이다. 중도탈락이 탈락의 귀책 사유를 학생 개인에 두는 데 반해 학업중단은 사회 시스템 전반의 거시적 차원에서 그 원인과 책임을 규명하려는 데 본질적인 차이가 있다. 나아가 학업중단이란 용어 속에는 학생의 자발적인 의지에 의해서 학교 이외의 다양한 교육 프로그램을 선택할 권리를 보장한다는 적극적인 의미를 내포한다.

학업을 중단하는 것이 개인의 성장에 악영향을 끼친다는 부정적 측면만이 있는 것이 아니라, 학교를 벗어나도 또 다른 배움터가 있고 학생은 그것을 선택할 수 있다는 학습권 보장 정신이 강하게 깔려 있는 것이다. 대학입학에서 내신성적의 불리함 때문에 검정고시 준비를 준비하기 위해 학교를 중도에 포기하는 경우, 자신의 재능을 살리기 위해 학업을 중단하는 것은 학교 외에 자신에게 더 좋은 대안을 선택하는 것으로 긍정적 의미의 학업중단으로 볼 수 있다.

2) 대안교육과 학습권 보장

우리 헌법 제31조 제1항은 "모든 국민은 능력에 따라 균등하게 교육을 받을 권리를 가진다."라고 규정하고 있다. 즉, 모든 국민은 개개인의 능력에 따라 적절한 교육을 받을 권리가 있다. 국가가 정한 교육과정과 교과서 등의 제도하에서 자신의 능력을 발휘하지 못하고 이것이 자신의 능력이나 적성과는 거리가 멀어 고통을 받고 있는 학생이 있다면, 우리는 이 헌법의 규정에 따라 그들에게 적절한 교육을 받도록 해 줄 의무가 있다.

우리의 학교제도는 '능력에 따라 균등하게' 에 대한 해석을 '능력에 따른 차별이 가능하다.' 는 수준을 넘어 '능력이 없는 자에게는 교육기회의 제공을 하지 아니할 수 있다.' 라고 내리고 있다. '능력에 따라 균등하게 교육받을 권리' 는 기본권의 주체인 국민 개인의 '능력에 따른 교육을 받을 권리' 로 이해되어야 한다(황홍규, 2000).

교육에 관한 제 권리는 일반적으로 교육받을 권리로 시작한다. 헌법에서 규정하고 있는 교육받을 권리는 통상 '교육 기회균등' 이나 '교육조건 정비 요구권' 과 같은 한정적 의미로 이해되어 온 경향이 있다. 하지만 학생은 이미 교육기회에 접근된 상태이기 때문에 학생의 교육받을 권리란 '교육내용 선택 · 결정권', '수업과정의 참여권', '교육기회 접근의 선택권', '학습과정에서의 조력받을 권리' 등의 확장된 의미로 이해되어야 한다. 학업중단 정책은 이러한 교육에 관한 제 권리를 중심으로 논의되어야 한다.

학습권과 관련해 문제가 되고 있는 것이 대안학교와 홈스쿨링(homeschooling)이다. 윤여각(2002)에 따르면 1990년대 이후 한 해에 약 6만여 명(전체 중 · 고생의 1.8%)의 학생이 학업을 중단하고 있다고 한다. 이렇게 급증하고 있는 학업중단 청소년을 위한 방안으로 대안학교나 가정학교가 크게 관심을 끌고 있다. 우리나라는 대안학교에 대해서는 정규학교의 지위를 인정하고 있지만, 홈스쿨링에 대해서는 아직 학력인정을 하지 않고 있다. 따라서 홈스쿨링을 시도하는 이들에게 가장 문제시되는 것은 학력의 불인정과 의무교육제도이다. 즉, 초 · 중등교육법에 따라 의무교육기간 동안 자녀를 학교에 보내지 않으면 과태료 처분을 받게 되어 있다.

선진국의 경우 미국은 홈스쿨링에 다니는 학생수가 150만 명에 이르고 2002년 이후 법적 공방 끝에 부모가 유치원에서 대학까지의 모든 교육과정을 가정에서 가르치는 것이 합법화되었다(Koetzsch, 1997). 영국의 경우는

1만여 가정이 홈스쿨링을 하고 있고 이들 학교에 대해서 학력인정을 하고 있는 경우가 많다(이병환, 2002).

대안학교나 홈스쿨링은 학생들이 배울 준비가 되었을 때 자기가 원하는 것을 학습하게 되므로 개인에게 맞는 교육이 이루어질 수 있다는 데 의의가 있다. 현재 우리의 교육현실이 이들의 요구를 충족시키기에는 제도적으로나 의식적으로 많이 부족하다. 따라서 이러한 학교 선택 시 법적 문제 없이 손쉽게 선택할 수 있도록 교육현실을 만들어 나가는 것이 궁극적으로 필요하다. 학습권 보장의 차원에서 학업중단 청소년 개개인을 위한 다양한 교육 프로그램이 준비되어야 하고, 국가는 이를 적극 지원하여야 한다. 이런 체제가 정비되어야 헌법에 보장된 교육받을 권리를 실질적으로 보장하는 최소한의 조건을 갖추는 셈이다.

3) 학업중단의 원인

학업중단은 복합적인 성격을 지니며, 여러 문제의 결과로 나타나는 현상이므로, 그 원인을 밝혀내는 작업이 수월하지 않다. 그 때문에 학업중단은 매우 거시적인 역사적 과정 속에서 파악해야 할 문제이다. 오늘날 학업중단이라고 하면 경제적 여건으로 중도에 학교를 포기하는 경우가 많았던 과거와 달리 학교 내지 교육제도 자체에 적응 하지 못해 그만두는 사례가 늘고 있다.

학업중단 청소년의 원인을 요인별로 살펴보면 듀퍼(Dupper, 1993)는 학업중단 요인을 크게 학교, 경제, 가족, 개인적 요인 네 가지로 나누고 있다. 이숙영 등(1997)은 학업중단 청소년 및 관련인의 심층면접을 통해 확인된 학업중단의 요인을 학교요인, 가정요인, 사회요인, 개인요인으로 구분하였다. 유성경과 이소래(1998)는 학업중단 요인을 크게 학생 개인적 측면과 학교 및 사회체제 측면으로 나누고 학생 개인적 측면에는 가정배경 관련요인, 학교에서의 행동 및 태도, 학교 밖에서의 행동 관련요인, 개인의 심리 및 가치, 학교 및 사회 체제 관련요인, 지역사회 및 사회제도 관련요인이 포함된다고 하였다. 우리나라의 청소년 학업중단의 원인을 분석한 경험적 연구에 따르면 가정 · 사회적 요인, 학교요인, 개인적 요인 등으로 분류하고 있다.

(1) 가정 · 사회적 요인

지금까지 '중퇴자' 라고 하면 불우한 가정 환경과 관련되는 단일 범주에 속하는 것이었지만 최근에는 이 범주에 들지 않는 학업중단 청소년이 생기기 시작했고, 또한 학교를 가기는 하지만 학교에서 내내 수업 거부적 태도를 보이는 학생이 늘어나고 있다.

가정적 요인으로는 핵가족화로 전통적 위계질서가 무너진 것을 들 수 있다. 가부장적 권위의 해체는 충동적인 인간의 본성을 통제하지 못하고 쉽게 좌절하거나 삶을 포기해 버리게 만들고, 또 오로지 내 자식만 최고라는 부모의 이기심은 자녀로 하여금 타인을 존중하는 성숙된 시민의식의 형성을 저해시킨다.

학업중단 현상은 사회에 따라 특수한 양태로 나타나고 있지만 깊이 들어가 보면 산업화 단계에 따라 공통점을 보이기도 한다. 특히 후기 산업사회 단계에 들어서면서 학업중단자의 문제는 단순히 소수 부적응 학생의 문제가 아니라 가족관계의 붕괴와 세대 간의 의사소통 단절과 전반적인 동기상의 위기라는 위기 상황과 관련하여 나타나게 된다(조한혜정, 1998). 급격한 사회변화의 상황에 학교는 능동적으로 대처하지 못하고 기존의 산업주의 방식을 고집하는 데 문제가 있는 것이다. 이런 환경에서 학생들은 사고의 혼돈에 빠지며 여기에다 경직된 학교 체제가 상승작용을 일으켜 학업중단으로 이어지고 있는 것이다.

급격한 사회변화로 인한 도덕적 위기 현상은 청소년 학업중단의 주요한 요인이다. 다시 말해 청소년 유해 환경, 건전한 청소년 문화 부재 등의 지역사회 풍토 요인, 비행 또래집단과의 결속 등의 요인, 청소년 상담기관 부족 등의 지역사회 지원 요인 등은 이러한 환경적 변화와 맞물려 학업중단의 원인으로 자리잡고 있다(서우석, 2001). 특히 최근에는 불건전한 사이버 세계에 무분별하게 노출되어 있는 학생들의 순간적인 실수가 돌이킬 수 없는 탈선의 길로 접어들 수 있음을 보여 준 사례가 많이 보고되고 있다.

(2) 학교 요인

학업중단의 직접적인 요인은 학교에서 파생된 문제가 가장 크게 작용함을 알 수 있다. 학교 체제 측면으로서 교사와의 관계 소원, 친구와의 관계 소원, 학교에 대한 낮은 소속감 등의 학교조직 풍토 요인, 학생 수준에 부합되지 않는 교육내용, 경직된 교육과정 운영 등의 교육과정 요인, 처벌 위주의 경직된 교칙 적용, 경직된 학사제도 운영, 미흡한 여건 등의 학교운영 요인 등을 들 수 있다.

학교를 둘러싼 사회환경이 급속도로 변하고 있고 학생들의 의식구조가 급격히 바뀌고 있다. 이러한 문명사적인 대전환의 시기에 기존의 학교 체제의 대응은 민감하지 못한 것이 사실이다. 이를 몇 가지 구체적으로 살펴보면 먼저 교육과정의 문제를 들 수 있다. 홍후조(1999)는 국가교육과정을 주기적 · 전면적으로 개정한 것이 교육과정 자체와 학교교육 현실에 바람직하지 못한 결과를 낳았다고 주장한다. 제7차 교육과정의 시행으로 학교 및 학생의 선택권이 증대되고 있으며, 학생들의 수준을 고려한 교육과정이 편제되어 종래 국가교육과정의 획일성을 어느 정도 극복하려는 시도가 있으나 교육과정 정책 시스템의 근본적인 개혁에는 미치지 못하고 있다. 이러한 현실로 인해서 학생들은 학교생활에 별 흥미를 느끼지 못하고 있는 것이다.

둘째, 교과서 문제를 살펴보자. 교과서를 학업중단의 원인으로 본다는 것이 다소 비약일 수도 있다. 그러나 공교육 붕괴와 관련되어 학생들의 학업에 가장 많은 영향을 미치는 것이 교과서임을 감안할 때 학생의 입장에서는 중요한 원인일 수 있다. 지금 우리 교과서 제도는 국정제와 검인정제가 혼합된 체제가 아니라 엄밀히 말하면 국가중심 체제이다. 이러한 국정 교과서 제도는 통일성에는 도움이 될지 모르지만 다양한 요구를 반영하는 데에는 근본적으로 문제가 있다(윤철경, 1999). 이런 교과서 체제는 학생들의 다양한 사고와 개성을 충족시키지 못하며, 이것이 결국 교사의 획일적 수업방식과 맞물려 학교수업에 대한 관심을 떨어뜨리고 학업중단으로 이어진다고 봐야 한다. 지금까지 우리는 교육과정과 교과서 문제와 학업중단 문제를 별개로 보아 왔다. 그런데 학업중단이 학생 개인의 문제에 관련을 짓는다면 교육과정과 교과서는 제도의 문제로 분리하여 생각할 수 없다. 이와 같이 학업중단에 대해 광범위하고 밀도 있는 진단이 시급히 요망된다.

셋째, 교사와 관련된 경직된 학교체제의 문제를 보자. 대부분의 시간을 학교에서 보내야 하는 학생들의 입장에서 볼 때 교사의 영향이 매우 크다고 할 수 있다. 2004년에 학교를 중퇴한 한 학생의 이야기는 학생들의 교사에 대한 불신의 정도를 가늠하게 해 준다.

> "저를 자퇴하게 만들었던 것은 학교 규칙 때문입니다. 학교의 주인은 학생이라 외쳐 대면서 정작 규칙 하나 학생의 뜻이 반영된 것이 있습니까? 여학생은 소지품 검사하는 날에 마침 생리라도 하게 되면 걱정이 이만저만이 아닙니다. 주머니까지 하나하나 다 검사하기 때문이죠. 민감한 청소년기에 작은 기억 하나가 얼마나 중요한지 그들은 모르고 있습니다. 소지품 검사는 규칙이란 것을 배경으로 내세워 인권을 침해하는 행동입니다. 청소년이어서 가르침을 받는 학생은 인간으로서의 권리도 없습니까?" (학원폭력신고센터, 2004: 55-56)

우리나라만이 가지고 있는 독특한 상황에서 발생하는 학업중단은 한마디로 표현하여 학교생활의 부적응에서 오는 것이 대부분이다. 따라서 학교 당국과 교사의 적극적인 노력이 최우선적으로 요구된다. 왜냐하면 학교를 중심으로 가정, 관계기관, 학생 본인의 노력에 따라 청소년 학업중단은 어느 정도 개선할 수 있기 때문이다. 그러나 학업중단은 어느 학교에서도 완전히 해결할 수 없는 것이 오늘의 현실이다.

(3) 개인적 요인

학업중단과 관련된 개인적 요인으로는 학생 개인의 심리 및 가치 관련 요인과 학교에서의 행동 및 학교 밖에서의 행동이 중요한 것으로 밝혀지고 있다. 학생 개인의 심리 및 가치 요인, 즉 개인의 지향성과 심리적 특성이 학업중단에 영향을 미치는 중요한 요인이다. 조영승 등(2001)에 따르면 학업중단 청소년은 "자존심이 낮고, 인생에 대한 통제력을 외부에 두는 경향이 있으며, 긍정적인 성인과의 유대감이 약한 성격적 특징을 가지고 있다." 라고 한다.

개인적 측면으로서 낮은 사회경제적 지위, 소원한 가족 관계, 결손 가정, 가족의 무관심, 지나치게 높거나 낮은 기대 수준 등의 가정배경 요인과 낮은 자아존중감, 외적 통제성, 물질만능주의적 가치관 등의 심리적 특성 요인 등이 있다.

학교에서의 경험과 관련 있는 요인으로 학업중단 청소년은 학교에서 거부되었다고 느끼거나 학교에서 배우는 것이 개인의 욕구와 관련이 없다고 느낀다. 또한 학교에서 성취에 대한 동기화가 부족하여 의지가 없고 자포자기적이며, 사회적으로 고립되어 있으며 감정적으로 불안하다. 학업중단 청소년은 친구들이 자신을 잘 받아 주지 않는다고 느끼며 자아개념이 부실하고 자아정체감이 정립되어 있지 못하다(유성경, 이소래, 1998). 학생들은 또래와의 관계에 만족할수록 학교생활에 애착이 강해지고 학교생활의 만족도가 높아지는 반면, 또래관계에서 만족을 얻지 못하면 그 반대의 현상이 나타나는 것이다. 또한 학업중단 청소년은 학교에 소외감을 느끼는 친구나 진학에 관심이 적은 친구를 사귀는 경향이 있다는 연구(Ekstrom, Goertz, Pollack, & Rock, 1986)도 있다.

학업중단의 문제는 학생을 둘러싼 다양한 환경과의 관계 속에서 발생하는 사건이기 때문에 학업중단 청소년의 문제를 환경과의 관계와 분리시켜 생각하는 것은 근본적인 이해에서 큰 오류를 가져올 수 있다. 학업중단 문제에 대한 이해는 학생과 그들을 둘러싼 학교, 가족, 지역사회, 대중매체 등과 같은 다양한 환경 체제 사이에서의 상호작용과 상호교류가 일어나는 공동 영역에 초점을 맞출 수 있어야 한다(조영승 외, 2001). 그래야만 학업중단에 대한 근본적인 처방책이 나올 수 있다.

이상에서 살펴본 바와 같이 학생들의 학업중단에는 학생 개인 및 가정환경 요인, 학교 체제의 요인, 지역사회의 요인이 상호 작용하여 영향을 미치고 있음을 알 수 있다.

2. 학업중단 청소년의 실태와 예방

1) 학업중단 청소년의 실태

현재 우리나라에서는 학업중단 청소년에 대한 통계가 학년 시작과 비교해서 학년이 끝나는 시점까지의 변동이라는 결원자 수의 측면에서 조사되고 있다. 또한 상급학교에 진학하지 않는 학생은 제외시킴으로써 학업중단 청소년의 숫자가 과소 집계될 가능성이 있을 뿐 아니라 결원자 수를 중심으로 하기 때문에 학생의 사망이나 유학, 이민까지도 학업중단에 포함되어 정확한 현황을 파악하는 데 한계가 있다. 이에 대해 김경식(1997)은 조사 주체에 따라 학업중단 청소년의 통계를 포함시키기도 하나 어떤 자료에서는 제외하고 있어 기준이 모호하다고 지적한다. 그 때문에 현재로서는 학업중단 청소년의 숫자를 정확히 파악하기 어렵다.

학업중단 청소년 수는 정확하지 않지만 2000년 이후 한 해에 약 7만(1.8%) 명의 중·고등학생이 학교를 중단하고 있는 것으로 나타나고 있다. 우리나라에서는 특히 가족공동체 해체현상의 증가, 사회에서의 공동체 해체, 청소년 유해환경 확대, 학교 부적응 학생의 지속적 증가 등으로 잠재적 학업중단 청소년의 비율이 높아지고 있다(교육인적자원부, 2005). 입학생 수 대비 졸업생 수로 학업중단의 비율을 추산한 윤여각(2002)의 연구는 초등학교, 중학교, 고등학교에 입학한 후 통상적인 기간 내에 졸업하지 못한 학생 수가 2000년 7만 721명, 2001년 7만 2,741명으로 각각 입학생 수의 4.5%, 4.6%에 이르는 규모라고 보고하고 있다. 이들은 학교에서 하는 교과공부를 중도에 중단한다는 점에서 학업중단 청소년이라고 할 수 있고, 여전히 발달단계상 청소년기에 있다는 점에서 '학업중단 청소년' 으로 통칭할 수 있다.

또 학업중단 현상은 단지 대안학교나 가정학교로의 탈출을 의미하지 않고 학교 대신 학원으로 탈출하는 것도 두드러진다. 윤철경(1999)의 조사에 따르면 학교와 학원 중에서 하나를 고른다면 학교를 선택하겠다는 학생은 54.2%며 학교를 선택하지 않겠다는 학생이 26.3%에 달한다고 한다. 중학생보다는 고등학생이, 일반계 학생보다는 실업계 학생이, 성적이 좋지 않는 학생일수록 학업중단 확률이 높은 것으로 나타나고 있다.

한편 1997년 교육부가 '학교 중도탈락자 예방 및 복교대책' 을 수립 시행함으로써 학업중단자 예방을 위한 다양한 학교운영 체제 혁신 방안과 함께 대안교육 분야 특성화학교 설치 근거를 마련하고, 학업중단 청소년에 대하여 대대적인 복교 조치를 취했다. 그러나 복교 후 재학업 중단율이 30%를 상회하고 있으며, 정책추진 이후에도 학업중단율에는 큰 변화가 없다는 점에 비추어 볼 때 학업중단 청소년에 대한 체계적인 지원 체제는 더욱 절실히 요구된다.

2) 학업중단 예방 및 적응 방안

학업중단을 예방하거나 올바른 사회적응을 위해서는 기존의 지역사회 자원을 이용하여 학업중단 청소년의 특성에 맞게 개입하는 것이 필요하다.

(1) 지역사회복지관의 활성화

지역사회의 충족되지 않는 문제를 발견해서 주민에게 필요한 서비스를 제공하는 지역사회복지관은 학생들의 욕구를 파악하여 다양한 프로그램을 개발하고, 학교와 협력 체계를 구축하여 연계적 서비스를 제공함으로써 학생문제를 예방하고 해결할 의무가 있다.

우리나라는 1990년 중반 이후부터 지역사회복지관을 중심으로 학교 사회사업 프로그램이 실시되고 있는데, 그 구체적인 내용과 과제는 다음과 같다.

첫째, 가정복지사업의 일환으로 가정불화, 방임, 학대 등의 가족기능상의 결손에 대한 상담서비스의 기능을 강화함과 동시에 결손가정에 대해서는 결연 서비스나 후원자 연결 서비스로 일시적인 대리기능을 하게 한다.

둘째, 학업중단 청소년의 사회적응이나 학교 복교를 위해서는 학업지도가 필요하다. 학업중단 청소년 중에는 결손가정이 많고 경제적으로도 넉넉하지 못한 경우가 많다. 이에 대해서 지역사회복지관은 개별 학습지도 프로그램으로 자원봉사자를 모집하여 이들에게 학업지도를 하고 또한 이를 활용하여 정서적 지원도 함께 제공하도록 한다.

셋째, 지역사회복지관 자체 프로그램을 다양화하고 홍보할 수 있어야 한다. 학업중단 청소년이 흥미를 느낄 수 있는 프로그램을 개발하고 홍보하는 것이 필요하다. 특히 학교와 연계하여 각 지역복지관마다 청소년이 이용할 수 있는 프로그램 소개를 주 내용으로 한 책자를 배치하여 학생들에게 복지관과 프로그램에 대한 정보를 제공하는 것이 필요하다(석숙이,

2000; 전재일, 1997).

앞으로 청소년의 학업중단 예방과 적응을 위해서 지역사회복지관의 상담 지원 체제를 적극 활용하는 것이 바람직하며, 정부와 지방자치단체에서는 지역사회복지관에서 체계적이고 활발한 사업이 전개될 수 있도록 제도적, 재정적 지원을 강화해야 할 것이다. 이와 같이 학교와 지역사회가 연계된 지역사회복지관의 체계적인 운영은 학업중단 청소년 대책에서 효과가 클 것으로 기대된다.

(2) 지역단위 학업중단 지원 협의회 구성 운영

최근 지역사회를 바탕으로 학교와 상호 긴밀한 지원과 협조 체제를 구축하는 중요성이 더욱 커지고 있고, 이는 성공적인 학업중단 대책의 바탕이 된다. 1999년 OECD의 지방자치와 학교개선에 관한 보고서에서는 '분권화로부터 지방교육청과 학교에 대한 새로운 역할과 책무성 및 지역사회와 긴밀한 관계'를 강조하였다. 그리고 우리나라에서도 최근 지방자치단체 차원에서도 지역의 교육문제를 관할 지역에 있는 학교에만 맡길 것이 아니라 지역의 네트워크를 활용하는 총체적 접근이 필요함을 강조하고 있다. 이러한 움직임은 평생학습도시의 건설로 가속화되고 있다. 위의 예에서와 같이 좋은 학교와 관련된 연구들에서 공통적으로 요구하는 것 중의 하나는 '학교와 지역사회와의 관계'이며 지역사회로부터의 학교교육에 대한 요구와 지원은 상호 발전적 관계를 가지는 것이라 할 수 있다.

학업중단 청소년 대책 공청회에서 교육부에서 제시한 방안은 지역단위 '학업중단 청소년 지원 협의회' 구성 방안이다. 학업중단 청소년의 요구에 대하여 즉시 대응 지원할 수 있는 원스톱(one-stop) 서비스 지원 체제 구축을 골자로 하는 이 방안은 지역별로 학업중단 청소년의 현황과 수요를 분석하고 이들이 원하는 인적 · 물적 프로그램에 관한 정보를 파악하도록 한다. 또한 자원 간 네트워크를 구축하고 관련기관 간 참여와 협력 아래 거점

관리할 수 있는 협의회를 구성 · 운영하는 것을 말한다(김규태, 2002).

학업중단 청소년에 대한 서비스 지원단위는 해당 청소년이 소재한 생활권 지역 단위, 즉 시 · 군 · 구 정도에 구성되는 것이 바람직하다. 그러나 시 · 군 · 구 지역에 청소년 관련 지원기관이 고르게 소재하지 않고 있는 현실여건을 고려할 때 대안은 우선 시 · 도 단위로 자치단체 주관하에 구성 · 운영하고, 여건이 되는 대로 시 · 군 · 구에 확산시켜 나가는 것이 바람직하다. 협의회 운영 방안을 좀 더 구체적으로 살펴보면 다음과 같다.

첫째, 학업중단지원협의회(이하 협의회)의 구성절차는 지역별 법률적 근거(청소년기본법 개정)를 바탕으로 시 · 도 지방자치단체의 조례에 세부적인 운영내용을 설정하고 협의회의 사무국에 해당하는 기능을 자치단체 관할 구역에 소재한 청소년관련 지원기관에 위탁하여 운영하는 것이다. 위탁을 받아 사무국 기능을 주관 · 운영할 기관은 지역별로 인지도와 사업성격, 전국적 기구 구성현황 등을 감안할 때 '종합상담실' 이 적합하다.

둘째, 협의회 참여기관은 우선 현재 지역단위별로 구성 · 운영되고 있는 각종 청소년 보호 수용기관 및 상담기관 수련시설 등 청소년 관련 기관을 중심으로 편성한다. 구체적으로는 청소년 쉼터, 상담실, 사회복지관, 청소년 수련시설, 직업훈련기관, 의료기관, 교육청 등 공공부문과 각종 민간의 대안교육기관의 대표자 등이 될 것이다.

셋째, 협의회 기능은 학업중단 청소년에 대한 종합 정보 제공 및 지속적인 관리이며, 협의회 정착과정에 따라 학업중단 청소년 및 지역단위 지원인력과 기관별 운영 프로그램 정보의 종합 관리로 상정할 수 있다.

이러한 협력 지원 체제가 운영될 수 있도록 기관의 법적 근거 마련과 함께 대안교육 프로그램 운영기관에 대한 재정적 지원이 요청된다. 특히 이와 관련하여 학교는 학생의 대안교육기관 및 프로그램에 대한 위탁 확대, 학교 내에서 지역상담자원 및 프로그램의 활용 활성화 등 지역사회 관련 기관과의 연계 협력관계 형성이 전제되어야 한다.

교육부의 지역단위 학업중단 청소년 대책방안은 지역실정에 적합한 청소년 대책을 실현시킬 수 있고 지역사회의 다양한 자원을 활용한다는 점에서 일단 긍정적으로 평가된다. 그러나 선진국의 경우처럼 협의회 운영에 정부의 재정적 지원이 수반되어야 하고 학업중단 청소년을 체계적으로 관리할 수 있는 타 기관과의 연계 체제를 구축하여야 한다. 또한 협의회 운영 결과에 대한 주기적, 체계적 평가가 이루어져야 프로그램 운영의 향상을 기대할 수 있을 것이다.

3. 대안교육기관을 통한 학업중단 예방 방안

1) 대안교육 기회와 대안교육 프로그램 운영

(1) 대안교육 기회의 확충

대안교육의 기회를 확충한다는 것은, 학업중단 청소년에 대하여 학교 밖에서도 현재의 상담을 포함한 보호 · 수용 정도의 서비스를 넘어 지속적인 자기 개발과 계속적으로 교육받을 수 있는 기회를 부여한다는 것이다.

학업중단 청소년에게 새로운 교육기회를 제공하기 위하여 다양한 형태의 대안교육 시설 및 프로그램 운영이 활성화되도록 해야 한다. 이를 위하여 대안교육을 수행하는 기관과 프로그램을 확대하고 동시에 학교에서는 현행 상담, 치료 위주 단기과정에 대한 위탁 및 수업인정에서 장기적, 프로그램 간 연계과정 등에 대한 위탁을 활성화하고 나아가 학력인정을 추진해야 한다.

교육부에서 제시한 대안교육 기회 확충 방안을 보면, 첫째, 정규학교 내에서의 대안교육을 활성화하기 위하여 기존 학교에도 대안학급(대안교실), 대안교육 프로그램을 설치 · 운영할 수 있도록 하며, 둘째, 동시에 대안학교에 적용되는 특례를 인정하여 적어도 시·도별 공립 대안학교 설치를 통해 정규학교-대안학교-대안교육 프로그램 간 연계·운영할 수 있는 체제를 구축하여야 하고, 셋째, 일정한 시설 및 프로그램 운영 여건을 갖춘 각종 대안교육 시설, 청소년 수련시설 등을 대상으로 교육적 의미가 있는지에 대한 평가인증과정을 거쳐 수업인정을 확대하여야 한다는 것 등이다(김규태, 2002).

이 중에서 대안교육기관에서 행해지는 수업의 평가인증 및 수업인증은 종래 학교중심 교육의 경직성에서 벗어나 학교와 사회의 연계교육 가능성을 보였다는 점에서 획기적인 발상이라 할 수 있다. 수업인증제는 대안교육기관으로 지정된 곳에서 받은 교육을 정규교육과정으로 인정하는 제도이다. 다시 말해 부적응 학생 및 이미 학업을 중단한 학생이 복교절차를 거쳐 원적 학교에 소속을 두고 각종 대안교육 시설 및 프로그램, 나아가 지역 내 다양한 기관별로 운영되는 대안교육 프로그램 간의 연계과정 이수를 통해 학년·학기 수료자격 또는 학력인정을 받을 수 있게 된다. 이를 위해 교육부는 금년 중으로 대안교육기관의 지정 및 학생위탁에 관한 규정, 평가인정 기준·절차 및 학사관리 기준 등을 포함한 대안교육 기관 및 대안교육 프로그램의 법적 근거를 마련할 예정이다. 청소년이 학교부적응 등으로 학업을 중단하는 경우 학교와 단절로 학업을 지속하지 못함은 물론 상담, 학습, 취업 등에 대한 정보나 서비스를 제공받지 못하고 있음을 고려할 때 학업중단 청소년에게 교육기회를 부여하기 위하여 수업인정 제도가 마련되고 있는 것은 고무적인 현상이다. 학업중단 청소년이 정규학교에 복교하는 방안 외에도 학교 밖에서 제공하는 프로그램을 이용하면서 정규학교 학력을 인정받는 길이 열리게 되는 것이다.

요컨대, 점증하는 대안교육 수요를 수용하기 위해서는 공립형태의 위탁교육기관 설립과 병행하여 학력인정 평생교육시설의 위탁교육기관 지정제, 평생교육 시설의 위탁 프로그램 인증제, 특성화학교 부설의 위탁교육시설 운영제 등이 전향적으로 도입되어야 한다.

(2) 대안교실 대안교육 프로그램 운영 모델

학생들의 학교 이탈 경향에 대한 대응책으로 기존 제도학교와 구별되는 대안적 교육공간을 조성하는 일은 전략적 선택의 성격을 갖는다. 그러나 이와 같은 전략적 선택이 일반화되기에는 재정적 부담이 크고 또한 잠재적 이탈학생의 문제까지 포괄하기에는 한계가 있다. 따라서 제도학교는 자체적으로 학생들의 학교이탈을 예방하기 위한 내적 시스템 구축 노력을 병행해야 한다. 대안교실 · 대안교육 프로그램 모델은 이 같은 자체 노력의 일환으로, 기존 제도학교에 대안교육 환경을 부분적으로 조성함으로써 학습장애아 및 잠재적 탈락자의 학교적응력을 높이는 방안이라 할 수 있다. 대안교실은 제도학교가 자체적으로 운영하는 '학교 내의 대안학교' 의 성격을 갖는다. 단위학교가 대안교육이 요구되는 학생들을 대상으로 특례가 인정되는 별도의 학급을 구성하여 운영하는 방안이다.

우선 대안교실 개설의 형태별로 본다면 단위학교가 자체로 운영하는 '방과 후 대안교실' 이나 별도의 설치 · 운영의 특례가 작용되는 '전일제 대안교실' 이 구성 가능하며, 인접 학교 간이나 대학 및 연구기관과의 '컨소시엄 형태의 대안교실' 혹은 지역교육청 차원에서 운영하는 '방과 후 대안교실' 등이 고려될 수 있다. 이 중 단위학교가 자체로 운영하는 '방과 후 대안교실' 이 학습부진아나 특정 영역 재능아를 위한 보충 · 심화교실의 성격을 갖는다면 '전일제 대안교실' 은 학습동기가 낮거나 매사에 의욕을 상실한 학생 또는 정상적인 학교생활이 곤란할 정도의 정서적 장애가 있는 학생을 상대로 한 장기 프로그램에 해당된다. 이에 비해 '컨소시엄 교실' 이나 지역교육청 차원의 '방과 후 대안교실' 은 특정 프로그램을 공동 운영하는 비상설 교실이다(이종각, 2001). 이와 같은 다양한 유형의 대안교실에서는 잠재적 중퇴자의 학교 적응력을 키울 수 있는 중퇴 예방 프로그램을 운영할 수 있다는 점에서 긍정적이다.

그러나 대안교실의 개설 · 운영과 관련하여 주목해야 할 점은 이와 같은 제도적 장치가 학생들에게 실질적인 학교적응력 제고 효과를 가져올 수 있는가 하는 점이다. 특히 학교부적응 학생의 대부분이 학교에 머무르는 것 자체를 극도로 싫어하는 상황에서 '학교'가 운영하고 '지역교육청'이 개입하는 프로그램에 대해서는 소극적일 가능성이 높다. 그것은 학교의 정규 교육과정과 대안교실 프로그램을 동일시하는 경향이 있을 수 있기 때문이다. 따라서 방과 후 대안교실이나 컨소시엄 형태의 대안교실의 경우에는 개설 주체와 운영 주체를 분리하는 방안도 검토해 볼 수 있다. 단위학교나 지역교육청이 모든 재정을 부담하여 대안교실을 개설하되 운영에서는 전문 연구기관, 사회복지기관이나 공공단체가 위탁받는 분리 방안이 고려될 수 있다. 이 같은 아웃소싱이 오히려 잠재적 중퇴자의 학교적응력을 제고하는데 효율적일 수 있기 때문이다. 그리고 단위학교 차원에서 '전일제 대안교실'을 운영하는 경우에는 정규반 학생과 대안교실 학생 상호 간의 갈등 예방에 세심한 관심을 기울여야 한다. 한 학교 공간에서 서로 다른 규정이 적용되는 학생들이 서로에게 영향을 주는 경우 양자 모두 실패할 가능성이 있기 때문이다. 따라서 전일제 대안교실이 실효성 있게 운영되기 위해서는 학교 구성원의 결속을 저해하지 않는 범위 내에서 별도 특례가 인정되어야 한다.

2) 학교 체제 재구상을 통한 학업중단 예방

학업중단을 예방하기 위해서는 대안학교를 활성화하는 것도 중요하지만 대안학교의 성공적 운영 프로그램을 일선 학교에도 적용하여 학교 체제를 재구상해 보아야 한다. 학업중단을 예방하기 위해서는 많은 학생이 학교를 민주적 이미지로 인식할 수 있도록 인습과 관행에서 탈피하고, 나아가 다양한 사고와 실험이 허용될 수 있는 제도적 장치를 고안하는 일이 무엇보다도 선행되어야 한다. 앞으로 모든 학교는 교육수요자의 선택권과 단위학교의 자율성을 대폭 확대하여야 한다. 교육수요자의 선택권과 공급자의 자율성을 최대한 보장하고 교육의 질적 강화를 도모하기 위해서는 무엇보다 지금과 같이 경직된 교육계층 구조에서 벗어나는 것이 시급한 과제이다(주철안 외, 1999). 새로운 교육의 패러다임인 수요자중심 체제로 교육이 전환되기 위해서는 과거와 같은 제도적 · 정책적 차원에서의 개혁에서 벗어나 학교교육의 근본적인 틀을 재구성하는 노력이 가시화되어야 한다.

오늘날 학교교육의 문제상황에 대해 선진국에서는 지적 접근과 수업 전략의 측면에서 보편적 수준을 충족시키면서 다양한 학교제도의 도입을 통해 새로운 교육모형을 교육현장에 적용하고 있다. 이들 국가에서 시행하고 있는 새로운 교육형태에 따른 다양한 제도 운영은 학생들의 학업중단을 줄이고 성취도를 높임으로써 폭넓은 지식의 전수를 가능하게 하고 있다(Conley, 1997). 거시적으로 볼 때 거대 체제의 공교육 제도 대신에 개인의 요구를 반영할 수 있는 학교형태를 모색하는 것은 포스트모더니즘의 경향에 부합된다.

이렇게 제도의 유연성에 기반한 다양한 학교 체제를 통해 학습자의 선택권을 보장함으로써 단위 학교의 학업중단이 상당 부분 예방될 수 있다고 본다. 이러한 차원에서 학습자의 요구나 흥미에 대한 반영을 기반으로 특성화된 학교가 다양하게 설립되어야 한다. 그리고 학교교육 만능론에 대한 고정관념을 극복하여 학교, 가정, 지역사회 등 모든 사회제도 내에서 교육활동이 이루어질 수 있는 개방적인 사회풍토가 조성되어야 한다.

또한 학생의 다양한 능력이나 적성, 흥미, 관심, 진로희망 등에 관심을 갖고 다양한 선택 교과, 과목을 설치하는 등 학생이 자유롭게 선택 이수할 수 있는 탄력적인 교육과정의 편성이 필요하다. 학업 분위기에 적응하지 못해서 학업을 중단하는 학생이 많기 때문에 그들을 도와주기 위한 독창적 연구와 프로젝트 개발이 계속되어야 한다. 성적이 부진한 학생에 대해서는 별도의 프로그램을 통하여 학력 향상을 위한 지원을 해 주어야 한다. 더욱이 중퇴 사유로 학교생활에 대한 흥미상실이 48.5%에 이르는 상황 속에서 학교 부적응 학생을 위한 대안학교에서조차 교육과정 운영의 규제가 많은 것은 재론의 여지가 있다.

앞으로 교육부는 적극적인 재정 지원과 과감한 규제 개혁을 통해 학교체제를 다양화하고, 새롭고 자유로운 학교를 모색하는 '실험적 학교'를 권장하도록 배려해야 할 것이다. 또한 학교는 예방차원에서 학생들의 다양한 흥미와 수준별 학습욕구를 수용할 수 있도록 교실 여건을 지속적으로 개선하고, 참여적 교육과정 운영을 확대함과 동시에 기본적으로 전 교원의 상담역량을 강화하며, 학교 밖의 각종 청소년 지원기관과 연결고리로서 학교별 전문상담인력 배치를 확대해 나가야 하는 것도 학업중단 청소년 대책에서 단위학교가 담당해야 할 중요한 몫이다.

학업중단 청소년 문제 예방책으로 각 지역에 산재해 있는 대안교육기관의 네트워크를 통한 체계적 지원의 필요성이 강조되고 있다. 청소년의 학업중단은 이제 학생 개인 혹은 가정, 학교 차원의 문제가 아닌 국가, 사회적 차원에서 다루어야 할 사안이기 때문에 효율적인 지원시스템을 구축해야만 한다. 학업중단 청소년 문제는 범정부적 차원에서 시스템적으로 접근해야 하며, 이를 위해 학교를 개방하고 지역사회와 협력해서 청소년 문제에 대처해야 한다. 지역사회와 학교가 연계되는 체제를 구축하려면 횡적인 지역사회의 네트워크가 마련되어야 한다.

학교는 기존의 교과 위주의 학교교육에서 과감하게 벗어나 지역사회의 다양한 인적·물적 자원을 활용한 특성화된 교육활동을 전개해야 한다. 다시 말해 지방자치단체 및 각종 민간단체가 운영하는 교육 프로그램, 문화시설을 활용하고 청소년 단체, 인근학교, 대학 등과의 연계 프로그램을 이용해 좀 더 개방적이고 유연한 청소년 프로그램을 운영해 나가야 한다. 또한 다양한 형태의 대안교실 및 대안교육 프로그램 운영과 관련한 특례 규정이 정비되고, 필요한 행·재정적, 인적 지원체제가 구축되어야 한다. 이 같은 지원 체제가 구축될 때 대안교육 프로그램의 전문성은 향상될 것이고 직접적으로는 잠재적 학업중단 청소년의 사회 적응력 향상 효과를 가져올 것이다. 다른 한편으로는 각 부처, 시·도 및 청소년 관련 기관 간의 상호 연계를 통해 학업중단 예방 및 사회적응에 노력해야 한다(이병환, 2002a).

결국 학업중단 청소년을 사전에 예방하는 것은 사후 관리보다 더 중요한 과제이다. 청소년 학업중단을 사전에 예방하려는 노력은 현재보다 강화되어야 하며, 학업중단의 위험이나 징후가 있는 청소년을 위해 외부에서 개입할 수 있도록 학교 자체를 개방해야 한다. 학교의 특별활동이나 재량활동 등 교과교육 이외의 다양한 체험활동을 활성화하고 청소년의 학업에 대한 홍미와 요구에 부응할 수 있도록 학교 밖의 청소년 관련 수련시설, 상담실, 단체 등과의 연계를 공고히 해야 한다. 아울러 학업중단 청소년의 인적사항에 대한 관리 체제를 구축하여야 한다. 이 점에서 미국을 비롯한 선진국의 모범적인 정책을 참고할 만하다. 국가가 학업중단 청소년을 보호하고 지도하기 위해서는 무엇보다도 우선 중퇴생과 사회와의 공식적인 연계망을 구축해야 하며, 이들에 대한 보호 · 지원을 책임지고 추진하는 공식 체제를 마련해야 한다.

그동안 학업중단 청소년에 대한 교육정책은, 학령기 청소년 중 일부가 주류에서 이탈함에 따라 사회경제적 지위배분 경쟁에서 낙오되어 결과적으로 비행청소년이 될 개연성이 높아져 사회적 총 비용이 증가한다는, 일종의 사회적 요구에서 출발하였다. 그리고 학업중단 청소년 발생원인과 재교육에 관한 책임을 학교교육으로 환원시킴으로써 제도교육을 담당한 교사에게 적지 않는 부담으로 작용하였다. 이제 범부처 간, 사회 각 부문 간 중퇴생 교육을 위한 인프라 확충과 역할 분담을 위한 새로운 틀을 모색해 볼 단계라는 점에 착안하여 정책을 진행하여야 할 것이다.

제6장 대안교육으로서 홈스쿨링

1. 홈스쿨링의 의미와 등장 배경

홈스쿨링(homeschooling)이란 자녀를 학교에 보내지 않고 학부모가 직접 교육자가 되어 자기 자녀의 교육에 대해 기본적인 책임감을 갖는 교육적 대안이다. 홈스쿨링은 일정한 연령이 되면 누구나 학교에 입학해서 나라와 교육기관이 정해 놓은 교육과정에 따른 교육을 수혜받는 것에서 벗어나, 각자의 특성에 맞는 맞춤식 교육을 자유롭게 해 나가고자 한다.

최근 인터넷의 발달로 국내외 홈스쿨링 가정에서 정보 교환을 쉽게 할 수 있게 되면서, 부모의 권리를 포기하지 않은 채 자녀를 그들이 원하는 방식으로 온전히 교육하고자 하는 부모가 늘고 있다. 이들은 학교교육이 지나치게 학생을 통제, 억압하며 협동과 사랑보다는 경쟁을 유노하는 교육이 이루어지고 있음을 비판하고, 홈스쿨링이 지식 위주의 기존 학교교육의 한계를 극복하기 위한 차원에서 모색되고 있는 다양한 실천운동의 하나라고 보고 있다(이병환, 2002b). 이렇게 보면 결국 홈스쿨링이란 학부모나 가이던스(guidance)가 학교보다는 오히려 집에서 직접 교육시키는 상황을 묘사하는 데 사용되는 개념으로 볼 수 있다. 그렇다고 홈스쿨링이 가정과 학교와의 유대관계를 완전히 단절한 상태에서 이루어지는 것만은 아니다. 그보다는 부모가 종종 학교에서 제공되는 여러 가지 다양한 프로그램에 참여하여, 가정과 학교 사이의 교육적 관계를 계속 유지하는 것을 전제로 활용하기도 한다. 이런 관점에서 본다면 홈스쿨링의 개념을 부모가 자녀를 전적으로 가정에서만 교육하는 것으로 이해하는 것은 매우 협소한 의미로 파악하는 것이다. 홈스쿨링의 가장 중요한 특징은 전통적인 학교교육의 최대 약점인 시간과 장소의 제한성과 형식성을 배제하려고 한다는 점이다. 그리고 교사만이 유일한 교육자라는 의식도 배제되며, 교육을 학교 이외의 장소에서도 얼마든지 가능한 것으로 본다. 따라서 교육상황에 따라 매우 다양하게 전개될 수 있으며 교육 주체인 부모의 교육관이나 교육환경, 활용 가능한 자료의 유무 등에 따라 다양한 모습을 띤다(김민환, 권동택, 2000).

홈스쿨링이 점차 대중성을 얻고 있는 것은 공교육 체제에 불만을 느낀 부모의 색다른 행동 때문만은 아니다. 홈스쿨링은 자녀의 교육을 조직하는 방식 중의 하나로서, 부모에게는 특별한 의미를 가진다. 부모가 홈스쿨링 활동에 부여하는 의미는 사회적 상황에 따라, 가정에 따라, 그리고 한 가정 내에서도 시간의 흐름에 따라 다르다. 홈스쿨링에 대한 관심이 다시 대두되고 있는 것은 거시적인 사회적 흐름과 관계가 있다. 1970년대 이후의 사회운동은 부분적으로 이러한 사회 조건에 대한 대응이다. 이 시기에 이루어진 많은 사회운동이 관심을 집중시키고 있는 핵심적인 주제는 개인이 헌신하고 있는 특정한 세계관을 옹호할 수 있는 권리이다(Epstein, 1990). 그들은 이데올로기에서 상당한 차이를 보이지만 문화, 정치, 경제 및 가정 생활에서 제도의 지배에 대해 투쟁한다는 점에서 공통점을 가진다.

서구에서는 1960년대 말과 1970년대 초기의 학교교육에 대한 비판 움직임은 홈스쿨링의 급속한 성장 배경이 되었다. 특히 1960년대 말과 1970년대 초기의 학교교육에 대한 비판은 지금까지 종교적인 이유에서 부분적으로 홈스쿨링을 하던 부모 위주에서 교육 그 자체의 효과성에 의문을 제기하는 일반 학부모에게까지도 급속도로 확산되게 되었다. 급기야 공교육에 대한 비판이 고조되는 가운데 1980년대 중반부터 학교교육을 불신하거나 반대하는 다양한 배경의 학부모가 홈스쿨링에 참여하기 시작하였다. 이러한 움직임의 결과로 홈스쿨링은 1980년대를 거치면서 일종의 교육운동이자 대안교육으로 자리잡게 된다. 1990년대에 들어서면서 홈스쿨링은 점차 대중적으로 인정된 교육의 한 형태가 되었다. 홈스쿨링을 하는 가정과 학생 수도 괄목할 만한 증가를 보이고 있다.

오늘날의 사회운동은 도덕적인 측면에서 볼 때, 기존의 생활방식을 특정한 방식으로 이해하고 있다. 예컨대, 일부 사회운동은 참여자의 개인적 믿음을 반영하는 특정한 정치적 입장을 찬양한다. 한마디로 특정한 세계관을 보존하고 옹호하며 고양시키는 것은 현재 이루어지고 있는 많은 사회운동의 공통된 목표이다(Flacks, 1988). 여러 가지 면에서 볼 때 홈스쿨링 운동은 다른 사회운동과 유사한 목표를 가지고 있다. 사적 생활의 중요한 장인 가정은 공공제도와는 대비되는 위치에 있다. 그것은 개인에게 자신의 가치와 신념을 유지하고 번식시키는 보호적인 환경을 제공한다. 국가의 규제가 가정생활을 침범할 때 저항이 야기될 가능성이 높다. 예컨대, 홈스쿨링을 하는 많은 부모는 국가 교육조직의 특성과 양립할 수 없는 정치, 교육 및 종교적 신념을 가지고 있으며, 그들 대부분이 획일화된 교육환경과 표준화된 교육과정에 저항한다. 홈스쿨링을 하면 이러한 교육환경을 피할 수 있고 자기 가정의 특별한 가치를 중심으로 자녀의 교육적 경험을 구성할 수 있다(Koetzsch, 1997).

이와 같은 미국 홈스쿨링의 필요성에 대한 자각을 불러일으킨 근본적인 동기와 사회적인 배경은 다음과 같이 정리될 수 있다(이병환, 2002b).

첫째, 획일화된 교육 유형만을 수정 · 보완하는 식의 교육개혁운동에 대한 반발이다. 예컨대, 1960년대 이후 공교육 현장에 등장한 '팀티칭(teamteaching)', '프로그램 학습', '무학년제 학급 편성' 등이 그것이다. 또한 사회 · 경제적 이유 때문에 생기는 학습 결손아를 위한 '결손보충교육(head start program)' 도 실시되었다. 그러한 노력에도 불구하고 19세기식의 사회 계층화 원리를 반영하는 학교제도에 대한 부분적인 개선, 보완에 그친 데 대한 반발이 나타났다.

둘째, 20세기 사회구조의 변화와 문화적 성숙은 학교제도의 근본적인 개혁을 요구하고 있다. 그러나 기존의 학교제도는 이에 부응하지 못했기 때문에 그 대안으로 새로운 교육운동이 시작되었다. 교육의 질적 향상은 국민 모두가 바라는 희망 사항이었으나 획일화된 학교교육 기관은 기능론자가 주장하는 문화전수의 수준을 넘지 못하고 있었다. 따라서 획일화된 기존 공교육 모형은 양식 있는 학부모나 교육학자에게 가장 큰 적으로 여겨지게 된 것이다.

셋째, 1960년대 세계 곳곳에서 일어난 '민권과 민생 운동' 역시 홈스쿨링 운동의 필요성을 구체화시켜 주었다. 기존의 획일화된 공교육 제도 및 학교기관이 민권 운동가에게는 부모의 욕구나 지방 분권성을 함양시키기보다는 사회 · 정치적 중앙 집권성을 강화시키는 정치적 도구로 보이게 되었다. 학교정책, 학교교육내용 구성에서 철저히 소외된 학부모 집단도 공교육 기관의 독단에 반기를 들었다(한준상, 1996).

이러한 배경에서 미국이나 유럽의 학부모는 공립학교에 대한 불만을 해결하기 위해 종교학교, 협약학교 혹은 홈스쿨링에 관심을 가지게 되었다.

2. 국외 홈스쿨링의 현황과 정책

이번 절에서는 우리 한국에서 실행되고 있는 홈스쿨링에 앞서서 이미 성공적으로 홈스쿨링을 운영하고 있는 선진 외국의 사례를 살펴볼 것이다. 특히 미국, 영국, 일본의 현황을 중심으로 소개한다.

1) 국외의 홈스쿨링 현황

(1) 미국

미국에서 1970년대 학교개혁의 지지부진함에 환멸을 느낀 교육가 홀트(J. Holt)가 대중적으로 홈스쿨링을 주장하기 시작하면서부터 홈스쿨링 운동이 일어나기 시작했다. 1977년 홀트는 학교에 보내지 않고 자녀를 교육시키고자 하는 부모를 위해 「학교없이 하는 교육(Growing Without Schooling)」이라는 4쪽짜리 회보를 내었고, 그와 유사한 생각을 품고 있던 부모들의 지지를 얻었다. 이후 1980년대를 거치면서 홈스쿨링은 하나의 교육운동이자 사회운동으로 빠르게 확산되기 시작했다.

미국에서 초기의 홈스쿨링은 종교적인 이유가 지배적이었다. 미국은 다양한 인종과 민족, 종교가 모여 형성된 나라이기 때문에, 같은 기독교라 하더라도 여러 갈래로 나뉘게 되었다. 기독교가 갈라져서 여러 종파가 생겨나게 되고 공립학교에서는 어떠한 교리도 가르칠 수 없게 되었다. 이에 그들만의 학교를 세우게 되었다. 교회나 교구의 지원으로 학교를 세우기 시작했고 자신들의 종교적 가치관에 따라 교육과정을 만들어 가르쳤다. 그런 사립학교는 학비가 비싸서 경제적으로 여유가 없는 가정에서는 부모가 손수 가르치기 시작했다. 이것이 종교적인 동기에서 비롯된 홈스쿨링의 시작이다. 종교적인 이유에서 시작된 홈스쿨링은 오랜 세월 동안 체계화된 교육과정과 교육 프로그램을 갖추게 되었고, 지금도 미국에서 상업적으로 홈스쿨 교육내용을 제공하고 있는 회사의 대부분이 종교적 배경을 가지고 있다(Koetzsch, 1997). 그러니 최근 매년 10%가 넘는 속도로 늘어나고 있는 홈스쿨링 인구는 단지 종교적인 동기만을 갖고 있지 않다. 오히려 교육적인 목적이나 총기사고 등의 위험에서 자녀를 보호하려는 이유가 더 크다.

미국에서 학부모가 홈스쿨링을 하는 이유는 매우 다양하지만 대략 다음의 세 가지 차원, 즉 지리적인 문제와 같은 현실적 차원, 종교적 신념과 같은 이데올로기적 차원, 그리고 순수 교육적 차원으로 나누어 살펴볼 수 있다. 먼저 지리적으로 격리된 현실적인 이유로 홈스쿨링을 하는 가정은 그리 많지 않으며, 일부 지역에 편중되어 있다. 예컨대, 도서벽지나 알래스카 등의 일부 지역에서는 적지 않은 학부모가 어쩔 수 없이 홈스쿨링을 채택하고 있다. 이러한 경우의 홈스쿨링은 그다지 교육자의 관심을 끌지 못하고 있다. 그리고 종교적 신념과 같은 이데올로기적 관점이란 개척기 이후 종교적 이유로 학교에 보내는 대신에 부모가 자녀를 가르치게 된 전통을 말한다. 이러한 전통은 그리스도 재림론자(Seventh Day Adventists)와 몰몬교도(Mormons)와 같은 종파에서 뚜렷하게 볼 수 있다. 특히 암만파 신도(Amish)는 자녀를 지역사회의 구체적인 생활과정을 통해 교육하고자 한다. 그렇기 때문에 이들은 자녀를 학교에 보내기보다는 오히려 가정에서 자신들이 직접 가르치고자 한다. 이러한 전통은 오늘날까지도 계속되고 있다.

이제 부모들은 매우 다양한 이유로 홈스쿨링을 하고 있다. 학생들의 지적 성취도를 높이려는 단순하고 뚜렷한 목표를 갖고 시작하는 부모도 있는가 하면 새로운 시대의 흐름을 타고 주류 문화에 대한 반문화적 신념과 생활양식을 강조하는 교육환경을 마련해 주려는 부모도 있다. 1990년대에 들어서는 홈스쿨링이 일반 대중에게도 일반적인 용어가 되고 있다.

미국의 경우 지금 부모에게 교육을 받는 청소년 수가 150만 명에 이른다. 이것은 10년 전에 비해 5배나 증가한 수치이다. 더구나 1993년부터 부모가 유치원에서 대학까지의 모든 교육과정을 집에서 가르치는 것이 합법화되어 매년 홈스쿨링 인구가 15～20% 이상씩 증가하는 추세이다(Koetzsch, 1997). 펜실베이니아 주를 비롯한 많은 주에서 홈스쿨링을 정식교육으로 인정하고 지원하는 입법도 이루어졌다. 이렇게 되기까지는 홈스쿨링을 하는 부모들이 법정에서 투쟁하고 함께 연대하여 입법활동을 해 온 데 힘입은 바가 크다. 홈스쿨링을 하는 부모들의 네트워크는 부모들 간의 정보를 교환하고 부족한 부분을 보완하며, 그 협력 모임의 수준이 각 지방의 단위를 넘어 주, 국가, 국제적인 수준에서 이루어지고 있다. 또한 '국립가정교육연구소

(National Home Education Research Institute)', 'AERO', 'NHEN', 'HSLDA' 등 많은 관련 단체가 홈스쿨링과 관련된 법률정보나 교육정보, 교육방법이나 지원 단체에 대한 정보를 제공해 주고 있다.

최근에는 홈스쿨링에 대한 새로운 인식과 광범위한 지원 체제 및 네트워크가 구축되었고, 법적인 기반을 갖춤으로써 합법적으로 정착되고 있다. '홈스쿨법 보호 협회(The Home School Legal Defense Association)'는 미국 내에서 70만 명에서 100만 명 사이의 학생들이 홈스쿨링을 받고 있는 것으로 추정하고 있다(Rieseberg, 1995). 홈스쿨링을 하는 가정의 엄청난 증가와 함께 홈스쿨링에 관한 각종 정보시장도 그에 준하는 성장이 이루어졌다. 프레이스(Preiss, 1989)에 따르면 "1997년에 한 홈스쿨링 목록지에서만 300여 개가 넘는 홈스쿨링 교재의 공급청이 등록되어 있다."라고 한다. 특히 '볼티모어의 칼버트스쿨 사(Calvert School of Baltimore)'는 가장 많은 홈스쿨링 학습자료를 공급하고 있는데, 이 회사가 주관하는 홈스쿨링 수업 과정에서만도 36만여 명 이상의 학생들이 등록하고 있다. 이러한 추세로 인해 오늘날 대부분의 주에서는 운영방식은 다르지만 홈스쿨링을 법적으로 인정하고 있다. 예컨대, 미시건 주에서는 홈스쿨링에 자격 있는 교사의 참여를 요구하는 데 비해 다른 주에서는 그렇지 않은 실정이다. 거의 대부분의 주가 홈스쿨링을 하는 가정으로 하여금 주나 혹은 지방 교육기관(SEA 혹은 LEA)처럼 아동에 대한 기초 정보를 보관·유지하도록 하고 있다. 이와 같이 가정 중심의 사설교육(home-based private education)이라는 차원의 일정한 법 테두리에서 보장하고 있다(김민환, 권동택, 2000).

(2) 영국

영국의 홈스쿨링은 1977년 몇몇 가정이 뜻을 모아 이룬 단체인 '대안교육'이 설립되면서 서서히 발전하였다. 최근에는 홈스쿨링에 대한 긍정적 연구결과가 발표되면서 학부모의 관심이 증폭되고 있다. 이는 런던대학교의 앨런 토머스(Allen Thomas) 교수가 『가정에서 교육하기(*Education at Home*)』라는 저서를 통해 "집에서 공부하는 아이가 더욱 창조적이고 사회성이 뛰어나다."라고 주장함으로써 홈스쿨링의 사회적 적응력을 염려하는 사람들의 통념을 바꾸어 놓았기 때문이다(진대원, 2001).

현재 홈스쿨링에 참여하고 있는 가정은 영국 전국에 1만여 가정에 달한다. 그리고 'Education Otherwise' 이라는 전국 규모의 홈스쿨링 단체를 포함하여 여러 단체가 활동 중에 있다(이관춘, 1996). 물론 앞에서도 지적했듯이 학교 밖에서 교육을 받을 수 있는 권리를 법적으로 인정하고 있는 개방적 환경이 영국 홈스쿨링 전개에 많은 영향을 끼친 것은 주지의 사실이다. 현행 영국 교육법에 따르면 "모든 학생은 학교에 정기적으로 다니거나 다른 형태의 방법을 통해 정상적인 교육을 받아야 한다."라고 명시되어 있어 홈스쿨링이 불법은 아니지만 학생을 학교에 보낼 즈음 학부모에게 학교 이외의 교육방식을 추천하거나 가르쳐 주는 곳이 없다는 점이 홈스쿨링 단체의 공통된 불만이다. 이러한 불만은 근본적으로 정부가 학교교육에 대한 뿌리박힌 고정관념에서 탈피하지 못한 데서 비롯되지만 지금 새로운 교육에 대한 고민이 활발히 진행되고 있고, 이를 실천하려는 의지가 강한 것을 볼 때 영국에서 홈스쿨링은 많은 관심을 끌 수 있을 것이다.

(3) 일본

일본에서는 학교교육의 끊임없는 문제로 인해서 전국에 600개 정도로 추정되는 민간운영교실의 프리스쿨운동이 한창이다. 이 프리스쿨의 대표적인 예가 '도쿄슈레' 인데 '슈레(shure)' 는 그리스어로 '정신을 자유롭게 쓰는 곳' 이라는 뜻으로 지금은 자유와 자치의 공동체라고 알려져 있다. 도쿄슈레는 1985년 오쿠치 게이코라는 학생이 학교를 가지 않게 되면서 비슷한 문제를 가진 부모들 간 교류의 필요성을 느껴 시작한 '등교거부를 생각하는 모임' 에서 비롯되었다. 따라서 도쿄슈레는 학생들의 생각과 개성에 따라 자유롭게 학습할 수 있는 공간이 다양해져야 한다는 생각을 기본으로 여러 가지 프로그램에 자주적으로 참여하는 방식으로 이루어지고 있다.

도쿄슈레는 '고마자와 하라파 플리에 파크' 와 함께 영국의 서머힐과 근본정신을 같이하는 대안교육의 형태이다. 즉, 교육이란 '스스로 학습하고 스스로 결정하는 것이다.' 라는 관점을 가지고 있다. 도쿄슈레는 회원제로 운영되는데, 6~21세까지 다양한 연령층이 회원에 가입해 있다. 회원가입 조건은 단 한 가지인데 '아이가 원해야만 한다.' 라는 것이다.

이 도쿄슈레의 중요한 활동 중 하나로 시작된 것이 '가정학교(home education)' 운동, 다시 말해 '가정에서의 교육' 운동이다. 여기에서 미국과 영국의 홈스쿨링을 소개하는 심포지엄을 열기도 하는데 1994년 11월부터 홈슈레가 본격적으로 시작되었다. 일본에서 새로운 교육운동으로 펼쳐지고 있는 홈슈레는 현재 300여 가정이 회원으로 가입해 있고, 여러 통신문으로 정보를 교환하고 있다. 일본 문부성은 지난 1992년부터 학생들이 도쿄슈레에서 배우는 것을 '홈스쿨링' 으로 간주하여 학교 출석으로 인정하고 있다(민들레출판사 편집부, 1999).

2) 국외의 홈스쿨링 정책

앞서 살펴본 바와 같이 영국은 학교 밖에서 교육을 받을 수 있는 권리를 법적으로 보장하고 있으며, 여기에 따르는 많은 정책적 연구를 개발하고 있다. 일본의 경우 프리스쿨 운동과 같은 민간운영 교육기관의 수업을 문부성이 정식 학교출석으로 간주하여 홈스쿨링에 대해서 정책적인 수용을 하고 있다.

홈스쿨링이 가장 활발하게 일어나고 있는 미국의 경우 각 주별로 정책이 상이할 뿐 아니라 매우 다양하여 쉽게 정의를 내리기 어렵지만, 가장 두드러진 홈스쿨링 정책을 펴고 있는 몇 개 주를 중심으로 논의하면 다음과 같다.

홈스쿨링법이 1956년에 제정된 네바다 주에서는 지역 학교구의 행정가로 하여금 홈스쿨링을 하는 부모와 아동이 공립학교의 서비스와 시설을 이용할 수 있는지의 여부를 결정하도록 하였다. 이 두 주의 법은 그것이 제정된 시기, 즉 홈스쿨링이 합법적인 교육방법으로 인식되지 않았던 시기의 관습적 지혜를 반영하고 있다. 이에 비해 1985년에 홈스쿨링법이 제정된 워싱턴 주에서는 홈스쿨링 실시 가정에 대해 학교 간 체육 프로그램을 비롯한 공립학교의 서비스와 시설을 폭넓게 이용할 수 있도록 하고 있다. 따라서 홈스쿨링과 공립학교 사이의 협력을 확대하려는 경향은 분명히 최근에 제정되는 법에 반영될 것이다.

네바다, 유타, 워싱턴 주 학교구의 홈스쿨링에 관한 정책은 초점과 범위 및 구체적 내용에서 차이가 있다. 그 정책들은 공통적으로 각 주의 홈스쿨링법을 모태로 하고 있다(이혜영 역, 1997). 세 개의 주 가운데 네바다 주는 유일하게 주 교육위원회가 홈스쿨링법과 관련된 실질적인 문제에 대한 윤곽을 제시하는 행정 규정을 만들었다. 따라서 네바다 주의 법은 구체적이지 않지만 행정 규정에 의해 워싱턴 주에서와 유사하게 정책 집행이 이루어지게 되었다. 즉, 두 주는 모두 교육장이 홈스쿨링에 대한 결정을 내릴 때 적용할 수 있는 명확한 지침을 마련해 놓고 있는 것이다.

요컨대 세 주 모두 지역학교구의 홈스쿨링에 대한 정책은 구조나 내용 면에서 주의 법과 유사하다. 뿐만 아니라 많은 학교구는 정책 진술의 한 부분에 주의 홈스쿨링 규정을 그대로 옮겨 놓았다. 그러나 세 주의 법은 다음과 같은 점에서 차이가 있다. 첫째, 홈스쿨링을 하는 부모를 주의 의무 취학 규정에서 면제시켜 주는 절차, 둘째, 홈스쿨링을 하는 부모가 지켜야 할 의무(필수 교육과정, 기록 · 보존, 홈스쿨링을 받는 아동에 대한 평가 등), 셋째, 홈스쿨링을 받은 학생을 공립학교에 다시 입학시키는 것을 통제하는 정책, 넷째, 홈스쿨링을 받는 아동에 대한 특별 교육 프로그램 등이다(Marlow, 1992).

홈스쿨링을 하는 부모가 지켜야 할 의무, 홈스쿨링 실시 가정이 공립학교에 접근할 수 있는 정도 등에 대한 규정은 주에 따라 다르지만, 어떤 주의 법도 홈스쿨링을 방해하기 위해 제정되지는 않았다. 법은 연례 평가와 학생들의 학업수행에 대한 보고를 필수 조건으로 요구함으로써 학생들의 성취와 교육효과를 높이는 데 초점을 두고 있다. 자녀가 가르치는 데 필요한 자격 요건에 대해서는 의무로 규정한 예가 별로 없다. 어떤 주도 자녀를 가르치기 위해 학사학위나 교사 자격증을 소지해야 한다고 규정하고 있지 않으며, 특정한 교육과정 자료를 사용해야 한다고 요구하고 있지도 않다(Koetzsch, 1997). 홈스쿨링을 하는 부모를 의무 취학 규정에서 면제해 주는 조항을 두고 있는 경우, 이 조항의 갱신은 1년 단위로 이루어지고 있으며, 부모는 의무 이행 여부에 대한 정기적인 보고나 모니터 결과에 따르지 않아도 된다. 모든 주의 지역 정책은 대부분 부모의 자격에 대한 평가나 홈스쿨의 교육과정과 수업의 교육적 가치에 대한 평가 등 승인 사항에 대한 감독을 학교장에게 위임하고 있으며, 최종적인 의사결정 권한은 학교구의 교육장이 가지고 있다(이혜영 역, 1997).

이와 같은 법의 테두리 내에서 교육장은 홈스쿨링에 관한 지역 정책을 집행해야 하며, 최종적인 결정권은 그들의 손에 달려 있다. 따라서 교육장이 법적 규정에 대해 어떻게 이해하고 있는가를 알아보는 것은 필요하며, 홈스쿨링과 그것을 하고 있는 부모에 대해 어떻게 이해하고 있는가를 알아보는 것은 더욱 중요하다.

3. 한국의 홈스쿨링 실태와 현황

1) 홈스쿨링 현황과 특징

우리나라 홈스쿨링의 시작은 1980년대 후반에 종교단체에서 교리상의 이유로 신도에게 귀농 및 공동생활을 실시하며 학생들을 학교에 보내지 않은 것에 연유한다.

그 후 본격적으로 홈스쿨링이 소개된 것은 1999년 1월 대안교육을 주창하는 잡지 『민들레』가 창간되고 이를 구심체로 하여 학교교육 체제를 대신할 새로운 교육환경을 만들고자 하는 이들이 모이면서부터이다. 우리나라 홈스쿨링 관련 단체로는 『민들레』 창간호를 보고 시작된 '가정학교 모임', 시골로 이주하여 친자식을 비롯하여 입양한 자녀와 사정상 맡아 기르기로 한 자녀까지 모두 13명의 자녀를 집에서 교육시키는 가정공동체 '작은 누리', 학부모 재교육기관인 '배움의 숲', 대안교육을 모색하는 젊은이의 '탈학교 실천연대' 등이 있다.

초기에는 종교적인 이유로 홈스쿨링을 하는 가정이 상당수였지만, 최근에는 공교육의 한계 때문에 홈스쿨링을 선택한 가정이 수백 가정으로 늘어났다. 그리고 현재 전국에서 적어도 1,000여 가정이 홈스쿨링에 참여하고 있는 것으로 추산된다. 1999년 2월에는 주로 수도권 홈스쿨링 가정을 중심으로 '홈스쿨링 모임'이 만들어졌고, 지금은 전국적인 모임으로 성장하였다. 이들은 국내의 홈스쿨링 운동을 활성화시키기 위해 가정학교 센터를 마련하고, 가장 시급한 과제인 학습 네트워크를 만드는 일과 현행 의무교육에 관한 법제도에 대한 대응책을 마련하는 등 구체적인 방안을 모색하고 있다. 현재는 대안교육 전문지를 발간하는 '도서출판 민들레'를 비롯하여 10여 개의 단체들이 홈스쿨링 관련 활동을 하고 있다. 앞으로 우리나라에서 홈스쿨링에 대한 연구가 관련단체를 중심으로 가속화될 것으로 보인다.

미국을 비롯한 서구의 홈스쿨링은 획일화된 학교 체제를 거부하는 사람들이 선택하는 데 비해, 일본의 경우 체벌과 폭력 등의 '학교붕괴'로 불리는 일련의 문제가 홈스쿨링을 시작하는 주요 요인이라는 점이 우리의 교육현실과 비슷하다.

한국에서는 아직도 홈스쿨링이 제도권 대안교육기관으로서 인정을 받고 있지 못하다. 우리보다 앞서 홈스쿨링을 실시한 서구의 경우, 이제 홈스쿨링이 정착 단계에 들어서서 공교육과 함께 공존해 가고 있는 데 비해 우리나라에서는 홈스쿨링이 시작 단계에 머물고 있어 학부모의 큰 관심에도 불구하고 선택에서 많은 고민과 질문을 함께 할 수밖에 없는 실정이다. 학교에서 시간을 보냈던 자녀를 이제는 부모가 책임져야 하므로, 부모는 엄청난 시간과 노력을 자녀에게 쏟아야 할 것이고, 그에 따른 경제적 문제도 뒤따른다. 또한 의무교육법 위반문제, 교육과정과 교육방법에 대한 문제 등 부모와 자녀 모두 여러 가지 문제에 부딪히게 된다.

홈스쿨링을 하는 부모는 가정과 직장에서의 책임을 완수하는 것 이외에 일상적 상황에서 자녀를 교육시켜야 하는, 상당히 고된 일에 힘을 쏟아야 한다. 그렇기 때문에 일정한 시간 동안 밖에서 일을 해야 하는 부모나 재정상태가 빈약한 편부모의 경우에는 홈스쿨링을 하기가 어렵다. 홈스쿨링은 대부분 전업주부인 어머니에 의해 실시되고 있기 때문에 그들의 신체적, 심리적 노동 부담은 아주 무겁다.

그중에서도 홈스쿨링을 할 경우 가장 우려되는 점은 또래와 어울릴 기회가 적어 학생들의 대인관계나 사회성 형성에 문제가 있을 것이라는 점이다(진대원, 2001). 즉, 홈스쿨링이 '사회성 발달에 부정적이다.' 라는 것이다. 또래와 사회적 접촉을 하지 않은 채 자라나는 아동은 또래와의 사회적 상호작용을 할 수 있는 기술학습의 가장 중요한 시기를 놓치게 되기 때문이다. 이 때문에 교회나 사회단체활동에 참여시키는 등 대안을 마련하고 있다. 이런 여러 가지 이유로 홈스쿨링을 시도했다가 자녀를 다시 학교에 보내는 부모도 있다. 서구의 홈스쿨링은 다양한 모색 끝에 인터넷을 통한 학습자료 제공, 학교와의 연계, 정부차원의 도움과 관리 등으로 문제를 해결해 가고 있는 반면, 우리나라에서 이 같은 체계를 갖춘 사회운동으로 발전하기 위해서는 앞으로 계속해서 많은 노력을 해야 할 것이다.

2) 홈스쿨링 운동의 교육적 의의

(1) 교육수요자의 교육선택권 보장

교육수요자 중심의 교육 체제는 교육공급자의 전문성과 권한을 포기하는 것을 의미하는 것이 아니라, 수요자의 자유로운 선택권을 보장해 주는 것을 의미한다. 이를 위하여 공급자는 자율성에 기초하여 다양한 교육공급 체제를 마련하고자 노력한다. 따라서 교육수요자 중심의 교육 체제는 교육수요자의 요구와 필요를 충족하고 그들에게 다양한 선택권을 최대한 보장해 주기 위하여 다양한 교육공급 체제의 구축을 선행해야 하고, 이를 위해 교육공급자인 학교와 교사에게 최대한의 자율성 보장을 해 주어야 한다(김홍태, 2000).

결국 교육수요자 중심의 체제는 수요자의 자유로운 선택권 보장과 함께 교육공급자의 자율성 보장이라는 수요자와 공급자 간의 쌍방적인 관계를 존중하는 체제라고 할 수 있다. 교육수요자의 선택권과 공급자의 자율성을 최대한 보장하고 교육의 질적 강화를 도모하기 위해서는 무엇보다는 지금과 같이 경직된 교육계층 구조에서 벗어나는 것이 시급한 과제이다. 교육수요자 중심의 교육 체제로의 전환은 바로 이러한 교육계층 구조 개선이 기본 전제가 되어야 한다(주철안 외, 1999). 따라서 새로운 교육의 패러다임인 수요자 중심 체제로 교육이 전환되기 위해서는 과거와 같은 제도적, 정책적 차원에서의 개혁에서 벗어나 학교교육의 근본적인 틀을 재구성하는 노력이 가시화되어야 한다.

그런데 현재 우리 사회에서 홈스쿨링을 시도하는 이들에게 법적으로 가장 문제가 되는 것은 헌법 제31조에 명시되어 있는 '의무교육제도' 이다. 초중등교육법 시행령 제68조와 제70조에는 의무교육기간 동안 자녀를 학교에 보내지 않으면 100만 원 이하의 과태료 처분을 받게 되어 있다. 홈스쿨링을 실시하는 사람들은 홈스쿨링도 자녀에 대한 교육의무를 부모가 이행하는 것이므로 의무교육에 관한 법령이 홈스쿨링을 예외조항으로 인정하는 방향으로 개정되어야 한다고 주장한다. 시공간을 초월한 학습 네트워크는 학교만이 유일한 학습의 공간이라는 신화를 벗어던지고 있고, 학습환경의 급격한 변화는 탈학교 현상을 더욱더 가속화하고 있는 상황에서 최소한의 인간적인 삶을 보장하기 위해 고안된 의무교육제도가 학교 취학만을 강제하는 것은 논쟁의 여지가 있다. 헌법 제31조 제2항의 "모든 국민은 그 보호하는 자녀에게 적어도 초등교육과 법률이 정하는 교육을 받게 할 의무를 진다."라는 규정에서 초등교육이 초등학교로 해석되고, 의무이행을 '초등학교 취학'으로만 한정한다는 것은 논쟁의 여지가 있는 것이다. 따라서 학습자의 다양한 학습욕구를 수용할 수 있는 교육 체제를 구축하기 위해서 의무교육은 확대하되 그 영역을 학교교육뿐 아니라 일정한 기준과 조건을 갖춘 대안교육기관까지 포괄할 수 있도록 관련 규정이 재정비되어야 한다. 예컨대, 선진국에서는 점차 정규 학력으로 인정하고 있는 홈스쿨링이나 기타의 학습방법에 대해서도 학력을 인정해 주는 유연한 법제화가 뒤따라야 할 것이다.

제도교육이 획일적이고 경직되어 있다는 사실에 공감하지 않는 사람은 거의 없다. 그러나 법적 문제, 경제적 문제, 교육과정, 정보 부족, 학력 인정 등 여러 가지 문제점으로 홈스쿨링을 선불리 시작하는 데는 어려움이 많다. 홈스쿨링은 진정으로 인간 중심적인 교육이 이루어지길 바라는 곳이다. 경쟁에서 이기며 살아 나가는 것이 아니라 조화 속에서 서로를 도우며 살아가는 것임을 스스로 깨달을 수 있도록 교육의 방향을 잡아 나가는 것이다. 이제 학교교육에 적응하지 못하거나 학교 체제에 맞지 않는 학생을 감싸 안을 수 있는 학교의 보완책으로 홈스쿨링이 자리 잡아야 한다.

(2) 대안교육기관으로서의 역할

탈학교운동이 홈스쿨링의 발판을 제공한 것이라면, 학습자의 사회화란 홈스쿨링의 주된 내용적 전개라 할 수 있다. 홈스쿨링 운동의 배경이 되는 탈학교론이 급진적이고 사회개혁적이며 갈등론적 시각에서 다루었다면, 사회화는 사회질서를 유지하며 적응시켜 가는 것으로 기능론적 시각에서 이론화되어 있다. 홈스쿨링의 바탕이 학교변혁과 학교교육의 대안책으로 나왔지만, 개인의 자아실현에서 나아가 그 개개인을 이루는 사회라는 체제를 짚고 넘어가지 않을 수 없다. 즉, 개인의 주체성, 자율성이 바탕이 되어 있는 자아실현을 목표로 하는 동시에, 사회화도 소홀하지 않는 균형잡힌 홈스쿨링이 전개되어야 할 것이다.

홈스쿨링이 우리에게 주는 시사점은 그것이 대안교육의 한 갈래로 들어와 있지만 성격상 탈학교의 기능을 충분히 해 주고 있다는 점이다. 즉, 학교만이 교육의 장이 아니라 진정으로 함께 실천하는 교육의 장, 나아가 삶의 장으로 완성시켜 나가는 것이 바로 홈스쿨링인 것이다.

많은 또래와 접촉하여 사회적 기술이 자연스럽게 습득되어 있는 학교 취학 아동과는 달리, 홈스쿨링 아동은 부모, 형제 이외의 친구와는 접촉이 거의 없으므로 다양한 상황에서 대처할 수 있는 사회적 기술이 부족하다. 이러한 문제를 해결하기 위해, 미국 가정의 홈스쿨링을 하는 부모는 자녀에게 다양한 그룹 활동을 마련해 주려고 애쓴다. 우선 각 지역마다 홈스쿨 가정의 모임이 조직되어 있어 일주일에 한 번 정도 함께 모여 공동수업을 한다. 과학이나 역사, 라틴어 등 학부모 혼자 가르치기 힘든 과목을 중심으로 전문교사를 초빙하거나 학부모 중 이를 전공한 사람이 교사로 나서 수업을 진행한다. 공동수업이 끝난 뒤에도 함께 어울려 공을 차고 한 달에 한 번 정도 소풍을 가기도 하는 등 홈스쿨 학생끼리 울타리 없는 학교를 형성하고 있다. 이 외에도 홈스쿨 학생들은 유스 클럽(youth club)이나 봉사활동, 스포츠 등 다양한 과외활동에 참가해 단체생활의 경험을 쌓는다. 이처럼 홈스쿨러(homeschooler)는 홈스쿨링이 어떤 특별한 공식이 없는 것이므로 모든 문제를 해결할 수 있는 마술상자는 없다고 한다(이병환, 2002b).

그러나 홈스쿨에서는 하고 싶을 때 원하는 과목을 공부하는 자발적인 학습분위기를 갖게 되므로 스트레스를 덜 받고 또한 부모가 교사이므로 함께 하는 시간이 많다(민들레출판사 편집부, 1999). 무엇보다도 유동적으로 일정을 조절할 수 있어 가족 모두가 함께 여행을 하거나 즐길 수 있어 가족끼리 함께 대화하는 시간이 많아진다는 점은 홈스쿨링의 가장 큰 장점이다.

앞서 여러 번 언급한 내용이지만 홈스쿨링이 자녀의 학력도야에는 효과적이더라도 일부 교육행정가와 홈스쿨링을 반대하는 사람들은 학교라고 하는 장에서 타인과 어울려 생활하지 않는 학생들의 사회성 발달이 지연된다는 점을 지적한다. 하지만 이런 일반적인 걱정이나 비판에 대해 홈스쿨링을 실천하는 학부모는 다음과 같은 이유로 반대 의견을 펼친다. 근대적인 학교가 창설된 것이 1세기에 불과한데, 그렇다면 학교에서의 교육을 의무로 부과하기 전 시기에 홈스쿨링을 통해 가정에서 교육을 받은 조지 워싱턴, 에이브러햄 링컨, 토머스 에디슨, 알베르트 아인슈타인, 윈스턴 처칠, 애거사 크리스티, 카네기 등의 위인은 사회성에 결함이 있어서 사회적 공헌을 하지 못했는지 반문하고 있다. 또 미국의 경우 매일 13만 5,000명의 학생이 학교 내에 총을 들여오고, 전미 8만 5,000개의 학교에서 매년 300만 건의 범죄가 발생하는 등 일상적으로 동료학생의 폭력의 위험에 노출되어 있는 학교에서 과연 사회성을 신장시킬 수 있는가 하는 점은 심사숙고해 보아야 할 문제다.

(3) 홈스쿨링에 대한 재고

학교교육의 대안적 차원에서 나온 홈스쿨링은 사회성 발달 문제뿐만 아니라 합법화 문제 등 많은 과정상의 어려운 점이 있다. 그러나 이때 우리는 홈스쿨링이 등장한 배경에 큰 영향을 미친 제도권 교육에 대해 다시 한번 돌아볼 수 있어야 할 것이다.

홈스쿨링 운동은 이 시대의 어떤 사회운동보다도 개인주의와 자기 확신을 잘 드러내고 있다. 그것은 자신의 세계관과 일치되는 방식으로 살기 위한 노력이다. 여기에서 드러난 부모의 관점은 홈스쿨링운동의 부모가 자녀를 어떻게 교육시킬 것인가를 결정할 권리, 그리고 자녀가 맞이하게 될 사회화 경험과 교육과정을 통제할 권리를 가진다는 신념에 기초하고 있음을 시사한다. 홈스쿨링은 가정의 가치와 신념을 국가의 간섭에서 보호하는 동시에 부모가 자유롭게 삶의 방식을 선택하는 것을 허용함으로써 개인의 권리를 확대시킨다.

그러나 홈스쿨링운동의 핵심적 특성이 개인주의이기는 하지만, 이 개인주의가 홈스쿨링을 하는 부모의 가정과 지역사회에 대한 인식을 부정하는 것은 아니다. 홈스쿨링을 하는 부모는 자녀의 교육과 홈스쿨링 공동체, 어떤 경우에는 특정 종교 공동체에 강렬하게 헌신하고 있을 뿐만 아니라 가족 및 지역사회 성원과 긴밀한 유대를 형성하고 있다. 따라서 문제는 홈스쿨링을 하는 부모가 공적 영역에서 탈피하느냐가 아니고, 어느 정도로 그리고 어떤 방법으로 공적 영역에 참여하느냐 하는 것이다. 이 문제에 대한 논의는 홈스쿨링 정책이 수립되는 과정에서 계속 이루어질 것이다.

사회변화의 다양화가 가속화될수록 홈스쿨링의 확산은 물론, 아동과 관련된 교육정책은 점차 실현 가능한 개별화교육을 중심으로 발전될 것이다. 또한 부모의 참여나 책무성을 제고하는 방향으로 나아갈 것이며, 미래의 학교교육은 유연한 접근이 가속화될 것이다. 상호교환이 쉬운 교육 소프트웨어의 질적 향상과 인터넷을 통한 각종 정보활동 범위의 확대 등은 홈스쿨링을 더욱 확산시킬 것으로 보인다. 홈스쿨링은 1990년대에 들어와 사회적 비판에서 벗어나고 있으며, 북미, 유럽, 오세아니아 등 교육선진국에서는 법적으로 인정하는 방향으로 나아가고 있다. 홈스쿨링은 이제 전통적인 학교교육에 대한 대안이라기보다는 개인차를 고려한 적절한 교육활동으로 받아들여지고 있다. 공교육 체제의 홈스쿨링에 대한 수용의 다음 단계는 교육정보와 각종 서비스를 제공하는 결과로 나타날 것이다. 홈스쿨링이 사회적으로 인정되면 교육당국은 가정에서 교육받고 있는 홈스쿨링 학생에게도 교육재정을 지원하게 될 것이다(김홍태, 2001).

홈스쿨링 정책에 대한 이해상충은 홈스쿨링을 하는 부모와 전문 교육제도 사이의 상충하는 도덕적 견해에서 연유한다. 그 투쟁은 양자를 매우 어긋나게 하는 것 같이 보이지만, 도덕적 차이를 공적인 담론을 통해서 좁힐 수 있다고 생각하는 것이 생산적이다. 그것은 교육정책 결정자, 홈스쿨링 실시 부모, 전문적인 교육자, 아동교육에 관심을 가지고 있는 사람으로 하여금 개인적 관심과 공적인 실천 사이의 관계를 다시 생각해 보도록 하기 위해서이다. 우리가 이런 질문을 제기하는 것은 홈스쿨링을 받는 아동을 기존의 학교에 동화시키거나 학교가 그들을 포기하려는 것이 아니라 공동의 선에 기여할 수 있는 전략으로 고안한 것일 뿐이다. 부모와 전문적인 교육자가 자신들의 도덕적 의무를 분명하게 밝히지 않는다면 양자는 서로를 이해하고 관용을 베풀 수 없을 것이다.

우리가 해야 할 일은 무엇이 두 집단을 분열시키는가를 분명히 이해하여 협력을 촉진시키는 것이며, 충분한 정보에 기초한 정책을 수립함으로써 더 이상의 양극화를 막는 것이다. 우리는 홈스쿨링과 기존의 학교 사이의 관계에 대한 문제와 질문을 제기함으로써 그러한 요구에 부응하고자 한다.

제7장 한국 대안학교의 줄기와 분류

1. 한국 대안교육의 다양한 줄기

한국의 대안교육은 비록 역사는 짧다고 볼 수 있으나 다양한 형태로 존속하면서 발전해 왔다. 대안교육을 보는 관점에 따라서 더 많은 유형의 줄기를 만들 수 있거나 혹은 몇 가지 범주로 유형화할 수도 있을 것이다. 대안교육은 비록 각 유형이 서로 지향하는 철학은 같거나 비슷하다 해도 상당히 다양한 양상을 보여 준다. 앞서 살펴본 미국의 사례를 살펴보더라도 현재의 대안교육은 공립학교의 대안적 실천에서부터 학생과 학부모의 자발적인 선택을 중시하는 홈스쿨링에 이르기까지 각기 독특한 형태로 발전하고 있다. 이러한 양상은 대안교육 이념 구현의 다양한 가능성을 보여 주기 때문에 대안교육의 올바른 정착을 위해서라도 바람직하다. 우리나라 대안교육 현실에서 나타나는 다양성 또한 대안적 시도가 어떻게 뿌리를 내릴 수 있는지의 가능성 보여 준다는 측면에서 긍정적으로 평가할 수 있다.

1) 대안교육의 오래된 미래

우리나라에 대안교육이라는 용어가 나타난 것은 1990년대 중반이다. 당시 여러 가지 사회적 여건의 변화와 기존 공교육에 대한 반성적 성찰로 나타났던 것이 대안교육이었다. 그런데 대안교육이라는 용어가 등장하기 훨씬 이전에 오늘날 대안교육이라 칭해지는 대안적 교육 활동을 전개해 온 학교들이 있었는데, 이들 학교는 '대안교육의 오래된 미래' 로 포함시킬 수 있다.[1)]

우리는 대부분 대안교육의 역사가 대단히 일천하다고 알고 있다. 그것은 용어의 등장 시점을 기준으로 삼는다면 10여 년에 불과한 것이기 때문에 충분히 그런 주장이 나올 수 있다. 그러나 이미 오래전에 나름대로의 이상과 전망을 통해 대안적 교육을 묵묵히 실천하고 있는 학교가 있었다. 이를 대안교육의 오래된 미래라 칭할 수 있는데, 풀무농업고등기술학교와 거창고등학교 등이 여기에 속한다. 풀무농업고등기술학교나 거창고등학교의 설립 연도가 1950년대이고 보면 우리나라 대안교육의 역사도 50여 년이 넘는다고 볼 수 있다. 이들 학교의 설립 취지나 설립 이념을 통해 '오래된 미래' 가 무엇인지를 더욱 분명하게 이해할 수 것이다.

풀무농업고등기술학교(이하 풀무학교)나 거창고등학교가 대안학교인가 아닌가의 여부는 외부의 잣대로 규정된 것이다. 우선 대안교육의 '오래된 미래' 에 해당하는 풀무학교나 거창고등학교의 성원들은 그들 스스로 대안학교로 불리기를 주저한다. 대안학교라는 용어가 등장하기 훨씬 이전부터 이미 그들 나름대로 묵묵히 그들만의 교육을 지향해 왔는데 느닷없이 어느 시점부터 대안학교로 규정짓는 바람에 관심의 초점이 되어 버렸다는 점에서 불만을 제기한다. 다시 말해 지금 현재의 기준으로 보면 대안학교

1) '오래된 미래' 는 이미 오래전에 미래 교육에 대한 나름의 전망을 통해 우리 교육이 나아가야 할 방향을 설정하였다는 의미에서 어법적으로 각기 상충되는 용어를 병치시켜 놓은 것이다.

로 규정될 수 있는 학교가 이미 오래전에 존재해 왔기 때문에 외부에 의해 새로운 학교의 형태에 편입되었다는 데 의아해한다. 이런 입장에서 보면 대안학교라는 개념에서도 일관된 입장을 견지할 수 없을 뿐 아니라 어떻게 보면 그럴 필요도 없을지 모른다.

사실 대안학교에서 말하는 대안적인 철학이 교육 전반에서 원만히 이루어지고 있으면 대안학교이고, 비록 제도적으로 대안학교로 규정되었더라도 대안적인 교육을 실천하지 못하면 대안학교로 볼 수 없다. 오래된 미래를 꿈꾸며 50여 년간 묵묵히 제대로 된 교육을 실천해 오고 있는 풀무학교나 거창고등학교의 교육적 성과는 인정받아야 하지만 새로운 개념의 대두로 인해 불필요한 주목을 받는다든지, 논란의 정점으로 떠오르는 것은 적절하지 못하다. 그렇기 때문에 오히려 이 오래된 미래의 학교들이 대안교육의 유형으로서 더 큰 빛을 발하는 것일지도 모른다.

2) 도시형 대안학교

도시형 대안학교는 1970～80년대 야학과 공부방 운동이 1990년대 이후 새롭게 탈바꿈한 유형이다. 대표적인 학교로서는 은평 야학, 남부 야학이 모태였던 '꿈꾸는 아이들의 학교' 가 있다. '꿈꾸는 아이들의 학교' 운영보고(서울시대안교육센터, 2002)에는 "학교를 그만둔 어린이들의 삶을 건강하게 만들어 나가고, 미래의 성인이 될 청소년들이 빈곤의 악순환을 끊을 수 있도록 교육 기회와 인성교육을 제공하며, 공동체 정신을 함양함으로써 청소년들이 사회의 구성원으로 건강한 성인으로 살아갈 수 있도록 한다." 라고 교육목표를 밝히고 있다. 이러한 교육이념의 기조는 현재 '꿈꾸는 아이들의 학교' 의 철학과 교육목표와도 맥을 같이하고 있다.

도시형 대안학교는 그 학교의 설립과정과 특성을 통하여 크게 공립형, 야학형, 자생형으로 구분할 수가 있다. 공립형은 각 지역의 청소년수련관 등 공립 시설의 일정 공간에서 대안학교 사업을 펼치는 형태로서 난나학교, 디딤돌학교, 스스로넷, 하자학교 등이 여기에 속한다. 공립시설이기 때문에 시설, 재정 등 교육여건은 좋은 편이다. 정규 수업의 강사는 경력에 따라 시간당 2만 원 이상의 강사료를 지급받기도 하며, 컴퓨터 설비나 멀티미디어 기기, 실내 체육시설 등을 풍부하게 갖추고 있다. 특징적인 것은 디딤돌학교를 제외하고는 대부분이 예술 분야의 교과목을 중심으로 운영하고 있다는 것이다. 야학형은 본래 야학형이었던 시설을 대안학교로 전환한 시설로서 꿈학교와 씨앗학교가 여기에 속한다. 이러한 학교는 여전히 야학의 틀을 유지하려는 경향이 있다. 이것은 씨앗학교의 경우 정규 수업이 오후 6시부터 시작되는 것에서도 잘 나타난다. 학생들은 5시까지 학교로 등교하게 되어 있다. 또한 상근교사도 1명인데, 대부분의 교사가 대학생으로 학생들과 같이 저녁이 되어서야 학교에 온다. 자생형은 민간 단체에 의해서 자생적으로 형성된 학교로서 아름학교와 민들레사랑방이 여기에 속한다. 이 학교들은 학교 사업 외에도 활발한 사회활동을 하고 있지만 대안학교를 중심 사업으로 운영하고 있다. 이러한 자립성은 곧 재정, 시설 등 여건의 열악함으로 이어진다(김성기, 2003).

대안학교가 새로운 유형의 학교로 주목을 받던 초창기만 하더라도 대부분의 대안학교는 경관이 수려한 시골에 위치했었기 때문에 대안학교는 농촌이나 산골에서만 가능하다고 여겨졌다. 물론 자연과 함께하는 자연친화적 교육과 생태적 체험을 중시하는 교육과정을 고려한다면 대안교육이 이루어지는 곳은 도시보다는 농촌이 더 적합할 수도 있다. 그러나 현실적인 측면에서 보면 우리나라 인구 구조의 특성상 인구의 대다수가 대도시에 몰려 있고 일반학교라 하더라도 농촌은 환경적으로 그 자체가 대안적 교육과정을 운영하기에 적합하기 때문에 도시에서의 대안교육 가능성을 탐색하는 일이 중요하다.

사실 최저 생계를 꾸려 나가고 있는 대부분의 도시 빈민의 삶은 영세한 농민의 삶보다도 더욱더 곤궁하기 짝이 없다. 도시형 대안학교는 가난한 도시 빈민의 자녀들을 돌봐 주는 야학에다가 대안교육의 철학을 접목시켰다는 점에서 도시형 대안학교로 규정할 수 있다. 대안교육을 분류하는 여러 가지 기준이 있지만 사실 소외 계층에 대한 배려는 그다지 큰 문제는 되지 못했다. 경제적 조건에 구애됨이 없이 원하는 사람은 누구나 대안교육을 체험할 수 있는 것이 대안학교요, 대안교육의 철학인 것이다. 이런 점에서 자립형사립고등학교와 큰 차이가 있다. 따라서 우리 사회에서 대안학교가 뿌리를 내렸다는 것은 도시형 대안학교가 제대로 정착하는 것과 무관하지 않다.

그런데 도시형 대안학교로 규정되고 있는 대부분의 학교는 미인가 상태이기 때문에 사회 일각의 관심이나 각종 지원에서 소외되어 있는 것이 현실이다. 이미 알려질 대로 알려져서 제도화가 진전되고 있는 대안학교보다는 도시형 대안학교의 자립 기반을 도와주는 일이 더 시급하다.

3) 공동육아운동

공동육아운동은 교육당사자가 자신들의 교육적 욕구를 스스로 현실화하여 대안적인 교육의 장을 일구어 낸 새로운 모델이다. 산업화, 도시화, 핵가족화에 따라 급격히 변화된 육아환경 때문에 고통받고 있는 부모들과 학생들에게는 '탁아' 수준의 영유아 보호시설이 아니라 바람직한 보육의 장이면서 동시에 폐쇄된 삶의 공간을 열어 줄 공동체적인 만남의 장이 필요하다. 즉, 계층이라는 고정된 기준을 넘어서 지역에 따라 가장 요구가 크고, 당사자의 참여가 가능한 곳부터 대안적인 교육 프로그램을 실현하고자 한 것이 '공동육아연구회'의 '공동육아협동조합' 모델이다. 이 모형은 대안적인 보육과 교육의 욕구를 가진 부모들과 협동조합을 만들어 물적인 기반을 마련하는 한편, '우리 자식은 우리가 함께 키운다.'라는 인식을 바탕으로 하여 자체적으로 운영하는 방식을 취한다.

우리나라 공동육아운동은 1994년 공동육아협동조합 제1호이자 성미산학교의 모태인 '우리 어린이집' 이 서울 마포에서 문을 연 이후 '날으는 어린이집' , '참나무 어린이집' 을 비롯해서 방과 후 교실인 '도토리' 와 '풀잎새' 까지 수십 개의 공동육아협동조합이 생겨났다. 그 후 '우리 어린이집' 은 생활협동조합을 만들어 친환경 먹거리 공동구매를 통해 지역민에게 다가갔으며, 각종 지역의 동아리 결성, 성미산 가을 축제, 숲속 음악회, 마을 운동회를 개최하기도 하였다.

공동육아의 운영은 전문가, 부모, 교사가 모인 이사회를 통해 협동조합 특유의 방식으로 이루어지며, '현장 학교' 를 열어 관심 있는 부모, 교사의 교육에 힘쓰고 그 모델의 지역 확산을 꾀하고 있다. 공동육아 철학에 공감하는 사람들이 몰려들고 지역에서 주목받는 조직으로 성장하면서 학교의 형식에 준하는 기관의 설립이 필요하게 되었다. 공동육아협동조합의 성공적인 운영은 드디어 '성미산학교' 의 개교를 가능하게 하였다. 성미산학교의 교육과정은 전형적인 통합교육의 모델에 따라 나이의 벽이나 정상아, 장애아의 벽을 넘어서 함께 어울리는 교육을 추구하며 생활중심, 상황중심의 교육내용과 아울러 생태주의적인 교육의 바탕을 실현하고자 노력하고 있다(김정희, 1997). 이 협동조합 모델은 무엇보다도 새로운 교육문화에 대한 현실적이고 구체적인 전망과 관련해서 주목해 볼 만한 것이다. 이를테면 앞으로 초 · 중등 교육과정에서 대안학교를 만들게 될 때 학부모나 교사 등 당사자 중심의 협동조합이 주체가 되는 방식은 참고해 볼 만하다.

향후 공동육아운동은 대안교육운동의 한 형태로서 대안적 교육을 꿈꾸는 학부모에 의해서 많은 관심을 불러일으킬 것으로 전망된다. 초 · 중등 단계의 대안학교에 대한 적극적인 관심과 제도적 지원을 감안한다면, 유아교육의 공교육 편입이 가속화되고 있는 시대적 상황은 공동육아운동에 대한 전향적인 지원 체제가 가속화되어야 함을 일러 준다.

4) 아름다운 학교운동

'아름다운 학교운동' 은 일종의 교육문제를 연구하는 공부방이다. 공교육의 문제나 대안교육의 철학에 대해서 수준 높은 발제와 토론을 통해 공교육의 현안과 대안교육상을 그리는 소위 공부 모임이다. 이 모임은 주로 감리교신학대학교 송순재 교수와 성공회대학교의 고병헌 교수의 발제와 토론으로 공부를 해 나간다. 우리나라 대안교육의 정착과 발전에서 송순재 교수와 고병헌 교수의 역할은 대단히 중요하다. 특히 송순재 교수는 동서양의 대안교육 사조와 실천에 대해서 심도 있는 연구를 진행했고 그 연구 성과를 공부방 모임을 통해서 발표하였다. 예컨대, 프랑스의 '프레네학교(Ecole Freinet)' 등 외국의 성공적인 대안학교의 사례를 통해 우리나라 대안교육의 미래를 전망하는 작업도 그에 의해서 수행되었다.

이 모임의 연구주제는 평화교육, 생명교육, 양성평등 교육, 몸 이해 교육 등이다. 아름다운 학교운동은 대안교육의 성격과 철학을 정립해 나가는데 많은 이론적 틀을 제공하고 있다. 이 아름다운 학교운동은 일종의 사회운동의 형식이라기보다는 아름다운 학교를 꿈꾸는 사람들의 자생적 공부모임이다. 이러한 모임은 대안교육뿐 아니라 공교육 전반의 개혁 모형에 대한 청사진을 제시하는 데 유용하며, 또 대안교육이 하나의 사회운동으로 성장하는 기본 단위가 된다는 측면에서 대단히 중요하다.

우리나라 대안교육의 근본적인 한계는 오랜 역사와 전통을 가지고 있는 서구 대안교육과 달리 대안적 철학의 미비에 있다. 아름다운 학교운동은 대안교육의 철학적 한계를 극복하도록 지속적으로 자극하였다. 상당수 대안교육운동가는 아름다운 학교운동과 같은 학습조직과 대안적 철학을 공유하고 있다. 그런 점에서 아름다운 학교운동은 대안교육의 자양분을 제공하고 있다고 보아야 할 것이다. 대안교육의 역사가 훨씬 깊고 다양하게 전개되고 있는 서구의 사례는 대안교육의 한국적 토착화에 많은 시사점을 안겨 줄 수 있다. 사실 우리나라 대안학교의 철학이나 운영 방식의 상당 부분이 서구의 사례를 통해 제공되고 있다. 프레네, 몬테소리, 슈타이너, 닐 등 서구의 선구적인 교육 실천가의 노력은 한국 대안교육에 철학적 자양분으로 작용하고 있다. 아름다운 학교운동은 최근에는 교실 현장에서 직접 적용할 수 있는 소재를 중심으로 심도 있는 학술적 논의를 전개하고 있기도 하다.

5) 대안교육운동가와 교사의 노력

(1) 대안교육운동가의 노력

여기서 '운동' 이라는 의미는 단순히 대안적 철학을 인식하고 있는 수준을 넘어 사회변화를 위해 직접 행동화하고 보급하려는 적극적인 노력을 기울인다는 것이다. 그런 점에서 본다면 대안교육이라는 이름으로 본격적으로 대두된 초창기 대안교육은 이들 운동가들에 의해 주도되었다. 사실 그 이전까지만 해도 대안교육이라는 이름도 없었고 또 교육 체제 자체가 경직되고 학업성취의 양적 평가로 교육의 질을 판단하던 시기였기 때문에 진정한 교육의 가치를 고민조차 할 수 없는 환경이었다. 1995년 8월에야 비로소 교육의 올바른 상을 추구하며 새로운 교육을 꿈꾸던 사람들에게서 대안교육이라는 용어가 대두되었으며, 이들로부터 대안학교가 설립되기 시작했다. 사실상 초창기 대안학교는 바로 이들 대안교육운동가에 의해 주도되었다고 보아야 할 것이다. 여기에는 대안교육의 이론과 철학을 소개하는 도서출판 민들레의 현병호, 간디학교 설립자 양희규, 민들레학교의 김희동 등을 들 수 있다. 대안교육운동가는 학교 설립 후 각종 현안에 공동으로 대처하고 교육 프로그램을 공유할 뿐 아니라 대안학교 교사 양성 등에서 대안학교 간 협조의 필요성이 대두됨으로써 대안교육연대를 창설하여 오늘날 활발하게 운영하고 있다.

아름다운 학교운동이 대안교육의 철학과 이념을 설정해 주었다면 대안교육운동가는 현실 속에서 실천하려고 노력한 사람들이다. 이들이 추구한 대안교육의 실천 양상도 아주 다양하다. 어떤 운동가는 인가를 받지 않은 상태에서 직접 학교를 설립하여 대안적 교육을 실천하려 하였고, 어떤 운동가는 제도교육의 보완적 활동으로 계절형 대안학교나 주말 프로그램을 운영하기도 하였으며, 또 다른 운동가는 대안교육의 학문적인 성과와 운영 사례를 정기적인 잡지 발간을 통하여 일반에 보급하고 있다.

한편 귀농운동이나 농민운동가에 의해서 자생적인 학교 설립 움직임도 있었다. 도시생활을 접고 귀농을 결심한 이들이 모여서 학교를 만들고 그 학교에서 각종 대안적 교육활동을 펼치고 있는데, 경남 산청이나 충북 제천의 귀농학교가 대표적이라 할 수 있다. 전 충북대학교 철학과 윤구병 교수가 설립한 전북 부안의 '공동체 학교'는 공동체 마을의 교육기관이다. 이들은 정부가 교육을 어떻게 해 주기를 바라거나 비판하는 것에 머물지 않고 우리 스스로 이런 교육을 해 보겠다는 구체적인 청사진을 가지고 '새로운 학교제도의 건설'을 시도하고 있다. 종전의 학교개혁 운동이 대안 없는 비판이라는 소극적 비판 운동에 머물렀다면, 지금은 단순히 교화와 강제를 벗어나는 탈권위주의 운동이 아니라 구체적으로 '새로운 학교'를 만드는 대안학교의 건설 운동으로 구체화되고 있다.

(2) 교사운동

현대적인 시각에서 본다면 우리나라 현대교육의 역사는 보잘것없다. 현대식 교육 체제가 처음으로 소개되던 구한말의 경우 독자적인 민족문화에 기반을 둔 교육 체제가 뿌리내리기도 전에 외세에 의해 국가 통치권력이 좌지우지되는 상황이었기 때문에 현대교육의 맹아는 고난의 연속이었다. 이후 전개된 일제 식민통치나 미 군정의 교육정책은 강대국의 지시에 의해 강압적으로 통치되던 시기였다. 이런 상황 속에서 해방 후 15년이 지난

1960년대 초에 교원노조운동이 일어난 것은 특기할 만한 사실이었다. 그러나 뒤이은 군사정변으로 교원노조는 탄압의 대상이 되었고 결국 하나의 개혁운동으로 뿌리를 내리지도 못하고 좌초되고 말았다.

그 후 30년 가까운 암울한 군사 정부의 통치 시기가 지나고 정치적 · 사회적 민주주의 열풍이 불어오던 1980년대 후반에서야 비로소 전국교직원노동조합의 전신인 전국교사협의회운동으로 1960년대의 교원노조운동은 재점화될 수 있었다. 민족, 민주, 인간화 교육을 표방한 전교조는 초창기 불법단체이었음에도 수많은 고초를 겪으면서 그들이 꿈꾸는 학교개혁의 청사진을 제시해 나갔다. 전교조 운동이 표방하였던 민족 · 민주 · 인간화 교육은 대안적 학교에 대한 상상력을 고조시켰으며, 당시 왜곡된 공교육의 횡포에 대한 반성적 성찰을 가능하게 하였다. 이들 중 상당수 교사는 학교에서 해직되었으며, 그들의 개혁적인 청사진은 후에 대안교육으로 계승되었다. 해직교사의 상당수는 그들이 꿈꾸는 학교를 대안학교에서 찾고 미인가 대안교육기관에서 그들의 소신을 이루려고 하였다. 해직되지는 않았지만 제도권 내에서 활동하던 전교조 교사는 그들의 자녀를 대안학교에 취학하든지 대안학교 연수프로그램에 참여하는 등의 활동을 통하여 직 · 간접적으로 대안학교 운영에 참여하였다. 이러한 사실을 통하여 전교조 운동은 우리나라 대안학교의 저변 확대에 상당한 기여를 했음을 알 수 있다. 그들이 꿈꾸던 교육의 이상향을 현실 속에서 실천하고자 하였고, 실제로 대안학교 교사의 상당수가 해직교사 출신이었다.

교육민주화 운동으로 일컫는 이러한 움직임을 통해 조금씩 나타나기 시작한 '참교육' 의 이념은 교육의 본질이 무엇인지를 많은 사람에게 깊이 깨닫게 하는 계기로 작용하였다. 그 이념이 문민정부의 등장과 함께 교육 민주화 운동의 성과를 발전적으로 계승하면서 '교육개혁' 으로 구현되기 시작하였다.

6) 종교단체와 교육 관계 당국의 움직임

(1) 종교단체의 움직임

대안교육 특성화학교는 대부분 종교단체에 의하여 설립되었다. 원불교 재단의 영산성지고등학교, 경남 합천의 원경고등학교, 경주화랑고등학교를 비롯하여 기독교 재단의 세인고등학교, 산마을고등학교, 한빛고등학교, 천주교 재단의 양업고등학교 등을 들 수 있다. 종교단체가 대안학교 설립을 가속화시켰다는 것은 한국 대안학교의 두드러진 특징이다. 사실 우리나라 중등학교의 절반 이상이 사립학교이며 그 사립학교는 대부분이 종교단체에 의해 운영되고 있기 때문에 대안학교 설립과 운영에도 이러한 한국적 특수성이 반영된 듯하다. 종교단체는 비영리단체인 학교를 통하여 교리나 복음을 전파할 수 있을 뿐 아니라 인재양성이라는 사회적 책무성을 다하는 것이기 때문에 자연히 학교설립에 적극적일 수밖에 없다. 더욱이 대안학교는 일반 사립학교와 달리 교육과정 운영의 특례 규정을 적용받기 때문에 종교적 특성에 바탕을 둔 특색 있는 교육과정 운영이 가능하다.

또 한편으로는 종교단체에서 운영하지만 이들 학교는 독립된 학교 법인이기에 학교 운영에 필요한 자금 확보가 용이하다는 것을 들 수 있다. 아무리 학교설립에 대한 준칙주의가 적용이 되더라도 대안학교를 설립하고 운영하려면 용지확보에서 건축비와 시설 유지비, 교원인건비, 교육과정 운영에 따른 경비 등 막대한 경비가 소요되기에 개인이 하기에는 힘에 부치는 것이 현실이다. 종교단체에서 학교를 설립하여 운영한다면 법인의 전입금을 통해 자금 조달이 가능하기 때문에 그만큼 학교설립이 용이해진다.

종교단체에 의해 설립이 가속화된다는 것은 두 가지 의미를 가진다. 먼저 부정적인 측면에서 본다면 종교단체에 의해 설립될 경우 그 의미는 대안적 철학이 특정 종교의 교리나 사상에 구애됨을 뜻한다. 종교의 종교 나 뼘을 떠나 종교단체가 지원하는 대안학교는 순수한 대안교육의 철학에서 본다면 특정 종교에서 자유로울 수 없다. 종교적인 이해관계를 떠나 보편적인 진리를 전수하는 것이 바로 대안학교라고 볼 수 있기 때문이다.

그러나 또 다른 입장에서 본다면 대안학교를 설립한 종교는 편향적인 교리를 강요하는 종교단체가 아니라 보편적인 인류애를 기반으로 하는 종교이기 때문에 오히려 대안교육의 철학 속에 종교적 신념이 스며들어서 일반 공교육에서 구현할 수 없는 학생관을 보여 주고 있기도 하다. 기독교나 천주교와 같은 인류의 보편적인 종교는 말할 것도 없고 학생 개개인을 부처로 대하고 그들의 원만한 성장을 돕기 위해 노력하는 원불교의 종교적 신념은 대안교육의 신념으로 승화되어 더욱더 빛을 발하고 있다.

(2) 교육 관계 당국의 움직임

교육 당국에서도 대안학교에 대해서 전향적인 모습을 보이고 있다. 초창기 대안학교 태동기에는 부정적인 시선으로 보다가 이후 인가형 특성화 대안학교로 제도권 내에 편입시켰다. 그 후 대안학교 수를 획기적으로 늘리며 점증하는 학업중단 청소년 문제에 대한 대안으로서 위탁형 대안학교를 제안하고 있다. 물론 각 시도에 산재해 있는 여러 유형의 대안학교를 둘러싼 행정 관청의 일관되지 못한 행태로 혼란을 겪고 있는 경우도 있지만, 대안학교의 법제화를 통하여 정규학교로서 자격을 갖추고 미인가 대안학교의 학력인정 방안도 전향적으로 검토되고 있음을 볼 때 중앙교육행정기관의 대안교육에 대한 인식은 파격적으로 변해 왔다고 해도 과언이 아니다.

교육 당국의 대안교육에 대한 태도는 상당히 많은 변화를 거쳐 왔다. 대안교육이 등장하던 초창기만 하더라도 교육당국의 대안교육에 대한 태도는 상당히 부정적이었다. 왜냐하면 공교육 문제에 대한 대안으로 대안교육을 주창했던 상당수가 당시 불법 단체였었던 교원노조 해직교사 출신이고 국가적인 차원에서 공교육의 개혁 방안을 강구하던 상황에서 제도교육의 문제점을 지적하는 이들이 달가울 리가 없었기 때문이다. 그러다가 1995

년 당시 5 · 31 교육개혁안이 주창하였던 자율화, 다양화의 슬로건과 열악한 재정 환경에서도 놀랄 만한 운영 성과로 관심을 모았던 영산성지고등학교 등의 사례를 통하여 점차 제도교육에 대한 대안으로 대안학교를 주목하기 시작하였다. 이때 언론에서는 앞 다투어 학교붕괴 현상에 대한 범사회적 위기감을 고조시키면서 동시에, 당시 대안학교로 규정되었던 거창고등학교, 풀무학교, 영산성지고등학교의 성공적인 학교운영 사례를 집중적으로 보도하였다.

이러한 상황 속에서 1998년 드디어 6개 대안학교가 특성화 학교로 정식 인가를 받고 출범하였고 점차 그 수가 늘어나면서 2008년 현재 전국에 고등학교 21개교, 중학교 8개교 등 총 29개 학교가 특성화 중고등학교로 지정받아 운영 중에 있는데, 앞으로도 그 수가 더욱 늘어날 것으로 보인다. 2000년 이후 교육당국의 대안교육에 대한 관심은 더욱 높아져서 대안학교에 대한 각종 정책 연구가 빈번해지다 결국 대안교육 법제화가 논의되기 시작했다. 급기야 2006년도에는 대안교육 특성화 학교로 지정되지 못한 미인가 대안교육기관도 정식 학력으로 인정해 주는 안을 통과시켰으며, 그 후속 조치로 2007년도에는 「대안학교의 설립 · 운영에 관한 규정」(대통령령 제20116호: 2007. 6. 28. 공포)이 제정되어 대안학교의 학력 인정과 대안학교 설립에 대한 가이드라인을 구체적으로 제시하였다.

이제 대안교육은 공교육 보완의 새로운 시도로서 법적인 지위를 누리게 되었다. 그런데 대안교육기관의 급속한 제도화는 반드시 반길 만한 일은 아니다. 인가받은 학교는 물론이고 미인가 대안교육시설에까지 정부가 재정 지원을 하겠다는 것은 그만큼 국가의 규제도 커진다는 말이기 때문이다. 재정 지원이나 학력 인정은 공적 영역에 속하는 사안이기 때문에 국가가 규정하고 있는 틀 속에서 운영되기를 기대할 것이고, 그렇게 되면 그동안 척박한 환경 가운데서 그나마 누려 왔던 대안적 자율성이 훼손될 것이기 때문이다.

대안교육의 줄기가 정형화된 틀 속에 있는 것은 아니다. 한국에서는 대안교육의 철학이 명확히 정립되어 있지 않을 뿐 아니라 미인가 대안학교를 포함하면 너무나 다양한 방식으로 전개되고 있기 때문에 처음부터 대안교육을 정의하기란 매우 어려운 일이었다. 더구나 대안교육 실천의 급속한 확산과는 달리 이론적인 측면의 노력이나 성과는 상대적으로 저조하였다. 이러한 문제는 한국 대안교육의 실천이 비제도교육 부문에 종사하는 이른바 '비전문가'에 의해 주도되었다는 데에서 찾을 수 있다. 그동안 대부분의 교육 전문가는 대안교육에 대한 사회적인 관심이 확산된 이후에도 전통적인 학교중심의 교육에 시야를 고정시키고 있었던 것이다.

2. 한국 대안학교의 분류

대안학교를 분류하기 전에 대안학교의 범위를 어디까지로 설정해야 하는가를 짚어 보아야 한다. 예를 들어, 초기에는 거창고등학교가 대안학교의 대표적인 사례로 꼽혔으나, 이제는 그렇게 보는 시각이 많지 않다. 열린교육이나 그와 유사한 형태로 기존의 학교에서 대안적인 교육실천을 하는 것 또한 대안학교로 보기에는 모호하다. 그런가 하면 초기에는 다양한 형태로 학생들에게 학교교육과는 다른 경험을 제공하는 계절제 프로그램이나 방과후 활동이 대안교육 프로그램으로 각광을 받았지만, 이제는 그와 유사한 프로그램이 거의 일반화된 형편이어서 대안교육이라는 조명을 더 이상 받지 못하는 면도 있다.

이는 대안학교라는 것이 접근 시각이나 사람에 따라 천차만별일 수 있음을 보여 준다. 여기에서 제시하고자 하는 대안학교의 분류는 엄격한 개념에 바탕을 두었다기보다는 몇 가지 잠정적인 기준에 따라 분류되고 있음을 밝힌다. 그 기준은 무엇보다도 앞에서 제시한 대안교육의 성격을 인식하고 명시적으로 그에 따른 실천을 지향하는 학교 또는 프로그램에 두었다. 이 말은 여기에서 언급되지 않는 곳에서도 얼마든지 대안교육적 실천이 있을 수 있음을 의미한다.

1) 제도권과의 관련 정도에 따른 분류

〈표 7-1〉은 대안교육운동가인 김희동의 초창기 분류로서 대안교육운동의 활동 유형을 크게 제도교육 '밖' 의 대안교육, 제도교육 '속' 의 대안교육, 제도교육 '곁' 의 대안교육으로 나누고 있다.

첫째, 제도권 '밖' 의 대안교육은 제도교육의 한계를 인식하고 그것을 넘어서는 대안적 사회를 구성하면서 새로운 교육을 시도하려고 한다. 학교 밖의 대안교육은 학교라는 공간 자체를 거부하는 흐름, 즉 제도권 밖에서 지역특성에 맞는 '작은 학교' 를 설립하려는 움직임이다. 사회 체제에 대한 변화와 새로운 가치를 생산하는 '탈학교론' 의 구상이다.

둘째, 제도교육 '내' 의 대안교육은 제도교육의 가치를 방법적 차원에서 새로운 교육방식을 도입하여 열린 학습을 시도하려고 한다. 이 모형은 제도 교육의 틀 속에 있는 작은 틈새를 이용하여 교육실천을 하려고 한다. 이런 형은 대안적 제도를 추구하기보다는 대안적 교육과정을 마련하여 제도

표 7-1 제도권과의 관련 정도에 따른 대안학교 분류(위치에 따른 분류)

구 분	내 용	학 교
제도교육의 틀 속	교육과정 유영이나 학교 운영에서 국가의 감독과 통제를 받는 공·사립학교	푸른꿈고등학교, 한빛고등학교, 간디학교, 영산성지고등학교, 경주화랑고등학교 등 특성화 고등학교
제도교육의 틀 곁	정규학교는 아니지만 각종 학교인 학력인정 고등학교와 같은 형태	풀무농업고등기술학교, 실상사 작은 학교
제도교육의 틀 밖	제도교육과 무관하게 이루어지는 자유로운 형태의 대안교육	홈스쿨링(가정학교), 들꽃피는 학교, 간디청소년학교, 각종 공부방

의 틈을 비집고 들어가 정규 학교의 영역 내에서 다양한 교육 프로그램과 개방된 수업 등을 시도한다. 교육과정과 수업방식의 변화를 통한 '열린 교실 모형' 이라고 할 수 있다. 셋째, 제도교육 '곁' 의 대안교육은 제도교육 속에서는 대안교육을 할 수 없지만 제도교육 밖에서 새로운 교육 프로그램을 가지고 학교나 방과 후, 주말, 방학기간을 통하여 자유롭게 교육활동을 시도한다. 제도교육을 받는 아동에게 새로운 내용을 제공하여 제도교육의 폐해를 덜 받게 하고 나름대로의 비판력을 키우려는 '자유학교 모형' 이라고 할 수 있다. 이 분류방식은 비교적 분류의 틀은 잘 갖추어져 있는 듯하지만 관점에 따라서 내용이 달라질 수 있다는 허점이 있다.

2) 대상에 따른 분류

〈표 7-2〉에서 나타난 바와 같이 대상에 따른 분류방식은 기본적으로 연령을 중심으로 유아(만 3~5세), 아동(만 6~11세), 청소년(만 12~18세)으로 분류해 보고 특수한 형태로서 비행 및 가출 청소년과 부모의 보호를 받지 못하는 시설아동 · 청소년까지 고려한다. 이를 간략히 살펴보면 다음과 같다.

첫째, 유아학교형 대안교육을 들 수 있다. 현재 한국에는 대안교육을 둘러싼 논의가 주로 초등학교 이후의 학생을 대상으로 한 영역에서 이루어지고 있다. 그러나 대안교육이 추구하는 참된 가치가 어릴 때부터 교육되어질 때 더욱 의미가 클 것이다. 이 같은 견지에서 출발한 대안적 육아운동이 '공동육아' 이다.[2] 1994년 서울의 '우리 어린이집' 이 처음 문을 연 이래 서울과 지방에 300여 개의 공동육아시설이 세워지고 있다. 공동육아형 학교

2) 공동육아는 친자연주의, 공동체주의, 평등주의, 시민자치주의 같은 철학을 바탕으로 하는 대안육아운동이다. 최근 공동육아 어린이집이 여러 지역에서 새로 생겨나고 있고, 사회적인 관심이 높아지는 것으로 보아 공동육아의 긍정적인 면이 공감을 얻고 있는 것으로 보인다.

표 7-2 대상에 따른 대안학교 분류

유형	학교명	개교 연도	소재지	인터넷주소	비고
유아학교	꿈꾸는 어린이집	2005	서울시 강북구 우이동	http://club.paran.com/dreamchild	생활교육 중심
	삼각산재미난학교	2004	서울시 강북구 수유동	http://www.sjaeminan.org	자연친화적 교육
	소꿉마당	2001	강원도 원주시 판부면	http://www.sokub.net/	원주 공동육아협동조합
	해맑은 어린이집	1997	인천시 계양구 계산동	http://www.proj/main/inde..	환경친화적 교육 강화
	씽씽어린이집	2002	부산시 부산진구 양정동	http://www.proj/main/inde..	부산 공동육아협동조합
초등학교	하나인학교	2005	경기도 파주시 헤이리	http://www.hanain.net	9년제 초중통합과정
	맑은 샘학교	2005	경기도 과천시 과천동	http://home.freechal.com/mmooll	우리말 교육 중시
	문화교육들살이	2002	제주도 서귀포 성산읍	http://www.dulsari.net/	폐교 활용 기숙학교
	무지개교육마을	2003	경기도 과천시 별양동	http://www.moojigae.or.kr	초등 6년제 마을학교
	두레학교	2005	경기도 구리시 교문동	http://dooreschool.net	두레교회 부속학교
	꿈틀자유학교	2005	경기도 의정부 용현동	http://www.ggumtle.or.kr	자유와 개성 존중 실천
	꽃피는 학교	2003	하남과 대전에 2곳 운영	http://www.peaceflower.org	개교 시 교명 푸른숲학교
	구름산자연학교	2005	경기도 광명시 노온사동	http://www.gurmsan.org	자연친화적 프로그램
	광명 YMCA 볍씨학교	2001	경기도 광명시 하안동	http://byeopssi.org	최초의 초등 대안학교
	과천자유학교	2002	경기도 과천시 갈현동	http://gcfreeschool.x-y.net	발도르프교육 실천
	고양자유학교	2002	경기도 고양시 지영동	http://www.jayuschool.org	한 학년 7명의 작은 학교
	열음학교	2005	경기도 부천시 송내1동	http://cafe.daum.net/yeuleum	지역과 함께하는 학교
	성미산학교	2004	서울시 마포구 성산동	http://www.sungmisan.net/	주민자치 학교
	삼각산재미난학교	2004	서울시 강북구 수유동	http://www.sjaeminan.org	공동육아의 연장
	어린이학교	2002	경기도 포천시 소흘읍	http://www.sarangbang.org	사랑방공동체 학교 중 하나
	벼리학교	2002	경기도 안양시 관양동	http://www.byuri.org	안양 YMCA에서 설립
	산어린이학교	2005	서울시 마포구 서교동	http://san.gongdong.or.kr/	공동육아의 연장
중학교	문화교육들살이	2002	제주도 서귀포 성산읍	http://www.dulsari.net/	폐교 활용 기숙학교
	영남전인학교	2002	울산시 울주군 삼동면	http://cafe.naver.com/0to100yjs.cafe	초중등 통합 3년제 과정
	꽃피는 학교	2003	충북 제천시 봉양읍	http://peaceflower.org/	통전학림 학교 중 하나
	산자연학교	2002	경북 영천군 화북면	http://www.sanschool.org	초중고 통합형 학교 계획
	간디마을학교	2005	경남 산청군 신안면	http://gandhivillage.net	홈스쿨링 방식 채택
	전인자람학교	2005	강원 춘천시 동산면	http://jr.jeoninschool.net/	학교법인 전인학원
	곡성평화학교	2006	전남 곡성군 석곡면	http://www.gopeaceschool.net	계절형 학교 병행
	참꽃작은학교	2005	강원도 원주시 귀래면	http://chamschool.or.kr	계절형 학교로 출발
	성미산학교	2004	서울시 마포구 성산동	http://www.sungmisan.net	주민자치 학교
	산돌학교	2004	경기 남양주시 수동면	http://www sundol or kr	학년당 25명의 작은 학교
	마리학교	2003	강화군 양사면 덕하리	http://www.mari.or.kr	주말학교로 시작
	대안교육 특성화 중학교(인가) 8개교				
고등학교	풀무농업고등기술학교	1958	충남 홍성군 홍동면	http://www.poolmoo.or.kr/	전인교육 지향 기술학교
	간디자유학교	2002	충남 금산군 남이면	http://www.gandhifree.net/	사랑과 자발성의 교육
	대안교육 특성화 고등학교(인가) 21개교				

는 기존의 유아교육이 유아의 창의성을 발휘하거나 즉흥적인 표현 능력을 발표할 기회가 주어지지 않는 것에 대한 대안적 프로그램인 '상황중심교육' 을 실시하고 있다.

이와 같은 노력은 모두 현재의 제도적 유아교육이 안고 있는 문제에 대한 의문과 비판의식에서 출발한 것으로서, 이러한 교육기관을 졸업한 아동이 초등학교와 중 · 고등학교에 진학할 때에는 제도권 교육에도 상당한 영향을 주게 될 것이다. 이는 학생뿐 아니라 이들에게 대안교육에 참여할 수 있도록 배려한 부모에 의해서도 실천적으로 표면화될 수 있다는 데 더 큰 의의가 있다.

둘째, 초등학교 단계의 어린이 학교형이다. 현재 한국에서 어린이를 대상으로 제도권 교육 밖에서 새로운 대안학교를 설립하여 운영한다는 것 자체가 어려운 일이다. 따라서 서울을 중심으로 한 수도권 지역(신도시)에서는 방과 후 프로그램을 통해서 새로운 모습의 대안교육을 일구어 나가고 있다. 특히 1960년대 이후 이촌향도 현상으로 인한 도시로의 인구집중 현상과 관련하여 노골화된 도시 빈민층과 하층 노동자를 교육하면서 구체화되기 시작했다. 먼저 1983년 하월곡동의 '산돌 공부방' 에서 시작한 이러한 공부방 활동은 종교와 설립배경 운영방식에는 다소 차이가 있지만 소외된 지역의 교육을 돕는 데 큰 역할을 담당하였다.

셋째, 중고등학생이 대상인 청소년 학교형을 들 수 있다. 현재 한국에서 가장 다양하고 폭넓은 형태로 일구어지고 있는 대안학교가 청소년 학교의 유형일 것이다. 이 유형은 '특성화 중고교' 로 인가를 받은 29개 학교와 미인가형 대안학교를 말한다. 교육부에서 인가를 받지 못했으나 인가 예정에 있거나 개교를 준비 중인 학교도 있고, 각종 학교의 형태로 계속 그 특수성을 유지해 나가는 학교도 있다.

마지막으로, 주말학교 형태로서 충남 논산의 에덴청소년학교를 비롯해 각종 종교단체에서 운영하는 학생회 활동을 들 수 있다. 이는 단순한 종교적 행위에 그치지 않고 교육이념과 철학에 바탕을 둔 프로그램이 실행될 때 가능하다.

3) 운영형태에 따른 분류

운영형태에 따른 분류는 〈표 7-3〉에서 보는 바와 같이 정규학교형, 계절학교형, 방과 후 프로그램형, 유아교육 프로그램형으로 나눌 수 있다. 이 분류는 대안교육이 이루어지는 형식에 따라 분류한 것이다.

표 7-3 운영형태에 따른 대안학교 분류(형식적 분류)

형태	학교명	소재지	인터넷주소	특 징
정규학교형	부천실업학교	경기도 부천시 오정동	http://www.jalani.or.kr/	• 근로청소년을 위한 직업기술학교
	풀무농업고등기술학교	충남 홍성군 홍동면	http://www.poolmoo.or.kr/	• 무두무미의 정신을 실천하는 기숙학교
	들꽃피는학교	경기도 안산시 와동	http://www.wahaha.or.kr/	• 숙식을 함께하며 사회적응 교육
	인가 특성화 중고등학교 29개교			
계절형 프로그램	청소년과 놀이문화 연구소	경기도 남양주 와부읍	http://www.ilf.or.kr	• 계절 및 주말학교 형태
	삼무곡자연학교	강원도 삼척시 원덕읍	http://club/main/club_main.asp/	• 3무(無主, 無計, 無非)의 지혜를 배우는 초등과정 대안학교
	대안문화학교 달팽이	경기도 안성시 금광면	http://www.dalpeng2.com/	• 초 · 중 · 고 · 성인 대상 문화예술교육
	산골놀이학교	충남 공주시 반포면	http://www.nol2.or.kr	• 전래놀이로 풀어 가는 계절형 대안학교
	참나무와 도토리 현장학교	경기도 의왕시 청계동	http://www.chamnamu.com/	• 체험 위주 주말학교와 월 1회 이행학습
	월악민속놀이학교	충북 제천시 덕산면	http://www.woorii.co.kr/	• 4계절 프로그램, 전통문화 체험, 영농 체험
	성남창조학교	성남시 분당구 정자동	http://coop.jinbo.net	• 성남 주민생활협동조합에서 운영
	다물자연학교	서울시 양천구 목2동(강원도 홍천 배움터)	http://www.damool.or.kr/	• 계절학교, 늠새학교, 역사학교, 자연사교실 운영

방과후프로그램	공동육아 어린이집	서울시 마포구 서교동	http://www.gongdong.or.kr/	• '꿈꾸는 어린이집' 등 전국 50여 곳 운영
	꾸러기 학교	경기도 포천시 소홀읍	http://www.sarangbang.org	• 교회내의 학령전 어린이를 대상으로 한 종일 교육
	여럿이 함께 만드는 학교	경기도 안성시 삼죽면	http://www.tmg21.net/all/sponsor/	• 그리스도의 삶을 지향하는 지역사회학교
	서울지역공부방연합회	서울시 종로구 이화동	http://www.gongbubang.org/	• 주로 대학생 자원봉사자가 방과 후 교육 활동
	구름산자연학교	경기도 광명시 노온사동	http://www.gurmsan.org	• 자연과 함께하는 체험 위주의 교육 실천
홈스쿨링	학교너머	충북 제천시 덕산면	http://www.schoolbeyond.org/	• 홈스쿨러 간 정보 공유를 위해 제천 간디청소년학교에서 운영
	풀꽃처럼	강원도 인제군 기린면	http://www.schoolbeyond.org/	• 학생, 부모, 담임교사, 멘토의 인적 자원 네트워크 구성
	작은 학교	경기도 분당구 정자동	http://www.humanedu.net/	• 원푸리(예명) 씨 네 가족의 귀농과 홈스쿨링

정규 학교형은 일반학교와 같은 형태로 운영되는 형태로서 인가받은 특성화 중고등학교와 풀무고등기술학교가 대표적이라 할 수 있다. 계절학교형은 여름 혹은 겨울방학 동안을 이용하여 교육이 이루어지는 형태로서 대표적인 것은 대구의 민들레학교를 들 수 있다. 방과 후 프로그램형은 학생들이 학교활동이 끝난 다음 동네에서 이루어지는 말 그대로의 방과 후 프로그램 학교로서 도시빈민을 대상으로 하는 서울지역공부방 연합회가 대표적이다.

4) 성격에 따른 분류

성격에 따른 분류는 외국 대안학교와 관련 정도를 고려한 것으로 자유학교형, 생태학교형, 고유이념형, 재적응형 대안학교의 네 가지로 분류한 것이다.

〈표 7-4〉에서도 알 수 있듯이 서머힐은 원래 자유학교형 대안학교로 분류할 수 있으나 재적응형의 성격도 다소 띠고 있다는 것을 볼 수 있다. 고유이념 추구형의 학교에는 앞에서 살펴본 바와 같이 슈타이너(R. Steiner)의

인지주의 교육사상을 체계적으로 실천하는 발도르프학교가 대표적이며, 몬테소리학교, 프레네학교 등과 한국의 거창고등학교도 이 범주에 포함시킬 수 있다.

한편 정유성(1999)은 한국 대안학교를 정규 학교형 대안학교, 비인가 상설 대안학교, 계절제 또는 방과 후 프로그램 대안학교, 가정학교(homeschooling)의 네 가지로 분류하고 있다. 이수일(1997)은 대안교육의

표 7-4 성격에 따른 대안학교 분류

구 분	국외의 경우	국내의 경우	특 징
자유학교형 대안학교	서머힐(영) 자유대안학교(독) 기노쿠니학교(일)	영산성지 고등학교	1970년대 미국, 독일 등지에서 등장한 이후 꾸준히 증가하고 있는 것으로 학교설립의 주된 동기는 종래의 학교교육이 지나치게 아동을 통제, 억압하며 교사 중심의 교육이 이루어지고 있음을 비판하고, 아동의 무한한 잠재 가능성에 대한 굳은 신념을 기초로 하는 교육을 실천하고자 한다.
생태학교형 대안학교	하트랜드의 작은 학교(영)	간디학교	이 학교는 마을 안에서 소규모의 학생들을 대상으로 지식교육뿐만 아니라 의식주에 관련된 기본적인 활동을 교육내용으로 삼고, 마을의 다양한 생산자가 교사로 봉사하는 것으로 유명하다. 주로 생태와 노작, 지역사회와 학교의 결합을 중시한다.
고유이념형 대안학교	발도르프 학교	풀무농업 고등기술학교	독특한 교육이념과 방식을 바탕으로 대안교육을 실천한다. 풀무학교의 경우 기독교 신앙을 바탕으로 지역사회와 일체화된 교육을 지향한다.
재적응형 대안학교	생활학교(일본) 서머힐(영)	영산성지 고등학교, 경주화랑 고등학교	주로 일반 학교에서 중도탈락한 학생을 대상으로 하며 교사의 헌신적인 노력이 요구된다.

성격에 따라 대항교육, 보완교육, 실험교육으로 분류하기도 한다. 이수일은 교육의 모순을 극복하려는 움직임을 크게 두 가지로 보고 있다. 하나는 제도 안에서 이를 거부하거나 개혁하려는 대항교육적 노력으로서, 한국에 공교육 제도가 도입된 일제시대 이래 꾸준히 계속되었다고 본다. 민족말살 정책으로 시행된 일제의 황국 신민화 교육에 대한 거부운동, 해방 후 국립대학안 반대투쟁, 1960년대 초반의 교원노조운동과 1980년대 후반 전교조의 참교육운동 등이 대표적이라 할 수 있다. 또 한 축으로 공교육 제도 밖에서 독자적인 학교를 설립함으로써 공교육에 대한 대항운동을 직접 실천해 온 흐름으로 일제시대의 노동야학운동, 무교회주의 기독교 복음에 기초한 풀무학교, 영산성지고등학교가 이에 속한다고 본다.

고등학교 과정은 정규학교로 인정되어 계속 늘어가고 있는 것에 비해 계절학교 유형이나 방과 후 프로그램은 각자의 지향하는 이념에 따라 다양한 실천을 해 나가고 있으며, 독자적인 학교를 꿈꾸며 구체적인 계획을 세워 놓은 곳도 있다.

현재 정규학교로 운영되는 대안학교는 추구하는 이념이나 학생 구성원의 성격에 따라 다양한 교육을 해 나가고 있다. 대안교육의 특성상 이들 학교를 특정 분류 틀로 묶는 것은 무리가 될 수도 있다. 대안학교의 교사는 대안의 의미를 입시 위주에 대한 전인교육적 대안, 부적응아 교육, 공급자 중심교육 관행의 반대 의미로서 수요자 중심 교육의 다양한 측면으로 파악하기도 한다.

다양한 분류 기준 중에서 학생 구성원을 기준으로 학교를 나눠 보면 크게 두 가지로 나뉠 수 있다. 즉, 일반 학생을 대상으로 하는 학교와 부적응 학생을 대상으로 하는 학교다. 이를 정리하면 〈표 7-5〉와 같이 나타난다. 재적응형의 대안학교 외에 나머지 세 형태는 전인교육이라는 공통된 주제를 다루고 있어 좀 더 단순화하여 전인교육형의 대안학교와 재적응형의 대안학교로 크게 구분할 수 있다.

그런데 전인교육형 학교와 재적응형 학교를 엄밀히 구분하기란 쉽지 않

표 7-5 고등학교과정 대안학교의 구분

구분 \ 유형	전인교육형 대안학교	재적응형 대안학교
지향점	• 인간 상호 간 협력과 평등을 강조하는 공동체적 가치를 중시 • 인간과 자연친화적 생명존중사상 또는 생태주의에 기반 • 일과 놀이, 학습의 구분이 없는 노작을 중시하고 친밀한 인간관계를 형성하기 위하여 작은 학교를 지향	• 일반학교에 적응하지 못해 가출하거나 중도탈락한 학생을 복교시켜 정서 순화와 바람직한 인격 형성을 도모 • 윤리적, 가치론적 인간관을 바탕으로 한 원만한 인간관계 형성을 중시 • 지식 · 교과 위주의 교육보다 자연친화적이고 생명가치를 중시
학교명	풀무학교, 간디학교, 한빛고등학교, 푸른꿈고등학교	영산성지고등학교, 원경고등학교, 경주화랑고등학교, 양업고등학교

다. 이는 재적응형의 학교 대부분이 전인교육을 지향하고 있기 때문이며, 지향점에서도 공통된 이념을 추구한다. 단지 입학생의 동기로 나누어 볼 때 교육다운 교육을 찾아서 희망하는 경우는 전자가 될 것이요, 문제아나 중도탈락자가 입학하는 경우는 재적응형으로 보아도 좋을 것이다. 간디학교가 그런 경우에 해당되는데 전인지향적 학교이면서 재적응형의 성격도 동시에 가지고 있다. 그러므로 어떤 면에서는 한국의 다양한 대안학교를 어떠한 형태로 나누어 분류하는 일은 그리 중요한 문제가 아닐 것이다. 다만 다양한 형태로 산재해 있는 대안학교를 이해하기 쉽게 재구성해 봄으로써 대안학교를 이해하는 데 도움을 얻을 수 있을 것이다.

제8장 대안학교의 교육이념과 교육내용

현재 시점에서 보면 다양한 대안교육운동이 대체로 생태와 평화적 지향성을 표방하고 있는 경우가 많음을 알 수 있다. 그러나 그와는 반대의 입장에 서 있거나, 그와는 전혀 무관한 경우, 혹은 한 걸음 더 나아가 세계화 교육정책에 대한 애초의 문제의식을 희석시키거나 아무렇지도 않게 그와 영합하려는 시도가 눈에 띄는 것은 안타까운 일이 아닐 수 없다. 이런 큰 틀에서 살펴볼 때 다음과 같은 관점이 좀 더 명확하게 그 의미를 드러낼 수 있을 것이다. 즉, 이는 무엇보다도 세계화의 파고 속에서 공교육 자체의 앞으로의 향방을 우려하는 동시에 제도권 공교육이라는 틀 자체 안에서의 변혁과 그러한 틀을 벗어나는 다양한 교육의 가능성을 촉구한 것이다. 이런 견지에서 이들 각각을 몇 가지 범주로 나누되 여기서 모형이 될 만한 사례를 발군 소개한 것은 평가해야 할 작업 중 하나이다. 실제로 거창고등학교, 풀무농업고등기술학교, 영산성지학교 등의 사례는 그 이후 이런 방향에서 생각을 공유하는 사람들이 공교육 내의 변화나 그 틀을 벗어난 자리에서의 시도를 막론하고 끊임없이 되돌아가 사유하고 실천하기 위한 길잡이가 되었다.

학교교육에서 길러야 할 인간상으로 교육목표가 있고 교육목표를 구체화하기 위하여 교육내용과 교육과정을 조직하고 교육환경을 조성한다고 볼 때, 이 네 가지 요소는 상호 관련이 되어 있다. 이 장에서는 풀무학교, 거창고등학교, 간디학교, 영산성지고등학교를 대상으로 설립이념과 교육목표, 교육내용, 교육과정 및 방법, 교육환경을 중심으로 비교·분석한다. 한국 대안학교의 심층적인 모습을 들여다봄으로써 공통적인 가치를 발견하고 새롭게 해석할 수 있을 것이다.

교육이라는 과업의 특수성을 고려해 볼 때 새로운 시도를 하기란 그리 쉽지 않다. 대안학교 혹은 대안적 학교라는 것은 기존의 제도화된 틀이나 관행적으로 지배해 오는 문화의 범주을 뛰어넘어 새로운 시도를 실천했다는 점에서 그 의의를 찾아볼 수 있다. 외국의 대안교육 사례에서 살펴본 바와 같이 오랜 시간에 걸쳐 뚜렷한 지향점을 가지는 사회개혁의 일부분으로 대안교육운동이 시도된 것은 아니다. 그렇기 때문에 우리나라에서는 개별 학교 차원에서 교육의 지향해야 하는 진정한 가치를 찾아 수십 년을 매진해 온 학교를 평가하지 않을 수 없다. 특히 1990년대 이후의 시대적 특성이 반영되어 급작스럽게 부각되었기 때문에 대안학교의 내부에서나 혹은 외부적 관점에서도 시각의 편향성을 벗어날 수는 없었다. 물론 이러한 대안학교 이해에 대한 편향성은 지금도 계속되고 있는지 모른다.

이러한 관점에서 본다면 오랜 시대적 맥락을 가지고 새로운 교육적 실천을 시도해 온 학교를 자세히 들여다보는 것은 현재와 과거의 시대적 접점을 통해 미래를 전망하게 해 줄 뿐 아니라 대안학교 간의 횡적인 의사소통을 가능하게 해 준다는 점에서 중요하다. 풀무학교, 거창고등학교, 영산성지고등학교의 대안적 교육 사례는 이러한 입장에서 큰 의의를 갖는다. 어쩌면 대안학교의 실천 사례가 아니더라도 앞서 일반학교 입장에서도 새로운 교육의 가치는 항상 고민해야 할 시대적 숙명이다. 이 때문에 진정한 학교의 모습을 찾는 노력으로 선구적 학교의 모습을 성찰하는 것이 중요하다. 간디학교는 후발 대안학교 중에서도 설립배경이나 철학적 바탕이 대안학교의 사례로서 가장 분명하다는 특징이 있다. '어떤 교육이어야 하는가?' 에 대한 기본적인 물음에서 출발하는 진정성은 대안학교 사례를 통해서 조망될 수 있을 것이다.

1. 교육이념과 교육목표

설립이념은 학교의 존재이유 내지 학교의 설립정신을 추상화한 표현이다. 학교 설립의 이유라고도 볼 수 있는데 여기에는 보통 교육이념도 포함되어 있다. 교육목표는 크게 개인주의적 입장, 사회중심의 입장, 상호통합적 입장으로 나누어 생각할 수 있다. 학생의 요구와 관심을 고려하여 목표를 세우는 개인주의 입장, 사회의 문제 · 사실 · 전망에 입각하여 교육목표를 세우는 사회중심적 입장 및 학생의 자기실현을 강조하여 사회의 요청과 개인의 요구를 절충하고 더 높은 차원에서 통합시키는 입장에서 교육의 목표를 세우고자 하는 상호통합적 입장으로 나누어 볼 때, 대안학교의 교육목표는 상호통합성을 지향한다. 이러한 지향점이 한국 대안학교의 이념과 목표에 어떻게 구체화되는지 분석해 본다.

1) 풀무학교

(1) 설립자의 교육관

풀무농업고등기술학교[1)](이하 풀무학교)는 1958년 주옥로, 이찬갑 두 사

1) 풀무란 원래 바람을 일으키는 것으로 무딘 쇠를 달굴 때 빨갛게 숯불을 피워 쓸모 있는 농기구로 만드는 데 유용하게 쓰이는 도구이다. 이렇듯 풀무를 거친 학생들은 모두 '풀무' 처럼 이 세상에서 쓸모 있는 평민으로 태어나기를 바라는 마음에서 학교명으로 지은 것이다.

람이 뜻을 모아 설립한 농업 학교다. 그러므로 풀무학교는 이들의 설립 정신이 고스란히 배어 있는 참 신앙을 지닌 위대한 평민을 기르는 것을 교육 목표요, 지상 과제로 삼고 있다.

① 참 교육자 샛별 주옥로(1919~2001)

주옥로 선생은 1919년 12월 24일 충남 홍성군 홍동면에서 출생했다. 그의 고향인 홍성은 옛날 백제문화와 해외문화가 교류했던 곳으로 성삼문, 최영, 한용운, 김좌진 및 많은 평민 순교자를 배출했던 곳이며, 또한 백제 유민, 동학, 의병 등 서민 저항의 진원지였던 고장이다. 그는 감리교 신학대학을 졸업하고 농촌 목회에 뜻을 품고 자신의 고향에 내려가 팔괘리 감리교회에서 그의 첫 목회를 시작한다(주옥로 선생 회갑문집 간행회, 1980). 그 뒤 교회의 불합리에 타협할 수 없었고 기독교의 순수한 진리에 좀 더 철저해지기 위해 무교회[2] 신앙에 관심을 갖고 공부하기 시작했다. 즉, 가정 성서집회와 성서잡지 『성서 생활』을 발간하면서 전도에 열을 올리기 시작하였다. 주옥로 선생이 시무하던 홍동 교회의 배척을 받게 되었고, 자연히 독립 전도 생활을 시작하게 되었다. 그러나 당시 시대상으로는 이러한 신앙 자세가 받아들여지기 어려웠다.

그러던 중 주옥로는 때마침 이북에서 숙청을 당하고 가족과 함께 겨우 목숨만 건져서 월남한 이찬갑 선생과 상봉하게 된다. 이찬갑은 자신의 이상이요, 소망인 농민교육을 이야기했고 둘은 서로 뜻이 통하여 주옥로 선생이 유산으로 받은 땅을 학교 부지로 희사하였다. 마침내 1958년 4월 23일 학생 18명(남 8명, 여 10명), 교사 2명, 내빈과 학부모 10여 명이 참석한 소박하지만 역사적인 풀무학교 개교식과 입학식을 하게 된다.

2) 주옥로 선생은 감리교 신학교 시절 우연한 기회에 함석헌 선생이 이끄는 성서 집회에 나갔다가 그곳에서 무교회 기독교를 접하게 된다. 그는 이곳에서 김교신, 유영모, 노평구 선생을 만나게 되는데 그날의 기쁨을 "내가 지금까지 갈급하게 찾던 참 기독교에 접한 듯 나의 생애의 방향을 바로잡아 준 기쁜 날이었다."라고 회고하였다.

이렇듯 주옥로 선생은 풀무학교가 시작되는 그때부터 은퇴한 1991년까지 풀무를 이끌어 왔던 것이다. 풀무학교는 단순히 하나의 교육기관 또는 하나의 농업기술원 양성소만은 아니다. 그 본질은 성서 위에 있다는 데 근본 뜻이 있다. 주옥로 선생은 성서 위에 학교를 세우는 것을 교육의 중심으로 삼고, 교육의 근본을 믿음에 기초하는 것이라고 늘 역설하였다. 그의 농촌교육에 대한 열정을 다음의 글에서 볼 수 있다.

> 순박한 농촌을 터전으로 생산적인 농업, 특히 공해 없는 자연 농법에 의하여 장차 우리 민족의 생명과 건강을 지켜 나간다는 것은 매우 보람 있는 일이며, 누군가가 하여야 할 수고의 짐을 내가 먼저 지는 이상의 실천이라고 나는 믿는다. 자연을 해치고 인명을 손상하고 땅까지 죽이는 죽음의 농법을 크게 바꾸어 모두를 다시 살리는 생명의 유기농업을 연구하고 실험한다는 것은 매우 귀중한 일이며 크게 기대해 봄직한 일이다(주옥로, 1980: 262).

이미 30여 년 전에 유기농법을 주창하였고 이를 직접 학교를 통해 지역사회에 전파하려고 하였다. 이렇듯 선생은 목회자로서, 자애로운 교육자로서, 농촌 운동가로서 풀무학원과 함께 살아 온 것이다.

② 위대한 평민 밝맑[3] 이찬갑(1904~1974)

밝맑 이찬갑 선생은 1904년 평북 정주군 갈산면에서 태어났다. 남강 이승훈 선생[4]의 종증손인 밝맑은 오산소학교를 졸업한 후 오산중학교에 입학했다가 중퇴하였다. 24세 되던 1928년 오산을 떠나 서울에서 몇 개월 머물다가 돌연 일본으로 떠난다.

3) 그는 평생을 밝고 맑게 살기를 열망하는 마음으로 자신의 아호를 '밝맑' 이라 하였다. 선생은 자신의 이름보다 '밝맑' 이라는 아호를 더 아끼고 즐겨 썼다고 한다.

4) 남강 이승훈 선생(1864~1930)은 일찍이 유기상점의 점원으로 시작하여 상점 주인, 무역회사 대표로 성공하였고 여기서 벌어들인 재산으로 평북 오산학교를 설립했다.

그의 일본행은 일제 치하 지식인의 일반적 유학과는 달리 학교에서의 배움보다는 몸으로 부대끼면서 무엇인가를 찾고자 했던 것이다. 그가 굳이 빈민굴 생활을 자처한 것도 이러한 이유에서였다. 일본 생활을 마치고 돌아온 밝맑은 과수원을 직접 경영하기도 했다. 그러다 그는 34세 되던 해인 1938년에 다시 일본으로 갔는데, 거기서 덴마크 국민교육의 창시자 그룬트비히(N. Grundtvig)의 사상을 접하게 된다. 그를 통해 평생 농촌과 교육 문제에 헌신해야 한다는 가르침을 받았다. 선생은 "자연의 오아시스인 농촌 없이 교육의 싹이 트어날 수 없으려니와 이상의 발화점이 갈 수 있는 교육 없이 농촌이 꽃을 피어날 수도 없는 것" (이찬갑, 1983: 63)이라고 내다봤다. 그 후 초 · 중 · 고교에서 교사 생활을 했으나 그의 머릿속에는 농촌에 내려가서 교육다운 교육을 해 보겠다는 생각으로 가득 차 있었다. 그러나 그는 무교회 성서모임을 통해 만난 주옥로 선생과 '농촌' 과 '교육' 에 관한 뜻이 일치함을 발견하고 1958년 풀무학교 설립에까지 이르게 되었다.

선생의 생애[5]를 간단히 요약하면, 그는 '새날을 기다리며 부지런히 일하고 부지런히 공부함' 을 강조하고, 언제든지 '참과 옳음, 무엇이든 밝고 맑게' 를 삶의 근본철학으로 삼아 한국의 상징인 농촌에 뛰어들어 그의 삶 전부를 아낌없이 바쳤던 교육자였다.

(2) 설립이념

주옥로 선생과 이찬갑 선생은 서로 부족한 점을 보완하여 좀 더 충실한 교육이념을 정립해 나갔다. 주옥로의 학교 설립목적은 이찬갑의 생각과 합하여 더욱 확고히 풀무교육 속에 스며들어 실행에 옮겨지게 되었다. 교육을 통해 인격과 실력을 갖춘 진실한 인간을 기르며 그러한 바탕 위에 진리

5) 1960년 12월 연탄가스 중독으로 건강이 악화되어 14년간 병마와 싸우다 1974년 6월 70세의 일기로 세상을 떠났다. 그가 풀무학교에 재직한 것은 1958년 4월에서 1960년 12월까지 2년 8개월로 실로 짧은 기간이었지만 그의 열정은 지금까지도 풀무교육의 철학적 바탕이 되고 있다.

와 복음의 씨를 뿌린다는 것이 주옥로가 정립한 풀무교육의 목적이었다. 그것을 구체적으로 정리해 보면 다음과 같다.

- 농촌의 때묻지 않은 젊은이를 일깨워 이 나라의 새 일꾼을 만든다(농촌교육).
- 올바른 가치관과 교양, 실무 능력을 갖춘 평민을 기른다(평민교육).
- 일상생활을 중시하고 그것을 충실히 함으로써 진리를 깨닫게 한다(생활교육).
- 삶의 체험과 학문을 통해 성서에 가까이 가게 만들고 깨닫게 한다(신앙교육).

이러한 목표는 주옥로가 퇴임하기(1991. 5. 25.)까지 33년간 풀무교육을 이끌어 오는 원동력이 되었고 현재의 교육목표에도 그대로 살아 있다.

풀무학교는 교회와 학교와 지역공동체를 한 단위로 형성할 수 있는 길을 학교교육을 통하여 찾기 위하여 설립되었다. 이것은 동시에 개인에게는 신앙(정신)과 앎(전문지식: 실력)과 실천(생활)을 하나로 종합한 인간(전인)을 꾀하는 것이며, 집단이나 사회 차원에서는 성서를 바탕으로 전문지식이 동원된 각자의 삶을 꾸리면서 함께 사는 지역 공동체를 구성하여 한국 사회 전체에 그와 같은 뜻과 현상이 전파되기를 꾀하는 일이다. 이러한 뜻을 실현할 인물상을 풀무학원은 평민으로 설정하고 있다(김조년, 1998). 초창기에는 '위대한 평민'[6]이라고 하여, 이미 사회에서 추구하는 '위대한' 것에 대한 매력을 강조하여 민주 시대의 주역이 될 평민을 그리고 있다. '위대한' 이란 매력과 평민을 선택한 것은 당시 사회 현상의 반영과 자신들이 주장하고 실현하고 싶은 가치관을 하나로 묶어 보려는 고뇌를 드러낸 것이다. 지금은 그것이 '더불어 사는' 평민으로 바뀌었다. 학교가 시작되던

6) 지금도 풀무학교 교정에는 큰 바위에 '위대한 평민' 이라는 글자가 음각되어 있다.

1950년대 말은 아직 일본 제국주의 통치와 한국 전쟁으로 말미암은 민족 상잔의 두 가지 아픈 유산에서 벗어나지 못했기 때문에 새로운 사회와 국가를 건설하는 데 상당 부분 애국주의에 호소할 수밖에 없었을 것이다.

더욱이 이찬갑은 오산의 민족주의 의식과 일제시대에 주장했던 민족 개조론에 상당 부분 동조하고 있었던 것 같다. 주옥로 역시 고향에서 청년회를 조직하여 새로운 사회를 만들어 보려는 노력을 하였던 경험과 한국전쟁의 피난을 통한 쓰라린 민족의 비극을 경험하면서 느낀 바가 있었다. 동시에 풀무학교가 시작되는 동기를 제공한 중학교에 진학하지 못하는 가난한 학생들의 현실이 사회 문제로 나타난다(김조년, 1998). 이와 같은 경험과 당시 사회가 요구하는 것은 사회 건설을 위한 변화된, 개조된 '위대한' 정신을 가진 사람들이었다. 엄밀히 말해서 평민은 간단한 사람이 아니다. 풀무학원에서 보는 가장 평범한 사람들은 예수, 링컨, 간디, 김교신[7] 같은 인물이다. 그러나 결코 일반 사람의 눈으로 보기에 평범한 사람들이 아니었다.

풀무학원에서 꾀하는 평민은 함석헌이 규정한 씨알에 속한다. 씨알을 한마디로 표현할 수는 없지만, 간단히 말한다면 제 정신을 가지고 제 소리를 하면서 제 삶을 꾸리는 꾸밈없는 사람이다. 이것이 풀무학원이 찾는 평민이다.

> 예수께서는 벌써 언제부터 얼마나 보통의 생활의 충실자, 진실성의 평민, 민중, 농부, 어부, 목자에게 또한 그 근거 깊고 건실하고 홍미진진한 생애를

7) 김교신(1901. 4.18~1945. 4. 25.)은 함남 함흥에서 출생하여 일본 동경고등사범학교 이과를 졸업하고 귀국하여 『성서조선』을 창간한다. 함흥 영생 여고보, 서울 양정고보, 제일고보(지금의 경기고), 개성의 송도교보에서 교편을 잡았다. 그에 관련되는 사상과 및 일화는 김정환 전 고려대 교수의 『김교신 평전』과 그에 관한 논문에 자세히 수록되어 있다. 그는 학생들에게 민족혼을 불러일으키고, 도덕을 세우며, 민족정신의 토대를 놓는 교육에 힘썼다고 한다. 1936년 베를린 올림픽 마라톤에서 금메달을 딴 손기정 선수는 당시 양정고보 교사로 근무했던 김교신에게서 강인한 정신력과 민족애를 배웠다고 회고하였다(김정환, 1988). 그는 현재 한국에 존속하는 무교회 신앙을 널리 펼친 사람이요, 깊고 철저하게 그 신앙의 노선을 지킨 사람으로 칭송되며 풀무학원은 바로 이의 신앙 노선을 지키는 무교회 신앙인의 전통에 서 있다.

> 보고 크게 평가하는 바 있으며, 아무 소망도 없는 땅 위이건만 큰 소망을 가지는 바 계셨던가? 우리는 일찍이 그들에게 철이 자석에 끌리듯 함을 보지 않았던가(이찬갑, 1983: 193-194)?

풀무학원에서는 가장 평범한 사람의 전형으로 예수의 삶을 예로 삼아 설명한다. 이러한 원칙은 지금이나 당시로서 실현 불가능한 이상론으로 보였다. 시대의 흐름과 사회가 품고 있는 경향을 그대로 거슬러 올라가는 주장이기 때문이다. 그러나 풀무학교는 그것을 고집스럽게 유지하려 한다. 풀무학교의 교육목표는 이 학교의 특징을 잘 나타내고 있다.

> 풀무는 성서에 바탕을 둔 깊이 있는 인생관과 학문과 실제 능력에서 균형 잡힌 성식 · 유용한 평민, 하나님과 이웃, 지역과 세계, 자연과 모든 생명과 '더불어 사는 평민' (교훈)을 기른다.

이를 구체적으로 보면 첫째, 예배와 성서과목을 통하여 성서 위에 학원을 세우고, 둘째, 자기와 남의 가치를 깨달아 존중하고 자기 실현에 힘쓰는 기본층의 평민을 기르고, 셋째, 입시 편중 교육을 배격하고 인문-직업 교육의 이원성을 극복하는 머리(학문), 가슴(신앙), 손(일: 노작)을 조화하여 생명을 가꾸는 교육을 위하여, 넷째, 배우는 사람 중심으로 각자를 소중히 여겨 소질을 계발하는 작은 학교를 지향한다. 다섯째, 예배하고 배우며 생산하는 생활을 기숙사 중심의 공동체 생활에서 하며, 여섯째, 교사회, 학우회, 이사회, 학부모회, 수업생회가 동등한 자격으로 협력 보완하는 머리도 꼬리도 없는 교육(無頭無尾)을 지향하며, 일곱째, 도서, 음악, 영상 매체, 발표 등의 학생문화 환경으로 밝은 학교생활이 되도록 한다. 여덟째, 지역사회 중심의 생활 변화를 원칙으로 지역과 학교가 더불어 사는 협동 공동체를 만들고, 아홉째, 평화로운 국제 사회 속에서 살기 위하여 외국어를 배우고 국제 자매 결연과 교류를 추진하며, 열째, 자율정신과 바른 모습을 살려

사학이 사회를 향하여 할 수 있는 책임을 진다. 여기에서 풀무학교는 전술한 대안적인 이념이 두드러지게 나타난다.

이와 같이 중등부 과정인 '고등공민학교'로 시작된 설립목적은 22년 만에 중학부 과정이 폐지되었지만, 5년 늦게 병설되어 함께 운영해 오던 농업고등기술학교 과정에 그대로 남아 50년의 역사 동안 심화, 발전되어 오고 있다. 가장 큰 변화는 학생들이 소질과 취미에 따라 선택할 수 있는 전공과목의 폭이 넓어졌다는 것과 전원이 생활관(기숙사)에서 생활하면서 '삶 전체를 통한 교육'을 받을 수 있게 된 점, 그리고 1970~80년대에는 입학생이 적어 존폐를 우려하던 때도 있었는데 최근에는 입학 지원자가 넘쳐 돌려보내야 하는 안타까움이 있다는 점이 크게 발전된 모습이라 할 것이다.

2) 거창고등학교

대부분의 대안교육학자는 거창고등학교를 '정규 학교형 대안학교' 혹은 '대안적 학교'로 분류한다. 대안학교가 논의되던 초기에는 '정규 학교형 대안학교'로 규정지었으나 최근에는 일반학교 중에서 어느 정도 대안성을 유지하는 학교 정도로 대안학교의 개념적 범주에 포함시키지는 않는다. 그 이유는 거창고등학교의 법적인 성격에 기인하는 것인데, 이를테면 대안교육 특성화 고등학교의 범주에 포함되지도 않고 풀무학교처럼 미인가 대안학교를 고집스럽게 유지하고 있는 학교도 아니기 때문이다. 오히려 일반학교에 가까운 학교이지만 대안적 교육을 지향하기 때문에 대안적 학교로 포괄적으로 정의하는 경향도 있다. 어쨌거나 법규적으로는 대안학교와 무관한 것이 사실이지만 수십 년간 대안적 철학을 유지하고 있다는 점에서 느슨하게나마 광의의 대안적 학교로 볼 수 있을 것이다.

그렇다면 무엇이 거창고등학교를 대안학교로도 규정할 수 있도록 만든 것인가? 일반 학교교육과는 다른 시도를 하고 있다는 것일 텐데 이 문제에 대해서 김정환(1998)은 다음과 같은 표현으로 거창교육의 대안적인 내용을 소개한다.

> 거창고등학교는 다른 학교에 비해 다른 것이 너무 많다. 농촌에 뿌리내리고 살 일꾼을 키운다 하면서도 교양교육에 힘쓴다든가, 학교의 모든 것을 학생에게 다 알리면서 가족적인 분위기를 자아낸다든가, 인문계 고등학교임에도 노작교육에 힘써 그것을 도덕교육으로 이어지게 한다든가, 교장과 교감도 평교사처럼 꼭 수업에 들어가 학생들에게 평교사의 한 사람으로 여기게 한다든가, 야영이나 기숙사 생활을 통해 얼굴과 얼굴을 맞대는 시간을 많이 마련한다든가, 한 울타리에 초등하교(샛별초등하교), 중하교(샛별중하교)를 같이 두고 일관 교육을 한다든가 하는 등이다(김정환, 1998: 321).

(1) 설립자 전영창의 교육관

1917년 전북 무주에서 태어나고 전주 신흥학교를 졸업한 전영창은 일본 고베(神戶)중앙신학교에 입학했으나 1942년 신사참배거부 운동으로 형무소에서 1년간 옥고를 치른다. 해방 후 미국 웨스턴신학교에서 신학을 공부하다가 한국전쟁이 발발하자 우국의 일념으로 급거 귀국 길에 올라 부산 복음병원을 창설한다. 종전 후 미국 콘코디아신학교 대학원을 졸업하고 1955년 귀국하여 재정난과 내분으로 폐교 직전에 놓인 거창고등학교 교장에 취임한다. 원래 이 학교는 호주 선교단이 선교를 위해 지은 선교관을 해방 후 학교로 바꾼 것이었다. 학생은 1~3학년 모두 합하여 제일 많았을 때가 200명이고 적을 때는 불과 몇 십 명밖에 안 되었다. 그러니 재정도 어렵고 이에 따라 필연적으로 분규가 생겨 폐교의 운명에 놓였던 것이었다. 전영창이 이 학교의 교장을 맡는다는 소식이 전해지자 분규는 더욱 격화됐다.

당시 교사는 겨우 10명, 학생은 200명 남짓했다. 그는 등록금을 내지 못하는 많은 학생과 어려운 학교의 재정 형편을 해결하기 위해 고향 땅을 팔아 충당했고 미국의 선교단체에 지원을 호소해야 했다. 이러한 그의 피나는 열정 덕분에 교장의 '참교육' 이념에 호응하여 일류대학 출신의 교사가 몰려들었다. 그들은 감자, 고구마로 끼니를 때우면서도 월급을 올리자는 데는 반대했고, 서로 수업시간을 많이 맡으려 했다. 이 같은 교장, 교사의 열성에 학생들은 깊은 감화를 받았는데, 한국전쟁 직후의 최대 비극인 양민학살사건이 벌어진 거창읍에서는 걸어가는 뒷모습만 보아도 거창고등학교 학생임을 알았다고 한다(김정환, 1996). 전영창은 입학식, 졸업식, 개교기념일 등의 훈화를 이번에는 무슨 제목으로 어떻게 할 것인가를 오래전부터 생각했으며, 그 훈화의 길이도 거의 한 시간 분량이요, 내용도 동서고금의 역사에서 풍부하게 예를 든 명강연이었다. 그는 직업적 문필가가 아니기에 그 필력이 더 생동적이었다고 한다.

전영창의 삶의 자세에 대해서 김정환(1996)은 다음과 같이 요약하였다. 첫째는 가난을 부끄럽게 여기지 않고 그 가난을 극복해 나가는 의지력이다. 그는 무주의 산골에서 태어났고 중학교 학비도 제대로 못 낼 만큼 집안 형편이 어려워 아르바이트로 이를 충당해야만 했다. 그런데 가난을 원망하기는커녕 가난 때문에 도리어 여러 귀한 분을 만나고 귀한 것을 배웠다고 자랑스러워했다. 둘째는 믿음의 실천성이다. 그는 미션계인 전주 신흥중학교와 네 개의 신학교에서 배웠지만 목사 안수는 사양했다. 그래서 피난민을 돕는 복음병원을 세우기도 하고 다 쓰러져 가는 거창고등학교를 인수하여 오늘날처럼 명문학교로 키워 내기도 하며, 더욱이 그 교육과정에서 땅을 파고 토끼를 키우며 이마에 땀이 맺히는 일을 하게 돕는 노작교육을 중시하여 이것을 인간교육으로 이어지게 했다. 셋째는 초교파이다. 그는 여러 곳에서 자신이 가장 존경하는 사람은 종교개혁자 캘빈(M. Calvin)과 일본의 우치무라 간조(內村鑑三)라고 선언하고 있다. 살아 있는 복음을 교리나 회당 안에 가두어 두는 기독교의 모습에 반기를 들었다. 넷째는 격렬한 역사의식이다. 그의 자서전에서도 이 부분이 감동적으로 기술되어 있다. 미국 유학 중 한국전쟁이 일어나자 불과 몇 주면 졸업이 되는데도 학업을 박차고 즉시 귀국 길에 오른다. 이것을 말리다 못한 학장이 송별기념으로 졸업장을 안겨 준다. 그래서 1951년 4월 부산복음을 창설했다. 다섯째는 주님의 나라와 그 의를 구하는 진리감각, 정의감각으로 뭉쳐진 지사기질이다. 그는 군사독재정권과 끝까지 타협하지 않았고, 서슬 퍼런 유신체제하에서도 박정희 이름으로 나온 국민교육헌장을 비판하고 그것을 조회시간에 낭독하지 않았다. 또한 학도호국단 체제하에서의 학생회장 임명제를 반대하고 학생회 직접 선출제를 고수했으며, 당시 반유신체제 인사, 예를 들면 함석헌, 김동길, 백기완, 성래운, 송건호, 한완상 등을 불러 학생을 위해, 교사를 위해 특강을 마련했다. 그의 꿋꿋한 사회 참여의식은 1970년의 1인 장기 집권을 위한 삼선개헌을 규탄하는 시위를 주도한 거창고등학교 학생 20명을 퇴학시키라는 도교육위원회 지시를 교직원회를 통해 거부한 일에서 두드러진다.[8)]

김정환(1996)은 전영창이 남긴 교육관을 세 가지로 정리한다. 첫째, 믿음을 바탕으로 하는 인격교육을 들 수 있다. 진정한 의미에서의 믿음은 하나님과 나와의 수직적인 관계의 정립에 그치지 않고 나와 이웃, 역사와의 수평적인 관계의 정립까지 이어진다. 이웃과 역사와 삶으로 숨쉬는 믿음을 실천하고자 하였다. 둘째, 공동체 교육이다. 이것은 더불어 사는 삶의 즐거움과 자세를 일깨워 주는 교육이다. 이웃을 발견하고 이웃과 내가 더불어 살아야 할 흙을 발견하고 그 흙으로 일구어 나가야 할 미래를 다지게 하는 교육을 추구했다. 셋째, 열린 교육이다. 이는 학생 하나하나의 인격을 존중하고 그 의사결정을 긍정적으로 반영하여 서로 성장하게 돕는 교육을 말한다. 각자 자기 공부를 해 나가는 자율학습, 각자 능력과 적성에 맞게 공부할 수 있는 자유를 누리는 자유교육, 학교를 하나의 삶의 공동체로 여기고 그 주요사항을 대화를 통해서 민주적으로 결정해 가는 자치교육, 실습농장

8) 이 일로 인해 교장 승인 취소 사태를 가져왔다. 그러나 여기에 꿋꿋하게 맞서 대법원에서 승소하면서 1971년 4월 교장으로 복귀한다. 그 후 열정적인 학교 발전 노력으로 인한 과로가 겹치면서 1976년 5월 패혈증으로 작고한다. 현재 거창고등학교 한쪽에 그의 뜻을 기리는 동상이 있다.

에서는 특히 무공해 자연농법을 익히게 하는 등이다(김정환, 1998).

(2) 교육목표

거창고등학교의 교육목표는 '기독교 정신을 바탕으로 한 민주시민 양성' 이다. 즉, "참을 사랑하고 정의와 사랑을 실천하여 빛과 소금의 역할을 다함으로써 인류의 평화를 추구하는 하나님의 동역자가 되게 하는 것" 이라고 되어 있다. 거창고등학교에서 추구하는 인간상은 존재하는 모든 사람은 스스로 존재가치를 지니고 있으며, 사랑의 자극으로 완전한 인간에 이를 수 있는 잠재력을 가진 존재이다. 그래서 학생 한 사람 한 사람이 스스로 귀한 존재임을 깨닫게 하고 또 자기만큼 귀한 존재가 옆에 살고 있다는 것을 인식하게 하여 더불어 평화롭게 살아야 한다는 것을 가르치고자 한다. 거창고등학교의 교육목표는 크게 다섯 가지로, 교육목표의 대전제는 '함께 살아야 한다.' 이다. 인간은 각자의 할 일을 가진 존중받아야 할 주체임을 알아야 하고 더불어 평화롭게 살아야 하는 존재임을 알도록 해야 한다고 보았다.

이러한 대전제 아래 교육목표의 세부사항을 보면 첫째, 자기 삶을 사는 사람이다. 개인의 차이는 우열이 아니라 다양성이다. 각 사람의 얼굴이 다르듯이 개인의 능력도 다르다. 그것은 우열이 아니라 다양성으로 조화를 이루는 신의 축복으로 받아들여야 한다. 그래서 각 사람은 자기 삶을 살아야 하며 남이 알아주는 것을 삶의 목표로 세워서는 안 된다고 본다. 각 사람은 자기 삶을 사는 주체여야 함을 첫 번째 목표로 세우고 있다. 둘째는 정의로운 사람이다. 옳고 그름의 판단 능력을 기르고 양심에 따라 행동하게 한다. 셋째는 섬기는 사람이다. 여기에서 섬기는 사람이란 자기 권리를 찾고 행사하는 사람보다는 자신의 권리를 포기하고 남에게 내주는 사랑의 실천을 하는 사람이다. 세상의 평화는 너를 위해 나를 내주는 사랑으로만 이룩될 수 있다고 가르친다. 넷째는 역사의 방향과 일치하는 사람이다. 인류는 얽매임에서 해방으로, 불완전에서 완전으로 가야 한다고 보고 이 역사의 방향에서 거꾸로 가서는 안 된다고 한다. 다섯째는 잠재능력을 최대한 계발하는 사람이다. 자아를 실현하고 약한 자를 돕기 위한 힘을 기른다.

이렇게 민주시민으로서의 갖추어야 할 인간 존중에 대한 섬김의 자세와 자신의 삶을 주체적이고 책임감 있게 살 수 있는 자아 실현의 자세를 이 학교에서는 교육목표로 삼고 있다(배평모, 1995). 학교장의 경영관에는 거창고등학교에서 길러야 할 인간상을 제시하고 있다.

> 우리 인간의 존재 가치는 그 무엇으로도 비교될 수 없는 것이다. 그리고 이 세상에는 나 외에도 나만큼이나 귀한 '너'가 살고 있다. 너라는 존재는 이용의 대상이 아니라 사랑과 구원의 대상으로서 더불어 살아가야 할 나의 이웃이다. 본교의 교육은 생명의 귀함을 바탕으로 하는 신앙교육, 인간교육, 지식교육을 그 근간으로 한다.

거창고등학교는 이러한 학교교육의 목표를 실현하기 위해 '기독교 정신을 바탕으로 한 자아완성, 국가와 민족을 위해 봉사하는 인간교육, 노동체험을 통한 건전한 생활인 육성, 만남을 통한 자율성 신장'이라는 교육 시책을 가지고 있다. 여기에 초점을 두고 창의력을 가진 인간으로 육성하고자 노력하고 있다.

대안학교로 분류되는 여러 학교 중에서 거창고등학교만큼 많이 알려진 학교도 드물 것이다. 몰려드는 참관 희망자 때문에 교육에 지장이 많다며 즐거운 비명을 지를 만큼 거창고등학교는 한국에서 가장 유명한 대안적 학교로 우뚝 솟아 있다.

3) 간디학교

(1) 교육이념

간디학교의 양희규 교장은 기존의 학교교육이 가장 기본적인 교육원칙을 실현하는 데 실패하고 있다고 전제하고 사랑과 자발성의 교육을 주장한다. 가르치는 이와 배우는 이 사이에 우정과 사랑의 관계가 형성되어야 하고, 강제적으로 타의에 의해 마지못해 이루어지는 가르침이나 배움은 결코 기쁨을 낳을 수 없다고 주장한다.

이러한 사랑과 자발성은 서로 의존적이기 때문에 교사와 학생 사이에 신뢰 관계가 이루어지고, 배움과 가르침이 이러한 철학적 기초 위에 몸과 마음과 영혼이 골고루 성숙되고 조화된 인간(전인적인 삶), 이웃과 협동하고 이웃을 사랑하는 인간(공동체적 삶), 자연을 아끼고 자연의 일부가 되어 살아가는 인간(자연과 하나 된 삶)을 기르는 것을 목표로 하고 있다. 이것은 단순한 이론적 추구가 아니라 삶 속에서 삶을 혁명적으로 새롭게 시작함으로써 추구한다. 설립자인 양희규 교장은 간디학교의 교육이념을 묻는 질문에 다음과 같이 대답한다.

> 간디학교의 인간관 내지 아동관은 실존철학에 기반을 두고 있습니다. 프롬(E. Fromm)이 말한 '비판적 이성'에 바탕을 두고 있지요. 현대인에게 잘 발달한 '도구적 이성'이 아니라, 목적 그 자체를 비판할 수 있는 '비판적 이성'을 말합니다. 이러한 비판적 이성의 능력은 누구에게나 주어진 것이나 그 능력은 우리의 이기적 욕망, 적절하지 못한 교육, 권력에 대한 두려움 등으로 인해 거의 발휘되지 못하고 있을 뿐입니다. '양심적 불복종'이란 권위적 양심이 아닌 인간적인 양심에 근거한 불복종을 의미하는 것입니다(양희규, 1997: 67-68).

간디학교의 교육이념은 교사의 선발에서 두드러진다.

질문: 교사 선발의 기준은 무엇인가? 교사자격증은 필요한가?

답변: 원칙상 자격증이나 높은 학위가 요구되는 것은 아니다. 더 중요한 것은 첫째는 '가치관' 이고, 둘째는 어린이와 청소년에 대한 사랑, 곧 그들을 사랑하고 그들과 함께 생활하는 것을 즐거움으로 여길 수 있는 마음, 셋째는 무엇인가 가르칠 수 있는 '실제 능력' 이다. 우리 학교의 교과내용이 지식교육, 감성교육, 의식주 해결 교육의 세 부분으로 나뉘어져 있으므로 실제 능력이란 인문 · 사회 · 자연과학 각 분야에서의 능력, 미술 · 음악 같은 예술 분야에서의 능력, 또 농사 · 건축 · 옷 만들기 · 요리 같은 능력을 뜻한다. 만일 자신이 능력 면에서 매우 부족하다고 생각한다면 자원 봉사자로 시작하여 그러한 능력을 닦은 뒤 교사를 할 수 있을 것이다. 우리 학교의 특성 때문에 모든 교과에 대한 기본 이해를 위해서는 적어도 1년의 훈련과정이 필요할 것이다. 이러한 훈련은 학교의 설립 준비, 농촌 정착, 계절학교 운영에서 자연스레 이루어질 것이다(양희규, 1997: 67-68).

여기에서 학교교육에 대한 그의 신중하고 철저한 모습을 볼 수 있다. 교육에서 가장 기본이 되는 원칙은 교사-아동 간의 상호 사랑의 관계 속에서 교육이 이루어져야 한다는 것과 또 배움은 자발성을 가질 때에만 그 가치가 있다는 것이다. 즉, 교사와 학생 사이에 사랑과 신뢰의 관계가 맺어지고, 배움과 가르침이 순수한 자발성 위에서 이루어질 때에만 참교육이 가능하다고 본다. 한편 학교명을 간디라고 이름을 붙인 이유를 묻는 질문에 양희규 교장은 다음과 같이 말한다.

간디가 공동체를 만들고 공동체 농장과 학교를 운영했으며, 또 공동체의 형태를 유지하면서 민속해방운동을 했다는 사실을 알고 있는 사람은 그리 많지 않다. 그는 마음의 교육 또는 인격의 형성을 가장 중요하게 생각해 왔다. 그는 인격 형성을 교육의 적절한 기초로 여겼다. 만약 기초가 굳건히 놓인다

> 면 어린이는 그들 스스로 또는 친구의 도움을 받아 다른 모든 것도 배울 수 있을 것이라고 간디는 확신했다. 그의 농장에는 요리하는 것에서부터 쓰레기 치우는 일까지 직접 농장의 식구 손으로 이루어졌다. 이러한 자립정신을 간디학교에서 구현하려는 것이고 또 그의 비폭력 불복종 정신[9]을 학생들에게 심어주는 것이 우리의 과제라고 생각한다. 불의에 굴종하여 시류에 편승하는 삶보다는 모순된 구조에는 강력히 항거하는 진보된 의식을 심어 주자는 것이 우리의 소임이다(양희규, 1997: 38).

그는 간디(M. K. Gandhi)의 자립정신과 공존공영의 정신을 간디학교에서 구현하고자 학교이름을 간디학교라고 지었다고 한다. 간디학교가 지향하고자 하는 교육이념은 다음과 같다. 첫째, 작은 학교를 지향한다. 작은 학교만이 교육 주체인 학생·학부모·교사 간의 유대가 가능하며, 사랑과 자발성이 싹틀 수 있는 조건이 된다. 둘째, 위대한 불복종 정신을 지향한다. 불복종의 정신으로 새로운 교육문화 건설 의지를 가져야 한다. 간디의 불복종 정신을 계승하기 위하여 학교이름도 간디학교라 하였다. 간디의 사상은 '진리 앞에서 단순함', '노동하는 삶', '공동체 정신'으로 집약할 수 있다. 이는 '나의 행복이 모든 사람의 행복 속에 포함되어 있다.'는 것을 의미한다. 즉, 내가 행복하려면 내가 속한 사회 전체가 행복해야 한다. 따라서 사회 전체를 불행하게 하는 구조악에 '저항해야 할 의무'가 있다. 이것이 바로 불복종의 정신이다. 불복종의 정신을 효과적으로 달성하기 위한 방법은 강력한 결속력을 가진 사랑과 자발성의 공동체로 '구조악'[10]에 저항해야 한다고 본다. 이 시대의 불복종운동은 "기존 문화에 대신할 새로운

---

9) 간디의 비폭력 불복종 정신은 '사탸그라하(satyagraha)' 운동으로 나타난다. 이것은 순전히 인도 국민에게 봉사를 하기 위한 '사명 공동체'로서 모두 24명의 남녀 사명자로 구성되어 출발하였다. 이 단체는 인도 전역을 다니면서 계몽과 봉사, 정치적 투쟁을 꾀하였다(양희규, 1997).

10) '구조화된 악(structured evils)'이란 도덕적으로 받아들일 수 없는 관행이나 규칙이 너무나 견고하게 뿌리를 내려 개인의 힘으로 그것을 변화시키기가 어려울 때 일어난다고 한다(양희규, 1997).

문화를 창조하는 것이다." 라고 규정짓는다. 셋째, 쓸모 있는 교육을 지향한다. 간디학교는 실천교육을 지향한다. 실제 생활과 유리된 죽은 지식은 필요가 없다. 오직 실생활과 관련된 삶을 살찌우는 지식을 가르쳐야 한다. 넷째, 탁월성을 살리는 교육을 지향한다. 자아의 진정한 표현, 활짝 핀 개성, 자신의 고유한 잠재 가능성 등을 키우는 다양한 교육방법이 개발되어야 한다고 본다(양희규, 1997).

(2) 교육목표

자신의 인간성을 회복하는 '전인적 인간', 나와 너의 관계를 회복하는 '공동체적 인간', 자연과 공생을 회복하는 '자연과 하나 되는 인간'의 육성이 간디학교의 교육목표이다. 즉, 몸과 마음과 영혼이 골고루 성숙되고 조화된 인간, 이웃과 협동하고 이웃을 사랑하는 인간, 자연을 아끼고 자연의 일부가 되어 살아가는 인간을 기르는 데 있다. 이를 다시 두 가지로 요약하면 하나는 탁월한 인간이고, 다른 하나는 봉사하는 인간이다. 탁월한 인간이란 건강한 몸, 남을 배려하는 따뜻한 마음, 날카로운 지성, 조화된 인격을 갖춘 참으로 성숙한 인간을 말한다. 봉사하는 인간이란 자신이 가진 최고의 것을 아낌없이 나누어 주는 인간, 나눔의 정신으로 지역사회에 기여할 수 있는 인간, 역사와 사회 앞에 책임감 있는 인간을 말한다. 봉사란 인간이 자연과 함께 공동체를 이루고 '자연과 하나되는 새로운 문화를 창조해 나가는 것'이다.

간디학교는 1996년 초·중학생을 대상으로 방학마다 개설하는 계절 프로그램 형태의 '숲속마을 작은 학교'에서 출발하여 정규 특성화 고등학교인 '산청 간디학교'를 중심으로 미인가 중고 통합과정인 '제천 간디학교'와 2007년도에 경북 군위에서 충남 금산으로 이전한 미인가 고등학교 과정의 금산 간디학교와 간디교원연수원을 발전적으로 계승한 간디교사대학원을 2005년도부터 운영하고 있다. 그러나 산청 간디학교와 같은 정규 특성화 고등학교이건 미인가 학교이건 간에 기본적인 교육철학이나 운영방식은 큰 차이가 없다.

4) 영산성지고등학교

(1) 설립이념

인문계 보통과를 수학하는 남녀 공학 학교로서 설립주체는 학교법인 영산학원이며 재단은 원불교 재단이다. 1984년 농촌 지역 학생 수의 감소로 한때 폐교를 신청하기도 하였으나 당시 이 학교를 맡고 있던 원불교 김현 교무의 제안으로 학생 중심의 인성교육을 하기로 방향을 잡은 후 많은 변화가 있었다. 영국의 서머힐 학교에서 보고된 여러 성과와 방편에서 대안을 찾고, 또 우리 실정에 맞는 여러 방법을 개발하여 선택적으로 적용해 오면서부터 오늘의 영산성지고등학교로 자리를 잡게 되었다.

이 학교는 전남 영광읍에서 13km 정도 떨어진 수려한 자연경관 속에 위치한 전원 기숙사 생활을 하는 기숙사학교로, 학생들은 전국 각지에서 모였는데 대체로 서울, 부산 등 대도시 출신 학생이 75%에 이른다. 학생들을 입학 동기별로 보면 일반학교 부적응 학생이 많고, 자율과 열린 마당을 찾아서 온 학생도 일부 있다.

이 학교가 일반에게 알려진 것은 불과 10여 년 정도밖에 되지 않는다. 그것은 농촌 지역의 학생들이 경제수준의 향상으로 일반 고등학교로 진학하거나 도시 지역으로 진출하게 되면서 생긴 공백을 도시 지역의 부적응 학생이 메우게 되면서부터이다. 게다가 1996년 여름 당시 교육부장관의 학교 방문을 계기로 당국의 관심이 호전되었고 때를 같이한 언론의 대대적인 보도로 더욱 유명해진 까닭에 최근에는 다른 대안학교와 마찬가지로 지원자가 많아 오히려 선발을 해야 하는 어려움이 생겼다. 이렇게 난파 직전의 학교가 각광을 받을 수 있었던 것은 원불교 신앙을 바탕으로 한 종교적 사명이 있었기에 가능했다.

(2) 교육목표

영산성지고등학교의 교육목표는 다음의 다섯 가지이다. 첫째, 자주적 판단 아래 자율적으로 행동하는 사람, 자신의 삶을 책임지는 자주적 인간을 육성한다. 둘째, 자신의 잠재력을 일깨우고 실현하는 창조적 인간을 육성한다. 셋째, 공동생활을 통해 더불어 사는 지혜를 터득하는 인간을 육성한다. 넷째, 심신을 단련하여 굳센 체력을 지닌 건강한 인간을 육성한다. 다섯째, 오늘의 자신을 있게 한 직·간접의 도움에 대하여 감사하고 은혜에 보답하는 건전한 시민을 육성한다. 즉, 자주적 인간, 도덕적 인간, 창조적 인간, 건강한 인간을 통하여 건전한 시민을 양성하는 것을 교육목표로 삼고 있다.

대부분의 대안학교처럼 영산성지고등학교는 학생 개개인을 교육의 주체로 본다. 일시적인 잘못으로 일탈된 길을 가고 있더라도 지속적인 관심과 애정을 기울이면 스스로 올바른 길을 찾아 국가와 사회에 기여하는 인재로 성장할 수 있다는 믿음을 가지고 있다. 그렇기 때문에 영산성지고등학교에서는 학생 한 명 한 명이 모두 놓칠 수 없는 소중한 고객이라는 학생관을 가지고 있다. 여기에서 개인의 총화로서 집단보다는 학생 개개인의 개성을 존중하는 영산성지고등학교의 학생관이 분명하게 드러난다.

입시 위주의 학교교육, 청소년 탈선을 부추기는 각종 매스미디어의 영향, 연쇄적인 비행을 유발하는 또래 집단의 영향, 청소년이 참여할 수 있는 건전하고 창의적인 활동의 부재, 핵가족화·산업화로 인한 가족 기능의 약화 등으로 날로 비행과 가출은 증가하고 있는 현실 속에서 비행 및 가출 청소년의 문제를 단순히 사후 치료적인 방법으로 접근하기보다는 적극적 예방과 전문적 치료를 통하여 이들이 가정과 학교, 사회에 긍정적으로 적응하도록 돕겠다는 목적으로 설립된 학교가 영산성지고등학교이다.

5) 교육이념과 교육목표의 특성

앞에서 살펴본 네 대안학교의 교육이념과 교육목표를 비교 · 분석하면 다음과 같이 정리할 수 있다. 교육이념의 공통적인 특징은 〈표 8-1〉에서 보는 바와 같이 첫째, 아동중심 교육관을 들 수 있다. 둘째, 개인의 자유와 자율성을 존중한다. 셋째, 공동체 생활의 더불어 사는 정신을 높이 평가한다. 넷째, 인간과 자연과의 삶의 조화를 중시한다. 즉, 생태적 삶의 가치를 존중한다.

표 8-1 국내 대안학교의 교육이념 비교

학교 \ 구분	교육이념	공통 특성
풀무농업 기술고등학교	• 성서 위에 학원 • 무두무미(無頭無尾) • 기본층의 평민 • 머리, 가슴, 손의 조화 • 지역과 더불어 사는 학교	• 아동중심 교육관 • 개인의 자유와 자율성 존중 • 더불어 사는 공동체적 삶의 가치 추구 • 생태적 삶의 가치 지향
거창고등학교	• 신앙교육 • 개인차 존중 • 노동체험교육 • 자율성교육 • 역사와 민족을 바로 보는 교육	
간디학교	• 사랑과 자발성의 교육 • 불복종의 정신 • 쓸모 있는 교육 • 실존주의 인간관	
영산성지고등학교	• 탁월성의 살리는 교육 • 닐(A. S. Neill)의 자유주의 교육철학 지향 • 기다림의 교육 • 노작교육 • 학생의 개성과 자율성 존중	

대안학교의 교육과정이 지향하는 교육이념의 특성은 대체적으로 공동체 안에서 자주적이고 전인적인 개인의 발달에 있다. 이러한 대안학교의 이념적 특성은 개인의 자유로운 발달을 통해 공동체적 사회를 회복하려는 대안교육의 이념을 반영하고 있다. 또한 개인과 공동체를 통합시켜 보려는 일련의 교육철학적 흐름과도 맥을 같이할 뿐 아니라 공교육에서 추구하는 교육적 인간상과도 그리 다르지 않음을 알 수 있다.

설립이념으로 볼 때 풀무학교와 거창고등학교는 기독교의 평등과 박애정신을 바탕으로 성서를 생활 속에서 실천하는 것을 중시한다. 이들 두 학교는 이런 점에서 상당히 유사하다. 간디학교는 학생들의 자발성을 바탕으로 내적 잠재력을 계발하고 무분별한 권위에 양심적으로 저항하는 건전한 의식을 강조한다. 영산성지고등학교는 학생들의 개성을 최대한 존중하며 자율적으로 활동하는 학생 중심의 교육활동을 전개한다. 학생을 전체의 부분으로 보는 것이 아니라 하나의 고귀한 인격체로 간주하며 믿고 기다리는 것을 특징으로 한다.

대안학교 교사는 학교의 교육이념이나 설정과정에 직접 참여하거나 동의하는 과정을 중시한다. 이러한 과정은 그동안 국가 단위의 교육이념 설정 과정이나 학교 단위의 교육목표 수립과 비교해 볼 때 교사가 교육과정의 전달자에 그치지 않고 적극적인 실행 주체가 될 수 있는 가능성을 제공해 줄 수 있다.

한국에서는 교육과정 문서에 나타나 있는 교육이념이나 목표는 별 역할을 하지 못했다는 비난을 받아 왔다. 한국의 교육이념은 문서상으로 추구하는 이상적 인간상과 현실에서 요구되는 출세지향적 인간상으로 이분화되어 있다는 비판을 받는다.

문민정부에서부터 참여정부에 이르기까지 줄기차게 제시되었던 학교교육 혁신안도 비슷한 문제를 안고 있다. 혁신안에서 주장했던 창의성교육, 인성교육, 열린 교육이 결코 따로 떨어진 문제가 아님에도 학교 현장에 와서는 개별적 실천과제로 분리되어 교사에게 부담만 안겨 주었다. 그래서 대안학교에서 지역적 상황이나 교사의 의견, 학생의 상황을 고려하여 교육이념이나 교육적 인간상을 정립하거나 수용하는 과정은 더욱더 장려되어야 할 것이다. 다만 그러한 노력을 현장에서 실천하기 위한 현실적 여건의 충족이 선행되어야 한다. 이런 맥락에서 대안학교가 교사와 함께 교육이념을 설정하고 실행해 나가는 과정은 학교에서 일상적으로 부딪히는 역동적 상황 속에서도 비교적 일관성 있는 교육을 가능하게 한다고 볼 수 있다.

교육목표의 공통적 흐름은 '지속 가능한 가치의 지향' 이다. 구체적으로 언급하면 첫째, 신앙에 기초한 교육을 실천한다. 둘째, 자연 친화적인 삶의 교육을 중시한다. 셋째, 이웃과 더불어 사는 공동체적 가치를 추구한다. 넷째, 생명 존중의 가치를 추구한다. 즉, 공동체적 인간, 인간도 자연의 일부임을 깨달아 자연과 조화롭게 사는 생태적 인간, 감성, 지성, 사회성을 두루 갖춘 전인적 인간을 지향한다. 이를 정리하면 〈표 8-2〉와 같다.

표 8-2 국내 대안학교의 교육목표 비교

구분 학교	교육목표	공통 특성
풀무농업기술고등학교	• 성서에 바탕을 둔 깊이 있는 인생관과 학문과 실제 능력에서 균형 잡힌 정직, 유용한 평민, 하나님과 이웃, 지역과 세계, 자연과 생명과 더불어 사는 평민 육성	• 신앙에 기초한 교육 • 자연친화적 삶의 교육 • 공동체적 인간 육성 • 전인적 인간 육성
거창고등학교	• 기독교 정신을 바탕으로 하는 민주시민 육성	
간디학교	• 전인적 인간 • 공동체적 인간 • 자연과 하나 되는 인간	
영산성지고등학교	• 자주적 인간 • 창조적 인간 • 도덕적 인간 • 건강한 인간 • 건전한 시민	

교육목표에서 나타나는 특성을 구체적으로 살펴보면 다음과 같다.

첫째, 신앙에 기초한 교육활동을 실천한다. 간디학교의 경우는 예외로 치더라도 풀무학교와 거창고등학교는 개신교의 정신을 바탕으로 하고 있고 영산성지고등학교는 원불교가 설립주체이다. 이처럼 한국의 대다수 대안학교가 종교적 배경을 가지고 있다는 사실은 주목할 부분이다.

자연친화적 삶의 교육이란 물질주의와 도시화가 보편화된 일반 학교의 경쟁 구조를 경계하고 자연과 하나 되는 교육, 생명을 존중하고 그 가치를 소중히 여기는 생태 지향적 삶을 중시하는 교육을 말한다. 이는 네 개의 연구 대상학교에서 가장 우선시하는 교육이념으로, 21세기의 학교교육에서 생명교육과 환경교육이 중시되어야 함을 일깨우고 있다. 이들은 교육이란 마치 식물의 씨앗이 땅에 묻혀 땅속의 알맞은 지양과 수분 및 미생물의 도움을 얻어 싹트고, 햇빛과 공기를 맞아 자라고 열매를 맺듯이 평생을 통하여 사회와 자연환경이 조화로운 균형을 이루는 곳에서만 제대로 이루어질 수 있다고 본다.

풀무학교는 이러한 교육목표를 가장 모범적으로 실천하는 전형으로, 학교운동장에 설치된 태양열 집열판만 봐도 인위적인 편리함보다는 자연을 있는 그대로 활용하고 그 소중함을 스스로 느낄 수 있도록 하는 열정을 볼 수 있다. 또한 무공해 유기농법을 중시하여 자연 속에 어우러진 삶의 중요성을 스스로 일깨우는 교육을 중시한다.

거창고등학교는 가장 제도권에 근접해 있는 학교임에도 불구하고 색다른 자연친화적 교육이념을 실천하고 있는데, 일반 제도권 학교에서 상상하기 어려운 노작체험교육을 강조한다. 이를 통하여 자연에 순응하고 자연의 소중함을 스스로 느끼도록 하여 생명에 대한 경외감을 갖도록 한다. 간디학교는 수려한 지리산 자락에 위치하고 있는 생태 지향적 공동체학교로 볼 수 있다. 획일적인 콘크리트 건물 속에서 획일적인 교육을 받는 대다수의 학교 형태에 대해 강한 저항감을 보이고 있는데, 자연경관이 수려한 숲 속에 흙으로 만든 건물에서 다양한 체험을 하는 간디학교에서 자연친화적 교육을 위한 노력의 일환을 볼 수 있다. 영산성지고등학교는 풀무학교에서와 같은 무공해 유기농업을 장려하여 지역민에게 보급하고, 환경친화적 교육 내용을 강조하여 부적응 학생의 메마른 정서를 순화시키고 있다. 대안학교에서 추구하는 자연 친화적 삶은 일반 대다수의 공교육에서 그 의미를 다시 한 번 새겨 볼 만하다.

둘째, 공동체적 인간육성이란 경쟁과 이기주의가 팽배한 교육 현실에 서 교육과 공동체의 삶을 열어 줌과 동시에 자율적인 사고의 중요성을 일깨워 준다. 인간은 누구나 혼자서 살 수 없으므로 건전한 사회에서 서로 더불어 사는 방식을 학교에서 가르쳐야 한다는 것이다. 대안학교에서는 혼자만의 천재를 육성하기보다는 나 자신보다 이웃을 생각하는 성숙한 시민의식을 기르려고 한다. 이러한 생활 속에서 학생들은 진정 자신이 가야 할 길에 대한 진지한 모색을 하게 된다. 풀무학교에서는 더불어 사는 삶의 중요성을 인식하고 모든 교육활동을 이 덕목에 결집시키고 있다. 자기의 가치를 자각하고 높은 교양, 자립하는 능력을 갖추어 진정한 자기를 실현하며 남을 존중하고 함께 더불어 사는 사람으로서의 평민이 되게 교육하고자 하는 이 이념 안에는 공동체주의 교육적 의미가 함축되어 있다. 평민교육과 아울러 민주시민으로서의 교육은 풀무학교의 이념인 무두무미(無頭無尾)의 정신에서 찾아볼 수 있다. 그 말이 뜻하는 바대로 머리도 없고 꼬리도 없는 공동체 구성원 간의 역할 분담을 통해 권리보다 의무와 책임이 강조된다.

거창고등학교에서는 공동체 교육의 실천으로서 더불어 사는 삶의 즐거움과 자세를 일깨워 주는 교육을 강조한다. 그것은 직업 선택의 십계에서도 나타났듯이 누구나가 선망하는 쪽보다는 다른 사람이 기피하는 쪽을 선택하여 우리 사회에서 작고 소중한 역할을 하도록 교육한다. 이것은 결국 이웃을 통하여 자아를 발견하고 성찰할 수 있게 해 주는 공동체적 시민 육성을 지향한다고 볼 수 있다. 영산성지고등학교에서는 전원 기숙사 생활을 통하여 공동체 생활에 필요한 여러 규율을 스스로 만들고 점검해 가면서 가정과 사회생활에서 성인에게서 받았던 규제나 간섭의 의미를 스스로 알게 한다.

교육은 개개인의 자율성을 바탕으로 하여 '공동체적 삶과 문화적 전통'이라는 맥락으로 상호 조화를 이룰 수 있어야 하며, 학습자의 정체성을 형성할 수 있는 사회적 및 역사적 상황을 바탕으로 한 덕목의 학습이 이루어져야 한다. 이러한 의미에서 볼 때, 대안학교에서의 공동체적 덕목의 실천은 한국 고유의 공동체의식을 토대로 전통과 관행이 학교공동체 안에서 표현됨으로써 이루어질 수 있음을 알 수 있게 한다.

셋째, 전인적 인간육성은 범위가 광범위하고 위에서 논한 다른 이념의 궁극적 지향점이기 때문에 내용적으로 깊이 들어갈 필요는 없다고 본다. 다만 어느 학교이건 전인교육을 지향하겠지만 대안학교에서는 특히 머리, 손발, 마음이 별개인 인지주의 교육이 아닌 전인교육을 강조한다. 머리는 당연히 지식 위주의 학문이 관심사라면 손발은 노작교육과 생활교육을 강조한다.

2. 교육내용과 교육방법

교육목표가 설정되면 이러한 목표가 반영된 교육내용이 선정되어야 한다. 교과내용과 학습경험을 통합한 개념으로 교육내용을 보는 이영덕 등(1998)은 교육목표와의 일관성, 지식의 참신성과 신뢰성, 내용의 전이 가치나 활용 범위, 탐구정신 등의 준거를 교육내용의 특징으로 제시한다. 대안학교에서의 교육내용은 특히 학습자의 성장, 학습능력, 흥미, 적응력을 고려하여 사회적 유산을 학습자가 무리없이 학습할 수 있도록 도와주어야 한다는 점에 동의한다. 또 기본 사회생활 문제를 해결하고 변화시켜 가며 주변 환경에 적응해 가는 데 이바지해야 한다는 것이다.

이런 측면에서 이 연구에서는 교육내용 선정과 조직 등 교육내용의 본질적 측면 외에 노작교육, 종교교육, 개성 신장, 기숙사생활 및 인성교육을 이 범주에 포함하여 그 대안적 특성을 분석해 나가려 한다.

1) 풀무학교

(1) 종교교육

풀무학교에서의 종교교육 방법은 정규교과와 기숙사 생활을 통한 교육으로 나눌 수 있다. 정규교과로서 1주일에 1시간씩 성경 시간이 주어져 있다. 이 시간에 학생들이 모둠을 짜서 성서의 내용을 요약하고 소감을 발표하며 모르는 것은 함께 토론한다. 자신의 가치관을 형성하는 데 성서에서 지혜와 영감을 얻는다. 이 외에도 기숙사 생활에서는 각종 규칙적인 종교활동이 생활화되어 있다. 풀무학교에서의 종교교육은 성서의 진리를 각자 알아보고 그것을 자기 삶의 양식으로 삼는 것이 중요하지, 꼭 기독교를 교리로 받아들여야 한다는 것은 아니다. 학교를 마친 뒤에는 각자 원하는 신앙대로 살면 된다고 본다.

(2) 공동학습

공동학습은 학생들이 주제를 정하고 전원 모둠별로 여러 교과를 넘나들며 조사, 방문, 토의한 뒤 그 성과를 게시, 발표하는 것이다. 생활에 가까운 주제를 교사의 도움을 받아 학생 스스로 협력함으로써 경쟁이 아닌 협동학습을 할 수 있을 뿐 아니라 종합적인 시야를 갖고 일생 동안 진리를 탐구하는 자세를 기를 수 있다.

(3) 학습여행

풀무학교는 체험 학습을 강조한다. 농업에 관한 것뿐 아니라 인성 형성에 도움이 되는 체험을 위해 학습여행을 시키고 있다. 즉, 종래의 놀이 중심 수학여행을 탈피하여 여행이 학습의 한 방법이 되도록 이끌고 있다. 수시로 가까운 지역에 방문학습을 가거나 여름방학을 이용해 공동체 농장에 현장 체험학습을 떠나며, 학급별로 수학여행을 계획하여 학생들 스스로 사전 조사를 한 후 여행을 다녀오며 다녀온 후에는 여행 보고회를 열고 있다.

(4) 문화시간 운영

월요일 1시간을 '문화 시간'으로 두어 초청강사 특강, 학생발표, 학부모 특강 등의 시간으로 다양하게 운영하고 있는데, 이는 초창기부터 전교생이 한 교실에 모여 매일 아침 30분 정도 훈화를 듣던 '정신교육'이 발전된 것이다. 이 문화시간은 학생들에게 앞으로 어떻게 살아가야 하는지에 대한 진지한 성찰의 자리가 되고 있다.

문화시간을 통한 감화는 진로 결정과 간접 체험의 기회를 제공해 주고 공동 학습 발표기회를 통해 지식을 넓히며 진리를 탐구하여 스스로 깨닫게 하는 교육방법을 접하게 한다.

(5) 노작교육의 강조

'일만 하면 소, 공부만 하면 도깨비, 우리는 일도 하고 공부도 하는 사람이 되자.'는 설립 초기의 정신을 살려, 노작교육은 전인교육과 인성교육을 위해 중요한 부분을 차지하고 있다. 이에 대해 홍순명 전 교장은 다음과 같이 노작교육의 중요성을 이야기한다.

> 노작은 지식의 추상화를 막고 산지식과 응용력을 기를 뿐 아니라, 생명을 가꾸면서 대지와 접촉할 수 있는 중요한 시간입니다. 또 어려움을 극복할 수 있는 인내력과 지혜를 길러 주며 몸과 마음을 건강하게 지·정·의를 골고루 발달시킵니다. 요즘은 정보교육 기기를 교실에 많이 들여놓는 것이 마치 앞선 교육을 하는 것이라고 생각하지만 실제 세계를 떠나 가상의 세계에만 갇

혀 버릴 수 있으므로 '흙에서 인터넷까지' 균형 있는 노작교육 체험이 필요하다고 생각합니다(홍순명, 1998: 152-153).

이 말은 20세기 독일 개혁 교육학의 선두주자인 케르셴슈타이너(G. Kerschensteiner)의 노작교육론과 일맥상통한다. 케르셴슈타이너는 종래의 학교가 수업에서 사용하는 교재의 수동적인 채택과 교실 안에서의 자리 정돈에 이르기까지 일종의 순수한 학습학교(Lernschule)였었다고 비난하면서 학습학교의 교육정신과는 반대로 학생의 고유 활동을 자극하는 것이 중요하며, 노작교육은 일 자체를 인격 도야의 과정이라고 설명하고 있다(Bollnow, 1990).

풀무학교에서는 전체 노동시간에 주로 꽃모종을 하고, 학교 주변 풀베기, 실습지의 모내기나 김매기를 하면서 교사 학생 구분 없이 함께 땀을 흘린다. 실습지 면적은 7,332㎡으로 1인당 실습지 면적은 88㎡이며 실습을 하기에 충분한 공간이다. 뿐만 아니라 한 학기씩 선택하여 부분별로 운영하는 목공, 농기계, 화훼, 축산, 식가공, 유기농업 등은 철저히 실습 위주이고, 가능하면 마을 현장에서 지역주민과 함께 실습하도록 하고 있다. 실습지에서 생산되는 모든 농산물은 기숙사의 주 · 부식으로 공급되어 먹을거리 자급에 도움이 되도록 하고 있다. 풀무학교에서는 '현장 실습제도' 가 있다. '현장 실습' 은 2학년이 되면 여름방학을 이용하여 실시하는데, 대개 풀무 창업생[11]의 삶의 터 또는 지역사회의 일터를 찾아가 봉사하며 노동하는 것을 필수로 한다.

주로 정농회원이 운영하는 유기 농산물 생산지나 가공 · 유통 · 복지시설 등을 찾아가 실습과 노동을 하고 운영과 경영 정신을 배운다. 여기에는 교사뿐 아니라 학부모도 함께 돌아보는 기회를 갖기도 한다. 학생들이 실

11) 풀무학교에서는 졸업식은 새로운 인생의 시작, 즉 '창업' 이라는 뜻으로 '창업식' 이라고 한다. 그리고 창업한 후의 졸업생은 수업생이다.

습지에 머무는 동안 현장 운영방법이라든가 실습하는 내용을 일지에 적어 내며, 이것은 후에 평가에 반영된다. 뿐만 아니라 실습지 주인도 실습생의 근면성, 연구태도, 생활모습을 관찰하게 하여 나름대로 기록한 의견서를 학교에 제출토록 한다.

2) 거창고등학교

(1) 노동체험

거창고등학교의 노작교육은 설립자 진영칭의 정신에서부터 비롯된다. 그는 도끼를 기우고 땅을 파는 등의 활동을 통해 가치 지향적인 인간 형성을 꾀하려 한다. 1년에 4회 정도 학교농장에서 실시되는데, 남학생은 사료용 옥수수를 베고 칡잎을 따며, 여학생은 아카시아 잎 따는 일을 주로 맡는다. 학생들은 노동체험을 통하여 평소 책상 위에서 느끼지 못했던 땀과 노동의 소중함을 자연스럽게 이해하게 된다. 풀무학교에 비하면 매우 적은 노동시간이지만 거창고가 인문계열인 점을 감안한다면 노작교육을 무시하거나 소홀히 하는 것은 결코 아니다. 학생의 노작실습을 위한 46만 2,000㎡의 학교농장을 학교에서 약 4km 떨어진 곳에 두어 학생들로 하여금 지식교육뿐만 아니라 체험교육을 시키고자 하는 의도를 엿볼 수 있다.

이 노작교육의 정신은 거창고 강당 뒤편에 붙어 있는 '직업 선택의 십계'[12]라는 훈시에 잘 나타나 있다. 거창고의 직업십계를 보면 사회에서 보편적으로 좋아하는 직장이 아닌 기피하고 있는 직상을 권하고 있다. 출세

12) 하나, 월급이 적은 쪽을 택하라. 둘, 내가 원하는 곳이 아니라 나를 필요로 하는 곳을 택하라. 셋, 승진의 기회가 거의 없는 곳을 택하라. 넷, 모든 조건이 갖추어진 곳을 피하고 처음부터 시작해야 하는 황무지를 택하라. 다섯, 앞을 다투어 모여드는 곳은 절대 가지 마라. 여섯, 장래성이 전혀 없다고 생각되는 곳으로 가라. 일곱, 사회적 존경 같은 건 바라볼 수 없는 곳으로 가라. 여덟, 한가운데가 아니라 가장자리로 가라. 아홉, 부모나 아내, 약혼자가 결사 반대하는 곳이면 틀림이 없다. 의심치 말고 가라. 열, 왕관이 아니라 단두대로 가라.

지향적이고 남을 배려할 줄 모르는 입시 위주의 교육상황에서는 상상도 못할 내용이다. 여기에는 무엇이든 하겠다는 개척정신과 선구자적인 정신의 주가 되는 '자발성' 이 요구될 뿐 아니라 육체적인 활동까지도 요구된다.

(2) 인간교육

거창고등학교의 교육목표 구현 방안은 크게 두 가지로 표현된다. 그 하나는 만남의 교육이다. 거창고등학교 교육은 예수님의 사랑으로 인간 본래의 모습을 되찾게 하는 것이다. 그러기 위해 교사는 학생 한 명 한 명이 존엄성을 가진 귀한 존재로 인식하고 헌신적으로 사랑함으로써 학생들의 가슴을 열게 하는 것이다. 그 결과 학생이 교사의 깊은 애정을 피부로 느껴서 진정한 만남이 이루어지게 된다. 따라서 만남이 이루어질 수 있도록 가르쳐야 한다는 것이다. 이것은 다분히 실존철학의 인간관과 일맥상통한다. 거창고는 인간 본래의 모습을 예수님에게서 찾았으며, 예수님이 인간을 사랑하였듯이 교사가 학생을 헌신적으로 사랑하는 것을 원칙으로 하고 있다. 교사는 전교생의 이름을 모두 외우고, 학생 한 사람 한 사람의 성격이나 가정환경 등을 알려고 노력하고 있다. 또한 종교교육이야말로 인간의 삶이 절대적 가치를 지님을 깨닫게 도와준다고 보고 종교 감각의 함양을 중시한다. 즉, 1주일에 각 2시간씩 하는 성경과 예배시간이 있다. 이 시간을 통해서 학생들에게 이 학교의 건학이념과 교육이념을 심어 주는 것은 물론 깊이 있는 인성교육을 한다. '무엇이 되느냐.' 보다 '어떻게 사느냐.' 가 중요하다는 사실을 기독교 신앙에 뿌리를 두고 가르친다.

인간교육은 학교행사에서도 찾아볼 수 있다. 학교행사를 통한 인성교육으로 삼일절, 광복절, 4 · 19 기념예배 및 행사가 있고 옳고 그름과 섬김의 자세, 생의 목적에 대한 학교장의 설교 및 훈화, 그 외 유명인사 초청강연과, 토론문화 정착을 위한 시간을 통해 정당한 토론을 하고 합리적인 의견을 표출할 수 있는 능력을 함양시켜 준다.

(3) 독서교육

풀무학교에서도 나타난 특징이지만 거창고등학교에서도 독서교육을 강조한다. 독서교육은 인문교육으로서 기능화되어 버린 학생에게 삶과 문화와 역사에 대해 아름다운 꿈을 키워 준다. 학생들의 의식 수준은 어쩌면 이 학교의 전통과 기풍에 의해 자연스럽게 높아진다. 학생들이 1개월에 2권 이상씩 읽는 독서교육을 통해 교양 있는 공민을 길러 내는 교육을 하고 있다. 다양한 주제의 독서 훈련과 감상문에 대한 시상식 및 독서토론을 통해 저마다의 다양한 의견을 들어 보고 풍부한 문화적 경험을 얻게 된다.

3) 간디학교

(1) 학제와 기숙사

특성화학교로 인가받기 이전의 간디학교의 또 다른 특징은 중·고등과정이 나뉘지 않는 통합학교(comprehensive school)였다는 것이다. 이는 영국의 서머힐과 세계 각국의 자유학교에서 실시하는 학제이며, 우리 조상이 서당에서 가르치던 방식이다. 연령과 학년에 구애됨이 없이 개인의 능력에 따라 수업을 받을 수 있고 관심에 따라 과목을 선택할 수 있었다. 비록 특성화 고등학교로 인가를 받고 난 이후에는 정규 학교의 학년제를 수용하고 있지만 이전의 실험정신은 학교 경영 전반에서 용해되어 있으며, 특히 간디학교에서 함께 운영하고 있는 미인가형 학교에서는 이러한 학생중심의 교육과정 운영방식을 고수하고 있다.

국내의 대부분 대안학교처럼 간디학교에서도 기숙사 제도를 운영하고 있다. 이는 이기적인 사회분위기와 경쟁 위주의 교육으로 눈치만 발달된 학생에게 힘들고 어렵지만 뜻 깊은 훈련이 되고 있다. 특히 식구 총회와 저녁 평가회를 통해 서로의 닫힌 마음을 열고 상대를 이해하며 고마운 마음으로 생활하는 공동체 생활로 이끌고 있다.

또한 기상, 취침, 빨래, 청소 등을 스스로 하며, 남녀 기숙사 대표를 중심으로 생활 자립이 이루어지고 있다. 이러한 이유에서 첫째, 시간 꼭 지키기(기상, 명상, 귀가 등), 둘째, 청소하기(자기방, 개인청소구역), 셋째, 묵학시간에 남 방해 안 되게 조용히 공부하기 등을 규칙으로 삼고 규칙을 어기면 벌점제도에 의해 공동체에 필요한 예절을 준수하도록 하고 있다. 기숙사 방에는 토론 끝에 컴퓨터는 들어왔지만 텔레비전은 없다. 기숙학교의 특징을 살려 1개월에 4~5일쯤 가정학습을 할 수 있도록 배려하고 있다.

(2) 다양한 체험학습의 중시

간디학교는 의식주 해결 교육과 감성교육을 중시한다. 수업 시간의 절반 정도는 일반 학교에서 가르치는 '지식교육', 이를테면 언어, 역사, 지리, 자연과학, 수학 같은 과목에 할애하고 나머지 절반은 일반 학교에서 소홀히 하는 '감성교육'과 노동을 통한 '의식주 해결 교육'에 쓰고 있다. 감성교육은 합창, 연극, 시 쓰기 같은 예술 활동을 예로 들 수 있고 노동교육은 음식 만들기, 옷 만들기, 집 짓기, 텃밭 가꾸기를 포함하고 있다. 감성교육과 노동교육은 두말할 나위도 없고 지식교육에서도 일반 학교와 비록 형식상의 과목이 같다 하더라도 실제 교육내용에서는 차이를 보인다. 교실뿐 아니라 지역 사회 자체가 학습의 장이 되어야 한다는 정신으로, 훌륭한 배움터가 있다면 국내외를 가리지 않는다. 또 방학을 이용한 장기 이동 수업을 할 수 있다.

간디학교에서는 '실제적 능력'을 중시한다. 이를 위해 간디학교의 교사는 국어 · 영어 · 수학의 지식 과목을 깊이 있게 원리 중심으로 가르치거나, 유기농 농사 · 건축 같은 의식주 문제를 해결하는 실제 능력을 가지고 있거나, 미술이나 음악 같은 예술 분야에서 충분한 경험과 지식을 갖출 것을 요구한다. 즉, 학위나 자격증을 요구하기보다는 실제 능력을 존중하는데, 이는 간디학교가 지향하는 이상적인 인간상에 부합되기 때문이다.

이상으로 본 바와 같이 간디학교의 교육내용의 특징을 정리하면 첫째, 의식주 해결을 중심으로 하는 삶의 교육을 중시한다. 의식주 문화를 새로이 만들어 가는 교육으로 조별 텃밭 가꾸기, 조별 음식 만들기, 옷 수선하기, 생활용품 만들기, 오솔길 정리하기, 징검다리 만들기, 정원 꾸미기 등 학습자의 흥미를 고려하여 선정한다. 둘째, 감성교육을 중시한다. 예술활동을 통하여 감성을 회복시키는 교육을 지향한다. 감성교육 방법은 자연의 일부가 되는 체험학습, 감각교육에 중점을 둔다. 이때 교사는 안내자, 대화자, 정보 제공자의 역할을 한다. 셋째, 지식교육 과목으로는 으뜸과목인 철학, 국어, 영어, 수학, 사회과학개론, 자연과학개론이다.

4) 영산성지고등학교

(1) 인성교육

영산성지고등학교에서는 학생 스스로를 인격의 주체로 세우고자 여러 면에서 면밀한 배려를 하고 있다. 실제로 학생에게 대학생 수준의 자율을 허용한다. 먼저 두발, 복장, 흡연은 자율에 맡긴다. 그런 것이 인간의 본성과는 별로 상관없는 것이라고 보기 때문이다. 따라서 학생의 외모는 천차만별이다. 그러나 시간이 지나면 그것들이 별로 중요하지 않다는 것을 알고 단정한 차림을 하게 된다. 그것은 무엇보다도 영산성지고등학교가 인성교육에 역점을 두고 있기 때문에 가능하다고 본다(문영희, 1997: 22).

학생들은 교과성적보다는 오히려 마음을 잘못 쓰는 경우 꾸중을 듣는다. 또한 상시 상담 체제이기 때문에 학교생활의 모든 과정은 학생과 이야기를 나누고 함께 놀이하는 과정의 연속이다. 영산성지고등학교의 학생들은 일반학교에서 적응하지 못하고 전학 온 학생이 대부분을 차지한다. 개성이 강하다는 것은 자존심이 강하다는 것이다. 이들은 자기 자신을 인정해 주는 곳을 찾아 여기까지 온 것이다.

영산성지고등학교에서는 일반학교에서 문제아 취급을 받고, 심하게는 사람 취급을 받지 못한 학생 한 사람 한 사람의 인격을 존중해 주고, 더불어 개인의 개성과 소질을 계발 양성하는 데 초점을 맞추고 있다. 영산성지고등학교 교사는 학생의 자아를 찾아 주는 것을 가장 큰 목표로 여기고 있다. 학생을 대할 때 부처님 대하듯 너그러움을 가지고 대한다는 데서 학생 스스로 자아를 찾을 수 있도록 기다리는 모습을 엿볼 수 있다. 여기에서 설립자 김현의 교육관 내지 학생관을 살펴보자.

> 우리는 학생들이 실수를 하면 '그럴 수도 있는 것' 이라는 너그러움을 가지고 대하며, '사람은 열 번 하면 된다.' 는 믿음으로 학생들이 자신을 긍정할 수 있도록 돕습니다. 나는 우리 선생님에게 '모든 학생을 부처로 대하자.' 라는 표현으로 당부하곤 합니다. 물론 당장 부처라기보다는 부처가 될 수 있는 평등한 바탕을 갖추고 있다는 의미입니다. 학생들의 실수를 나무결에 박힌 옹이의 무늬처럼 값지게 보아 주는 눈으로, 아름답고 착한 행동만 사랑하는 것이 아니라 그들의 실수도 이해하고 감싸 주며 성장의 밑거름으로 삭혀 내도록 돕자는 것입니다. 이러한 기본적인 태도를 갖기 위해 교사들은 학기를 시작하기 전 4박 5일 동안 교사교육을 받습니다. 이 교육을 통하여 우리 교육의 기본 이념과 목표, 인간 존중의 교육방법에 대한 경험 등을 나누고 신학기의 계획을 협의합니다(길병덕, 1997: 177).

설사 학업에서 꼴찌를 하더라도 풀 죽지 않고 자신 있게 제 갈 길을 개척해 갈 수 있는 사람을 만드는 교육, 어떤 사람도 '들러리' 로 취급하지 않고 학생 각자가 주연으로 대접하는 교육을 실천하고 있다.

영산성지고등학교는 풀무학교나 거창고등학교가 설립이념 속에 종교적인 이념을 포함시켜 종교적인 인간상에서 바른 인간의 모형을 찾는 것과는 달리 종교교육을 필수로 여기면서도 그마저도 학생들의 자율적인 내면에서 이루어지는 것을 요구하고 있다.

(2) 노작교육

영산성지고등학교에서는 재정 확보와 노작교육을 위해 6,000마리의 닭을 기르고 전통 가마에서 분청사기를 구워 내며 200마지기의 논을 경작한다. 노작활동은 먼저 '노작활동을 할 것인가 말 것인가.' 에서부터 작업의 종류와 시간에 이르기까지 전적으로 학생의 선택에 맡기고 매일 아침 4명 이내에서 지원자를 선착순으로 접수받아 계사, 도자기 공장, 유기농 관련 작업 등을 할 수 있도록 지도하며, 작업 시간을 누산하여 개인 생활기록의 자료로 활용한다. 공부하기가 싫으면 친구들의 공부를 방해하지 않기 위해 교사 뒤쪽의 양계장에서 닭똥을 치우거나 잡풀을 베거나 운동장을 청소하는 등 노작체험학습으로 대신해도 된다. 물론 작업이 진행되는 동안의 수업은 출석으로 본다.

노작교육의 중요한 목적 중의 하나는 생활과 교육의 분리를 탈피하고 생활과 학습을 통합하는 것이다. 학습 위주의 교육은 기초적인 생존 기반이 되는 생활에서 무능한 결과를 초래했기 때문에 실생활과 연결되는 학습이 필요하다. 노동을 통하여 학습하고 체험하면서 자신의 정체성을 찾을 뿐 아니라 자연의 질서와 법칙을 깨닫게 한다(손천수, 1998). 학습자의 깨달음이 교육의 결과라 한다면 교실에 앉아서 학습하는 이상으로 논을 경작하고, 닭을 키우고, 운동장을 청소하면서 얻는 깨달음은 크다고 본다. 케르셴슈타이너는 "노작은 정신적 능력과 더불어 신체적인 능력의 조화로운 빛날을 가져올 때 그 의미가 있다."(전일균, 1995)라고 하였다.

곽진영 전 교감은 노동체험의 효과에 대해 다음과 같이 말하고 있다.

> 노동교육에 자신감을 갖게 된 것은 양계기술 그 자체로도 유용한 산지시이지만 무엇보다도 학생들이 신나게 일에 임한다는 것 때문이다. 지금의 형

> 편이 문제라는 부정적인 시각이 아니라, 요즈음 청소년의 개성으로 봐 줘야 한다(문영희, 1997: 22).

꽃을 가꾸고 밭을 갈고 논에 물을 대고 모를 심고 소를 모는 일 자체가 아주 효과적인 교육이다. 이마에 땀을 흘리며 일을 해 봄으로써 학생들은 노동의 어려움과 귀함 및 그 노동으로 자신들을 키워 내는 어버이에 대한 고마움을 안다. 또 이 자연에는 아름다운 질서와 법칙이 있음을, 우리 삶도 그 법칙 안에서만 편안히 누릴 수 있다는 것을 체험으로 배운다.

5) 교육내용의 특성

대안학교가 중요하게 생각하는 교육내용은 인성교육, 노작교육, 실생활교육, 환경교육, 사회참여교육이다. 이 중 노작이나 실생활교육은 일반 학교에서는 잘 이루어지지 못한다는 점에서 대안학교다운 특성을 보여 준다. 이러한 내용은 주로 활동과 관련된 것으로서 대안학교가 교육내용을 학생들의 학습 경험으로 보는 입장을 가지고 있음을 보여 준다. 이런 관점이라면 대안학교에서 다루는 어떠한 교과든 교수법이나 학습법에 따라서 학생들의 지적 과정 훈련의 효과가 달라질 수 있다.

교육내용을 선정하고 조직하는 기준은 실생활과 연관된 활용 가능성, 학생의 흥미와 관심 등이다. 교사는 이 원칙을 수업과 일상생활에서 학생의 실제적 능력을 길러 주고 개인차를 존중해 주는 방식으로 실현하고 있다. 뿐만 아니라 어떤 영역의 교육내용이든지 학생 중심으로 제공되고 종교나 철학교육, 노작교육, 진로교육, 지식교육이 따로 떨어진 것이 아니라 학생의 가치관 형성이라는 공동의 목표에 기여하고 있다. 무엇보다 이러한 내용은 학생시절의 단순한 경험으로 제시되기보다는 학생의 가치관을 형성하고 장래 삶의 방식까지 변화시킨다는 점에서 교육적 효과를 줄 수 있다.

졸업생이 농업이나 사회사업 계통에 일을 하면서 학교와 지속적으로 연계하고, 지역공동체 형성을 통해 농촌의 문제를 해결해 나가는 풀무의 역사가 이를 보여 준다. 하지만 이런 교육내용이 일반학교와 분명한 차별성은 있지만 방향성이 너무 확실한 나머지 시대적으로 요청되는 성교육, 생태주의, 생활세계의 회복, 양성 평등 가치관 등의 주제는 수용하지 못했다는 평가를 받기도 한다.

교육내용의 공통적 특징은 첫째, 아동중심의 체험교육을 추구한다. 둘째, 학습 활동을 통하여 지식교육보다는 감성이나 사회성 교육에 높은 비중을 둔다. 셋째, 개인의 사회화 과정을 '모둠'이라는 작은 규모의 학습 노력을 통하여 해결하려고 시도하고 있다. 넷째, 학습자의 특성을 고려한 학습조직을 구성한다. 단순히 나이가 같다는 이유로 같은 반이 편성되는 것이 아니라, 개인의 취미나 관심을 같이하는 자치적인 조직을 존중한다. 다섯째, 생태적 삶의 과정을 중시하는 교육이념이 학습활동 속에 포함되어 있다.

각 학교별 교육내용의 차이점은 풀무학교는 지역을 학습 센터화하고 의식주 해결과 노작활동을 중시하고, 거창고는 교과활동과 동아리활동, 각종 문화 및 영성활동을 강조한다. 간디학교는 의식주 해결과 노작활동을 중시하며 철학교육[13]을 으뜸교과로 생각한다. 영산성지고등학교는 자율과 책임이 수반하는 노작활동을 중시하며 자유활동, 자치활동을 중시한다. 이를 정리하면 〈표 8-3〉과 같다.

13) 간디학교에서는 인간의 삶의 근본인 철학교육을 중시한다. 참고로 특성화 교과의 필수과목에 '삶과 철학' 이 2단위 편성된다. 간디학교의 교육과정 편제를 보면 총 이수단위 총계가 204단위인데, 정규 고등학교에서 받아야 할 보통교과 및 특별활동이 150단위(보통교과 138단위, 특별활동 12단위), 특성화 교과가 총 54단위로 되어 있다. 이것은 세두권에 편입됨으로써 교육과정 운영의 자율성이 그만큼 줄어들었다는 것을 의미한다. 다른 특성화 고교에서도 교육과정 편제는 비슷하다. 다만 학교에 따라 특성화 과목의 종류가 다를 뿐이다.

표 8-3 국내 대안학교의 교육내용 비교

구분 학교	교육내용	공통적 특성
풀무농업기술 고등학교	• 지역 속의 학교 • 노작 및 체험활동 • 영성활동	• 일과 놀이와 공부가 구분되지 않는 통합적 교육과정 추구 • 실생활에 필요한 쓸모 있는 교육 • 지식보다는 감성 · 사회성 교육에 많은 비중을 둠 • 삶의 철학이 교육활동 속에 스며들어 있음
거창고등학교	• 교과활동 • 동아리 · 문화 활동 • 영성활동 · 자치활동 · 생활교육	
간디학교	• 삶의 교육 • 감성교육 • 지식교육	
영산성지고등학교	• 노작활동 • 자치활동 • 자유활동	

제9장 한국 대안학교의 과제와 전망

1. 한국 대안학교의 특징

앞선 제7장과 제8장의 대안학교 사례에서 살펴보았듯이 한국의 대안학교는 특색 있는 건학 이념을 토대로 그들의 '오래된 꿈' 을 이루기 위한 노력을 다각도로 펼치고 있음을 알 수 있다. 한국의 대안학교는 교육내용적인 측면에서는 학교마다 조금씩 다르지만 그들이 추구하는 '대안성' 에서는 일정한 지향점을 가지고 수렴되는 부분을 발견할 수 있다. 이제 한국 대안학교의 특징적인 측면을 살펴보기로 하자.

1) 신앙을 바탕으로 한 교육이념

한국 대안학교의 두드러진 특징 중의 하나가 대부분의 대안학교가 종교단체와 밀접한 관련을 맺고 있다는 점이다. 외국의 경우 교육운동가나 지역주민의 자발적 참여에 의해서 대안학교가 설립되었으나 한국에는 종교단체의 직접적인 후원을 받는 대안학교가 대부분이다.

풀무학교와 거창고등학교는 기독교의 평등과 박애정신을 바탕으로 성서를 생활 속에서 실천하는 활동을 중시한다. 이런 사실은 풀무학교와 거창고등학교의 학교운영과 교육내용에 그대로 나타난다. 이들 두 학교가 기독교 교역자가 설립했다는 공통점이 있지만 각기 독특한 종교활동을 통하여 건전한 심성의 육성을 꾀하고 있다는 공통점이 있다. 풀무학교와 거창고등학교의 종교교육의 정도에는 다소 차이가 있다. 풀무학교는 입학에서부터 성서를 지속적으로 학습할 것을 약속한다. 기독교를 이해하지 못하는 사람은 풀무학교에 입학하지 못한다. 풀무교육을 이해하기 위해서는 성서의 이해가 선행이 되어야 한다는 뜻이 내포되어 있다. 반면에 거창고등학교 학생들의 종교분포는 비교적 개방적인 경향을 보이고 있는데 기독교를 종교로 갖지 않더라도 입학할 수 있다. 단, 3년간의 학교생활을 통해 기독교를 이해하고 믿음으로 승화할 것을 목적으로 한다. 이 외에도 1998년 개교한 한빛고등학교, 1999년 개교한 동명고등학교, 두레자연고등학교, 세인고등학교가 기독교 단체에 의해서 설립되었다. 한편 천주교 재단에서 부적응학생의 교화를 목적으로 설립한 양업고등학교와 원불교 신앙에 입각한 원경고등학교, 화랑고등학교, 영산성지고등학교가 있는데, 이곳에서는 원불교의 인간관에 기초한 용서와 인내를 주요한 교육이념으로 설정하고 있다. 이처럼 한국 대안학교는 각기 다르지만 대부분 종교적 배경을 가지고 설립되었다는 특징이 나타난다. 그렇다면 대안학교는 무엇 때문에 종교적 배경과 관련되고 있는가?

첫째, 한국의 대안학교들이 공통적으로 사학으로 설립되었다는 점을 들 수 있다. 따라서 종교적 신념을 가진 개인이나 단체에서 학교를 설립하여 대안학교라는 용어가 나오기 이전에 그 나름의 독특한 방식을 실천할 수 있었고, 이것이 오늘날 대안학교라는 이름으로 새롭게 재조명되고 있다.

둘째, 신앙의 궁극적 목표가 인간의 순화와 교역을 통해 올바른 삶으로 이끌어 준다는 종교철학의 정신에 기인한다. 대부분의 종교는 종파를 초월해서 인간의 삶을 의식적으로 순화시키고 생활에서 종교정신을 실천할 수 있도록 한다. 이런 점에서 부적응 학생을 대상으로 하는 재적응형의 학교 세 곳이 원불교에서 설립하였다는 점이 주목된다. '학생을 부처로 대한다.' 는 학생관을 가지고 있는 이들 학교는 일반 학교에서 탈락한 학생 한 사람 한 사람의 인격을 존중해 주고, 더불어 개성과 소질을 개발하는 데 초점을 맞추고 있다.

셋째, 대안학교를 설립하는 데 필요한 재원의 조달이 개인이 감당하기에는 무리가 가고 따라서 재정적 지원이 가능한 종교단체가 학교의 설립에 적극 참여하게 되었다는 점을 들 수 있다. 이렇게 신앙이 대안학교의 이념에 투영되어 있다는 것이 한국 대안학교의 두드러진 특성이다.

2) 주체적 존재로서의 아동관

대안학교는 획일적이고 성적 지상주의의 일반 제도교육의 관행에 대한 비판에서 출발하여 교육의 본질에 대한 근본적인 문제제기를 논의의 출발로 삼는다. 따라서 인간의 다양성을 존중하고 집단의 산술적 인간으로서의 개념이 아니라 다양한 개인차를 인정하는 인간존중 사상의 인간관을 가진다. 또한 다가올 미래사회에 적합한 전인적 인간육성을 꾀하며 학교에 대한 근본적인 재구조화를 촉구한다. 즉, 종래의 학교관인 학교가 있기 때문에 가는 것이 아니라 '왜 학교에 가는가?' '그곳에서 어떤 일이 일어나며 학생의 성장 발달에 얼마나 많은 영향을 주는가?' 에 대한 물음에서 비롯된다.

대안학교에서는 지식은 주어진 것이라는 사고 혹은 주어진 지식을 머릿속에 무비판적으로 수용하는 과정을 학습이라고 하는 기존의 지식관 내지 학습관을 지양하고 새로운 지식관을 제기한다. 지식이란 교사와 아동이 상호 작용하는 가운데 저절로 만들어지고 그 지식을 다양한 각도에서 해석하며 종합하는 과정을 중시한다. 이러한 인간관, 학교관, 세계관, 지식관을 학교라는 곳에서 직접 실천하고자 하는 움직임이 대안학교이다.

대안교육의 두드러진 특징은 아동관에서 나타난다. 일찍이 루소가 아동을 하나의 독립적인 인격체로 볼 것을 제안했지만, 여전히 학교는 교사 중심으로 교육을 하며 아동은 단지 주어진 지식과 가치를 받아들여야 할 피동적 존재로 취급되고 있다. 그러나 대안교육은 아동을 주체적이며 자율적인 존재, 스스로 사물을 판단하고 결정을 할 수 있는 존재, 교사나 부모에게 종속된 것이 아니라 독립된 인격을 지닌 개체로 본다. 따라서 아동은 자기가 무엇을 배워야 할지, 무엇을 선택해야 할지 결정할 수 있으며, 학교 운영에도 참여할 수 있다고 믿는다. 그리고 어려서부터 이러한 민주적인 삶의 방식을 체험하는 것은 장차 이 사회를 좀 더 민주적인 방향으로 변화시키는 원동력이 된다고 믿는다.

아동에 대한 관점의 변화는 학습내용과 방법의 변화를 수반한다. 즉, 전통적인 교육과는 달리 대안교육은 주어진 교육내용이나 그에 따른 효과적인 교육방법이 있다고 보지 않으며, 설사 그러한 것이 있다고 하더라도 그것이 아동의 능동적인 참여나 주도에 의해서 이루어지지 않으면 무의미하다고 본다. 아동에 대한 절대적인 신뢰는 무엇을 어떻게 배워야 할 것인가를 아동에게 맡기는 것이 진정한 학습을 가능케 한다고 본다.

그러나 대안교육이 진보주의, 아동중심주의를 강조함으로써 전통적 교육을 모두 일면 거부하는 것처럼 이해하는 것은 바람직하지 않다. 대안교육이 좁은 의미의 소극적 아동중심교육으로 협소하게 이해되어 인류의 문화적 유산으로서의 교과가 단지 흥미, 욕구 등의 개념에 의해 왜소화되어서는 안 된다. 그리고 대안교육이 경쟁과 권위보다 자유와 협동을 강조한다고 하여 공정한 경쟁조차 극단적으로 거부한다고 보는 것은 바람직하지 않다. 따라서 우리는 아동의 성장 수준, 사회발전의 요구, 한 사회의 공동선 등이 고루 조화되는 교육을 해야 한다.

3) 자연친화적 가치추구와 노작교육

한국에서 시도되고 있는 대안교육이나 대안학교운동은, 공교육에 대한 비판 일변도의 태도나 일리치(I. Illich)의 탈학교론처럼 학교 제도를 부정하려는 것이 아니라 오랫동안 병들어 온 학교교육을 나름대로 '정상화' 시켜 보려는 간절한 의도의 표현이라고 할 수 있다. 예를 들어, 경남 산청의 간디학교는 '제도교육에 대한 거부가 아니라, 이러한 교육도 가능하다는 것을 보여 주기 위한' 하나의 실험으로 시작되었다. 간디학교의 두드러진 특징 중의 하나는 '생태마을(eco-village)' 이라는 것이다. 인류가 자본논리로만 움직인다면 반드시 파멸이 온다는 전제하에 지속 가능한 사회를 만들어 내고자 하는 것이 생태마을이 추구하는 중심 생각이다. 생태마을을 세우사는 것은, 인간이 돈벌이 수단이 아닌 인간이 목적이 되는 사회를 회복하자는 것이다. 그래서 생태마을의 첫 번째 개념은 영국의 예에서 본 것처럼 '인간규모(human scale)' 이다. 인간이 짓밟아도 되는 숫자의 개념이 아니라 따뜻한 가슴으로 만날 수 있는 이웃으로 느껴지는 사회를 추구한다. 즉, 거기서 자연의 일부로서 살아가는 법을 배우고 자연친화적인 문화를 만들어 간다는 것이 생태마을이다.

개인과 공동체가 함께 성장할 수 있는 바람직한 학교 모형은 슈마허(E. F. Schumacher)나 쿠마르(S. Kumar)가 지적했듯이, '작은 학교' 이다. 학생들은 여기에서 교사의 손에 닿는 범위 안에 있고, 더 이상 익명으로 존재하지 않는다. 큰 학교를 효과적으로 움직이기 위해서는 형식적인 행정 체제와 권위가 요구된다. 하지만 작은 학교에서는 많은 부분을 비형식적 경로를 통해서 해결할 수 있다. 곧 인간 사이의 직접적인 만남이 그 가치를 발휘할 수 있는 것이다.

지금 전개되고 있는 한국의 대안교육운동은, 현대 산업 생산구조에 의해 강요된 개인주의적 소비적인 생활방식 대신 삶에 대한 공동체적 인식과 생태학적 · 자연친화적 삶의 방식과 관련된 학교형식에 큰 관심을 기울이고 있다. 이러한 관심은 새로운 가치 의식과 대안적인 삶의 형식에 대한 고민에서 비롯된 것이라 할 수 있다. 특히 간디학교, 풀무농업기술학교 등은 이러한 점에서 공통적인 기반을 가지고 있다.

대안교육의 또 다른 핵심은 생명존중사상 또는 생태주의를 기반으로 한다는 것이다. 이것은 단지 환경오염이나 생태계의 위기 극복만을 강조하는 것이 아니라 궁극적으로 생명에 대한 가치존중을 바탕으로 하기 때문에 자연과 인간의 공존은 물론 인간과 인간 사이의 평화적인 관계도 동일한 가치로 본다. 고병헌(1997)은 이를 '지속 가능한 가치' 라고 규정한 바 있다. 지속 가능한 가치는 자연과 더불어 조화롭게 살 수 있는 공동체적 인간, 생명을 존중할 줄 아는 인간, 나아가 머리와 가슴과 손이 조화롭게 움직이는 전인적인 인간으로 키우는 것을 추구한다.

서구에서 1920년을 전후로 등장했던 개혁교육학의 학교운동은 반과학주의자의 노선 때문에 낭만적 · 비사회적 · 비정치적 경향을 띠고 있었다. 이런 점 때문에 현대의 대안교육적 입장에서 자주 비판의 대상이 되곤 한다. 그 이유는 개인을 감싸고 돌보는 데 치중하여 갈등에 찬 현실사회에서의 활동능력이나 경쟁능력을 기르지 못했다거나, 현대의 과학적 인식을 소홀히 했다는 것이다. 한국의 대안교육운동은 서구에서 일어났던 이러한 역사적 맥락에 유의해야 할 것이다.

대안학교의 교육방식은 필연적으로 생활에 기초한 교육방식, 생활에 근거한 교육방식을 요구한다. 지식이 쌓이면 그것이 태도와 행동에 어느 정도 영향을 주는 것은 분명하지만 결코 근본적으로 인간을 변화시키지는 못할 것이다. 그래서 인간의 태도와 행동, 삶의 자세를 어느 특정한 방향으로 이끌고 싶으면 지식을 통한 교육이 아닌 생활 속에서의 교육, 일상생활에서 경험하는 것을 내용으로 하고 배운 것을 실제 삶에서 풀어 낼 수 있게 하는 교육을 해야 한다고 주장한다.

대안학교는 노동을 중시한다. 일과 놀이와 공부가 엄격하게 구분되지 않으며, 많은 대안학교에서 일상생활에 필요한 많은 물건을 자체 노동에 의해 조달하기도 한다. 그런 것을 만드는 과정은 많은 것을 배우고 익히는 과정이기도 하지만 그 자체로서 놀이이기도 하고 사회적 협동을 체험하는 과정이기도 하다. 일상생활에 필요한 많은 물건을 자체의 노동에 의해 조달하는 것으로 봐도 알 수 있듯이 노동교육을 통해 땅과 더불어 살면서 흙의 소중함을 경험하고 겸허한 마음으로 이웃을 돌볼 줄 아는, 마음이 따뜻하고 참다운 인격이 살아 숨쉬는 '보통 사람' 을 길러 내려는 것이다.

4) 공동체 정신 함양

경쟁심과 공동체 정신은 어떻게 보면 양립하기 어려운 개념이다. 그러나 대안교육은 이들 상반된 가치를 동시에 지향한다. 즉, 아동 개개인의 인격과 개성이 존중하는 동시에 다른 한편으로는 공동체 가치를 중시한다. 하지만 개인의 경쟁 능력을 발전시키기 위해서는, 독자적 작업을 통해서만이 아니라 협동과 공조활동이 불가피하다는 사실을 종종 간과하고 있다. 단순히 개인의 능력만을 탁월하게 발전시킨다는 것은 현실에 대한 오해이자 불가능한 일이다. 공동체 경험은 개인주의를 극복하는 더욱 높은 정신적 힘에서 나오는 것일 뿐 아니라, 삶에서 불가피하게 필요한 것이다. 그렇다면 다양한 쟁점을 지닌 협동학습의 기회는 더욱 신장되어야 할 것이다.

대안학교는 공동체 생활을 통하여 서로 다른 생각을 가진 사람들을 이해하고, 이해관계가 갈등을 일으킬 때 양보와 타협을 통해 분쟁을 해결하는 체험을 하도록 한다. 학교 운영에 모든 학생이 공동으로 참여하는 것도 이를 위한 중요한 기회를 제공한다. 연령이나 학습 능력이 같거나 상이한 집단 또는 정상아와 특수아를 함께 가르치는 수업 형태, 소교사제를 통한 고학년과 저학년의 결합, 프로젝트법, 다른 학교나 사회기관과의 협동학습 같은 방법이 대안으로 제시될 수 있다.

영국 하트랜드의 '작은 학교' 나 독일의 자유대안학교에서 살펴본 바와 같이 서구에서는 경쟁 체제 때문에 손상된 공동체적 생활양식을 회복하기 위해 '공동체 학교 모형' 을 시도하는 것을 보았다. 그러나 우리는 공동체성과 개인의 삶의 문제가 함께 위기를 겪고 있으므로, 이 두 가지 문제에 동시에 접근할 수 있는 방안이 모색되어야 한다.

한편 공동체의 가치를 신장시키기 위한 방법으로 대안학교 학생들은 대부분 기숙사 생활을 하고 있다. 기숙사의 단체 생활을 통해 '더불어 사는 삶' 에 대한 지혜를 배우는 것이다. 또 모둠별로 정해진 주제를 학습하는 공동학습과 다양한 학생 자치활동은 공동체 사회의 양식을 체험하게 하는 소중한 활동이다.

5) 교육의 자율성 회복

교육이 제대로 이루어지기 위해서는 무엇보다도 교육 외적인 힘, 이를테면 국가의 정치적 논리가 교육과 학교 상황에 개입하여 영향을 미치지 않아야 한다. 물론 교육이 국가의 중요한 사안 가운데 하나이므로 정치적 이해가 교육에 아주 영향력을 끼치지 않을 수는 없을 것이다. 그렇지만 그러한 영향력은 전체적으로 균형을 이루도록 견제되어야 한다. 그렇지 않으면 교육은 정치에 단순히 종속될 것이다. 정치권력은 단기적 처방을 내리는 성향이 강하기 때문에 장기적인 사안인 교육의 본질을 해칠 수 있다는 말이다. 이제까지 우리의 교육정책 변화가 거의 예외 없이 단기적 처방에 급급했다는 것을 상기할 필요가 있다. 따라서 교육의 독자적인 사고와 실천영역은 대폭 신장되도록 하지 않으면 안 된다. 이 일은 과거 권위주의적 사회 분위기나 정치 체제에서는 매우 민감한 사안이었는데, 그 상황은 지금에 와서도 크게 달라지지 않았다. 상황을 바꾸기 위한 노력 뒤에는 언제나 심각한 논쟁과 희생이 뒤따랐던 것을 '교직원노조운동' 이나 '참교육운동'

의 예에서 볼 수 있다. 이들 운동의 가치는 정치적 논리가 견제 없이 무분별하게 교육현장을 장악하고 있는 상황에서 벗어나 교육의 자유를 얻기 위해 싸웠던 '실천적 행위' 에 있다. 다시 말해 전체주의적 분위기 속에서 참된 교육과 삶을 발견하고 확보하는 것은 희생과 투쟁을 감수하지 않으면 안 된다는 교훈을 주었으며, 그러한 문제와 갈등 앞에서 비로소 교육의 본질이 깊이 경험될 수 있었음을 일깨워 주었다.

그동안 정치가 교육을 장악함으로써 교육 주체가 제자리를 잃고 왜곡되었다. 대안교육운동에서 두드러지는 현상은 교육 주체, 곧 교사와 학부모의 의미를 되찾으려는 시도이다. 그런데 전교조 운동이 상대적으로 교사의 권리회복 문제에 집중해 왔다면 지금의 대안교육운동에서는 학부모의 중요성이 아울러 두드러지게 인식되고 이들이 참여할 수 있는 가능성이 실천되고 있다는 점이 특징이다.

신사임당과 페스탈로치(J. H. Pestalozzi)가 '어머니' 의 가치를 강조한 것과 같이 지역생활협동조합을 운영하는 풀무학교와 어머니들이 모여 직접 자녀를 교육하는 '엄마사랑 유치원' 과 같은 시도는 우리 교육의 새로운 전환이라고 볼 수 있다. 사실 풀무학교나 거창고등학교의 예에서도 알 수 있듯이 관료주의의 획일성을 극복하고 40여 년 동안 교육기조를 이어 올 수 있었던 것은 사립학교가 지니는 자율성이라기보다는 기독교 신앙에 바탕을 둔 무두무미(無頭無尾)의 숭고한 교육철학이 바탕에 깔려 있어 가능했음을 알아야 한다.

우리의 대안교육 실천은 우리 사회가 직면한 위기, 나아가 지구 위기의 본질에 대해 공감하고 있다. 따라서 자연과 더불어 함께 조화롭게 살아갈 수 있는 공동체적 인간, 모든 생명과 자연의 질서를 존중하는 '자연친화적인 삶' 을 영위할 수 있는 아동을 키우겠다는 교육이념, 즉 바로 '지속 가능한 가치' 에 근거한 이념의 실천이 우리 대안교육운동의 핵심적 성격을 이루고 있다.

6) 지역사회와 함께하는 '작은 학교' 지향

대부분의 대안학교는 '작은 학교' 를 지향한다. 이것은 영국의 '인간규모(human scale)' 교육이라는 말에서 보듯이 교사와 학생, 학생과 학생 간의 친밀한 인간 관계를 위한 것이다. '작은 학교' 를 지향하는 이유는 경제적 능력과 경험의 부족이나 법적 제약 등에 의한 수동적인 선택이 아니라 각자의 교육철학, 교육이념을 가장 잘 펼칠 수 있는 효과적인 수단으로서 작은 학교를 전략적으로 선택(고병헌, 1998)하고 있는 것이다.

다시 말해 일차적으로 개개인의 인격이 충분히 존중되기 위해서 필수적이라 할 수 있다. 나아가 이러한 소규모의 학교는 작은 집단의 동질성을 바탕으로 추구하는 이념을 자유롭게 실현할 수 있게 한다. 대규모의 집단이 공동체를 유지한다는 것은 구성원의 다양성이 어떤 형태로든 억압된다는 것이기도 하다. '작은 학교' 지향이라는 대안교육의 관점은 제도 개혁에 직·간접적 영향을 주어, 제도교육의 교육과정 다양화와 교육내용의 질 향상, 교사의 자질 향상 등 제도교육을 견인하는 반사적인 효과를 가져올 수 있고, 또 한편으로는 지역특성을 살린 '작은 학교' 의 설립을 통해 주민자치운동에 큰 힘을 실어 주기도 한다. 이러한 가치는 한국에서 이미 풀무학교나 영산성지고등학교 등에서 그 의미가 충분히 증명된다.

풀무학교는 기독교 신앙을 바탕으로 하여 학생 개개인의 인격을 존중하고 개인의 개성을 최대한 신장시키기 위하여 작은 학교를 지향하고 있다. 한 학년이 28명이고 전교생이라야 고작 70여 명 내외이므로 학생 개개인의 인간교육을 위해 이보다 더 이상적인 조건은 없다. 교사 1인당 학생 비율이 낮기 때문에 공교육에서는 상상할 수 없을 정도의 인격적 유대감을 가진다. 물론 산술적인 숫자보다는 질적으로 이를 가능하게 하는 다양한 교육이 이루어지고 있음은 앞서 밝힌 바 있다. 대안학교는 한 반, 한 학교가 40~50명 혹은 수천 명에 달하는 대규모의 학교를 경계한다. 대규모 학교에서는 '학생이 중심이 되는 교육'을 할 수 없다는 것이다. 학급의 규모가 커지다 보면 당연하게 교사가 교육의 주체가 되어 이끌어 갈 수밖에 없다. 교사가 교육의 주체가 된다는 말은 단순한 주입식 위주의 교육이 된다는 말이다. 규모가 큰 학교에서는 획일적인 교육으로 갈 수밖에 없는 것이다. 학생 스스로 생각하고 학생이 주도가 되어 학습을 이끌어 가는 풀무의 교육은 이런 점에서 시사하는 바가 크다.

오늘날 문제가 되는 소규모 학교의 통폐합 문제는 신중히 다루어져야 하고 작은 학교의 장점을 최대한 살리는 방향으로 정책이 추진되어야 할 것이다. 작은 학교는 대도시보다는 농촌이나 소도시에서 실현하기에 적합한 모형이다. 이러한 맥락에서 보자면 우리는 사회가 점점 더 복잡해지고 산업화될수록 대도시로 이주해 갈 것이 아니라, 마을과 작은 도시를 잘 보존하여 그 속에서 작은 학교를 통해 교육의 과제를 실현할 수 있으리라는 희망을 가지게 된다. 그러나 이 말은 모든 학교를 작은 학교로 만들어야 한다는 뜻은 아니다. '어떻게 하면 큰 학교에서도 작은 공동체처럼 내밀하고 인격적인 만남의 가능성을 찾을 것인가?'를 함께 묻지 않을 수 없다. 큰 전체를 구성하는 '작은 단위'에 자유를 부여하거나 활성화시키는 방안도 생각해 볼 수 있을 것이다.

대안학교는 지역사회와 긴밀한 관계를 유지한다. 이는 교육이 삶의 과정에 유리되지 않고 학생들이 폭넓은 경험을 할 수 있기 위해서는, 그리고 동시에 학교가 학부모의 참여 속에 운영되기 위해서는 당연하게 요청되는 것이라고 할 수 있다. 우리는 흔히 교육의 주체라 하면 교사, 학생, 학부모를 의미한다. 그런데 언제부터인가 학교의 주인은 교사가 되어 학부모로서의 권리도 없어지고 학생들은 수동적으로 좇는 교육이 되고 있다. 대안교육운동가는 한결같이 뒤틀린 교육 주체 간의 관계회복과 교육 주체의 원상 회복 및 이를 통한 지역사회의 중추적 위치로서의 학교를 상소한다.

지역사회가 그 지역의 대안학교에 줄 수 있는 도움은 단순히 대안학교에 대한 호의를 표시하거나 필요한 경우에 재정적 · 행정적 지원을 해 주는 것이다. 뿐만 아니라 그동안은 학교의 교육에 전혀 관심이나 관계를 갖고 있지 않던 지역의 다양한 분야의 전문가를 자기 지역 대안학교의 교육과정 개발과 수업에 참여시킴으로써 대안학교의 교육의 질을 한층 고양시킬 수 있다는 것이다. 이렇게 되면 학생들은 자기가 사는 지역의 다양한 삶의 영역과 내용을 학교에서 배우고 경험할 수 있게 된다.

풀무학교가 세계적인 대안학교로서 손색이 없다고 할 때 그 첫 번째 이유로 꼽는 것이 바로 지역사회와 함께한다는 점이다. 구체적인 활동은 앞에서 밝혔지만 초창기에 학교와 지역과 교회를 하나로 하려던 의도의 상당 부분을 실천하고 있다. 지역 자체가 바뀌는 것이 바람직한 것이라 한다면, 지역주민 속에 들어가 그들과 함께 일을 하는 것이 중요하다. 이러한 움직임은 간디학교와 영산성지고등학교에서도 두드러지게 나타난다.

2. 한국 대안학교의 과제

공교육의 위기가 범사회적 문제가 되고 있는 현실에서 대안학교의 등장은 '바람직한 교육의 모습은 어떤 것인가?' '우리 교육이 지향해야 할 바는 어떤 것인가?' 라는 문제에 대해서 진지한 성찰의 촉구를 가능하게 해 주었다.

대안학교라는 새로운 유형의 학교는 제도권 교육이 전부였던 경직된 교육 체제에서 학교교육의 다양성을 촉진해 주었을 뿐 아니라, 그들이 보유하거나 발휘했던 대안적 시도는 교육적 상상력을 유발하여 공교육 체제의 개선에도 기여한 바가 적지 않았다. 대안학교의 주목할 만한 교육적 성과는 특성화 고등학교라는 새로운 유형의 학교를 탄생하게 해 주었고, 공동체 정신 함양, 전인교육, 노작교육 강조, 체험 위주의 경험교육, 지역사회와 함께하는 교육, 단위학교의 자율적 경영 역량 제고 등의 사례를 통하여 공교육 혁신의 모습을 구체적으로 전망해 주었다는 점에서 그간의 성과를 평가할 수 있다.

사실 지금까지 우리 교육 체제가 안고 있는 가장 주된 문제는 '획일성'으로 귀결될 수 있다. 천편일률적인 통제중심의 교육풍토가 만연한 상황에서 창의성과 다양성을 발휘하기 어려웠을 뿐 아니라, 급변하는 시대정신을 반영하지 못한 결과 교육수요자에게 만족스러운 교육서비스를 제공하기 힘들었던 것이다. 대안학교의 등장은 학교 체제의 다양성을 보편적 인식의 틀로 자리 잡게 해 주었고, 이를 통해 수요자중심 교육의 이념적 토대를 제공하였다. 이제 좀 더 나아가 한국의 대안학교가 당면하고 있는 과제와 미래에 대한 발전적 전망을 논의하기로 한다.

1) 대안적 가치의 지향

대안적 가치란 대안학교가 궁극적으로 추구하는 정신적 일면을 말한다. 즉, 대안학교가 추구하는 자연친화적, 인간중심적 가치가 교육적 실천을 통해 어떻게 지속적으로 파급되는가의 문제이다.

먼저 풀무학교는 도시화의 물결에서 농촌을, 산업화의 과정에서 농업을, 높고 거대한 규모의 위대한 인간의 숲에서 낮고 작은 잡풀을, 자유를 만끽하는 이기주의식 개별화의 원자주의에서 자신을 상당히 희생시켜야 하는 공동체주의를, 형식과 규모로 보아 세계에서 으뜸을 차지한다는 거대 교회도시에서 형태 없는 믿음의 연결을 획책하는 무교회를 스스로 선택하여 외로운 소외의 길을 걷기로 작정하고 나섰다. 그러나 풀무학교의 이러한 자발적인 소외는 이 땅에서 교육을 통한 새로운 꿈을 펼지기 위한 스스로의 선택임에 분명하다. 풀무학교는 성서, 민족, 교육이 하나로 어우러진 진정한 공동체운동을 통해 이 땅에 '참다운 평민'을 배출하는 것을 영원한 과제로 삼을 것이다.

대안학교의 독특한 대안적 가치가 대안학교에만 그치지 말고 일반 학교에도 보급되어야 한다. 대안학교의 교육을 학교 밖에서 일어나는 급진적 움직임으로 무시해 버리지 말고 탈학교의 힘을 정책화하여 학교교육의 새로운 가능성으로 자리할 수 있도록 해야 한다. 제도교육 속에서 제대로 돌보지 않아 쫓겨난 학생들을 위해 노력하는 예수공동체학교나 성지학교, 화랑고교 및 입시 위주의 구조적 조건에서 인간교육을 위해 몸부림치는 거창고등학교의 끈질긴 노력 등은 학교교육의 정상화에 대한 바람이 그만큼 시급함을 말해 준다. 많은 대안학교의 실험적 시도를 다수의 학교로 대중화시키는 것이 쉽지 않을 것이지만, 제도교육이 이와 같은 대안교육과의 접점을 발견하는 노력을 해야 할 것이다.

작은 분교는 경제성만 따져 폐교할 것이 아니라 진정한 대안교육의 맹아로서 대안적 교육방법론을 수용하여 대안학교의 모형으로 인정해야 할 것이다. 두밀분교 폐교 사태에서 보듯 농촌의 붕괴과정에서 나타나고 있는 작은 학교를 실험학교로 이용하는 데 교육적 가치가 있다. 학생들은 열린 마음과 열린 자연과의 접촉을 통해 생명 애호적 힘을 기른다. 이 힘은 무공해 환경 속에서 자신만이 즐기는 소아적 태도를 갖는 것이 아닌 반자연화된 사회를 자연화할 수 있는 사회로 만드는 공동의 노력을 기울이는 적극적 태도를 갖게 된다.

몇몇 대안학교는 지식교육을 악의 화신처럼 보고 있으나 지식교육을 하는 주입식교육 자체의 내재적 모순으로 이해하는 것은 바람직하지 않다. 교과중심의 지식교육과 아동중심교육의 허구적 이원론, 인문주의 교육관과 자연주의 교육관의 이원적 분리는 전인적 교육을 가로막는다. 지식교육과 인간교육을 대립적인 것으로 보지 않아야 한다. 교육의 지적 영역과 정의적 영역은 대립적인 것이 아니라 하나로 통합되고, 교육내용론과 교육방법론이 올바로 결합하여야 한다.

또 하나 중요한 사실은 대안적 교육을 받고 자란 학생들이 나중에 다른 사회에서 적응할 수 있을지에 대한 치밀한 교육전략을 세워야 한다는 것이다. 대안학교가 정치사회적 현실과 연계성을 고려하지 않은 대안교육을 한다면 이런 교육을 받은 학생이 다음 단계의 교육과정이나 사회생활에 적응하지 못하는 사태가 생길 수 있다. 후기 산업사회로 진입한 이래 그것이 갖고 있는 부정성이 노정되고 있지만, 생태중심적 · 지역공동체적 대안교육 운동은 항상 현실의 삶 속에서 추구되어야 한다.

대안교육을 실천하는 설립자나 교사는 개교 당시 가졌던 교육철학과 교육구상을 끝까지 견지하며, 교육이 정치나 경제 논리에 의해 취급되지 않도록 한다. 이를 위한 대안교육의 이념과 목표를 이해하고 있는 철학을 가진 교사를 양성하기 위해서는, 전문적인 교육기관의 설립과 교사 연수 프로그램의 개발이 시급하다. 그리고 교사의 한국 교육의 현실에 대한 인식과 미래에 대해 전망이 필요하다. 한국 대안학교의 실천이 종국에는 철학과 의식을 가진 교육자의 어깨에 달려 있으므로 교사의 변함없는 자기혁신과 개발이 지속적으로 이루어져야 할 것이다.

2) 사회적 인식

한국에서는 아직 대안교육에 대한 명확한 개념규정이 없는 탓에 대안교육이 마치 학교교육의 문제를 모두 해결할 수 있을 것이라는 성급한 기대감을 가진 사람이 많다. 이런 기대감은 대안교육을 확산시키는 기능도 하지만 정체성 형성이 덜된 상황에서 부담감을 안겨 주기도 한다. 그래서 대안학교 운영자나 많은 교사가 대안학교가 정착되기까지 어느 정도 기다려 줄 수 있는 시간을 원하고 있다.

공교육에 대한 비판과 문제의식은 새로운 학교의 모형을 구체화시켰으며, 규모도 작고 주체 간의 친밀감도 높이는 등 기본적 구조 자체도 경쟁적 구조를 지양하는 대안학교를 탄생시켰다. 이제 대안교육 주체는 우리 문화 속에 깃들여 있으면서도 현대사에서 정당하게 평가받지 못한 교육의 요소를 발견해 내고 의미를 부여하는 작업을 진행해야 할 것이다. 이를 통해 현재의 대안교육에 대해 또 다른 대안을 제시해야 한다.

대안학교가 모색하는 실험적 시도가 얼마나 결실을 맺을 수 있을 것인가에 대해 많은 사람이 반신반의하고 있다. 대안교육은 일시적인 유행으로 볼 수도 있고 종래 학교교육의 근본적인 변화를 암시하는 징후로도 볼 수 있다. 현재로서는 어느 쪽이든 일리 있는 근거 제시가 가능하다. 하지만 인간에 대한 신뢰를 바탕으로 철저한 학습자중심의 교육과 생태주의적 인간교육을 지향하는 대안교육은 일시적인 유행 이상으로 기존의 교육에 큰 영향을 줄 것으로 보인다. 근대성 자체에 대한 근본적인 반성이 제기되는 시대적 전환기라는 상황이 이를 뒷받침하고 있다. 물론 미래의 교육을 지금 관찰되는 대안학교가 일반화된 형태로 그려 볼 수 있다고 한다면 속단이다. 다만 대안교육이 지향하는 핵심적인 요소, 예컨대 인간존중, 학습자중심, 생태주의적 가치, 공동체정신 등은 어떤 방식으로든지 미래의 학교에도 중요하게 고려되리라고 예상할 수 있다. 이는 1990년대 이후의 대안교육이 단지 전통적인 학교교육에 대한 반발에 그치지 않고 미래교육의 중요한 지향을 예시하고 있다고 판단되기 때문이다. 물화된 사회에서 벗어나 기존 사회 체계와는 다른 소극적 대안교육을 추구하기보다는 사회 전체를 거듭나게 하는 적극적인 대안교육으로 나아가야 한다. 도시생활과 농촌생활, 도시학교와 농촌학교를 이분화하여 사고하기보다 자연성과 문명성이 손상되지 않는 공존을 추구하면서 중첩성 속의 독특성을 추구하는 대안교육 철학을 갖는 것이 바람직하다.

한국은 대안교육의 역사가 짧고 다른 나라가 유치원이나 초등단계에서 시작된 것에 비해 고등학교부터 정식화된 것이 많은 것도 대안학교를 운영하는 데 어려움으로 작용한다. 대학 진학과 맞물려 있는 시기이기 때문에 자율성을 발휘하기에는 제약이 많다. 사회개혁적 의미를 갖는 대안교육운동이 되려면, 지역 당사자가 주체가 되어 주민자치의 정신에 터전을 두고 작은 공동체가 여기저기서 스스로를 되살림으로써 새로운 망을 형성하여야 한다. 그럼으로써 다양한 영역의 교육이념과 사회적 전망을 갖는 시민운동 및 시민교육운동과 연계될 때 효력이 나타난다. 대안학교의 성공 가능성에 대한 회의와 불안을 줄이는 것은 이런 운동을 하는 주체가 공동연대를 하여 학교를 성공시키는 모범적 사례로 만들어야 한다.

앞으로 대안교육은 기존의 공교육 제도 성격이 근본적으로 변화되지 않는 한 지속적으로 존속, 확대될 것으로 예상된다. 그러나 대안교육의 존재의의는 절대적 소수만을 위한 교육실천 그 자체에 있다기보다는 거대한 공교육 제도에 문제를 제기하고 그 변화의 방향을 예시하는 데 있다고 보아야 할 것이다. 이 점은 장차 교육 연구자나 교육당국이 학교 개혁의 선행지수로서 대안교육에 대한 관심을 좀 더 적극적으로 기울일 필요가 있음을 시사한다고 하겠다. 예컨대, 정책적으로 학교의 규모를 줄여 가고, 학교 교육과정 운영의 자율성을 확대하며 교육환경을 획기적으로 개선하는 것 등은 공교육에서 시급히 개선해야 할 사례이다. 대안교육은 무엇보다도 지속 가능한 가치의 지향과 맞닿아 있다. 생태계의 파괴와 인류문명의 위기에 대한 대안적 삶의 추구인 것이다.

3) 교육환경적 측면

풀무학교, 거창고등학교, 간디학교, 영산성지고등학교 등 거의 모든 대안학교는 자연친화적 삶과 지속 가능한 가치를 추구하고 있다. 또 대부분 대안교육 실천은 '작은 학교' 를 지향한다. 지역사회에 뿌리박은 '작은 학교' 를 지향하는 것은 경험 부족이나 법적 제약 따위 때문이 아니라 소박함과 다양성, 공동체성신을 중시하는 개성적 교육을 위해서다. 그것은 주민자치운동과 맞닿아 있기도 하다. 지역의 생활협동조합운동과 유기적 관련을 맺고 있는 풀무학교나 성지학교 등이 그 대표적 사례이다.

대안학교 교육환경의 공통적 특성은 자연친화적 환경, 작은 학교, 지역사회학교, 전원기숙사학교를 지향한다. 그러나 지금의 탈산업사회가 가지고 있는 부정적인 측면을 인정한다고 하더라도, 전체 사회가 농업사회로 회귀할 수 없다는 엄연한 현실을 고려할 때 생태중심적 대안학교 운동의 현실을 인정하는 유연성을 가져야 한다. 그런데 대부분의 대안학교가 생태주의에 기초한 공동체적 품성을 소중히 여겨 도시에서 멀리 떨어진 시골에 자리를 잡고 기숙사학교 형태로 운영되고 있다는 점이 주목된다.

그러나 이런 대안학교에 학생들을 보내기에는 경제력이 뒷받침되지 않는 사람이 아직은 많음을 상기해야 한다. 그런 사람들에게 좋은 기숙사가 있고 풍성한 자연이 있는 대안학교는 또 하나의 벽일 수 있다. 그리고 가족과 떨어져서 독립심을 기르고 또래와 함께 공동체 생활을 해 보는 것도 청소년기에 필요할지 모르나, 가족과 함께 지내는 것도 소중한 경험이라 생각하는 사람도 많다. 자연 속에서 자란다고 훌륭한 교육이 저절로 되는 것은 아님을 감안할 때 자연성과 문명성이 손상되지 않는 공존을 추구하면서 도시 · 농촌이 연계된 학교 연결망을 구축하는 것이 필요하다(이병환, 1999).

대안학교 교육과정의 가장 두드러진 특징은 단위학교에서 교육과정 전반에 걸쳐 향유할 수 있는 자율 재량권이 많다는 점임을 앞서 설명하였다. 그 자율 재량권은 단위학교 교육과정이 국가적 잣대에 의해 획일적으로 운영되는 것이 아니라 단위학교의 실정에 적합한 교육과정을 운영할 수 있다는 점에서 두드러진다. 자율 재량권은 지역사회 여건에 적합한 교육과정을 운영하는 것이고 그것은 지역사회 연계 교육과정 운영을 통해서 향유될 수 있다. 바로 이 점이 일반학교와 다른 대안학교만의 권리이자 책무이다. 다시 말해 지역사회 연계 교육과정 운영은 대안학교의 대안성을 확보해 주는 중요한 기제임에 틀림없다.

학교와 지역이 하나의 공동체가 되어야 한다는 것은 이 시대 모든 사람이 동의하는 내용이다. 그러나 지금까지 우리나라 교육이 지식 일변도의 수업관행과 중앙집권적 통제 상황에 놓여 있어 이러한 주장은 하나의 이상에 그쳐 왔다. 결국 교육의 본질을 살리려면 경쟁보다는 함께 살아가는 교육이 필요하며, 이렇게 함께 살아가는 교육은 필연적으로 지역과 함께하는 교육이어야 한다. 이를 위해 경쟁 일변도의 사회인식의 근본적인 성찰과 함께 교육 체제 자체를 획기적으로 바꾸어야 한다. 가장 기본적인 것이 가장 현실적이라는 말과 같이 단기적인 운동이 아니라 지속적이며 질적인 면에서 접근해 간다면 한국 교육에서 학교와 지역이 함께 보완하고 모색해 나갈 여지는 많다고 본다. 지역사회 연계 교육과정 재구성의 노력은 '하면 좋은 것' 이 아니라 '꼭 해야 하는' 일이다. 비단 대안학교에서 부분적으로 지역사회 연계 프로그램을 실천하고 있지만 궁극적으로 개발된 프로그램은 일반 학교에도 접목시켜야 할 것이다.

대안교육 특성화 학교 중에서 지역사회 연계 교육과정을 성공적으로 실천하거나 나름대로 창의적으로 교육과정을 운영하는 학교도 있지만 지역사회 연계란 측면에서 본다면 다소 미흡한 측면이 있다. 여기서 한 가지 중요한 것은 대안학교 간 네트워크를 형성하는 일이다. 지금도 '대안학교 연대' 라는 네트워크가 있기는 하지만 교육과정 운영의 깊이를 논할 정도로 전문화되어 있지 못할 뿐 아니라 주로 행 · 재정적인 측면의 내용을 다루고 있어 실효성이 떨어진다. 대안학교 간에도 특성화된 교육과정을 다양하게 운영하고 그 성공사례가 대안학교 네트워크를 통해 새롭게 접목되며, 또 실험들이 일반학교 교육과정 운영의 모범적인 사례로 제시될 때 대안교육의 시대적 책임은 나름대로 긍정적인 기능을 한다고 볼 수 있을 것이다.

3. 한국 대안학교의 법제화

1) 대안학교 법제화의 의미

어떤 제도의 성패는 관련 법령의 정비에 달려 있다고 해도 과언이 아닐 만큼 교육정책 과정에서 법령이 차지하는 비중이 크다. 이러한 상황을 반영하듯 그간 국가 주도하에 추진되었던 대안교육 관련 법령 정비의 노력은 괄목할 만한 양적 성과를 보이고 있다. 대안학교라는 용어가 등장한 이후 정부에서 보여 준 적극적인 관심과 법제화 시도는 대안학교에 대한 사회 일각의 인식 전환과 안정적인 토착화에 기여한 바가 크다.

대안학교는 각 대안학교 설립 이념 및 철학 등에 따라 다양하게 구성 운영되는 것이 일반적 특징이다. 각 대안학교는 그들이 추구하는 교육적 이상을 최대한 실현시키기 위해서 노력한다. 그런데 아무리 단위학교 경영의 자율성이 보장된다고 해도 여전히 교육의 공공성에 기인하는 어느 정도의 기준은 충족되어야 하는데, 이 기준을 명문화하는 것이 대안교육의 법제화이다. 대안학교 법제화는 대안학교의 특수성에 의해 주어지는 '자율성' 과 학교라는 제도의 틀에서 요구되는 '공공성' 이라는 양면성을 고려해야 한다. 예컨대, 국가나 지역교육행정기관에서 요구하는 학교의 기준에 따라 공공성을 지나치게 강조하면 대안학교의 자율성을 그만큼 구속하게 되어 본래의 이념 및 철학을 구현하는 데 저해된다. 반대로 전적으로 자율성에 따르게 되면 학교라는 보편적 인식에서 이탈되어 제도로서의 학교를 벗어나는 딜레마에 빠지게 된다. 따라서 대안교육 법제화 논의는 동전의 양면과 같은 이 두 축을 중심으로 전개되어야 할 것이다. 즉, 자율성은 단위 대안학교에서 대안성을 확보하기 위하여 궁극적으로 추구하는 가치이며, 공공성은 교육이라는 공적 사업의 안정성을 유지하기 위해서 국가에서 요구하는 최저 수준을 의미하는 가치이기 때문에 양자의 관계를 이해하는 구도는 [그림 9-1]과 같이 나타낼 수 있다.

대안학교에서 국가의 요구 수준을 적용하는 것은 [그림 9-1]에서 보는 바와 같이 대안학교를 지원하는 측면이 있는 반면, 통제하는 측면도 있다. 우리나라의 국가의 요구 수준은 법적 구속력을 지니고 있기 때문에 인가를 받은 대안학교는 일반 학교와 마찬가지로 이러한 틀에서 자유로울 수 없다. 이렇게 대안학교의 법제화를 통해 국가의 요구수준을 적용하는 것은 대안학교가 어느 정도는 국가수준에서 요구하는 공공성을 기반으로 운영

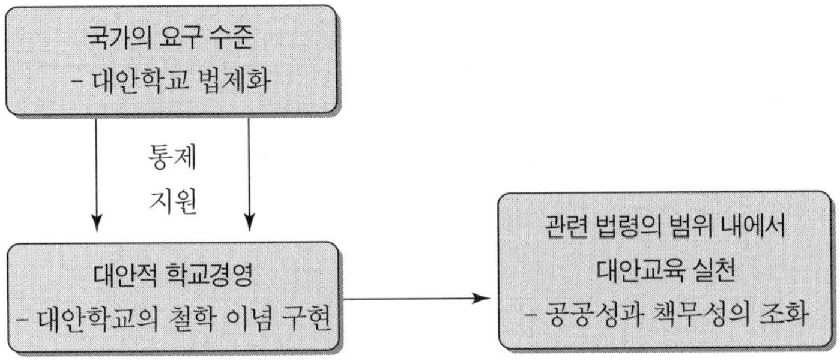

[그림 9-1] 대안학교와 국가의 요구 수준과의 관계

되어야 한다는 의미를 갖는다. 결국 대안학교에 대한 국가 요구 수준의 적용과 지원이 과도한 일반학교화를 초래하여 대안교육의 이념 및 철학이 퇴색되지 않도록 하는 방향에서 이루어져야 한다.

2) 대안학교 법제화 추진 경과

대안학교 법제화 추진 원년을 1997년으로 본다면 이후 10년의 기간 중에서 전반기 법제화의 두드러진 성과는 특성화 고등학교와 자율학교제도의 도입을 들 수 있다. 이 두 제도는 직·간접적으로 대안학교 제도화의 근거로 활용되었기 때문에 대안학교 법제화라는 차원에서 본다면 그 의미는 자못 클 수밖에 없다.

대안학교 법제화의 대표적인 것은 특성화 고등학교 설립이다. 특성화 고등학교는 1997년에 통과된 고교설립 준칙 관련 법안에 근거하여 초·중등교육법 시행령 제69조의 제2항 제4호의 규정으로 확정되었는데, 여기에 따르면 산업현장실습 등 체험 위주의 교육을 전문적으로 실시하는 학교로 정의된다. 이 법령에 의해서 특성화 고등학교는 일반학교와 다른 대안적 교육을 실천할 수 있는 근거를 확보하게 되었으며, 이 과정은 후속되는 대안학교 법제화 작업의 출발점이 되었다는 점에서 의의를 가진다.

자율학교는 1998년 2월에 공포된 초중등교육법 시행령 제105조에서 공식화된 용어이다. 보칙의 하나로 제시된 이 조항은 '학교운영의 특례'를 규정하고 있는데, 제1항에서 자율학교란 "초중등교육법 제61조의 규정에 의한 학교"로 정의하고 있다. 자율학교 제도의 핵심적인 내용을 담고 있는 동법 제1항의 내용은 "학교교육제도를 포함한 교육제도의 개선과 발전을 위하여 특히 필요하다고 인정되는 경우에는 대통령령이 정하는 바에 의하여 제21조 제1항(교장, 교감, 원장, 원감의 자격), 제24조 제1항(학년도 개시와 종료), 제26조 제1항(학년제에 의한 진급과 졸업), 제29조 제1항(국정 및 검인정교과서 사용), 제31조(학교운영위원회 설치), 제39조, 제42조, 제46조(각급학교 수업연한)의 규정을 한시적으로 적용하지 아니하는 학교 또는 교육과정을 운영할 수 있다."라고 규정하고 있다. 이 규정에 따르면, 자율학교란 교장이나 교감의 자격이 없는 사람을 학교의 운영자로 둘 수 있으며, 현행 학년도 개시나 학년별 진급, 수업 연한 등에 구애받지 않고 학사 운영을 할 수 있고, 자체 개발 교재를 사용할 수 있다. 현재 자율학교의 법령에 의해 운영되고 있는 학교는 관할 시·도교육청의 승인으로 자율학교로 지정되어 운영되는 일반계 고등학교와 특성화 고등학교의 일부와 자립형 사립고등학교를 들 수 있다.[1] 법령에 의해 인가된 대안학교는 현재 29개의 특성화 중고등학교이며, 이 학교들은 상당수가 자율학교로 지정되어 있기 때문에 법제화 작업에서 이 두 학교의 성격 규정은 중요한 의미를 가진다.

대안학교에 대한 법제화 작업은 2000년대 이후에도 계속되었다. 점차 증가하는 대안학교의 영향력과 그에 대한 사회적 요구에 따라 2005년 3월

1) 특성화 고등학교와 자율학교는 개념적으로 다소 차이가 있다. 자율학교의 목적이 '교육제도의 개선·발전' 임에 비하여 특성화 고교의 목적은 '특정 분야의 인재 양성' 이나 '자연현장실습' 등 체험 위주의 교육을 전문적으로 실시하는 학교이다. 달리 말하면, 전자는 학교 운영이라는 포괄적 관점에서 접근하는 학교라고 한다면, 후자는 교육의 내용에 초점을 두고 접근하는 학교라는 점에서 차이가 있다. 또한 자율학교는 법령의 적용을 유보함으로써 운영의 자율성을 확보할 수 있지만 특성화 고교는 교육과정 운영의 자율성을 누리는 것을 제외하고는 기존의 법령을 준수해야 한다는 점이 다르다.

24일에는 대안학교를 '각종 학교' 형태로 운영하기 위한 관련법(초중등교육법 제60조의 3)이 국회에서 통과되어 그 개정 규정이 신설되었다. 이어서 동 법에서 위임한 사항과 그 시행에 필요한 사항을 「대안학교의 설립 운영에 관한 규정」(대통령령 제20116호, 2007. 6. 28. 공포)[2]으로 제정되어 시행되고 있는데, 그 주요 내용을 간추려 보면 다음과 같다.

①설립 심사에 대안교육계의 참여 제도화(제5조) 대안학교 설립 운영에 관한 중요 사항을 심의하기 위해 교육감 소속하에 시 도교육청 부교육감이 위원장이 되고, 대안교육 관련 전문가가 참여하는 대안학교설립・운영위원회를 설치하도록 하였다.

②교육프로그램 평가를 통한 학력인정 방식 도입(제6조) 교육감이 대안학교의 교육프로그램의 내용 수준 등을 평가하여 학력이 인정되는 대안학교를 지정할 수 있도록 하였다.

③교육과정 운영의 재량 확대

- 학기 운영은 학칙으로 정하며 교육과정운영에 필요한 경우 학년 구분 없이 교육과정을 운영할 수 있다(제7조).
- 수업일수는 매 학년 180일 이상으로 완화하여 학교의 장이 정하도록 하였다(제8조).
- 교육과정은 교육인적자원부장관이 정한 교과별 수업시간수의 100분의 50 이상으로 완화하여 이수하도록 하였다(제9조).
- 교과용 도서는 국정도서, 검정도서, 인정도서 이외에 자체 개발한 도서를 사용할 수 있도록 허용하였다(제10조).

2) 이 규정은 초중등교육법 제60조 제3항에 의한 필요 사항을 규정하고 있으며, 총 11조와 부칙 3조로 구성되어 있다.

3) 대안학교 설립 · 운영에 관한 규정

(1) 대안학교 설립 · 운영위원회 설치

대안학교설립 운영위원회라는 기구의 신설은 관할 시 · 도교육청에서 대안교육을 전담하는 위원회가 만들어지게 되어 대안학교에 보장된 법적 재량을 충분히 향유할 수 있을 기회를 보장받을 수 있게 되었다는 점에서 긍정적인 역할이 기대된다. 더구나 이 위원회 위원들의 과반수는 대안교육전문가가 참여하기 때문에 대안학교의 요구 사항이 충분히 개진될 수 있는 통로가 확보되었다는 점에서도 바람직하다.

대안학교 설립 주체를 사립학교법 제2조 제1항에서 규정한 학교법인, 공공단체의 법인, 사인 등으로 개방한 점은 대안학교 설립의 범위를 넓혀 주었다는 점에서 긍정적이지만, 설립 자체가 해당 교육청의 입장을 고려할 수밖에 없는 '위원회' 의 기준을 충족해야 하므로 관 주도의 행정관행에서 자유로울 수 없다는 우려도 있다. 위원장은 부교육감이며 위원은 대안교육전문가가 과반수가 되도록 배려했지만 위원이 교육감 추천이라는 점은 이러한 우려를 증폭시킨다. 대안교육의 자율성이 훼손될 가능성은 이렇게 상존하고 있다.

(2) 대안학교 학력인정

학력인정의 사안은 일반학교와의 형평성을 고려해야 하는 문제이기 때문에 대안학교 자체에서 인정 여부를 판단할 수는 있는 문제는 아니며, 전적으로 시 · 도교육청에서 대안학교의 특수성과 일반학교 학력 인정 방식과의 형평성을 고려하여 합리적으로 추진해야 한다. 따라서 만일 관할 시 · 도교육청의 교육 프로그램 평가가 합리적으로 이루어진다면 대안교육을 통한 학력 인정의 가능성이 훨씬 높아진다. 그러나 관할 시 · 도교육청의 교육 프로그램 평가 결과에 따라 학력인정 여부를 결정하는 것은 행정의 안정성 확보와 기회균등의 보장이라는 점에서 바람직해 보이지만 학력주의가 뿌리 깊게 자리 잡고 있는 우리나라 상황에서 이러한 제도적 맹점을 악용할 소지가 있다는 점을 염두에 두어야 한다. 이 문제는 교육 프로그램의 내용과 수준에 대한 개념이 모호한 데서 비롯되는데, 만일 대안학교 교육 프로그램의 내용과 수준이 대안적 안목이 부족한 인사에 의해 제도화된 틀에서 판단된다면 새로운 학교의 시도로 인한 시행착오나 실험적 도전 등이 폄훼될 가능성이 있을 뿐 아니라 장기적으로 대안학교의 일반학교화를 재촉할 수도 있다. 결국 대안학교 관련 법령이 실효성을 발휘하기 위해서는 시·도교육청의 올바른 대안학교관이 전세되어야 한다.

(3) 교육과정 운영의 재량 대폭 확대

대안학교의 설립 운영에 관한 규정 제7조(학기 운영의 자율), 제8조(수업일수 180일 이상으로 완화), 제9조(국가 수준의 필수 교과 이수시간 대폭 완화), 제10조(교과용 도서의 자율)에 의해 대안학교 학기, 학년, 수업일수의 자율성을 최대한 허용한 점은 각 대안학교의 특색 있는 교육과정 운영을 가능하게 해 주기 때문에 원칙적으로 바람직하다. 학력인정의 전제 조건으로 국민공통기본교과 및 영역별 수업시수의 1/2 이상을 이수하도록 완화한 것은 교육내용의 공공성 확보를 위한 최소 요건만 충족된다면 대안학교의 건학이념과 철학을 반영하는 교육과정을 추구할 수 있기 때문에 환영할 일이다. 대안학교 교육과정의 특성은 일반학교와 달리 국가가 요구하는 최소한의 요건만 충족하면 나머지 부분은 자율적으로 운영할 수 있는 여지가 있다는 데 있다. 지금까지는 이 최소 기준이 모호하여 대안학교 입장에서는 자율적 교육과정 운영의 특례를 주장하는 반면 관할 시·도교육청에서는 대안학교 교육과정의 특례를 보수적인 잣대로 규정했기 때문에 두 집단 간 마찰의 원인이 되어 왔다.

2007년 6월에 공포된 대안학교 설립 운영 규정은 대안학교 교육과정의 탄력적 운영을 위한 기준을 제시하였다는 점에서 큰 의미를 가진다. 학교장 재량으로 학기제를 탄력적으로 운영할 수 있을 뿐 아니라 대안적 교육과정 운영에 필요하다고 인정될 경우 무학년제로 운영할 수 있는 길이 열린 것이다. 이로 말미암아 무학년제의 전통으로 높은 교육 효과를 올리고 있는 독일의 발도르프학교와 같은 학습자중심 교육과정 운영이 가능할 수 있을 것으로 전망된다. 수업일수에 대한 최저 필수 이수기준을 180일로 대폭 축소한 것도 대안학교 자율성 확대의 단면을 보여 주고 있다. 일반학교의 수업일수가 220일 이상이며, 실제로는 그 이상을 운영하고 있는 현실을 감안한다면 대안학교 교육과정 운영의 자율성이 그만큼 확대된 것이다.

대안학교 자체 개발 교과서 사용을 허가한 것은 이론적으로는 대안학교 교육과정 문제의 마지막 단계에서 논의되어야 할 문제이고 보면 좀 더 신중한 접근이 요구된다. 더구나 대안학교 구성원의 열악한 근무 환경과 여러 가지 현실적 여건을 감안한다면 대안교과서 개발에 역량을 집중하기가 쉽지 않을 것이다. 대안학교 법제화를 통하여 탄력적 교육과정 운영이 가능하지만 관련 규정은 최소한의 수준을 규정한 권장 사항이기 때문에 준비가 부족한 상태에서 교과서 개발 작업이 이루어질 필요는 없다. 짐짓 법규를 남용하여 부실한 교과서로 교육이 이루어진다면 대안학교 교육의 부실로 이어질 수 있다.

우선 학교의 현실적 상황에 적합한 검정교과서를 활용하면서 점차 대안학교 간 연대를 통하여 전문적 소양을 갖춘 교과전문가가 공동으로 교과서를 개발하는 방법을 고려할 수 있다. 장기적으로는 이러한 경험을 토대로 단위학교 자체 개발 교과서가 탄생될 수도 있을 것이다.

4. 한국 대안학교 법제화의 쟁점과 전망

대안학교 설립 운영에 관한 규정은 지금까지 대안교육 정책에서 크게 문제시되었던 시 · 도교육청의 일관성 없는 대안교육 정책 집행의 사례를 감안한다면 여전히 관주도형 통제방식의 틀에서 벗어나지 못하고 있음을 알 수 있다. 시 · 도교육청의 대안학교에 대한 이해 부족이 상존하고 있음에도 오히려 시 · 도교육감의 권한을 대폭 확대한 점은 대안학교 정책에 혼선을 야기할 수 있다. 따라서 시 · 도교육청에 설치되는 대안학교설립 운영위원회의 역할이 중요하다.

또 다른 미흡한 점은 초등단계의 대안교육에 대한 언급이 전혀 없다는 것이다. 현행 초중등교육법 제13조 제1항은 만 6세부터 9년간 취학시킬 것을 규정하고 있다. 원래 의무교육에 대한 법률 규정의 근본 취지는 모든 사람이 공평하게 교육받을 수 있는 권리를 보장하는 데 있다. 그러나 이 조항은 학교의 배타적 교육독점을 전제하고 '학교 의무' 를 강제하는 국가주도의 법 규정이 되고 있다.

1) 대안학교의 성격 이해와 법제화 논의

지금까지 추진되었던 대안학교에 대한 법령 정비는 대안학교를 학교라는 제도화된 틀 속에서 논의되도록 하여 그들이 추구하는 대안성에나 교육적 책무성을 아우르는 역할을 가능하게 해 주었다. 또한 일반학교의 입장에서 보면 교육의 외연을 확장해 주어 자율적이고 창의적인 학교경영 모델의 진밍을 가능하게 해 주었다는 짐에서 그 의미를 평가할 수 있다. 앞으로도 급격한 사회적 변화 양상에 따라 학교 체제의 혁신 요구는 증대될 것이고, 학교의 모습도 이전보다 훨씬 더 다양하고 창의적인 모습을 띠어야 할 것이다. 이런 점에서 대안학교 법령 정비는 끝이 아니라 시작으로 보아야 한다.

그런데 과거에도 그래 왔지만 대안학교의 법령 정비의 출발은 어디까지나 대안학교의 성격에 대한 올바른 이해를 통해 이루어져야 한다. 예컨대, 대안학교 행정에서도 법령에 의한 합리적인 관리와 지원만으로 그 책무를 다하였다고 판단한다면 이는 오해이다. 대안학교에서 요구하는 바와 같이 재정적 지원을 강화하고 자율성만 높여 준다면 행정적 책무성을 다하거나 대안교육이 잘될 수 있다는 생각은 바람직하지 않다. 대안학교에 대한 올바른 이해를 통해 지속적이고 열린 법령 정비가 중요하다는 말이다. 법령을 정비하는 목적은 행정의 안정성과 일관성을 확보하기 위함이다. 법규에 입각한 행정은 법령을 직접 집행하는 사람의 자의적인 판단이나 권한의 남용을 방지하여 예측 가능한 행정을 구현하는 데 중요한 의미가 있다. 그러나 지나치게 관련 법령에 집착하다 보면 행정의 유연성이 결여되어 특수한 상황에 대처하기가 어렵다는 점이 제기된다.

이제 대안학교 정책도 상당 부분 시 · 도교육청에 이양되고 있으므로 지역의 특수성을 반영하면서도 신축성 있는 대안교육 정책을 위한 행정가의 인식 전환이 선행되어야 한다. 대안학교 정책은 일반학교와 다른 특수성에 대한 이해가 전제되어야 하고, 이것이 바로 대안학교 정책을 추진하는 행정가의 자세이다.

2) '자율성'과 '공공성'의 조화

대안학교는 누구나 알고 있듯이 학교경영의 전반적인 요소가 일반학교에 비해서 높은 수준의 자율성을 가지고 있다. 학교를 자율적으로 경영한다는 점은 대안학교의 가장 큰 특징이자 장점이다. 그러나 대안학교도 어디까지나 교육이라는 공공성에서 자유로울 수 없는 학교이므로 어느 정도의 규제는 학교라는 틀 속에서는 당연히 수반되어야 하는 최소 요건이 된다. 문제는 이 양자의 관계 설정이 대단히 모호하여 각 사안마다 극단적인 편의주의로 흐르고 있다는 데 있다.

대안학교는 스스로 독특한 대안적 철학을 기반으로 설립되었기 때문에 어떤 규제에서도 자유로워져야 한다는 입장이다. 이런 점에서 대안학교를 '탈규제 학교' 라고도 부른다. 그러나 인가된 대안학교의 경우 무한한 자율성이 부여되는 것은 교육이라는 보편적 시각의 입장에서 용납될 수 없다. 이 문제는 일반학교와 달리 대안학교만이 가지는 특징적인 측면이다. 대안학교를 둘러싸고 있는 논의의 두 축은 '자율성' 과 '공공성' 이다. 대안학교 법제화의 궁극적인 목표는 바로 '자율성' 과 '공공성' 의 유연한 조화에 있다. 따라서 양자의 조화를 어떻게 이끌어 낼 것인지가 대안학교의 성패를 가늠하는 관건이 될 수 있다. 그러나 이 작업은 그리 쉬운 일이 아니다. 이 문제는 후속되는 법령 정비 작업을 통해서도 지속적으로 고려되어야 할 부분이다.

2007년 6월 28일에 공포된 대안학교 설립 운영 규정은 단위 대안학교에 획기적이라 할 만큼 많은 재량을 부여하고 있다. 동 규정 제6조에 의한 학기 운영의 자율과 무학년제의 허용과 같은 실험적 시도는 단위학교의 자율과 책무를 전제로 하는 학교단위경영(school based management)의 세계적인 추세에 부응할 뿐 아니라 일반학교 혁신 견인에도 많은 기여를 할 것이다. 지금까지 대안학교 경영의 족쇄로 여겨져 왔던 학교경영 규제가 해소되는 대신 대안학교의 특색 있는 경영이 법제화로 인해서 제도적으로 보장되게 된 것이다.

그러나 '자율성' 이 상대적으로 높아짐에 따라 동시에 '공공성(책무성)' 도 증가할 것으로 예견된다. 특히 동 규정 제8조 제2항의 수업일수(180일, 일반학교 220일)와 제9조 제1항의 교과별 이수단위(일반학교의 100분의 50 이상)에서 국가 교육과정 필수 이수단위의 획기적 감축은 대안학교의 창의적 학교경영을 위한 배려이기도 하지만, 한편으로는 법령에서 위임한 재량에 의해 대안학교로서 '대안'을 보여 주어야 한다는 책무성을 강하게 요구받는 것이기도 하다. 더구나 제10조 제2항에 의한 자체 개발 교과서 활용의 허용이야말로 대안학교의 독자적 경영을 위한 제도적 보장 장치임에 분명하지만 대안학교 성원들이 단위 학교의 건학 이념과 학생·학부모의 요구를 담아내는 대안 교과서를 개발해야 한다는 숙제를 안게 되었다. 대안학교의 법제화의 진전은 지금까지 보여 주었던 대안학교 경영의 실험적 시도가 단순히 실험에 그칠 것이 아니라 새로운 모형의 학교경영 모형을 제공할 것을 요청받고 있다. 그 때문에 대안학교 교원의 전문성이 한층 더 요구된다.

대안학교를 자율적으로 운영하는 것은 기본적인 요건이다. 그만큼 법제화를 통하여 학년, 수업일수, 교과용 도서 선택의 자율성을 명문화한 점은 진일보한 모습이다. 대안학교는 학교라는 형식을 유지하기 위해서 어느 정도의 공공성을 띠어야 하지만 이 공공성이 최소한으로 유지되어야 대안교육을 할 수 있는 자율성이 부각될 수 있다. 수업일수의 경우 연간 180일 이상을 규정하여 일반학교의 220일에 비해 기준이 대폭 완화되었지만 그렇다고 대안학교에서 이 최소 기준만 채우는 소극적인 교육과정 운영은 하지 않을 것이 자명하기 때문이다.

교육과정의 규정은 법령의 성격을 띠고 있기 때문에 대단히 중요하다. 그런데 대안학교마다 건학이념이나 교육 중점이 다를 수밖에 없는데 굳이 교육인적자원부장관이 정한 교과별 수업시수의 절반 정도는 이행하라는 것은 대안학교의 입장에서는 환영할 일만은 아니다. 그렇기 때문에 법적으로 대안학교라는 존재를 인정했다면 수업시수는 단위 대안학교의 자율에 일임하는 것이 좋을 것이다. 교과용 도서의 자체 개발 및 활용은 그동안 대안학교에서 줄기차게 요구해 왔던 요구사항이지만 대안학교 입장에서 본다면 그만큼 책무성이 확대되었다고 보아야 할 것이다. 대안학교 스스로 교과 전문성 함양을 위한 노력을 경주해야 한다.

3) 학교설립을 위한 재원 조달

지금까지 대안학교 설립에서 지적되어 온 문제는 준비가 미비한 상태에서 일단 저지르기 식으로 착수된 경우가 많았다는 점이다. 따라서 대다수의 대안학교가 재정적 문제로 고통을 겪어 왔다. 이로 인해 대안학교의 제도화가 촉진되는 계기가 되기도 했지만 향후 지속적으로 대안학교의 정부지원에 마냥 기댈 수 없는 형편일 뿐 아니라 대안학교의 법제화로 인해서 단위학교의 자율적 경영이 요구되고 있는 현실을 감안해 보면 이미 운영되고 있는 대안학교나 앞으로 대안학교 설립 운영 규정에 의해 설립될 학교는 재원 조달에 대한 구체적인 복안을 가지고 있어야 한다(이병환, 2007b).

이를테면 서울 마포의 성미산학교와 같이 학부모 주도의 교육생활협동조합 형태로 대안학교가 시작된 경우를 보더라도 학교설립 초기에는 학부모 스스로 재원을 감당해야 하는 책임을 자청한 것이기에 큰 문제는 없어 보였다. 그러나 학교라는 체제가 갖추어지고 학생들이 늘어 감에 따라 재정부담의 규모가 감당하기 어려울 정도로 가중되고 있는 것을 볼 때 학교운영 재원 조달에 대한 구체적인 계획은 학교경영에서 매우 중요한 문제이다.

대안학교 설립 운영 규정에 따라 지금보다 더 쉽게 대안학교 설립이 가능하게 됨에 따라 풍부한 자금력을 가진 소수의 인사에 의해서 학교가 설립될 가능성이 많아졌는데, 이럴 경우 흔히 부패된 사학에서 볼 수 있는 문제점이 나타날 수 있다. 이렇게 되면 대안학교로서의 생명력을 잃게 되며 건전하게 운영되고 있는 수많은 대안학교 운영에도 그릇된 인식을 심어 줄 수 있다. 이러한 문제를 방지하기 위해서는 대안학교 설립 운영위원회의 역할이 중요한데, 재정 문제를 포함한 해당 지역 대안학교 교육의 질 관리를 위한 정기적인 평가 활동이 지속적이고 합리적으로 이루어져야 한다.

어쨌거나 재정 문제에 시달리지 않기 위해서는 확고한 재원 조달 계획을 마련해야 한다. 학교재정의 기본적인 부분을 담당할 수 있도록 재단을 설립하거나 그에 상응하는 방안을 모색하는 길이 긴요해 보인다. 그렇다 하더라도 동시에 정부와 협의하여 그에 상응하는 재정적 지원을 받아 내는 것도 중요하다.

4) 대안학교 법제화의 성과와 전망

대안교육에 대한 법제화는 제도권 밖에서 이루어졌던 대안적 시도가 학교라는 공적 책무성을 통해 공공성을 띤 작업으로 인식되도록 해 주었다는 점에서 의의가 있다. 만일 대안학교가 특성화 학교제도라든지 자율학교제도로 양성화하지 못하고 지금까지 지속되어 왔다면 여전히 제도교육과는 거리를 둔 채 공교육 개혁의 견인이라는 사회적 책무를 다하지 못했을 것이다.

대안교육 법제화는 궁극적으로 대안학교가 가지는 '자율'과 학교라는 공공성이 강한 조직이 내포하고 있는 '책무'를 어떻게 조화를 이루는가에 달려 있다. 만일 기존 제도교육과 차별화된 교육을 강조하는 입장이라면 대안학교의 자율성이 강조되어야 할 것이고, 대안학교도 제도적으로 얼마간의 특례를 누리는 학교에 불과하다는 입장이라면 법제화를 통한 공공적 '책무'는 정당화될 것이다. 그런데 이 양자의 조화를 도모하는 작업은 사전적인 의미와는 달리 그리 쉬운 일이 아니다. 이 문제는 후속되는 법령 정비 작업을 통해서도 지속적으로 고려되어야 할 부분이다. 그러나 점차 대안교육 법제화가 정교화된다는 것이 상대적으로 대안학교의 자율을 침해하고 규제가 강화되는 제로섬 게임은 아님을 알아야 한다. 오히려 대안교육 법제화를 통해 대안학교의 지속적인 요구사항인 '자율'과 '탈규제'에 대한 정당한 근거를 제시할 수도 있기 때문이다.

대안학교 법제화의 목표는 제대로 된 교육을 해 보고자 시도했던 초창기의 교육적 열정을 제도적으로 지원하는 차원에서 추진되어야 한다. 최근 공포된 대안학교 설립 운영 규정은 새로운 대안교육의 시도에 대해서 허용적일 뿐 아니라, 학교 체제의 다양성을 통해 교육의 획일주의를 극복하려는 정책 의지를 엿보게 한다. 대안교육이 등장한 초창기 정부에서 보여 준 보수적 태도를 감안할 때 가히 획기적인 인식의 전환이다. 이런 점에서 차터스쿨, 마그넷스쿨, 온라인스쿨, 홈스쿨링 등 미국 공립 대안학교의 다양한 성장은 우리에게 좋은 본보기가 된다. 이제 우리나라에서도 교육 체제의 다양성에 대한 배려는 시대적 요청이 되고 있다(이병환, 2007b).

대안학교 설립 운영에 관한 규정의 제정으로 대안학교의 재량이 늘어나 대안적 경영을 가능하게 하였지만, 상대적으로 책무성도 높게 만들었다. 학교 재량에 의한 학기제 운영, 필수 수업일수 감축, 필수 이수교과의 하향 조정, 자체 개발 도서 활용 허용 등의 조치는 단위 대안학교의 창의적 경영이 가능한 기반이 될 수 있지만, 한편으로는 단위학교의 독자적인 노력이 배가될 수밖에 없는 형편이 되었다. 지금까지 줄기차게 요구했었던 대안학교의 자율성이 법제화로 상당 부분 보장되게 되었지만 대안학교 입장에서는 학교 경영 전반에서 한층 더 전문화된 기술을 보여 주어야만 한다.

대안학교 구성원은 지금까지 제도와 여건이 미비하여 쉽게 용인되어 왔던 학교경영의 시행착오도 법제화의 진전으로 이제 더 새롭고 구체적인 모습을 보여 주어야 한다는 책무를 떠안게 되었다. 대안학교라는 혁신적 모습의 학교가 바로 그 '대안성'으로 인해 10년간이나 지속적으로 법제화가 추진되었기 때문에 이제 대안학교의 오래된 꿈은 공교육 체제 개혁에 일조할 수 있는 방향으로 나아가야 한다.

제3부

통합적 대안교육을 위하여

제10장 통합적 대안교육의 총론적 구상
제11장 통합적 대안교육과 지역자치단체의 평생교육 체제
제12장 통합적 대안교육으로서 학교축제와 지역축제
제13장 통합적 대안교육으로서 미디어교육과 문화 리터러시

제10장 통합적 대안교육의 총론적 구상

최근 사회적 문제로 대두되고 있는 학교폭력, 교실붕괴 등과 같은 교육문제로 인해 대안교육이 상당한 주목을 받고 있다. 여기서 말하는 대안교육은 현재 행해지고 있는 제도적 교육기관에서 야기될 수 있는 여러 문제점을 보완하려는 것을 목적으로 행해지는 것으로, '아름학교' 와 같은 대안학교에서 행해지는 교육을 대표적 예로 꼽을 수 있다. 현재 우리의 교육 체계는 많은 부분을 학교에게 부담 지우고 있으며, 그로 인해 발생하는 문제에 대한 책임도 일괄적으로 학교에 전가하고 있는 것이 작금의 현실이다. 그러므로 대안교육의 개념 역시 제도권적 교육, 즉 학교교육과 상반되는 의미로 상용하고 있으며, 현재 대안교육에 관한 선행 연구 역시 이러한 주제와 내용을 중심으로 연구되어 왔다.

이번 장에서는 대안교육의 의미를 좀 더 확장하여, 기존 제도권 교육의 대안적 개념이 아닌 가정과 학교, 사회가 함께하는 미래지향적 교육의 형태로 간주하려고 한다. 이와 같은 대안교육을 여기서는 '통합적 대안교육' 이라고 칭할 것이다. 통합적 대안교육은 창의적이고 사회적이며 도덕적인 인간 양성을 목표로 한다. 먼저 1절에서는 '통합적 대안교육' 이라는 새로운 교육의 개념을 정립하고, 이후 2절과 3절, 4절에서는 통합적 대안교육의 구성요소로서 가정 · 학교 · 사회 영역에서의 통합적인 대안교육 방안에 대한 연구주제를 모색해 보고자 한다.

1. 통합적 대안교육의 체계와 내용

1) 통합적 대안교육의 체계

'통합적 대안교육' 이란 학교 · 가정 · 사회교육이라는 세 가지 교육 영역을 통합하는 대안교육의 새로운 개념이다. 통합적 대안교육의 목표는 '학습하는 사회, 그리고 학교 · 가정 · 사회가 함께하는 교육공동체' 를 형성하여 지식기반사회에 적응할 창의적, 도덕적, 사회적 인간 양성을 위한 교육 체제를 구성하는 데 있다. 다음의 [그림 10-1]은 미래 대안교육의 방향을 제시하는 통합적 대안교육의 목표 체계이다.

이 절에서는 대안교육을 소극적 개념과 적극적 개념으로 구분하여 사용

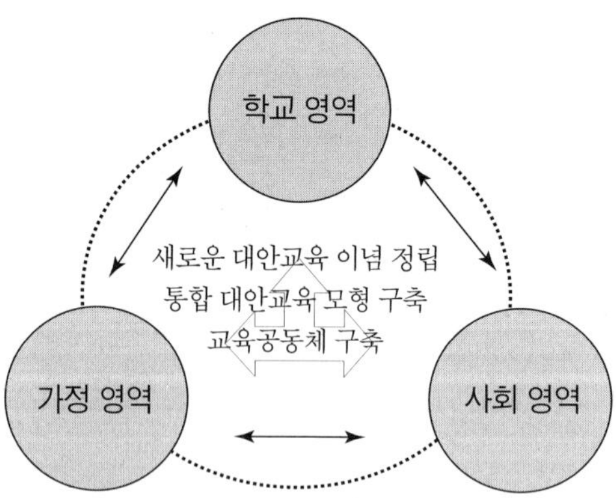

[그림 10-1] 통합적 대안교육 체계

한다. 소극적 대안교육은 정규 공교육으로서의 학교교육에 대비되는 개념으로, 현행되고 있는 학교 내 각종 특별활동 및 여러 유형의 대안학교와 같은 학교 영역에서 이루어지는 대안적 교육을 의미한다. 적극적인 대안교육은 [그림 10-1]에서와 같이 학교교육과 함께 가정 및 사회 영역에서의 교육을 포괄하는 확장된 개념을 의미한다.

지금까지 대안교육의 개념은 제도권적 학교의 문제점을 보완하는 측면에서 사용되어 왔다. 이 글에서는 이와 같은 경우를 소극적 개념의 대안교육이라고 정의하기로 한다. 즉, 정부나 교육단체 주관하에 이루어지는 대안교육 시스템은 소극적이라는 것이다. 이와는 차별적으로 적극적인 대안교육은 학생-교사-학부모가 자율적으로 참가하고, 학교-사회-가정이 광역적으로 포함되는 교육 체계로 정의한다. 즉, 제도권적 교육 체제만이 중심축이 되는 것이 아니라, 전 영역의 교육 현장을 아우를 수 있는 교육 시스템을 구축하고 이 시스템에서 이루어지는 영역 간의 공조적 교육이 적극적인 대안교육인 것이다. 이것은 민간기관과 공교육기관이 상호 공조적 관계 속에서 주도하는 통합적 교육형태를 의미한다. 이 연구에서 제시하는 새로운 개념의 대안교육도 이를 바탕으로 한다. 적극적 개념의 대안교육은 곧 학교-사회-가정 영역의 교육이 함께 아우러지는 '관계의 교육' 을 의미하며, 이것은 나아가 통합적 대안교육 연구의 기반이 된다.

통합적 대안교육 연구를 제안하는 동기와 필요성은 다음과 같다. 2004년 참여정부의 출범에 따라 한국교육개발원은 2003년 1월 14일 「학습하는 사회, 함께하는 교육: 교육공동체 형성과 지식기반사회 교육체제 구축」이라는 교육정책 제안서를 정부에 제출하였다. 이 제안서에서는는 첫째, 21세기 지식기반사회를 지향하는 '학습하는 사회' 조성, 둘째, 모든 학생의 학업 성취를 보장하는 유연한 교육 체제 구축, 셋째, 더불어 함께하는 교육공동체 형성이라는, 21세기를 지향하는 한국 교육의 세 가지 비전을 제시하였다. 제안서는 한국 교육의 주요 문제 해결을 위한 교육정책 목표와 과제를 제시함과 동시에 대통령의 교육의제(agenda)로 '좋은 학교 만들기

(good school project)' 를 제안하였다. 그런데 일련의 제안 내용을 살펴보면, 그 내용이 '정책' 이라는 제도권적 차원의 상부하향(up-down)식 해결책으로 일관되고 있음을 알 수 있다. 이런 해결책은 교육정책의 테두리 속에서 이루어지는 소극적 차원이다. 현재 교육수혜자나 학부모가 공교육에 실망감을 느끼게 되는 것은 바로 교육이 교육수요자의 요구를 반영하지 못한 채 '틀에 박힌' 정책의 테두리 속에서 이루어진다고 보기 때문이다. 그러므로 학교 및 정책이 주도하는 교육 방향이 아니라 학생, 교사, 학부모가 참여하고 학교, 가정, 사회 영역이 교육 현장으로 포괄되는 통합적 대안교육 모형이 절실하게 요구된다.

이제 사회는 첨단 테크놀로지의 등장으로 대량의 지식 생산 및 축적, 교환이 가능하게 되었으며, 이러한 정보화에 힘입어 세계화가 가속화되기 시작했다. 세계화에 따라 세계 각지의 인적·물적 자원이 교환되고 다양한 문화가 교류되기 시작하였다. 이러한 사회변화에 의해 교육환경의 패러다임도 변화되고 실제 교육수혜자의 요구도 다양해지기 시작했다. 따라서 정규 학교교육만으로는 이러한 변화에 대응하기 어렵다는 사실을 인정하지 않을 수 없게 되었다. 다시 말해서 이제 교육은 학교에서만이 아닌 가정 및 사회 등 모든 영역에서 다각적인 교육의 현장화가 필요하게 되었고, 또 이들이 통합되어 교육적 시너지 효과를 창출할 수 있는 통합적 대안교육이 필요하게 된 것이다.

2) 통합적 대안교육의 내용

(1) 통합적 대안교육이란 무엇인가

'통합적 대안교육' 은 기존의 대안 교육에 관한 연구, 이를테면 1999년의 대안교육에 관한 교육부 정책연구보고서에서 제시한 대안교육의 개념 및 대안교육의 방향과는 차별성을 갖는다. 기존의 연구에서 대안교육은 정규 학교교육에서 빚어진 문제점을 보충하는 입장 혹은 특수 및 영재 교육을 비롯하여 특성화 학교에 한정하고 있다. 이와 달리 통합적 대안교육은 교육공동체를 형성할 수 있게 하고, 나아가 지식기반사회 교육 체제를 구축할 수 있는 일환으로서의 성격을 갖는다.

이번 장에서 논의하려는 통합적 대안교육의 개념은 '대안이란 무엇인가.' '대안교육에 포함될 수 있는 영역은 무엇인가.' 와 '통합의 의미는 무엇인가.' 로 규정될 수 있다. 먼저 '대안' 의 의미는 현행 제도권 학교교육에 대한 공조(共助)적 의미에서의 대안교육으로 정의해 둔다. 즉, 현행 공교육에서 미처 수행해 내지 못할 교육 행위나 효과를 보완해 준다는 의미에서 대안을 의미한다.

다음으로 미래사회를 위한 통합적 대안교육이 추구해야 할 내안교육의 영역은 '학교, 가정, 사회 영역' 이다. 학교 영역에서의 대안교육이란 현행 학교교육에 준하는 일정 기간, 과정적 교육 프로그램을 가진 대안형 학교의 유형 및 형태로서의 대안교육이다. 가정 영역에서의 대안교육이란 홈스쿨링과 같은 가정중심의 교육 유형 및 형태로서의 대안교육이다. 그리고 사회 영역에서의 대안교육이란 청소년 교육을 비롯하여 열린 교육으로서의 평생 · 사회 교육기관이나 문화센터 교육기관과 같은 유형 및 형태로서의 대안교육이다.

또한 여기에서 의미하는 '통합' 이란 위의 세 영역에서의 교육활동이 독립적인 의미를 갖는 것이 아니라 상호 공조적 관계개념으로 묶이는 것을 의미한다. 각 영역 내에서의 교육 프로그램 개발과 함께 이들 교육 프로그램의 상부적 관계를 형성시킬 때 진정한 의미의 통합적 대안교육이 될 수 있을 것이다. 이와 같은 통합적 대안교육의 개념을 정립하기 위해서는 각 영역별 교육 유형과 형태에 대한 더욱 면밀한 연구가 필요하다.

(2) 통합적 대안교육이 기존의 대안교육과 어떻게 다른가

상기의 통합적 대안교육은 다음과 같은 점에서 기존의 대안교육 개념과 차이점을 갖는다. 첫째, 기존의 대안교육이 현행 학교교육 체제에서 일탈적 학습자에 대한 교육적 행위, 즉 소극적 대안교육이라면, 이 연구에서 추구하는 통합적 대안교육은 가정과 사회 영역에서의 교육내용까지를 포함한다는 의미에서 적극적 대안교육이라고 할 수 있다. 둘째, 기존의 대안교육은 다분히 공교육으로서의 학교교육과는 또 다른 형식의 교육형태를 갖는 것이라면, 통합적 대안교육은 종국적으로 거시적 입장의 공교육 정상화 일환으로서의 성격을 갖는다. 셋째, 기존의 대안교육은 다분히 기관중심의 교육형태에 주목하고 있음으로써 각 교육 형태 간의 중첩이 발생하기도 한다. 그중 2002년 교육부 정책과제로 수행된 「대안교육에 관한 연구보고서」에서는 전통적인 의미의 대안교육에 대해 문화 센터형 대안학교, 주말 계절학기형 대안학교 등을 다루고 있는데, 2002년 교육인적자원부 한국교육개발원 「평생교육 백서 6호」에서도 학교형태 평생 교육시설, 문화시설에서의 평생학습관과 같은 기관을 언급하고 있어 교육 체제의 중첩을 초래하고 있다.

이것은 현행 대안적 교육기관이나 형태가 기관중심으로 연구가 이루어지고 있기 때문이다. 그러나 이 장에서의 통합적 대안교육 영역은 교육내용 중심의 영역 구분을 지향한다. 교육 소프트웨어 중심으로 나눌 때 교육적 효율성을 확보할 수 있기 때문이다.

(3) 통합적 대안교육의 이념 및 지향점은 무엇인가

첫째, 통합적 대안교육은 학교 영역의 교육을 통해서 '창의적 인간상'을, 가정 영역의 교육을 통해서 '도덕적 인간상'을, 사회 영역의 교육을 통해서 '사회적 인간상'을 구현한다. 물론 이 세 가지 인간상은 교육이념적으로 통합되어야 한다. 다만 각 영역의 대안교육은 각각의 이념에 좀 더 중점을 둠으로써 교육적 완성형을 추구해 나간다는 의미를 갖는다. 이를 통해 지식기반사회에 적응하고 이를 선도할 인적 자원을 확보할 수 있을 것이다. 교육적 행위를 위해서는 이념이 분명해야 할 것이며, 이 이념을 준거로 해서 그에 합일될 수 있는 교육내용과 활동이 이루어지게 될 것이다. 둘째, 통합적 대안교육을 연구하는 것은 정규 학교교육의 대안적 성격을 갖고 있으면서 궁극적으로는 교육공동체 형성을 통해 제도권 교육의 일환이 될 수 있기를 기대한다. 이를 위해서는 통합적 대안교육과 관련된 교육정책적 측면에서의 연구가 심도 있게 이루어져야 할 것이다. 셋째, 통합적 대안교육을 연구하는 것은 지금으로서는 초·중등 학생을 대상으로 한 대안교육을 지향하고 있으나 장기적으로는 잠재적 교육 수요자 전반을 위한 교육 체제 구축을 시도한다.

(4) 교육수요자가 요구하는 대안교육은 무엇인가

교육의 최종 목표는 교육정책이나 교육기관, 교수자만으로 이루어 낼 수 있는 것이 아니다. 무엇보다 중요한 것은 교육수요자의 요구에 대한 분석이다. 특히 대안교육에 대한 교육수요자의 요구는 공교육에 비해 더욱 중시된다고 할 수 있으므로 교육대상자인 학생의 요구 수준을 철저하게 분석하여 교육 프로그램을 만들어야 한다. 그러기 위해서는 교육수요자가 갖는 대안교육에 대한 요구 분석을 시도해야 한다.

이러한 요구 분석에서 또 하나 중요한 것은 그것이 교육수요자에게만 요구되어서는 안 된다는 점이다. 통합적 대안교육에서 교육수요자를 포함하는 전체 교육 구성원을 위한 프로그램이 절실히 필요하다. 예를 들어, 가정 영역의 교육을 위해서는 부모를 대상으로 한 교육도 필요하다. 학부모 교육이 올바로 이루어질 때 학생에 대한 교육 방향이 올바르게 정립될 수 있을 것이다. 사회 영역 교육에서 사회교육 수혜자를 비롯하여 사회교육 담당자에 대한 교육이 포함되어야 한다.

3) 통합적 대안교육의 연구주제

제1단계 연구의 목표는 통합적 대안교육의 개념과 새로운 이념의 정립이다. 각 연구그룹은 새로운 대안교육 이념을 정립하기 위해, 과제별 근대 50년간의 한국 교육 이념 변천, 대안교육 실태, 교육선진국의 대안교육 실태를 조사한다. 그 후 새로운 이념을 설정한다. 제1단계의 연구 주제는 3개 영역의 각각 6개의 연구주제 그룹으로 구성되는데, 이 연구 주제의 개요를 살펴보면 〈표 10-1〉과 같다.

표 10-1 통합적 대안교육 제1단계 연구주제 그룹

구분	학교 영역	가정 영역	사회 영역
공통	통합적 대안 교육의 개념과 이념 정립		
	이념 정립을 위한 실태 조사 및 요구분석 (학교영역)	이념 정립을 위한 실태조사 및 요구분석 (가정 영역)	이념 정립을 위한 실태 조사 및 요구분석 (사회 영역)
연구 중점	학교 영역 대안교육의 실태 조사 및 이념 정립	가정 영역 교육의 실태 조사 및 이념 정립	사회 영역 교육의 실태 조사 및 이념 정립
제1주제 그룹	대안학교 학교경영 (행·재정적 측면 포함)	가훈과 가치관을 통한 가정교육	시민·문화 단체 교육 실태
제2주제 그룹	대안학교 교육과정, 교육방법, 교육평가	전통문화와 뿌리 찾기 교육	지역사회기관 청소년 교육 실태
제3주제 그룹	방과 후 학생 활동 및 생활지도 교육	성역할 이해 및 성교육	사회 영역 교육의 형태 분류 및 교육기관 조사
제4주제 그룹	학부모의 지역사회 참여 활동	언어순화 및 기본예절 교육	청소년 사회 영역 교육의 방법론과 평생교육의 이념
제5주제 그룹	한국 대안학교의 사적 고찰	한국 가정교육의 철학 및 사적 고찰	한국 사회 영역 교육의 사적 고찰
제6주제 그룹	OECD 국가의 대안학교 형태 연구	OECD 국가의 가정교육 형태 연구	OECD 국가의 사회 영역 교육 형태 연구

제2단계 연구의 목표는 미래지향적 통합 대안교육의 프로그램 모형을 개발하는 것이다. 학교 영역의 연구를 통해 학교교육의 대안교육 모형을 개발한다. 가정 영역의 연구는 대안교육으로서 가정교육 프로그램 모형을 개발하는 것이며, 사회 영역의 공통 연구과제는 대안교육으로서의 사회교육 프로그램 모형을 개발하는 것이다. 제2단계의 연구 주제는 제1단계 연구주제와 동일하게 3개 영역의 각각 6개의 연구주제로 구성되며, 이들 연구 주제의 개요를 살펴보면 〈표 10-2〉와 같다.

표 10-2 통합적 대안교육 제2단계 연구주제 그룹

구분	학교 영역	가정 영역	사회 영역
공통	미래지향적 통합 대안교육 프로그램 모형 개발		
	대안교육 프로그램 모형 개발(학교 영역)	대안교육 프로그램 모형 개발(가정 영역)	대안교육 프로그램 모형 개발(사회 영역)
연구중점	학교 영역 프로그램 개발	가정 영역 프로그램 개발	사회 영역 프로그램 개발
제7주제 그룹	학교행사 프로그램	전통문화와 가훈 및 가정문화 계승을 통한 교육 프로그램	시민 · 문화단체 교육 프로그램
제8주제 그룹	생활지도 및 방과 후 교육 프로그램	뿌리 찾기 교육 프로그램	생태 · 환경교육 프로그램
제9주제 그룹	학생-학부모 공동 프로그램	성역할 이해 및 성교육 프로그램	청소년 직업교육 프로그램
제10주제 그룹	창의력교육 프로그램	언어순화 및 기본예절 교육 프로그램	청소년 상담 프로그램
제11주제 그룹	참여적 학교경영 프로그램	부모-자녀 교육 프로그램	세계 이해 프로그램
제12주제 그룹	학교 영역 지원 체제 구축	가정 영역 지원 체제 구축	사회 영역 지원 체제 구축

2. 학교 영역의 통합적 대안교육 모색

이번 절에서는 앞 절의 통합적 대안교육의 총론적 구상을 학교교육 영역으로 한정하여 어떤 현황을 수집하고 분석해야 하는지, 어떤 방향의 연구를 모색해야 하는지를 논의할 것이다. 이번 절에서 제안하는 연구는 기존의 대안교육의 실태를 분석하고, 학교 영역 교육을 중심으로 하는 가정과 사회와의 교육공동체적 협동중심의 통합 대안교육 체제를 구축하는 데 목적이 있다.

위의 목적을 달성하기 위해, 제1단계에서는 근현대 50년간의 교육의 역사 속에서 대안교육의 철학과 역사를 총체적으로 분석한다. 우선 선진외국의 대안교육 실태를 분석한다. 이를 통해서 한국 대안교육의 실태를 학교경영 및 학교교육 면으로 분석한다. 제2단계에는 학교교육을 중심으로 가정과 사회의 교육공동체적 통합 대안교육을 위해 적용할 수 있는 각종 프로그램을 개발하고자 하며, 이 프로그램의 내실 있는 운영을 통해 지식기반사회에 적응할 수 있는 인재 양성에 기여하리라 전망된다.

1) 학교 영역 대안교육의 가능성

현실적으로 한국 학교교육은 많은 문제점을 지니고 있다. 대학 입시를 위한 지식 암기 위주의 교육, 부모의 자식 출세주의 교육문화, 전국 어디서나 획일적인 교육 및 학교경영 등이 포함된다. 따라서 한국 학교교육은 학생의 인지적 · 정의적 · 행동적인 측면을 조화롭게 발달시키지 못하고 있다. 또한 지식기반사회에 요구되는 창의성 교육은 구호로만 외치고 있는 실정이다. 이는 학교 영역에서의 문제만이 아니고 가정, 사회의 문화가 기저를 이루고 있는 사회 전체의 문제이다. 이러한 한국 교육의 문제는 민간

차원에서 1980년대 중반부터 열린 교육을 통해 해결책을 모색하기 시작했고, 정부차원으로는 1995년 5 · 31 교육개혁에서 개혁의 중심대상으로 떠올랐다. 열린 교육은 교육개혁의 방향으로 설정되어 학생의 자기주도적 학습력 신장과 중앙 · 지방 학교단위의 적절한 권한의 배분을 통한 학교단위 책임경영을 개혁의 초점으로 삼고 있다.

그럼에도 불구하고 교육개혁이 진행되고 있는 현재에도 한국 교육은 학교위기론, 학교붕괴론, 공교육위기론에 휩싸여 있다. 그래서 위기 극복을 위한 학교교육 위기의 개념, 원인진단과 대책 강구에 대한 일련의 연구(김신일, 2000; 김호천, 2000; 윤정일, 2001; 윤철중, 1999; 이성진, 2000; 전종호, 1999)가 수행되었다. 이러한 공교육 위기는 비단 우리만이 아닌 개발도상국에서 선진국에 이르기까지 전반적으로 나타나는 세계적인 현상으로 볼 수 있다. 좋은 예로 일본의 학급 붕괴(학급생활 문제), 미국의 교육위기(낮은 학업성취도 문제) 등을 들 수 있다.

이러한 교육위기 극복을 위해 OECD 선진국가인 영국, 독일, 일본, 미국 등에서는 대안교육에 대한 관심이 더욱 확대되고 있다. 한국 역시 학교교육의 위기와 공교육위기의 담론은 국가적으로 대안교육에 대한 관심을 불러일으켰다. 이 위기는 현재 학교교육의 많은 문제점을 비판하고 있는데, 이러한 과정에서 국내의 교육학 관련 학자는 1990년대 중반 이후 기존 학교교육에 대한 비판과 더불어 대안교육에 많은 관심을 쏟고 있다.

대안교육은 기존의 공교육 제도하의 학교교육에 비해 '앎' 보다는 '삶', '경쟁' 보다는 '공동체', '교사주도' 보다는 '학생주도' 의 교육, '통제' 보다는 '자유' 등을 중시한다(김영철 외, 2002). 최근에는 자연과 인간의 조화를 지향하는 생태주의 가치가 대안학교의 공동적 이념이 되고 있고, 이러한 이념은 한국 교육이 지향해야 할 방향성을 지니고 있음이 분명하다.

그동안 확산되어 온 우리나라 대안교육은 제도권 내의 교육과 제도권 밖의 교육, 그리고 제도권 곁의 교육으로 분류할 수 있다. 첫째, '제도권 내 대안교육' (예: 특성화 고등학교)은 기존의 학교제도 안에서 내용적으로 새로운 교육적 사고를 시도한다. 둘째, '제도권 밖 대안교육' (예: 변산 공동체 마을)은 기존의 학교제도에 편입되기를 거부하고 새로운 형식과 내용을 통해 대안교육을 실천하려 한다. 셋째, '제도권 곁 대안교육' (방과 후, 주말 혹은 방학)은 학교교육을 그대로 두면서 운영된다(강대중, 2002: 39-40).

또한 앞선 제2부에서 논의된 바와 같이, 대안학교 운영 형태는 민간차원의 여러 학교 형태와 국가차원의 특성화 고등학교 형태로 구분할 수 있다. 우리나라 대안교육의 발전과정에서 최근에 가장 주목할 사항은 한국의 대안교육이 현재 제도권 안의 대안교육으로까지 자리를 잡았다는 점이다. 이를테면 1998년부터 개교된 21개의 특성화 고등학교가 운영되고 있는 점을 들 수 있다. 따라서 공교육 위기, 학교교육 위기론이 만연해 있는 한국 교육현실을 극복하기 위해 대안교육의 발전방향을 모색해야 한다.

더 나아가 대안교육의 논의 차원에서 한국의 대안교육 이외의 외국 선진국의 대안교육을 탐색함으로써 대안교육의 실제를 심층적으로 연구한다.

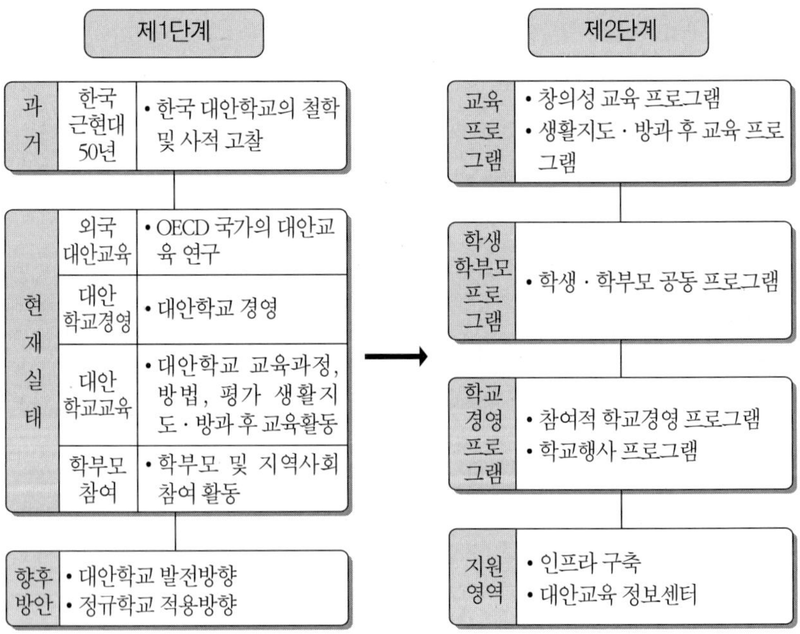

[그림 10-2] 학교 영역의 대안교육 연구내용

또한 학교가 중심이 되면서 가정과 사회의 공동체적 접근으로 교육활동에 적용할 수 있는 프로그램을 개발하여 정규교육에 대한 대안교육의 방향성을 제시할 수 있을 것이다.

학교교육 영역에서의 대안교육 연구는 두 단계로 나누어 진행할 수 있다. 제1단계에서는 통합적 대안교육의 개념과 새로운 이념을 정립하고, 근현대 50년간의 한국 교육의 철학과 이념의 변천 및 대안교육 실태와 교육선진국의 대안교육 실태 조사를 통해 대안학교의 경영, 학교교육, 대안학교 참여적인 면에서 발전방향과 정규학교의 적용할 수 있는 방안을 모색한다.

제2단계에서는 정규학교나 대안학교에 적용이 가능한 가정과 사회의 협동을 유도하는 통합적 대안교육을 위한 각종 프로그램을 개발한다. 예를 들면, 학교행사 프로그램, 생활지도 및 방과 후 활동 프로그램, 학생-학부모 공동 프로그램, 창의성 교육 프로그램, 참여적 학교경영 프로그램 등을 개발할 것이다. 그리고 이들 프로그램 개발 및 운영에 필요한 통합대안교육 정보센터와 교사교육을 수행할 수 있도록 학교 영역 지원 체제를 구축시킬 것이다.

2) 학교 영역 대안교육의 현황조사

(1) 현황조사의 개요와 방향

제1단계 연구의 목적은 '대안학교가 일반학교와 비교하여 어떤 차별성을 갖는가.' 라는 점에 착안하여 대안학교의 실태 분석과 대안교육의 발전방향 탐색 및 정규학교에 적용할 방법을 모색하는 데 있다. 다시 말해 1단계의 연구목표는 통합적 대안교육의 개념과 이념을 정립하는 것이다. 더 나아가 학교 영역의 대안교육 연구는 외국 및 한국 대안교육의 실태에 대한 총체적인 분석을 통하여 대안교육의 문제점 진단과 발전 방향 제시 및 정규학교의 적용방안도 모색할 것이다.

대안교육에 대한 관심이 대중적으로 표출된 1990년대 후반 이후 학계 일부에서도 대안교육에 꾸준한 관심을 보이며, 1990년대 섬머힐이나 발도르프학교 등에 관한 문헌을 번역하거나 논문을 소개하였다. 이후 대안교육에 관한 이론적 또는 실천적 모색이 다양한 방식으로 표출되기 시작했는데, 그 일환으로 『실험학교 이야기』(1995), 『새로운 학교 큰 교육 이야기』(1995), 『대안학교의 모델과 실천』(1996), 『대안교육과 대안학교』(2001), 『대안교육』(2003), 『대안교육 이해하기』(2007) 등이 출간되어 대안교육에 관한 암중모색이 본격화되었다. 특히 『대안학교의 모델과 실천』(1996)은 우리 사회 대안교육의 실체와 사례를 처음으로 대중화한 것이었다.

1997년 이후 최근까지를 대안교육 연구의 확산기로 명명할 수 있다. 단행본의 출간, 학술 연구의 시도, 대안학교 설립과 운영을 위한 정책연구의 수행을 주조로 하는 잡지 창간이 일련의 예이다. 1997년에는 대안적인 교육철학의 탐구에 비중을 두는 격월간지 『처음처럼』이, 1999년에는 『민들레』가 창간되었다. 또한 1990년대부터 현재까지 대안교육 관련 석 · 박사 학위논문은 꾸준히 발표되고 있다. 이 중에서 한창신(1999)의 「우리나라 대안교육운동의 사례 분석연구」와 이병환(1999)의 「한국 대안학교의 특성 분석」, 황긍섭(2001)의 「한국 대안교육의 이념 모색」 등은 대안교육의 이론화 작업에 상당히 기여를 한 논문으로 평가된다.

그러나 이들 선행 연구는 대안교육에 대한 종합적 고찰은 이루어지지 못했다. 대안교육은 국가주도의 공교육이 가지고 있는 대안학교의 급속한 확산에 비해 이론적, 학문적 측면의 성과가 상대적으로 부족하였다는 선행연구(이종태, 1998; 정유성, 1996; 조용태, 이선숙, 2001; 현병호, 2000)는 이 연구의 필요성을 부각시킨다. 이에 한국을 포함한 OECD 선진국 등 대안교육에 대한 총체적인 연구가 요구된다. 이러한 상황에서 이 연구에서는 대안교육의 실태를 국내외 대안학교를 중심으로 연구하여 그 특성을 제시할 것이다.

학교 영역의 대안교육 연구를 위한 제1단계 연구는 OECD 국가의 대안교육과 한국 대안학교의 교육철학 및 역사적 고찰을 통해 대안학교 경영,

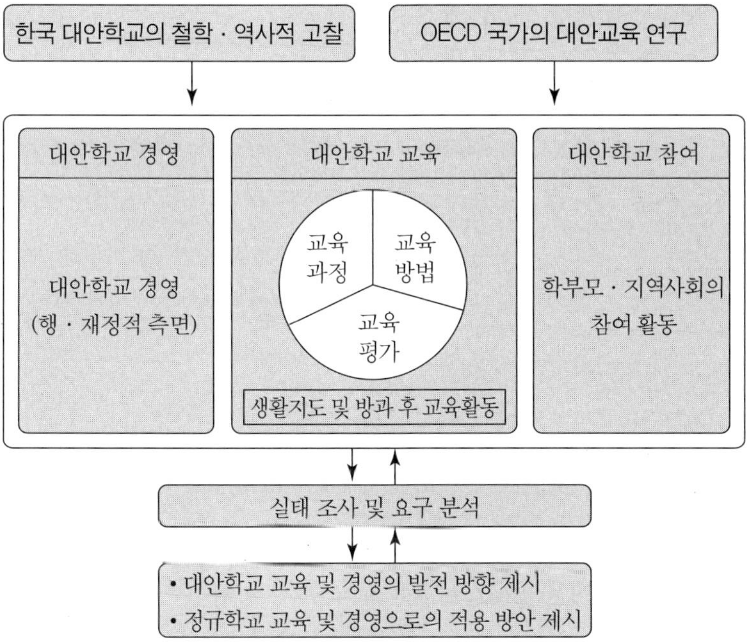

[그림 10-3] 학교 영역 대안교육 연구의 제1단계 연구내용

대안학교 교육과정, 방법, 평가 및 생활지도, 방과 후 교육활동, 대안학교 참여에 관한 연구를 주제로 삼는다.

구체적인 내용으로서 첫째, 한국 대안학교의 사적 고찰을 통해 그동안 한국에서의 대안교육의 발전과정을 분석한다. 둘째, OECD 교육 선진국의 대안교육 학교와 교육내용을 분석한다. 셋째, 한국의 대안학교 경영 측면에서 특히 행 · 재정적 측면을 분석한다. 넷째, 대안학교의 학습지도 면으로서 과정, 방법, 평가가 어떻게 이루어지는지 분석한다. 다섯째, 대안학교의 생활지도 면으로서 생활지도 실태와 방과 후 교육활동을 분석한다. 여섯째, 대안학교의 운영에 학부모나 지역사회의 참여활동이 어떠한지 분석한다. 특히 연구주제 3에서 6까지는 실태조사 및 요구분석을 동시에 수행하여 대안학교 학교교육 및 경영의 발전 방향을 제시하고 정규학교 교육 및 경영에 적용할 수 있는 방안을 제시한다.

(2) 현황조사에 관한 연구과제

학교 영역의 제1단계 연구는 대안교육 현황조사에 관한 연구주제로 구성된다. 모두 6개의 연구주제로서 대안학교 학교경영, 대안학교 교육과정과 교육방법 및 교육평가 연구, 방과 후 학생활동 및 생활지도교육, 학부모의 지역사회 참여활동, 한국 대안학교의 사적 고찰, OECD 국가의 대안학교 형태 연구가 있다. 이들 각각의 세부 연구 수행 내용은 다음과 같다.

① 대안학교 학교경영의 이념과 실천

이 연구주제는 대안학교 및 정규학교의 운영의 발전방향과 적용방안을 탐색하기 위해 대안학교의 경영의 실태를 분석하는 데 목적이 있다. 일반적으로 학교경영은 학교경영 과정상에서의 기획, 운영, 평가의 메커니즘과 학교경영 영역 면에서의 인사, 재정, 교육과정경영, 장학, 교사연수 등의 제 영역을 의미한다. 따라서 대안학교에서 이러한 제 영역별 학교경영이 어떻게 이루어지고 있는지를 알아보고 발전방향을 제시한다.

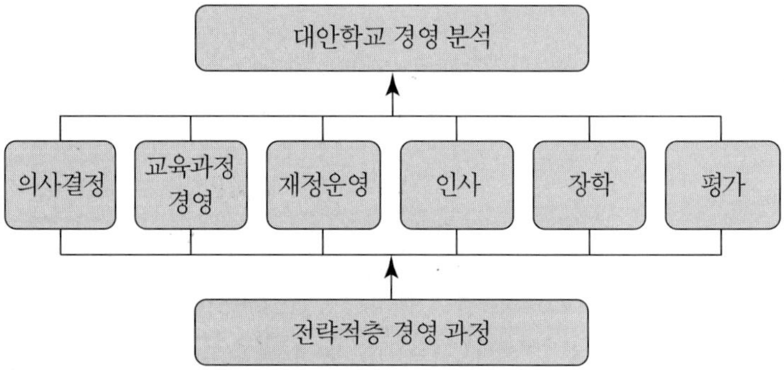

[그림 10-4] 대안학교 경영의 영역

② 대안학교 교육과정과 교육방법 및 교육평가 연구

이 연구주제는 대안학교의 교육과정, 교육방법, 평가방안을 규명하는 데 목적이 있다. 첫째, 대안학교의 성격상 다양한 교육과정적 관점이 도입되어야 할 것이다. 대안학교의 성격과 기능에 따른 교육과정 편성과 운영의 다양화를 모색하기 위한 이론적 기반을 제공한다. 이 이론적 기반에 근거하여 교육과정 편성에서 필수내용과 선택내용을 대안학교의 성격에 맞게 편성하도록 하고, 효율적인 운영방안을 제안한다. 둘째, 교육과정의 편성과 운영에 따라 효과적이고 효율적이며 매력적인 교육방법을 구안하다. 교육과정상의 목적에 입각하여 다양한 기자재와 실습과 체험 위주의 교육방법을 제안한다. 셋째, 평가 방안 역시 결과 위주의 객관주의적 관점을 지양하고 학습과정과 절차 위주의 구성주의적 관점에 근거하여 또래 평가, 패널 평가, 과정 및 절차 평가 등의 방안을 제안한다. 최종적으로는 이 삼자간의 관계가 일관성 있게 이루어질 수 있도록 체계적인 운영방안을 세안한다.

③ 생활지도 및 방과 후 교육 실태 연구

이 연구주제는 대안학교의 생활지도 및 방과 후 교육 실태를 분석하는데 목적이 있다. 일반적으로 방과 후 특기적성 교육활동 개념은 학교에서 정해진 교육활동을 모두 끝낸 이후에나 혹은 방학기간 중에 학교의 시설과 인적 자원을 활용하여 학생의 다양한 교육적 요구를 만족시켜 주는 것이다. 그럼으로써 바람직한 인성 함양 및 창의성을 계발하여 전인 형성에 기여하는 교육활동으로 학생의 소질, 적성 계발, 교과보충 심화 교육을 포함하고, 요 보호 학생에 대한 보호기능을 하는 교육활동이다. 대안교육이 정규 교과활동 이외의 다양한 교육활동을 포괄하는 개념으로 정의될 때 방과 후 특기적성 교육에 대한 체계적 분석은 더욱 중요하다. 따라서 학교 밖에서 행하여지는 과외수업 형태를 포함한 교과, 특기지도, 취미지도 등의 특별 프로그램을 방과 후 학교 내에서 희망학생을 대상으로 다양하게 제공해 주는 교육활동을 대안교육의 시각에서 재조명해 보아야 한다.

④ 학부모 지역사회 참여활동 조사 연구

이 연구주제는 대안학교 운영에서 학부모와 지역사회의 참여 실태를 분석하는 데 목적이 있다. 5 · 31 교육개혁 이후 한국 교육은 수요자 중심교육, 학교선택권 확대 등이 교육개혁의 중심을 이루고 있다. 정규학교에서는 5 · 31 교육개혁 이후 학교운영위원회의 학부모 대표와 지역사회 대표 인사가 학교경영에 참여하고 있다. 또한 학교에서는 학부모의 1일 수업내용 참관을 운영하는가 하면 각종 어머니회, 체육회 등을 통해 학부모의 참여를 신장시키고 있다. 그러나 이로 인해 학교경영에서 교사와 학부모 간의 갈등 양상도 발생하고 있다.

따라서 이 주제는 대안학교의 학부모와 지역사회의 참여활동은 일반학교에서의 학부모와 지역사회 참여와 어떻게 다르며, 학부모와 지역사회는 어떻게 참여하고 학교경영에 참여는 어떠하며, 학생 교육에 참여는 어떠한가를 분석하여 대안학교의 학부모 · 지역사회 참여에 대한 발전방향 제시 및 정규학교 운영에 시사점을 제공할 것이다.

⑤ OECD 국가의 대안학교 형태 연구

이 연구주제는 OECD 선진국의 대안교육의 실태를 분석하는 데 목적이 있다. 교육이란 바람직한 인간의 형성을 목적으로 한다. 즉, 창조적이고 자주적이며 도덕적 · 사회적인 인간의 형성이다. 학교교육은 이러한 교육의 목적을 이루기 위해 형성된 사회적 환경의 한 형태이다. 그러나 오늘날 학교교육은 대학진학이라는 성적 위주의 획일화된 교육으로 바람직한 인간을 길러 내지 못하고 있다. 이러한 상황에서 학교교육에 대한 신뢰가 붕괴되었고 공교육의 위기에 대한 대안으로 대안학교가 언급되고 있다.

지금까지 대안학교에 관한 체계적인 보고서는 교육정책과제로 수행된 「대안학교(특성화 고등학교)의 교육과정 및 교사양성 방안」(정유성, 1999)과 「초 · 중등단계에서의 대안교육 활성화 방안연구」(이종각, 2001)가 대표적이다. 이들 연구는 제도권 학교의 문제점을 보완하는 측면이라는 소극적인 대안교육의 형태를 나타내고 있지만, 이 연구는 학교, 가정, 사회를 통합하는 적극적인 대안교육의 형태를 띠고 있다. 이러한 적극적 대안교육의 형태는 종국적으로 공교육 정상화의 한 일환으로서의 성격을 지니며, 더 나아가 잠재적인 교육 수요자 전반을 위한 교육 체제 구축을 시도하는 것과 연결된다. 이러한 거시적 입장의 대안교육의 형태를 연구하기 위하여 이미 외국 선진국에서 실시되고 있는 대안학교의 정보는 중요한 자료가 아닐 수 없다. 그러므로 이러한 선진국의 대안학교 형태에 대한 연구는 거시적 입장의 대안학교 연구의 초석으로 삼아야 할 것이다.

⑥ 한국 대안학교의 철학 및 사적 고찰

이 연구주제는 근현대 한국 50년간의 역사에서 대안학교의 도입 배경과 발전 형태를 체계적으로 분석하는 데 목적이 있다. 이를 통해 한국적 대안교육의 개념과 새로운 대안교육의 이론 정립을 위한 중요한 지식 체계를 제공하고자 한다. 대안학교의 역사적 발전 탐색은 지식기반사회를 대비한 미래지향적 통합 대안교육을 실천하는 데 중요한 밑그림이 될 것이다.

현재 교육제도권에서의 관심 증가, 양적으로 확대되고 있는 다양한 형태의 대안학교에 대한 시대별, 유형별, 교육이념 등을 통합한 학문적 연구가 수행되어야 할 필요성이 여기에 있다. 대안학교의 역사적 고찰은 대안교육의 출발점이 될 수 있는 교육의 문제점을 체계적으로 파악할 수 있게 하며 시급히 필요한 것은 무엇인지에 대한 정보자료를 제공해 준다. 이는 대안교육의 과거와 현재, 미래의 이념을 조망해 볼 수 있어 교육사적인 근거는 물론 미래 대안교육의 발전방향을 제시하는 토대가 될 것이다.

3) 학교 영역 대안교육 프로그램 개발

(1) 프로그램 개발의 개요와 방향

학교 영역 대안교육 연구의 제2단계 연구는 제1단계 연구(대안교육 실태 분석)를 통해 학교 · 가정 · 사회가 동참하여, 대안교육의 장점을 정규 학교

교육에 접목시킬 수 있는 각종 프로그램을 개발하는 데 목적이 있다. 제2단계 연구는 학교현장에 대안교육을 정착시키기 위해서 어떤 프로그램을 수행해야 하는가에 집중한다.

오늘날 학교를 중심으로 하는 공교육제도의 가장 큰 특징은 교육의 보편성과 통일성에서 비롯된 획일성이다. 학교 급별 학년이 같다면 전국 어디서나 가르치고 배우는 내용이 거의 다르지 않다. '학교붕괴 현상'의 가장 큰 원인 중 하나가 학교교육의 획일성이라고 볼 수 있다. 현실적으로 학교교육은 두 가지의 핵심 과제를 갖고 있다. 하나는 창의성 신장을 위한 교육이고, 다른 하나는 다양화 및 특성화를 통한 학교경영의 효율성을 높이는 것이다. 그러나 전통적 학교경영과 지식 위주의 암기식 교육에 젖어 있는 학교교육의 탈출구를 대안교육의 장점을 통해 찾아볼 수 있을 것이다.

따라서 여기서 문제 해결의 두 가지 방향을 설정하고자 한다. 첫째, 교육공동체적 접근을 통한 교육의 내실화를 추구하는 것이다. 전통적으로 교육은 가정, 학교, 사회 중에서 학교에 전담시켜 왔다. 가정이나 사회는 교육의 역할을 학교에 모두 전가하고 있으나 교육이란 가정, 학교, 사회의 총체적인 수직적 · 수평적 통합체로서 이루어져야 한다. 이 차원에서 정규학교와 대안학교도 가정과 사회의 협조 체제를 유지하면서 그들의 도움을 받아 교육을 수행하는 공동체적 접근이 필요하다고 본다. 둘째, 도덕성과 사회성 교육 외에도 창의성 교육에 주력해야 한다. 특히 가정-지역사회의 협조 체제로 창의성 프로그램을 수행할 수 있도록 해야 한다.

이 과제는 제1단계 대안교육 사례 분석을 토대로 하여 가정과 지역사회의 협조를 얻어 교육공동체적으로 운영할 수 있는 프로그램을 개발한다. 학교교육은 전통적인 외부 통제경영에서 학교단위 책임경영 체제로 전환되고 있으며, 학생의 도덕성, 사회성, 창의성 신장을 위해 교육 프로그램이나 학교경영 프로그램, 학생-학부모 프로그램도 개발되어야 한다. 정규 학교교육의 교육활동 속에서 가정-지역사회의 활동을 포함할 수 있는 방안이 제시되어야 하며, 또 통합적 대안학교에 대한 지원 체제 구축 차원에서

인프라 구축을 위한 교사 양성 및 통합 대안교육 센터 역할을 할 수 있도록 운영 체제가 설정되어야 한다

제2단계의 연구 내용은 학교교육중심의 통합적 대안교육을 실시하기 위하여 학교교육 및 경영에 적용할 수 있는 각종 프로그램을 개발하는 것이다. 이 연구는 창의적이고 사회적이며 도덕적인 인간 육성에 초점을 맞추어 프로그램을 개발한다. 이 프로그램 개발 연구의 영역은 크게 세 가지 영역으로 나눌 수 있다. 첫째는 교육 프로그램, 둘째는 학교경영 프로그램, 셋째는 학생-학부모 공동 프로그램이다. 제2단계 연구의 구체적인 기술은 [그림 10-5]와 같다.

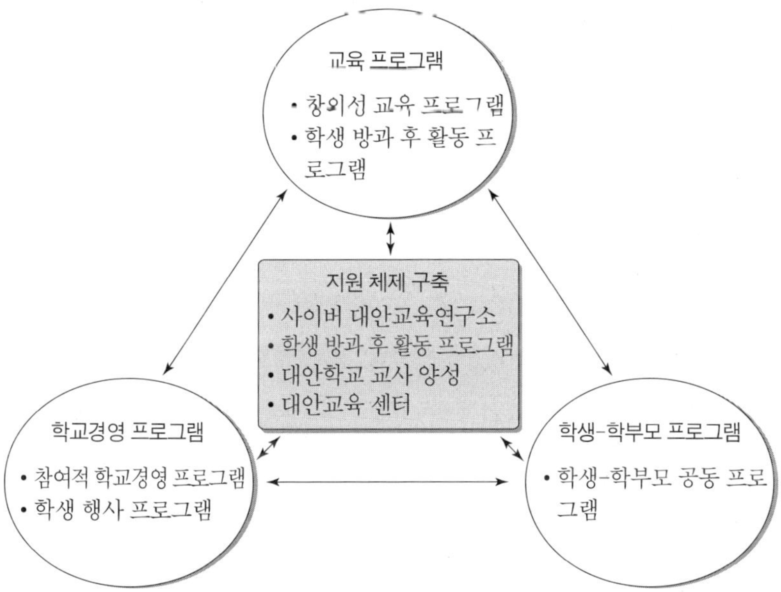

[그림 10-5] 학교 영역 대안교육연구의 제2단계 연구내용

먼저, 교육 프로그램은 기존의 입시 위주의 교육에 대안적 요소를 가미할 수 있도록 창의성 교육 프로그램과 생활지도 및 학생 방과 후 교육 프로그램을 개발한다. 둘째는 학교경영 프로그램이다. 최근 학교단위 책임경영 체제로의 전환을 맞이하여 학교단위에서 경영 체제를 어떻게 구축해야 할

지에 대한 프로그램을 개발할 것이다. 여기서는 크게 참여적 학교경영 프로그램을 개발할 것이고, 학교행사 프로그램을 개발한다. 아울러 학교가 중심이 되어 가정과 지역사회를 잘 참여시켜 공동체적으로 접근할 수 있는 프로그램을 개발한다. 셋째는 학생과 학부모가 공동으로 참여할 수 있는 학생-학부모 공동 프로그램을 개발한다. 이는 학생과 학부모가 공동으로 참여할 수 있는 프로그램이 될 것이다.

먼저 현재 이 연구가 수행하고자 하는 프로그램에 대한 유사한 프로그램일지라도 모두 수집한다. 인터넷 혹은 도서관을 통해서 수집한 자료를 철저히 분석한다. 관련 교육 프로그램을 사용하고 있는 기관을 방문하여 각종 프로그램을 수집하고 활용 양상을 분석하여 프로그램 개발에 필요한 정보를 얻는다. 프로그램은 그 분야의 전문가 협의회를 거쳐서 타당성 있는 프로그램으로 개발한다. 학교 영역의 대안교육 프로그램 개발의 절차를 제시하면 [그림 10-6]과 같다.

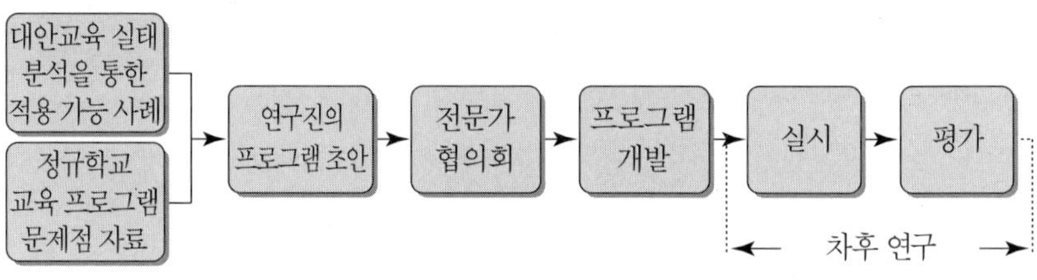

[그림 10-6] 학교 영역 대안교육 프로그램 개발과정

이 연구는 최근 국가적 관심과 연구의 초점이 되고 있는 대안교육에 대한 총체적 실태를 분석하여 각종 프로그램을 개발하는 데 기여할 것이다.

(2) 프로그램 개발에 관한 연구과제

학교영역의 제2단계 연구는 대안교육 프로그램 개발에 관한 연구주제로 구성된다. 모두 6개의 연구주제로서 학교행사 프로그램, 생활지도 및 방과 후 교육 프로그램, 학생-학부모 공동 프로그램, 창의력 교육 프로그램, 참여적 학교경영 프로그램, 학교 영역 지원 체제 구축이 있다. 이들 각각의 세부 연구 수행 내용은 다음과 같다.

① 참여적 학교경영 프로그램

이 연구주제는 교육공동체적 학교경영 방안탐색으로서 학교장뿐만 아니라 교사, 학부모, 지역사회 인사가 참여하는 참여적 학교경영 프로그램을 개발하는 데 목적이 있다. 학교교육은 어느 한 요소의 절대적 책임보다는 사회 체제 하위 요소 간의 연결 고리로 엮인 사회문제인 것이다. 여러 개의 톱니바퀴가 서로 맞물려 돌아가는 원리와 같다. 그래서 학교교육은 학교와 교사를 중심으로 한 교육공동체적 노력으로 접근해야만 한다. 총체적으로 해결하려는 노력 없이는 학교교육의 효과성 증진이 불가능하다. 공동체 구성원 한 사람 한 사람이 발휘하고 있는 역량의 집결을 통해 우리의 당면 문제를 자기주도적으로 해결해 나가야 한다. 교육은 학교교육, 가정교육, 사회교육 등의 공동의 조화를 이룬 교육을 통해 효과를 극대화할 수 있다.

② 창의성 교육 프로그램

이 연구주제는 개인과 학교, 가정, 사회의 통합성을 고려한 대안교육의 한 형태로 학교교육의 창의성 프로그램을 개발하는 데 목적이 있다. 우리나라의 학교에서 창의성 계발을 강조해 온 지도 30년이 넘었다. 1965년에 선포된 국민교육헌장에서 "저마다의 '창조의 힘'과 '개척 정신'을 기른다."라는 교육지표가 설정된 이래로 각급 학교에서는 "교육의 중점으로 학생들의 창의성을 기른다."라는 조항이 첨가되었다. 그 이후 여러 차례에 걸쳐 개정, 실시되고 있는 교육과정에도 학교교육을 통해서 기르고자 하는 바람직한 인간상으로 '창의적인 인간'이라는 항목이 첨가되었다. 그러나 30여 년이 지난 오늘날 창의성 교육은 성과 없이 구호에 그치고 있다고 해도 과언이 아니다. 원인은 여러 가지겠지만 가장 큰 이유로 교사의 창의성에 대한 무지(윤종건, 1998)와 창의성을 함양하기 위한 열악한 사회환경 등을 들 수 있다.

개인이 독창적이며 유연 · 유창한 사고를 하기 위하여, 자유스럽고 개방적이며 호기심이나 흥미 등의 동기가 부여되고 자아를 실현하도록 환경을 구성해 주는 것은 교사 및 학부모, 사회의 역할일 것이다. 그러나 우리나라의 현 상황에서 창의성 계발을 위한 프로그램은 개인과 학교, 가정, 사회를 통합하거나 고려하지 못하고 있다. 그러므로 창의성 교육 프로그램은 이러한 종합적인 요인을 고려하여 학교교육의 창의성 신장에 역할을 담당할 수 있으리라고 기대한다.

③ 생활지도 및 방과 후 교육 프로그램

이 연구주제는 제1단계 연구에서 확정된 대안학교의 교육과정-교육방법-교육평가의 특성 및 생활지도 특성에 입각하여 창의성 · 도덕성 · 사회성 함양을 위한 가정 · 사회 공동체적 접근을 이용하는 생활지도 및 방과 후 교육 프로그램을 제안하는 데 목적이 있다. 대안학교의 성격상 방과 후 교육 프로그램은 그 목적이 대안학교의 목적 달성과 직접적인 연계성이 있어야 할 것이다. 또한 대안교육의 가장 큰 장점인 생활지도의 특성을 살리는 생활지도 프로그램 계획이 수급되어야 할 것이다. 우선 방과 후 교육 프로그램의 성격 및 기능을 명확하게 규정하는 작업을 수행하고, 그에 근거하여 다양한 목적 달성이 가능한 프로그램을 구안하고자 한다.

④ 학교행사 프로그램

이 연구주제는 학교에서 실시하는 모든 행사를 학생들의 창의성 · 사회성 · 도덕성 개발을 위해 가정과 사회의 협조 체제로 공동체적으로 접근할 수 있는 학교행사 프로그램을 개발하는 데 목적이 있다. 교육활동은 교과활동, 재량활동, 특별활동으로 구분되며, 학교교육은 학생들의 인지적 · 정의적 · 행동적 영역의 조화로운 발전을 추구한다.

학교현실은 교과활동 중심으로 인지적인 면의 발달에 집중되어 있다. 따라서 특별활동을 통해 학생의 정의적 · 행동적인 면을 개발해야 한다. 특별활동은 학교행사, 학급활동, 클럽활동을 포함한다. 이 중에서 학교행사와 관련한 프로그램은 선행 연구에서는 찾아보기 힘들다. 특히 학교단위에서 학교행사 운영의 효율성을 높이기 위해 체계적으로 프로그램화하여 보급하고, 학교 행사의 각 프로그램을 교육적으로 활용할 수 있는 프로그램으로 개발해야 한다. 따라서 제1단계의 학교경영의 실태를 분석한 것을 기초로 좋은 행사를 뽑아 학교경영 측면에서 활용할 수 있는 학교행사 프로그램을 개발한다.[1)]

⑤ 학생-학부모 공동 프로그램

이 연구주제는 대안교육 활성화를 위한 학생-학부모 공동 프로그램을 개발하는 데 목적이 있다. 앞으로의 교육은 학부모를 새로운 교육주체로 인식하고 학생 교육의 일정 부분을 담당할 주요 대상으로 인식해야 한다. 개인차가 중시되고 다원화된 사회에서는 학부모를 통한 개별 학생에 대한 인식이 중요하게 부각된다. 이 연구에서는 학교와 학교 밖에서 활용될 수 있는 학생-학부모 공동 프로그램을 개발하여 사회-가정-학교를 아우를 수 있는 교육적 완충대의 가능성을 탐색한다.

지금까지는 학교교육 만능주의 사고에서 비롯된 공급자중심의 교육이 주를 이루었다. 학부모의 교육 참여는 제한된 범위에서 형식적으로 이루어져 왔다고 볼 수 있다. 진정한 대안교육의 정착은 학부모의 자발적인 참여로 일정 부분의 역할을 담당할 때 달성될 수 있다. 지금까지 학교교육, 사회교육, 가정교육이 제각각 이루어짐으로써 체계적인 연결시스템 부재에서 오는 문제가 청소년 문제의 주가 된다는 점을 상기해야 한다. 학생-학부모 공동 프로그램을 통하여 학부모로 하여금 학생을 좀 더 실질적으로 이해할 수 있도록 하고 학생에게는 교육자로서의 부모의 존재를 인식시켜

1) 대부분 학교행사 프로그램의 내용은 학생회 선출 프로그램(3월), 현장학습 프로그램(4월), 체육대회 프로그램(5월), 웅변대회 프로그램(6월), 합창대회 프로그램(9월), 예술제 프로그램(10월), 백일장 프로그램(11월) 등을 들 수 있다. 학교의 연간 계획에 의거하여 학교행사 프로그램을 결정하고 월별 학교행사 계획을 세워 각 행사별 구체적인 하위 프로그램을 개발하도록 한다.

상호 신뢰관계의 형성을 도모할 수 있을 것이다.

⑥ 대안교육의 학교영역 지원 체제 구축

이 연구주제는 학교교육의 대안교육 모형 개발이라는 최종적인 목적 달성을 위해 학교 영역에서의 지원 체제는 어떠한 방법과 방향으로 구축되어야 하는지를 구체적으로 제시하고자 한다. 지원 체제의 구체적 제시 형태는 통합적 대안교육 프로그램 개발의 한 분야로서 학교 영역에서의 지원 체제 구축 모형을 개발하는 데 있다.

대안교육에 대한 관심과 확대에 비해 환경은 너무나도 열악하다. 정부나 민간단체 등의 외부 지원 체제보다는 자생적인 수단으로서의 내부 지원 체제에 의존하고 있어 여러 가지 문제점을 가져오고 있다(이풍길, 김수욱, 2001). 대안교육에 대한 정부의 관심이 법적인가를 가져왔지만 지원 체제나 구조는 공교육 기관과 별도로 정하여 실행하며, 그 기준이 명확하지 않고 대안교육의 활성화를 위한 지원 체제로서의 기능은 제한되어 있다는 지적을 받고 있다(고병헌, 1998; 이종태, 1998). 따라서 대안교육을 지원하기 위한 지원 체제 구축이 시급하다.

3. 가정 영역의 통합적 대안교육 모색

이번 절에서는 통합적 대안교육의 총론적 구상을 가정교육 영역으로 제한하여 어떤 현황을 수집하고 분석해야 하는지, 어떤 방향의 연구를 모색해야 하는지를 논의할 것이다. 이번 절에서 제안하는 연구는 학교 · 가정 · 사회라는 세 영역의 통합 대안교육 체제를 정립하기 위해 기존의 대안교육의 실태를 분석하고, 학교교육을 중심으로 하는 가정과 사회와의 교육공동체적 협동중심의 통합 대안교육 체제를 구축하는 데 목적이 있다.

1) 가정 영역 대안교육의 가능성

이 연구는 가정교육 영역의 대안교육 체제를 고찰한다. 이 연구는 한국 근현대의 가정 영역의 교육 실태를 분석하고 가정 영역의 교육을 기초로 하는 학교와 사회교육 공동체의 협동적 통합 대안교육 체제를 구축하는 데 목적이 있다. 가정 영역의 대안교육 연구주제는 1차적으로 가정교육에 대한 현재의 가치관과 가정 영역 교육내용을 정립한다. 이를 위해 제1단계 연구에서는 주제별로 한국 근현대 가정교육의 철학, 이념, 운영실태와 OECD 국가의 가정 영역 교육실태를 조사한다. 제2단계에서는 그에 따른 주제별 가정 영역 교육 프로그램을 개발 · 실시하여 가정, 학교, 사회 모두가 각자의 고유 영역에서 교육적 기능을 효과적으로 수행하는 데 도움을 주고자 한다. 뿐만 아니라 이 세 교육의 장이 유기적으로 연계함에 있어 가정교육이 통합적 대안교육의 한 영역으로서 앞으로 나아가야 할 방향성을 제시한다.

과학기술 문명이 급속하게 발달하고 정보화 사회가 도래하면서 가정의 기능과 역할은 크게 약화되었다. 또 IMF 경제위기 이후 부모의 이혼, 가출 등 가족해체 현상이 증가하면서 자녀양육에서의 핵심적 역할, 즉 자녀의 도덕적 규제력을 기르는 책임을 가진 가정의 위치는 더욱 쇠퇴하였다. 따라서 사람이 태어나 가장 먼저 받게 되는 교육이며 학교교육, 사회교육으로 연결되는 기초교육인 가정교육 역시 기능이 약화되고 있다.

일반적으로 가족구성원의 사회화는 가정에서 먼저 이루어져서 사회로 나아가는 이른바 학습의 근원과 방향이 '가정에서 사회로' 가 정형이다. 그럼에도 불구하고 한국 사회의 경우, 이와는 반대로 '사회에서 가정으로' 역진행되고 있다. 특히 일제 식민지 시대에 일본이 행한 문화말살 및 왜곡 정책, 서구의 것을 무조건적으로 흡수한 급속한 현대화에 의해 폄하되어 온 우리의 전통문화, 그중에서도 효에 대한 교육은 윤리적 차원에서라도 계속 이루어져야 한다. 이런 효에 대한 교육은 바로 가정에서부터 시작되어야 하나 가정에서는 가정이 담당해야 할 전통문화나 인성 · 덕성교육, 사회성 교육 등의 기본 교육 기능을 수행하지 않고 있다.

통합적 대안교육 체제에서 가정 영역 교육 제1단계에는 가정교육 이념을 정립하는 것이다. 이를 위해 근현대 50년간의 가정교육을 사적으로 고찰한다. 특히 가훈과 가치관을 통한 가정교육, 전통문화 및 뿌리 찾기 교육, 성역할 이해 및 성교육, 언어순화 및 기본예절 교육, 한국 가정교육을 사적 고찰하고 OECD 선진국의 가정교육 실태를 조사한다. 이를 통해 현재 우리 사회의 가정 영역 교육에 적용할 수 있는 교육이념 및 대안적 실천을 탐색하고자 한다. 이러한 연구결과를 기초로 통합적 대안교육의 가정 영역에 대한 각종 프로그램, 즉 전통문화 및 가훈을 통한 교육 프로그램, 뿌리 찾기 교육 프로그램, 성역할 이해 및 성교육 프로그램, 언어 및 기본예절 교육 프로그램, 부모교육 프로그램 등을 개발하고, 가정 영역 지원 체제를 구축하고자 한다. 가정 영역 대안교육의 연구방향은 [그림 10-7]과 같다.

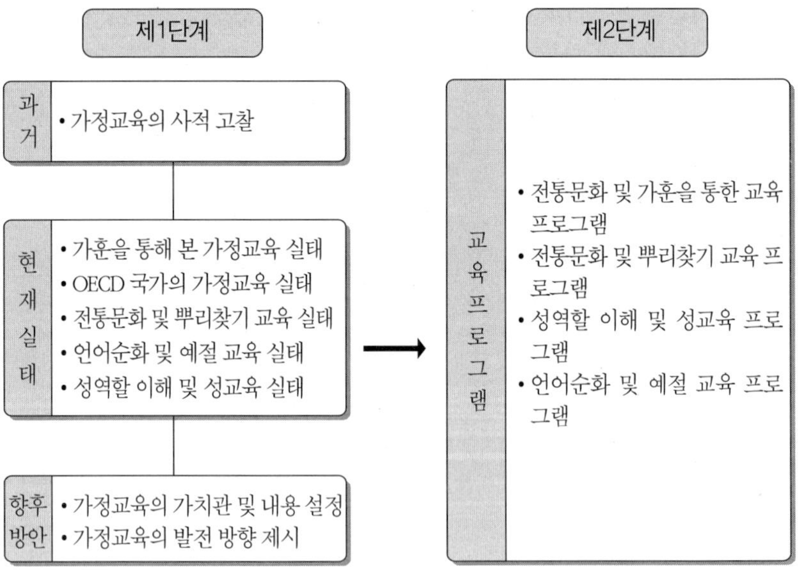

[그림 10-7] 가정 영역의 대안교육 연구 방향

이 연구는 최근 국가적 관심과 연구의 초점이 되고 있는 대안교육에 대한 총체적 실태를 분석하여 대안교육의 발전방향 모색과 가정교육의 발전에도 시사점을 줄 수 있을 것이다. 각종 프로그램 개발은 현재 교육공동체적 접근을 위한 도구로서 활용될 것이다. 이 연구를 통해 우리의 전통 가정교육의 모습을 찾아내고, 가정 자체가 위기에 처한 현대 사회 속에서 가정영역 교육의 역할을 재정립하는 데 중요한 단서를 제공하리라 기대한다.

2) 가정 영역 대안교육의 현황조사

(1) 현황조사의 개요와 방향

제1단계 연구는 가정교육의 부재, 가치관의 혼란 상태에서 통합적 대안교육의 한 영역으로서 가정교육의 개념과 이념을 정립하여 앞으로 대안 가정 영역 교육 체제의 방향을 모색하는 데 목적이 있다. 최근 우리 사회에서 발생된 반인륜적 사건이나 인재로 인한 각종 대형참사 등의 근본적인 원인을 참된 가정교육 부재의 탓으로 돌리는 지적이 많다. 한 인간의 인격적 완성은 학교교육 이전에 가정교육을 통하여 형성되는 것이므로 무엇보다도 가정교육의 역할이 강조되어야 할 것이다. 이는 사회구성원이 합의하는 참된 가정교육이 개인의 인격 형성은 물론이요, 건강한 가정의 형성, 나아가 사회의 유지와 발전에 중요한 요소임을 모두가 통찰하고 있음을 의미한다.

그럼에도 불구하고 현대 가정의 교육적 기능은 특히 약화되어 있다고 보는 것이 일반적 견해이다. 이렇듯 가정의 교육적 기능이 약화된 것은 현대 사회에 다양한 가치관이 존재하고 그 각각이 존중될 수 있기 때문에 부모가 도대체 어떤 가치관에 기준을 두고 어떤 내용을 자녀에게 교육해야 하는지 결정을 내리기가 어렵고, 어떤 방법으로 자녀를 교육해야 하는지에 점점 더 자신감을 잃고 있기 때문이라고 말한다. 즉, 참다운 가정교육의 부재는 다양하고 변화되는 환경 속에서 각 가정과 가족구성원이 확고한 가치

기준을 설정하고 있지 못하여 자녀에게 올바른 가치판단 및 행동기준을 제시해 줄 수 없기 때문에 나타난 결과라고 할 수 있다. 이에 대한 근본 원인은 가정교육의 부재와 우리나라의 교육열이 학교교육에만 편중되어 있다는 데에 있다. 이런 상황에서 가정교육 및 가정 영역의 교육에 더욱 진지한 관심을 가져야 할 필요가 있다.

현대사회와 달리 전통사회의 교육은 가족윤리가 사회윤리로, 사회윤리가 국가윤리로 자연스럽게 확대되도록 하는 것에 주안점을 두고 이루어졌다. 따라서 가정교육과 학교교육, 사회교육이 서로 괴리되지 않고 일관된 목표를 유지할 수 있었던 것이다. 그러나 오늘날 가정과 사회의 급격한 변화로 인해 현대사회가 지향해야 할 인간상이 정립되지 못한 상황에서 전통적인 것도 현대적인 것도 마련되지 못한 채 가정교육이 간과되어 왔다.

이러한 점에서 전통 가정 영역의 교육 내용을 고찰하는 것은 현대사회에 필요한 가정 영역 교육의 역할을 회복하고, 나아가 가정교육의 목표 설정에 이론적 · 실천적인 근거를 제공해 줄 수 있을 것이다. 심각하고도 신속하게 변화하는 현대 사회 안에서 가정의 역할은 상대적으로 등한시되는 경향을 보이고 있다. 이러한 시기에 전통문화 계승의 중요한 교육적 마당으로서 가정의 위치를 재정립하는 작업은 중요하고 의미 있는 일일 것이다.

제1단계 기초 및 현황연구는 사회의 변화에 따라 점차 약화되어 가는 경향을 보이는 우리나라의 전통적인 가정교육을 교육철학적 및 사적으로 고찰함으로써 가정 영역 교육의 가치관 및 이념 변화를 살핀다. 또한 OECD 국가의 가정교육 실태를 조사하며, 언어순화 및 기본예절 교육, 성역할 이해 및 성교육, 전통문화 및 뿌리 찾기 교육, 가훈을 통한 가정교육에 대하여 연구할 것이다.

가정에서 무엇을 가르쳐야 할 것인가라는 질문에는 서로 상이한 견해가 있으나 대체로 세 가지 중요한 교육적 기능을 강조한다. 첫째는 사람으로서 지녀야 할 기본 자질을 몸에 익히도록 하는 일이다. 둘째는 가정에서 부모가 바른 가치관을 심어 주는 일이다. 이처럼 가정에서 1차적으로 형성된 가

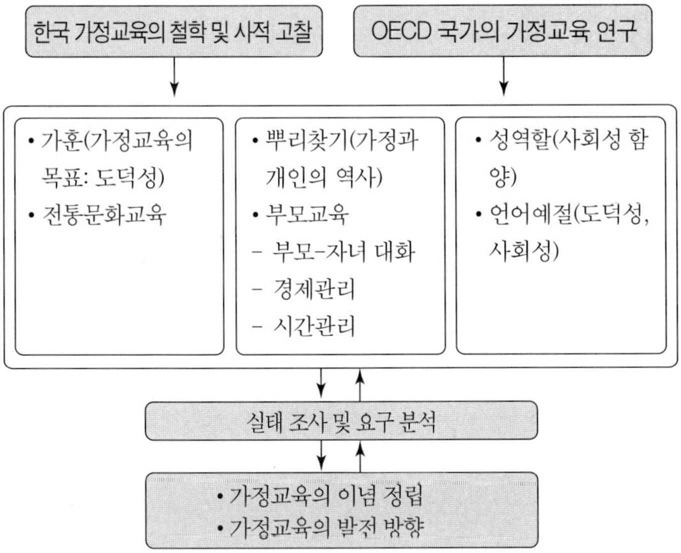

[그림 10-8] 가정 영역 대안교육 연구의 제1단계 연구내용

치관은 학교에서의 가치 학습에 결정적인 영향을 미친다. 셋째는 배움에 대한 의욕을 육성해 주는 일이다. 이런 취지에서 근현대의 가정교육을 사적으로 고찰하여 가정 영역 교육의 가치관 및 이념을 재정립하고 가정 영역 교육의 중요한 기본 내용에 대해 연구한다.

가훈, 한국의 전통가정교육, OECD 국가의 가정교육 실태, 가정 영역 교육 및 부모교육의 요구도, 가정에서의 언어 순화 및 기본예절 교육에 대해 광범위하게 문헌을 고찰하고 이론적 기준을 설정한다. 또한 문헌을 고찰하여 성역할 및 성적 가치관에서의 변화과정과 현 실태에 대해 역사적 접근을 하고, OECD 교육 선진국의 가정교육 실태와 현황에 대해 비교적 관점에서 접근을 한다. 이 연구는 최근 국가적 관심과 연구의 초점이 되고 있는 대안교육에 대한 총체적 실태를 분석하여 대안교육의 발전방향 모색과 가정 영역 교육의 발전 방향에도 시사점을 줄 수 있을 것이다.

(2) 현황조사에 관한 연구과제

① 가훈과 가치관을 통한 가정교육

이 연구주제는 각 가정의 가훈의 유형, 부모와 자녀가 갖고 있는 가정교육에 대한 가치관, 실제 부모가 각 가정에서 이루어지고 있는 가정 영역 교육의 내용 및 방법, 이러한 가정 영역 교육에 대한 자녀의 만족도 간의 관계를 알아보는 데 목적이 있다. 전통적으로 가정에서 전해 내려오는 가치기준에 바탕을 둔 덕목이자 행동규범을 가훈이라고 한다. 가훈은 '가정교훈' 의 준말로서 그 가정의 전체적인 가풍을 의미하며 가족구성원의 모든 행동의 기준이 된다고 한다. 더욱이 개인의 성격 및 인성이 가족구성원 간의 상호작용과 가정의 환경에 의해 형성된다고 할 때 가훈이 인간의 성장과 발달에 미치는 영향은 매우 크다고 할 수 있다. 따라서 현대사회의 가치기준에 의한 가훈은 가족구성원 간의 결속을 강화시켜 주고, 자녀에게 올바른 가치판단 및 행동기준을 제시해 줄 수 있을 것이다.

② 전통문화와 뿌리 찾기 교육

이 연구주제는 전통문화 교육과 뿌리 찾기 교육의 실태와 현황을 조사 · 분석하여 전통문화와 뿌리 찾기 교육의 문제점과 개선방안을 제시하는 데 목적이 있다. 모든 민족에게는 그 민족의 특징을 나타내는 고유한 역사와 문화가 있다. 이러한 역사와 문화는 민족의 전통문화를 구성하는 핵심적인 내용이기 때문에 각 민족의 고유한 특성과 민족의 정체성을 갖게 하는 데 의미가 있는 것이다. 한국의 전통문화 역시 한국의 역사와 한국인의 문화로 구성되어 있기 때문에 우리 민족의 삶과 문화의 독자성과 정체성을 확인하는 데 중요한 의미가 있다.

③ 성역할 이해 및 성교육

이 연구주제는 통합적 대안 교육의 일환으로 성역할 이해 및 성교육의 실태를 조사하고 바람직한 성역할 이해 및 성교육의 이념을 정립하는 데 목적이 있다. 우리 사회는 지난 100년간 전 생활 영역에서 급격한 변화를 경험하였다. 성과 관련된 영역도 예외가 아니다. 성과 관련된 변화에서 특히 주목할 만한 것은 성역할의 변화와 성의 문란 현상을 들 수 있다. 성역할에서의 변화는 최근에 전 사회적으로 증대되고 있는 양성 평등에 대한 요구와 맞물려 중요한 사회적 쟁점이 되고 있다. 또한 성의 개방화와 자유화의 부작용으로 나타난 성의 문란 현상도 시급한 해결을 요하는 중대한 사회적 문제이다. 성과 관련된 이와 같은 문제는 교육과 관련하여 성역할에 대한 올바른 이해와 성교육이라는 중대한 과제를 제기한다.

④ 언어순화 및 기본 예절교육

이 연구주제는 가정 영역의 교육에서 청소년이 사용하는 언어의 순화 교육 및 기본 예절 교육에 대한 실태를 조사하는 데 목적이 있다. 가정 영역의 교육에서 담당해야 할 교육의 기능은 크게 세 가지로 나눌 수 있다. 그중 하나가 사람으로서 지녀야 할 기본 자질을 몸에 익히도록 하는 것이다. 이러한 교육 기능의 주된 방법은 언어교육, 예절교육, 습관교육 등이 있다. 이처럼 가정 영역 교육에서 언어 및 예절교육은 중요한 사항 중의 하나이다. 이러한 부분의 교육은 제도권의 학교교육에서 담당하기에는 어느 정도 한계가 있다. 따라서 대안교육의 일환으로서 가정교육에서 필히 담당해 주어야 할 부분이다. 그러나 단지 가정 영역의 교육에서 담당해야 한다는 논리만으로는 부족하며, 좀 더 면밀하고 엄정한, 나아가 지원 체제로서의 프로그램 개발과 구축이 필요하다. 이 연구주제에서는 언어순화 및 기본예절 교육의 프로그램 개발을 위한 사전 작업으로서 언어순화 및 예절교육의 실태를 면밀히 검토하는 작업을 하게 될 것이다.

⑤ 한국 가정교육의 철학 및 사적 고찰

이 연구주제는 한국에서의 가정교육이 역사적으로 어떻게 이루어져 왔는가를 개관하여 전통 가정교육의 철학 및 내용을 고찰하는 것이다. 이로써 현대사회에서 필요한 가정교육의 역할회복과 함께 참된 인간상의 형성이라는 교육적 목표설정의 이론적 · 실천적 근거를 마련하고, 앞으로 한국의 가정교육이 나아갈 방향을 찾는 데 목적이 있다.

근래 사회적으로 만연하고 있는 반인륜적 사건을 보면, 우리 사회는 정신적 빈곤으로 인해 심한 도덕 불감증에 빠져 있으며, 이에 대한 근본 원인은 가정교육의 부재에 있음을 발견하게 된다. 인간이 무엇이 옳고 그른지를 알 수 있는 능력은 가정교육을 통해 그 근본이 길러진다. 학교에 취학하기 이전부터 실시되고 아울러 학교교육과 병행하여 이루어지는 가정교육은 한 개인의 인격과 가치관 형성에 매우 중요한 역할을 한다. 이러한 가정교육이 학교교육과 사회교육으로 자연스럽게 확대될 때, 교육의 효과는 두드러진다. 교육의 근본으로서 가정교육의 중요성을 인식하고 가정에서의 교육방향을 설정하여 성장하는 자녀를 올바른 사람으로 키우는 것은 교육정책에서 기본적으로 추구하여야 할 부분이다.

⑥ OECD 국가의 가정교육 형태 연구

이 연구주제는 OECD 국가의 가정교육에 대한 이론적 고찰과 비교연구를 통해 대안교육의 새로운 프로그램 모델을 적용하여 기존의 가정교육 문제점을 해결하고, OECD 국가의 가정교육이 개인, 지역사회, 국가에 어떤 영향을 미쳤는지를 비교 · 분석하는 데 목적이 있다.

OECD 국가 중 특히 한국과 일본은 과거 100년 동안 정부 또는 교육단체 주관하에, 학교교육 제도가 단지 부국강병, 군인, 생산자 등을 육성하기 위한 투입-산출 형식의 프로그램 개발에 중심을 두고 있다. 그러나 세계화, 고도 정보사회화, 세대구조 변화 등의 내 · 외적 급속한 환경 변화에 의해 기존의 제도권적 교육 체제를 더 이상 가정교육에 적용할 수 없게 되었다. 인간은 '평생학습 체제를 통하여 발달하는 존재' 라고 할 때 본질적으로 가정교육은 개인과 사회의 관계, 다시 말해서 공동협력체에 의해 수행된다. 그러므로 참가하는 교육협력 체제의 필요성이 제기된다.

3) 가정 영역 대안교육 프로그램 개발

(1) 프로그램 개발의 개요와 방향

가정영역 대안교육의 제2단계 연구는 제1단계 연구결과인 가정교육의 이념과 가정 영역 교육의 내용을 바탕으로, 우리나라와 OECD 국가의 실태조사를 통해 통합적인 대안교육의 가정교육의 주제별 교육 프로그램을 개발하는 데 목적이 있다.

최근 우리 사회가 하루가 다르게 복잡해지고, 치열한 경쟁 속에서 점차 개인주의화됨에 따라 개인은 점점 더 많은 소외감과 정신적 스트레스에 시달리고 있다. 또한 맞벌이 부부가 증가하고 자녀도 학교나 학원 등에 머무르는 시간이 많아지면서 가족구성원이 함께 모이는 시간이 점차 감소하고 있다. 더구나 인터넷이 발달하면서 가정 내에서도 함께 모이기보다는 각자 흩어져 자기만의 시간을 보내는 경우가 많아졌다. 이로 인해 가족구성원 간의 상호작용이 줄어들게 되고 결국 외형적으로는 가정의 구조를 유지하고 있지만 내면적으로는 작은 위기에도 적응하지 못하는 가정이 증가하고 있다. 그러나 가정은 자녀에게는 생활의 장일뿐만 아니라 가장 친밀한 교육의 장이다. 이곳에서 자녀가 기본적인 인성을 형성한다는 점을 고려해 볼 때 부모와 자녀가 서로를 더 잘 이해하고, 함께할 수 있는 시간을 증가시킬 필요가 있다. 가정교육이 성공적으로 이루어지려면 부모와 자녀 상호 간의 양방향적인 관점에서 실천이 이루어져야 되므로 이를 위한 한 대안으로 부모와 자녀가 함께하는 가정 영역 교육 프로그램이 필요하다고 본다.

지금까지 여러 가지 다양하고 구체적인 가정 영역 교육 모델이 존재하였고 실행되었으나 한국인의 정서와 특성에 맞지 않는 것이 많아 뿌리를 내릴 수 없었다. 또한 부모교육의 부재로 부모는 자녀에게 맹목적인 사랑과 물질적 풍요를 제공하며 공부와 사회적 성공을 지나치게 강조함으로써 부모역할에 문제를 가져왔다. 자녀를 지나치게 자기 의도대로 키우려는 집착 때문에 자녀를 의존적으로 만들고 책임 있는 성인으로 자라는 데 어려움을 겪게 하고 있다. 또한 온전한 사람으로 양육하기보다는 지식이 많은 사람을 성장시키는 데만 힘을 기울여 가정에서 부모-자녀 간의 대화가 점점 단절되어 가고 있다. 이러한 현상으로 우리는 가정교육에서 부모가 실제 행동으로 보여 주는 실천이 얼마나 중요한지를 새삼 인식할 수 있다.

제2단계 연구내용은 통합적 대안교육의 가정 영역 교육으로 제1단계 가정교육 이념의 변천, 가정 영역 교육의 내용, 우리나라와 여러 교육 선진국의 가정교육에 대한 실태조사를 통해 얻은 우리나라 가정 영역 교육의 방향을 기초로 하고 있다. 설정된 우리나라 가정 영역 교육의 방향성을 기초로 실제 가정교육에 적용할 수 있는 가정 영역의 주제별 교육 프로그램을 개발 · 시행하는 것이 제2단계 구체적인 연구내용이다.

가정 영역 교육에서 필요한 내용은 크게 언어, 예절, 습관을 중심으로 한 기본 자질 교육, 도덕 등의 가치관 교육, 배움의 욕구를 조장시키는 교육으로 나눌 수 있다. 이러한 내용을 가정이라는 환경 내에서 실행하는 데 도움을 주기 위한 교육용 프로그램으로 전통문화와 가훈 및 가정문화 계승을 통한 교육 프로그램, 뿌리찾기 교육 프로그램, 성역할 이해 및 성교육 프로그램, 언어순화 및 기본예절 교육 프로그램, 부모교육 프로그램 등을 개발하고 교육 인프라 및 사이버 대안학교 등의 가정 영역 지원 체제를 구축한다. 다음은 가정교육 영역의 연구의 제2단계 연구내용의 개요이다.

제2단계에서는 전통문화와 가훈 및 가정문화 계승을 통한 프로그램, 뿌리 찾기 교육프로그램, 성역할 이해 및 성교육 프로그램, 언어순화 및 기본예절 교육 프로그램, 부모 교육 프로그램을 개발하고 대안교육의 지원 체제 네트워크를 구축한다. 이를 위해 이들과 관련이 있는 프로그램과 이에 대한 문헌을 인터넷이나 도서관을 통해서 광범위하게 수집하여 그 내용이 가진 이론적 구조를 파악한다. 가정교육 영역의 제2단계 연구는 최근 국가적 관심과 연구의 초점이 되고 있는 대안교육 프로그램에 대한 총체적 실태를 분

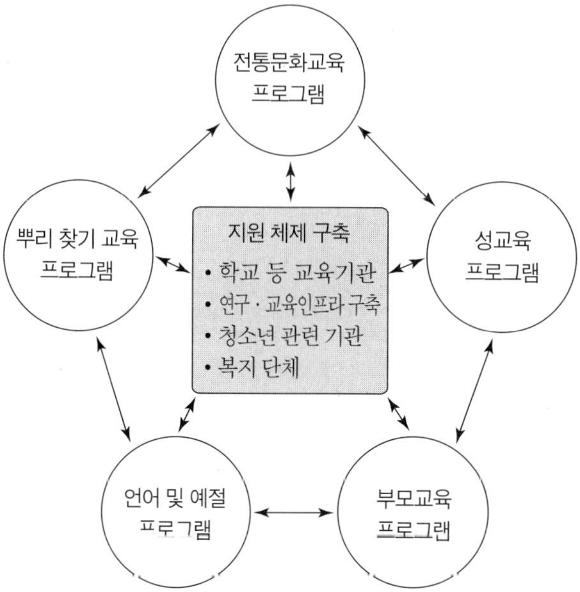

[그림 10-9] 가정 영역 대안교육 연구의 제2단계 연구내용

석할 수 있는 기회를 제공한다. 아울러 개발된 이 연구의 각종 가정교육 프로그램은 교육공동체적 접근을 위한 도구로서 활용될 수 있을 것이다.

(2) 프로그램 개발에 관한 연구과제

가정 영역의 제2단계 연구는 대안교육 프로그램 개발에 관한 연구주제로 구성된다. 모두 6개의 연구주제로서 전통문화와 가훈 및 가정문화 계승을 통한 교육 프로그램, 뿌리 찾기 교육 프로그램, 성역할 이해 및 성교육 프로그램, 언어순화 및 기본예절 교육 프로그램, 부모-자녀 교육 프로그램, 가정 영역 대안교육 지원 체제 구축이 있다. 이들 각각의 세부 연구 수행 내용은 다음과 같다.

① 전통문화와 가훈 및 가정문화 계승을 통한 교육 프로그램

이 연구주제는 부모, 자녀 및 부모와 자녀가 함께 상호 작용할 수 있는

전통문화와 가훈 가정문화의 계승을 통한 교육 프로그램을 개발 · 실시하는 것이다. 그럼으로써 공교육이나 사회교육에서 다루어지지 못하는 개별 가정의 가훈 및 가정문화 계승에 도움을 주는 데 목적이 있다. 뿐만 아니라 현대 사회에서 문제시되고 있는 가족구성원의 개별화와 소외, 개인주의 등의 문제를 해결하고 좀 더 응집력 있고 적응력 있는 가정을 유지하도록 도움을 주고자 한다.

가정 영역 교육 프로그램 중에서도 전통문화와 가훈, 가정문화의 계승을 통한 교육 프로그램은 전통문화의 체험과 이해를 통해 우리 선조가 가진 가정교육관과 가치관을 이해하는 데 도움을 줄 수 있다. 또한 전통에 대한 이러한 이해는 이를 현대 가정에 적합하게 재 적용하는 데 도움을 주어 가치관 혼란 시대에 사는 우리에게 나아갈 새로운 가치기준과 지표를 제시해 줄 수 있을 것이다.

② 뿌리 찾기 교육 프로그램

이 연구주제는 학교나 사회교육기관에서 학생과 일반인에게 실시할 수 있는 다양한 뿌리 찾기 교육의 프로그램을 개발하는 데 목적이 있다. 한국인에게는 어느 민족 못지않은 창의적이고 우수한 전통문화가 있다. 현재 한국 사회의 당면문제는 경제적인 문제라고 생각할 수도 있지만, 그러한 경제적인 분야의 경쟁력 역시 장기적인 관점에서는 정신적인 힘인 문화와 사고방식, 행동양식에서 생기는 것이다.

헌법 제9조에는 “국가는 전통문화의 계승발전과 민족 문화를 창달할 의무가 있다.”라는 조항이 있는데, 지금까지 이루어진 전통문화의 계승과 발전은 주로 문학과 예술 등에 초점을 두고 이루어졌다. 이러한 점 때문에 전통문화에 대한 계승은 일부 전문가나 소수의 전승자의 일로 간주되었다. 전통문화는 오랫동안 우리 조상이 이 땅 위에서 생활해 온 정신적 자세와 생활자취를 종합한 것이다. 그러므로 조상의 정신세계와 삶의 양식에 대해 대부분의 사람이 접할 수 있고, 생각해 볼 수 있는 기회를 제공하는 교육이 필요하다. 전통문화에 대해 체험할 수 있는 주제를 제시하면 〈표 10-3〉과 같다.

표 10-3 전통문화 체험주제

주제	비고
전통문화의 기초적 이해	-
전통 복식문화와 음식문화	체험중심 프로그램
전통 가옥과 주거문화	체험중심 프로그램
전통 생활도구(생산도구, 생활도구)	체험중심 프로그램
전통 사회의 의례(관혼상제)	-
전통 사회의 세시풍속	놀이중심 프로그램
전통 생활과 토속신앙	-
전통 민간의 이야기(설화와 민담)	-
전통 민간의 노래(민요와 동요)	놀이 중심 프로그램
전통 민속극(마당극, 판소리)	관람 및 체험중심 프로그램
전통 가족사회문화(호칭, 족보)	-
전통 놀이문화	체험중심 프로그램
민족의 뿌리 찾기 프로그램	-
나의 뿌리 찾기 프로그램	-

③ 성역할 이해 및 성교육 프로그램

이 연구주제는 제1단계 연구에서 정립된 성역할 이해 및 성교육의 이념을 바탕으로 사춘기를 전후한 생식기 구조의 변화와 성반응을 올바르게 이해시키는 데 목적이 있다. 또한 이 연구는 성에 대한 편견과 오해를 예방하고 건정한 성역할 이해와 성지식을 가질 수 있는 프로그램을 개발하여 대안교육의 일환으로 가정교육에서 활용할 수 있도록 하는 데도 목적이 있다.

인간의 사회화 과정 중 성역할에 대한 이해는 성정체감을 확립하고 성역할을 확립하는 데 매우 중요한 과제이다. 초기 아동기인 만 3세경의 아동은 본격적으로 자신의 주된 성역할을 이해하고 배우기 시작한다. 학령기 아동은 이런 성역할을 실제 장면에서 수행하게 된다. 사춘기를 포함하는 청소년기에 청소년은 자아의 확립과 함께 성역할과 성에 대한 관심이 증가하게 된다. 따라서 성교육의 내용이나 방법 등은 인간의 발달단계에 따라 분명 달라져야 하고, 이러한 과정에서 부모는 가정 내에서 자녀에게 시기에 적합한 성교육을 실시해야만 한다. 실제 행동으로 보여 줌으로써 성역할에 대한 올바른 이해를 도와주고 또 부모, 자녀가 성역할에 대한 견해를 함께 공유하여 자녀가 일관성 있는 올바른 성역할을 갖도록 도와주어야 한다.

④ 언어순화 및 기본예절 교육 프로그램

이 연구주제는 제1단계 연구 과제의 연구내용을 통해 언어순화 및 기본예절 교육 프로그램을 개발하는 데 목적이 있다. 언어순화 및 기본예절 교육에 대한 실태 분석 연구내용을 바탕으로 한 가정 영역에서의 교육은 다시 일정한 프로그램을 통해 장기적으로 수행될 필요가 있다. 특히 가정 영역에서의 교육은 학교 영역에서와 같이 교육적 행위나 형태가 규제적이거나 체계적이지 못하다. 따라서 교육 프로그램의 구축이 무엇보다도 요구된다. 이 연구주제에서는 가정 영역 교육에서 중요한 언어 및 예절교육의 공조적 프로그램을 개발하고 이것을 통해 정규교육에로의 지원 체제 또는 다른 영역의 대안교육의 지원 체제 구축 모형을 개발한다.

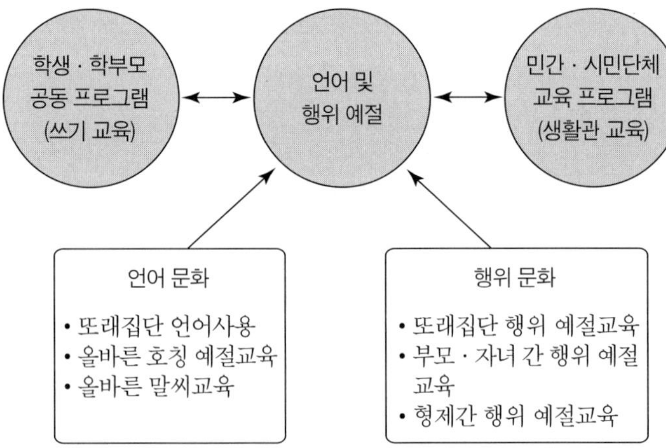

[그림 10-10] 언어 순화 및 예절교육 프로그램 개요

이 연구주제에서 기획하는 프로그램은 궁극적으로 언어순화 영역과 예절 영역의 공조적 형태이다. 그리고 이것이 다른 대안교육 형태에 지원 체제를 갖도록 하는 것이다. 이를 간략히 도식화하면 앞의 [그림 10-10]과 같다.

⑤ 부모-자녀 교육 프로그램

이 연구주제는 제1단계의 가정교육 실천 덕목을 중심으로 부모-자녀 관계를 향상시킬 수 있는 프로그램을 모색하는 데 목적이 있다. 오늘날 가정과 사회가 엄청나게 변화하였고 현대사회가 지향해야 할 인간상이 정립되지 못한 상황에서 전통적인 것도 현대적인 것도 마련되지 못한 채 가정영역 교육은 도외시되어 왔다. 자녀의 가정교육 기능은 시대와 문화가 바뀌어도 다른 기관에서 대신해 줄 수 없는 가정교육의 핵심 부분이라고 할 수 있다. 이 시점에서 새 시대에 부응하는 대안적 가정 영역 교육의 기초를 위한 의도적 노력과 가정 영역 교육에 대한 가치의 전환 및 이를 실천할 수 있는 가정교육의 방안이 필요하다.

⑥ 가정 영역 대안교육 지원 체제 구축

이 연구주제는 대안교육 가정 영역의 적극적이면서 허용 가능한 지원 체제 네트워크 구축에 초점을 두고 선행연구 고찰 및 설문조사 등을 이용하여 분석, 현시점에 적합한 대안교육 가정 영역의 지원 체제 네트워크 구축을 위한 적극적인 활용방안을 제시하는 데 목적이 있다.

오늘날 급속한 세계화, 고도 정보사회 등에 따른 대안교육의 수직·수평적 통합운영, 관리방침의 일환으로서 가정 영역에서의 지원 체제 활동과 이에 따른 가정, 학교, 지역사회 네트워크 구축의 필요성이 절실하게 요구되고 있다. 그동안 한국 대안교육의 지원 체제 양상을 살펴보면, 주로 교육공급자, 수요자 간의 경제적 부담 차이와 정부예산의 비효율적 편성과 운영, 이용시설 및 대상제한 등 적지 않은 문제점이 지적되고 있다.

4. 사회 영역의 통합적 대안교육 모색

이번 절에서는 통합적 대안교육의 총론적 구상을 사회교육 영역으로 한정하여 어떤 현황을 수집하고 분석해야 하는지, 어떤 방향의 연구를 모색해야 하는지를 논의할 것이다. 이번 절에서 제안하는 연구는 학교 · 가정 · 사회라는 세 영역의 통합적 대안교육 체제를 정립하기 위해 기존의 대안교육의 실태를 분석하고, 사회교육을 중심으로 하는 가정과 학교와의 교육공동체적 협동중심의 통합 대안교육 체제를 구축하는 데 목적이 있다.

사회 영역의 대안교육 연구는 통합적 대안교육 체제를 정립하기 위해 기존의 사회 영역 교육의 실태를 분석한다. 그리고 사회 영역 교육을 중심으로 하는 가정, 학교교육 공동체의 협동적 통합 대안교육 체제를 구축하고자 한다. 이 연구는 기존의 소극적 의미의 대안교육에서 출발하여 학교-가정-사회의 협동적 노력을 포괄하는 확장된 개념으로 적극적 대안교육체제를 정립 발전시키기 위한 노력의 일환이 될 것이다.

사회교육 영역의 대안교육 연구는 학교 영역, 가정 영역과 연계하여 사회 영역 교육의 실태 분석과 교육 프로그램의 개발에 관한 것이다. 이 연구가 사회교육 영역에 관한 것이기 때문에 자칫 '사회교육' 이라는 용어를 사용할 수도 있다. 그러나 1999년 8월 31일 「사회교육법」을 폐지하고 「평생교육법」이 제정 · 공포되었다. 여기서 평생교육은 학교교육을 제외한 모든 형태의 조직적인 교육활동(제2조)을 말한다. 따라서 사회교육이라는 용어 대신 평생교육이라는 용어가 사용되어야 한다. 그러나 이 연구에서 의도하는 사회 영역 교육은 기존의 평생교육이라는 용어의 의미와 유사하기는 하나 동일하지는 않다. 따라서 연구의 진행상 평생교육과의 차이점이 부각될 때만 평생교육이라는 용어를 사용한다.

1) 사회 영역 대안교육의 가능성

우리나라는 근현대에 들어 자녀교육을 학교에 크게 의존해 왔다. 교육의 세 주체가 학교, 가정, 사회라고 볼 때, 우리나라 교육은 학교교육에 교육의 모든 책임을 전가하고 있다고 해도 과언이 아니다. 그러나 21세기 지식이 폭발적으로 증가하고 급격히 변화하는 지식기반사회를 맞아 더 이상 학교교육에만 의존할 수 없는 상황이다. 또한 학교, 가정, 사회의 세 주체의 교육공동체적 교육의 역할분담이 이루어져야 할 형편이다. 학교교육은 많은 한계점을 내포하고 있다. 그동안의 양적 팽창에 따른 과밀학급과 개별화 교육 부실 및 획일적 교육, 출세 위주의 문화에서 입시를 위한 암기식 수업 등으로 피교육자의 자발성이나 창의성, 사회성, 도덕성 함양에 사회 여건상 여러 한계점을 드러내고 있다.

이에 따라 국가에서는 헌법 제31조에 "국가는 평생교육(법규적 의미로는 사회 영역의 교육을 의미)을 진흥해야 한다."라고 규정함으로써 한국 교육이 나가야 할 방향을 제시하고 있다. 학습 기회를 계획적으로 제공해야 한다는 평생교육(life-long education) 개념이 대두된 후 그 개념이 현재에까지 이어지고 있다. 이렇게 볼 때 평생교육이란 지식기반 사회에서의 교육적 대안이라고 할 수 있다. 우리나라의 1995년 5·31 교육개혁이나 1997년 12월 「교육기본법」에서의 제3조(모든 국민은 평생에 걸쳐 학습하고, 능력과 적성에 따라 교육받을 권리를 가진다.)는 바로 이러한 평생 교육의 개념을 반영한 것이다.

이러한 한국 사회 및 세계적 추세에 발맞추어 한국의 사회 영역 교육에 대한 체계적인 연구가 요구되고 있다. 사회 영역의 교육의 진흥을 위해 1999년 「평생교육법」이 제정되면서 사회 영역의 교육 체제가 이루어지고 있다고 볼 수 있다. 각종 사회 영역 교육기관으로서 학교형태나 학교부설의 시설, 고등교육수준의 평생교육시설, 사업장·언론기관·시민단체부설, 지식 · 인력개발사업 관련 시설교육 등 교육기관이 확대되어 가고 있다.

이에 정부는 사회 영역 교육을 담당할 교육부의 평생교육국, 한국교육개발원의 평생교육센터, 시 · 도교육청산하 지역평생교육센터, 지역학습관 등을 설립하여 평생교육 체제를 정착하려고 한다. 그러나 평생교육시설이 확대되면서 현재 사회 영역의 교육이 어떻게 구체적으로 이루어지고 있는가에 대한 연구는 매우 미흡하다. 이는 평생교육이 최근 강조되고 도입된 지 얼마 되지 않은 데 기인한다. 그러므로 가정과 학교교육의 연계를 통해 서로 보완할 수 있는 체제로서 발전되어 갈 수 있는 대책이 요구된다. 이것이 지금 도입되고 있는 사회 영역 교육에 발전방향을 제시해 줄 수 있기 때문이다. 따라서 사회교육 영역의 대안교육 연구는 사회 영역 교육단체에 대한 철학 및 사적 고찰과 실태 분석(제1단계)을 통해 사회 영역 교육 프로그램의 개발(제2단계)을 할 것이다.

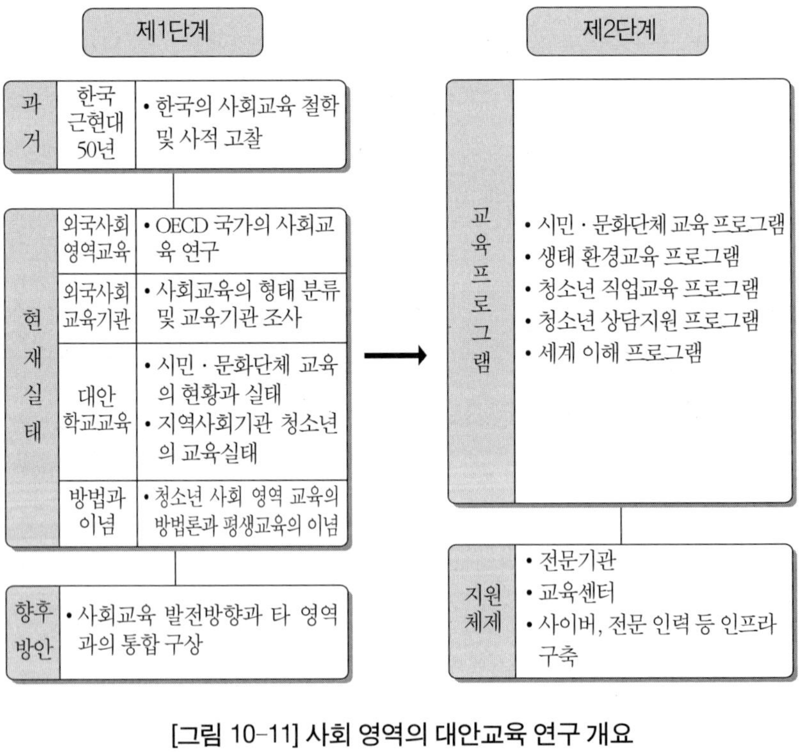

[그림 10-11] 사회 영역의 대안교육 연구 개요

이와 같은 실태 분석과 효율적이고 다양한 프로그램의 개발을 통해 사회 영역 교육의 개념을 명확히 하며, 이러한 개념의 확대는 학교 영역 대안교육 연구, 가정 영역 대안교육 연구와 공조적으로 통합될 것이다. 그럼으로써 궁극적으로 세 영역이 통합되는 대안교육 체제를 이루어 나갈 것이다. 학교 영역 대안교육의 제2단계 연구내용은 사회 영역 교육에 적용할 수 있는 통합적 대안교육을 위한 각종 프로그램을 개발로서 앞의 [그림 10-11]과 같이 도식화하여 제시할 수 있다.

이 연구는 최근 국가적 관심과 연구의 초점이 되고 있는 사회 영역 교육에 대한 총체적 실태를 분석하여 사회 영역 교육의 발전방향 모색에 시사점을 줄 수 있을 것이다.

2) 사회 영역 대안교육의 현황조사

(1) 현황조사의 개요와 방향

사회 영역 대안교육 연구의 제1단계 연구는 사회 영역 대안교육의 실태를 분석하는 데 목적이 있다. 사회 영역에서의 대안교육은 사회적 배경에서 볼 때, 과학기술의 발전에 따른 지식, 정보의 확대, 직업구조의 변화, 생활의 변화와 여가 증대, 교육 기회의 다양성 등에 의해 요구된다. 이러한 대안교육은 지적 전문인 양성, 사회 적응력 향상, 직업 훈련 기회 제공, 학교교육의 보완적 체제, 민주시민 등 우리가 의도하는 창의적 · 도덕적 · 사회적 인간 양성을 위한 것이다. 사회 영역에 속하는 각종 교육기관은 이러한 요인을 중점으로 교육목표가 설정되고 프로그램이 운영되어야 한다.

한국은 교육기관으로서 정규 학교교육기관과 사회 영역 교육기관(평생교육기관)으로 두 부류로 나누어 평생교육을 진흥시키고 있다. 이러한 국가적 사회 영역 교육이 국가의 핵심 정책으로 대두됨에 따라 사회 영역 교육기관으로 다양한 교육기관이 설립 · 운영되고 있다. 그러나 기관 설립의 다양화와 수의 확대에 비해 운영 실태에 대한 종합적인 정보제공 체제가 구축되어 있지 않으며, 실태분석이 미흡하여 국가 단위의 체계적인 관리가 이루어지고 있지 않다.

이러한 작금의 실태에서 무엇보다도 사회 영역 교육실태를 기관별로 분석하고 더욱 효과적으로 운영할 수 있는 연구가 시급하다. 또한 무엇보다 충분한 지원체제가 구축되어야 한다. 이 목적을 달성하기 위한 세부 내용을 시간 축을 기준으로 하여 질문 형식으로 제시하면 크게 다음과 같이 세 부분으로 나눌 수 있다.

첫째, 과거의 실태로서, 한국 사회교육의 철학 및 사적인 변화는 어떠했는가? 둘째, 현재의 실태로서, OECD 국가의 사회교육은 어떠한가, 현행 우리의 사회 교육 형태는 어떻게 분류되며 그 교육기관은 어떤 것이 있는가, 시민 · 문화 단체 교육의 현황은 어떠한가, 지역 사회 기관의 청소년 교육 프로그램 실태는 어떠한가, 청소년 사회 교육의 방법론과 평생교육의 이념은 무엇인가? 셋째, 미래를 위한 방안으로서, 사회 영역 대안교육의 발전방향은 무엇이며, 타 영역과의 통합방안은 무엇인가?

이상의 세 가지 질문에 대해 그 순서를 고려하여 답하는 것은 곧 교육사적 측면에서 사회 영역에서 대안 교육의 실태를 다루는 것이 된다. 첫 번째 질문에 대한 답은 사회 영역 대안교육의 사적 흐름을 찾는 것이다. 두 번째 질문에 대한 답은 사회 영역 대안교육의 전체적 틀 안에서 현재의 사회 영역 대안교육의 실태를 세밀하게 살피는 작업이 된다. 여기에서는 다시 선진 OECD 국가의 사회 영역 교육의 형태를 분석하는데, 이는 우리의 사회 영역 교육 형태와 비교를 위한 것이다. 선진국의 사회 영역 교육 형태는 현재 우리의 사회 영역 교육 형태가 지향할 수 있는 발전방향을 가늠하기 위한 초석이 될 수 있다.

이 연구의 제1단계 연구는 OECD 국가의 사회 영역 교육과 한국 사회 영역 교육의 철학 및 사적 고찰을 통해 사회 영역 교육의 형태 분류 및 교육기관 조사, 시민 · 단체 교육의 현황과 실태, 지역사회기관 청소년의 실태, 사

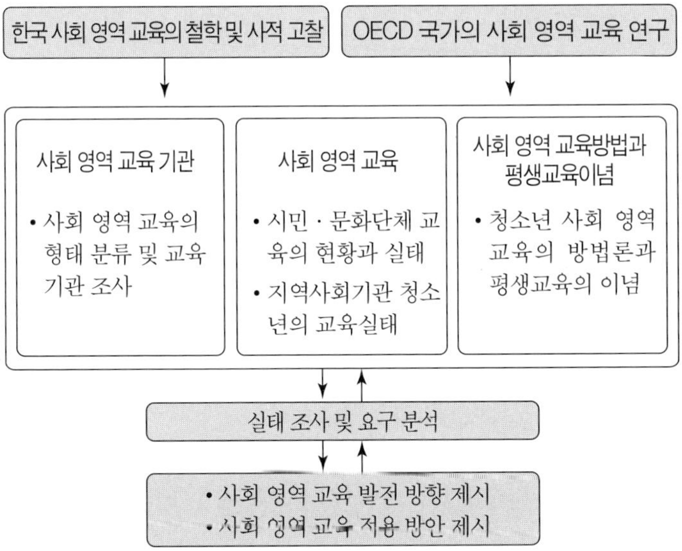

[그림 10-12] 사회 영역 대안교육 연구의 제1단계 연구내용

회 영역 교육 방법과 평생교육이념에 대한 조사 분석을 대상으로 한다. 연구 수행 내용을 도식화하면 [그림 10-12]와 같다.

구체적인 내용으로는 첫째, 한국 사회 영역 교육의 철학 및 사적 고찰을 통해 그동안 한국에서의 대안교육의 발전과정을 분석한다. 이 부분에서는 사회 영역 교육철학의 변화, 사회 영역 교육법규의 변화, 사회 영역 교육기관의 유형별 변화 등을 연구 내용으로 한다. 둘째, OECD 교육 선진국의 사회 영역 교육에 대한 실태 조사가 이루어진다. 여기에는 OECD 국가의 교육형태, 프로그램의 특성에 대한 조사와 분석을 연구내용으로 한다. 셋째, 사회 영역 교육기관에 대한 실태 조사가 이루어진다. 여기에서는 사회 영역 교육기관 분류 및 기준 설정 문제, 사회 영역 교육기관의 운영 실태와 문제점, 사회 영역 교육기관에 참여하는 학습자의 인식과 요구 조사를 연구내용으로 한다. 넷째, 시민 · 문화 단체의 교육형태와 지역사회기관의 청소년 교육실태가 다루어진다. 여기에서는 지역사회기관의 청소년 교육형태를 분류하고, 지역사회기관의 청소년 실태 분석을 연구내용으로 한다.

또한 시민단체와 문화단체의 개념을 규정하고 이에 합당한 단체를 조사하여, 각 단체의 교육 프로그램의 운영실태를 조사하는 것을 연구내용으로 한다. 청소년 사회교육의 방법론과 평생교육의 이념이 다루어진다. 여기에서는 청소년 평생교육 차원에서 지식 편중의 학교교육이 가진 문제점을 극복하기 위한 방안을 도출하고, 그 실태와 청소년의 요구를 파악하는 것을 연구내용으로 한다.

(2) 현황조사에 관한 연구과제

사회 영역의 제1단계 연구는 대안교육 현황조사에 관한 연구주제로 구성된다. 모두 6개의 연구주제로서 시민문화단체 교육의 실태, 지역사회기관 청소년 교육실태, 사회교육의 형태 분류 및 사회교육기관 조사, 청소년 사회교육의 방법론과 평생교육의 이념, 한국 사회교육의 철학 및 사적 고찰, OECD 국가의 사회교육 형태 연구가 있다. 이들 각각의 세부 연구 수행 내용에 대해서는 다음과 같이 제시된다.

① 시민 · 문화 단체 교육의 실태

이 연구주제는 시민 · 문화 단체의 교육 실태를 분석하여 발전 방향을 모색하는 데 목적이 있다. 일반적으로 시민단체는 시민이 모여서 조직한 단체로 각종 현안에 대한 입장을 표명하는 단체를 의미하고, 문화단체는 문화예술운동의 성과를 대중화하여 문화인 양성을 목적으로 하는 단체를 의미한다. 시민단체는 이 단체가 목표로 하는 어떤 사안에 대해 '개인' 이 아니라 '단체' 로서 권익을 보호 · 주장하고 법적인 분쟁에 대응하는 역할을 한다. 이런 시민단체는 공익이나 사회 정의를 위한 해결 방안을 추구하고 정치권에 대한 감시와 견제를 목적으로 하고 있다.

② 지역사회기관 청소년 교육실태

이 연구주제는 지역사회의 각 기관에서 행하고 있는 청소년 교육이 어떻게 수행되고 있는지에 대한 포괄적인 실태조사를 하는 데 주된 목적이 있다. 요즘 우리 청소년의 생활이 학교에서 끝난다고 해도 과언이 아닐 정도다. 24시간 가운데 최소 10시간, 심지어 15시간 이상을 학교라는 울타리 속에서 보낸다. 이들에게 학교교육은 자아실현을 위한 것이거나 진리탐구의 희열을 맛보기 위한 것이 아니다. 또한 사회 적응력을 높이기 위한 것이거나 즐거운 경험을 위한 것도 아니다. 단지 학교성적을 높여 다른 많은 경쟁자를 물리치고 우수한 대학에 진학하기 위한 수단일 뿐이다.

이러한 상황에서 학교는 더 이상 자신들의 잠재력과 가치를 실현시켜 주는 교육의 장이 되지 못할 뿐만 아니라 즐겁고 보람 있는 생활공간으로 인식되지 못하고 있다. 기초학습의 부족과 학습결손의 누적현상으로 인하여 학교공부에 흥미와 의욕을 상실한 학생, 성석에 내한 부모의 지나친 기대에 부응하지 못함으로써 시험불안을 겪고 있는 학생, 또래 및 선후배와의 부적절한 관계로 인해 학교 가기가 무서운 학생에게 학교는 그들의 심리적 고통을 가중시켜 주는 장소에 불과하다.

학교에서의 부적응은 그들의 학교생활뿐만 아니라 학교 밖의 사회생활과 성인기 준비과정에도 매우 부정적인 영향을 미친다. 이에 정부와 각 지방자치단체는 비록 일부이기는 하지만, 최근 건전한 청소년 문화 형성과 삶의 질 향상을 위해 다양한 방안을 마련하고 있다. 특히 주 5일 수업(근무)제 확대 실시와 함께 청소년의 여가활동이 증가가 예상되는 시점에서 지역사회기관의 청소년 교육 실태를 점검할 필요가 있다.

③ 사회 영역 교육의 형태 분류 및 교육기관 조사

이 연구주제는 사회 영역 교육이 어떠한 형태로 분류되고 있는지, 교육기관에는 어떠한 것이 있는지에 대한 실제적인 실태 조사를 하는 데 목적이 있다. 정보화, 지식기반사회에 대응하기 위해서 국민의 평생교육 요구에 부응하는 평생학습 체제를 구축하는 일이 매우 중요한 과제로 대두되고 있다. 이러한 평생학습 체제 구축을 위해서는 현재 평생교육의 운영 주체가 되고 있는 사회 영역 교육기관의 운영 실태와 문제점을 분석하여, 이에 기초한 평생교육 발전 방안을 마련해야 한다.

평생교육기관의 실태를 파악할 수 있는 『평생교육기관편람』은 1998년도에 발간되어 현 시점에 맞는 종합적인 평생교육 정보를 제공하는 데 한계가 있다. 또한 2000년에 공포된 「평생교육법」 시행 이후의 평생교육기관에 대한 실태 조사에 근거한 평생교육기관 데이터베이스가 구축되지 않아, 국민에 대한 평생교육 정보 제공 및 평생교육 정책 수립에 어려움이 많다. 따라서 이 연구주제에서는 국민에 대한 평생교육 정보 제공 및 평생교육 정책 수립을 위한 기초 자료 제공을 목적으로 평생교육 운영 주체인 사회 영역 교육기관의 실태와 문제점, 평생교육 참여자의 인식과 요구를 종합적으로 분석한다.

④ 청소년 사회 영역 교육의 방법론과 평생교육의 이념

이 연구주제는 청소년 대상의 평생교육적 차원에서 지식 편중의 학교교육 내용과 방법을 극복할 수 있는 다양한 사회 영역 교육방법을 검토하고 그 실태 및 요구를 진단하는 데 목적이 있다. 지난 근대 50년의 교육 발전과정을 통하여 우리나라 청소년의 교육 참여율은 초·중등 학교교육의 경우 거의 100%로 OECD 주요국 수준인 것으로 나타나고 있다. 근현대 50년간 비약적인 학교교육의 발전을 통하여 청소년에게 교육기회가 확대된 것은 누구도 부인할 수 없는 긍정적인 측면으로 평가해야 할 것이다. 하지만 지금 우리의 과제는 이러한 긍정적인 측면에 안주하는 것이 아닌 21세기에 적합한 새로운 청소년 교육방법을 진단하고 발전시켜 나가는 것이다.

일반적으로 21세기 청소년은 문화적 감성을 지닌 청소년, 과학능력과 정보마인드를 가진 청소년, 봉사와 협력 정신을 가진 청소년, 모험심과 개척정신을 가진 청소년, 전문적 직업능력을 준비하는 청소년, 국제 감각을 가진 청소년 등의 청소년상(교육인적자원부, 1999)이 제시된다. 하지만 지금 우리 학교교육의 지나친 입시 위주의 교육과 지식중심적 교육과정 운영으로는 청소년의 다양한 경험을 통한 이상적인 청소년상을 달성하기에는 미비하다. 이러한 문제를 극복하기 위해서는 학교의 정규 교육과정 이외에 청소년의 건전한 신체 발달, 정의적 발달, 사회성 발달을 위한 다양한 교육 프로그램을 평생교육적 차원에서 제공해야 한다.

⑤ 한국 사회 영역 교육의 철학 및 사적 고찰

이 연구주제는 한국의 사회교육의 철학 및 역사적 고찰을 통해 현재와 미래의 사회교육의 발전방향을 제시하는 데 목적이 있다. 교육의 세 유형은 가정교육, 학교교육, 사회교육이라고 할 수 있다. 교육은 학교·가정·사회의 세 주체기관이 서로 협력하여 교육의 목적달성을 이룰 수 있다. 현대의 교육목적은 창의성, 도덕성, 사회성 함양이다. 학교, 가정과 더불어 사회에서도 보완적 측면의 교육을 수행해야 한다.

20세기 들어와 산업화가 급진전되고 사회의 변화가 가속화되고, 정보의 급진전으로 지식이 폭발적으로 증가하여 어렸을 때 배운 지식이나 정보가 중년에 가서는 낙후되어 버리는 경향이 높아졌다. 랑그랑(P. Lengrand)은 사회 영역의 교육을 평생교육이라는 개념으로 정리함으로써 사회에 대해 영구적인 교육적 장으로 발전시키고 있다. 서구 교육 선진국은 1920년대 평생교육의 영향이 나타나기 시작하였고 1930년대의 초에는 교육개혁을 평생교육의 관점에서 추진하려는 경향이 높아졌다. 이에 따라 정규 학교교육의 한계를 인식하고 한국에서는 1999년 「사회교육법」이 「평생교육법」으로 개정되었다. 이 연구주제는 「평생교육법」을 기초로 한국에서 사회 영역 교육내용에 대해 교육철학 및 교육사적 문제를 다룬다.

⑥ OECD 국가의 사회 영역 교육형태 연구

이 연구주제는 OECD 국가가 시행하고 있는 사회교육의 형태와 프로그램을 조사하여, 이것이 우리의 사회교육과 어떠한 점에서 동일하고 다른기를 확인하는 데 목적이 있다. 오늘날 세계는 산업사회에서 정보화 사회로 급속하게 이행되고 있으며, 이러한 정보화에 힘입어 세계화가 가속화되고 있다. 정보혁명으로 세계의 문화와 정보는 급속하게 교류되고 있으며, 이를 통해 세계 간, 지역 간, 계층 간 벽이 허물어지고 불평등을 완화하는 정보 민주주의를 지향하고 있다.

이러한 사회변화에 적응하기 위한 OECD 국가가 지향하는 교육 패러다임도 급속하게 변화하고 있다. 이들은 21세기 정보화 시대의 경쟁력인 '지식기반사회'를 조성하기 위해 총력을 기울이고 있다. 이러한 시점에서 OECD 국가의 사회 영역 교육형태를 파악하는 것은 무엇보다도 필요한 작업이다. OECD 국가가 사용하고 있는 정규 학교교육 외에 사회교육 기관에서 실행하는 교육 프로그램 등을 조사하여 각국의 사회교육 형태를 비교·분석한다. 이러한 연구를 토대로 우리의 사회교육 형태를 점검하고 교육수혜자가 요구하는 교육형태와 프로그램을 진단·예측하여 새로운 사회교육 모형을 제시한다.

3) 사회 영역 대안교육의 프로그램 개발

(1) 프로그램 개발의 개요와 방향

사회 영역 대안교육 프로그램 개발은 제1단계 연구인 사회 영역 대안교육 실태 분석을 토대로 하여, 사회교육기관을 중심으로 학교 영역, 가정 영역과 더불어 수행해야 할 통합적 대안교육 프로그램을 개발하는 데 연구 목적을 둔다. 사회 영역 교육 차원에서의 교육 프로그램은 각 기관마다 다양하다. 예를 들어, 지역사회교육기관의 한 유형인 도서관(대구 소재 중앙도서관 평생교육센터)에서 이루어지는 교육 프로그램을 살펴보면, 무려 130여 종이나 된다. 그러나 현실적으로 각 프로그램이 효율적으로 운영된다고 볼 수는 없다. 한 교육기관의 사정이 그러하다면 지역, 나아가 전국 사회교육 기관의 교육 프로그램은 결국 중첩되고 비효율적인 것이 될 수밖에 없다.

사회교육 영역의 프로그램은 학교교육의 한계를 극복할 수 있는 방향으로서 학습자의 자율성과 자기주도적 학습력을 신장하여 창의성과 사회성 함양에 도움이 되도록 개발되어야 할 것이다. 더불어 프로그램의 수립과 운영은 그에 따르는 효과성이 충분히 전제되어야 한다. 또한 실효성 있는 프로그램 개발을 위해 교육 당사자의 요구를 충분히 반영하고, 교육대상자로 하여금 계속해서 참여하게끔 해야 한다. 또한 홍보를 통한 프로그램의 개설을 알리고 그들의 활용성을 높일 수 있는 측면도 고려되어야 할 것이다. 이런 측면에서 볼 때 1차년도의 연구 내용에 대한 비판과 재검토해 보아야 한다. 이와 함께 그러한 비판과 재검토를 토대로 한 효율적인 교육 프로그램 개발이 필요하다.

제2단계 연구의 방향은 사회교육 영역의 대안교육에서 핵심적인 몇 가지 교육 프로그램을 개발하고, 이것을 통해서 교육 프로그램 개발의 모형과 방향성을 제시하는 것이다. 아울러 이 프로그램들을 데이터베이스화함으로써 정보공유 체제를 만들어 나갈 것이다. 이러한 정보공유 체제는 사회교육의 효율성만을 위한 것이 아니라 다른 영역과의 정보공유 및 데이터베이스화를 통해 거시적인 통합적 대안교육 체제 구축에 일조를 하게 될 것이다. 사회 영역의 교육 프로그램은 교육대상자의 요구를 충족시켜 줄 수 있어야 하며, 나아가 교육대상자를 능동적으로 이끌어 나아갈 수 있는 것이어야 한다.

제2단계 연구내용은 사회 영역 교육의 통합적 대안교육을 실시하기 위하여 사회교육에 적용할 수 있는 각종 프로그램을 개발하는 것이다. 이 연구에서는 창의적이고 사회적이며 도덕적인 인간 육성에 초점을 맞추어 프로그램을 개발한다. 프로그램 개발 연구의 영역은 여섯 가지로 나눌 수 있다. 첫째는 시민·문화단체 교육 프로그램, 둘째는 생태 환경교육 프로그램, 셋째는 청소년 직업교육 프로그램, 넷째는 청소년 상담 지원 프로그램, 다섯째는 세계 이해 프로그램이다. 여섯째는 이들 프로그램을 지원할 수 있는 사회 영역 지원 체제 구축이다. 이상의 여섯 개 연구내용의 연계성을 [그림 10-13]과 같이 도표화할 수 있다.

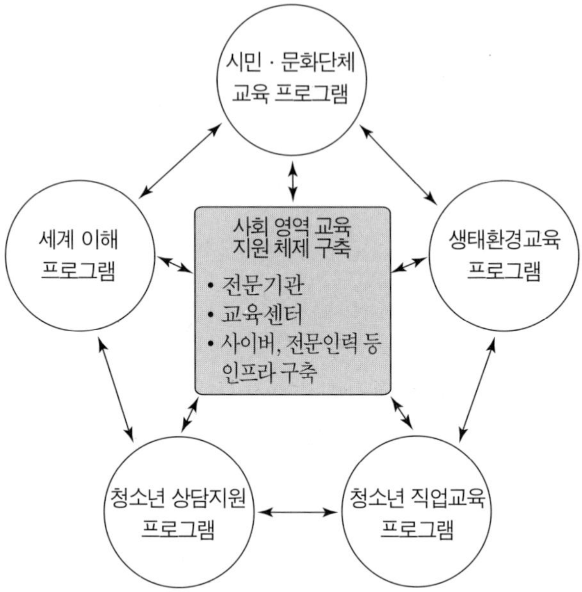

[그림 10-13] 사회 영역 대안교육 연구의 제2단계 연구내용

연구내용을 구체적으로 보면 첫째, 시민 · 문화단체 교육 프로그램 표준형 모형을 개발한다. 여기에서는 특히 운영기간, 운영목적에 따라 수행될 수 있는 교육 프로그램을 개발할 것이다. 둘째, 생태환경교육 프로그램 개발이다. 이 부분에서는 생태환경교육의 개념을 정립하고, 생태환경교육의 사상을 분석한다. 이것을 토대로 궁극적으로 국내 교육문화에 적합한 생태환경교육 프로그램을 개발하게 된다. 셋째, 청소년 직업교육 프로그램 개발이다. 이 부분에서는 다시 크게 직업능력 프로그램과 취업촉진 프로그램 개발로 나누어진다. 전자의 경우는 직업기초 능력을 길러 줄 프로그램, 청소년 직업 교육 훈련의 효율성을 강화할 프로그램, 청소년 직업체험을 실시하는 프로그램을 개발할 것이다. 후자의 경우는 청소년 인턴제 모형 프로그램, 직업 동아리 활성화 프로그램이 개발될 것이다. 넷째, 청소년 상담 프로그램이다. 이 부분에서는 자아정체감 확립 프로그램, 친구 사귀기 훈련 프로그램, 감정 다루기 훈련 프로그램, 자기교시 훈련 프로그램 등이 개

발될 것이다. 다섯째, 세계 이해 프로그램이다. 이 부분에서는 정보공유 프로그램, 국제 행사 참여 프로그램, 비판 및 토론 프로그램 등이 개발될 것이다. 여섯째, 위의 여러 프로그램이 효율적으로 수행될 수 있는 사회 영역 지원 체제 구축이다.

효율적인 프로그램이 많이 개발된다 하여도 그 프로그램들이 원활히 수행되기 위한 지원 체제의 구축은 필수적이다. 따라서 실태 분석 자료의 콘텐츠화를 통한 지원, 사이버공간을 통한 지원, 연수 프로그램을 통한 지원, 재정적 지원, 평생교육사 양성 및 지원 등 다양한 지원 체제가 연구된다. 이와 더불어 수평적 관계의 지원 체제와 수직적 관계의 지원 체제 구안 방안을 모색한다. 수직적 관계라 함은 사회 영역 지원 체제가 다시 각종 사회 영역 교육 프로그램을 적극적으로 지원해 줄 수 있어야 함을 의미한다. 또한 수평적 관계의 지원 체제라 함은 학교 사회 영역 지원 체제가 다시 학교 영역과 가정 영역의 교육 프로그램의 지원 체제가 된다는 것을 말한다. 이러한 지원체제의 구축 방안과 그 실제를 연구내용으로 할 것이다.

(2) 프로그램 개발에 관한 연구과제

사회 영역의 제2단계 연구는 대안교육의 프로그램 개발에 관한 연구주제로 구성된다. 모두 6개의 연구주제로서 시민 · 문화단체 교육 프로그램, 생태환경교육 프로그램, 청소년 직업교육 프로그램, 청소년상담 프로그램, 세계 이해 프로그램, 사회 영역 교육 지원 체제 구축이 있다. 이들 각각의 세부 연구 수행내용은 다음과 같다.

① 시민 · 문화단체 교육 프로그램

이 연구주제는 제1단계에 연구된 시민 · 문화단체 현황과 실태를 종합 분석하여 시민 · 문화단체 교육의 프로그램을 개발하는 데 있다. 시민 · 문화단체는 시민단체, 문화단체, 사회단체 등을 통칭하는 비정부기구인 NGO(non-government organization)을 일컫는다고 할 수 있다. 우리나라의 시민단체는 1980년대 이후 급격히 증가하고 있다. 이 단체는 홍사단이나 YMCA, YWCA 등을 포함하는 각종 단체를 포괄한다. 평생교육시행령에 따르면 교육의 공신력과 실효성을 높이기 위해 시민·문화단체는 회원 수가 300명 이상이 되면 교육 프로그램을 운영할 수 있도록 하고 있다(남정걸, 2002: 285).

② 생태환경교육 프로그램

이 연구주제는 자연의 체험을 통해 자연의 생태와 가치를 일깨우는 생태환경교육 프로그램을 개발하는 데 목적이 있다. 새로운 정부가 들어설 때마다 우리 교육의 문제를 해결하기 위하여 교육개혁을 추진해 왔다. 하지만 몇 해 전까지만 해도 학교교육 문제로 '학교폭력'이니 '왕따'가 자주 등장하더니, 급기야 '교실붕괴' 혹은 '학급붕괴'와 같은 어이없는 이야기를 자주 듣게 되었다. 참여 정부를 거쳐 실용정부로의 변화과정에서도 교육을 바꾸어 보겠다고 하였지만 학교실패, 교실붕괴, 학교이탈과 같은 말을 볼 때 점차 그 강도가 약화될 것으로는 보이지 않는다.

학교생활에 어려움을 지닌 학생들, 즉 부적응 학생을 어떻게 할 것인가? 이에 대하여는 그동안 많은 학자, 교육자, 정책 입안자가 논쟁을 해 왔다. 하지만 부적응 학생의 문제는 오늘날에도 여전히 학교 현장을 떠나지 않고 있다. 따라서 청소년의 삶을 인정하고 그들의 잠재력을 신장시킬 수 있는 전인적 교육이 가장 절실히 요구된다.

③ 청소년 직업교육 프로그램

이 연구주제는 사회교육의 일환으로서 청소년 직업교육의 프로그램을 개발하는 데 목적을 두고 있다. 실업문제 해결과 지식기반 사회에 적합한 인력을 양성하는 일은 선후진국을 막론하고 전 세계의 공통적인 이슈가 되고 있다. 특히 청소년 실업 문제는 더욱 심각한 것으로 이것을 단지 학교교육이라는 제도권에서 담당할 수만은 없다. 따라서 제도권의 학교교육뿐만 아니라 대안적 사회교육에서도 이러한 문제를 담당해야 한다. 이 연구주제는 청소년 직업교육 프로그램 모형을 개발하기 위한 것이다. 그러나 이것이 사회 영역 교육의 문제만은 아니므로 제도권적 청소년 직업교육 프로그램을 기반으로 하되 사회 영역 교육으로서의 청소년 직업교육이 해야 할 방법론과 프로그램을 구안하고 실천적 토대가 되게 하고자 하는 방안을 탐색한다.

④ 청소년 상담 지원 프로그램

이 연구주제는 청소년의 사회성 발달을 위해 청소년의 상담 프로그램을 개발하는 데 목적이 있다. 청소년은 앞으로 한 나라의 미래를 책임질 잠재적인 힘이나. 그러므로 청소년 시기의 지 · 정 · 의의 발달과 그러한 발달을 도울 수 있는 교육의 문제는 장래의 국가적 차원에서나 개개인의 자아실현의 차원에서나 중요하다. 그러나 현 우리나라 실정에서 지살이나 약물복용, 카드 빚, 폭력, 따돌림, 성적 비행, 오락중독 등 청소년의 비행이나 문제는 해가 갈수록 그 양상이 새롭게 늘어나고 있어 사회문제가 되고 있다.

이러한 문제 해결에 지금까지는 가정이나 학교 혹은 사회단체가 분리되어 프로그램을 운영하였으므로 성과가 크지 못했다. 청소년은 학교와 가정, 사회 속에서 성장하고 인지적 · 정서적으로 발달해 간다. 그러므로 학교와 가정, 사회가 함께하는 청소년상담 프로그램이 절실히 요구된다. 이러한 통합적인 청소년상담 프로그램이 운영되어 각 환경에 상호 관련되어 운영될 때 효과를 거둘 수 있을 것이다. 이러한 취지에서 전문직 상담원이 가정과 학교 등과 상호 관련되어 지원 체제를 형성하는 청소년 상담 프로그램을 개발한다.

⑤ 세계 이해 프로그램

이 연구주제는 세계를 이해하고 이것을 통해 지식기반 사회에 적응할 수 있는 세계시민으로서의 역량을 갖추게 할 각종 프로그램을 개발하는 데 목적이 있다. 현대의 세계화는 인간 사회를 형성하는 하나의 축이다. 따라서 현대를 살아가고 사회적 인간이 되는 데에는 세계의 조류를 이해하고 이에 적응할 수는 있는 능력과 시각을 갖추어야 한다. 이것을 위해서는 무엇보다도 세계를 이해할 수 있는 경험이 요구된다. 이는 학교 영역이나 가정 영역의 교육에서는 접근이 용이하지 않으며 사회 영역의 교육 프로그램을 통해서 더욱 용이하게 달성할 수 있는 교육목표가 될 것이다.

이 연구주제에서는 각종 세계대회 행사나 국제대회 유치 행사에 참여하는 간접 체험을 함으로써 세계를 이해할 수 방법론을 제시해 보고자 한다. 이와 더불어 이해된 세계를 표현할 수 있는 비판 및 토론 문화의 경험방법도 제시한다.

⑥ 사회 영역 대안교육 지원 체제 구축

이 연구주제는 사회 영역의 각종 프로그램이 잘 수행되도록 하고 또한 다른 영역의 대안교육을 지원할 수 있는 사회 영역 지원 체제를 구축하는 데 목적이 있다. 사회 교육 영역의 각종 프로그램이 유용하게 수행되기 위해서는 그 기반 지원 체제를 조성해 주어야 한다. 지원 체제의 단단한 구축 위에서만 각종 프로그램이 효율적으로 수행될 수 있기 때문이다.

사회 영역 지원 체제의 유형에는 실태 분석 자료의 콘텐츠화, 사이버화를 통한 정보 지원 체제, 홈페이지 개설을 통한 상시 정보 공유 체제 구축, 평생교육사 양성, 지원 연수 프로그램을 통한 지원 체제 구축, 재정적 지원 체제 구축과 같은 것이 요구될 것이다. 이러한 지원 체제의 통합적 구축은 수직적 지원 체제와 수평적 지원 체제로 구분할 수 있다. 수직적 체제란 각종 사회 영역 프로그램을 지원할 수 있게 함을 의미한다. 수평적 지원 체제란 다른 영역의 대안교육, 즉 학교 영역, 가정 영역의 대안교육에도 지원될 수 있음을 의미한다. 예를 들어, 평생교육 차원에서 이루어지는 논술지도사, 독서지도사 과정의 학습자에게 가정 영역에서의 역할을 할 수 있도록 하는 지원 교육이 가능하다.

이러한 지원 체제 구축 시, 제1단계의 세부과제인 OECD 국가에 대한 실태 분석에서 사회교육 프로그램의 한국 적용 가능성을 모색하는 것이 필요

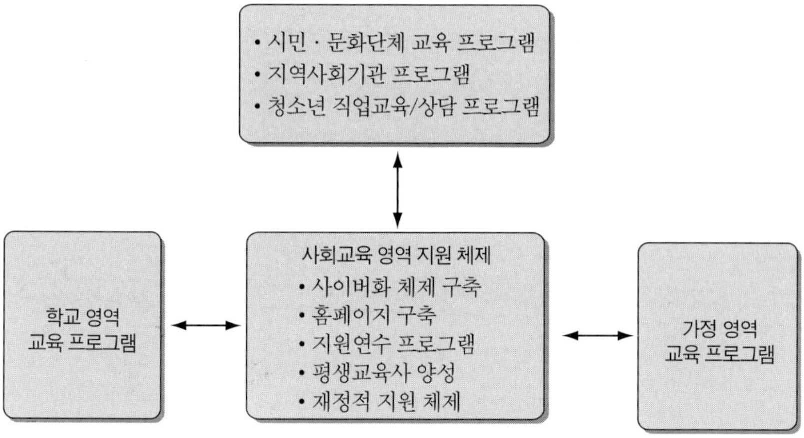

[그림 10-14] 사회교육 영역 지원 체제 구축

하다. 이것을 통해 한국의 사회교육 인프라 구조에 적합한 교육 프로그램을 탐색할 것이다. 이러한 지원 체제를 간략히 제시하면 [그림 10-14]와 같다.

사회교육 영역에서의 지원 체제 구축을 통해 각종 사회 영역 교육 프로그램을 활성화시킬 수 있다. 또한 가정 영역 및 학교 영역의 교육 프로그램 및 지원 체제에 기여함으로써 통합적 지원 체제를 구축하는 데 한 축이 될 수 있다. 사회교육 영역의 지원 체제를 구축할 때 OECD 국가의 사회 영역 교육 형태와 각종 지원 체제 구축과 비교해 봄으로써 미래 지향적 통합대안교육 지원 체제 구축의 효율성을 높일 수 있다.

제11장 통합적 대안교육과 지역자치단체의 평생교육 체제

통합적 대안교육의 활성화를 위해서 사회 영역의 교육정책은 가정과 학교를 이어 주는 매개 역할이자 학습하는 사회로의 전환을 의미한다. 지식기반사회에서 학습의 장은 제도권 학교를 비롯하여 사회 영역 전반에 포괄적으로 산재할 수 있다. 바로 정부 주도하에 추진하고 있는 평생학습도시 지정 및 평생교육 정책이 사회 영역의 교육으로 간주할 수 있다. 그렇다면 '사회 영역의 대안교육은 무엇을 의미하는 것인가?' 라는 질문을 제기할 수 있다. 사회 영역의 대안교육은 정부주도, 관주도적인 상부하향식 교육이 아니라 지역사회, 지역사회의 학교, 지역사회의 각 가정이 통합적으로 참여하는 교육을 의미한다.

이번 장에서는 사회 영역 대안교육으로서 평생교육 체제를 구축하기 위하여 지역자치단체와 그 지역의 시민단체 및 지역 학교가 어떤 역할을 해야 하는가를 살펴본다. 특히 기초 지방자치단체인 특정한 구단위에서 어떻게 평생교육 체제를 구축하느냐 하는 정책적 측면에 초점을 맞추어 기술할 것이

1) 이 장에서는 인천시 남구의 평생학습도시 정책연구보고서인 「인천시 남구 평생학습도시 종합발전계획 수립연구」(배을규, 김영순 외, 2008: 235-312)에서 인천시 남구가 추진하는 일반사업과제와 구정중점과제를 중심으로 소개할 것이다.

다.[1]

먼저 제1절에서는 평생교육 체제 구축을 위한 정책 방향을 제시하고, 제2절에서는 인천시 남구의 비전과 맥락을 함께하는 통합적 대안교육 프로그램을 제안할 것이다.

1. 평생교육 체제 구축을 위한 정책 방향

평생학습도시 사업은 지역 주민 개인의 지식과 기술 습득을 통한 인적 자본 형성, 지역의 공동 유대감을 통한 사회적 자본 형성을 위한 학습공동체 네트워크 사업으로 규정할 수 있다. 이 글에서 추구하는 통합적 대안교육으로서 평생교육은 어떤 특정 자치단체가 앞장서서 추진하는 방식이 아닌 지방자치단체, 지역교육청, 주민자치단체, 공공기관, 지역 내 각급 학교, 도서관, 박물관을 비롯하여 지역 내 문화예술기관, 사회복지시설 등 가능한 한 모든 교육요소를 포괄하는 방식을 취한다. 따라서 이런 각급 기관이 연계해 관련 인적 · 물적 자원을 상호 공유하고 교류함으로써 해당 지역 주민의 삶의 질을 제고하고, 살기 좋은 도시 만들기에 기여해야 한다.

1) 평생교육 추진 인프라 구축

(1) 평생학습 전담부서 및 평생학습센터 설치

우리나라의 평생학습도시 사업은 일반 지자체의 행정력을 기반으로 추진되고 있기 때문에 평생학습도시 사업 추진이 원활히 이루어지기 위해서는 무엇보다도 평생학습도시 사업 추진을 위한 행정조직이 구축되어야 한다. 이는 평생학습도시 사업은 지역사회단체의 전반적 사업과 관련을 맺고 있는 사업으로 그 영역이 넓고 내용이 많기 때문이다. 업무량이 많은 부서의 조직이 강화되는 것은 당연한 이치이다.

우리나라의 평생학습도시 사업을 담당하는 행정조직 현황은 천차만별로 나타나고 있다. 예를 들면, S 시의 경우에는 평생학습도시 담당 조직이 '국' 단위로, I 시와 S 시의 경우에는 '과' 단위 조직으로 구성되어 있는 것을 볼 수 있다. 대개의 경우 평생학습도시 담당조직은 지자체의 '계' 단위 조직이나 '팀' 단위 조직으로 구성되어 있다. 이처럼 평생학습도시 사업담당 조직이 '계' 나 '팀' 수준으로 구성되어 있는 이유는 각 지자체가 아직도 평생학습도시 사업을 시민 대상의 평생교육 프로그램 운영이라는 단일 사업으로 이해하고 있기 때문이다. 하지만 평생학습도시 사업은 시정 전반의 사업과 전체적 혹은 부분적으로 관련을 맺으며, 해당 도시 전체의 변화, 발전, 혁신을 도출해 나가는 사업이므로 2, 3명의 소수 인력으로는 체계적인 사업추진이 어렵다. 따라서 평생학습도시 사업의 내용으로 볼 때 '과' 수준 이상의 조직에서 담당하는 것이 타당하다.

2006년 주민학습 성과가 높아 교육인적자원부로부터 평생학습도시로 선정된 남구에서는 '평생학습지원팀' 이라는 팀 단위의 부서에서 평생학습도시 사업을 담당하고 있다. 여기 팀 단위의 부서에 배치된 인원은 총 4명으로 이러한 인력이 사업을 담당하는 것은 사업내용과 추진체계가 정립되지 않은 사업초기 단계에는 문제가 되지 않을 수 있다. 하지만 향후 평생학습도시 사업이 확장되어 추진될 경우 사업을 내실 있게 추진하는 데는 무리가 있다. 따라서 남구의 평생학습도시 사업담당도 향후 '과' 수준으로, 더 나아가 '국' 수준으로 강화되어야 할 것이다.

평생학습도시 사업이 지역의 교육 · 고용 · 복지 · 문화 · 보건 행정과 상호 연계되어 총괄적이고 체계적으로 일관성 있게 추진될 수 있기 위해서는 여러 행정 부서에 부산되어 있는 평생학습 관련분야 사업을 일원화된 행정 부서로 통합 · 운영하여 평생학습도시 업무를 총괄적으로 관리해야 한다. 또한 평생학습도시 사업 추진의 체계성과 전문성을 위해서는 행정조직으로서의 평생학습담당 부서와 더불어 시의 평생학습도시 사업을 수행하는 실행기구가 설치되어야 한다. 남구의 경우 평생학습도시 사업을 담당하는 행정조직과 실행조직이 분리되지 않고 하나의 조직에서 두 가지 역할을 동시에 담당하는 형태로 구성되어 있다. 기존의 평생학습도시 가운데 한 가지 조직이 행정기구와 실행기구로서의 역할을 동시에 담당하는 경우를 종종 볼 수 있는데, 이러한 체제는 사업의 기획과 집행이 신속하게 이루어질 수 있는 장점을 갖는 반면, 평생학습도시 사업이 지나치게 지자체 행정 위주의 사업으로 흘러 사업내용의 전문성을 살리는 데는 한계가 있다는 단점이 있다.

인천 남구의 평생학습도시 사업의 실행을 담당하는 조직은 남구평생학습센터이다. 평생학습도시 중 실행조직으로서의 평생학습센터는 직접적인 평생교육 프로그램을 운영과 더불어 도시 전체의 평생학습사업 계획에 대한 연구와 기획, 기관 간 · 단체 간 네트워크의 형성, 평생교육 실무자와 기관장의 연수, 시민에 대한 학습정보 제공과 학습상담 서비스 제공, 평생학습 프로그램의 개발과 보급, 학습정보 데이터베이스의 구축, 학습동아리 활동의 육성과 지원, 시 전체의 학습문화 조성 등의 사업 추진을 담당하여야 한다. 이 같은 실행조직에는 행정공무원과 평생교육 관련전문가가 함께 배치되어 협력적으로 사업을 추진하여야 한다.

평생학습센터의 운영방식은 구청에서 직영하는 방식과 민간에서 운영하는 민영 방식, 독립 법인화하는 방식이 있을 수 있는데, 중요한 것은 행정적 추진력과 근무자의 전문성을 강화하는 방식을 수립하는 것이다. 이를 위해서는 평생교육 전문인력인 평생교육사를 채용하여 활용하여야 한다. 풍부한 현장 경험과 교육 연구 컨설팅 능력을 갖춘 평생학습 전문가는 남구의 평생학습도시사업의 연간계획 수립, 프로그램 개발, 지역 평생학습기관의 경영 및 운영에 대한 조언과 지도, 지역기관의 네트워킹 개발 및 실행 등을 수행하게 될 것이다.

평생학습센터 조직은 구청의 행정기구의 하위 기구조직 형태로 설치할 수도 있지만 독립적인 형태로도 설치가 가능하다. 센터를 독립 조직으로 설치하면 사업의 추진력을 강화할 수 있고 관 내 다양한 평생교육 관련주체 간의 네트워크 형성도 용이하므로 사업이 좀 더 체계적으로 추진되기 위해서는 하나의 독립된 센터를 설치하여 사업을 추진하는 것이 바람직하다. 남구의 평생학습도시 사업의 실행기구도 이와 같은 기능을 갖춘 조직으로 구성되어야 한다. 그리고 향후 남구의 평생학습센터를 하나의 독립적인 조직으로 설치하는 것은 남구의 평생학습도시의 체계적 발전을 위하여 매우 긴요한 과제다.

인천 남구의 평생학습도시 사업을 총체적으로 추진하기 위한 남구중앙평생학습센터(가칭)는 남구 내의 모든 시민이 용이하게 접근할 수 있는 지리적 중심 위치에 설치하여야 한다. 중앙평생학습센터는 남구 평생학습도시 사업의 실행조직이 근무하는 실행 중심시설로서 남구 전체의 평생교육 사업의 중심적 역할을 수행하게 된다. 그 내용은 평생학습 관련 연구, 평생학습 관련 실태 조사와 분석, 평생학습 관련 연수, 평생학습 관련 프로그램 개발과 보급, 평생학습 관련 정보수집과 제공, 평생학습 관련 상담 서비스 제공, 평생학습 프로그램 운영 등과 같은 다양한 업무의 형태로 나타난다. 따라서 중앙평생학습센터는 위와 같은 기능을 수행하기 위해서 다양한 시설을 갖추어야 한다. 즉, 중앙평생학습센터는 남구 평생학습도시 사업의 추진 인력이 근무하는 사무실과 남구 시민을 대상으로 평생학습 프로그램을 운영하기 위한 시설, 강의실, 공연장, 도서실, 정보검색실, 동아리실, 학습상담실 등 평생학습에 필요한 모든 시설을 갖춘 공간이어야 한다.

편리한 시간대에 근거리의 평생학습기관을 선호하는 지역주민의 시공간적 편의성을 감안한다면, 권역별 학습권역을 설정하여 평생학습의 지원과 역할을 적절히 배분하는 것이 중요하다. 즉, 지역 특성(지리적 특성, 산업적 특성, 주거 특성, 학습 인프라 특성 등)의 상이성과 동질성을 고려하여 각 지역의 평생학습 시설과 기관 여건, 지역주민의 특성에 적합한 평생학습 프로그램과 중점 사업을 개발 · 운영할 수 있는 평생학습권역을 설정하는 것이다. 이와 같이 각 권역에 지역평생학습센터를 설치하여 해당 권역 내 주민을 대상으로 하는 평생학습 프로그램과 지원서비스를 체계적으로 제공해야 한다. 더불어 권역 단위의 평생학습을 활성화하는 기능을 담당하는 각 권역별 지역평생학습센터로서 기존의 도서관, 주민자치센터, 복지관, 문화원, 문화센터 등의 시설을 지역평생학습센터로 지정하여 해당 기관이 권력별 평생학습사업 추진의 중심 기능을 수행할 수 있도록 해야 한다.

또한 각 권역에는 해당권역의 사업을 총체적으로 주도하여 추진하는 권역별 허브 기관이 설치되어야 한다. 이와 같은 허브 기관은 지역 내의 사업을 총괄하고 지역 내 하위기관의 리더역할을 하는 기관으로서 지역의 평생학습시설 및 기관시설이 편중되는 현상을 해소하고, 지역 평생학습기관 프로그램의 비효율적 중복을 극복하며 지역의 제한된 자원을 효율적으로 활용하는 데 일조할 수 있다. 이들 허브기관은 권역 내 평생학습 의제를 다루는 '평생학습 지역 네트워크'를 구성하여 관련기관 대표와 실무자가 참석하는 워크숍 및 세미나, 토론회 등을 통하여 학교 지역사회연계 프로그램, 지역시민교육 프로그램 공동 개발 · 운영 등과 같은 각 권역의 특성에 적합한 사업을 논의하고 실시하는 데 중점적 역할을 하게 된다.

이와 같은 남구의 중앙평생학습센터 및 권역별 지역평생학습기관은 평생학습도시 사업을 선도적으로 시행하며, 평생학습 지도자를 양성하고, 지역의 평생학습 개별 기관에 대한 전문적인 지도와 조언을 행하여 남구의 평생학습도시 건설의 중심 추진체로서의 기능을 수행하게 될 것이다.

(2) 평생학습 인력, 시설 및 재정

평생학습도시사업의 질은 지역의 평생학습 전담 실무자와 평생학습기관의 종사자의 질을 넘지 못하기 때문에 평생학습도시 사업이 실효를 거두기 위해서는 지역 자원봉사자의 양성과 배치, 전문 인력 배치의 문제가 중요하다. 따라서 남구의 평생학습도시 사업의 질적 향상을 위해 '평생학습국'

과 남구 '평생학습센터' 에 풍부한 현장경험과 교육 · 연구 경력을 갖춘 평생교육 및 인적 자원 개발 전문가를 채용 · 배치하여 평생학습도시 사업 업무를 수행하도록 해야 한다. 이와 같은 전문가는 남구의 평생학습도시 사업 관련 연간계획 수립, 프로그램 개발 및 보급, 지역 평생학습기관의 실무자 조언 및 지도, 기관 네트워크 및 파트너십 사업 개발 및 실행, 기타 새로운 평생학습시책 연구 · 개발을 담당하게 된다. 또한 평생학습 전문가 인력풀의 지속적인 피드백 체계를 위하여 남구 '평생학습국' 은 지역 대학 · 지역평생교육정보센터 · 지역교육청과의 협력하에 남구청과 남구 평생학습유관기관의 전문인력 양성 · 배치를 위한 '평생교육 · 인적 자원 개발 전문가 양성 프로그램' 을 운영하도록 한다. 이는 남구가 평생학습도시로서 지역 주민 전체가 개인적 능력 개발과 사회공동체 의식을 실현하여 학습활동에 참여한 주민이 지역사회 운동가이자 리더로서 역할을 할 수 있도록 기여할 것이다.

지역주민의 평생학습교육에 대한 욕구를 충족하기 위해서는 인력 및 프로그램을 실행할 물질적 자원, 즉 평생학습시설 역시 중요하게 다뤄져야 한다. 남구의 경우 각 지역마다 다수의 문화기반시설이 존재하지만, 평생학습 프로그램을 지원하고 운영하는 인프라 시설은 부족하다. 다시 말하면, 문화예술기관과 복지시설 등의 기관은 본연의 기능에 충실한 사업에만 치중할 뿐 다목적용의 평생학습시설의 역할을 수행하지 못하고 있다. 따라서 남구는 주민의 교육 · 문화 · 여가 등 다양한 학습기회 확대와 고용 · 복지 · 의료 등 다양한 학습지원 서비스 제공을 위하여 관내 다양한 문화적 · 행정적 · 교육적 시설을 개방하고 활용하도록 하는 방안을 강구해야 한다. 이를 위하여 남구 평생학습센터는 관내 평생학습 관련 시설 가운데 그 수가 가장 많고 주민의 접근성이 용이한 학교시설을 지역교육청과 협의하여 지역 주민 요구, 관심, 평의를 고려한 평생학습 프로그램 및 사업을 실시하고, 남구 평생학습센터는 이를 지원해야 한다. 또한 남구청과 남구 평생학습센터는 관내 공공시설 및 지역을 '평생학습 개방존(zone)' 으로 구성하여 시민의 평생학습, 자치활동을 위하여 개방하도록 조치하고, 유관기관과 협의하여 관내 산업시설 · 기업체 · 연구센터를 지역주민의 직업능력 개발을 위한 학습장으로 활용하도록 한다. 그리고 주민의 선호도가 가장 높은 대학기관 역시 지역주민의 직업능력 개발을 위한 학습의 장으로 그 기능을 수행할 수 있다.

평생학습도시 사업에서 다양한 학습기회와 지원서비스를 제공받아 지역주민이 자기주도적 학습활동이 가능하도록 평생학습시설의 개방 · 정비 · 활용과 프로그램 운영 등 이에 관련된 재정을 확보하는 것 역시 지속적으로 관심을 쏟아야 하는 문제이다. 그러므로 남구청과 남구의회는 평생학습도시 사업이 지역의 사회적 통합과 경쟁력 강화에 필요한 교육 · 문화 · 고용 · 복지 차원의 종합적인 인적 자원 개발 정책임을 인식하고 사업 수행을 위한 재정 확대에 적극 협조해야 하며, 남구청과 남구 평생학습센터도 남구 예산 중 평생교육 관련 예산을 통합하려는 노력을 기울여야 한다. 구체적으로 남구 평생학습센터는 평생학습 재정 확충을 위한 장단기 계획을 수립하고, 평생학습 관련 기관, 지역 인사나 기관을 중심으로 재정후원회 구성 및 평생학습 재정 확충을 위한 수익사업을 전개하며, 지역 단체나 기업의 후원금 및 개인 기부금 모집 등의 다양한 재원조달을 위한 노력을 기울이도록 해야 한다. 또한 남구청과 남구 평생학습센터는 지역의 평생학습 개별 기관이 제한된 재정적 자원을 효율적으로 활용하고, 잠재적인 재정적 자원 확보를 위하여 예산 관리 및 집행에 관한 전문적 지도와 조언을 수행하도록 한다. 특히 공공 및 민간 기관 등이 제공하는 교육, 고용, 복지, 문화, 보건 관련 재정 지원 사업에 관련된 행정 부서와 유관 기관이 공동 협력하여 지원하도록 하는 방안도 모색해야 할 것이다.

2) 평생교육의 다양화와 특성화

(1) 지속적인 평생학습 요구 조사

평생학습 프로그램은 지자체를 중심으로 하는 전시행정의 한 형태가 아닌 실제적으로 지역주민의 요구지점을 해소할 수 있는 내용으로 기획되고 운영되어야 한다. 하지만 현재 제공되는 평생교육기관의 프로그램은 내용의 중복성이 심각하고, 수익성 위주의 개설로 인해 지역특성과 주민의 요구를 반영하지 못하고 있는 문제를 드러내고 있다. 따라서 남구 평생학습센터는 지역주민의 평생학습 요구와 평생학습 참여 장애요인을 파악하여 새로운 학습 프로그램 개발과 지원서비스의 개선을 위한 남구 평생학습 요구조사를 정기적으로 실시하여야 한다. 이와 같은 조사를 토대로 남구 평생학습도시 사업은 지역주민의 학습요구와 학습참여 장애요인을 지속적·체계적으로 분석하여 아동, 청소년, 여성, 중년 성인, 노인 등의 학습대상별, 문화·예술교육, 체육·보건교육, 언어·문해교육, 정보화교육, 시민교육, 직업능력 개발 등 교육내용별, 초중등학교, 대학, 직업훈련기관, 기업교육 등 평생교육시설별로 지역주민을 위한 다양한 학습 프로그램과 지원서비스 결정에 활용할 필요가 있다.

또한 남구 평생학습기관 실무자 요구 분석도 함께 실시하여 평생학습의 실질적 공급자와 소비자 요구 간의 상충지점을 명확히 파악하고, 두 주체 간 갈등 해소의 방안을 모색해야 한다. 이를 위하여 우선적으로는 지역주민과 평생학습기관의 현황과 요구를 체계적으로 조사하고 정리할 인력과 조직을 구성해야 하고, 평생학습 현황을 분석하여 주민의 학습요구와 학습 장애요인 조사를 위한 표준화된 척도를 마련해야 할 것이다. 남구 평생학습 요구조사는 남구 평생학습도시 사업 관련 유관기관의 적극적 협조하에 실시되고, 요구조사 결과를 근거로 새로운 평생학습도시 사업과 프로그램을 개발하고 적용한다. 그리고 그 결과는 남구 평생학습도시 사업에 관한 정책연구보고서로 발간하여 남구 평생학습협의회와 남구 평생학습운영위원회의 정책 개발 자료로 활용할 수 있도록 한다.

(2) 기관별 및 학습대상별 특성화 사업

2001년부터 시작된 평생학습도시 사업은 지역학습공동체를 조성하고 지역사회 속에서 평생학습이 생활과 문화로 뿌리내리는 것을 목표로 현재(2007년)까지 76개의 지자체를 평생학습도시로 선정하고 다양한 방법으로 지원 및 평가를 수행하고 있다. 2008년까지 100개의 평생학습도시를 목표로 하고 있는 가운데 끊임없이 지적되고 있는 문제 중 하나는 기관별 대상별 프로그램 개발에 대한 요구이다. 이것은 평생학습기관이 지역과 주민 특성을 고려하지 않고 백화점식 경쟁적 프로그램을 운영하는 것, 지역주민의 삶에 실질적 개선을 위한 교육 프로그램이 부족하다는 것, 성인에 비해 아동 · 청소년 대상의 교육활동이 상대적으로 부진하다는 것 등의 문제로 제기되고 있다. 즉, 주민의 학습 참여 동기를 고취시키고 학습결과를 활용하도록 하기 위해서는 학습대상자와 학습기관의 특성을 고려한 프로그램의 개발과 운영 방안이 필요하다는 것이다. 따라서 남구 평생학습도시 사업은 정기적으로 실시되는 남구 평생학습 요구 조사 결과와 지역평생학습 유관기관의 요구 및 관심사를 바탕으로 학습대상자별 및 기관별 특성화 프로그램과 사업을 개발 · 실시해야 할 것이다. 우선 학습대상자의 특성에 따라 다음과 같은 방안을 제시할 수 있다.

청소년의 건전 육성을 지원하기 위한 청소년 교육 프로그램을 개발 · 운영해야 한다. 청소년 교육에 관련된 시설과 단체 관련자의 실무협의회를 구성하여 구체적인 교육계획을 기획하고 상호 협력하에 교육 프로그램을 운영한다. 특히 대안교육과 관련이 깊은 청소년 교육 사업의 추진에는 남구 평생학습센터와 함께 지역교육청 담당자와 일선학교 교사도 함께 참여하여 학교 정규 교육과정의 일부로 실시하는 방안을 고려해 볼 수 있다.

학교의 정규 교육과정을 제외한 학력 보완교육이 필요한 주민을 대상으로 성인기초·문해교육 프로그램을 적극적으로 개발하고 제공해야 한다. 성인기초·문해교육 기회의 제공은 지역 내의 남구 평생학습센터, 복지관, 도서관, 초중등학교, 여성문화회관 등의 단체와 그 시설이 보유한 인적·물적 자원을 적극적으로 활용할 수 있다. 이와 같은 프로그램은 공공적인 성격이 강한 교육 사업이므로 남구 차원의 공적인 사업예산이 요구된다.

주민이 자주적으로 주민자치 활동과 구정의 사업에 적극적으로 참여하고 일상적 및 사회적 생활에서 주체적인 민주시민으로서 삶을 살아갈 수 있도록 민주시민교육 프로그램을 개발·운영해야 한다. 민주시민교육 프로그램을 운영함에 있어서는 지역시민사회단체와 대학의 인적·물적 자원을 적극적으로 활용하도록 한다. 또한 학습기회에서 소외되기 쉬운 여성, 노인, 외국인, 장애인, 주민자치센터, 보건소 등의 공공 및 민간기관 등이 공동으로 참여하는 협의체를 구성하여 다양한 교육 프로그램 역시 개발·운영해야 할 필요가 있다. 특히 구청과 고용지원센터, 기업체와 연계하여 학습과 고용을 연계하는 프로그램을 개발·운영하도록 한다.

직업훈련기관 및 기업체를 비롯한 민간 평생학습기관의 기능을 활성화하여 주민의 고용능력 개발을 위한 교육 프로그램을 상호 협력하여 개발·운영해야 한다. 특히 지역 기업체·고용안정센터·남구청이 공동으로 고용능력 요구조사와 관련 교육 프로그램 개발은 실행 가능한 대안 중에 하나이다. 또한 남구와 지역 기업체는 관련 교육 프로그램 참여자에 대한 학습비 지원기관에 대한 세제혜택의 인센티브 제공 방안 역시 고려해 볼 수 있다.

더불어 평생학습을 실행하고 있는 기관별 특성화 프로그램은 다음과 같이 요구된다. 우선 학교시설은 지역주민의 접근이 용이하고, 주민에게 친근감을 주며, 주민 자녀의 학교로서 관심이 높고, 학교 자체의 발전에 도움이 되기 때문에 초·중등학교를 주민을 위한 평생학습기관으로서 적극적으로 활용해야 한다. 지역교육청과 학교장의 협력하에 주민 교양교육·저소득층 자녀 과외교육·성인기초 문해교육 등을 실시할 수 있고, 학교 교사 · 지역 인사 · 전문가 등을 강사 자원으로 활용할 수 있다.

보건소, 소방서, 경찰서 등 공공기관도 시민과 학생을 대상으로 교육 프로그램을 제공할 수 있어야 한다. 남구 평생학습센터는 보건소, 소방서, 경찰서 등의 공공기관과 협력하여 교통안전교육, 소방교육, 보건위생교육을 실시할 수 있으며, 해당 기관의 시설을 교육장소로 활용할 수 있도록 한다. 또한 남구의 경우에는 복지관이 다수 설치되어 있는데, 각 복지관에서 제공되는 프로그램의 중복 유사성을 방지하고 각 복지관별로 특성화된 교육 프로그램을 제공하도록 해야 한다. 그리고 복지관 방문자의 경우 리터러시(문해력) 교육과 직업교육 요구가 높기 때문에 남구 평생학습센터, 지역교육청, 기업체, 학교 등 유관기관과 협력하에 교육 프로그램을 개발 · 운영하도록 한다.

도서관은 다양한 내용과 형태로 평생학습 사업을 추진할 수 있다. 지역주민을 위한 평생학습 거점시설로서 독서운동, 독후감 발표회, 주민문해교육, 학습동아리운동 등의 사업을 통하여 지역 평생학습문화를 진흥시키는 역할을 담당하도록 한다. 특히 도서관은 책을 대여해 주는 도서대출기능을 넘어서 학교에서 부여되는 과제를 학부모와 함께 수행할 수 있고 체험학습이 가능할 수 있는 여건이 조성되어야 한다. 지자체에서 운영하는 도서관은 대안교육을 위한 지자체 협조 기능을 수행하여야 한다.

주민자치센터는 지역주민의 평생학습공간으로서 주민 자율적으로 평생교육 프로그램을 기획하고 운영할 수 있도록 한다. 주민자치센터에 컴퓨터실, 동아리실, 강의실, 도서관을 설치하여 주민의 실질적 학습공간으로 조성하고, 주민자치를 위한 시민교육, 리더십교육, 환경교육, 인권교육, 언어 · 문해교육 등을 운영한다. 나아가 주민자치센터에 공무원이 순회 방문하여 시정을 알리고 시정 의견을 수렴하는 창구로 활용한다.

(3) 지역학습과 지역학의 운영

일본에서 평생학습도시 사업이 처음 출발하게 된 가장 중요한 목적은 지역의 정주민을 육성하기 위한 목적으로 추진되었다.[2] 즉, 일본의 학습도시 사업은 1960년대 고도 경제성장으로 인하여 농촌주민이 도시지역으로 급격하게 이동하여 지역공동화 현상이 나타나게 되자 정부가 이에 대응하기 위한 정주권 형성 사업을 추진함으로써 시작되었다. 정주권이란 정주민이 사는 지역범위를 말하며, 정주민이란 해당 지자체 주민으로서의 정체감과 소속의식을 갖고 지역을 사랑하고 지역사회에 봉사하면서 살아가는 지역민을 말한다. 이처럼 평생학습도시 사업은 정주민을 형성하기 위한 사업이며, 이 같은 정주민 형성방법 중 하나는 평생학습도시 사업과 같은 주민교육사업을 통하여 주민의 정체성을 형성하는 것이다. 이와 같은 목적으로 제공되는 프로그램의 내용은 지역학이고 지역학을 교육하는 프로그램은 지역학교육 프로그램이며, 지역학 교육을 통하여 지역사회의 지도자를 육성한다. 따라서 평생학습도시에서 정주민을 육성하기 위해서는 지역학교육 프로그램 개발, 지역학교육 프로그램 운영, 지역학 지도자 육성의 피드백이 원활히 이루어져야 한다.

지역사회의 정주민을 형성하기 위한 목적으로 운영되는 지역학교육의 내용은 지역학교육 프로그램을 통하여 가능하다. 지역학교육 프로그램의 개발은 지역학에 대한 내용구성, 지역학교육 대상자에 대한 분석과 요구 조사, 지역학교육 방법 등을 고려하여 구성되어야 한다. 먼저 지역학이란 해당 지역에 대한 학문을 말한다. 즉, 해당 지역과 관련된 모든 내용은 지역학을 구성한다. 다시 말해 지역의 지리적 · 역사적 · 문화적 · 인구통계학적 · 물리적 · 생태적 영역과 관련된 모든 내용이 지역학을 구성하는 요소이다.

---

2) 가케가와 시에서 학습도시사업이 출발한 것은 정부가 지역균형 개발 정책의 일환으로 추진한 모델정주권 사업의 구체적 전략으로, 지자체가 학습도시사업을 입안하고 추진함에 따라 시작되었다. 가케가와 시의 학습도시사업은 가케가와식 정구권 형성 사업이었다(양홍권, 2004).

지역학 교육 프로그램을 개발하기 위해서는 지역사회에 대한 연구와 조사가 선행되어야 한다. 지역학교육 프로그램의 개발절차는 일반적인 평생교육 프로그램 개발절차인 '기획-분석-설계-개발'의 4단계를 거쳐 개발되어야 한다. 먼저 기획단계에서는 지역학 프로그램 개발 배경과 지역학교육을 통하여 주민의 정체의식 형성과 지역사회 참여의식을 육성하기 위한 지역학교육 프로그램의 개발 목적을 명확히 해야 한다.

둘째, 분석단계에서는 기관과 조직의 상황, 학습자의 특성에 대한 분석이 이루어진다. 즉, 지역학교육 프로그램을 운영하는 학습도시의 상황과 프로그램을 운영할 평생교육기관의 상황 분석이 이루어져야 한다. 학습자 분석에서는 지역사회에 거주하는 주민 중 지역학 교육 프로그램의 잠재적 참여자를 대상으로 지역학교육에 대한 수요 및 요구 조사가 실시되어야 한다. 지역학에 대한 수요 조사란 지역학 프로그램 참여에 대한 의견 조사이고, 지역학 요구 조사란 지역학 프로그램이 운영될 경우 교육받기를 원하는 교육 프로그램의 내용에 관한 것이다.

셋째, 설계단계에서는 지역학교육 프로그램의 구체적 목적과 목표를 설정하고 학습내용의 선정과 조직, 교수학습 방법과 매체 설계에 대한 구체적인 계획이 수립되어야 한다.

넷째, 개발단계에서는 설계 완료된 프로그램을 문서화 및 매체화하는 작업이 이루어진다. 지역학 프로그램은 서적형태, 영상형태, 음성자료 형태 등 다양한 매체 형태로 개발될 수 있고 이에 따라 다양한 형태로 교육이 이루어질 수 있다.

앞에서 개발된 지역학교육 프로그램은 체계적인 계획하에 실제적으로 운영되어야 한다. 즉, 프로그램이 원활하게 운영되기 위해서는 전문적인 담당자에 의해 강사 섭외, 교육장서 선정, 프로그램의 홍보와 마케팅 등이 선행되어야 할 것이다. 구체적으로 지역학교육 프로그램을 체계적으로 운영하기 위해서는 전문가의 프로그램 담당이 중요하다. 또한 지역학 프로그램 운영자는 프로그램의 강사 섭외 장소 선정, 홍보 등의 활동을 담당하도록 한다. 강사는 지역학 내용을 숙지하고 있을 뿐만 아니라 이에 대한 효과적인 교수 능력을 갖춘 자를 선정하는 것이 중요하다.

강사 선정과 더불어 교육장소를 선정하여야 하는데 지역학교육 프로그램의 운영장소는 평생학습센터, 공공기관, 학교 등 다양한 장소를 활용하여 이루어질 수 있다. 장소 선정에서도 교육대상자의 요구, 학습자의 특성 등에 따라 신중하게 선정해야 한다. 지역학교육 프로그램도 지역학 교육에 대한 홍보와 마케팅을 기반으로 참여자를 모집하여야 한다. 홍보와 마케팅을 할 때도 다양한 매체를 활용하고 지역사회의 공적인 통로를 효과적으로 활용하는 것이 필요하다. 마케팅의 한 방안으로 지역학 교육에 참여하고 수료한 사람에 대한 인센티브를 부여하고 이들을 지역사회의 인적 자원으로 적극 활용하는 방법을 통하여 지역학교육 프로그램 참여에 대한 동기를 부여하는 것을 고려해 볼 수 있다.

지역학교육 프로그램을 운영하는 궁극적인 목적은 지역사회의 지도자를 양성하는 것이다. 평생학습도시 사업은 단순히 개인적인 관심과 흥미에 부합하는 교육 프로그램을 제공하는 것과 더불어 지역사회의 봉사자와 지도자를 적극적으로 육성하기 위한 전략이다. 따라서 지역학교육 프로그램을 통하여 지역사회 활동가와 지역사회의 평생교육 자원봉사자를 적극 육성하여야 한다. 지역사회의 지도자를 육성하기 위해서는 지역학교육 프로그램 운영과정에서 교육활동 자체가 참여자의 입장에서 제공되어야 하고 참여자의 자기주도적이고 능동적인 학습이 이루어지는 교육형태로 제공되어야 한다. 또한 지역학교육 참여자가 지역사회의 정주민으로서의 자긍심을 지닐 수 있게 하는 결과인증 방안이 마련되어야 한다. 즉, 참여자가 자긍심을 갖도록 하기 위하여 남구지역학을 수료한 사람에게는 남구시장이 수여하는 남구학 학사, 남구학 석사 등의 명예학위를 수여하는 제도를 도입하는 것과 같은 방안을 고려해 볼 수 있다. 이는 교육참여자와 교육수료자를 지역사회의 인적 자원으로 적극 활용할 수 있는 기반이 될 것이다. 이를 위해서는 각 학위에 해당하는 교육과정이 구체적으로 제시되어야 한다. 지역학 프로그램을 지역사회의 일꾼으로 활용하는 방안으로는 각종 공공행사에 이들을 우선적으로 초청하고 희망할 경우 자원봉사 자격을 우선적으로 부여하는 것을 들 수 있다. 특히 지역학교육 과정을 운영할 경우에 이미 과정을 마친 수료자를 교수자나 학습보조자로 활용하는 방안도 고려할 수 있다.

인천 남구 지역 주민의 지역 정체성 확립과 정주의식 고취를 위하여 남구 지역 문화와 역사, 지역사회 문제 관련 교양교육을 제공하는 '남구시민대학'을 운영할 필요가 있다. 이를 위하여 남구 평생학습센터는 지역 문화와 역사, 지역사회 문제 관련 교양교육을 체계화하여 포괄적으로 운영할 수 있는 남구시민대학 교육과정을 개발한다. 남구시민대학 관련 강좌는 남구 평생학습센터, 주민자치센터, 도서관, 대학, 시민단체 등 다양한 기관에서 수강할 수 있도록 하고, 과정을 마친 수료자에게 남구시민대학 학위를 수여하여 향후 남구 지역의 리더로서 활동할 기회를 부여한다.

남구시민대학은 전술한 바와 같이 남구민을 대상으로 단순한 취미교양 위주의 평생교육 프로그램을 넘어 남구 주민을 대상으로 남구 지역에 대한 내용으로 '남구학'을 개발하여 시민의 정체성을 향상시키기 위한 교육기관이다. 즉, 남구시민대학의 운영목표는 첫째, 남구 주민의 학습요구에 의해 특화된 대학수준의 평생교육 프로그램 개발하고, 둘째, 시민대학 수료생을 분기당 일정 수 이상 배출하여 지역의 평생교육 활동가로 육성하며, 셋째, 구민의 지적인 자긍심 고취하기 위한 것이다. 남구시민대학은 남구시민대학의 기획, 교육과정 개발, 시민대학의 운영과 보급 등의 기능을 담당한다. 남구시민대학 사업의 주요 내용은 다음의 〈표 11-1〉과 같다.

표 11-1 남구시민대학의 주요 기능

주요 기능	세부 내용
기획	• 시민의 대학 수준의 교육내용에 대한 요구 정도와 내용 파악 • 다른 지역 우수 사례 연구, 벤치마킹 부분 파악 • 시민대학의 전체적인 규모, 학사일정, 예산, 지원조직, 프로그램 수 등에 관한 의견 수렴
교육과정 개발	• 기획안에 기초하여 구체적인 교육과정(프로그램 포함) 개발 방식 결정 • 용역 의뢰 및 자체 개발
프로그램 운영과 보급	• 개발된 교육과정에 따라 남구시민대학의 교육공간에서 교육과정 운영 • 초기 운영을 통해 수료생, 지역사회의 의견을 수렴하여 수정·보완 • 정기적으로 향후 다른 평생교육기관에도 남구시민대학 교육과정의 일부 또는 전체를 확대 보급

남구시민대학의 운영 방안은 다음의 〈표 11-2〉와 같이 제시할 수 있다. 운영방안은 크게 두 가지로 나누어 볼 수 있는데 각 방안마다 장단점이 존

표 11-2 남구시민대학의 운영 방안

구분	내용 및 장단점
방안 1	• 시민대학을 남구 평생학습센터에서 별도로 확보된 교육공간에서 직접 운영하는 방법 - 시민대학의 안정적인 초기 운영 가능 - 시민대학 운영의 직접적인 진행상황과 질 관리 용이 - 시민대학운영의 문제점이나 개선점, 담당자에게 피드백 용이 - 일정한 지역의 한곳에 위치하여 학습자의 접근성이 낮은 문제점
방안 2	• 시민대학 교육과정을 개발하여, 기존의 관 내 여러 평생교육기관의 필요에 따라 부분적으로 보급하여 운영하는 방법 - 주민학습자의 접근이 용이 - 기존 평생교육기관의 인지도에 따라 참여도에 영향 미침 - 기존 평생교육기관의 전문화·고품질화 지원 - 운영 상황이나 문제점 등 관리나 피드백의 어려움 - 시민대학의 독자적 이미지 형성이 어려움

재한다. 첫 번째 방안은 시민대학을 처음으로 개발 · 운영하는 경우로서 남구 평생학습센터에서 직접 운영하여 그 위상을 분명히 하는 것이 좋다. 두 번째는 남구시민대학의 운영 성과, 학습자, 관내 평생교육기관의 요구에 따라 다른 평생교육기관에 시민대학 교육과정을 확대 보급하는 방안이다.

이 경우에도 방안 1과 병행 절충하여 운영하는 것을 제안한다. 남구 평생학습센터에서 직접 운영하는 시민대학은 지속적으로 새로운 교육 프로그램 개발하고 단계별로 심화된 교육과정 개발 등 연구 개발에 초점을 두어 전체적인 남구시민대학의 발전을 모색한다. 그리고 관내 여러 평생교육기관에 부분적으로 보급된 시민대학 과정에서는 주민학습자가 지리적인 편의와 기존의 교육보다 더욱 전문적이고 질 높은 학습을 제공받을 수 있도록 한다.

남구시민대학 프로그램 운영의 예는 다음의 〈표 11-3〉과 같이 제시할 수 있다. 남구시민대학에서는 남구 지역의 역사, 문화재, 인문 · 자연지리, 생태, 환경 등 남구의 전반적인 상황에 대하여 학습할 수 있는 커리큘럼을 구성하도록 한다.

표 11-3 남구시민대학 프로그램 운영의 예

과목명	남구학 (지역학)	기간	3개월(교육내용에 따라 변경 가능)
세부 내용	• 남구 지역 역사, 문화재 • 남구 지역 인문/자연 지리 • 남구 지역의 생태, 환경 • 현재의 남구 도시 특징	대상자 (학습자)	• 남구 지역에 관심 있는 지역주민 • 주민자치위원
		참고	• 실습과 이론 병행 • 지역학 전문가 발굴 • 자원봉사자 연결

(4) 학습동아리 운영과 평생학습 운동

평생학습문화를 확산하는 방법 중에 하나는 평생학습동아리를 활성화하여 평생학습 실천과 참여문화를 지역단위에 확산하는 것이다. 평생학습동아리는 지역의 평생학습문화를 확산하는 효과적인 전략이 될 수 있는데, 이는 스웨덴의 스터디 서클(circle) 운동의 사례를 통하여 확인할 수 있다. 학습동아리는 스웨덴이나 미국에서의 스터디 서클 또는 호주의 학습 서클 또는 일본의 자주학습조직과 유사어로서 같은 주제에 관심을 가지고 있는 성인이 함께 모여서 공부하는 소모임을 지칭한다(이종만 외, 2004). 학습동아리는 학습을 목적으로 하는 소규모 학습공동체[3]로서 동아리 구성원의 공동체 활동을 통하여 지역사회에 학습문화를 형성하고 확산하는 작용을 담당한다.

학습동아리의 유형도 다양한 형태로 구성될 수 있는데, 심층적인 지식과 기술을 습득하는 것을 목적으로 하는 심화학습형(생활문화형), 전문 영역의 선택주제에 대한 공동 토의와 탐구를 목적으로 하는 전문탐구형, 지역사회의 당면문제나 장기과제의 해결에 초점을 두는 문제해결형(사회실천형)의 학습동아리가 존재한다(이종만 외, 2004). 이 같은 지역의 학습동아리는 주민의 실천적인 참여를 특징으로 하며, 지역사회 내 주민의 생활 영역으로 파고들 수 있다는 장점으로 인하여 평생학습문화 확산의 효과적인 전략으로 활용될 수 있다. 따라서 남구의 평생학습도시 사업에서도 다양한 목적을 지향하는 학습동아리 활동을 장려하여야 한다.

학습동아리를 지원하는 방안으로는 학습동아리 활동비 지급, 학습동아리 활동 공간 제공, 학습동아리 전문가 지원, 학습동아리 프로그램의 개발과 보급, 학습동아리 경연대회 개최 등 다양한 방법을 모색할 수 있다. 그리고 학습동아리 활동에 대한 지원은 간접지원으로 이루어져야 하고, 학습동아리 지원정책의 수준은 지역사회 단위로 이루어져야 한다. 또 학습동아리 활동의 궁극적 지향은 평생학습자의 육성과 집단학습을 통한 학습자 간 네트워크 형성에 초점을 두어야 하고, 학습동아리 지원정책의 수위는 동아

3) 학습공동체는 자발성의 원리를 기초로 성립하고, 연대성을 기반으로 구성되며, 구성성을 특징으로 한다. 또한 실천성을 필수과정으로 하는 것이 학습공동체의 특성이다(이종만 외, 2004).

리 자체의 자발성을 침해하지 않는 범위에서 이루어져야 한다(이종만 외, 2004). 이는 학습동아리의 생명성과 의의가 학습자의 자발적 참여와 자주적 실천에서 나온 자생적 학습문화에 있기 때문이다.

평생학습문화를 확산하는 또 다른 방법으로 지역단위의 평생학습운동을 제안할 수 있다. 평생학습운동은 다양한 형태로 실천되는데, 이는 사업을 추진하는 주체의 인위성에 기초하여 시작된다. 평생학습운동은 지자체 등 학습도시사업을 추진하는 주체의 인위적 촉진 사업의 형태로 시민의 참여를 이끌고 이를 지속하는 가운데 시민의 자발성과 적극성을 이끌어 내어 종국에는 시민주도의 자율적인 운동으로 확산하는 데 목적을 둔다. 이 운동은 평생학습실천 촉진과 지역의 평생학습문화 확산을 위해서 다양한 내용과 형태로 전개된다.

사업을 예시적으로 제시한다면 평생학습독서운동, 1인 1기 운동, 1인 1 학습동아리 운동, 학습봉사운동 등을 들 수 있다. 첫 번째, 평생학습독서운동은 평생학습도시 사업의 일환으로 시민의 독서 붐을 일으키는 운동으로, 이는 작은 도서관, 마을도서관 등과 같은 사업을 병행하여 추진하는 형태로 운영될 수 있다. 두 번째, 1인 1기 운동은 시민 모두가 한 가지의 기능과 기술을 익히자는 운동이다. 즉, 시민이 능력을 향상시켜 취업 등에서 이득을 얻고자 하는 것이다. 세 번째, 1인 1학습동아리 운동은 시민 모두가 1개 이상의 학습동아리에 가입하여 공동체 학습운동을 추진하고자 하는 운동이다. 네 번째, 학습봉사활동운동은 시민이 자신이 학습한 결과를 타인에게 나누어 주거나 시민의 학습활동에 자원봉사자로 참여하여 평생학습 활성화에 기여하고자 하는 운동이다.

남구에 관민협력을 바탕으로 전술한 바와 같은 학습동아리와 평생학습운동이 적극 추진된다면 건강하고 지속 가능한 평생학습문화가 조성되어 남구가 평생학습도시로서 면모를 제대로 갖추고 발전하는 데 크게 기여할 것이다.

2. 평생학습도시 조성을 위한 미래도시 비전

1) 인천 남구의 구정 방향

'꿈이 실현되는 도시, 비전 남구'의 미래 도시 비전은 [그림 11-1]에 제시된 바와 같이 '더불어 살기 좋은 활기찬 경제도시', '더불어 누리는 창조적인 문화도시', '더불어 나누는 풍요로운 복지도시', '더불어 살고 싶은 친환경 명품도시'이다. 이러한 목표를 실현하기 위한 남구의 주요 역점사업을 살펴보면, '경제 회생을 위한 도시재생 추진', '경쟁력이 활기찬 자립경영도시 실현', '과거와 미래가 공존하는 문화도시 지향', '참살이(웰빙)를 추구하는 복지도시 구현', '21세기 맞춤형 교육도시 추구', '자연과 인간이 함께하는 녹색도시 조성', '삶의 질을 높이기 위한 1등 도시 건설' 등이다. 미래 도시 비전과 주요 역점 사업 간의 상관관계를 살펴보면 [그림 11-1]과 같다.

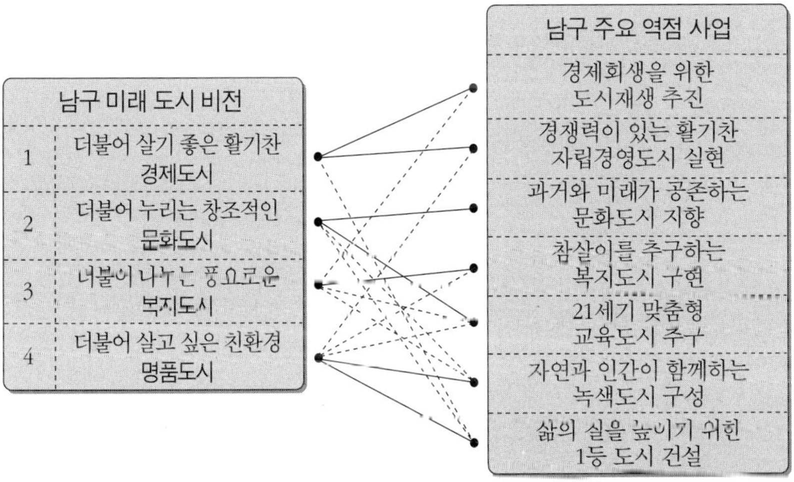

[그림 11-1] 미래 도시 비전과 주요 역점 사업 간의 상관관계

주: 실선은 해당 비전과 직접적으로 관련성이 있으며, 점선은 간접적으로 관련이 있다.

이 연구에서는 이와 같은 상관관계를 바탕으로 평생학습도시로서 '유비쿼터스 학습도시, 비전 남구' 를 실현시키기 위해, 남구의 구정 과제와 연계된 평생교육 사업을 제안할 것이다.

2) 인천 남구의 비전과 평생교육 사업

(1) 미래도시 비전 1: 살기 좋은 경제도시

남구의 미래도시 제1 비전은 '더불어 살기 좋은 활기찬 경제도시 남구' 를 추진하는 것이다. 이를 위해 남구의 역점 사업은 도시재생 사업과 자립 경영 체제 구축이다. 이와 같은 남구의 역점 사업과 관련해서 추진 가능한 평생교육 사업을 제안하면 〈표 11-4〉와 같다.

표 11-4 도시재생 추진 관련 평생교육 사업 제안

<table>
<tr><th>구정 사업 추진 개요</th><th>평생교육 사업 제안</th></tr>
<tr><td>도시재생 및 기성 시가지 정비사업 활성화</td><td>• 도시재생 사업 시 평생교육 시설 신축</td></tr>
<tr><td>도시기반 시설 확충을 통한 도시환경 개선</td><td rowspan="2">• 기존 평생교육 시설 환경 정비 및 안전관리 시스템 구축</td></tr>
<tr><td>건축물 정비 및 주택안전 관리</td></tr>
<tr><td>미래형 도시경관 개선</td><td>• 미래발전 종합계획 수립 시 평생교육 기반 시설 확보 계획 포함
• 미래 도시형 평생교육기관 경관 개선</td></tr>
</table>

도시재생 사업은 살기 좋은 경제도시를 건설하기 위한 남구의 역점 사업 중 하나이다. 도시재생 사업은 민관의 거버넌스적 협력이 기반이 되어야 한다. 이 점에서 구민을 위한 평생교육시설의 확충은 도시재생 사업 시 조례로 구축되고, 민관 합동의 평생교육시설 의무 설치를 위한 협의회가 구성되어야 할 것이다.

도시재생 사업 시 구민을 위한 '컬처힐 센터' 는 물론 '남구 스포츠문화센터', '남구 평생문화센터'와 같은 구민을 위한 평생교육시설을 설립하고, 기성 시가지 정비 시 기존 평생교육시설을 보완하고 정비해야 할 것이다. 도시재생 사업의 전체적인 윤곽은 다음 [그림 11-2]와 같다.

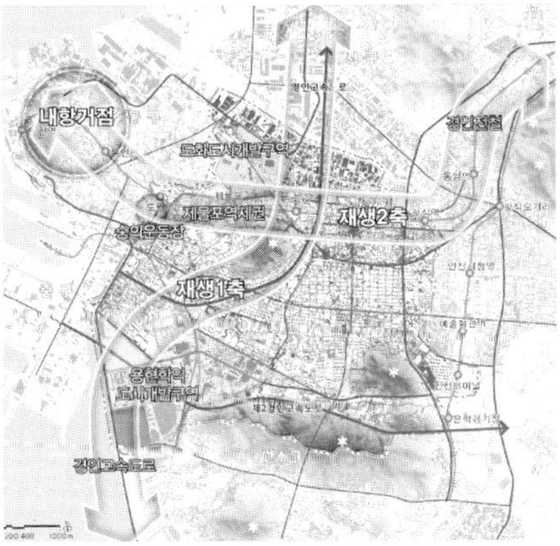

▶ 인천시 도시재생 사업
- 1거점 2축 도시재생 사업
  재생 1축(경인고속도로축)과 재생 2축(경인전철축)의 결절부에 남구가 위치

▶ 선도 사업
- 재생 1축 주변: 용현학익지구
- 재생 2축 주변: 도화구역, 제물포, 역세권, 숭의운동장 등이 입지

문화산업진흥지구 사업과 연계한 시가지 재생 사업 추진 가능

[그림 11-2] 인천시 도시재생 사업

도시기반 시설 확충을 통한 도시 환경개선과 건축물 정비 및 주택안전관리 사업 또한 살기 좋은 경제도시를 위해 선행되어야 할 추진과제이다. 이와 아울러 기존 평생교육 시설 환경 정비 및 안전관리 시스템 구축도 진행되어야 한다. 특히 평생교육시설은 시민이 사용하는 공공 장소로서 노후된 시설을 우선 정비해야 한다.

미래형 도시경관 개선 사업을 수행할 시에도 평생교육의 하드웨어 구축은 병행되어야 한다. 남구의 미래발전 종합계획 시 평생교육을 위한 기반시설 확보계획을 검토해야 하며, 미래도시형 평생교육기관의 경관 설계도 병행해야 할 것이다.

표 11-5 자립경영도시 실현 관련 평생교육 사업 제안

구정사업 추진 개요	평생교육 사업 제안
로봇콤플렉스 유치를 통한 로봇 클러스터 구축	• 과학문화 이해 교육 프로그램 운영 • 로봇 이해 시민교육 프로그램 운영 • 청소년 로봇교실 지속적 운영 • 로봇 이해를 위한 학교 평생교육
재래시장 시설, 경영혁신 사업 추진	• 청소년 및 노인 경제교육 프로그램 운영 • 합리적 소비자 교육 프로그램 운영
중소기업 육성을 통한 자립경영 도시 실현	
국제문화 교류 협력 사업 추진	• 구민을 대상으로 한 글로벌 마인드 제고 교육 • 홈스테이 가정 다문화 및 생활영어 교육

로봇콤플렉스 유치는 남구의 경제를 활성화하기 위한 숙원 사업의 하나이다. 남구는 이미 2007년 5월에 '비전 남구 선포' 를 통해 로봇을 통한 살기 좋은 도시 만들기 프로젝트를 출범시켰다. 2007년부터 2009년까지 3년간 연간 10억대의 국비를 지원 받아 로봇 관련 인프라를 구축하여 로봇을 통한 남구의 경제회생을 계획하고 있다. 이 사업과 관련한 평생교육 사업은 과학문화 이해 교육, 로봇 이해 시민교육, 청소년 로봇교실의 지속적 운영 등을 들 수 있다. 지능형 로봇은 다가올 미래에 인간과 함께 공존해야 하는 존재로 인식된다. 이 점에서 로봇에 관한 시민교육은 필수적이라고 할 수 있다. 또한 학교평생교육 차원에서 로봇을 통한 창의성 향상 등을 기대할 수 있을 것이다.

뿐만 아니라 경제도시 추진을 위해서 경영혁신 사업 추진 및 중소기업 육성을 통한 자립경영도시 추진 사업에서도 경제활동 영역에서 소외된 청소년과 노인 계층에 대한 경제교육 프로그램 개발 및 운영이 필요하다. 아울러 구민을 위한 합리적 소비자 교육 프로그램을 운영함으로써 경제도시에 적합한 경제교육 프로그램을 평생교육 차원에서 진행할 수 있을 것이다.

경제도시 비전을 달성하기 위해 국제협력 사업 추진 시 구민을 대상으로 한 글로벌 마인드 제고 교육과 홈스테이를 희망하는 가정에 대한 다문화 및 생활영어 교육이 평생교육 차원에서 계획되고 진행되어야 할 것이다. 국제화 도시로서, 동북아 허브로서 인천은 외국인의 방문이 가장 많이 있을 지역인데도 숙박시설이 제한되어 있다. 2009년 도시엑스포와 2014년 아시안 게임을 전후해서 외국인이 한국 가정 홈스테이를 통해 한국 문화를 체험하고자 할 것이다. 이를 대비하여 홈스테이 유치 가정의 조건으로 건물 등의 하드웨어적인 요소뿐만 아니라 유치 희망 가정의 글로벌 마인드도 준비되어야 한다.

(2) 미래도시 비전 2: 창조적인 문화도시

남구의 미래도시 제2 비전은 '더불어 누리는 창조적인 문화도시' 만들기이다. 문화도시란 교육을 현실적인 기반으로 하고 복지사회를 이상으로 하는 '창조성' 에 중심을 둔 도시환경을 만드는 데 중심을 둔다. 이를 위해 남구의 역점 사업은 문화도시 실현을 위한 구체적인 로드맵 실현과 맞춤형 교육도시로서 집중하는 것이다. 이와 같은 남구의 문화도시 역점 사업과 관련해서 추진 가능한 평생교육 사업을 제안하면 〈표 11-6〉과 같다.

표 11-6 문화도시 실현 관련 평생교육 사업 제안

구정사업 추진 개요	평생교육 사업 제안
지역문화예술 진흥사업 활성화	• 학산문화원, 시민연극센터 이용 '자기표현' 교육 프로그램 운영을 통한 커뮤니케이션 능력 함양 교육 • 지역영상미디어센터 영화공간 주안 운영을 통한 시각문화 및 시각 리터러시 교육 • 미디어 문화교육 프로그램 활성화 • 지역문화재를 활용한 전통문화교육
지역축제 활성화를 통한 브랜드화 추진	• 지역정체성 함양을 위한 지역학습 프로그램 • 질서 및 시민의식 함양 교육
다양한 문화체육활동 기반 조성	• 건강한 시민교육 및 생활체육 프로그램 • 공공 체육시설 정비 및 확충 • 가족 및 이웃 단위의 문화체육활동 프로그램 개발 • 학교-지역사회 연계 사회체육활동 강화

문화도시를 구성하는 요인은 물질문화, 제도 및 규범문화, 가치 및 정신문화 층위가 있다. 이러한 문화층위를 기반으로 한 남구의 문화도시 만들기 전략은 다음과 같은 역점 사업을 통해 드러난다. 지역축전 활성화, 지역문화예술 진흥사업, 문화체육활동 기반 조성이 바로 그것인데, 특히 남구는 인천광역시의 다른 구 · 군에 비해 문화 인프라가 집적되어 있다. 2개의 종합대학과 2개의 전문대학의 전문연구자 인력이 있고, 문화 관련 시설이 집중되어 있다. 이를테면 학산문화원, 시민연극센터, 주안청소년미디어문화 센터, 영화공간 주안, 송암미술관 등 공공 문화시설이 즐비하다. 이를 통한 시각 리터러시 교육, 미디어 문화교육 등을 평생교육 차원에서 현실화할 수 있으며, 시민을 위한 통합형 지역문화예술교육 프로그램의 모형 개발도 가능할 것이다. 특히 이러한 문화예술교육기관은 통합적 대안교육이 가능한 교육장소로 활용될 수 있다. 기존의 대안교육이 학교중심으로 이루어진 것을 지역사회-학교-가정이 연계되는 대안교육의 패러다임을 구성할 수 있을 것이다.

또한 남구는 2007년 3회를 맞이한 '주안 미디어문화축제' 를 비롯하여

표 11-7 맞춤형 교육도시 실현 관련 평생교육 사업 제안

구정사업 추진 개요	평생교육 사업 제안
교육도시 구축을 위한 평생학습 자원 기반 조성 주민주도의 평생학습 프로그램 활성화	• 평생교육 시스템 및 인프라 구축 • 평생학습 축제의 상례화 • 주민자치센터 시민아카네미 운영의 합리화 • 주민자치적인 평생교육협의체 구성
관학교류 협력 체계 구축 등 교육환경 개선	• 지역대학의 평생교육원 활용 연계 체제 구축 • 공공체육시설 정비 및 확충 • 가족 및 이웃 단위의 문화체육활동 프로그램 개발 • 학교-지역사회 연계 사회체육활동 강화
문화예술교육 사업 활성화	• 학교 평생교육으로서 문화예술교육 활성화 • 지역 내 문화예술교육기관 및 인력 풀 활용 시민문화예술교육 강화 • 문화예술교육 사업 전담기구 설치 및 기금 확충

'학산젊은연극제', '인하후문로축제' 등 크고 작은 축제로 2030세대를 유인하고 있다. 축제를 통해 남구의 정체성을 드러내는 것은 남구의 지역브랜드화는 물론 남구 주민의 지역정체성 함양에 기여할 것이다. 글로벌 마인드와 아울러 지역정체성의 로컬 마인드는 '글로컬리제이션(glocalization)' 개념을 중심으로 한 평생교육 차원에서의 지역학습을 위한 가능성을 열어놓는다. 아울러 축제와 같은 지역의 공공 행사 시 외부 방문객을 위한 지역주민이 갖추어야 할 질서 및 시민의식 함양 교육도 평생교육의 일환으로 수행되어야 한다.

남구의 문화도시 비전 실현을 위해 추진되어야 할 기본 과업으로서 교육도시 추진을 거론할 수 있다. 문화의 다양한 특성 중 학습성이 대표적인데, 이는 문화가 교육 및 관습과 같은 학습의 기제나 제도를 통해 계승된다는 데서 유래했다. 따라서 문화도시를 실현하기 위해 교육에 역량을 집중해야 한다. 이를 위해 남구는 구정과제로서 평생학습자원 기반을 조성하고 주민주도의 평생학습 프로그램 활성화에 주력하고 있다.

이와 같은 구정 과제에 구체적인 실천 방향을 제안하면 다음과 같다. 우선 일반 과제에서도 강조하였듯이 평생교육 시스템 및 인프라를 구축하고 평생학습축제의 상례화를 통해 주민의 평생학습 마인드를 고취해야 한다. 뿐만 아니라 각 동별로 주민자치센터 시민아카데미를 주민자치적으로 운영하여 주민자치적인 평생교육협의체를 구성해야 한다. 이는 평생교육의 성공 여부가 추진기관의 운영 능력보다 해당 주민의 평생교육 참여 및 평생교육 요구에 달려 있기 때문이다.

남구는 인천의 시 · 군 · 구 중에서도 가장 많은 학교교육기관이 집중되어 있다. 4년제 종합대학 2개, 전문대학 2개를 비롯하여, 17개의 고등학교, 12개의 중학교, 20개의 초등학교 외 각급 학교가 총 91개에 이른다. 이런 교육 여건은 교육을 통해 문화도시 비전을 실현할 수 있는 기반을 제공한다. 아울러 이와 같은 학교를 통해 학교 평생교육을 실천할 수 있으며, 각급 학교의 시설과 장비, 인적 인프라를 남구 평생교육의 투입요소로 상정할 수 있는 이점을 지닌다. 특히 지역 대학의 평생교육원과의 교류 협정을 통해 질 좋은 평생교육 프로그램을 개발하여 구민에게 제공할 수 있다. 또한 지역 내 학교의 체육시설을 공유하여 시민의 스포츠 문화활동에 기여하며, 가족 및 이웃 단위의 문화체육 프로그램을 개발해야 한다. 이와 같은 일련의 학교-지역사회 연계 프로젝트는 지역사회에서 부족한 문화적인 하드웨어를 공유하여, 교육 시설 및 프로그램에 대한 중복 투자를 제한시켜 효율적인 평생교육 체제를 구축할 수 있게 할 것이다.

인천 남구는 문광부로부터 상당수의 문화예술교육 사업 관련 프로젝트를 수혜받아 지역 및 학교 문화예술교육 시범 사업 등 다양한 문화예술교육 사업을 진행하고 있다. 특히 남구에 위치하고 있는 주안청소년미디어문화센터, 시민연극센터, 학산문화원, 영화 공간 주안의 독립영화관 설치 등은 한국의 문화도시 지향 지역자치단체로서 손꼽을 만하다. 이와 같은 문화공간은 지역주민에게 양질의 평생교육 콘텐츠를 제공함으로써 주민의 삶의 질 제고에 기여할 것으로 평가한다.

이와 같이 남구 소재 문화예술교육 기관과 학교-지역사회 연계 평생교육 프로그램 활성화를 위해서는 '(가칭)남구 문화예술평생교육위원회'를 설치하여 조례를 제정하고, 이 업무를 전문적으로 수행할 수 있는 문화예술평생교육 전문직(박사 및 석사 경력급)을 채용하여 각종 문화예술교육 정책 및 운영에 대한 자문과 효율적인 연계방안을 모색해야 할 것이다. 아울러 각종 문화행사를 통해 창출되는 이익에 대해서는 문화예술평생교육 기금을 세제로 부여하거나 기부금을 모금할 수 있는 방안을 강구해야 할 것이다.

(3) 미래도시 비전 3: 풍요로운 복지도시

남구의 미래도시 제3 비전은 '더불어 나누는 풍요로운 복지도시' 건설이다. 이를 위해 남구의 역점 사업은 탄탄한 지역경제 기반을 구축하고 그

표 11-8 복지도시 실현 관련 평생교육 사업 제안

구정사업 추진 개요	평생교육 사업 제안
저소득 소외계층의 기초생활 보장	• 저소득층 평생교육 지원 자금 확보
건강가정 만들기 지원사업 추진	• 부모-자녀가 함께하는 평생교육 프로그램 연구 • '놀토' 평생교육 프로그램 개발
장애우 재활자립 및 복지증진 사업 추진	• 장애우 평생교육 시설 확충 및 평생교육 프로그램 개발
노인복지 사업을 통한 건강한 노후생활 보장	• 노인 평생교육, 노인 건강 지키기 교육 및 '웰다잉(well-dying)' 교육
선진 보건의료서비스 제공을 통한 삶의 질 향상	

위에 참살이를 추구하는 복지도시 구현을 위한 정책 실현이다. 이와 같은 남구의 역점사업과 관련해서 추진 가능한 평생교육 사업을 제안하면 〈표 11-8〉과 같다.

남구의 미래지향적 평생교육의 방향 중 하나는 높낮이 없는 정책수행일 것이다. 남구는 저소득 소외계층을 위해 평생교육의 문턱을 낮추는 정책을 고안해야 한다. 남구는 도시 재개발과 관련해 얻는 수익금을 저소득층의 평생교육 수혜를 위해 일정 금액을 지원해야 할 것이다. 뿐만 아니라 도시 재생 사업과 같은 급격한 도시화에 미처 따라가지 못하는 전통적인 가정의 정신적 해체를 방지하기 위한 건강가정 만들기 지원 사업은 복지도시를 실현하기 위한 효과적인 수단이 된다. 부모가 자녀를 이해하고, 자녀가 부모를 이해하는 상호 이해 교육은 물론 놀토(유휴 토요일)에 적당한 평생교육 프로그램을 통해 가족과 함께 건전한 여가 즐기기 등이 실천되어야 한다.

이미 남구는 복지도시 실현을 위해 장애우 재활자립 및 복지증진 사업을 추진하는바, 자칫 성장을 목표로 소외될 수 있는 장애우에 대한 평생교육 시설을 확충하고 기존 장애우 평생교육시설을 정비하는 데도 주력해야 한다. 아울러 일반시민에 대한 장애우 이해 교육은 물론 장애 체험하기 등을 통한 장애우 평생교육 프로그램 개발에도 관심을 가져야 한다. 또한 남구에서는 노인복지사업을 통한 건강한 노후생활 보장과 선진 보건의료서비스 제공을 통한 삶의 질 향상을 구정 사업으로 실천하고 있다. 이와 맥락을 같이하여 노인계층 평생교육 프로그램을 정비하고, 노인 건강 지키기 프로그램과 '웰다잉' 교육을 계획해야 할 것이다.

(4) 미래도시 비전 4: 친환경 명품도시

남구의 미래도시 제4 비전은 '자연과 인간이 함께하는 녹색도시 조성'과 아울러 '삶의 질을 높이기 위한 1등 도시' 만들기 프로젝트이다. 이와 같은 남구의 역점 사업과 관련해서 추진 가능한 평생교육 사업을 제안하면 〈표 11-9〉와 같다.

표 11-9 친환경 도시 실현 관련 평생교육 사업 제안

구정사업 추진 개요	평생교육 사업 제안
녹지조성으로 걷고 싶은 거리 만들기	• 생태문화교육 프로그램 및 '지속 가능한 사회발전 포럼' 조직 • 생활쓰레기 줄이기를 위한 매뉴얼 북 제작
친환경 도시 만들기 추진	
쓰레기 감량 운동을 통한 쾌적한 도시미관 조성	
교통시설물 확충을 통한 쾌적한 도시 건설	• 도시 질서 지키기 및 시민 공중예절 교육 프로그램

인천의 국제화는 도시화를 가져오며, 이에 따라 남구도 기존 시가지의 스카이라인이 높아지고 도로가 정비되는 등 일대 도시재생 사업이 촉진될 것이다. 이와 같은 성장 도시에서 자칫하면 녹지를 파괴하고 자연환경을 훼손할 우려가 있다. 최대한의 자연경관을 보호하고 도시재생 사업 시 녹지 조성과 친환경 공원 시설 증축은 평생교육 사업과 다음과 같은 점에서

연계될 수 있다. 친환경 공원 내 생태문화교육을 운영할 수 있는 시설을 확보하고 생태문화 및 환경 교육 관련 평생교육 인력을 채용한다. 또한 민관학이 협력하는 '지속 가능한 사회발전 포럼' 을 통해 생태문화 관련 평생교육의 이슈를 점검하고 평생학습 프로그램을 개발한다.

친환경 도시를 실현하려는 남구의 도시 미관 조성 및 쾌적한 도시 건설 추진 사업에서는 생활쓰레기 줄이기를 위한 매뉴얼 북 제작을 비롯하여 도시 질서 지키기 및 시민 공중예절 교육 프로그램을 운영하여 명품도시에 걸맞은 시민의 소양이 고양되어야 할 것이다.

1등 도시 건설의 목표는 결국 남구를 살기 좋은 친환경 명품도시를 만드는 것과 맥을 같이한다. 그러기 위해서는 평생교육에 대한 시민의 자발적인 참여는 물론 남구의 고객 만족 민원행정 서비스의 질을 제고해야 하며, 행정혁신 시스템을 도입하고 주민과 함께하는 공직자의 혁신적인 마인드가 요구된다. 이와 같은 구정 사업과 관련한 평생교육 사업을 제안하면, 우선 공직자에 대한 평생교육 제고 교육과 아울러 전문가에 의한 평생교육 컨설팅이 수행되어야 할 것이다.

표 11-10 1등 도시 건설 관련 평생교육 사업 제안

구정사업 추진 개요	평생교육 사업 제안
고객 만족 민원행정 서비스 제공	• 공직자 평생교육 마인드 제고 교육 프로그램, 평생교육 컨설팅 • 공무원 및 평생교육기관 관계자 친절 서비스 봉사교육 프로그램
행정혁신 시스템 구축	
주민과 함께하는 공직자 혁신 마인드 구축	

어느 조직이든 간에 리더의 마인드가 조직 운영의 성패를 좌우한다는 점을 감안하면, 남구의 평생교육 사업의 성공 여부는 자치단체장을 비롯한 남구 의회 구성원과 남구청 공무원의 평생교육으로의 혁신적인 마인드 변화가 요구된다. 뿐만 아니라 구청 공무원 및 구청 지역 내 평생교육기관 관계자의 친절 서비스 봉사교육 프로그램이 적극적으로 운영되어야 할 것이다.

(5) 미래 평생학습 도시를 위한 중장기 전략

앞서 제시한 바와 같이 인천 남구는 평생교육의 성장 동력이 될 수 있는 좋은 여건을 가지고 있으며, 구정 과제 또한 평생교육 사업과의 연계성을 상당 부분 공유하고 있다. 구에서는 구정 중점과제를 수행할 때 항상 평생교육 사업을 고려해야 할 것이다. '더불어 배우는' 평생학습도시 구축을 위해 남구에서는 다음과 같은 중장기 전략을 도모해야 할 것이다.

첫째, 문화산업진흥지구 및 용현학익지구 추진 시 유러닝 평생교육 체제 및 미디어 평생학습도시 마스터 플랜을 구축한다.

둘째, 지역 내 대학(4개 대학), 각급 학교를 연결하는 평생교육 네트워크 구축, 인하대학교의 경기 북부 지역 원격교육 센터 지정, 교통방송 · 경인방송 · 경인일보 · 한국교육방송(유치 계획 중)에 따른 유비쿼터스 평생교육 클러스터를 구축한다.

셋째, 지역 내 문화예술교육기관, 전통문화 체험, 스포츠 문화활동을 연계하는 통합 문화예술교육 특구를 추진한다.

① 미디어 평생학습도시 마스터 플랜 구축

문화산업진흥지구 및 용현학익지구 개발 시 유러닝 평생교육 체제 및 미디어 평생학습도시를 구축해야 한다. 이와 같은 지구를 개발하고 설계 시 상시 평생교육이 가능한 시설과 인프라를 구축해야 할 것이며, 이 지구 내에 '유러닝평생학습센터'를 설치하여, 남구 주민은 물론 인천 시민을 위한 평생교육의 메카로 자리 잡아야 한다. 다음 [그림 11-3]은 인천문화산업진흥지구 예정지와 용현학익지구의 위치도이다.

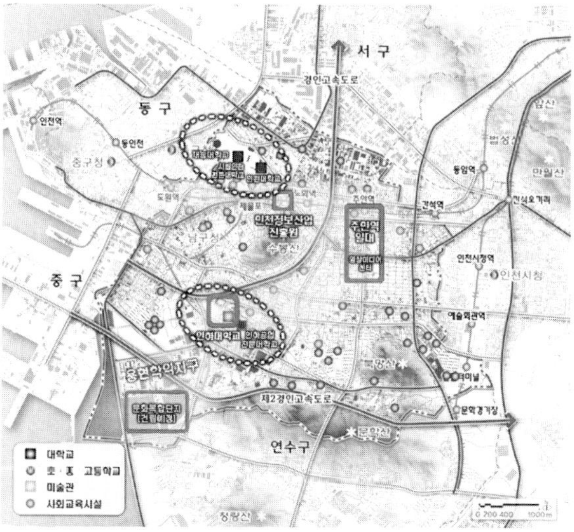

[그림 11-3] 인천문하산업진흥지구 예정지와 용현학익지구의 위치도

② 평생교육 네트워크 구축 및 유비쿼터스 평생교육 클러스터 구축

북구 지역 내의 대학(4개 대학) 및 각급 학교를 연결하는 평생교육 네트워크를 구축하여 명실공히 지역사회-학교 연계 양질의 평생교육 프로그램을 제공한다. 또한 인하대학교의 경기 북부 원격교육 센터 지정은 온라인 평생학습을 위한 좋은 기폭제 역할을 할 것으로 기대한다. 학교와 지역사회가 공동으로 다양한 평생교육 프로그램을 개발하고 이를 남구에 위치한 각 방송사, 언론사 등의 시스템을 이용한다면 온라인 평생교육은 물론 유비쿼터스 기반 미래 평생교육을 기대할 만하다.

③ 다양한 문화활동을 연계하는 통합 문화예술교육 특구 추진

남구는 앞선 2절의 구정 현황에서 밝혔듯이, 각종 문화예술 시설과 스포츠 문화시설을 보유하고 있다. 이와 같은 시설을 이용하여 현재에도 많은 평생교육 프로그램이 운영되고 있으나 효율적이고 합리적인 운영이 이루어지고 있지 않다. 여러 프로그램이 유사하거나 동일하게 이루어지고 있어 장기적인 계획하에 체계적으로 관리되어야 할 것이다. 남구에는 다음의

[그림 11-4]와 같은 평생교육에 적합한 시설과 장소가 집적되어 있다. 이 집적의 장점을 활용하여 '통합 문화예술교육 특구' 프로젝트를 제안하고자 한다.

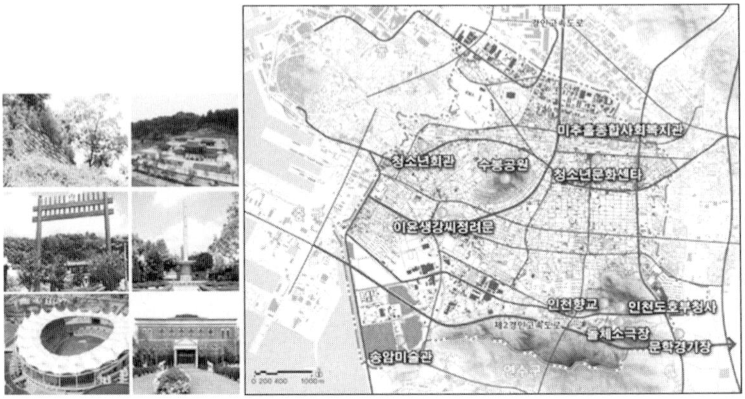

[그림 11-4] 남구에 집적되어 있는 평생교육에 적합한 시설

(6) 통합 문화예술교육 특구의 역할

① 학교 안팎에서의 문화예술교육의 장

국내외에서 '지역사회학교'의 교육운동이 대두되었던 시기와는 달리 현재는 지역사회마다 다양한 공공 문화기반시설이 설립·운영되고 있다. 따라서 인천 남구에서도 지역사회학교 교육의 중심은 학교와 지역의 공공 문화기반시설이 모두 해당되어야 한다. 앞선 10장에서도 살펴보았듯이, 학교 중심의 지역사회교육운동의 오랜 역사에도 불구하고 그 성과가 미진한 데에는 학교(교육기관)교육 정책의 상대적 폐쇄성에 주된 원인이 있다. 이에 반해 이전보다 다양해진 공공 문화기반시설에서의 어린이 대상 문화예술교육 프로그램의 새로운 시도 중에는 주목할 만한 성과와 가능성을 보여주는 것도 있다.

학교 중심의 문화예술교육의 프로그램보다 사회문화예술교육 영역의 어린이 대상 프로그램의 발전이 상대적으로 활발하다. 그것은 학교라는 제도권의 형식적인 교육에 의한 필연적인 결과이다. 또한 학교문화예술교육이 부진한 이유는 프로그램 섭외의 1차 책임자인 학교교사 개인의 안목과 경험 부족, 더불어 관련 정보 및 인력에 대한 지역 네트워크가 빈약한 탓으로 보인다.

지금까지 학교교사가 개별적으로 지역 문화예술활동가(단체)와 일상적으로 만나는 일은 많지 않았다. 학교문화예술교육의 질은 문화예술교육에 대한 전문성이 상대적으로 부족한 교사 개인이나 교장 또는 교감 등 학교 경영자의 취향 또는 안목에 결정적 영향을 받는다. 이 사실은 학교문화예술교육이 더 이상 지속적인 질적 발전을 기대할 수 없다는 맥락으로 이해할 수 있다.[4] 이들 학교의 입장에서 보면 학교가 속해 있는 지역사회 안에 학생에게 유익한 문화예술교육 프로그램이 어디에 있을까 혹은 그러한 프로그램을 재공하고 운영해 줄 매개자(강사 포함)가 누구인가를 알 수 있는 정보는 어디에서도 충분하게 제공되고 있지 못하다. 지역의 입장에서 보면 학교가 적극적으로 찾아 나서지도 않는다.

② 학교문화예술교육 강사 풀 운영 센터

통합 문화예술교육 특구는 지역에 터를 잡고 예술창작 활동을 하는 예술가와 직접적인 체험교육을 원하는 시민을 연결하는 매개자 역할을 할 수 있다. 어떤 지역자치단체에 이와 같은 센터의 존재 여부는 지역의 학교 및 사회 문화예술교육 활동의 활력에 매우 많은 영향을 줄 것이다. 반면에 학교문화예술교육에 투입될 수 있는 강사인력을 지역 내 전문기관 및 대학교에서 직접 양성하는 것은 어려므로 이렵다. 또 경험이 풍부하고 활동적인

4) 현재 학교는 재량활동으로 정규 수업시간으로 편재되는 '특성화 프로그램과 방과 후 학교로도 불리는 '특기적성교육 프로그램' 을 운영 중이다. 이는 모두 교육청 사업으로 교사의 관심사항이라면, 문화부 주관사업으로 진행되는 '학교문화예술교육' 은 학교의 1차적 관심대상이 아니다. 아직은 투여되는 예산과 노력에 비해 실제 제도권 초 · 중등 학교의 교과 발전에 미치는 영향은 긍정적인 평가를 받기에는 이르다. 이것이 학교문화예술교육의 발전이 더딘 실질적인 이유일지도 모른다. 더욱 강력한 중앙정부 내에서의 통합정책 의지가 발현되지 않는다면 학교문화예술교육 활동의 미래는 투입되는 예산에 반비례해서 비관적일 것이다.

교사에 의한 문화예술교육 프로그램 개발은 어느 정도 가능하더라도 그것을 일반화할 수는 없다.

교육 프로그램의 개발과 개발된 교과를 가르치고 운영할 강사인력의 양성은 가능한 한 지역의 예술가 작업실 또는 민간창작집단, 공공 문화기반시설의 교육전담팀 등에서 맡아야 한다. 지역사회 안에서 사회문화예술교육 활동이 활발해지고 다양한 지역거점이 형성되어야 한다. 그리고 지역에 필요한 인력양성이 바로 그 지역에서 이루어지는 것이 중요하다. 결국 학교문화예술교육의 안정된 운영은 사회문화예술교육의 다양한 거점이 지역에 생성되고 바로 그곳에서 프로그램과 인력의 양성이 우선 이루어져야 가능해지는 것이다. 인력양성의 중요성은 모두가 공감하는 바이다. 그러나 인력양성의 1차 책임주체가 단위지역이 아니라 중앙 또는 광역단위 지원센터가 맡게 되는 경우, 구체적인 지역의 문화예술교육 현장에 뿌리내린 사람보다는 '자격증 취득' 이 갈급한 인력중심의 집체교육으로 귀결될 가능성이 커진다. 결국 지역에 필요한 인력이 우선 양성되지 못하고, 시간이 흐를수록 많은 자격증 소지자의 일자리 창출을 위한 교육취로 사업으로 왜곡될 우려가 있다.

미래세대를 위한 학교문화예술교육이 발전하기 위해서는 지역사회교육의 새로운 중심축인 지역문화예술 거점(예술인 작업실, 공공 문화기반시설, 문화시민단체 등)의 지속적 발전이 우선 이루어져야 한다. 학교문화예술교육과 사회문화예술교육의 아름다운 관계는 지역사회교육운동의 중심축이 '학교' 가 아니라 '지역사회 문화예술교육 거점' 에 생성되어야 비로소 가능해진다. 지역의 주민자치 역량의 활력 여부에 지역문화예술교육의 발전이 비례하는 것이다. 따라서 미래세대를 위한 문화교육을 위해서는 주민자치활동에 참여해야 한다.

제12장 통합적 대안교육으로서 학교축제와 지역축제

요즘 들어 교육과 오락을 아우르는 개념의 에듀테인먼트 콘텐츠가 교육계의 화두이다. 에듀테인먼트 하면 교육용 게임만을 연상할 수 있을 것이다. 게임에는 흥미로운 테마와 스토리 학습자를 몰입의 경지로 이끄는 전략이 설정되어 있기 때문이다. 이와 같이 흥미와 관심은 교육에서 매우 중요한 요소이다. 그렇다면 제도권 교육의 현장에서 학생에게 흥미와 관심을 불러일으키는 것은 비학습적으로 간주되었던 축제가 아닐까 한다. 이러한 축제를 어떻게 학습의 장으로 가져올 것인가에 대한 고민이 이번 장에서 즐거움으로 바뀔 것이다. 대안교육은 제도권 학교에서의 학습에 대한 강요에서 학습자를 해방시키는 역할을 한다. 이런 맥락에서 보자면 '축제'는 상당히 매력적인 대안교육 요소가 아닐 수 없다.

이번 장에서는 축제를 교육의 소재로 활용하는 방안을 소개하고 아울러 학교와 지역사회의 메신저 역할을 하는 통합적 대안교육 요소로서 간주할 것이다. 제1절에서는 학교축제의 의미와 가치를 축제의 일반론을 중심으로 살펴보고, 축제를 학교교육의 관점에서 지역사회와의 소통도구로서 간주할 것이다. 제2절에서는 지역사회의 축제와 지역학습에 대해 논의할 것이다. 특히 교과서와 교육과정에 제시된 축제의 개념과 가치를 도출할 것이다. 또한 지역학습을 위한 교육콘텐츠 제작 및 활용에 관해 논의하며, 이를 위한 교수 · 학습지도안을 제안할 것이다.[1)]

1. 학교축제의 의미와 가치

우리나라 학교교육에서 '입시'라는 문제는 모든 청소년에게 하나의 관문이며, 즐겁지 못한 추억이다. 그러나 학교축제는 숨 막히는 입시의 과열 전쟁 속에서 적어도 학업이라는 일상을 떠나 여유와 감성을 잠시나마 찾을 수 있다는 점에서 청소년의 건전한 문화생활을 선도하기 위한 장이 된다. 창의적이고 다양한 학교축제를 통해 개인적 이기주의를 극복하고 더불어 살아가는 인성을 키우기 위한 교육활동의 일환으로 일선 교육 현장에서는 학교축제의 활성화를 모색하고 있다. 학교 특별활동으로서 축제 집행위원회가 교사-학생-학부모로 구성되어 모범적으로 학교축제 문화를 형성해 나가는 학교도 점차 늘어가고 있다.

그런데 학교축제에 대한 예산이 턱없이 부족하고 열악하기 때문에 지역자치단체에서 진행하고 있는 대규모 축제 예산을 학교축제에 지원하여 지역사회와 학교가 연계되는 축제문화가 형성된다면 건전한 청소년 문화 형성에 기여할 것으로 본다. 학교축제도 일반 축제와 같은 '축제적' 성격을 띤다. 따라서 이번 절에서는 일반적인 축제의 특성을 살펴보고 학교축제의 필요성을 언급할 것이다.

1) 이번 장의 제1절은 류정아, 김영순 외(2006)의 『지역사회연계 학교축제 활성화 방안연구』 결과의 일부분을 수정 · 보완한 것이다.

1) 축제의 기원과 논의

(1) 축제의 고전적 의미

바흐친(M. M. Bakhtin)은 『라블레와 그의 세계(*Rabelais and His World*)』에서 "축제는 시대와 공간을 뛰어넘는 독자적인 철학적 의미를 지니고 있다."라고 설명한다. 콕스(H. Cox)는 축제의 세 가지 중요요소를 제시한다. 첫째, 의도된 과잉성이다. 이것은 축제가 제약 없는 환락을 추구한다는 의미이다. 둘째, 축의적 긍정성은 역설적으로 삶을 찬미하고 긍정하는 축제요소이다. 셋째, 대극성이다. 축제는 일상성과의 단절을 전제한다는 의미이다. 축제의 의미는 사회 · 역사적 발달과 현대의 문화적 지형에 의해 다양한 의미의 굴절을 거친다. 여기서는 바흐친을 포함한 많은 논자의 축제에 대한 고전적 논의를 네 가지로 정리해 본다. 신성한 시간으로서의 축제, 일상성의 단절과 해방의 의미로서 축제, 새로운 삶의 에너지 획득으로서 축제, 유토피아적 이상향으로서의 축제가 바로 이에 해당한다.

먼저 신성한 시간으로서의 축제에 대해 살펴본다. 앞에서 축제의 사전적 의미에서 밝혔듯이, 축제는 신성이 부여된 시간으로 이해된다. 종교적 제의에서 출발한 축제는 인간으로 하여금 제의를 통해 신성을 회복하는 과정이기도 하다. 리치(E. Leach)에 따르면, 신성을 회복하는 과정은 축제 상태에 들어가는 인간이 자신의 세속적인 지위를 상실하고 의례를 통해 '신성한 인간'의 상태가 되는 과정이다. 물론 이때 신성한 인간은 존재론적 의미가 아니라 의례적 의미를 말한다. 같은 맥락에서, 뒤비뇨(J. Duvignaud)는 『축제와 문명(Fêtes et Civilisation)』에서 축제는 더 이상 기존에 존재하고 있던 신성한 것의 결과로서 나타나는 것이 아니라 오히려 '신성한 것으로의 의지'이며, 축제 속에서 정점은 신성한 것의 통치와 유사하다고 강조한다. 이렇듯 축제의 시공간은 경건, 속의 성화, 축복 환희가 역동적으로 일어난다. 다시 말하면, 역동적인 축제의 시공간은 인간으로 하여금 비로소 신과 인간, 인간과 자연, 인간과 인간의 화해와 통합을 경험하게 한다. 터너(V. Turner)는 이러한 신성이 부여되는 시간을 리미널리티(liminality) 단계라 지칭했고, 세속된 인간이 의례를 거쳐 정화된 인간의 상태나 집합체 공간을 코뮤니타스(comunitas)라고 불렀다.

둘째, 일상성의 단절과 해방의 의미로서의 축제를 살펴보면 다음과 같다. 축제의 기간에는 일상과 단절된다. 축제는 일상의 단절을 통해 일상의 전복과 반란이 시작되는 시간이다. 달리 말하면, 일상의 규범과 질서가 파괴되는 것이 축제의 공간이다. 축제에서 우리는 성 역할 파괴나 지위 파괴, 지배적 규범 파괴, 금기의 파괴 등을 쉽게 발견할 수 있다. 축제의 본질이 일상의 단절과 전도에 있음을 가장 잘 보여 주는 경우는 프로이트(S. Freud)에게서 찾을 수 있다. 그에 따르면 축제란 "허용된 오히려 제공된 과잉이며 금지의 엄숙한 파괴다. 그 어떤 규정에 따라 경건한 기분이 들기 때문에 인간이 그러한 과도함을 원하는 것이 아니라, 오히려 과잉 자체가 축제의 본질을 이룬다." 프로이트에게 있어 축제란 일상적으로 금지되었던 것을 자유롭게 행하는 파괴가 허용된 해방공간인 것이다. 축제의 이러한 이념은 일상성과의 비교에서 좀 더 명확해진다. 전통적으로 일상성과 축제는 이항대립적 성격을 가지는데, 이것을 요약하면 〈표 12-1〉과 같다(이종하, 2006).

표 12-1 일상성과 축제의 이항 대립적 성격

구 분	축제기간	일상적 삶
인간의 삶	화해와 우정, 연대감	갈등, 대립, 투쟁
시간의식	신적시간, 시간의 무화	세속적 시간질서의 지속성
노동	노동에서의 자유	노동의 존재
인간형	신성한 인간	세속적 인간
사회구조	계급과 계층의 전도	엄격한 계급과 계층
이념	자유와 평등	사익 우선
주체	공적 주체, 유기체적 주체	개별 주체 개념
성	성적 관용과 향유	성의 통제와 관리
윤리, 규범, 사회적 금기	파괴	강제력에 의한 관리

셋째, 새로운 삶의 에너지 획득의 의미에서 축제를 논의하면 다음과 같다. 사람들은 축제시간에 자아를 벗어나 타자와 동일화를 이루는 황홀경을 체험한다. 이 황홀경을 니체(F. W. Nietzsche)는 "최면에 걸린 상태에서 영혼의 모든 음계가 광란하는 디오니소스적 도취"라고 표현했다. 황홀경에 의한 타자와 나의 일체성의 지각이 다름 아닌 축제의 초월성 개념이다. 초월성 경험을 달리 표현하면 자유, 평등, 해방의 축제적 재현이다. 중요한 것은 축제에서의 초월성 경험도 도취적인 축제 분위기, 황홀경의 산물인 셈이다. 그런데 열광적, 도취적인 축제의 분위기는 기술적인 문제로만 볼 수 없다. 시각을 바꾸어서 '왜 누가 열광적, 도취적, 타자적 축제 분위기를 원하는가?' 라고 묻는다면 그것은 지배 규범과 관습을 벗어나려는 인간의 원초적 야생성에 기인한 것으로 답변될 수 있다. 결국 축제는 야생성의 확인과 재현이자 원시적 활력에서 발생하는 초월성의 경험이라는 측면을 가진다. 이러한 축제 경험의 이중적 층위 경험은 세속적 현실을 부정하는 삶의 에너지, 현재적 상태와 제 관계를 반성적으로 조망하는 반성적 에너지, 삶을 함께 살아가게 하는 공동체적 에너지를 부여한다.

넷째, 유토피아적 이상향의 의미로서 축제는 철학자 니체에서 찾아볼 수 있다. 니체는 디오니소스를 경배하는 축제야말로 모든 가치의 전도가 일어나는 해방의 장소임을 강조했다. 인간은 이 축제 속에서 일상적 삶의 제한과 한계를 파괴하는 경험과 더불어 모든 차별을 넘어서 일체감과 유대감을 체험할 수 있다. 그러나 니체는 디오니소스의 축제가 보여 주는 유토피아적 성격에서 새로운 사회 건설이라는 이념을 끌어내지 않는다. 디오니소스 축제의 유토피아의 이념은 오직 현실에 대한 망각과 난설의 경험인 축제기한 내에 한정된다. 축제가 끝난 후 일상적 현실세계가 인간의 의식에 떠오르면 인간은 '구토' 를 한다고 니체는 주장한다. 이 구토의 내용물이 무엇일까? '나' 는 일상적 현실세계와 디오니소스적 현실세계가 현실세계의 단절을 인식하고, '나' 를 둘러싼 공포와 현실의 부조리 앞에서 구토하는 것이다. 니체에게 축제는 구역질을 유발시키는 존재의 공포나 현실의 부조리를 바로잡을 수 있을 만큼 현실변혁의 해방적 계기로서 이해되지 못한다.

바흐친 역시 일상의 순환구조에서 이탈하여 끊임없이 전복을 꿈꾸는 인간의 모습에서 축제의 내재적 의미를 읽어 낸다. 그는 축제 안에서 모든 사회적 계급과 계층, 금기, 규범이 해체된다고 본다. 이런 의미에서 축제는 기존 사회의 억압구조를 잊고 존재의 해방을 추구하는 장소가 된다. 바흐친의 이념화된 축제는 니체와는 달리 인간이 어떤 이념과 유토피아를 지향해야 하는가를 보여 주려 한다. 그는 니체처럼 축제기간에 일시적으로 발생하는 유토피아적 축제이념의 심리적, 잠정적 성격을 거부한다. 바흐친에게 축제의 본질은 일시적 망각에서의 유토피아적 경험이 아니라, 현실적으로 작용하고 있는 기존사회의 관념과 질서에 대한 전복과 해방에 있다. 바흐친에게 유토피아적 축제의 이념은 해방이념의 실현태로 이해되거나 인간욕망이 해결된 상태를 의미하지도 않는다. 그에게 축제의 이념은 오히려 뭔가를 갈망하고 기존 틀을 벗어나려는 인간의 처절한 몸부림의 표현으로 이해된다.

(2) 축제의 현대적 의미

축제의 고전적 의미가 오늘날에도 유효한가? 그렇지 않다면 어떤 이유를 가지고 있는가? 축제이념의 변화와 축제의 변형은 고전적 축제 의미의 해체인가, 아니면 새로운 축제의 의미를 말하는가? 오늘날 축제는 참여하고 향유하는 사람에게나, 축제문화의 생산자 입장에서나, 축제의 기능적 측면에서 보면 고전적 축제의 의미가 많이 변화된 것을 발견한다. 립(W. Lipp)은 1970년대에 이미 고전적 의미의 축제는 더 이상 존재하지 않는다고 단언했다. 축제의미의 변화는 첫째로 종교적 기능의 소멸에서 찾을 수 있다. 오늘날 행해지는 수많은 축제에서 더 이상 종교적 제의의 성격을 찾기는 힘들다. 축제기간을 '신성이 부여된 시간'으로 이해하는 축제 향유자는 더 이상 존재하지 않는다. 축제는 이제 일반적 문화현상의 일부로 이해되고 있다. 민속문화 보존의도 차원에서 거행되는 고전축제 역시 새롭게 재창조되거나 상징적 형태만을 가지게 되었다. 그렇다면 축제에서 신성성의 상실을 어떻게 설명할 수 있을까? 포이예(A. Feuillet)는 현대인의 비종교적 태도에서 원인을 찾는다. 현대인은 더 이상 신적 존재를 믿지 않으며, 이들에게 축제는 신성한 의례가 아니라 일상적 의식절차가 된다.

둘째, 고전적 축제의미의 변화를 사회발전과 환경변화 등에서 찾아볼 수 있다. 이 입장은 '더 이상 축제는 사회, 경제적 환경의 변화에서 자유롭지 않다.'는 전제에서 출발한다. 보벨(M. Vovelle)은 축제의 변화를 농업사회에서 산업사회로의 이행과정의 결과로 이해한다. 다시 말하면, 농업사회에서 축제의 주요 행위 주체였던 부르주아, 장인, 지수, 농민 등의 집단이 산업사회에서 이전 농업사회에서의 차지하던 사회적 의미가 사라짐으로써 산업사회에서 축제 행위주체로서 이들의 의미도 축소되었다는 설명방식이다. 축제의 의미변화를 사회경제적 틀의 변화에서 찾으려는 보벨 식의 시각은 설득력 있는 논변처럼 보인다. 자본주의의 발달과 사회의 다원화의 증가에 따라 축제의 형식과 축제 행위주체, 축제참여의 범위도 다분화, 다층화를 보여 주기 위해서이다. 후기 자본주의 사회에서 축제는 관광축제, 산업축제, 예술축제 등으로 다분화하였으며, 특정한 목적을 가지고 주제 중심적인 특징을 가지게 되었다. 이들 축제는 대부분 상업적 목적이 강하고, 순수 예술축제라 해도 상업성을 완전히 배제하지 못하고 있다. 국가나 지역자치단체에서는 축제의 관광자원화 논의와 축제지원과 평가논의가 활발히 이루어지고 있다. 이는 축제가 오늘날 문화정책적, 관광정책적, 산업적 차원에서 접근되고 있다는 것을 의미한다.

셋째, 축제수용자의 측면에서 축제의 의미가 변화했다. 고전축제의 중요한 요소였던 일상성의 단절과 일탈의 경험, 해방감은 더 이상 현대적 축제의 독점적 지위를 갖지 못한다. 현대인은 이러한 것을 영화, 사이버공간, 각종 레저체험 산업 등에서 경험한다. 이벤트와 축제, 각종의 일탈경험의 폭발현상은 고전적 축제의 경험을 일상적 경험으로 치환시켜 버렸다. 축제가 일상화되어 버린 것이다. 축제는 '일상과 전혀 다른 일상과 대립하는 것이 아니라 일상을 보완하고 드높여 주는 것' 으로서 일상과의 경계는 사라졌다. 또한 사회계층의 다분화로 인해 현대인은 축제에서 더 이상 고전축제적 차원의 연대감, 우정, 황홀경을 가지지 못한다. 현대인에게 축제는 '하나의 축제' 가 아닌 수많은 축제 중의 하나이며, 축제 참여의 선택 요인은 지극히 개인화되었다. 축제는 이제 문화소비의 대상 그 이상도 이하도 아니게 되었다.

넷째, 축제 자체가 가지는 내용성의 변화이다. 이 변화의 핵심은 축제의 스펙터클화이다. 축제의 스펙터클화를 한마디로 요약하면 참여의 축제에서 관람형 축제로의 변화이다. 볼거리로서의 축제와 경제적 가치 창출로서의 변화된 축제의 양상인 셈이다. 고전적 축제와 스펙터클화된 축제는 중첩된 의미층을 고유하기도 하지만, 강조점에 차이가 있기도 하다. 이를 정리해 보면 〈표 12-2〉와 같다.

표 12-2 고전적 축제와 스펙터클화된 축제

구 분	전통적 축제의례	스펙타클화된 축제
의례목적	신과의 교섭	축제 참여자의 즐거움
의례효과	종교 교육적 · 공동체 교육 효과	오락적 · 산업적 효과
참여형태	집단적 · 의무적	개별적 · 선택적
참여동기	초월적 동기	기분전환 · 흥미 분위적
참여주체태도	몰아적 태도	비판적 거리 두기
구성요소	공동 창작적 성격	관람적 성격

이상에서 살펴본 바와 같이 오늘날의 축제는 프로이트, 바흐친, 니체가 말하는 해방적 삶의 전형을 더 이상 보여 주지 못한다. 현대적 축제는 뒤비뇨, 터너 등이 시도한 '축제이념화' 와 달리 더 이상 신성한 시간, 사회적 연대감을 확인하는 시간과 공간으로서의 역할을 하지 못한다. 오늘날 '일

상의 축제화' 로 인해 더 이상 축제의 축제적 의미를 찾기 어렵게 되었다. 일상의 축제화, 축제와 일상의 경계 해소는 축제의 종말을 의미하는가? 반드시 그렇지는 않다. 긍정적으로 고찰한다면, 축제의 종말이 아니라 '축제의 민주주의화' 가 일어나고 있다.

우리의 축제이념이 과거로 회귀해야 하는가? 이러한 질문에 대답을 하는 것은 그리 어렵지 않다. 이러한 지적 태도는 대단히 낭만적이다. 현대 축제의 양상이 사회적 · 경제적 조건변화의 산물이라는 것이 분명해진 이상 진지한 지적 태도는 가져야 한다. 진정한 축제의 이념, 진정한 일상의 축제화는 축제이념이 가졌던 '해방된 삶' 을 '지금-여기' 에 실현시키는 것이 아닐까? 이를 위한 개인적 · 사회적 노력이 우리 현재화된 미래의 진정한 축제적 삶을 준비하고 살아가는 소선이 될 것이다. 특히 학교교육이라는 실천적 영역에서 대안교육으로서의 축제를 활용해 보는 것은 갇힌 학교에서 열린 인간성을 기를 수 있는 좋은 프로그램이 아닐까 한다.

2) 학교축제의 교육적 가치

(1) 학교축제의 개념 및 가치

학교축제는 청소년 간의 만남의 장은 물론 억압에서의 해소, 일상성의 단절과 해방, 새로운 삶의 에너지 획득 등의 특성을 공유한다. 입시의 중압감, 성적 올리기에 대한 스트레스, 동료 집단에서의 따돌림 등 여러 심리적 · 정서적 갈등 요인이 축제를 통해 해소되기도 한다. 따라서 학생들에게 축제는 학업이라는 일상성에서 잠깐이나마 해방감을 맛볼 수 있게 해 주며, 이를 통해 학업을 지속할 수 있는 정신적 에너지를 획득하게 한다.

뿐만 아니라 학교축제는 '청소년 권리' 와 밀접하게 연관된다. 청소년은 아동과 성인 사이에 위치하여 육체적, 정신적으로 덜 성숙되었을 뿐만 아니라 사회적으로는 성인의 권리를 부여받지 못하는 중간자이다. 그래서 청소년의 권리를 증진시키기 위해 마련된「청소년 헌장」에는 청소년이 삶의 주체로서 '자신의 생각과 느낌을 자유롭게 펼칠 권리'와 '다양한 문화·예술 활동에 자유롭게 참여할 권리'를 가진다고 명시되어 있다. 이러한「청소년 헌장」의 정신에 따라 우리 주변에서 '청소년을 위한' 음악회, 연극제, 영상제, 가요제 등의 제목에서 '청소년을 위한'이란 표현을 쉽게 찾아볼 수 있다. 그러나 제목뿐이지 그 내용을 보면 과연 청소년을 위한 것인지 의심하지 않을 수 없다(류정아, 김영순 외, 2007).

학교가 학생들에게 교육의 장소이기도 하지만 중요한 생활의 공간이라는 점을 생각해 볼 때 학교는 축제를 통하여 청소년 헌장에도 명시된 대로 다양한 문화·예술 활동에 자유롭게 참여할 권리와 누릴 권리를 제공해야 한다. 그러므로 학교축제를 통해 누리게 해 주며, 사회를 체험할 수 있는 계기를 만들어 주어야 한다. 이러한 이유로 학교축제를 그것이 소재한 지역이라는 맥락에서 살펴보는 것은 중요하다.

지역사회와 학교가 연계하여 진행될 수 있는 축제의 콘텐츠는 실로 다양하다. 지금까지 학교축제는 주로 학생들의 전시회, 경연 대회, 학예회, 음악의 밤 등 특정 '보여 주기' 식 행사였다. 좀 더 진보된 학교축제의 경우 학생, 교사, 학부모의 참여가 이루어지기도 했다. 그러나 정작 그 학교가 속한 지역과의 교류는 저조했다.

무엇보다도 학교축제는 학교교육의 환경이 바뀌고 있고, 그 핵심에 학생들의 변화가 자리 잡고 있다는 것과 관계가 있다. 학생들의 특기, 적성을 키우고 감성교육을 강조하는 측면에서, 학생들을 학교라는 공간의 주민으로 정착시키기 위해 올바른 학교축제문화가 도입되어야 할 것이다. 이와 같은 맥락에서 축제는 우리가 새롭게 학교교육 프로그램으로 이끌어야 할 한 가지 대안일 수 있다. 학교축제를 통해서 단순하고 경직된 물리적 학교 공간이 다양한 문화가 소통되는 살아 있는 문화예술교육 공간으로 변화될 수 있을 것이다. 이것을 '새로운 학교문화 창조'라는 흐름에서 이해할 수 있다.

일반적으로 청소년 축제의 가치는 '축제' 라는 집단적 행위 자체에 있기도 하지만 무엇인가를 시도하고 발전시키기 위한 의도, 즉 어떠한 목적을 달성하기 위한 과정이나 매개체 또는 건강한 수단으로서도 중요한 가치가 있다. 결국 '문화론적 관점에서의 청소년축제' 는 바로 청소년축제가 가질 수 있는 다양한 가치와 가능성에 대한 제시이기도 하다. 따라서 학교축제가 단순한 학교에서의 이벤트에 머물지 않고 진정한 청소년축제로서 성장하기 위해서는 몇 가지의 전제를 고민하고 정리해 보아야 한다. 중요한 것은 학교축제의 주체가 될 수 있는 많은 사람과 조직이 축제에 대한 전제를 찾기 위해 어떠한 과정을 거치면서, 어떠한 합의를 만들어 낼 것인가 하는 점이다. 청소년축제와 학교축제는 한 사람의 발상과 기획에 의해 만들어진 것이 아닌 많은 사람의 시각이 공유되며 함께 만들어질 때 그 가치가 있다. 그러나 축제에 대한 정의, 청소년문화에 대한 정의, 지역사회에 대한 나름대로의 판단과 개념정리 또는 축제의 목적과 방향에 대한 합의의 과정이 생략된 채 축제가 만들어지는 경우가 많다. 결국 다양한 시각과 생각이 공유되는 사전 과정이 부족한 경우, 보통 축제의 과정과 결과는 쉽게 흔들릴 수밖에 없다. 결국 많은 주체가 함께 공유될 수 있는 전제와 단서를 만들어 가는 과정 자체가 진정한 청소년축제, 학교축제의 시작점이 될 것이다.

지금까지 학교축제에서 주로 추구했던 것이 '학교생활 속의 즐거운 에너지', '일상의 금기 깨기' 의 수단, '학교 안에서의 자발적 문화 형성' 및 '교사와 학생 간의 세대적 교감', '다양한 지역사회 자원의 개발과 활용' 등이었다면, 여기에 '공부와 놀이와의 즐거운 조우(遭遇)', '금기 깨기의 일상화와 새로운 학교문화에 대한 도전', '죽어 가는 자치활동과 문화활동의 확장된 심폐소생술' 등이 첨가되어야 할 것이다. 그 외에도 '지역자원의 활용을 넘어선 상호 담장 허물기', '하루 놀기에서 자주 놀기', '큰 것에서 작은 과정 만들기' 라든가 '일상적 삶과 일상적 교육환경의 진화를 위한 매개' 등의 개념이 포함될 수도 있다.

(2) 교육과정으로서 학교축제의 의미

① 교육과정 정상화로서 문화예술교육 활성화

학교교육의 본질적 성격과 목표는 국가교육과정에서 말하는 '홍익인간'이 내포하는 의미 속에서 쉽게 찾아볼 수 있다. 우리나라는 오랫동안 학교교육에서 추구하는 인간상으로서 '홍익인간'을 강조하여 왔으며, 이를 위한 실천이념으로 '전인교육'을 내세우고 있다. 이를 효율적으로 구현하기 위해 국가는 교과편제와 특별활동 및 행사, 수업일수와 수업시수 및 운영 등에 대한 종합적인 계획을 각 시대 흐름에 따라 시기 적절하게 국가단위 교육과정이라는 이름으로 고시하고 있다.

국가교육과정의 실천이념으로서의 '전인교육(全人敎育)'이란 한국 사회가 요구하는 기본지식과 문화적 감수성, 교양 있는 인격과 가치태도, 건강한 신체와 마음을 균형 있게 신장시키는 것을 목표로 한다. 그럼에도 불구하고 오늘날의 교원양성과정이나 연수시스템, 학사운영시스템, 교육기관 및 학교행정 시스템, 재정 운영, 시설과 인력 투자, 재정 확보 등의 면에서 볼 때 학교교육은 현실적으로 교과교육 위주로 운영될 수밖에 없는 구조를 갖고 있으며, 문화예술교육은 부차적인 영역으로 밀리 수밖에 없는 한계를 지니고 있다. 따라서 국가와 교육기관은 학교교육과정의 균형 있는 운영을 통해 문화예술교육이 활성화될 수 있는 실효성 있는 방안을 제시해야 한다. 그 방안의 핵심 축은 특별활동과 행사활동, 방과 후 학교, 동아리 활동, 학생자치활동 등이어야 하며, 이러한 활동이 교과활동과 유기적으로 연계될 수 있도록 고안되어야 할 것이다.

② 학교교육활동과 소통의 장으로서 축제

제7차 국가교육과정에서 학교교육활동은 크게 교과교육과 특별활동(자치활동, 계발활동, 적응활동, 봉사활동, 행사활동)으로 이루어지며, 교육정책에 따라 '방과 후 학교'가 함께 추진되고 있다. 그런데 학교축제는 이러한 종합적 활동의 과정과 내용이 학교주체인 교사와 학부모, 학생은 물론이고 지역사회와 함께 공유하고 소통하는 과정을 통해 평가하고 새로운 학년도를 준비하는 총결산으로서의 중요한 의미를 가진다. 뿐만 아니라 축제는 학생회, 계발활동과 상설 동아리 활동을 중심으로 한 학생자치활동을 매개로 극대화된다는 점에서 중요하다. 나아가서 학교공동체를 통해 교사, 학부모, 지역주민의 공동체문화를 형성하고 이러한 과정과 경험은 자라나는 학생들의 자아 형성에 지대한 영향을 끼친다는 점에서 역점을 두고 강조되어야 한다. 더구나 오늘날 학생들에게서 그들의 삶과 비전에 따른 창의적인 학생문화를 찾아보기 어려우므로 체계적이고 목표지향적인 지원을 통한 학교축제 활성화가 가능할 수 있다면 이러한 문제를 해결할 수 있는 귀중한 대안이 될 수 있다.

세계는 지금 주 5일 수업제의 급물살을 타고 있으며, 심지어 프랑스 초등학교 경우에는 주 4일 수업제가 시행되고 있기도 하다. 이는 국민의 삶의 질 향상을 위한 여가활용의 기회 확보와 그동안 학교중심의 교육활동에서 학교와 지역사회가 함께 소통되는 교육 역할분담에의 필요성에 따른 것이다. 이는 두말할 필요도 없이 21세기 지식기반사회에서의 국가경쟁력 강화를 위한 '창의력 신장' 의 중요성이 커졌기 때문이다. 따라서 향후 학교교육의 담장은 빠른 속도로 허물어질 수밖에 없으며, 지역사회와의 소통과 역할분담은 필연적이다. 이러한 시대적 흐름에서 학교축제는 이전과 다른 진일보한 의미를 갖게 되며, 형식과 추진과정 및 내용면에서 지역사회와의 소통과 교류 및 참여를 요구한다.

(3) 성공적인 학교축제의 방향 모색

① 학생들의 주체와 참여의식

입시교육의 체계에 묶여 있는 청소년에게 축제가 가지는 본질적 의미인 일상에서 벗어난 새로운 비일상적 역동성을 찾아내는 측면이나 문화적 감수성 확대와 창의성 계발의 장으로서 학교축제가 가지는 의미는 충분히 발현되어야 한다. 청소년축제의 본래 의미와 가치인 비일상적 역동성의 탐색이나 인간주의적 가치관의 체화, 축제의 비일상성에서 경험되는 자기 내면의 자아 찾기, 학교공동체 구성원으로서의 연대성 경험 등을 충분히 발현함으로써 청소년은 주체성, 독립성, 문화의식 등으로 구성되는 문화감수성의 발전을 경험할 수 있어야 한다. 이를 위해서는 일반적인 축제의 성공요인에 비추어 본 학교축제의 성공을 위한 개선방안을 모색해 보아야 한다.

축제 속의 일탈은 일상에서의 단절만을 의미하는 것이 아니라 다양한 일상의 변형 속에서 삶의 무기력을 일깨우고 새로운 활력과 의지를 가지고 일상으로 복귀할 수 있는 것이어야 한다. 축제에서는 무엇보다도 공동체 성원 전부가 공감할 수 있는, 즉 기분을 통일할 수 있는 주제가 있어야 하며, 그 주제를 표현할 수 있는 외부 장치가 필요하다.

예를 들면, 교사와 학생의 역할 바꾸기가 있는데, 이때 교장, 교사뿐만 아니라 축제에 참가하는 모든 외부 참가자까지 분장이나 가면 등을 통하여 하나의 기분 만들기를 할 수 있어야 한다. 질서정연한 모습으로 동아리나 특기생의 공연을 관람하거나, 짜인 틀 속에서 게임에 참여하는 정도가 아니라 참가자 전체가 주인공이 되어 축제에 몰입할 수 있는 축제기획이 필요하다.

학교축제는 학생들의 높은 참여율에도 불구하고 만족도는 '보통' 수준에 머물고 있다. 만족도가 낮은 주요 요인에는 제한적인 학생 참여, 축제기획력 부족, 학교 측의 지나친 규제 등이 있다. 만족도를 떨어뜨리는 요인에 대한 개선방안을 중심으로 학생들이 원하는 학교축제의 발전방향을 찾아보고자 한다.

학생중심의 축제운영을 위한 학생 참여조직으로 학생축제기획단의 구성과 역할 · 권한 강화가 필요하다. 많은 학교에서 학생축제기획단으로 학생회 임원과 동아리회장단을 임명하고 있다. 그런데 학생축제기획단은 가능하면 학생회 동아리와는 별도로 구성하는 것이 좋다. 학생회의 역할과 기능이 학교별로 조금씩 다르기는 하지만, 학생보다는 학교의 대변인 역할로 더 많이 인식되고 있다. 이는 학생들에게 새로운 경험으로서 학교축제에

표 12-3 성공적인 학교축제

구분	내용
성공적인 학교 축제의 의미와 가치	• 축제 본연의 의미와 가치 - 인간의 유희적 본성이 문화적으로 표현된 놀이 - 축제적인 상황에서 벌어지는 놀이는 비일상적이고 비생산적임 - 축제는 일상과 생산에 필수불가결한 일 • 청소년 축제 본연의 의미와 가치 - 비일상적 역동성의 탐색 - 인간주의적 가치관의 체화 - 자기내면의 자아 찾기 - 학교공동체의 연대성 경험 - 문화적 감수성의 확대와 창의성 계발 - 자기주도적 학습 기회
성공적인 학교 축제의 조건	• 학교장과 교사가 학교축제에 대한 교육적 의미를 정확히 인식하기 - 학생들에게 자기발현의 기회 제공 - 의례적인 인사치레 축소 등 과감한 시도의 허용 • 자기 학교만의 축제 아이템 잡기 - 동아리, 학교장의 일방적인 요구가 아닌 학생 대다수가 인정할 수 있는 자기 학교만의 특징과 주제 정하기 • 축제주제를 표현할 외부 장치 허용 - 일상에서의 일탈에 대한 부분적인 허용: 축제를 위한 공간(교실-축제공간 등), 관계(교사-학생) 등 - 정기성 확보: 일정한 시기, 모든 학생이 참여 가능한 시기 - 일상과는 다른 축제의 상징과 네이밍 - 홍보와 마케팅
참고	• 학생만족도 저하 요인 - 제한적인 학생 참여 - 축제기획력 부족 - 학교 측의 지나친 규제

몰입하는 것을 방해하는 요인이 될 수도 있다. 또 현실적으로 학생회 인원은 일상적인 학생회 활동만으로도 많은 시간을 빼앗기고 있어서 과중한 활동으로 인한 스트레스 요인이 될 수 있다.

동아리 회장단의 경우도 공연활동 경험이 있다는 것은 장점이겠지만, 이들이 기획단의 주체가 되면 일부 동아리 중심을 축제를 운영할 가능성이 높다. 현재 학교축제 지원금의 대부분이 동아리 공연이나 전시비로 지출되고 있는 실정이고, 학생들이 일부 동아리의 잔치로 학교축제를 인식하는 상황에서 전체 학생을 위한 축제를 기획하기에는 어려움이 있다.

학생축제기획단은 축제를 만드는 기구가 아니라 학생들의 의견을 듣고 조정하며, 학생들이 주체가 되는 축제를 만들어 가도록 지원하는 기구가 되어야 한다. 많은 학생에게서 학교축제가 학생축제기획단과 주변 학생의 잔치라는 인식이 있음을 알 수 있다. 그러나 학생축제기획단은 더 많은 학생의 의견을 듣고, 각 그룹(동아리 그룹, 학년별 대표그룹 등) 간의 의견을 조정하고 조율하면서 교사와의 매개역할을 수행하여야 한다.

학생기획단은 축제의 일부 행사만 담당하는 기구가 아니다. 교사와 일반 학생의 의견을 수렴하고 조율하면서 축제기획에서 결정권을 가지는 것이 필요하다. 축제의 기획 · 운영 · 예산의 수립과 집행 등에서 학생축제기획단이 결정권을 갖도록 하는 것이 필요하다.

학생들은 학교축제에서 학생 자신이 주인이 되어야 한다고 느끼고 있지만, 실제로는 일부 학생회 임원이나 동아리 회장 중심으로 운영되고 '참여할 프로그램이 없거나 부족하다.' '일부 학생들의 잔치에 머물고 있다.' 는 불만을 가지고 있다. 이는 학교축제가 학교별로 큰 차별성 없이 공연 전시 관람, 체험마당, 먹거리장터라는 판에 박힌 틀로 이루어지고 있는 현실을 나타내는 것이다. 반면 학생들은 대안으로서 '학교별 특색이 있어야 한다.' '모든 학생이 참여하는 행사여야 한다.' '학교 개방 행사여야 한다.' '학교에서 평소에는 할 수 없었던 일도 해 볼 수 있어야 한다.' 는 등의 의견을 가지고 있다. 많은 축제기획의 과정에서 '아이디어 발상' 이나 '의식의 전환' 같은 문제를 토론할 때조차 결국 공연이나 전시의 관람 프로그램을 추가하거나 보완한다든지, 참여 프로그램이라는 이름으로 아이들이 즐기는 타로게임이나 물 풍선 떨어뜨리기 등 그때그때 프로그램의 수만 늘리는 모습을 종종 볼 수 있다. 근본 문제 해결 없이 프로그램을 첨삭하는 수준으로는 현재의 문제점을 해결할 수 없다. 학생들이 지적하는 문제점에 주의를 기울이면서 제시된 발전방향을 프로그램의 기획에 수용하기 위한 적극적인 연구와 시도가 요구된다. 학생들이 공감하는 주제를 놓고, 모든 학생이 참여할 수 있는 학교축제의 새로운 모형 찾기가 절실하다.

② 교사의 역할 강화

학생들이 제기하는 학교축제의 불만족 요인과 기대방향에는 학교의 규제와 간섭에 대한 내용이 포함되어 있다. 학생들은 교사도 함께 어울리고 동일하게 참여하는, '귀신복장도 함께 입는' 학교축제에 대한 기대가 있는 반면, 교사와 교장의 지나친 간섭과 규제에는 반발하고 있다. 이러한 점은 시범사업을 시행하기 전 2004년 8월, 부천 관내 고등학교 12개교, 15명의 축제 담당교사와 부천시청소년수련관이 함께 자리한 '2004 학생축제 개선방안 마련을 위한 교사간담회' 에서 드러난 교사의 의견이다.

축제 담당교사는 학생들과 학교장 등 학교대표와의 매개역할을 담당하면서 점진적으로 학교의 다른 교사, 학교장 등을 설득하려는 노력을 해야만 한다. 나아가 성공적이고 학생들의 만족도가 높은 학교축제를 기획 · 운영하기 위해서는 다음과 같은 지점에서부터 출발해야 한다.

첫째, 자발적 의지에 의한 축제 담당교사를 선정해야 한다. 학교축제를 담당하는 교사는 현재 대부분의 학교에서 특별히 축제에 관심이 있는 교사의 자발적인 신청이 아닌 특별활동(CA) 부장이 담당하도록 업무분장이 이루어져 있다. 이는 현재의 학교축제가 동아리 공연이나 전시에 많은 의존을 하고 있고, 동아리 학생은 특별활동부서로 등록되어 활동하고 있기 때문이다. 그런데 교사는 과도한 업무부담의 이유로 학교축제 담당을 꺼리는 경향이 있으며, 문화에 대한 이해나 축제에 대한 사전 지식이 없음으로써 두려움과 당혹감을 느끼며 학교장 등 학교 운영진의 질책을 받지 않는 수준에서 치러지기를 바라고 있다. 따라서 축제 담당교사는 학생들의 동아리 활동 지도 등 기존의 업무와는 관련이 없는 지원자로 구성하는 것이 바람

표 12-4 교사의 역할강화

방 안	내 용
담당교사 선정	• 축제에 관심 있는 교사의 자발적인 의지에 의한 선정이 바람직
권 한	• 인센티브, 권한에 대한 대안이 마련되어야 함
정보 교류와 연계	• 학교축제라는 분야에 대한 생소함과 과도한 업무량에 대한 두려움 • 일상적인 문화동아리 등 교사모임 중요 • 학교 간, 교사 간의 정보 교류의 장이 필요

직할 것이다. 교사 중에는 락이나 재즈, 연극 같은 예술활동을 선호하면서 학생들과 새로운 시도를 하는 것에 즐거움을 느끼는 교사가 있다. 특히 문화축제기획 분야에 대한 흥미를 가진 교사라면 더욱 좋을 것이다.

둘째, 축제를 담당하는 교사 간의 정보 교류와 연계가 필요하다. 교사는 학교축제라는 분야에 생소함과 정보 부족을 느끼고 있다. 담당교사 간의 정보 교류나 자료 교환을 통하여 교사는 타 학교의 축제실태를 알 수 있고, 학생들의 일상활동과 축제에 대한 요구 등 필요한 정보를 공유할 수 있다. 축제 담당교사가 학생축제기획단과 함께 모든 학생의 의견을 들어서 진행하는 학교축제의 경험은 교사와 학생, 학생 상호 간의 이해와 신뢰감을 높이고, 학생들이 원하는 학교축제 만들기의 밑거름이 될 수 있다.

③ 지역과 연계한 학교축제 활성화 방향

학교축제는 '입시' 혹은 '학업' 이라는 학생들의 일상성에서의 해방과 아울러 지속적인 삶의 에너지를 축적하는 계기를 만들어 줄 것이다. 그러나 학교축제가 기성 축제처럼 삶의 일탈성을 넘어서 퇴폐적 혹은 지나친 대중성만을 지향하는 측면은 경계해야 할 것이다. 적어도 학교축제는 학교라는 장소성과 공공성을 기반으로 형식적으로나 체계적으로 하나의 틀 내에서 움직여야 하는데, 바로 이것이 교육과정의 테두리에서 수행되어야 할 것이다. 학교축제는 학생회를 중심으로 축제 집행위원회가 구성되고 교사와 학부모, 넓게는 지역의 유지나 지자체 장이 축제의 추진위원회를 구성하여 계획성 있는 학교축제로 발전시켜야 할 것이다. 경우에 따라서는 특정 학교축제가 그 지역을 대표하는 축제로 발돋움할 수 있도록 집행위원회와 추진위원회에서는 축제의 콘텐츠를 계획하고 그 학교축제를 통해 학생과 주민이 하나가 되는 장을 만들어야 할 것이다. 그렇다면 이러한 학교축제 문화를 형성하기 위한 방향을 정리해 보자.

첫째, 학교축제는 학교교육과정 운영계획에 따라 실시하여야 한다. 학교교육과정 운영계획에는 교과, 재량활동, 특별활동에 대한 교육계획이 있고, 각 부별 활동계획이 있으며 월별 행사계획도 수립되어 있다. 따라서 학교교육과정 운영계획에 제시된 교과, 재량활동, 특별활동과 각 부의 계획 및 행사활동이 수행되고 그 결과로 나오는 작품이나 성과가 바로 학교축제의 전시물과 특기 · 적성발표로 이어져야 한다. 이때 학생들의 작품이나 발표 내용에 학생, 선생님, 학부모가 별도의 신경을 쓸 필요가 없어지고, 학교축제로 인한 학생들의 수업결손과 참여자의 제한이 최소화될 수 있다.

둘째, 학교축제는 학생, 교사, 지역주민이 즐겁게 소통하는 놀이공간이어야 한다. 학생이나 학부모 교원은 평소에 틈틈이 갈고 닦은 자신의 작품이나 특기를 발표하고, 참관하는 사람들은 부담 없이 보고 듣고 즐길 수 있어야 한다. 자신의 작품을 다른 사람의 작품과 비교하면서 상호 이해하고 다른 사람과 소통할 수 있는 체험학습의 기회를 제공해야 한다. 결국 자신과 타인, 집단과 집단, 세대와 세대 간의 문화와 의견이 소통되는 과정 속에서 축제가 발전할 수 있으며, 축제의 내용도 다양한 문화적 방식으로 세상과 즐거운 소통을 나눌 수 있어야 한다.

셋째, 학교축제는 개개인의 역할이 살아 있는 다양한 참여의 과정을 담아낼 수 있어야 한다. 이는 곧 축제를 구성하는 다양한 콘텐츠가 있어야 한다는 의미이다. 학교마다 학생, 학부모, 교사의 특성이 다르다. 따라서 축제의 형태도 달라져야 한다. 이웃 학교와 똑같은 판에 박힌 축제를 배제하고 그 지역의 정체성이 드러나는 축제 콘텐츠를 찾아야 할 것이다. 학생, 학부모, 교사의 의견을 수렴하여 반영하려는 노력을 기울일 때 축제는 발전할 수 있다. 청소년 문화축제를 다른 축제와 차별화할 수 있는 것에는 살아 있는 과정이 있다는 사실이다. 따라서 시작과 끝이 단 하루 만에 이루어지는 축제가 아닌 지역사회에서 살아가는 청소년의 일상을 담아낼 수 있는 과정을 만들어야 한다. 축제를 만들어 가는 과정에서 가장 힘든 일 중 하나가 각자에 맞는 역할 찾기이다.[2] 축제를 만들어 가는 상황과 목적 등에 따라 역할의 배분은 달라질 수 있다.

넷째, 학교축제는 교육 지향적이어야 한다. 학교축제에서 일회성 행사로 보여 주기 위해 많은 시간과 비용을 들인다면 이것은 비교육적일 것이다. 학교축제 과정을 통해서 학생들이 가진 특기와 적성이 앞으로도 계속 발전할 수 있는 계기가 되어야 한다. 학교축제는 1년간의 학교교육 활동을 정리하여 보여 주고 함께 참여하여 대화하고 소통하는 좋은 기회이다. 학교축제는 학교교육과정 운영계획의 차원에서 이루어지고 추진되어야 한다. 만약 학교축제를 학교교육과정과 별도의 행사라고 생각한다면 학교에서는 추진이 힘들어지고, 특히 입시를 앞둔 학생의 경우에는 참여하기 힘들다. 그러나 1년간 학교에서 배운 것을 정리하여 다른 학생과 교사, 학부모와 지역주민에게 보여 준다는 생각을 가진다면 학교축제는 학생, 학부모, 교사 모두가 큰 부담 없이 참여할 수 있는 무척 유익한 행사가 될 것이다. 교사는 학교축제에 참여하면서 학생들의 작품이나 공연을 보고 자신이 가르친 학생들의 수준을 가늠해 볼 수 있다. 또한 지역주민은 학교축제 속에서 학교와 지역사회가 유기적으로 연결되어 학교가 일상적인 삶에서 모든 지

2) 청소년축제를 포함한 많은 축제의 운영형태는 보통 축제의 핵심적인 운영을 책임지는 주관단체(청소년기획조직 포함)가 축제의 실행주체가 되고, 지역의 단체나 조직으로 이루어진 네트워크는 이를 지원하는 지원주체의 역할을 하는 경우가 많다. 하지만 역할을 나누는 과정에서 혼란이 오는 경우도 많다. 즉, 청소년 기획단의 역할, 주관단체의 역할, 지역 네트워크의 역할 등에 대한 혼란이다. 현실적으로 축제를 만드는 과정에서 축제의 운영과 예산을 담당할 수 있는 주관단체는 반드시 필요하다. 그러나 이를 담당하는 주관단체가 축제에 참여하는 네트워크와의 합의 및 공유 절차를 생략하거나, 일방적인 태도로 축제를 진행하려 했을 때는 많은 단체와 조직 간의 혼란과 갈등을 겪기도 한다. 때문에 축제를 만들어 가는 많은 주체의 원활한 역할 분배와 축제의 방향 설정 및 운영을 위한 합의와 공유의 과정은 지역 네트워크 유지의 관건이라 할 수 있다.

역주민에게 중요한 삶의 고리를 형성하고 있음을 느낄 수 있다. 즉, 학교축제를 통해 학부모와 지역주민은 학교교육에 대해 관심을 가지고 적극 참여하려는 마음이 우러나는 기회가 되어야 한다. 학생, 학부모, 교사로 이루어진 교육공동체는 이들이 적극 참여하고, 교육공동체가 나의 발전에 도움을 준다는 믿음을 가질 때 발전한다. 학교축제를 함께 기획하고 만들어 나가면서 학부모, 지역주민, 학생과 교사 간 상호 소통하고 깊이 있는 이해의 계기가 될 것이다.

다섯째, 학교축제는 장기적 안목에서 추진되어야 한다. 청소년축제가 교육적인 가치를 갖는 이유 중에는 청소년이 상상하는 것을 실천해 볼 수 있는 경험의 과정이 있다는 것이다. 미리 준비되고 짜여진 틀을 제공받는 것이 아닌 스스로 만들고 생산하는 과정 속에서 나름대로의 소통방식을 경험하고, 세상을 경험할 수 있는 기회가 만들어진다. 이를 위해선 먼저 축제가 의도하는 목적이나 풀어 가는 방식에서 단계적이고 장기적인 계획과 실험이 시도되어야 한다. 예를 들어, 축제 초기의 목적을 지역 내 청소년 동아리의 교류에 두었다면, 다음 단계에서는 지역 내 열악한 청소년 동아리의 발굴과 지원에 목적을 두고, 또 다음 단계에서는 지역 내 열악한 청소년 동아리의 발굴과 지원에 목적을 두고, 또 다음 단계에서는 지역 내 모든 동아리 활동의 활성화 또는 다른 지역 동아리와의 교류를 위한 계획을 세울 수 있을 것이다. 이러한 성장과정이 만들어지기 위해서는 지역사회의 특성, 참여 주체의 특성, 함께하는 청소년의 능력과 경험에 맞는 단계별(장기적) 성장계획을 세울 수 있어야 한다.[3] 즐거운 놀이에서 시작하여, 청소년의 인권, 학교교육의 문제, 지역사회 환경의 문제, 청소년 시설과 공간 확충을 위한 요구 등 다양한 목적과 내용을 담아 낼 수 있는 성장과정 자체가 대안적 지역공동체를 만들어 가는 과정이 될 수 있다.

3) 보통 지역사회 청소년문화축제가 다양한 네트워크와 내용을 담을 수 있을 정도로 성장하기 까지는 5년 이상의 긴 시간이 필요하다. 이 과정 자체가 지역과 주체의 성장과정이기에 결과와 성과에 대한 인식도 변화될 수 있어야 한다.

마지막으로 축제를 기록하고 정리하고 평가하는 단계도 축제의 중요한 과정임을 잊지 말아야 한다. 수행된 축제에 대한 기록과 정리는 현재의 시점부터 만들어 가야 할 축제의 정체성에 근거가 된다. 축제의 과정과 진행에 대한 기록과 정리는 축제의 객관적인 평가와도 직결되며, 다음 축제의 예측을 위한 최고의 자료가 되기도 한다. 기록과 정리를 통한 평가의 단계도 축제의 과정이라 할 수 있다. 이는 단순한 기록의 의미가 아닌 '기록을 근거한 정리-정리를 근거한 평가-평가를 근거한 다음 계획 세우기' 로 이어지는 중요한 축제의 단계라고 말 할 수 있다. 평소 축제에 참여하는 청소년 또한 기록과 정리의 과정에 충실할 수 있도록 해야 하며, 정형화된 서류를 남기는 것이 아닌 경험과 능력에 맞는 기록과 정리 방식을 스스로 찾아갈 수 있도록 도와야 한다. 이 또한 축제가 가지는 교육적 기능이다. 기획과정에서의 설계자료, 홍보자료, 회의록, 모니터 보고서 등의 문서기록을 포함하여 사진과 영상 등을 담아낼 수 있다면 축제의 성패와 상관없이 지역사회 청소년축제의 사례로서 제시가 가능해진다.

2. 지역사회의 축제와 지역학습

1) 지역사회의 축제와 학교교육

21세기 지식기반사회는 교육의 영역에서도 새로운 변화로서 '교육 콘텐츠' 를 요구한다. 기존의 중앙 집권주의적 교육과정 운영 및 지식암기

4) 콘텐츠란 우리가 일반적으로 인식하는 미디어 혹은 디지털미디어에 담긴 콘텐츠뿐만 아니라 저작을 위한 편집 및 창의적 행위를 위해 필요한 자원이다. 따라서 콘텐츠의 개념은 물질적 소유 대상에서 벗어나 자원의 개념으로 이해할 수 있다. 예를 들어, 지역학습을 위해 활용할 수 있는 축제가 있다면 이는 바로 '콘텐츠' 라고 할 수 있다.

위주의 교육을 해체하기 위한 도구가 바로 교육 콘텐츠이다.[4] 교육 콘텐츠는 학생의 자기주도적 학습력을 신장하여 새로운 지식을 창출할 수 있는 창의적 인간양성에 기여하게 된다. 우리나라의 경우 1980년대 도입 된 열린 교육의 개념과 더불어 2001년 제7차 교육과정의 도입으로 지식기반사회, 세계화 사회를 대비하기 위한 교육의 질 향상을 도모하고 있다. 그러나 이러한 움직임에도 불구하고 현재 한국의 교육 현실은 굳이 그 문제점을 거론하지 않더라도 산업시대의 근대적 교육과 큰 차이를 보이고 있지 않다.

이는 교육 전문가가 아니더라도 알 수 있는 교육 분야의 상존하는 몇 가지 문제를 여전히 해결하지 못하고 있기 때문인 것으로 판단된다. 첫째, 교육과정의 양이 너무 많고 입시준비 교육에 치중하여 탐구능력, 창의성, 학습방법능력의 신장이 부족하다. 둘째, 교육방법 측면에서 아직도 교사 위주의 일방적 지식 전달 교육으로 학생중심의 교육이 이루어지고 있지 않다. 셋째, 획일적 학교경영으로 수요자의 요구를 받아들이는 다양한 학교경영을 하지 못하고 있다. 넷째, 교육공동체, 즉 학교, 학생, 학부모, 지역사회의 관계가 활성화되어 있지 못하다. 이러한 현실은 지식기반사회에서 요구하는 창의적 인간을 양성하기에는 매우 열악한 교육환경이다. 여기서 우리가 주목할 부분은 바로 네 번째 문제이다. 즉, 학교와 지역사회의 연계성인데, 이의 극복이 지역축제를 통한 지역학습의 가능성을 탐구하는 것이다.

학교교육 영역에서 지역학습은 국가 단위의 교육과정과 관계가 있다. 기존 중앙집권적인 형태의 교육과정은 교육변화 요구의 수용과 위에서 제기한 한국의 현실적 교육 문제를 해결하는 데 한계를 지니고 있으므로 교육과정의 지역화에 대한 필요성은 학교교육 영역의 지역학습을 위해 매우 절실하다. 교육과정의 지역화는 중앙에서 부여한 교육내용을 의미 있게 이해시키고 중앙에서 부여한 교육목표를 효율적으로 성취시키는 것이다. 이를 위해 지역사회의 자연적·사회적 제 현상을 학교 내로 끌어들여 교육과정에 편제시켜야 한다. 또한 지역주민의 교육철학적 견해라든가, 학습자의 심리적 발달 수준, 학교의 여건 등을 종합적으로 고려함으로써 지역 혹은 학교 나름에 적합한 교육과정을 개발해야 한다. 따라서 교육과정의 지역화는 교사중심이 아닌 학습자중심, 교육의 획일화가 아닌 다양화, 교사의 자율성, 전문성 확대 등을 가져올 것이다.

이번 장은 학교교육 영역 중 지역학습과 가장 큰 연관을 지닌 사회과교육 영역을 연구 범주로 한다. 사회과의 '지역학습 단원' 을 축제와 연결하여 교육 콘텐츠 학습 모형을 제시한다. 그럼으로써 학습의 소재를 지역에서 찾아 학습자의 흥미를 유발할 수 있으며, 관찰 및 견학이 가능하여 구체적 사고를 유발할 수 있다. 이러한 지역학습과정은 학습방법능력, 합리적 의사결정능력, 창의성을 높일 수 있는 발판이 될 것이다.

현행 사회과 교육에서의 '지역학습'[5]은 여러 문제점을 내포하고 있다. 첫째, 지역학습의 내용이 단순하게 국가 단위의 지역에 대한 지식을 전달하고 있다. 즉, 지역학습을 구성하고 있는 학습 내용 및 요소가 학생들의 생활이 직접적으로 이루어지는 지역이 아닌 중앙중심적인 요소로 많은 부분이 구성되어 있다. 국가 수준에서 진행된 지역학습 운영은 학생들이 교육과정에 의한 지식은 습득하였으나 이를 실천할 수 있는 생활공간과의 괴리감을 형성하게 된다. 따라서 학생들은 지역사회 문제에 대해 무관심해지고 참여활동을 기피하게 된다. 둘째, 제5차 교육과정 시기부터 본격적으로 논의된 지역화 관련 논의는 초등학교의 경우 '지역교과서(4학년)' 가 개발되어 학생들의 자기 지역에 대한 사회적 인식의 계기가 마련했다. 그러나 중등 교육과정과 연계되거나 심화할 수 있는 계기가 없고, 이의 적용과 실천을 담당한 교실의 상황이나 내용의 조직방법 및 교수-학습방법에 대해서는 교사 수준에 그치고 있어 체계적으로 자리 잡고 있지 못한 실정이다. 이러한 점을 고려할 때 사회과 지역학습에서 지역교육의 원리와 방법을 찾아내는 것은 학습자중심의 효율적인 교육이 이루어질 수 있는 토대가 될 수 있을 것

5) 중학교 사회(1)에서는 'I 지역과 사회 탐구' 단원, 고등학교 사회(1)에서는 'I 국토의 지리정보' 단원이 지역학습 단원에 해당된다.

이다. 이는 곧 세계화 명제 아래 무차별적으로 가해지는 한국 교육의 계량화적 성향을 차단하고 지역에 필요한 인재 양성에 기여하게 된다.

사회과 지역학습은 궁극적으로 지역별 교과서를 개발하여 운영하는 것이 중요하다. 그러나 중등학교의 경우 대학교 입학시험과 자기 지역에 국한된 편협한 사고의 가능성을 가질 수 있다. 따라서 다양한 지역학습이 가능하도록 하는 메타 수준에서의 지역학습교육 모형을 개발하고, 다양한 지역학습자료를 개발하여 교과시간에 활용할 수 있도록 해야 한다. 아울러 지역학습의 다양한 프로그램 개발로 재량활동, 체험학습, 계발활동 등에 활용할 수 있는 방안을 모색하는 것이 선행되어야 한다. 이를 위해 지역의 문화와 정서를 반영한 지역축제를 교육 요소화하여 학습에 유인한다면 교육효과는 물론 지역 이해, 지역학생과 지역주민 간의 소통에 이바지하며 궁극적으로 민주적인 지역시민 양성에 기여할 것이다.

다음은 사회교육 영역에서의 지역학습의 필요성을 거론한다. 참여정부가 들어서면서 강조된 평생교육은 '학습하는 사회' 라는 사회교육적 차원에서 이해될 수 있다. 사회교육 영역에서 지역학습은 지역사회교육 요소 중의 하나인데, 해당 지역주민의 삶의 질을 높이는 중요한 수단이다. 지역사회교육은 그 지역사회 발전을 위하여 학교의 정규과정 이외의 조직적인 교육활동을 의미하는데, 그 대상은 해당 지역주민 전체이다. 지역사회교육의 목적은 변화하는 지역문화의 환경변화에 대처하는 능력을 기르고 지역사회 문화구조의 변화에 적응토록 하며, 지역사회 학교의 문제점을 보완하고 지역구성원 간 함께 사는 능력을 제공하는 데 목적을 두고 있다.

특히 지역사회가 성립되는 세 가지 조건 첫째, 지리적 영역(geographic area), 둘째, 사회적 상호작용(social interaction), 셋째, 공동유대감(common tie)을 엮어 주는 소재를 이 연구에서는 지역축제로 선정하고 있다. 지역축제에서는 이들 지역사회의 세 가지 성립조건을 충족시키는 요소로 구성되기 때문이다. 지역축제는 지역주민과 지역학생이 함께 만들고 참여하는 공간이다. 따라서 지역축제는 지역의 학생과 학부모, 해당 지역학교와 지역사회가 아우러져 소통의 장, 교육의 장으로 활용될 수 있다.

사회교육 영역에서 지역학습이 지니는 의의는 지역주민에게 그 지역의 사회 · 문화 구조의 이해, 이웃을 생각하는 상부상조 정신과 지역을 사랑하는 애향심을 고취시키는 것은 물론 학교와 지역사회가 사회통합에 기여할 수 있는 기회를 제공케 한다. 이 글에서는 지역주민을 위해 사회교육적 차원에서 어떤 교육 콘텐츠를 만들어 수행할 것인가가 관건이 된다.

앞서 제시한 바처럼 지역학습은 해당 지역 학생 및 주민에게 지역에 대한 정보를 교육을 통해 제공하는 것이다. 학교교육에서는 사회과 교육에서, 사회교육 영역에서는 지역사회교육의 한 가지 프로그램으로서 지역학습을 진행할 수 있다. 그런데 이 두 교육 영역에서 지역축제는 좋은 교육대상이다. 왜냐하면 지역축제가 함께 공유할 수 있는 콘텐츠로 구성되었기 때문이다. 지역축제를 통한 지역학습은 축제의 유희성과 놀이성을 활용하여 학습자를 지역사회에 쉽게 접근할 수 있도록 하고, 지역의 역사 · 지리 · 문화 · 사회의 총체적 산물인 축제를 체험하게 함으로써 지역공동체를 형성하게 한다. 그리고 그 과정에서 인간 존중, 관용 · 타협, 참여 · 책임의식을 체화하여 궁극적으로 학교교육의 사회과 목표 달성에 효율적이며, 사회교육에서는 지역사회교육의 목표인 공동유대감 형성에 기여할 것이다.

제7차 교육과정 「사회과 교육과정」에 따르면 사회과의 목적은 "사회현상을 올바르게 인식하고, 사회 지식 습득과 사회생활에 필요한 기능을 익히며, 민주사회 구성원에게 요청되는 가치와 태도를 지님으로써 민주시민으로서의 자질을 육성하는 교과" 이다.[6] 인간사회의 기본 단위인 '지역' 을 학습함으로써 국가, 더 나아가 세계가 요구하는 민주시민, 세계시민으로서의 지식 · 기능 · 태도를 형성하는 기초가 된다. 그러나 기존의 지역학습은 지리, 역사, 일반사회 영역이 골고루 발달되지 못했고, 지식목표 달성에 치중되어 가치 · 태도 형성에 기여하지 못했다는 지적이 있다. 또한 학습자

6) 교육부. 「사회과 교육과정」, 교육부 고시 제1997-15호.

에게 지역은 실질적 · 기능적 영역으로서 친근한 학습소재가 아니라 형식적인 지역으로서 따분하고 지루한 학습대상이었다. 따라서 축제가 가지고 있는 유희성과 놀이성을 유인요소로 축제의 기능, 즉 전통성 보존의 기능, 정치 · 경제 · 사회문화의 종합적인 장으로서의 기능, 지역주민의 지역공동체의식 함양의 기능을 활용해 흥미로운 학습이 되도록 유도할 것이다. 이 글은 지역축제의 교육적 가치를 이용해 지역문화를 교육의 장으로 활용하는 데 필요한 교육 콘텐츠 전략을 제시할 것이다.

2) 지역학습 소재로서의 지역축제

이번 장에서는 지역축제를 지역학습 자료 또는 지역학습 프로그램으로 활용하기 위한 축제의 교육적 가치를 살펴보고자 한다. 따라서 현행 중등교과서에 소개되고 있는 축제를 분석하고 인천 지역축제의 현황과 교육적 가치를 살펴본다.

(1) 중등학교 교과서에 나타난 축제

현행 중등학교 교과서에서는 중학교의 경우 축제가 소개되지 않았고, 고등학교의 경우 『고등학교 사회(1)』 8종 교과서 중 2종에서, 『고등학교 사회문화』 8종 교과서 중 5종에서 축제를 학습자료로 이용하고 있다. 『고등학교 사회(1)』 및 『고등학교 사회 · 문화』 교과서의 축제는 〈표 12-5〉 및 〈표 12-6〉에서 보듯이 축제를 매개로 세계화와 지역화를 설명하는 예시로 등장한다.

지역축제는 주로 해당 이미지와 함께 소개되고 있으며, 지방자치단체에서 지역 활성화를 위해 개발하고 있는 축제를 세계화와 연결하여 이해하도록 하여 진정한 지역화의 의미를 알 수 있도록 하고 있다. 교과서에서는 주로 국제적이거나 전국적인 규모의 대형 축제를 소개하고 있다. 그런데 이

표 12-5 『고등학교 사회(1)』에 나타난 지역축제

교과서	단원	내용	축제명
교학사	V. 문화권과 지구촌의 형성	• 지역화에 의한 지역구조의 변동과 생활 변화에서 자신이 살고 있는 지역의 다양한 지역행사를 참여하고 보고서를 작성하도록 함(p. 151). • 지방화 시대를 맞이하여 지역의 지역성이 잘 나타는 문화제 행사를 소개하여 세계화와 지역화의 개념을 토론하고 분석하도록 함(p. 144).	• 부산 국제영화제 소개 • 화성 문화제 • 2000 경주 세계문화엑스포 • 강원 국제관광엑스포 • 청주 국제항공엑스포 • 이천 세계도자기엑스포
	X. 사회변동과 미래사회	• 지역축제를 소개하고 지방자치제가 지역성을 활성화시키는 데 어떠한 영향을 끼쳤는가를 토론하도록 함(pp. 295-296).	• 부산 국제영화제 • 과천 세계마당극큰잔치
중앙교육진흥연구소	V. 문화권과 지구촌의 형성	• 세계화와 지역화를 다루면서 각 지역사회의 세계화 노력을 소개함(pp. 165-167).	• 2001 세계도자기축제 • 춘천 인형극제 • 백제 문화제 • 안동 국제페스티벌 • 자갈치 문화관광축제 • 광주 비엔날레

를 학습자가 살고 있는 지역의 소규모 축제를 조사한다면 지역 고유의 정치, 경제, 사회, 문화의 특징을 파악할 수 있을 것이다. 이는 곧 사회과 교육목표 중 하나인 세계화의 변화과정 속에 진정한 지역문화를 창조·계승할 수 있는 계기를 마련하게 될 것이다.

〈표 12-6〉은 '지역문화'를 소개하면서 지역의 특성을 살린 문화행사로 축제를 열거한다. 지역축제를 살기 좋은 공동체 형성 방안으로 지역주민이 소속의식을 강화하고 전체의 통합성을 유지하기 위한 기능을 강조한다. 또한 지역축제를 전통문화의 계승·발전의 중요한 요소로 소개한다. 교과서에서 소개하고 있는 안동 국제탈춤페스티벌, 전주 대사습놀이, 남원 춘향

표 12-6 『고등학교 사회 · 문화』에 나타난 지역축제

교과서	단원	내용	축제명
대한 교과서	IV. 인간과 문화 현상의 이해	• 문화변동과 민족 문화의 발전의 탐구활동에서 문화 민주주의와 지역주민이 이끌어 가는 지역문화를 소개함(pp. 174-175) • 책 제일 뒤편에 세계 속의 우리 문화라고 하여 안동 국제탈춤페스티벌을 사진으로 소개함	• 청도 소싸움 축제 • 진도 창작민요극
금성 출판사	IV. 인간과 문화현상의 이해	• 문화변동과 민족문화의 발전에서 지역문화를 소개하면서 최근 지방자치단체나 지역민 중심으로 시역의 특성에 맞는 문화행사를 개최하고 있다고 소개함(p. 176)	• 세계도자기엑스포축제
법문사	III. 공동체 생활과 지역사회	• 농촌과 도시 사회의 분석에서 살기 좋은 공동체 형성 방안에 지역주민이 소속의식을 강화하고 전체의 통합성을 유지하기 위하여 여러 가지 문화행사를 하고 있다고 소개함(p. 113)	• 남원 춘향제 • 진해 군항제 • 고령대 가야제 • 공주 백제문화제
	IV. 인간과 문화 현상의 이해	• 문화 변동과 민족문화의 발전에서 지역문화는 전체 문화에 대해 문화적 다양성을 제공한다고 소개함(p. 165) • 전통문화의 계승 · 발전에서는 난타 공연을 소개함(p. 167)	• 전주 대사습놀이 • 남원 춘향제
지학사	IV. 인간과 문화 현상의 이해	• 문화변동과 민족문화의 발전에서 지역문화를 소개함(p. 161) • 전통문화의 계승과 발전에서 농악을 소개함	• 백제 문화제 • 부산 바다축제
중앙 교육 진흥 연구소	III. 공동체 생활과 지역사회	• 국제화에 따른 지역 이미지 형성과 경쟁력을 강화함(p. 138) • 지역공동체 발전을 위한 노력과 반성에서 지역공동체의 축제를 소개함(p. 147)	• 이천 세계도자기엑스포 • 제주 섬문화축제 • 안동 국제탈춤축제

제 등은 우리의 전통문화뿐만 아니라 지역의 무형문화제, 전통놀이문화, 의례 등에 관심을 갖도록 하여 지역문화의 창조자, 생산자로서 우리 민족의 다양한 전통문화가 계승·발전하는 데 기여한다.

(2) 지역축제의 교육적 가치

앞 절에서 살펴본 바와 같이 중등교과서의 지역축제의 교육적 가치는 지역공동체 형성, 전통문화의 현대적 계승으로 정리할 수 있다. 그러나 축제를 활용하면 다문화 교육, 사회·문화·정치 교육, 문화예술 교육으로 교육적 가치가 확대될 수 있다.

① 지역공동체 형성

정체성과 공동체의식은 기본적으로 지역이라는 공간을 공유하는 주민 간의 상호작용에 의해 형성되며, 이러한 의식 형성에 영향을 미치는 것은 지역 상징의 고유성과 그 지역에서의 긍정적인 사회활동과 정서적 경험이다. 어떤 지역사회에서 개인이 가진 풍부한 경험, 유대관계, 지역에 대한 친숙함 등은 그 사람으로 하여금 그 지역에 대해 긍정적으로 정체화하는 데 기여한다. 지역의 특성이 주민에게 내재화된 정체감으로 자리 잡기 위해서는 상호작용을 통하여 주민 공동의 경험으로 축적되어야 한다. 그러나 인천 지역은 인천 토박이보다 타 지역주민이 이주하여 인천인이 된 경우가 많아 빈번한 인구 이동으로 지역이라는 상징적 테두리 속에서 지속적인 상호작용을 나눌 기회가 부족하여, 주민 상호 간에 깊은 정적 유대관계와 공감대를 형성할 수 있는 기반이 충분히 축적되지 못하였다.

지역축제가 과거와 현재를 이어 주는 매개체로서 지역의 전통이 계승되는 집단 행위라면, 단절된 역사 속에 살고 있는 인천 주민에게는 더욱 축제가 필요하다. 주민의 감정과 사고는 축제라는 집단적 상호작용에 의해 지역의 전통으로 유지되고 끊임없이 재생산되어 나간다. 또 주민 사이의 상호작용을 유발시키는 계기가 되어 공동체의식 함양에 좋은 기회가 될 것이다. 그러므로 미래에 지역주민으로서 역할을 할 학생들이 지역의 정체성을 익히고 지역공동체에 참여하는 방법을 익히는 것은 지역학습의 중요한 과제이다.

② 전통문화의 현대적 계승

축제에는 유형적인 것뿐만 아니라 무형적인 것, 즉 전통 의례, 관습, 언어, 무용 등과 같은 것도 포함되어 있다. 이러한 전통적인 양식의 지속적인 보전과 건강한 계승이 중요한 과제인데 축제야말로 전통문화와 연희와 놀이를 보전하는 가장 건실한 제도이다(서연호, 1994: 51). 이와 같이 축제가 갖는 전통 문화의 축적성은 교육적 가치를 높인다. 전통문화의 지속적으로 보존되기 위해서는 세대 간에 단절 없이 계속되는 전수과정, 현대적 맥락에 따른 재창조 등의 복합적인 과정이 필요하다. 현재 각 지역단위로 개발되고 있는 지역축제는 이벤트화, 향락화, 획일화되고 있다. 이에 각 지역 고유의 전통적 요소가 담긴 독창적인 축제가 요구된다.

인천 지역의 경우 바다를 끼고 발전한 지역이므로 고기를 잡으러 나갈 때 제를 올리던 서해안 풍어제가 타 지역과 구별되는 독특한 전통문화로 남아 있다. 그러나 대부분의 인천 지역 학생은 이것에 대한 지식과 경험을 갖고 있지 못하다. 이에 서해안 풍어제에 참여하여 함께 경험을 공유한다면 지역문화 정체성을 바탕으로 다른 지역 혹은 다른 나라의 문화를 비판적으로 볼 수 있는 안목을 만들고, 이는 지역문화에 국한되는 것이 아니라 세계 속에서 우리의 문화적 주체성을 유지하고, 우리 고유의 문화를 더욱 발전시킬 수 있는 원동력으로 사용할 수 있을 것이다.

③ 다문화교육

다문화교육은 문화의 다양성과 개인이 적어도 한 개 이상의 문화집단에 소속해 있고, 서로 다른 문화집단과도 상호 연결되어 있음을 인식하는 데 목적이 있다(김영순, 박지선 2004: 335). 그런 의미에서 지역축제를 통한 문화교육은 타 지역 문화 이해 및 세계의 서로 다른 문화에 대한 올바른 지식과 가치, 태도를 갖출 수 있도록 도와준다.

지역공동체는 공동의 시간과 공간 속에서 구성원의 사회 · 문화적 생활이 끊임없이 반복되는 과정의 자연적 단위라 할 수 있다. 따라서 오랜 시간 동안 형성 된 삶의 양식이 축적되어 타 지역공동체와 구별되는 독특한 문화를 갖고 있다. 지역축제는 이러한 지역의 요소가 함축되어 있는 장이므로 타 지역과 구별되는 지역공동체의 정체성을 형성한다. 따라서 다문화교육의 장으로 활용될 수 있다.

④ 지역사회 이해교육

지역축제는 각 자치 단체별로 가장 심혈을 기울이는 문화행사로 선호된다. 21세기 지역축제는 지역경제 활성화 전략을 강조되고 있는데, 이는 문화를 소비가 아니라 생산이 이루어지는 산업으로 인식하기 시작하였음을 의미한다. 또한 축제의 활성화는 경제적인 측면에서 집중적으로 검토되고 있으나 기존의 생산 위주의 지역 통합 전략이 지닌 한계에 대한 대안적인 지역 통합 전략의 산물이라는 점에서 새로운 '문화정치' 의 등장이라 할 만하다. 이제 지역축제는 지역정체성을 대외적으로 표방하고 지역민의 긍지와 자부심을 증대시켜 통합성을 유지하는 데 그 기능이 부각되면서 지방자치 시대의 매우 효율적인 정치 수단으로 환영받게 되었다.

따라서 축제는 생산 요소의 변화, 정치 요소의 변화를 체험할 수 있는 장으로 이용될 수 있을 것이다. 가령 축제에 참여하고 축제에 대한 이미지를 캐릭터 상품으로 개발해 보는 것을 과제로 하여, 지역문화를 상품화하는 의미와 이렇게 만들어진 지역의 이미지가 정치적으로 어떻게 활용될 수 있는지 토론해 볼 수 있도록 하는 것은 좋은 예가 될 것이다.

3) 축제의 지역학습 교육콘텐츠

지역축제를 활용한 지역학습은 정기적인 수업에서 진행하기에는 시공간적인 한계가 존재한다. 따라서 학교에서는 창의적 재량활동, 특별활동, 계발활동 등 대안적인 교육활동을 통해 운영될 수 있다. 이번 절에서는 인천 지역축제의 특성을 고려하여 지역문화교육, 다문화교육, 전통문화교육, 환경교육, 정치 · 경제교육을 목적으로 체험학습 교육 콘텐츠를 구성해 볼 수 있다.

(1) 체험학습을 위한 교육 콘텐츠

이 절에서는 '지역축제를 활용한 사회과 지역학습'이라는 학습주제를 설정하여 축제를 교육 콘텐츠화할 수 있는 학습 틀을 제시한다.

표 12-7 지역학습 교육 콘텐츠 틀

[1] **주제명**: 지역축제를 활용한 사회과 지역학습

[2] **주제 개관**: 21세기는 전 세계가 하나의 공동체로 지구촌을 형성하고 있다. 세계화는 자신이 거주하고 있는 생활권의 정체성을 추구하는 지역화 현상을 유도한다. 이러한 움직임은 진정한 세계화란 우리의 언어, 문학, 역사, 문화, 종교 등을 세계 속에 자리 잡게 해야 한다는 의미이다. 우리의 것을 소중하게 여기고, 현대적으로 재창조할 수 있는 능력은 저절로 이루어지는 것이 아니라 지속적인 관심과 교육의 결과이다. 그럼에도 불구하고 현재 진행되고 있는 지역학습은 교과서중심, 교사중심으로 운영되어 지역의 특수성을 반영하지 못한다. 따라서 지역의 역사, 문화, 정치, 경제, 종교 등의 이해를 위해 지역축제를 활용하고자 한다. 지역축제는 지역문화의 총체적 산물임과 동시에 유희적 성격을 갖고 있어 학생들의 학습효과를 높일 수 있을 것으로 기대된다. 축제의 주제 · 성격에 따라 지역문화교육, 다문화교육, 전통문화교육, 환경교육, 정치 · 경제교육으로 나누어 이용될 수 있을 것이다.

[3] **활동 목표**

① 지역문화축제 학습의 목적은 학생들이 내 고장의 문화 학습을 통해 우리 전통 문화의 우수성을 이해하고 우리 문화에 대한 자긍심을 갖는다. 또한

우리 전통문화 재창조를 통해 세계화에 기여하고, 타 문화에 대한 객관적 · 균형적 시각을 갖게 한다.

② 문화축제 체험학습은 교사중심에서 벗어나 학생 중심으로 운영하여 자기주도적이고 창의적인 문제 해결력과 건전한 인격 함양을 유도한다.

③ 공동 생활의 경험을 통해 민주 시민으로서 요구되는 자질 향상의 기회가 되도록 한다.

④ 지도 시 유의사항

① 교사는 인천 지역축제에 대한 정보를 수집하여 자료화하고, 이를 전통문화교육, 다문화교육, 환경교육, 지역문화교육 등 세분화된 교육목표를 정하여 학생들의 축제 참여를 지도한다.

② 교사는 학생들이 축제행사 · 체험학습 안내자료를 정기적으로 제공하여 학생들의 참여기회를 확대한다.

③ 교사는 지역축제 행사 담당자와 인적 네트워크를 구성하여 학생들이 축제에 직접 참여할 수 있는 연계 프로그램을 유도하고 개발하도록 한다.

④ 학생들이 축제행사 후 토론과정을 거쳐 보고서 등을 작성하고, 결과물은 학교 홈페이지에 업데이트하여 학생 스스로 새로운 축제 정보망을 구축하도록 지도한다.

⑤ 지도계획

영역	축제명	교수-학습 활동	장소
지역 문화 교육	강화 고인돌 축제	• 강화 고인돌의 역사와 문화를 조사한다. • 고인돌 축조, 개천대제, 성돌이 행사를 중심으로 축제를 체험한다. • 강화 고인돌축제의 장단점을 찾아본다. • 강화 지역의 문화적 특징을 찾아내고, 특수화할 수 있는 방안을 제시해 본다.	강화도 일대
다문화 교육	인천 중국의 날 문화축제	• 개항장 문화와 역사를 조사한다. • 차이나타운의 역사와 현재를 체험한다. • 중국 공연, 중국절, 중국 음식, 중국 학교, 중국 사람을 체험하여 인천 속에 차이나타운의 의미를 생각해 본다.	인천시 중구
전통 문화 교육	서해안 풍어제	• 서해안 풍어제의 역사를 조사한다. • 서해안 지역의 뱃노래 특징과 기원을 체험한다. • 무형문화재의 소중함과 전승 방법을 생각해 본다.	인천시 일대
	부평 풍물 대축제	• 도시 속 대동놀이를 체험한다. • 풍물경연대회에 참가한 풍물반 학생들의 경험을 공유한다.	인천시 부평

(2) 인천 지역의 축제 현황

이 절에서는 인천 지역에서 개최되고 있는 축제 현황을 주제별, 소재별, 시기별로 구분하여 특징과 성격을 살피고 교육적 가치를 찾아본다. 인천의 축제는 2005년 1월을 기준으로 25개의 축제가 문화관광부에 등록되어 있다. 그러나 〈표 12-8〉에서 볼 수 있듯이 인천시 각 구에서 개최되고 있는 축제를 종합하면 37개로 정리될 수 있다.[7)]

표 12-8 인천 지역축제 개최 현황

주최 지역	인천시	중구	동구	남구	연수구	남동구	서구	부평구	계양구	강화군	옹진군	합계
축제 수	9	8	1	3	2	2	2	2	2	5	1	37

인천광역시 차원에서 운영하고 있는 축제가 9개로 가장 많았다. 그다음 중구가 인천 개항의 역사와 문화를 담고 있으며, 월미 관광 특구로 지정되어 8개의 축제가 개최되고 있다. 그다음이 강화군인데 이는 선사시대, 조선시대, 고려시대 등 우리나라 문화유산의 현장이고, 자연적 환경이 좋아 5개의 축제가 개최되고 있다. 37개의 축제를 내용별로 구분해 보면 〈표 12-9〉와 같다.

표 12-9 인천 지역축제 주제 · 내용별 현황

내용	관광 · 특산	문화예술	전통민속 · 문화	종합/기타	합계
축제 수	12	7	8	10	37

관광 · 특산물형의 축제가 12개, 문화예술형의 축제가 7개, 전통문화 · 전통 민속형 축제가 8개, 종합 · 기타형 축제가 10개이다. 관광 · 특산물형

7) 인천일보와 경인일보에서 2004년에 보도했던 인천 지역축제와 인천시청에서 매월 발행하는 『내고장 인천』 2004년 1~12월호에 기록된 축제를 종합한 것이다.

의 축제와 종합 · 기타 축제가 문화 예술형, 전통 민속 · 문화형 축제보다 상대적으로 많은 것은 지방자치제도 실현 이후 인천국제공항, 송도신도시 건설, 월미 관광 특구 조직을 통해 관광객 유치 중심의 관광 · 특산물형 축제가 많이 늘어났기 때문이다. 좀 더 구체적으로 축제 명칭을 통한 축제의 소재를 살펴보면 〈표 12-10〉과 같다.[8)]

표 12-10 인천 지역축제 소재별 현황

소재	지명 · 지역	명절 · 민속	산	유물 · 유적	사건	음식	동 · 식물	인물	강	기타
축제 수	27	7	3	4	4	3	5	1	0	0

인천의 지역축제 중 '인천' 혹은 축제가 개최되는 지역 이름을 딴 축제가 27개이다. 이는 축제가 관광에 초점을 두고 있고, 지역주민의 정체성을 확보하기 위해 개최되기 때문이다. 그러나 축제 중에서 극히 일부를 제외하고는 지방자치를 전후한 몇 년 사이에 생겨났다는 점과 대부분의 축제가 지역의 전통과 관련된 이름을 따왔다고는 하지만 내용은 별로 전통적이지 않고 다른 축제와 대동소이한 모습을 보인다.

음식을 소재로 하는 축제는 인천에서 최초로 만들어진 자장면과 지역 특산물인 강화 새우젓, 각 시 · 도의 인구가 다 모여 다양한 음식문화를 갖고 있는 장점을 살려 인천 음식축제가 이루어지고 있다. 이 밖에도 소래포구 축제, 연안어시장축제 등도 관광과 더불어 지역 특산물을 홍보하기 위한 축제이므로 서해안 음식문화를 볼 수 있는 경우가 될 수 있다. 명절, 민속을 소재로 한 축제는 크게 정월대보름제와 풍어제를 들 수 있다. 인천은 농업 · 상업 · 어업의 복합 지역이었으므로, 각 지역에서 이루어지던 정월대

8) 총 축제 수가 37개를 넘는 것은 축제의 성격이 두 가지 이상의 소재가 중복되기 때문이다. 가령 강화 고인돌축제는 지역명(강화)과 유적(고인돌), 사건(강화 고인돌축제에는 단군이 참성단에 제를 올리던 것을 기념하여 제천대제를 올리고 있다.)이 모두 포함된 축제인 경우다.

보름 축제를 특화하여 부평 풍물대축제가 개최되고 있고, 서해안 풍어제를 통해 서해안을 중심으로 한 풍어제를 올릴 때 쓰던 민요, 뱃노래가 전래되고 있다.

인물을 소재로 한 축제는 함세덕을 기념하는 함세덕 연극제를 진행하고 있다. 2005년 10월 1회를 개최했으며, 축제명을 '젊은 학산 연극제'로 하고, 함세덕 연극상을 제정하였다. 또한 명칭에서 언급되지는 않았지만 인천 마임의 역사를 담고 있는 최규호가 중심이 되어 축제를 운영하고 있는 인천 국제클라임마임축제와 서해안 풍어제의 대가인 김금화가 대표로 움직이는 서해안 풍어제를 통해서 인천의 인물에 대한 자긍심을 얻을 수 있을 것이다. 유물 · 유적을 소재로 한 축제는 크게 인천 개항 문화 유적이 남아 있는 인천 중구일대의 개항장 문화유산과 고인돌 유적이 남아 있는 강화도를 중심으로 이루진다. 사건을 소재로 한 축제는 중국으로 사신을 보내던 능허대에서 사신 행렬을 재현하고 있고, 조선시대 정조 대왕이 머물렀던 부평에서는 이를 기념하여 정조 대왕 활쏘기 등을 기념하고 있다. 강화에서는 단군이 참성단에 제례를 올리던 것을 기념하여, 재현하는 축제를 열고 있다. 사건 중심의 축제는 재현을 통해 이루어지므로 학생들의 참여가 용이할 것으로 기대된다. 인천 지역축제를 개최시기별로 구분하면 〈표 12-11〉과 같다

표 12-11 인천 지역축제 월별 개최 현황

월별	1월	2월	3월	4월	5월	6월	7월	8월	9월	10월	11월	12월
축제 수	0	1	0	6	3	0	2	1	8	16	0	0

인천 지역축제는 10월에 가장 많이 집중되어 있고 그다음으로 9월, 4월, 5월 순으로 나타난다. 이러한 분포는 인천뿐만 아니라 다른 지역에서도 나타나는데, 이는 축제의 성격과 계절의 특성 때문인 것으로 보인다. 우리나라는 전통적으로 10월에 추수를 전후하여 여가를 많이 즐기는 편이므로 축

제가 이 시기에 많이 시행된 것은 자연스럽다. 또한 9, 10월은 관광객도 많고, 정부에서 문화의 달로 지정해 두어 문화예술 행사가 많다. 다음으로 4월은 꽃이 피고 자연이 수려한 계절이므로 자연명소와 명승지를 찾는 인파가 증가한다. 이에 각 지자체에서 이 시기에 맞춰 지역축제를 개최한다. 인천은 바다를 중심으로 해변축제를 개최해 7, 8월에도 축제가 많다. 2월은 전통 민속축제인 지신밟기 행사가 개최되고 있다.

(3) 인천 지역축제의 교육적 가치

앞의 2절에서 개괄하였듯이 인천 지역축제의 대부분은 관광 · 특산물형에 치중되어 있는 경향이 있으며, 문화예술형 축제 또한 구민의 날 행사가 발전되어 백일장 · 문화제 · 발표회와 같은 형태로 이루어지면서 개최되고 있다. 그러나 타 지역과 구별되는 인천의 지역적 특색을 담고 있어 교육적으로 활용될 수 있는 축제가 있다. 이 축제들은 교육적 가치와 더불어 인천의 특수성을 표현할 수 있어 지역의 문화적 특징을 정착시킬 수 있는 가능성이 있다. 인천 지역축제 중 교육적 가치를 가지는 축제를 '강화 고인돌축제', '중국의 날 문화축제', '서해안 풍어제', '부평 풍물대축제' 등이 있다. 이와 같은 축제의 내용을 살펴보면 다음과 같다.

① 강화 고인돌축제

강화 고인돌축제는 1998년부터 매년 10월에 3일간 강화도 일대에서 강화도의 고대문화를 주제로 열리는 축제다. 강화군의 주최와 강화 고인돌문화축제 추진위원회의 주관으로 개최되며 주요 행사는 고인돌 쌓기 체험, 강화산성 성돌이 행사, 원시인 퍼포먼스, 고인돌 가요제 및 타악 퍼레이드, 전통 혼례 및 풍물놀이 등으로 다양한 볼거리와 체험행사로 구성되어 있다. 특히 '역사문화축제'라는 기획의도로 토기제작 및 고인돌 축조의 재현, 움집 체험 등을 제공하기 때문에 선사시대, 원시시대의 문화학습과 더불어 강화 지역의 역사 및 문화유산에 대한 교육의 장으로 활용될 수 있다.

강화 고인돌축제 관련 사진자료는 [그림 12-1]에 제시되어 있다.

1 마니산 개천대제	4 고인돌 축조 재현 1	7 고인돌 축제 재현 2
2 마니산 개천대제2	5 토기제작 체험	8 성돌이 행사(삼랑성)
3 움집체험	6 강화도령선발대회	9 강화 고인돌

[그림 12-1] 강화 고인돌축제 사진자료(2003~2004년)

출처: www.tourguide.co.kr

② 인천 중국의 날 문화축제

인천광역시에서 한・중 수교 10주년을 맞아 2002년 처음 개최된 인천 중국의 날 문화축제는 '제1회 인천-중국의 날 페스티벌'로 시작하여 인천 차이나타운 홍보 및 양국의 문화 이해를 통한 우호 증진을 목적으로 매년 10월에 3일간 열리고 있다. 축제장소는 인천대공원, 자유공원, 차이나타운이며 공예, 의상, 전통무술, 자장면 대축제 등의 중국문화 체험이 가능한 행사와 한・중 가요제, 용춤 사지춤 퍼레이드, 중국예술단 초청공연 등의 다양한 볼거리가 펼쳐진다.

현재 인천 중국의 날 문화축제가 열리고 있는 인천시 중구 일대는 개항장의 문화가 고스란히 남아 있는 곳이다. 1883년 인천 개항 이후 중국, 미국, 일본, 러시아, 독일 등 많은 나라가 영사관을 세우고, 상인과 주민이 들어왔다. 아직 이곳에는 개항 당시의 생활 모습을 볼 수 있는 건축물이 많이 남아 있다. 또한 차이나타운이 조성되어 중국인이 거주하며 인천 속에 중국을 만들어 가고 있다. 중국의 날 문화축제는 한 · 중관계에 국한되는 것이 아니라 개항 당시 한국에 들어왔던 여러 국가를 초청하여 다국가의 문화 교류가 가능한 국제축제로 성장시킨다면 다문화교육의 장으로서 활용할 가치가 매우 크다. [그림 12-2]의 사진자료는 다양한 중국문화 행사 현장을 담고 있다.

1 용춤 경연대회
2 사자춤 경연대회
3 중국 예술단 전통공연 1
4 중국 예술단 전통공연 2
5 중국 의상 체험
6 설탕공예
7 자장면 뽑기
8 자장면 먹기 대회
9 차이나타운의 패루

[그림 12-2] 인천 중국의 날 문화축제 사진자료(2003~2004년)

출처: www.inchinaday.com

③ 서해안 풍어제

서해안 풍어제는 국가 지정 중요 무형문화재 제82-2호로서, 매년 5월과 10월 화도진 축제, 인천 연안 어시장축제, 인천 해양축제 등 바다와 관련한 인천 지역축제의 프로그램에서 개최된다. 서해안 풍어제 보존회를 중심으로 서해안 지역만의 독특한 양식을 풍어제의 보존과 계승을 목적으로 하고 있다. 바다 한가운데의 배 위에서 이루어지는 배연신굿과 마을의 공동제사인 대동굿이 대표적 행사이다.

인천은 바다와 인접하여 어업을 생업으로 하는 사람들이 많아서 예로부터 바닷가 마을이나 배를 부리는 집에서 해마다 혹은 몇 년에 한 번꼴로 풍어제를 기원하는 것이 생활화되어 있다. 그러나 최근에는 축제 형식으로만 그 흔적이 남아 있을 뿐이므로 풍어제의 보존과 계승이 중요하다. [그림 12-3]에 제시된 사진은 인간문화재 김금화 선생을 비롯한 서해안 풍어제의 장면이다.

1 중요 무형문화재 김금화
2 배연신굿
3 서해안풍어제

[그림 12-3] 서해안 풍어제 사진자료

출처: www.mudang.org

④ 부평 풍물대축제

문화관광부가 '2008 대한민국 문화관광 축제' 중 예비축제 부문에 선정한 부평 풍물대축제는 1997년부터 매년 5월 4일간 부평로, 신트리 공원 외 부평구 일원에서 개최되는 축제다.

이 축제는 부평의 정체성 확립과 자긍심 고취에 기여하고 전통문화를 보존하고 부평만의 특화된 전통예술축제로 정착할 수 있도록 현대적으로 계승 · 발전시켜 국제문화예술 교류의 장으로 거듭나는 것을 목표로 하고 있다. 주요 행사로는 무형문화재 초청공연 및 부평 풍물완판공연, 부평 마당놀이 및 풍물경연대회 수상팀 공연, 부평 난장, 락페스티벌, 청소년 행사 등이 있다. [그림 12-4]는 부평 풍물축제의 풍물을 주제로 한 전통문화행사의 사진이다.

1 길놀이
2 줄타기
3 대동놀이
4 경연대회
5 난타공연
6 인형극
7 체험마당(새끼 꼬기)
8 풍물경연대회
9 해외초청공연

[그림 12-4] 부평 풍물축제 사진자료

출처: www.bpf.or.kr

4) 지역학습의 교수-학습 모형

앞선 절에서 인천의 주요 지역축제를 개괄하고 교육적 가치를 도출하였다. 이번 장에서는 도출된 교육요소를 교육 콘텐츠로 엮을 수 있는 교수-학습 모형을 제시할 것이다. 이 글에서 선정한 인천 지역의 4대 축제인 강화 고인돌축제, 인천 중국의 날 문화축제, 서해안 풍어제, 부평 풍물축제를 지역학습과 연결하는 교육 콘텐츠 방안이 소개된다.

(1) 강화 고인돌축제

먼저 강화 고인돌축제 관련 지역학습 콘텐츠는 고인돌 축제의 탐방을 통해 지역 역사문화의 자긍심을 키우는 것을 학습목표로 한다. 활동과정은 조별로 사진촬영, 인터뷰, 역사 조사 등의 사전활동과, 축제에 직접 참여하여 타 지역 문화재와의 차이점을 조사하는 현장학습 활동, 체험 학습 보고서 작성을 통해 지역축제의 의미와 강화도 고인돌축제의 의미를 되새겨 보는 정리활동으로 구성되어 있다.

표 12-12 강화 고인돌축제 교수-학습 모형

<table>
<tr><td>대 상</td><td>○○중학교 2학년</td><td>일 시</td><td>○○년○○월○○일</td><td>지도교사</td><td>김 ○○</td></tr>
<tr><td>참여축제</td><td colspan="5">강화 고인돌축제</td></tr>
<tr><td>활동목표</td><td colspan="5">강화 고인돌축제를 통해 지역 역사 · 문화의 자긍심을 키운다.</td></tr>
<tr><td>준 비 물</td><td colspan="5">사진기, 필기도구</td></tr>
<tr><td>활동과정</td><td>시간</td><td colspan="3">활동내용</td><td>자료 및 유의점</td></tr>
<tr><td>사전활동</td><td>20′</td><td colspan="3">• 선사시대, 고려시대, 조선시대 강화의 역사 조사하기
• 고인돌축제의 핵심 프로그램 체크하기
• 축제 체험을 위한 조별 역할 분담하기</td><td rowspan="2">• 조별로 역할 분담을 정확하게 한다. (사진, 인터뷰, 역사 조사 등)</td></tr>
<tr><td>현장학습 활동</td><td>80′</td><td colspan="3">• 고인돌 축조 재현 퍼포먼스 참여하기
- 움집 체험과 고인돌 축조, 토기 제작 체험하기
• 축제 참여자 인터뷰하기</td></tr>
</table>

정리활동	40′	• 개천대제 참여하기 -개천대제의 의미 알기 -강화도 마니산의 역사적 의미 되새기기 • 성돌이 행사 참여하기 -고려시대, 조선시대 강화 역사 체험하기 -삼랑성의 의미와 강화 지형의 중요성 알기 • 체험 학습 보고서 작성하기 -참여한 축제 프로그램 정리하기 강화 고인돌축제를 통한 강화 지역의 지형적 특성과 역사 · 문화적 특징 정리하기 • 강화 고인돌축제가 갖는 특수성 정리하기	• 축제에 직접 참여하고, 자료를 조사한다. 타 지역 문화축제에 비해 특수한 점을 살피며 체험한다. • 지역축제의 의미와 강화 고인돌축제가 갖는 의미
수행평가 관점	① 축제에 참여하기 전 조별로 역할 분담이 제대로 이루어졌는가? ② 축제의 프로그램의 핵심 내용을 체험했는가? ③ 강화 고인돌축제의 장단점을 파악하여 인천 역사 · 문화의 특수성을 찾아내었는가?		

(2) 인천 중국의 날 문화축제

인천 중국의 날 문화축제는 중국문화 체험을 통해 다문화 이해의 폭을 넓히는 것이 목표이다. 사전활동에서는 조별로 축제 체험 전 사전조사 작업을 하고, 현장학습 활동에서는 다양한 관점에서 중국문화를 체험할 수 있도록 축제 프로그램을 관람 체험하며, 마지막 정리활동에서 인천 안의 중국문화 수용 및 이해에 대한 자신의 입장을 정리할 수 있도록 한다 (〈표 12-13〉 참조).

표 12-13 인천 중국의 날 문화축제 교수-학습 모형

대 상	ㅇㅇ중학교 2학년	일 시	ㅇㅇ년 ㅇㅇ월 ㅇㅇ일	지도교사	김 ㅇㅇ
참여축제	인천 중국의 날 문화축제				
활동목표	중국 문화 체험을 통해 다문화 이해의 폭을 넓힌다.				
준 비 물	사진기, 필기도구				
활동과정	시간	활동내용			자료 및 유의점
사전활동	20′	• 인천 차이나타운의 역사와 문화를 조사한다. • 간단한 중국어 인사말을 익힌다. • 축제 프로그램을 살핀다. • 축제 체험을 위한 조별 역할 분담하기			• 조별로 역할 분담을 정확하게 한다. (사진, 인터뷰, 역사 조사 등)

<table>
<tr><td>현장학습 활동</td><td>80′</td><td>• 축제 프로그램 관람하기
-중국예술단 초청 공연 관람하기
-국제 용춤 · 사자춤 경연 대회 관람하기
• 차이나타운 답사하기
-중국절, 중화학교, 공화춘, 중국인 점포주택, 조계공원 답사
-중국물품판매점, 자장면 집 등에서 중국인과 대화하기
• 중국 문화 체험행사 참여하기
-공예, 의상, 전통무술 체험하기</td><td>• 다양한 시각에서 중국 문화를 체험할 수 있도록 한다. (건축물, 음식, 예술문화, 교육 등)</td></tr>
<tr><td>정리활동</td><td>40′</td><td>• 체험학습 보고서 작성하기
-참여한 축제 프로그램 정리하기
-중국 문화와 한국 문화의 차이점 정리하기
-인천 속에 차이나타운의 역사성과 현재적 의미 찾기</td><td>• 인천에 자리 잡은 중국 문화를 어떠한 시각에서 이해하고 받아들일지 자신의 입장을 정리한다.</td></tr>
<tr><td>수행평가 관점</td><td colspan="3">① 중국과 한국 문화의 차이점을 다양한 시각에서 비교 · 정리하였는가?
② 인천 차이나타운의 역사성을 현재를 살고 있는 인천인으로서 어떻게 받아들일 것인지에 대한 조별 입장을 잘 정리하였는가?</td></tr>
</table>

(3) 서해안 풍어제

서해안 풍어제를 통해 서해안 지역 뱃노래와 전통적인 무속신앙을 체험하는 것을 목표로 하고 있으며, 활동과정 중 주목할 점은 서해안 풍어제의 주요 인간문화재인 김금화 선생님을 인터뷰하는 것으로서 직접적으로 서해안 풍어제의 특징을 상세하게 알아볼 수 있을 것이다(〈표 12-14〉 참조).

표 12-14 서해안 풍어제 교수-학습 모형

<table>
<tr><td>대 상</td><td>○○중학교 2학년</td><td>일 시</td><td>○○년 ○○월 ○○일</td><td>지도교사</td><td>김 ○○</td></tr>
<tr><td>참여축제</td><td colspan="5">서해안 풍어제</td></tr>
<tr><td>활동목표</td><td colspan="5">축제를 통해 서해안 지역 뱃노래와 무속신앙을 체험한다.</td></tr>
<tr><td>준 비 물</td><td colspan="5">사진기, 녹취록, 필기도구</td></tr>
<tr><td>활동과정</td><td>시간</td><td colspan="3">활동 내용</td><td>자료 및 유의점</td></tr>
<tr><td>사전활동</td><td>20′</td><td colspan="3">• 서해안 풍어제의 역사와 특징 조사하기
-중요 무형문화재 김금화 조사하기
-축제 프로그램 확인하기
-축제 체험을 위한 조별 역할 분담하기</td><td>• 조별로 역할 분담을 정확하게 한다. (사진, 인터뷰, 역사 조사 등)</td></tr>
</table>

현장학습 활 동	80′	• 배연신굿 참여하기 -배연신굿의 의미 알기 -배연신굿 관람하기 -선상에서 만선의 바람 빌어 보기 • 대동굿 참여하기 -대동굿의 의미 알기 -서해안 풍어제의 중요 신 알기 -서해안의 뱃노래 체험하기 • 중요 인간문화재 김금화 선생님 인터뷰하기 -김금화 선생님께 듣는 서해안 풍어제	• 배연신굿과 대동굿을 관람하고 녹취하여 체험 후 다시 들으며 의미를 파악한다.
정리활동	40′	• 체험학습 보고서 작성하기 -서해안 풍어제와 인천의 특징을 연결해 보기 -서해안 풍어제와 무속신앙을 체험한 자신의 소감을 조원과 토론하여 작성하기 -무형문화재의 보존과 계승의 의미 토론하기	• 서해안 풍어제의 의미를 알고, 무형문화재 보존 · 계승 발전에 중점을 두고 정리한다.
수행평가 관점	① 서해안 풍어제의 의미와 인천 지역의 특징을 연결하여 생각했는가? ② 배연신굿과 대동굿을 통해 공동체적 삶의 양식을 느꼈는가? ③ 무형문화재의 현대적 계승 · 창조를 다양한 시각에서 정리하였는가?		

(4) 부평 풍물대축제

부평 풍물대축제 체험을 통해 도시에서 전통문화의 계승과 발전의 의미를 살펴보고자 하며, 공연 관람 중심이 아닌 대동난장에 직접 참여하여 공동체의식을 배우고, 풍물 경연대회 취재를 통해 전통문화에 참여하고 있는 학생들의 생각도 들어 본다.

위에서 논의한 인천의 지역축제에 담긴 교육 콘텐츠의 가치를 정리하면 (〈표 12-15〉 참조)과 같다. 강화 고인돌 축제는 지역의 역사적 문화유산을 활용하여 지역문화를 익히게 하고, 중국의 날 축제는 인천 안에 형성된 차이나타운의 중국인의 삶의 모습을 문화 · 경제 · 정치적 측면에서 살펴봄으로써 다문화교육의 장으로 활용할 수 있다. 또한 개항장으로서 특징을 가지고 있는 인천 중구 일대에 중국뿐만 아니라 미국, 영국, 러시아, 독일 등이 참여할 수 있는 장으로 만들어 개항의 역사적 의미를 이해하고 다문화

표 12-15 부평 풍물대축제 교수-학습 모형

<table>
<tr><td>대 상</td><td colspan="2">○○중학교 2학년</td><td>일 시</td><td>○○년 ○○월 ○○일</td><td>지도교사</td><td>김 ○○</td></tr>
<tr><td>참여축제</td><td colspan="6">부평 풍물대축제</td></tr>
<tr><td>활동목표</td><td colspan="6">전통 민속축제를 통해 도시에서 전통문화 계승·발전의 의미를 살펴본다.</td></tr>
<tr><td>준 비 물</td><td colspan="6">사진기, 필기도구</td></tr>
<tr><td>활동과정</td><td>시간</td><td colspan="4">활동내용</td><td>자료 및 유의점</td></tr>
<tr><td>사전활동</td><td>20′</td><td colspan="4">• 부평풍물대축제의 역사와 의미 조사하기
• 축제 프로그램 확인하기
• 축제 체험을 위한 조별 역할 분담하기</td><td>• 조별로 역할 분담을 정확하게 한다.(사진, 인터뷰, 역사 조사 등)</td></tr>
<tr><td>현장학습 활동</td><td>80′</td><td colspan="4">• 연희무대 참여하기
-해외초청공연, 국내초청공연 관람하기
• 대동난장 참여하기
-대동놀이에 참여하여 공동체 결속력 생성과정을 체험하기
• 풍물경연대회 취재하기
-인천 시내 풍물반 학생들의 경연대회를 관람하고 참여 학생 인터뷰하기
• 체험마당 참여하기
-떡 만들기, 새끼 꼬기 등 체험하기</td><td>• 축제를 통해 농업중심의 우리나라 전통문화를 체험한다.
• 공연 관람 중심이 아닌 대동놀이에 직접 참여하여 공동체의식 함양과정을 몸소 체험한다.</td></tr>
<tr><td>정리활동</td><td>40′</td><td colspan="4">• 체험 학습 보고서 작성하기
-축제 참여 프로그램을 정리한다.
-농업사회에서 대동놀이의 의미를 자신의 체험과 연결하여 정리한다.
-도심 속에서 전통문화축제의 의미를 토론하여 정리한다.</td><td>• 전통문화의 도시 속에서의 재현에 중점을 두어 자신의 입장을 정리한다.</td></tr>
<tr><td>수행평가 관점</td><td colspan="6">① 도심 속에서 전통문화 재창조가 갖는 의미를 다양한 시각에서 분석하였는가?
② 대동놀이를 통해 형성된 공동체의식을 조원끼리 공감하였는가?</td></tr>
</table>

교육을 위해 활용될 수 있을 것이다. 서해안 풍어제는 인천의 전통 민속문화 체험을 제공하여 전통문화의 현대적 계승을 학습할 수 있는 계기가 될 것이며, 부평 풍물대축제 또한 도심 속 대동놀이를 통해 전통문화 체험과 지역공동체를 체험할 수 있다.

지역축제의 생명은 외부 관광객의 유치나 지역경제 활성화에 큰 가치를 부여할 것이 아니라 해당 지역주민이 하나가 되어 지역정체성을 함양하는 데 지향점을 두어야 할 것이다. 뿐만 아니라 지역주민의 적극적인 참여는 자신이 살고 있는 지역에 대한 관심을 높이고, 공동체의식을 함양하여 타 지역 문화를 이해하는 비판적 안목의 초석이 될 것이다. 이러한 지역축제를 교육 콘텐츠로 가공하고 저장하여 학습에 활용된다면 우리는 '즐겁게 학습하는 사회' 로 진입하게 될 것이다. 이런 학습사회에서는 어쩌면 '대안교육' 이 필요 없을 수도 있다. 그러나 현실의 제도권 교육은 입시 위주, 성적 위주의 지식 이해 교육에 머물러 있다. 축제는 이와 같이 닫힌 학교에서 열린 사고를 갖게 하는 좋은 교육 콘텐츠가 될 것이다. 특히 지역의 축제는 대안교육의 정신인 지역사회와의 공조를 강조한다는 데에서 장점을 지닌다.

제13장 통합적 대안교육으로서 미디어교육과 문화 리터러시

이번 장에서는 '미디어교육'과 '문화 리터러시'를 통합적 대안교육의 방법론으로 설정하는 작업을 진행할 것이다. 이를 위해 교육선진국의 사례를 확인하고, 한국의 미디어문화축제를 통한 미디어교육의 가능성에 대해 논의할 것이다.

제1절에서는 유럽연합의 미디어교육 실태를 프랑스와 독일을 중심으로 학교교육, 교사교육 차원의 활동들을 살펴볼 것이다.[1] 제2절에서는 민주시민교육과 연계한 문화 리터러시 방안을 제안할 것이며, 제3절에서는 문화축제로 간주할 수 있는 '주안미디어문화축제'를 통한 미디어교육과 문화 리터러시 방법론의 가능성을 탐구할 것이다.

1) 이번 장은 김영순, 강윤주(2004), 김영순, 박지선(2006), 박지선(2006a), 오장근, 박지선(2006)에서 논의된 유럽의 미디어교육과 문화 리터러시의 내용을 기초로 집필되었다.

1. 유럽연합의 미디어교육

1) 멘터 프로젝트 개요

1979년에 파리의 유네스코에 의해 소집된 전문가들은 '커뮤니케이션 분야의 교육' 이란 용어를 "모든 수준의 학교교육, 견습, 교육의 모든 형태 (…) 그리고 모든 상황, 역사, 창작, 사용, 그리고 기술적이고도 실용적인 예술로서 커뮤니케이션 미디어교육, 또한 사회에서 커뮤니케이션 미디어가 차지하는 위치, 그것들의 사회적 반향, 미디어화한 커뮤니케이션의 결과들, 그것들이 인지하는 방법에서 생산해 내는 변화, 예술창작자 작업의 역할, 커뮤니케이션 미디어를 위한 통로" 로 정의한다(UNESCO, 1984).

1982년 1월 22일에는 독일의 그룬발트에서 학교 시스템 속에서의 미디어교육을 주제로 하는 '미디어교육에 관한 그룬발트 선언' 이 공포되었다. 또한 영화와 다른 시청각 미디어의 프로그램 기획, 제작, 발전을 위해 일하는 비정부 단체인 '오스트리아 어린이를 위한 텔레비전 재단' 이 설립된다. 그 후 독일에서는 1984년 교육, 문화, 커뮤니케이션 미디어 분야의 전문가들이 이끄는 '독일의 미디어교육과 커뮤니케이션 문화를 위한 위원회' 가 창설되고, 프랑스에서는 1985년 '모두를 위한 시청각 교육' 이, 스페인에서는 1988년 '어린이 대상 텔레비전 유럽관측소' 가 설립되어 커뮤니케이션 미디어를 대상으로 비판적 태도의 발전과 시청각 내용의 분석을 할 수 있는 미디어교육의 기반이 마련되었다.

유럽 국가의 미디어교육은 1989년 11월 20일 UN에서 아동의 다양한 발달 단계별, 교육별로 아동의 권리를 명시한 「아동권리 조약」을 채택함으로써 관심이 고조되었다. 1990년에는 유네스코와 유럽 위원회가 주최한 컨퍼런스 '미디어교육의 새로운 방향' 이 프랑스 툴루즈에서 열렸다. 이 모임에서는 미디어교육에 매스미디어를 참가시키는 문제와 국가별, 다양한 콘텍스트별 미디어교육의 발전과 전략에 대한 시도가 이루어졌다.

1997년, 유네스코는 교육 분류를 위한 국제규범에 대한 재정비를 실행하고 지속적으로 각국 유네스코 지부와의 협력을 통해 미디어교육 프로그램 개선과 미디어와 어린이를 위한 연구를 지속해 나갔다. 2000년 6월 27일 스트라스부르크에서는, 유럽 의회가 학교교육 제도 안에서 미디어교육을 추진하기 위한 더 많은 수단의 개발에 대한 필요성을 제시한다. 2001년 3월 3일, 유럽 위원회는 새로운 영상미디어 사용을 위한 이러닝 개발계획을 브뤼셀에서 채택하는데, 이 계획은 다양한 콘텍스트 속에서 이러닝을 활성화시키기 위한 다양한 방법을 나타내고 있다. 이어서 유네스코는 교육 분야에서 아동의 권리를 명시하기 위한 공식 문서의 조회 틀을 만들고, 미디어교육에서 지역 프로그램 창작과 교육 프로그램의 정규화를 위한 혁신적인 제도화 방안을 토의하는 등 매우 활발한 활동을 지속했다. 특히 2002년 4월에는 『유네스코와 남 · 동 유럽 회원 국가 사이의 협력』을 출간하여 유럽 남 · 동 국가의 균형 있는 발전을 위해 이들의 프로젝트를 지원하는 내용을 담고 있다. 이를 바탕으로 유네스코는 2003년 3월 19일부터 23일간 그리스의 살로니크에서 18개국의 연구자들을 불러 모아 지중해 연안의 국가가 미디어교육을 공동 교과과정으로 창출하기 위한 연구를 하기로 하였는데, 이 계획을 '멘터 프로젝트' 라고 한다.

멘터 프로젝트는 2006년 현재 프랑스, 스페인, 포루투갈, 이탈리아, 그리스, 사이프러스, 슬로베니아, 말트, 몬테네그로, 알바니아, 터키, 리비아, 시리아, 팔레스타인, 요르단, 이스라엘, 이집트, 라이브, 뛰니시, 모로코, 알제리로 구성된 21개 지중해 연안 국가가 참여하고 있다. 유럽연합의 유럽위원회, 유네스코, 유럽 직무연수 발전센터, 교육과 정보미디어 연결센터와 미자르 멀티미디어는 미디어교육 프로그램인 '멘터 프로젝트 지중해 연안 국가의 미디어교육' 을 개발하였다. 이것은 특히 청소년에게 새로운 시민참여 방식을 교육함으로써 미디어가 전달하는 메시지에 대한 비판적 시각을 발전시키는 것을 목적으로 하고 있으며, 커뮤니케이션 미디어를 통해 정치적 · 문화적 삶을 발전시킬 수 있는 역동적인 참여를 가능하게 하고 있다.

위에 언급한 5개의 주된 참여기관의 역할을 살펴보면, 우선 유럽연합의 유럽위원회는 각 회원국 간의 긴밀한 연합을 목적으로 하고 있고, 이러닝 프로그램 차원으로 이 프로젝트에 보조금을 지원하고 있다. 유네스코는 전 세계 189개국의 회원국을 가지고 있는 교육, 과학, 문화, 커뮤니케이션을 통해 세계의 평화와 안전을 유지하는 임무를 가진 기관으로서, 커뮤니케이션 발전분과에서 멘터 프로젝트를 지휘하고 있다.

멘터 프로그램을 살펴보면 교사양성 프로세스에 더 큰 비중을 두고, 중등교원 자질의 기본을 정의할 수 있는 미디어교육 프로그램의 원형을 제안하고 있다. 프로그램의 주된 목적은 지중해 연안 회원국에서 사용할 수 있는 통일된 미디어교육 프로그램 개발에 있다. 각 국가의 서로 다른 사회 · 문화적 환경 속에 있으며, 미디어교육의 중요성에 대한 인식도 각기 다르기 때문에 미디어와의 관계, 교육적 환경에 따른 미디어교육의 실현을 위해서는 서로의 차이를 인식하는 것이 중요하다.

이런 차이를 바탕으로 멘터 프로젝트는 2단계 구성으로 일관된 프로그램을 발표하였다. 기초 및 일반 과정의 경우는 미디어교육에 관련된 기본 교육방침과 그 내용으로 구성되어 있으며, 고급과정은 언어, 사회과학, 예술 등과 같은 과목 속에서 미디어교육에 관련된 교육 프로세스와 미디어교육을 혼합한 것으로 구성되었다. 범유럽적으로 진행하고 있는 미디어교육의 기본구성은 6개의 단위로 구성되었는데, 각각의 국가 혹은 교육기관은 능력이나 지역적 여건에 맞게 이런 단위 중에서 자유롭게 선택하여 교육할 수 있다. 각 단위는 최소 12시간의 수업이 되어야 하며, 25시간 수업을 권하고 있다. 미디어교육의 개념에 대한 여섯 가지 단위와 그 세부범주는 다음과 같다(박지선, 2006a: 151f.).

1 문화적 범주

- 청소년의 삶 속에서의 미디어(미디어의 사회적 영향)
- 문화적 실천
- 미디어의 사회화

2 미디어 관련 지식

- 미디어 정의
- 미디어사와 TIC(정보통신기술)의 발달
- 미디어교육(시스템, 법, 경제)
- 미디어와 사회
- 대중의 권리

3 미디어 언어

- 문자언어, 시각언어, 소리언어
- 미디어 간의 인터렉티비티(시청각, 멀티미디어 등)
- 미디어언어 적용 및 비정형 기술 습득

4 장르와 콘텐츠

- 미디어의 다양성, 장르와 콘텐츠(내용)
- 장르의 혼합(정보, 픽션, 다큐멘터리, 엔터테인먼트, 광고 등)
- 장르의 유형(사실, 픽션, 가상현실, 현실)

5 제작과 수용

- 미디어제작 프로세스(테크놀로지와 직업의 중요성)
- 프로세스와 수용의 조건, 청중
- 해석능력, 비평과 시민 분석

⑥ 교육적 단계

- 구성된 과목 교과과정 속에서 프로젝트 완성
- 목적 묘사
- 특수 미디어 장치, 기본 주제와 미디어제작 결과를 이용한 교육활동 개발(정보지, 카세트 오디오, 비디오, 디지털 신문 등)
- 시험 및 결과 평가

이 프로그램은 각 단계별 25시간씩 실시하게 한다. 따라서 6단계가 끝나게 되면 150시간을 이수하게 된다. 또한 이 프로그램은 지역적 여건에 따라 재구성할 수 있으며, 미디어교육 수업의 일부를 청중과의 질의응답시간으로 구성하여 학교 체제와의 일체감을 보장하고 있으나, 새로운 교육에 대해 학생이나 교육계에 생겨날 수 있는 저항을 줄여야 한다는 것을 잊지 말아야 한다.

2) 프랑스의 학교 미디어교육

(1) 학교교육정책적 측면

현재 프랑스의 미디어교육은 학교 공교육 내에서 미디어교육을 실현할 수 있도록 유럽과 함께 움직이고 있으며, 위의 프로그램을 중심으로 미디어교육을 실현하는 것을 장려하고 있다. 1998년 7월 프랑스의 교육부와 문화부는 학생들에게 어릴 때부터 진정한 문화예술교육을 시작하여 학교교육 속에서 일관성 있게 문화·예술적 소양을 키우겠다는 목적하에 『유치원에서 대학까지의 문화예술교육』이라는 보고서를 내놓았다. 그리고 이런 문화예술교육의 새로운 프로젝트 중 하나가 바로 이미지 교육에 관한 것으로서 이미지의 형태를 이해하고 미적 고찰을 해야 한다는 내용이 담겨 있다(박지선, 2006a).

읽기와 분석능력 배양을 목적으로 하는 이미지교육은 초등학교에서는 이미지의 기본 형태를 습득하는 것으로 시작하여, 중등교육에서는 시각기호 읽기 차원에서 국어(프랑스어), 역사지리, 사회(사회교육), 미술(조형예술), 물리과학, 지구생활과 과학과목에서 이미지교육을 인식하고 있으며, 현재는 문화예술교육의 틀 속에서 지원되고 있다.

2000년 12월 프랑스에서, 교육부와 문화부는 두 부서의 공조하에 「학교에서의 문화예술 발전을 위한 5개년 계획」을 발표하여 모든 학교에서 문화예술 교육 활성화를 위한 인적 · 재정적 지원을 약속했다. 2006년 현재 프랑스 교육부와 문화부는 '문화예술교육' 이라는 용어를 사용하며, 그 내용으로 '이미지교육' 혹은 '미디어교육' 내용을 포함시키고 있다(박지선, 2006b). 이는 2004년 말 한국 문화관광부가 제정한 「문화예술진흥법」이라는 명칭과도 동일한 것이다.

영국 등 많은 선진국에서는 '미디어교육' 이라고 명명하지만, 프랑스의 경우 1998년 초까지 미디어교육 내용의 정보성과 기술적인 부분을 강조하는 'ICT교육' 을 학교교육 내에서는 '이미지교육' 이라는 용어로 그리고 예술 분야에서는 '예술교육', '영화교육', '문화예술교육' 등의 용어로 사용하였다. 결국 현재 프랑스의 '문화예술교육' 은 건축, 서커스예술, 조형예술, 영화, 테크놀로지 문화, 무용, 디자인, 문학, 음악, 문화유산, 사진, 연극 분야를 총 망라하는 교육으로서 미디어교육과 예술교육을 모두 종합해 놓은 형태이다. 문화예술교육이란 더욱 폭넓은 의미의 이미지교육이자, 확장된 미디어로 이해하고 있는 동시대의 미디어교육과 같은 개념의 명칭이다. 그 이유는 프랑스의 문화예술교육 형태는 일부 선진국이 선택과목으로 채택하고 있는 '미디어' 라는 독립된 교과가 아닌 프랑스어(자국어), 사회, 역사, 예술 등 기존 교과목 속에서 통합된 형태로 이루어지는 '이미지교육' 이기 때문이다.

프랑스 교육부 산하의 교육과 정보 미디어 연결센터는 프랑스의 미디어교육은 교과과정 속에서 교육적 지원을 위해 미디어를 사용하는 교육과 미디어 자체를 학습하는 교육 두 가지를 모두 포함하고 있다. 이 기관은 프랑스 미디어 교육의 본산지라고 할 수 있는데, 현재 미디어교육을 법제화시키기 위해 교육 프로그램 개발 및 지원 사업을 선도적으로 하고 있다. 한편 프랑스 정규 교과에서 실시하고 있는 모든 과목에서 현재 시행하고 있는 미디어교육적인 요소를 네 가지 항목에 맞추어 현황 조사를 하였는데, 그 기준은 첫째, 시민권, 세계에 대한 이해, 미디어교육에 대한 개방성, 둘째, 이미지 읽기, 영상, 시각, 셋째, 학습목표로서의 미디어, 넷째, 정보자료 혹은 교육적 지원물로서의 미디어에 관한 것이다(Clemi, 2003).

(2) 고등학교의 미디어교육

미디어교육이 가장 활발하게 이루어지고 있는 과목은 언어 영역으로서 특히 자국어교육이며, 미술과목, 사회과목(지리와 역사 포함)에서도 여러 요소를 찾아볼 수 있다. 현행 고등학교 교과목 안에서 실시하고 있는 미디어교육적 요소의 세 가지 분류를 기준으로 그 내용을 살펴보면 다음과 같다(박지선, 2006a: 156ff.).

첫째, '시민권, 세계에 대한 이해, 미디어교육에 대한 개방성'을 살펴보면, 프랑스어(자국어)교육에서는 교육의 목적을 인성교육, 시민교육(여론에 대한 사고와 논증에 대한 능력)에 두고, 인성과 시민성 양성, 비판의식 고양, 여론에 대한 성찰이 가능한 교육을 지향하고 있다. 또한 윤리적 목적을 가진 올바른 시민상 구현을 위해 교사는 정치, 경제, 사회, 과학, 기술, 예술적인 삶을 인간의 활동 영역으로 끌어내고자 한다. 학생들에게 정보의 연구와 정보원천에 대한 관심을 갖도록 유도해야 하는 것도 교사의 의무이다. 외국어교육에서도 타 문화에 대한 개방을 통한 시민교육으로서의 진정한 다문화교육 혹은 간문화교육이 실시되고 있는데, 라디오나 텔레비전 수신, 픽션 영화, 다큐멘터리 영화를 통한 구두메시지의 이해로 진행되기도 한다. 예술과목의 경우는 영화와 시청각 도구를 삽입하여 어떤 방식으로 매개체를 사용하는 것에 대한 기술방법론적 요소 분석을 통한 비판력을 고취시킨다. 지리 · 역사 과목인 사회과교육에서는 동시대를 이해할 수 있는 도구와 지식을 제공하고 있으며, 책임감 있는 시민으로 행동할 수 있는 비판적이고도 능동적인 민주시민의 자질을 강조한다. 또한 학생들이 살고 있는 세상을 이해하는 방법을 제시하기도 한다. 즉, 이 요소들은 명석하고 문화적이며, 자율적인 시민 양성을 목표로 하며, 문화적 수행과정 속에서 적극적이고 비판적인 주체가 되도록 하고 있다.

둘째, 미디어교육의 '이미지 읽기, 영상, 시각적 요소'를 찾아보면 프랑스어교육에서는 이미지 · 담화 같은 부분을 다른 언어와 비교해 보고 예술과목, 문화역사, 이미지 분석과의 관계로 발전시키고 있다는 것을 알 수 있다. 이는 언어가 문자언어에서만 존재하지 않고 다양한 의사소통이 가능하다는 것을 인식할 수 있는 교육이며, 미디어의 의사소통 기능을 이해할 수 있는 내용으로 구성되어 있다. 읽기교육은 이미지교육에 관한 것도 포함하기 때문에 스틸 이미지나 동영상을 사용하기도 하며, 이미지 분석은 예술과목과 함께 학습하는 것이 가능하다. 예술교육에서 영화와 시청각 분야는 계획, 시각, 현실의 재현, 영화문화의 접근과 시청각 접근, 이미지와 소리에 대한 특수 언어에 대한 고찰을 하고 있으며, 음악 분야에서는 광고 필름 등을 통해 소리와 이미지와의 관계를 학습한다. 스페인어 과목의 경우에서도 이미지를 해독한다는 것은 쉽지 않지만, 이미지는 약호 체계로 언제나 의미를 가진다는 것을 강조한다. 이미지가 구두표현의 시동작용을 하지만 이미지 읽기가 가능하다는 것을 설명한다. 예를 들어, 텔레비전에 대해서 학생들이 시청가 효과와 능력을 파악하게 하고 있고, 영화의 시퀀스와 플래닝을 통해 영화분석을 하기도 한다. 언어 영역은 영상, 시청각 자료를 사용하는데, 광고, 만화, 위성사진, 사진, 도표 재현 등 비디오 자료, 영화 요약을 통해 언어의 다양한 형태를 '미디어교육'과 병행하고 있다. 영어 과목에서는 문화적 목적을 가지고 영화 언어를 학습하기도 하는데, 영어로 된 결과물을 비디오로 제작하는 등 현실에 관한 다큐멘터리, 픽션 영화 프로그램을 시각화하고 있다. 과학 과목의 경우는 미디어를 활용한 교육이 대부분이며, 영상 재현을 통한 수업을 진행하고 있다. 물리 · 화학은 교과과정 중 하나가 '이미지와 커뮤니케이션' 이기도 하다.

셋째, '학습목표로서의 미디어' 에 대한 내용을 살펴보면 매스커뮤니케이션의 수단에 대한 비판적 분석 및 효과(인터넷, 전자메일 포함)를 파악하는 것에 초점을 맞추고 있다. 프랑스어 과목에서는 학생들의 문화적 현실에 대한 관심을 발전시키기 위해 신문기자와 연계한 수업을 직접 실행하고 있다. 이는 제작수업인 '아틀리에 프로젝트' 수업 내에서 가능하며 지역의 신문기자를 초청하여 신문을 이해하는 수업을 교사와 함께 진행한다. 프랑스어 교육뿐만이 아니라 외국어교육에서도 학생들에게 익숙한 정보통신 환경은 현대사회 속에서 일상적이 되었으며, 때로는 효율적이기도 하다는 점을 강조하고 있기도 하다. 정보의 단편, 문화의 단편을 소홀히 하지 말아야 하며 반대로 이것들이 학생들의 활동을 유기적으로 체계화하는 데 중점을 두고 있다. 학생들이 제기된 자료에 대한 특징을 분석하도록 훈련한다. 자료의 근원, 발전단계, 출력방식에 대한 분석을 할 수 있어야 하며, 담화의 내연과 외연에 담겨 있는 성질에 대하여 현실의 어떤 상황에 대한 시각을 반영하는지 고찰한다. 역사 과목에서는 19세기에 대한 설명으로 신문, 잡지, 라디오, 영화, 스포츠에 기인하여 대중문화 탄생을 보여 주고 있으며, 사회 과목의 '소비' 단원에서는 소득, 국가유산, 유행, 미디어, 문화의 영향에 따른 행동에 관한 학습을 한다. 또한 제2 외국어 교육 속에서도 문화콘텐츠가 사회에서 함께 살아가는 것에 관한 것으로서 기억, 교환, 사회적 관계, 창작이라는 네 가지 개념을 가진다고 강조하고 있다.

넷째, '교육적 지원물의 형태인 정보자료' 로서 미디어를 사용하는 경우는 프랑스어 과목에서 문학적 텍스트와 비문학적 텍스트, 문자와 다른 언어와의 관계 맺기, 창작물 쓰기 연습, 영상물 같은 보충 자료 사용, 언론 기사와 이미지 사용의 형태로 드러나고 있다.

한 가지 주제를 다양한 시각과 방법으로 주장하고 있는 것을 이해하기 위해서 신문, 잡지 발췌문 자료를 비교 · 분석하는데, 현재의 신문이나 잡지 기사를 텍스트로 다루는 경우가 있다. 인터뷰, 뉴스와 광고 플래시, 라디오 방송의 인터뷰, 원탁토의 등의 발췌문 같은 청각 자료가 사용되기도 한다. 특히 프랑스 대입자격시험인 '바칼로레아(baccalauréat)' 에서도 신문기사 발췌문을 사용한다고 밝힌 바 있다. 현재 프랑스는 미디어교육을 공교육으로 편입시키기 위해서 정부차원에서 많은 노력과 지원을 하고 있다. 교육과 정보 미디어 연결센터가 대표적인 기관으로 그 가능성과 현재 교과서의 실태를 조사하고 있다.

위에서 살펴본 바에 따르면 각 교과목에서 미디어교육은 시민권, 세계에 대한 이해, 통신윤리 등과 같은 세상과 소통하는 창구로서의 커뮤니케이션의 역할을 강조하고 있으며, 시각 이미지로서 비언어 리터러시의 중요성이 인식되고 있을 뿐만 아니라, 미디어 자체를 연구대상으로 하고 있다. 또한 정보자료 혹은 교육적 지원물로서의 미디어를 활용하는 활용교육까지 미디어교육이 가져올 수 있는 다양한 요소를 내포하고 있다.

이상과 같이 프랑스의 공교육에서 현행 실시되고 있는 미디어교육적 요소를 살펴본 결과, 특히 언어 영역의 교과목에서는 다양한 언어의 비판적 성찰을 유도하고 대중문화를 비롯한 미디어를 이해하려는 적극적인 움직임이 발견되었으며, 이런 현재 교육에 대한 조사를 통해 미디어교육의 실현을 위해 지속적으로 노력하고 있는 부분에 매우 높은 점수를 매길 수 있다.

3) 독일의 학교 미디어교육

다음에 소개되는 네 개의 학교 미디어교육 프로젝트는 독일에서 지난 몇 년간 행해진 수백 개의 미디어교육 프로젝트 중에 독특하면서도 한국에서 응용 가능한 것이다. 이곳에 소개되지 않은 프로젝트 중에도 비교적 짧은 시간 내에 적은 예산으로 실현 가능한 것이 많다. 미디어교육이라 하면 고성능 컴퓨터 등의 장비부터 떠올릴 수 있으나 실제로 교육 현장에서 참신한 아이디어만 가지고도 해 볼 수 있는 실험이 많다는 것을 아래의 예가 보여 주고 있다(김영순, 강윤주, 2004).

(1) 유치원 미디어교육

이 프로젝트는 1995년 5월 독일 뤼베케(Luebecke) 시에 있는 세 곳의 유치원에서 진행된 것이다. 유치원 교사는 유치원생이 노는 모습을 지켜보던 중, 유치원생이 텔레비전에서 본 것을 자주 모방할 뿐 아니라 텔레비전 제작물을 보며 형성된 그들 나름의 영웅상이 다른 일상적 행위의 기준이 된다는 것을 발견하고 이 프로젝트를 구상하게 되었다. 오후 시간에 모두 5회에 걸쳐 진행된 이 프로젝트의 내용은 다음과 같다(Johannig, 1999).

① 1일째: 유치원생에게 카메라 기능을 자세히 가르쳐 준다. 모든 아동이 한 번씩 카메라 뒤에 서서 렌즈를 들여다보게 한다. 또한 카메라 기법 중 특이한 것 하나를 보여 주고 카메라가 실제 모습을 변화시켜 보여 줄 수 있다는 점 등을 설명해 준다.
② 2일째: 텔레비전 프로그램을 안내해 주는 잡지로 콜라주를 만든다. 교사는 이를 통해 아동이 텔레비전에서 무엇을 시청하는지, 또한 자신들이 좋아하는 프로그램이나 인물을 어떤 방식으로 표현하는지를 알 수 있게 되고 콜라주가 끝난 뒤 작품을 비교하면서 콜라주를 제작한 아동 스스로도 자신이 무얼 좋아하고 왜 좋아하는지, 또 다른 아동이 느끼는 바는 자신과 어떻게 같고 다른지를 알게 된다.
③ 3일째: 텔레비전 제작의 원칙을 설명하고 아동이 스스로 텔레비전 제작물을 만들게 한다. 비디오 카메라로 동화책을 한 쪽씩 촬영하고, 한 아동은 동화책 주인공이 무엇을 하고 있는지 그 동작을 말로 설명하도록 한다. 나머지 아동은 장면에 적절한 물에 빠지는 소리, 이 닦는 소리 등의 음향을 만든다.

④ 4일째: 이번에는 동화책이라는 보조 수단 없이 아동 스스로가 처음부터 끝까지 제작하게 하기 위해 벽에 큰 종이를 붙여 놓고 서커스단 그림을 그리게 한다. 광대, 동물 등 아동이 원하는 캐릭터를 그려 넣게 하고 역시 이 장면에 필요한 음향을 만들게 한다. 이 또한 캐릭터 하나하나 꼼꼼히 카메라로 촬영한다.

⑤ 5일째: 외부에서 텔레비전을 통해 아동에게 주입되는 영상과는 반대로 내면 그림을 그리는 훈련을 시키기 위해, 체육관 같은 넓은 홀에 책상이나 의자 등을 늘어놓아 길을 만들고 그 길을 눈으로 충분히 익힌 뒤 수건으로 눈을 묶은 후 기어가게 만든다.

이 프로젝트는 프로젝트의 목적을 충분히 이해하고 그 목적의 달성을 위해 집중할 수 있는 5, 6세 아동에게 적합하며, 한 집단의 수가 15명을 넘어서는 안 된다.

(2) 컴퓨터 게임과 친해지기

1996년부터 매년 11월에 열리는 이 행사는 청소년과 학부모, 교사가 다양한 컴퓨터 게임을 테스트해 보고, 게임하는 이들을 관찰자의 입장에서 지켜보며 스스로 컴퓨터 게임에 대해 평가할 수 있는 기회를 제공하는 데 목적이 있다. 또한 이 행사는 가상공간에서 게임하는 재미만을 주는 것이 아니라 컴퓨터 게임을 통해 실제 공간에서 사람들을 알게 되고 서로 대화를 나누도록 유도한다(Natascha, 1999).

주최자는 건물 하나를 통째로 빌려 행사를 위해 쓴다. 1층부터 4층까지 각각의 공간은 게임의 레벨과 성격에 따라 다르게 꾸며져 있다. 1층에는 간단한 스낵바를 마련해 두고 이곳에 온 사람들이 서로 대화를 할 수 있는 분위기를 만든다. 옛날 게임에 대한 향수를 가진 이들이 즐길 수 있도록 1세대 게임을 준비해 두기도 한다. 2층에는 온라인 게임과 '신비의 방'을 준비하여 이 방에서는 촛불 아래 비밀스러운 분위기에서 여기에 맞는 게임을 즐기게 한다. 3층에는 폭소가 터지는 게임을 마련하여 웃고 떠들며 왁자지껄한 분위기에서 게임을 할 수 있게 한다. 4층에 도달하면 참가자는 먼저 비디오카메라 앞에서 왜 자신이 가장 난이도 높은 게임이 있을 것이라 예상되는 4층에 올라왔는지, 어떤 이유로 자신이 이 게임을 할 수 있으리라 확신하는지를 말해야 한다. 이 과정이 끝나면 신을 벗고 유리 조각 위를 지나 꼭대기 층으로 가는 사다리를 올라가게 된다. 그러나 막상 올라가면 그곳에 준비된 것은 어린이용 소프트웨어이고 그 밖에도 그들에게 주어지는 과제는 그 공간 어딘가에 숨겨져 있는 노란 양말을 찾는 일이다.

컴퓨터 게임에 푹 빠져 있는 이들은 이 행사를 통해 자신의 방에서 홀로 하는 게임도 재미있지만 사람들과 대화를 나누며 게임하는 것에도 색다른 재미가 있음을 알게 되고, 컴퓨터 게임을 전혀 모르는 이들 역시 옆에 앉은 컴퓨터 게임광의 도움을 받아 컴퓨터 게임과 조금씩 친해지게 된다. 결국 이 행사는 컴퓨터 게임이 인간관계 맺기에도 도움이 될 수 있다는 사실을 보여 준다.

(3) 테마 집중 공략 학습

이 프로젝트는 독일 김나지움의 상급반 학생인 16~18세 청소년을 대상으로 연구한 것이다. 구동독 지역이 통일 이후 구서독 지역의 사회와 시장 체제에 잘 적응했는지에 대한 신문기사를 보며 토론하던 중 10여 명으로 구성된 학습집단은 '사회시장경제(Soziale Marktwirtschaft)가 독일 통일의 경제적 문제점을 해결할 수 있을 것인가?' 와 같은 문제를 제기한다(Gerbode, 1999).

참가자는 이 과제를 풀어 가기 위해 벽 신문을 만들고 영화 촬영을 위한 대본을 작성한다. 사회 교과서와 신문, 방송이나 텔레비전 등에서 시장 경제, 계획경제, 사회시장경제에 대한 내용을 수집하면서 각 미디어가 어떤 방식으로, 또 어떤 논조로 시장경제 체제를 보도하고 있는지 비교할 수 있었다.

세 개의 소집단이 같은 과제를 가지고 25시간의 수업 동안 이상적인 경제 체제와 현재의 상황에 관한 토론을 하여 그 결과를 책으로 엮었다. 교사의 역할은 학생들이 이해하지 못하는 부분을 설명해 주는 것으로 제한한다. 세 팀 중 한 팀은 구동독 지역으로 여행을 떠나 인터뷰를 하였으며, 영화 대본은 공동의 세미나에서 소개되고 토론되었다. 대본이 완성된 뒤에는 각자 역할을 맡아 이틀 동안 촬영하고 이동 시간으로 하루를 잡아 정규 수업에 큰 지장이 없게 한다.

후시 작업은 두 명의 학생이 맡아 45분짜리 필름으로 편집하고 그래픽과 효과 등을 넣었으며, 교사가 영화를 위한 음악을 작곡하고 나머지 학생들은 비디오 커버를 디자인한다. 이 프로젝트의 결과물은 1995년 보고서와 필름의 형태로 독일의 각종 심포지엄과 지역 방송 등에 널리 소개되었다.

2. 민주시민교육과 문화 리터러시

이번 장에서는 민주시민교육의 효율적 실시를 위해 문화 리터러시의 방법론을 모색한다. 민주시민교육은 국민이 국가의 주권자로서 정치현상에 관한 개관적 지식을 갖추고 정치적 상황을 올바로 판단하며, 아울러 비판의식을 갖고 정치과정에 참여하여 권리와 의무를 적극적으로 수행하도록 하는 의사소통적 교육이라고 정의할 수 있다(박병석, 2004: 2). 민주주의 사회는 상호 교환적인 의사소통의 성격을 지니고 있기 때문에 민주시민교육의 주체는 국민이며 그 대상도 국민이다. 그래서 '체계'와 '생활세계' 간의 상호연계 속에서 사회구성원 간의 원활한 의사소통을 통해 진행된다. 민주시민의 주요 자질로 꼽는 비판력과 사회구성원 간의 원활한 의사소통은 문화 리터러시의 목적과도 연결되는 부분이다.

우리나라에서는 헌법과 교육기본법, 평생교육법 등에 민주시민교육의 당위성을 명시하고 있지만 아직 구체적 실행을 위한 법적·제도적 장치는 미비하다. 학교 내에서의 민주시민교육은 입시중심의 교육환경과 주입식 전달식 교육방법으로 인해 제대로 수행되지 못하고, 학교 밖에서의 민주시민교육도 여러 이유로 어려움을 겪고 있다. 민주시민교육을 위한 전문적 관할기구가 아직 갖추어져 있지 않고, 현재 이루어지고 있는 교육 또한 일회적 행사 위주로 되어 있어 연속성과 전문성, 세분화가 결여되어 있다. 다루고 있는 주제 역시 단편화·획일화되고 교육은 강의나 강연 중심의 전달식 교육방법에 의존하고 있기 때문에 효율성이 떨어진다는 평가를 받고 있다.

최근에는 민주시민교육에서 매스미디어를 비롯한 다양한 미디어를 활용한 교육방법론이 제기되고 있다. 전달방법에서의 시청각 미디어의 활용효과와 학습방법에 따른 기억의 효과는 다르게 나타난다. 읽기는 10%만 기억으로 남고, 강의를 듣는 것은 20%, 시각미디어를 통해서는 30%만이 기억으로 남는다. 그러나 강의를 들으면서 시각적인 미디어를 활용할 경우는 50%를 흡수한다. 그러므로 민주시민교육에서 시각화는 반드시 필요하며 교육과정에서 스스로 발표를 할 경우는 70% 이상을 흡수하므로 참가자가 직접 토론에 참가하거나 다른 참가자 앞에서 발표하는 내용에 대해서는 지식을 받아들이는 양이 더욱 증가된다(송창석, 1996: 74). 결국 민주시민교육이 효율적으로 실시되기 위해서는 미디어를 활용한 문화 리터러시 교육이 수반되어야 할 것이다.

1) 민주시민교육의 이해

민주시민교육은 개념상 다양한 의미로 이해되고 있다. 넓게는 시민교육과 같은 뜻으로 쓰이지만, 좁게는 국민 개개인의 정치성 배양을 위한 시민교육으로 이해되기도 한다. 그러나 일반적으로 민주시민교육이라고 하면 시민정신 또는 시민성 함양 목표를 추구하는 교육이다. 그렇다면 과연 시민성이란 무엇인가? 시민성에 대한 연구는 다양한 학문 분야에서 상이한 방향으로 이루어져 왔다. 사회과학에서는 시민의 권리와 의무관계를 중심으로 연구되고 있고, 철학에서는 공동체와 개인의 관계를 중심으로 개인주의와 공동체주의를 구분하였으며, 교육학에서는 시민의 바람직한 자질을 중심으로 하는 교육적 · 규범적 차원의 연구가 이루어지고 있다. 사회과학 분야에서는 시민성을 사회 · 정치적 구성원의 지위를 정의하는 권리와 의무의 총체로 정의한다. 다시 말해, 시민성이란 사회 · 정치적 공동체가 규정하는 자격을 충족시키는 사람이 가지는 권리와 의무의 집합을 의미한다. 철학이나 교육학에서는 시민의 자질과 덕목, 의무와 헌신을 중심으로 규범적 관점의 논의를 통해 시민의 자질을 당위적으로 규정하고 있다.

한 시대, 한 공동체 내에서 공동체와 시민 간의 권리 · 의무 관계로서 시민성 개념은 한편으로는 공동체 내의 관행 및 규정을 설명하는 서술적 표현이기도 하다. 그러나 한편으로는 규범적 의미를 내포하고 있어서 시민의 범주에서 배제되었던 사람으로 하여금 시민으로서의 권리를 획득하고, 권리를 행사하고, 그에 따른 의무를 수행하기 위해 끊임없이 노력하게 만드는 동인이 되기도 한다. 즉, 시민성은 고정된 서술적 의미뿐만 아니라 규범적 의미로서 시민이 아닌 사람들이 시민으로서의 권리를 찾고 의무를 수행해야 한다는 시민의 자질을 의미한다(송현정, 2003: 62).

바로 이러한 민주시민교육이 목적하는 바는 상당히 다양한 스펙트럼을 가지고 있다. 먼저 국민 상호 간(세대 간, 계층 간, 성별 간, 이웃 간 등)의 의사소통을 실현함은 물론이고 정부와 국민 간의 상시적인 의사소통을 실현하고자 한다. 이때 말하는 정부와 국민은 다른 의미로 하버마스(J. Habermas)가 말한 체계와 생활세계라고 볼 수 있다. 그리고 국가공동체적 사안에 대해 국민의 적극적 참여를 유도하고 지역공동체에 대한 주인의식을 제고하는 것도 민주시민교육의 중요한 목적이다. 또한 기존의 폐쇄적 민족주의를 극복해 지구촌사회에 대한 인식과 적응을 하는 것도 세계화라는 사회변동 차원에서 볼 때 중요하다. 그리고 오늘날 더욱 중요한 목적 중 하나는 온라인과 오프라인 정보에 대한 성찰력도 포함된다. 분단이라는 우리나라의 특수한 상황을 고려해 볼 때 통일 후 북한 주민의 통합에 대비하여 자유민주주의 체제에 대한 자부심과 우월감을 배양하는 것도 민주시민교육의 목적이다. 민주시민의 의식함양이라든지 기형적 정치문화를 개선하기 위한 것도 기본 목적이지만 무엇보다 민주시민교육에서 중요한 목적은 자유민주주의의 덕목인 포용력과 비판력을 하는 것이다. 이러한 목적을 실현하기 위한 민주시민교육의 기본원칙으로는 교화의 금지, 의견 다양성의 보호, 정치적 영향력 함양을 정하고 있다.

민주시민교육은 각 국가별로 서로 다른 목적을 가지고 있는데 독일의 경우는 정치교육이라고 하여 정치성 함양을 목적으로 하고, 미국은 민주시민교육이라고 하여 시민권 인식과 실천을 중요한 목표로 한다. 한편 일본의 공민교육은 황국신민의식의 청산과 공민 육성을 목표로 하고 있다. 이를 종합해 보면 민주시민교육이란 정치현상을 포함한 모든 사회현상에 대한 객관적 지식과 사회상황을 올바르게 판단하는 능력, 비판의식과 참여의 권리·의무를 수행하게 하는 의사소통적 능력을 기르는 교육이라고 볼 수 있다.

민주시민교육의 주제는 기본가치, 제도, 행태·의식, 구조, 역사, 시사 등으로 나눌 수 있다. 기본 가치와 관련된 내용으로는 인권, 생활권 등이 있으며, 제도와 관련된 내용은 헌법, 제도, 법률, 규칙 등이 있다. 행태·의식과 관련된 내용은 법치주의, 다수결, 합의, 관용, 비판정신 등이 있다. 구조와 관련된 내용은 사회적 갈등구조(계급, 지역, 세대, 성별) 이해가 있으며, 역사와 관련된 내용은 과거사 인식에 대한 것이고, 시사 관련 내용은 개인, 가정, 집단, 사회, 국가, 지구촌 차원의 모든 문제가 해당된다.

미국에서는 시민교육센터에서 공민 혹은 정치과목의 국가표준안으로 민주시민교육의 목표와 내용구성의 요소를 제시한 안이 있다. 이에 따르면 시민교육의 본질적인 구성요소는 시민적 지식, 시민적 기능, 시민적 성향으로 나눈다(Branson, 2002: 11-15). 이 중 시민적 지식은 다음 질문과 관련된다. 첫째, 시민생활, 정치, 정부는 무엇인가? 둘째, 우리나라 정치 체계의 기반은 무엇인가? 셋째, 헌법에 의해 수립된 정부는 우리나라 민주주의의 목적과 가치 및 원칙을 어떻게 구현하고 있는가? 넷째, 우리나라와 다른 나라와의 관계, 그리고 국제관계는 어떠한가? 다섯째, 민주사회에서 시민의 역할은 무엇인가?

다음으로 시민적 기능은 지적 기능과 참여 기능으로 나눈다. 이것은 비판적 사고기능이라고 할 수 있다. 지적 기능에는 확인과 기술(記述), 설명과 분석, 공공 쟁점에 대한 입장의 평가 · 취득 · 옹호가 해당된다. 참여 기능에는 상호작용, 감시 활동, 영향력 행사가 속한다. 마지막으로 가치 · 태도 영역과 관련된 시민적 성향은 민주주의의 유지와 개선을 위해 필수적인 개인적 · 공공적 인성 혹은 성격을 가리킨다. 여기에는 다음의 다섯 가지 성향이 포함된다. 첫째, 사회의 독립적이고 자주적인 구성원이 되려는 성향, 둘째, 사민으로서의 개인적 · 정치적 · 경제적 책임을 떠맡으려는 성향, 셋째, 개인의 가치 및 인간으로서의 존엄성을 존중하려는 성향, 넷째, 사려깊고 효과적인 방식으로 시민생활과 공공문제에 참여하려는 성향, 다섯째, 민주사회의 건전한 기능에 기여하려는 성향이다.

2) 문화 리터러시의 방향

(1) 문화 리터러시의 필요성

문화 리터러시는 우리나라에서 '문화해독력', '문화해득력', '문해' 등으로 해석하고 있다. 이것을 영어의 글자 그대로 풀이하면, '문화를 읽을 수 있는 능력'을 말한다. 미국에서 이 용어는, '공통적 문화기반을 가진 사람들의 문화 커뮤니케이션을 위한 도구어(道具語)의 집합'을 의미한다. 일반적으로 "문화 리터러시 능력이 있다."라는 것은 현대사회를 살아가기 위해 필요한 기본적인 정보를 소유하는 것을 말한다. 여기서 말하는 정보는 좁은 의미에서의 문화를 말하는 것이 아니라 스포츠와 과학을 비롯한 모든 분야를 포괄하는 폭넓은 영역을 말한다. 이것이 지향하는 목적은 넓은 의미에서의 민주시민이라고 할 수 있다. 즉, 문화 리터러시는 국민 상호 간(세대 간, 계층 간, 성별 간, 이웃 간 등)의 의사소통 실현, 정부와 국민 간의 상시적인 의사소통 실현을 위해 필요한 기본 요건이 된다.

인간의 커뮤니케이션은 사람 사이의 공통 지식과 정보에 기초한다. 글을 읽을 줄 아는 것만으로는 진정한 소통을 할 수 없다. 그 글이 진정으로 의미하는 바를 이해해야만 공통으로 아는 사람, 장소, 언어, 사건, 사상이 축적됨으로써 진정한 소통이 이루어진다. 그렇기 때문에 공통으로 이해하고 인지하는 지식과 정보의 공통분모를 마련하고자 하는 것이 문화 리터러시의 핵심 내용이다. 따라서 문화 리터러시는 민주시민을 위한 대중의 문화 해독력, 어떤 특정 사물이나 표현양식을 이해하기 위해 습득해야 할 배경 지식을 포괄하는 개념으로 보아야 한다.

리터러시는 문맹을 의미하는 일리터러시(illiteracy)의 반대말이며 인간이 글자를 해독할 수 있는 능력, 즉 기본적인 읽기 교육을 받은 상태를 말한다. 그러나 국가에 따라 차이는 있지만 오늘날 많은 국가에서는 국가적 차원에서 의무교육을 실시하고 있으며, 전반적인 생활수준이 향상됨에 따라 일반대중의 교육수준도 높아졌다. 이에 따라 문자를 읽을 줄 모르는 전통적 의미의 문맹자는 많이 감소했으며 실제로 대부분의 계층이 출판물이나 신문의 글자를 읽을 수 있다. 그럼에도 불구하고 수많은 독자 또는 특정 분야의 전문지식이나 교양을 쌓은 사람들이 다른 분야에는 매우 무지한 상태에 있다는 것을 쉽게 발견할 수 있다. 이것은 학문의 세분화, 전문화에 따른 폐해이기도 하다. 그래서 많은 사람이 글을 읽을 수 있지만 매스미디어를 비롯한 다양한 형식의 문화 의미를 파악할 수 없는 문화맹인 경우가 많다. 이런 현상은 문화와 정보량이 대량으로 유통되고 그 범위가 넓어지고 전문성의 깊이가 깊어질수록 더 심화된다. 이 문제를 극복하기 위해 미국의 연구자들은 표준적인 문화 리터러시를 위한 용어를 선정하는 작업을 시도하기도 했다. 이 작업을 통해 문화 리터러시가 단편적인 지식보다는 사회 전체의 오랜 문화유산을 토대로 문화적 소통을 할 수 있는 민주시민을 양성할 수 있다는 것을 가늠해 볼 수 있다.

앞에서 민주시민교육의 중요한 목적이 자유민주주의의 덕목인 비판력을 함양하는 것이라고 했다. 여기서 말하는 비판력은 바로 문화 리터러시를 통해 길러질 수 있는 능력이다. 하버마스에 따르면 신문과 잡지는 부르주아 헌정 국가 설립시기에 정치권력에 대항해 보편이념을 대변하였다. 그러나 이후 그들의 목표가 달성되고 자본이 집중되면서 매스미디어는 생존을 위해 상업화가 될 수밖에 없었다. 이것은 모든 미디어에 파급되어 문화의 형식과 내용 면에서의 상품화뿐만 아니라 대화와 토론도 규격화, 형식화, 상품화시켰다. 이러한 이윤추구의 논리 속에 이루어진 상품화를 통해 대중문화라는 것이 형성되었다. 오늘날 대중은 언로를 봉쇄당한 채 매스미디어의 내용을 수용할 수밖에 없게 되었다. 대중문화가 사회의 기준이 되고, 비판적 토론 대신에 소비성향의 대중이 소비자로서의 기호와 선호를 교환하는 대화가 주를 이루게 되었다. 소비문화에 침투당한 공론장이 내부 영역을 구성하게 된 것이다. 기존의 비판적 토론은 매스미디어와 소비문화의 홍수 속에 묻힌 문자미디어의 공론장 속에서 비판력과 합리성을 잃어버리게 되고 대중은 수동적으로 변하게 된다. 하버마스가 분석한 바로 이 지점에서 민주시민교육이 추구해야 할 비판력의 필요성이 더욱 절실해진다.

체계의 대칭 영역으로 파악되는 생활세계는 문화, 사회, 인격이라는 구조적 구성요소로 지탱되는 영역이다. 문화는 의사소통 참여자로 하여금 어떤 대상물에 대해 이해와 해석을 가능하게 하는 시식의 저장물이고, 사회는 집단적 소속감과 유대감을 지켜 줄 수 있는 정당한 질서이며, 인격은 언어 및 행위능력을 갖추게 하여 이해과정에 참여할 수 있도록 하고, 자신의 정체성을 주장할 수 있게 한다(Habermas, 1981). 민주시민교육에서 상정하고 있는 시민사회란 바로 하버마스의 생활세계와 같은 것이다. 현대사회는 체계에 의해서 생활세계가 식민지화된 시대이다. 공적 및 사적 영역의 분리가 명확했던 과거에는 사적 이익 간의 경쟁이 시장에 남아 있었다면, 이제 이 영역들의 상호 침투로 특수 이익과 사적 이익 간의 경쟁이 공적 영역에 유입되었다. 대중과 공론장이 분리되고 매스미디어가 대중문화를 선도하게 된 이 시대에 광고가 공론장의 주요 기능이 되었다. 그래서 광고를 비롯한 대중문화를 제대로 읽어 낼 수 없다면 오늘날 대중은 민주시민으로서의 역할을 제대로 담당해 내지 못한다는 공식이 성립된다.

전통적인 민주시민교육의 방법론으로 인간의식 및 행태의 변화를 가져올 수 있는 성찰된 방법, 즉 상호 교환적 의사소통방법이 있다. 최근에는 특히 매스미디어를 통한 교육방법이 많이 사용되기도 한다. 새로운 민주시민교육 방법으로 소개되고 있는 '메타플랜(metaplan)'의 경우는 성인과 청소년 등을 대상으로 하는 민주시민교육 과정에서 적용할 수 있는 다양한 교육방법을 지칭하는 용어다. 이것은 "교수자 중심이 아닌 참가자 중심의 교수방법이며 시각적인 미디어를 적극적으로 활용하여 세미나를 진행하는 교수기법의 한 형태"라고 말할 수 있다(송창석, 2003: 69). 메타플랜의 교육방법에서는 시각화와 참가자 행동의 효율성을 강조한다. 민주시민교육에서의 이러한 최근의 교육방법론에서 볼 수 있듯이 매스미디어를 비롯한 문화 리터러시는 민주시민교육에서 매우 중요한 위치를 차지하고 있다는 것을 알 수 있다. 그리고 민주시민교육의 주요 목적인 비판력을 키우기 위해서도 문화 리터러시는 필요하다.

(2) 문화 리터러시 방법론으로서의 기호학

미국에서 문화 리터러시 개념이 처음 도입된 것은 문화의 이해에 대해 교육현장에서 유효한 측정자료로 사용하기 위해서이다. 하지만 1990년대 초반부터는 미디어 리터러시라는 이름으로 각종 미디어를 문화적으로 해석할 수 있는지를 파악하는 도구로 활용되기 시작했다. 그리고 이것의 목적은 대중의 문화적 수준을 끌어올리기 위한 것이 되었다.

미디어 리터러시라는 용어는 미디어를 사용하고 해석하기 위해 요구되는 지식, 기술, 능력을 말한다. 하지만 미디어 리터러시든, 문화 리터러시든 '리터러시' 라는 단어를 사전적 의미로 간단하게 정의해서는 안 된다. 그리고 리터러시에 대해 이야기하는 것은, 미디어나 문화적 텍스트가 언어의 형식을 차용하고 있어서 문자 언어와 유사한 방식으로 시각적 언어나 시각과 청각이 결합된 언어를 가르치고 배울 수 있다는 것을 암시하는 것이다. 소쉬르(F. d. Saussure)는 이처럼 다른 형식의 커뮤니케이션을 연구하는 데에 언어학적 방법을 확장하여 사용하도록 제안하였으며, 그것이 바로 기호를 연구하는 기호학이다. 그러므로 각종 텍스트를 분석할 때는 기호학적 방법이나 원칙이 전통적으로 사용되고 있다. 따라서 이 글에서도 민주시민교육을 위한 문화 리터러시의 방법론으로 기호학 이론을 사용하고자 한다.

샹데스(E. Chandes)는 "미디어 속의 다양한 문화콘텐츠를 활용한 교육이 이루어져야 하며, 학습자는 콘텐츠를 분석 · 평가할 수 있는 기호학적 능력을 통해 멀티 리터러시를 실천할 수 있다."라고 주장한다(Chandes, 2004: 23). 리터러시는 텔레비전, 영화, 비디오, 라디오, 사진, 광고, 신문, 잡지, 음악, 컴퓨터 게임, 인터넷 등의 다양한 문화기호의 의미를 해독하고 분석할 수 있는 능력을 배양하는 통합적 교육을 의미한다. 따라서 민주시민교육의 관점에서 보자면 미디어를 적극적으로 활용하는 교육이야말로 교육의 핵심 방향이 된다. 민주시민교육에서 중요한 것은 학습자에게 어떠한 교육목표를, 어떠한 교육 내용과 방법 및 평가를 통하여 성취시킬 것인가에 대한 기준을 설정하는 것이다. 민주시민교육을 위한 문화 리터러시에서 미디어의 활용은 교육 효과를 높일 뿐만 아니라 교육 수요자의 흥미유발 및 창의성 함양에도 많은 영향을 미친다. 하지만 지금까지 민주시민교육에서의 미디어 활용은 학생들의 흥미를 끌거나 수업을 재미있게 진행하기 위한 보조자료의 수준이었다. 즉, 미디어 속 문화콘텐츠를 분류하고 감상하는 단계에 머무르고 있다. 따라서 문화기호의 의미를 논리적으로 분석하는 교수법은 많지 않는 것으로 평가된다.

예를 들어, 문자 미디어인 소설을 영상화, 드라마화한 영상 미디어의 특징을 설명하기 위해 소설을 영화화한 〈서편제〉와 〈일그러진 우리의 영웅〉 등을 보여 주거나, 문학작품을 드라마화한 MBC의 베스트셀러 극장이나 KBS 문예극장 등을 보여 주는 교육방법이다. 또한 19세기를 대표하는 작가 빅토르 위고(V. M. Hugo)의 소설을 영화화한 〈레미제라블〉을 통해 등장인물이 만들어 가는 이야기 행로와 서사구조를 설명하거나, 알렉상드르 뒤마(A. Dumas)의 소설을 영화화한 〈삼총사〉를 통해 역사적인 배경을 설명하기도 하였다. 또한 최근에는 극작가인 마르셀 파뇰(M. Pagnol)이 프랑스 남부지방을 배경으로 한 소년이 성장해 가는 이야기를 그린 가족 영화 시리즈인 〈내 아버지의 영광〉을 보여 주면서 프랑스 남부의 경치를 소개하기도 한다. 그러나 이는 소극적인 차원에서 미디어를 활용한 문화 리터러시 방법이라고 볼 수 있다(백승국, 2005).

문화 리터러시 능력은 디지털 미디어의 출현으로 인한 양방향성, 네트워크화의 새로운 정보기술을 활용하는 일차적이고 단편적인 능력이 아니라, 비판적인 관점에서 문화콘텐츠를 선정하여 활용할 수 있는 능력을 의미한다. 즉, 문화 리터러시가 단순하게 미디어를 읽고 이해하는 능력을 넘어 문자와 영상, 디지털 미디어의 특성과 미디어의 특성에 맞는 지식습득 방식을 정확하게 습득하여 미디어가 전달하는 문화콘텐츠를 적극적으로 감상할 수 있는 능력을 요구한다. 예를 들어, 영상에는 단순히 말뿐 아니라 얼굴 표정, 목소리, 몸짓기호도 중요한 해독 기호로 작동하고 있다. 따라서 문화 리터러시는 영상 미디어의 독특한 특성과 다양한 표현방식 속에 숨겨진 문화기호의 의미작용을 파악하는 것이다.

매스터먼(L. Masterman)은 "미디어가 보여 주는 세계는 현실을 그대로 거울처럼 반사하는 것이 아니라 현실을 기호화하여 재구성한 것이다."(안해룡, 안미라 역, 2001: 43)라고 하였다. 이 주장은 문화 리터러시의 중요성을 말해 주고 있다. 문화 리터러시의 기호학적 능력은 미디어를 통해 접하게 되는 다양한 문화콘텐츠의 의미작용을 논리적으로 분석하는 능력을 의미한다. 즉, 미디어 속 다양한 문화콘텐츠의 의미작용을 분석할 수 있는 기호학의 분석도구를 응용할 수 있는 능력을 습득하는 것이다. 왜냐하면 미디어 속 문화콘텐츠를 분석하고 비평하는 기호학의 분석도구는 그레마스(A. J. Greimas)가 문학작품을 분석하기 위해 제안한 모델을 응용하여 적용할 수 있기 때문이다. 즉, 기호학은 교수자와 학습자 사이에 전개되는 상호작용을 통하여 문화콘텐츠를 구축하는 문화 리터러시의 방법론을 제공한다.

(3) 문화 리터러시 프로세스

그레마스가 제안한 서사도식은 민주시민교육을 실천하는 주체인 교수자와 학습자 사이에 전개되는 교수-학습 프로세스를 논리적으로 설명하고 있다. 그레마스의 서사도식을 교수법에 적용하여 새로운 교수법을 개발하는 데 앞장선 타르디(M. Tardy)는 "학습자가 텍스트를 읽고, 쓰고, 재창조하기 위해서는 서사도식의 두 번째 단계인 기호학적 능력 갖추어야 한다."라고 강조했다(Tardy, 2000: 42).

서사도식에서 능력은 미디어 속 다양한 콘텐츠를 분석하고 비판하는 단계인 '실행'을 하기 위해 필요하다. 두 번째 능력의 단계에서 학습자는 학제 간의 다양한 분석도구를 습득하고 문화콘텐츠를 구축하는 문화기호의 의미작용을 논리적으로 분석하는 능력을 갖추게 된다. 학습자의 기호학적 분석능력은 4단계의 논리적인 서사행로를 통해 구축된다. 기호학적 능력의 습득과정을 이야기하는 서사도식의 4단계 과정은 '계약·조종→능력→실행→평가' 단계로 구분된다. 구조적이고 논리적인 서사도식 프로세스에서 교수자는 학습자에게 미디어의 다양한 의미를 도출하는 능력을 키워 주는 방향으로 서사전략을 구축하며, 학습자에게 문화기호의 의미를 해독할 수 있는 흥미와 모티브를 주어야 한다고 강조한다.

그레마스의 서사도식은 학습자가 텍스트 속 문화콘텐츠를 구축하는 문화기호의 상징적 의미를 해독하는 과정을 논리적으로 설명할 수 있는 효율적인 도식이다. 즉, 서사도식은 학습자의 기호학적 능력이 다양한 문화기호의 적극적인 해독행위에 의해 습득되는 것을 보여 준다. 따라서 서사도식을 통한 교수-학습 방법론은 비판적이고 창의적인 관점에서 사고할 수 있는 민주시민의 자질을 길러 준다. 위에서 거론된 서사도식의 이해를 위하여 문화 리터러시를 위한 기호학적 방법론을 제안한다. 이 방법론은 다음과 같이 구분된다.

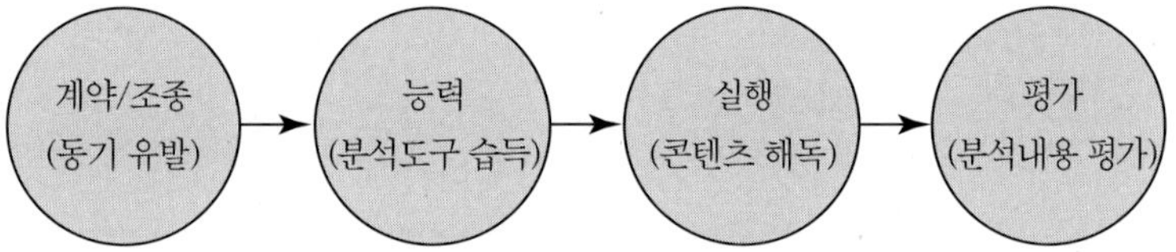

[그림 13-1] 그레마스의 서사 프로세스를 응용한 교수-학습 프로세스

1 계약 · 조종: 교수자의 영역

- 교수자의 영역: 문제 제기, 학습자의 학습동기를 유발시키는 서사 전략 수립단계다.
- 학습목표 설정: 미디어 선택 및 문화 트랜드를 조사한다.
- 문화콘텐츠의 유형과 장르 선택을 통한 교육적 활용도를 파악한다.
- 교수자가 선정한 미디어 속 문화콘텐츠와 주제를 도출하도록 학습자를 조종한다.

2 능력: 교수자와 학습자의 영역

- 교수자는 학생의 능력을 키워 주는 동기유발을 시킨다.
- 학습자를 의미 탐색의 역동적 주체로 만든다.
- 시각적 이미지와 텍스트를 분석한다.
- 문화콘텐츠를 분석할 수 있는 분석도구를 탐색한다.
- 기호학의 분석도구를 습득시킨다.

3 실행: 학습자의 영역

- 문화콘텐츠를 구축하는 문화기호 의미작용을 분석하고 의미를 추적하는 단계다.
- 학습자는 영화 속에 등장하는 문화콘텐츠를 도출하고 의미를 해독한다.
- 학습자는 기호학의 분석도구를 활용하여 문화기호의 의미를 해독한다.

4 평가: 교수자와 학습자의 영역

- 교수자는 학습자의 분석내용을 평가한다.
- 학습자가 기호학의 이론과 분석도구를 정확하게 습득했는지 평가한다.
- 학습자가 텍스트를 구축하는 다양한 문화기호의 의미를 정확하게 파악했는지를 평가한다.

그레마스의 서사도식은 학습자가 문화콘텐츠를 구축하는 문화기호의 상징적 의미를 해독하는 과정을 논리적으로 설명할 수 있는 효율적인 도식이다. 즉, 서사도식은 학습자의 기호학적 능력이 다양한 문화기호의 적극적인 해독행위에 의해 습득되는 것을 보여 준다. 따라서 서사도식을 통한 교수-학습 방법론은 대중문화 텍스트를 비판적이며 창의적인 관점에서 수용할 수 있는 능력을 길러 준다.

(4) 문화 리터러시 향상을 위한 교수-학습 모형

우리는 21세기의 두드러진 특징을 미디어라는 환경의 변화에서 찾아볼 수 있다. 민주시민으로서 사회와 정치에 참여하기 위해서 이제 미디어는 없어서는 안 될 중요한 도구가 되었고, 미디어를 잘 이해하고 이용할 수 있는 교육이 민주시민 양성을 위한 교육으로서 절실히 필요하게 되었다.

특히 미디어 환경의 변화는 미디어 언어의 변화를 가져오는 것을 의미한다. 구두언어, 문자언어, 영상언어에 이어 디지털 언어까지 언어의 영역은 확장되어 왔으며, 이들은 새로운 형태의 커뮤니케이션을 야기시키면서 통합적이고 공감각적인 언어로 변하고 있다. 따라서 미디어 리터러시의 개념도 '문자언어'를 읽고 쓰는 능력에서 변화하는 사회의 '적응 및 대처 능력'으로 확대되었다. 이는 리터러시 개념이 인간의 커뮤니케이션 능력으로 논의될 수 있음을 의미하는 것이다. 이때 "미디어 리터러시는 다양한 커뮤니케이션의 형식과 구조를 설명하는 수단인 '메타언어'의 습득이 필요며, 커뮤니케이션의 좀 더 광범위한 사회적 · 경제적 · 제도적 맥락과 이러한 맥락이 사람들의 경험과 실천에 어떤 영향을 끼치는지 이해하는 일과도 관련되어 있다(Buckingham, 2003)."

이런 의미에서 미디어 능력을 미디어 자체에 대한 리터러시와 미디어 메시지 리터러시의 문제를 통해서 구체화하고자 한다. 특히 미디어 메시지 리터러시는 메시지의 의미와 그 형태에 대한 상관관계를 파악해야 하는 것으로써 메시지의 이해뿐만이 아닌 미디어 메시지의 제작수업으로 이어지는 연결고리가 된다는 점은 미디어 읽기와 쓰기 교육을 균형 있게 발전시키는 원동력이 된다.

문화 리터러시 교육을 2단계로 구분하였을 때, 1단계는 미디어의 형태와 내용을 파악하는 협의의 리터러시 교육으로 이루어지며, 2단계의 미디어 제작 수업을 통해 쓰기 교육으로 완성하는 것이 가장 바람직한 문화 리터러시라고 할 수 있다(박지선, 2006b).

표 13-1 문화 리터러시 교수-학습 2단계

교수-학습 1단계	미디어 리터러시	• 미디어 이해 ① 미디어별 특징 이해 ② 미디어 커뮤니케이션 구조 이해
		• 미디어 메시지 이해 ① 메시지의 표층구조에서 미디어 문체 이해 ② 메시지의 서사 구조 이해 ③ 메시지의 심층구조에서 미디어 의미 체계 이해
교수-학습 2단계	미디어 제작	미디어 제작 완성

① 미디어의 이해

미디어별 특징 이해하기 텔레비전, 영화, 비디오, 라디오, 사진, 광고, 신문, 잡지, 음악, 컴퓨터 게임, 인터넷 등 각각의 미디어의 특성을 이해하고, 다른 미디어와의 차이점과 유사점을 찾아본다. BFI에서 제시한 미디어 교육의 6개의 핵심개념은 '미디어 제작자', '미디어 범주', '미디어 기술', '미디어 언어', '미디어 수용자', '미디어 표상'을 들고 있는데, 미디어교육을 이들 개념 중심으로 실천할 경우 다루어질 수 있는 세부 내용은 다음과 같다(Bazalgette, 1989).

- 미디어 제작자(media agencies): 방송 프로그램 및 신문의 제작 과정, 제작 구조 및 메커니즘
- 미디어 범주(media categories): 미디어 자체의 특징, 미디어의 역사
- 미디어 기술(media technologies): 미디어 만들어 보기(제작 활동 및 제작 실습)
- 미디어 언어(media languages): 미디어의 의미생성 방식, 영상기법 및 미디어의 표현 양식
- 미디어 수용자(media audiences): 올바른 텔레비전 시청방법, 시청일기 쓰기, 미디어 이용 및 해석, 수용자 주권의 이해
- 미디어 표상(media representations): 스테레오타입, 폭력성과 선정성 등

미디어 커뮤니케이션 구조 이해 미디어 리터러시를 위하여 첫 번째로 우리는 야콥슨(R. Jakobson)의 커뮤니케이션 모형을 통해 미디어 소통의 속성을 이해할 수 있다. 야콥슨은 언어 의사소통에 필요한 여섯 가지 구성 요소인 발신자, 수신자, 메시지, 맥락, 채널, 코드로 구분하고, 이들 요소의 하나 혹은 그 이상을 지향하는 어떤 발화로의 지향은 정서적 · 능동적 · 시적 · 지시적 · 친교적 · 메타언어적 기능을 가진다고 한다. 야콥슨은 언어

의사소통에 필요한 여섯 가지 구성요소와 그 기능 모델을 다음과 같이 제시한다(Jakobson, 1960: 353-357).

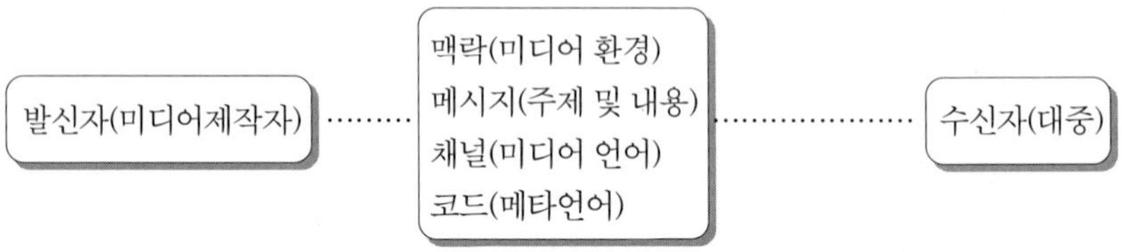

[그림 13-2] 야콥슨의 커뮤니케이션 모형

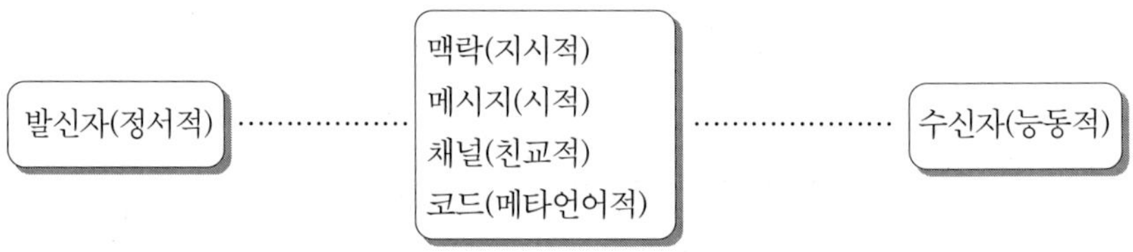

[그림 13-3] 야콥슨의 언어의 기능

미디어의 의사소통은 '발신자' (미디어 제작자)가 '수신자' (대중)에게 '메시지' 를 보내면서 이루어진다. 효력이 발생하기 위해서는 메시지는 지시되고 (지시대상) 수신자에 의해 잡힐 수 있으며, 언어적이거나 혹은 언어화될 수 있는 '맥락(콘텍스트)' 을 요구한다. '코드' 는 전체적으로 혹은 부분적으로, 발신자와 수신자(혹은 말을 바꾸면, 메시지의 '코드화하는 자' 와 '코드를 푸는 자')에 공통되는 것이다. 끝으로 '채널(통로)' (예를 들어, 영화 및 광고는 영상, 소리, 문자언어로 소통하며, 신문은 언어와 사진 등의 이미지로 소통한다.)은 발신자와 수신자 모두를 의사소통에 들고 머물게 하며, 그들 사이의 물리적 통로와 심리적 관계를 말한다.

이 중에서도 시적 기능은 한 발화의 문학성 혹은 문체를 설명하기 위하여 만들어지기 때문에 메시지에 초점을 맞추며, "선택의 축에서 결합의 축으로" 등가의 원리를 가지고 발화는 연결되는데, "연결의 중요한 효과는 '현재에서(in praesentia)' 에서 결합된 말을 다른 상태로 '부재에서(in absentia)' 에서 결합" (Levin, 1962: 371)하는 것이다. 이때 선택은 등가, 즉 유사와 비유사, 동의와 반의의 기초에서 생산되는 데에 반해, 결합은 인접성에 기초된다.

② 미디어 메시지 이해

「언어학과 시학(Linguistics and Poetics)」에서 야콥슨은 시학은 '무엇이 언어의 메시지를 예술 작품으로 만드는가?' 라는 문제를 주로 다루는데, 시학의 주요한 주제는 다른 예술과의 관계에서 그리고 다른 종류의 언어 행동과의 관계에서 언어 예술이 가지는 특별한 차이점이라고 했다(Jakobson, 1960: 350). 미디어 리터러시에서 우리는 이런 언어예술이 가지는 메시지의 차이점을 구분해야한다. 야콥슨의 의사소통에서의 언어의 기능 이론은 미디어 기능을 이해하는 방법으로 매우 적절하며, 실천적인 감성과 이성의 상호작용에 상응하는 미디어문화교육의 이해는 그 시적 기능의 이해에서 시작된다.

시적 기능은 메시지에 초점을 맞추어 한 발화의 문학성 혹은 문체를 설명하기 위하여 만들어지는 것이다. 그렇다면 메시지의 이해를 위해서 문체론을 사용하여 미디어 텍스트의 문학성(예술성)을 발굴하는 것은 미디어의 시적 기능을 파악하는 훌륭한 분석 방법이 될 것이다. 미디어교육에서 미디어 텍스트 담론을 야콥슨의 메시지에 대한 시적 기능으로 이해하여 심층, 서사, 표층구조 순으로(혹은 역으로) 의미의 생성과 서사성에 기인한다는 것을 밝히는 그레마스의 의미생성 모형의 도입은 미디어 메시지를 이해할 수 있는 매우 적절한 방법이다.

제1단계의 미디어 리터러시 실천을 위한 분석틀의 '5개 층위 분석' 제안은 다음과 같다. 이 중 처음 둘은 미디어에 관한 이해에 해당하며, 나머지 셋은 미디어 메시지에 관한 이해에 해당하며, 표층, 서사, 심층 구조에서의 담화의 의미 생성 구조를 밝히는 그레마스의 의미생성 모형을 기준으로 분석 층위를 구분하여 미디어 메시지를 이해할 수 있다.

첫째, 각각의 미디어의 특성을 이해하도록 미디어 자체의 언어와 속성을 이해한다.

둘째, 미디어 텍스트 담론의 커뮤니케이션 구조를 이해한다. 이때 야콥슨의 커뮤니케이션 모형을 활용할 수 있다.

셋째, 메시지의 표층구조를 이루고 있는 미디어 문체를 찾아낸다. 시니피앙(signifiant)을 표현과 내용으로 구분하며, 시니피에(signifié)를 형식과 실질로 나누는 옐름슬레우의 4분법으로 메시지의 구조를 분석하고, 표현면에 해당하는 메시지 표현방식을 이해한다.

넷째, 메시지 담론의 서사구조를 이해한다. 예를 들어, 그레마스의 '행동자 모델' (발신자, 대상, 수신자, 조력자, 주체, 방해자)이나 '표준 서사 도식' (계약/조정→능력→실행→비준/검증) 혹은 SWOT 분석(강점, 약점, 기회, 위협) 등 서사구조를 이해하는 분석틀이다.

다섯째, 미디어가 표현한 메시지와 코드의 의미 체계를 밝혀내는 심층구조를 살펴본다. 옐름슬레우(L. Hjelmslev)의 4분법에서 내용 면에 해당하며 더 나아가 그의 공시이론 혹은 바르트(R. Barthes)의 신화 체계로 의미를 나타내는 내용 면을 살펴볼 수 있으며, 그레마스의 기호사각형은 이항대립을 통해 네 가지 의미소를 분석하여 의미 생성과정을 알 수 있다.

표층구조 소쉬르의 시니피앙, 시니피에로 구분되는 언어 기호 층위를 발전시킨 옐름슬레우의 4분법은 담론의 구조를 정확히 구분할 수 있게 한다. 내용 면에서 볼 때, 소쉬르의 시니피앙은 옐름슬레우에게는 표현(expression)과 내용(contenu)으로 나뉘고, 시니피에는 형식(forme)과 실질(substance)로 나뉜다는 것이다.

표현의 형식은 시니피앙이자 형식소에 해당하며 언어에서는 어휘의 선택과 배열, 주된 문체, 표현법, 문체에 해당한다. 음악의 경우에는 음의 선택과 배열, 톤과 음계의 선택을 말하며, 그림에서는 형태, 표현법, 선과 색의 배치에 해당하는 것이다. 표현의 실질은 언어에서는 음성학의 대상인 음성

표 13-2 옐름슬레우의 4분법에 따른 내용 분석

표현	형식	형식소	언어: 어휘의 선택과 배열, 주요 문체, 표현법, 문체 음악: 음의 선택과 배열, 톤과 음계의 선택 그림: 형태, 표현법, 선과 색의 배치
	실질	음성, 문자소	언어: 소리, 문자 음악: 소리 그림: 데생, 색
내용	형식	내용소	언어: 담화, 일반, 주제의 제약 음악: 일반, 주제, 프로그램별 형태의 선택 및 취급 그림: 일반, 주제별 위치의 일반적 선택
	실질	사고, 사물	이데올로기

이나 문자를 지시하는데, 음악에서는 소리, 그림에서는 데생이나 색을 일컫는다. 내용의 형식은 시니피에에 해당하는 내용소로서 언어에서는 담화, 일반, 주제의 제약, 음악에서는 일반, 주제, 프로그램별 형태의 선택 및 취급, 그림에서는 일반, 주제별 위치의 일반적 선택에 해당한다. 내용 실질은 언어의 경우 이데올로기에 해당하며 음악이나 그림에서는 설명하기 어렵지만 미디어가 가지고 있는 이데올로기나 메타언어에 해당한다.

우리는 '표현의 형식'에 해당하는 메시지의 표층구조를 이루고 있는 미디어 문체를 찾아낼 수 있다. 영화의 경우 소리, 문자, 영상을 통해서 나타낸 메시지를 표현한 방식을 찾아보는 것이다.

시사구조 메시지 담론의 서사구조는 발화자가 수용자에게 전하는 이야기로서 스토리텔링이 이루어지는 공간으로서 심층구조와 표층구조 사이에서 매개역할을 한다. 서사구조를 이해하기 위해서는 그레마스의 행동자 모델(발신자, 대상, 수신자, 조력자, 주체, 방해자) 혹은 표준 서사 도식(계약/조정→능력→실행→비준/검증)를 이용하여 미디어를 텍스트로 하는 서사구조를 분석할 수 있는 틀이다.

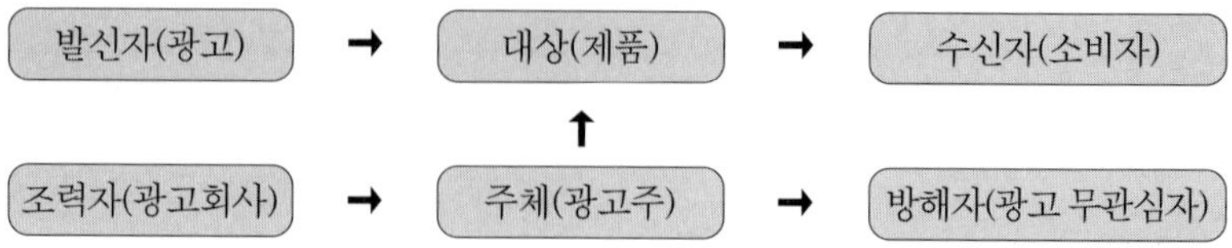

[그림 13-4] 행동자 모델(예: 광고)

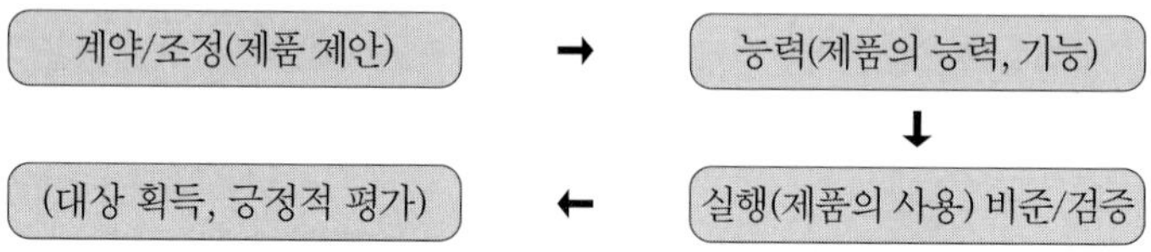

[그림 13-5] 표준 서사도식(예: 광고)

심층구조 메시지를 전달하기 위해서 미디어는 '어떤 것을 재현' 하고, 우리는 재현된 시니피앙의 의미작용을 읽어 내야 한다. 의미작용은 1, 2차 의미작용으로 나뉠 수 있으며, 1차 작용인 '외시(denotation)' 는 미디어가 보여 주는 그 자체로의 '사건' 이며, 2차 의미작용인 '공시(connotation)' 는 그 사건의 '메시지' 인 시적 언어에 해당한다. 옐름슬레우의 공시이론은 바르트가 발전시킨 신화체계로 확대 이해할 수 있다. 이는 '내용의 실질' 에 해당하는데, 이데올로기에 의해 자연스러운 것으로 위장된 사회의 고정관념을 분석한 신화체계 모형이 이에 해당한다.

또한 메시지는 발신자가 전달하는 기호의 연쇄 고리로 구성되어 있으며, 코드화되어 있다. 코드는 메시지의 생산과 수용을 가능하게 하는 바탕으로

표 13-3 외시와 공시 체계

<table>
<tr><td>1차 체계
(외시 체계)</td><td>1. 기표</td><td>2. 기의</td><td></td></tr>
<tr><td rowspan="2">2차 체계
(공시/신화 체계)</td><td colspan="2">I. 기표 (3. 외시 기호)</td><td>II. 기의</td></tr>
<tr><td colspan="3">III. 공시 기호</td></tr>
</table>

서, 메시지를 생산하는 행위를 코드 엮기(encoding), 메시지를 수용하는 해석 행위를 코드 풀기(decoding)라고 한다. 이때 수신자는 코드에 대한 그의 지식으로 메시지를 이해하게 된다.

즉, 학습자는 표층구조와 서사구조의 두 가지 구조 층위에 대한 기호학적 분석을 통하여 심층구조의 핵심적인 문화코드가 무엇인지를 파악하게 된다. 심층구조의 문화코드는 콘텐츠의 비주얼 이미지와 스토리를 생성하는 원동력이다. 콘텐츠가 학습자에게 전달하려는 가치, 이데올로기, 신념, 메시지 등이 숨겨진 층위인 것이다. 결국 그레마스의 의미생성 모델은 학습자에게 구체적으로 등장하는 시각기호에서 심층구조의 핵심적 문화코드를 도출하는 과정을 시각적으로 설명하는 데 효율성을 보여 주는 모델이다. 따라서 이 모형은 문화 리터러시 학습을 위한 적절한 교수 모형으로 평가받을 수 있다.

위의 제안에서 가장 중요한 것은 미디어가 표현하고자 한 메시지만을 단순히 살피는 것이 아니라, 그 메시지 의미를 위해 어떤 방법으로 표현했는가 하는 미디어 문체와 메시지를 표현하기 위해 사용한 채택한 코드가 무엇이었는지를 고찰하여야 한다는 것이다. 원칙적으로 메시지 이해를 위해서는 표현 면, 서사 면, 내용 면의 상관관계가 함께 고찰되어야 한다. 그러나 이 보편적인 원론적 주장이 교육의 실천 현장에서는 아직까지도 균형있게 실행되고 있지 않은 현실을 상기해 보면, 위의 '5개 층위 분석' 제안을 통한 미디어 리터러시는 매우 중요한 요소가 아닐 수 없다.

3. 문화축제를 통한 미디어교육과 리터러시

이 글은 미디어교육의 영역 확장에 따른 교수방법의 다양화를 고민하는 연구로서 매우 다양한 형태로 존재하고 있는 지역축제를 활용하는 미디어

교육의 가능성을 살펴보고 있다. 2004년부터 인천에서 시작된 주안미디어문화축제의 소재는 미디어문화이다. 미디어와 소통하고 미디어와 함께 숨쉬는 현대사회의 쌍방향 소통성에 대하여 영화제, 미디어아트전시, 학술제, 부대행사를 통해 지역민에게 전달하고자 한다.

제1절에서는 미디어교육의 개념 및 교육 영역 확장에 따른 새로운 교육 방법론의 필요성을 이야기하고 있으며, 제2절에서는 축제의 기능이 제1절에서 언급한 미디어교육의 기능과 매우 흡사함을 밝히고 있다. 제3절에서는 주안미디어문화축제의 내용을 기준으로 축제의 가치를 분석한다.

1) 미디어교육의 영역 확장

한국의 미디어교육 형태는 아직까지도 일선 학교교육보다는 일반 대중을 대상으로 문화욕구를 채워 줄 수 있는 21세기형 '문화의 집' 인 미디어센터나 이와 같은 기능을 하고 있는 시민단체에서 더욱 활발하게 나타나고 있다. 미디어교육이 어떠한 형태든지 공교육에서 실시되어야 한다는 과제가 남아 있지만, 점차 복잡해지는 미디어 환경의 변화에 대처하기 위해서 미디어교육은 학생뿐만 아니라 모든 사람에게 열려 있는 교육이 되어야 한다. 미디어 센터의 가장 큰 특징은 학교교육과는 달리 모든 연령대의 대중이 컴퓨터를 배우고, 여러 응용 프로그램 등을 사용하여 새로운 문화적 경험을 이끌어 낼 뿐만 아니라, 좀 더 전문적인 도구를 사용하여 예술작품을 만들어 내는 등의 문화 · 예술적 욕망을 실현시켜 주는 퍼블릭 액세스(public access: 대중접근채널) 공간이 된다는 점이다.

시민단체에 의한 한국의 미디어교육은 1984년을 기점으로 구체적으로 실행되었다고 볼 수 있는데, 1990년대 들어서야 여성이나 청소년 대상의 교육이 아닌 일반 수용자에게 그 혜택이 확대되었다. 김양은(2004)은 2000년 이후 시민단체가 실행하고 있는 미디어교육의 두드러지는 변화를 첫째,

미디어를 제작 및 창조하는 과정에 대한 교육이 실행되고 있다는 점, 둘째, 미디액트의 등장으로 퍼블릭 액세스에 대한 구체적인 접근이 실현되었다는 점, 셋째, 하자센터의 등장으로 자신의 정체성 구현이라는 미디어교육의 새로운 방식이 등장했다는 점, 넷째, 과거에는 주로 학부모나 청소년 대상의 교육이 여성민우회 등에서 실시하는 '찾아가는 미디어교육' 이라는 미디어교육 교사교육 프로그램으로 확대되었다는 점, 다섯째, 이주노동자나 저소득층 등 문화 소외계층에 대한 미디어 불평등의 해소에 관심을 가지게 되었다는 점을 강조한다.

이러한 변화는 미디어교육이 처음에는 미디어 환경에서 청소년을 보호하고 미디어를 이해하자는 취지에서 시작되었지만, 점차 미디어가 지배하는 현 사회에서 살아가는 문화적 능력, 커뮤니케이션 능력을 고취하고자 한다. 그리고 이러한 미디어교육에서 문화적 소외를 극복하고 문화의 민주화를 이룩하려는 의도로 점차 변화하고 있음을 대변한다.

미디액트의 이주훈(2005)은 미디어센터를 이러한 "시대적 과제를 해결하기 위한 중요한 공공문화기반시설" 이라고 설명하면서, "공교육에서 체계적인 미디어 교육이 이루어질 수 있도록 각종 커리큘럼을 마련하고, 공교육 이외에 평생교육의 차원에서 미디어교육을 진행하며, 빈부 격차 때문에 영상물을 접하거나 생산하는 능력 격차가 발생하지 않도록 영상제작 교육과 영상물 제작을 위한 각종 장비를 저렴하게 대여하여 누구나 자신이 표현하고자 하는 것을 표현할 수 있도록 도와주는 곳" 이라고 한다. 또한 그는 미디어교육은 미디어 매체를 탈신화화시키고, 미디어 매체에 대한 소수의 독점적 사용을 해소하며, 다수의 능동적 참여가 보장된 새로운 미디어 환경을 창출하는 것에 관심을 가지는 것으로서 미디어 센터의 핵심적 역할은 '공동체 개발' 이라고 주장한다. 즉, 미디어교육의 궁극적 목적은 독일의 대표적인 미디어교육학자인 바케(Baacke, 1997)가 말했듯이 '사회와의 소통' 에 관한 것이다. 그는 미디어교육이 사회에서의 정치참여 및 교육 및 정보 불평등의 문제 해결에 필요한 요소임을 강조하였는데, 미디어교육은 팽창되고 있는 정보 및 의사소통 기술이 사회참여의 모든 기회와 가능성에 영향을 미치게 되면서 더욱 중요하게 대두되고 있기 때문이라는 것이다(강윤주, 2004: 49).

미디어교육은 전반적인 교육과 정치, 문화에 대한 고찰과 각종 사회적 현상에 대한 태도, 개인의 직업적 발전 가능성, 여가시간과 원만한 가족관계, 정치의 장에 직접 차용하고 자신의 의견을 표출하는 일 등에 직접적 영향을 미친다. 왜냐하면 팽창되고 있는 정보 및 의사소통 기술은 이 모든 기회와 가능성에 점점 더 큰 영향을 미칠 것이기 때문이다(Baacke, 1997).

미디어생태학적 입장에서 미디어를 사회적 환경으로 인식하는 이 관점은 미디어교육의 궁극적 목표를 '미디어 능력'의 획득에 두고 있는 것으로서, 교육을 통해서 후천적으로 얻어야 하는 리터러시 개념이 아닌 태어나면서부터 인간이 반드시 갖추어야 할 필수능력으로서의 미디어 능력을 가지는 것을 의미한다. 따라서 개인별, 문화별, 상황별로 다양한 리터러시가 등장하는 것이며 미디어 리터러시는 바로 그러한 관점에서 새로운 시대를 준비하는 미래지향적인 리터러시 영역이 된다(Buckingham, 2000, 2003). 즉, 미디어교육은 이제 미디어를 인간의 소통능력의 확장으로서 인정하고 그 능력을 배양하는 교육이 되었음이 틀림없다.

여기서 우리는 미디어교육이 팽창되고 있는 정보 및 의사소통 기술을 가르치기 위한 교육으로 점차 그 범위가 확장되고 있고, 미디어교육의 목적이 문화교육의 목적과 일맥상통한다는 것에 주목하여야 한다. 문화교육이란 "지식, 인성, 예체능 교육의 관계를 재조직하여 인간 능력의 역동적 복합성(문화적 리터러시)을 활성화하고, 파괴되고 있는 공동체적 · 사회적 연대의 기초인 사회문화적 자원(민주적, 생태적 습성)을 재활용하려는 새로운 교육이념"으로서, 인간의 의사소통에 관한 교육이 되어야 함은 분명하다. 원용진은 '문화'의 의미를 문자 그대로 신체적 · 감정적 · 윤리적 · 지적 복합능력의 다양한 형태로 구현되어 전승되는 '삶의 방식'이자 '인간적 잠재력의 총체', 생명 패러다임에 따라 구현되는 인류학적 문화 다양성 등의 폭넓은 의미를 가진다고 할 수 있다. 또한 문화연대 문화교육위원회는 "문화교육을 새로운 교육이념으로 제시하는 것은 오감과 이성의 상호작용에 상응하게끔 학생들이 '멀티미디어 리터러시'를 습득하고 운용할 수 있도록 하자는 것이며, 개개인의 문화적 잠재력을 극대화하는 것"이라고 설명한다.

즉, 미디어교육은 미디어문화교육으로 거듭나고 있으며, 이런 미디어문화교육이란 "미디어를 통해서 재현되는 미디어 텍스트를 다양한 사회집단에 존재하는 문화 특성으로 이해하며, 비판적이고 창의적인 수용, 생산 및 소통할 수 있는 지식과 능력을 배양하는 문화적 자원에 관한 교육"(박지선, 2006b)이라고 이해할 수 있다. 그렇다면 미디어교육 방법도 미디어 환경의 변화만큼이나 다양해져야만 한다는 과제를 떠안게 된다. 그 내안을 우리는 미디어교육의 새로운 가능성과 미디어교육의 즐거움을 발견할 수 있는 축제에서 찾아보고자 한다.

2) 주안미디어문화축제와 미디어교육

(1) 2004년과 2005년 주안미디어문화축제 프로그램

주안미디어문화축제 프로그램의 특징은 크게 예술영화제, 미디어아트, 학술제 및 부대행사로 구분된다. 특히 영화제의 특징은 테마에 의한 상영연화 선정이다. 2004년에는 감정에 관한 영화를, 2005년에는 프랑스 실험영화를 프로그래밍하였다. 이러한 프로그램은 지역민은 물론 해당 지역 학교의 학생들에게 실험적인 문화를 체험할 수 있는 계기를 마련해 준다. 영화를 통해 세계를, 작품을 통해 창의력을 배양할 수 있다. 지역자치단체의 문화축제는 지역학교 학생들의 참여를 유도하고, 이런 문화축제가 학교교육의 장으로 녹아들 수 있는 방안을 강구해야 할 것이다. 〈표 13-4〉와 〈표 13-5〉는 2004, 2005년의 주안미디어문화축제의 프로그램이다(오정근, 박지선, 2006: 403).

표 13-4 주안미디어문화축제 프로그램(2004)

분야	프로그램	작품구성	비고
영화제 (emoff)	JuMF Award	Korean & Japan Section	9개작품
		Europe Section	8개작품
		18세 관람가	5개작품
	초청작가 특별전		
	초청작가 특별강연		
	초청작 상영		
미디어아트 (joy mart)	1층(round table)	텍스트레인, 갈채, TRACE	
	2층(lunapark)	디지털 달, The Flowers, 득음	
		득음, 동그라미, 불꽃놀이	
	3층(space jump)	공간 뛰기, 주차장, 머리 둘 혹은 좌우 보기, 전시도시/월미도분수, 나나나나, 적응 못하는 악어, 영창탈출, 클릭 더 머니	
	4층(e-learning)	인연, Digital Aquarium, 화투, Raphael Project, In Pattern, 엘리베이터 스토리, 여섯 번째 감각, SIT, 가갸거겨, V.C.D.L	LAB의 e-Learning
		횡단보도 앞에서, 점핑, Tea, Fire, 위장, 무기농 채소, 창조, 화장실용 책, 백팔계단, 단식투쟁, 넷아트 감상하기	
	5층(ani-cafe)	선인장에 물 주기, 존재, 오늘이, I Love Sky, 삐, 수냐, In The Forest	
학술제		미디어축제와 지역사회	
樂&놀 (부대행사)	JuMF 콘테스트	댄스, 밴드 부문	
	JuMF 콘서트	락밴드	
	DJ Party		
	JuMF Market		
	e-Sports 대회		
	거리의 시인들	코스프레, 마술, 마임, 비보이	
	동아리 한마당		
	지하철 거리굿		
	아트를 찾아라	시민 참여	
	Digi talk 2030	시민 참여	
	이모티콘 백일장		

표 13-5 주안미디어문화축제 프로그램(2005)

분야	프로그램	작품구성	비고
영화제(예술영화제) 프랑스 실험영화의 도전	베스트컬렉션	영화란 무엇인가?	8편
		문자주의 영화	2편
		파운드푸티지-필름의 재활용	6편
		애니메이션의 급진적 형태 1	11편
		애니메이션의 급진적 형태 2	7편
		프랑스 여성영화 1	7편
		프랑스 여성영화 2	7편
		파트릭 보카노프스키의 천사	1편
		조나스 메카스의 월든	1편
		한국의 실험영화 Exis 2005	10편
	초대감독 워크숍	컨퍼런스, 워크숍, 종합토론	
미디어아트(溫&ON)	지하상가 낙원	1+1=2, 날개를 달고, National Flag, 조는 하트 시리즈, 집에서, Circulation, 촛불시위, 영선표 침투, Sentimental Walk, 한강의 기적, Marx & Engels &..., Dae Han Min Guk, Hey, Jimi, 풍경시소, Convergent Cube, 오색파이프, 흑백파이프, '랄랄라-결혼질!' 하세요, '랄랄라-결혼질!' 봄소풍 같은 설레임 #3, 오르기, 오뎅 먹는 여자, 수다스러움, 개기식, More than I can say, 화조도, 장생-사슴, 도망가지마!, Salvadore Dali Typhography, Doomi Fitness, 어부의 노래, Heavenly Garden, Welcome Democracy, All you need is, 조합된 건물 접는 방법, Paradise Island, Lovers, 유바나순, 유니폼, AllL iving Things are beautiful, Paradise Bridge, Y!, 투정, 신호등, Sugar House, Loser Jack의 산책, 2005 한일 작가주의 만화교류전 Comix & AX 작품 가이드, Sugar House 영상	
	당신이 있어… 다행이다	시민 참여 전시	
	블로그, 이름을 불러주다	일상 속의 행복, 달짝지근 주인여행, 주안 바람둥이 김씨, Loser Jack, 사랑을 전하세요 마음을 전하세요, 현미발모 VS 미술치료사	
학술제	미디어스케이프 3경	실험영화, 블로그, 미디어센터	
부대행사	보고 또 보고	시민 참여	
	미디어아트 퍼포먼스	락밴드	
	오프닝 리셉션		

(2) 주안미디어문화축제(JuMF)의 축제적 유형 분류

축제는 복합적인 문화행사로 다종다양한 형태로 표출되기 때문에 그것을 일정한 기준에 따라 정확하게 유형화하는 것은 매우 어렵다. 그러나 대체적으로 축제가 가지고 있는 요소, 즉 축제 소재의 선택, 추진목표, 운영방식, 형식을 중심으로 분류하면 〈표 13-6〉과 같이 정리할 수 있다(정근식, 1998).

표 13-6 축제 유형 분류표

분류 단위	명 칭	내 용
소재	자연환경형 축제	지역의 자연물을 중요 소재로 선택하여 실시하는 축제
	조형물형 축제	지역에만 독특하게 있는 시설, 거리 등의 특정한 조형물을 소재로 하는 축제
	역사 및 인물형 축제	지역의 역사나 신화적 혹은 역사적 인물을 소재로 실시하는 축제
	음식형 축제	해당 지역에만 있는 특성화된 음식을 주제로 하여 실시하는 축제
	문화행사형 축제	각종 문화예술을 중심으로 하여 실시하는 축제
	민속행사형 축제	지역의 전통제례나 민속행사를 소재로 하여 실시하는 축제
목표	내부지향형 축제	지역민의 애향심을 불러일으키거나 내 고장에 대한 역사의식을 고취시키며, 단결과 단합 및 공동체의식 함양 등의 지역사회 내부를 목표로 하여 실시되는 축제
	외부지향형 축제	지역의 정체성을 기초로 하여 지역의 관광 및 산업 발전 등 주로 지역 외적에서 그 효과를 거두려고 실시하는 축제
	쌍방형 축제	내부지향을 통하여 지역의 발전과 정체성을 확립하고, 이를 토대로 지역사회의 외적인 성장을 함께 추구하는 방식의 축제
운영방식	국가중심형 축제	중앙정부가 주도하는 축제
	지방자치단체 중심형 축제	지방자치단체가 주도하는 축제
	민간주도형 축제	추진위원회 등의 민간조직을 결성하여 민간조직이 중심이 된 축제
	주민중심형 축제	주민 스스로가 만들고 운영하는 순수 주민형 축제
	대행사중심형 축제	전문대행사가 모든 행사를 기획 운영하는 축제
	네트워크형 축제	주민, 자치단체, 대행사 등이 함께 네트워크를 이루어 운영하는 축제

<table>
<tr><td rowspan="6">운영방식</td><td>국가중심형 축제</td><td>중앙정부가 주도하는 축제</td></tr>
<tr><td>지방자치단체 중심형 축제</td><td>지방자치단체가 주도하는 축제</td></tr>
<tr><td>민간주도형 축제</td><td>추진위원회 등의 민간조직을 결성하여 민간조직이 중심이 된 축제</td></tr>
<tr><td>주민중심형 축제</td><td>주민 스스로가 만들고 운영하는 순수 주민형 축제</td></tr>
<tr><td>대행사중심형 축제</td><td>전문대행사가 모든 행사를 기획 운영하는 축제</td></tr>
<tr><td>네트워크형 축제</td><td>주민, 자치단체, 대행사 등이 함께 네트워크를 이루어 운영하는 축제</td></tr>
<tr><td rowspan="4">형식</td><td>설치/전시형 축제</td><td>거리나 시설물을 전시하고 관람객을 주로 전시 물건을 관람하는 방식의 축제</td></tr>
<tr><td>공연형 축제</td><td>무대를 중심으로 하여 기획 연출된 공연을 관람하는 방식의 축제</td></tr>
<tr><td>참가형 축제</td><td>행사에 직접 참가하는 방식의 축제</td></tr>
<tr><td>종합형 축제</td><td>하나의 주제를 가지고 설치, 공연, 참가 등을 적절히 조화롭게 연결하여 실시하는 방식의 축제</td></tr>
</table>

이러한 축제 유형 분류의 기준에 따라 JuMF의 축제 유형적 특성을 규정하면 아래와 같다.

1. 문화행사형 축제: JuMF는 미디어를 통한 현대 사회의 쌍방향 커뮤니케이션을 소재로 한 축제
2. 내부지향형 축제: 지역민의 단결과 단합 및 공동체 의식을 함양하기 위해 문화예술에 바탕을 두고 실시되는 축제
3. 네트워크형 축제: 주최, 주관, 후원, 협찬이 각기 다른 네트워크형 운영방식의 축제
4. 종합형 축제: 매해 하나의 주제를 가지고 영화제, 미디어 설치 전시 이벤트, 블로그 등의 체험행사가 어우러진 종합형 축제

(3) 2004년과 2005년도 미디어 축제 프로그램의 특성

JuMF 2004/2005의 축제적 특성을 분석하기에 앞서 미디어 프로그램의 내용을 정리하면 〈표 13-7〉과 같다. 2004년도의 주안미디어축제의 미디어 프로그램의 지향점은 전체적으로 유희적이라 할 수 있다. 첫 축제였던 점을 감안하여 시민을 쉽게 끌어들일 수 있는 대안으로 미디어의 유희적이고 참여적인 면을 부각시켜 쉽게 다가설 수 있도록 하였다. 또한 미디어교육의 중점이라 할 수 있는 이러닝(e-learning) 공간을 구성함으로써 학생들을 대상으로 하는 교육 프로그램을 구성하였다. 현재 점차적으로 많이 이용되고 있는 새로운 교육 방법이 이러닝임을 감안할 때, 미디어축제라는 것에 걸맞게 미디어적 새로운 교육 시스템을 소개함으로써, 학생뿐 아니라 학부모도 함께 끌어들일 수 있었다.

2005년도의 지향점은 한곳에 치우치지 않고, 모든 면을 다양하게 나타내고 있다고 볼 수 있다. 2004년도에 부족했던 유토피아적이고 비판적인 점이 부족했다면, 그 점이 보강되어 모든 면을 고루 나타냈다. 미디어교육이 유희적인 면을 추가하여 교육을 재미있게 이루어진 점을 볼 때, 유희적인 면만 부각된 것이 아닌 현실을 보는 비판적인 시선과 미래를 바라볼 수

표 13-7 JuMF 미디어 프로그램 내용(2004, 2005)

연도	기준	종류	작품 수
2004	유희적	텍스트레인, 디지털 달, The Flowers, 득음, 불꽃놀이,머리 둘 혹은 좌우 보기, 전시도시/월미도분수, 나나나나, 적응 못하는 악어, 클릭 더 머니, 횡단보도 앞에서, Tea, 위장, 무기농채소, 창조, 화장실용책, 백팔계단, 단식투쟁, 넷아트 감상하기, 존재, 오늘이, I Love Sky, In the Forest	23개 작품
	유토피아적	Trace, 영창탈출, 점핑, 선인장에 물주기, 수냐	5개 작품
	비판적	갈채, 동그라미, 주차장, 삐	4개 작품
	현실적	공간뛰기, LAB의 e-Learning 10작품, Fire	12개 작품

2005	유희적	1+1=2, National Flag, 조는 하트 시리즈, 오색파이프, 흑백파이프, 개기식, 장생-사슴, 도망가지마!, All you need is, 조합된 건물 접는 방법, Paradise Island, Lovers, Y!?, Loser Jack의 산책, 일상속의 행복, Loser Jack	16개 작품
	유토피아적	날개를 달고, 집에서, 영선표 침투, Dae Han Min Guk, 풍경시소, 화조도, Salvadore Dali Typhography, Welcome Democracy, Democracy, All Living Things are beautiful, Paradise Bridge, 달짝지근한 주안여행	11개 작품
	비판적	circulation, 촛불시위, 한강의 기적, Hey, Jimi, Marx & Engels &… '랄랄라-결혼질! 하세요, '랄랄라-결혼질! 봄소풍 같은설레임#3, 오르기, 오뎅 먹는 여자, More than I can say, 어부의 노래, 유나바순, Sugar House, 당신이 있어…나행이다 다행이다	14개 작품
	현실적	Sentimental Walk, Convergent Cube, 수나스러움, Doomi Fitness, Heavenly Garden, 유니폼, 투정, 신호등, 2005 한일 작가 주의 만화교류전 COMIX & AX 작품 가이드, Sugar House 영상, House 영상, 주안바람둥이 김씨, 사랑을 전하세요 마음을 전하세요, 현미발모 VS 미술치료사	12개 작품

있는 유토피아적인 면까지 나타냄으로써 미디어 프로그램의 장점을 한껏 부각시켜 주었다. 그러나 참여형 프로그램이 많이 줄어든 것을 볼 수 있다. 작품의 수는 비슷하나 질적인 면을 따져보았을 때, 1회에 비해서 직접 참여할 수 있는 프로그램은 많이 줄어들었다.

이제 2004년과 2005년의 축제 프로그램 중 미디어 프로그램을 추출하여 축제가 지닐 수 있는 네 가지 속성, 즉 '유토피아적, 현실적(실용적), 비판적, 유희적' 의 속성을 각각 좌표축으로 삼아 JuMF의 특성을 규정해 보고자 한다. 이러한 포지서닝 작업은 작품의 지향점이 두 가지 이상 나타날 시 더욱 강한 쪽을 기준 쪽으로 놓는다.

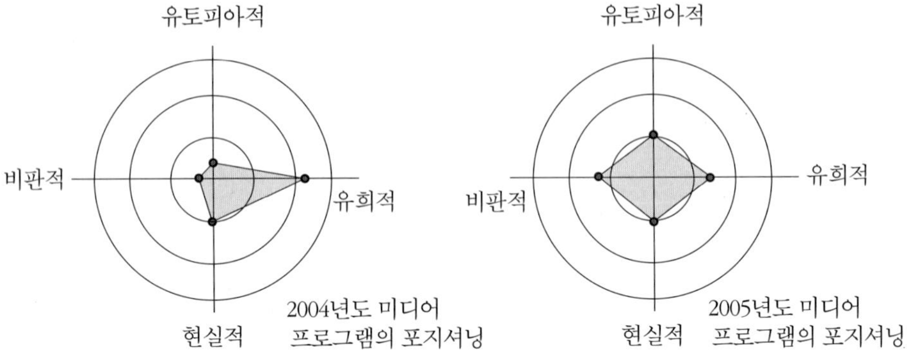

[그림 13-6] JuMF 미디어 프로그램 포지셔닝 (2004, 2005)

3) 문화축제 활용 미디어교육과 리터러시

JuMF와 같은 복합적 문화텍스트를 해독하는 능력은 다양한 기호의 의미작용을 논리적으로 분석하는 멀티 리터러시의 기호학적 능력을 요구한다. 이를 위해서는 다양한 기호학의 분석도구를 습득하여 응용할 수 있는 능력을 전제하는데, 왜냐하면 기호학은 교수자와 학습자 사이에 전개되는 상호작용을 통하여 미디어 콘텐츠를 구축하는 문화기호가 생성시키는 의미를 해독하는 방법론을 제공하고 있기 때문이다(백승국, 2005: 133).

JuMF의 미디어 콘텐츠를 분석하고 비평하는 기호학의 분석도구는 그레마스(1983)가 문학작품을 분석하기 위해 제안한 모델을 응용하여 적용될 수 있는데, 이 논문은 그레마스가 제안한 서사도식을 통해 미디어교육을 실천하는 주체인 교수자와 학습자 사이에 전개되어야 할 교수-학습 프로세스를 설명하고자 한다.

학습자의 기호학적 분석능력은 4단계의 논리적인 서사행로를 통해 구축된다. 기호학적 능력의 습득과정을 이야기하는 서사도식의 4단계 과정은 계약 · 조종 능력 · 실행 · 평가로 구분된다. 구조적이고 논리적인 서사도식 프로세스에서 교수자는 학습자에게 다양한 미디어 콘텐츠의 의미를 도출하는 능력을 키워 주는 방향으로 서사전략을 구축하여, 학습자에게 문화기호의 의미를 해독할 수 있는 흥미와 모티브를 주어야 한다.

이미 앞에서 소개한 그레마스의 서사도식은 학습자가 미디어 콘텐츠를 구축하는 기호의 상징적 의미를 해독하는 과정을 논리적으로 설명할 수 있는 효율적인 도식이다. 즉, 서사도식은 학습자의 기호학적 능력이 다양한 미디어로 실현된 기호의 적극적인 해독행위에 의해 습득되는 것을 보여 주고 있다. 결국 그레마스의 서사도식 교수학습법에 기초한 JuMF의 기호론적 미디어 학습법을 간단히 설명하면 다음과 같다.

(1) JuMF의 리터러시를 위한 교수-학습 1단계

이 단계는 서사도식의 계약·조정 단계에 해당한다. 이 단계에서는 학습대상으로서 JuMF의 선택을 위한 미디어 콘텐츠적 특징 도출을 통해 학습자의 동기를 유발하고 서사전략을 수립한다.

(2) JuMF의 리터러시를 위한 교수-학습 2단계

이 단계는 서사도식의 '능력', '실행' 단계에 해당한다. 이 단계에서는 학습자로 하여금 축제 JuMF의 분석을 위한 기호학적 분석도구를 습득하게 한 후, 미디어축제로서 JuMF의 보편적 의미 자질을 도출한다. 또한 JuMF의 체험형 미디어 작품과 전시형 미디어 작품을 추출하여 이들의 리터러시를 위하여 요구되는 미디어 능력과 체험하게 하는 미디어 수행에 대하여 논의한다.

(3) JuMF의 리터러시를 위한 교수-학습 3단계

이 단계는 서사도식의 실행, 평가 단계에 해당한다. 이 단계에서는 축제

JuMF를 구성하는 기호의 의미를 해석하여, JuMF의 문화적 의미 가치 영역과 지형을 포지셔닝한다. 이 단계에서는 JuMF의 차별화된 미디어교육적 가치가 선명하게 드러난다.

(4) JuMF의 리터러시를 위한 교수-학습 4단계

이 단계는 서사도식의 평가단계에 해당한다. 이 단계에서는 학습자가 주체가 되어 직접 축제 JuMF의 새로운 플래닝 작업을 한다. 이러한 단계적 학습은 지금까지 커뮤니케이션 관점에 기초한 미디어교육에 또 다른 방법론을 제시해 줄 수 있다고 본다. 이는 일반적인 문화현상에 담긴 미디어적 특성을 기호학적 방법론으로 추출하여 다시금 전체 문화텍스트와의 의미적 상관성을 규정하는 것이며, 이를 통해 미디어 수용자는 더 이상 소극적인 정보수신자가 아닌 자율적인 정보구성자로서 미디어 리터러시의 능력을 획득할 수 있을 것이다.

21세기 지식기반사회의 도래는 교육에서도 새로운 변화를 요구한다. 기존의 중앙집권주의적 교육과정 운영 및 지식암기 위주의 교육에서 새로운 지식을 창출할 수 있는 창의적 인간양성을 목표로 학생의 자기주도적 학습력을 신장하도록 유도하고 있다. 우리나라의 경우 1980년대 도입된 열린교육의 개념과 더불어 2001년 제7차 교육과정의 도입으로 지식기반사회, 세계화 사회를 대비하기 위한 교육의 질 향상을 도모하고 있다. 그러나 이러한 움직임에도 불구하고 현재 한국의 교육 현실은 굳이 그 문제점을 거론하지 않더라도 산업시대의 근대적 교육과 큰 차이를 보이고 있지 않다.

이러한 점은 교육 전문가가 아니더라도 알 수 있는 교육 분야의 상존하는 몇 가지 문제를 여전히 해결하지 못하고 있기 때문인 것으로 판단된다. 첫째, 교육과정의 양이 너무 많고 입시준비교육에 치중되어 있어 탐구능력, 창의력, 학습방법능력의 신장이 부족하다. 둘째, 교육방법 측면에서 아직도 교사 위주의 일방적 지식 전달 교육으로 학생중심의 교육이 이루어지고 있지 않다. 셋째, 획일적 학교경영으로 수요자의 요구를 받아들이는 다양한 학교경영을 하지 못하고 있다. 넷째, 교육공동체, 즉 학교, 학생, 학부모, 지역사회의 관계가 활성화되어 있지 못하다. 이러한 현실은 지식기반사회에서 요구하는 창의적 인간을 양성하기에는 매우 열악한 교육환경이다. 여기서 우리가 주목할 부분은 바로 네 번째 문제이다. 즉, 학교와 지역사회의 연계성인데, 이를 극복할 수 있는 것이 지역축제를 통한 지역학습의 가능성을 탐구하는 것이다.

'교육' 도 놀이와 즐거움을 매개로 일어나는 소통행위라고 가정할 때 축제와 교육은 모종의 유기적 관계를 구성한다고 볼 수 있다. 그러므로 지역축제에 대한 연구, 축제문화를 교육용 콘텐츠로 전환하는 연구, 이들을 지역학습 차원으로 활용하여 공동체 의식 함양과 주체성 확립을 위한 연구가 하나의 고리로 구성된다.

축제를 활용한 미디어교육은 지역학생을 위한 학교교육과 지역주민을 위한 사회교육 영역을 아우르게 된다. 지역을 중심으로 학생과 주민이 지역학교 및 지역자치단체와 연계되어 그 지역에서 필요한 인재를 양성한다는 것은 '세계화' 의 편향적 흐름에 다소 소외되는 '지역화' 를 보완시키는 역할을 하게 된다. 그러므로 '축제를 활용한 미디어교육의 가능성' 연구는 지역학생을 대상으로 하는 지역 학교교육 영역과 지역주민을 대상으로 하는 사회교육 영역 중 무엇보다도 지역사회교육에서 그 필요성을 찾을 수 있다.

참고문헌

강대중(2002). 대안학교는 학교가 아니다. 박영률출판사.

강명구(1994). 신사회운동과 언론시민운동의 재검토. http://prome.snu.ac.kr/~news/home/nsm.html.

강윤주(2004). 호모 폴리티쿠스 독일의 미디어교육. 미디어교육과 사귐. 서울: 연극과 인간.

강태중, 이종태, 이명준(1996). '새 학교' 구상: 좋은 학교의 조건과 그 구현방안 탐색. 서울: 한국 교육개발원 연구보고 RR 96-16.

고병헌(1997). 교육개혁 운동으로서의 대안교육운동. 처음처럼, 4(1997년 10~12월호). 서울: 내일을 여는 책.

고병헌(1998). 신자유주의와 대안교육의 식민화 가능성. 처음처럼, 6(1998년 3~4월호). 서울: 내일을 여는 책.

교육부(1997). 사회과 교육과정. 교육부 고시 제1997-15호[별책 7].

교육부(1999). 평생교육백서. 교육부 평생학습정책과.

교육인적자원부(2005). 교육통계연보.

교육인적자원부(2006). 교육통계연보.

구승회, 김성국, 방영준, 주워덕, 이종훈, 박홍규, 박연규(1998). 아나키 · 환경 · 공동체. 서울: 도서출판 모색

구자인(1995). 국내공동체의 세 가지 조류. 환경과 생명(겨울호).

권태환(1997). 신사회운동과 사회지표. 한국사회과학, 19(2).

권태환, 이재열(2001). 사회운동조직간 연결망: 신사회운동의 사회학, 세계적 추세와 한국. 서울: 서울대학교출판부.

권태환, 임현진, 송호근 공편(2001). 신사회운동의 사회학. 서울대학교출판부.

권혁철(2002). 시장경제질서와 시민단체. 자유기업센터.

금명자 외 3인(2002). 자녀의 힘을 북돋우는 부모교육프로그램 개발연구. 한국청소년상담원.

길병덕(1997). 학교는 있다. 서울: 나라원.

김경식(1997). 중 · 고교 중퇴생 문제의 고찰. 교육사회학연구, 7, 112-131. 한국교육사회학회.

김경식, 안상헌, 윤주국, 이병환, 장홍재(2006). 교육사회학. 교육과학사.

김경식, 이병환(2002). 신사회운동으로서 한국의 대안교육운동. 교육학논총, 23(1), 우리교육학회.

김광한 역. I. Illich (1984). 탈학교 논쟁. 한마당.

김규태(2002). 학업중단 청소년 예방 및 사회적응을 위한 종합대책(안). 학업중단 청소년 종합대책 마련을 위한 공청회 자료집. 한국교육개발원 · 한국청소년개발원.

김동훈(2002). 학력 · 학벌사회의 폐해와 교육관의 혁신, 지식사회의 도래와 한국교육의 전망. 교육마당 21. 교육인적자원부.

김명신(2002). 대안교육: 어제-오늘-내일. 서울: 문음사.

김문환(1999). 문화 교육론. 서울: 서울대학교출판부.

김민환, 권동택(2000). 미국 홈스쿨링의 성장과 특징에 관한 연구. 비교교육연구 10(1), 한국비교교육학회, 257-280.

김병길, 황금섭(2001). 대안교육에 있어서 '대안' 의 범주화, 교육철학, 19, 10-17, 한국교육철학회.

김부태(1995). 한국학력사회론. 서울: 내일을 여는 책.

김상훈, 정해용(2002). 사이버교육 효과의 영향요인에 관한 실증적 연구: 공공조직을 중심으로. 정보시스템연구, 11(1), 51-74.

김선 역. A. J. Cropley (1995). 교육과 창의성. 서울: 집문당.

김선풍(2000). 한국축제의 이론과 현장. 서울: 월인.

김성국(1996). 한국의 시민사회와 신사회운동. 한국사회과학연구협의회.

김성기(2002). 도시형 대안 학교 운영 특성 연구. 교육행정학회 제128차 춘계학술대회자료집.

김성기(2003). 도시형 대안학교 운영 특성에 관한 연구. 교육행정학연구, 21(2), 한국교육행정학회, 129-154.

김성기(2004). 대안학교 학력인정에 관한 연구. 한국교육, 31(1), 한국교육개발원, 117-136.

김연석(1998). 중도탈락생을 위한 대안학교에서 사회사업가의 역할. 한남대학교 대학원 석사학위논문.

김영순(2004a). 문화콘텐츠와 문화자본의 만남. 문화콘텐츠학의 탄생: 미디어문화교육연구회. 서울: 다할미디어.

김영순(2004b). 학교 미디어 교육을 위한 기호학적 틀짜기. 한국영상문화학회 발표집.

김영순(2005a). 미디어와 문화교육: 미디어 읽기를 위하여. 서울: 한국문화사.

김영순(2005b). 한국의 교육과정과 미디어 교육. 한국언론학회 미디어교육 컨퍼런스 자료집. 한국언론학회.

김영순(2006a). 미디어교육과 교과과정: 사회과 교육을 위한 미디어교육 교과과정. 서울: 커뮤니케이션북스.

김영순(2006b). 미디어 교육 교재 구성원리와 교수법. 미디어교육과 교수법. 서울: 커뮤니케이션북스.

김영순, 강윤주(2004). 독일 학교 미디어교육의 실천과 교훈. 중등교육연구, 52(1). 경북대중등교육연구소, 157-184.

김영순, 강윤주, 강이철, 김기국, 김양은, 김중락, 김채환, 박기수, 박길자, 박지선, 오장근, 정현선, 최웅환(2004). 미디어교육과 사권. 서울: 연극과 인간.

김영순, 박지선(2004). 축제와 문화. 인천: 인하대 출판부.

김영순, 박지선(2005). 학교 미디어교육을 위한 교육정책적 방향. 학교로 간 미디어. 서울: 다할미디어.

김영순, 박지선(2006). 민주시민교육과 미디어 문화리터러시. 한국민주시민학회학보, 11(1). 한국민주시민교육학회, 91-110.

김영순, 오장근(2004). 광고 텍스트 읽기의 즐거움. 서울: 연극과인간.

김영화(2001). 미국 공립 대안교육의 실제. 교육연구논총, 18, 185-215.

김옥조(2001). 비엔날레 리포트. 다지리.

김정환(1988). 김교신. 인물평전총서 6. 한국신학연구소.

김정환(1996). 인간화교육 어떻게 할 것인가. 서울: 내일을 여는 책.

김정환(1998). 전인교육 어떻게 할 것인가. 서울: 내일을 여는 책.

김정희(1997). 공동육아에서 대안교육까지. 처음처럼, 4호(1997년 11~12월호). 서울: 내일을 여는 책

김종넌(1998). 지역이 학교요, 학교가 지역이다. 서울: 내일을 여는 책.

김중섭(1998). 구속, 허용, 새 사상: 사회운동의 3중주. 사회학 연구, 9.

김지하(1996). 생명과 자치. 서울: 솔.

김진욱 역. E. F. Schumacher (1973). 작은 것이 아름답다. 서울: 범우사.

김진화, 정지웅(1977). 사회교육 프로그램 개발의 이론과 실제. 서울: 교육과학사.

김태언, H. Norberig-Hodge (1996) 오래된 미래. 대구: 녹색평론사.

김 현(1995). 실패에 관대한 교사, 꼴찌를 배려하는 학교. 우리교육. 서울: 우리교육사.

김홍태(2000). 차터스쿨(Charter Schools)운영의 실제에 관한 연구. 교육행정학연구 18(3), 385-407. 한국교육행정학회.

김홍태(2001). 지식기반사회의 교육체제 패러다임 전화 연구. 한국교원대학교 대학원 박사학위논문.

김홍태(2002). 일본 대안교육의 사례 탐색. 초등교육연구, 15(1), 87-105.

남정걸(2002). 평생교육경영학. 교육과학사.

남정걸, 권이종 공편(1988). 사회교육 및 청소년 프로그램 편람. 서울: 교육과학사.

남정찬(1993). 뿌리찾기 교육을 통한 경로사상 의식의 내면화. 현장연구, 14, 5-16.

대안교육을 생각하는 모임(1995). 새로운 학교 큰 교육 이야기. 서울: 내일을 여는 책.

대한가정학회 가정복지특별위원회(2003). 행복한 가정생활을 위한 주민자치센터 교육프로그램.

류정아, 김영순, 한경애, 홍진표, 최규갑(2006). 지역연계 학교축제 활성화 방안. 문화관광부.

류지한(2002). 성윤리. 서울: 울력.

매비우스(2003). 2003년 미디어 교육 활동가들을 위한 매비우스 미디어 교육 포럼. 매비우스.

문영희(1997). 대안학교의 인성교육에 관한 연구. 명지대학교 대학원 석사학위논문.

문혜성(2004). 미디어교육학. 한국방송영상산업진흥원.

미디액트, 방송문화진흥회(2003). 미디어 불평등을 넘어서: 2003 찾아가는 미디어 교실 실천 사례집. 서울: 미디액트 · 방송문화진흥회.

민들레출판사 편집부(1999). 도쿄슈레와 홈슈레. 민들레, 제4권. 서울: 민들레.

민혜영(1997). 정보화 사회를 위한 '대안교육'의 구안. 전남대학교 대학원 석사학위논문.

박기언(1996). 사회교육연구의 이론과 실제. 서울: 교육과학사.

박병석(2004). 의사소통적 통일문화교육. 정치 · 정보연구 제7권 2호.

박봉목(2000). 듀이. 연세대학교 교육철학연구회 편. 위대한 교육사상가들 IV. 서울: 교육과학사.

박영순(1980). 국어와 영어에 있어서의 언어예절에 대한 비교연구: 호칭을 중심으로. 비교문학, 15, 189-205.

박영순(2002). 한국문화론. 서울: 한국문화사.

박이문(1996). 환경 · 생태계 · 자연의 올바른 개념과 세계관의 전환. 환경과 생명, 10.

박지선(2004a). 이중적 시선: 프랑스의 미디어 교육. 미디어 교육과 사귐. 서울: 연극과 인간.

박지선(2004b). 미디어문화교육에서의 문체론적 시각. 인하교육연구 11. 인하대학교 교육연구소.

박지선(2006a). 유럽연합과 프랑스의 미디어교육 공교육화 준비현황 분석. 중등교육연구 54(2). 경북대중등교육연구소, 145-164.

박지선(2006b). 프랑스의 문화예술교육과 미디어센터. 프랑스학연구, 36. 프랑스학회.

방희정(2002). 한국 사회에서의 청소년 놀이문화 분석. 청소년정책연구 제2호. 한국청소년정책학회.

배은경, 황정미 공역. A. Giddens (1996). 현대 사회의 성, 사랑, 에로티시즘. 서울: 새 물결.

배을규, 김영순, 양홍권, 구교정, 문정수(2008). 남구평생학습도시 종합발전계획 수립연구. 인천광역시 남구.

배평모(1995). 울타리 없는 학교: 거창고등학교 이야기. 서울: 종로서적.

백승국(2004). 문화콘텐츠와 문화기호학. 서울: 다할미디어.

백승국(2005). 미디어속 문화콘텐츠와 문화기호학. 미디어문화교육연구회 저. 문화콘텐츠학의 탄생. 서울: 다할미디어.

서연호(1994). 향토 축제의 가능성과 미래: 축제의 미래를 위한 반성과 대안. 방일영문화재단.

서우석(2001). 경기도 실업계 고교 학생 중도탈락 예방을 위한 진로지도 및 상담활동 활성화 방안. 경기도교육청.

서울시대안교육센터(2002). 서울시대안교육센터 2001사업보고서.

서울특별시교육청(1998). 성과 행복. 서울: 대한교과서주식회사.

서울평화교육센터(1996). 대안학교의 모델과 실천. 서울: 내일을 여는 책.

석숙이(2000). 중도탈락생의 학교재적응을 위한 사회사업 개입방안. 부산대학교 대학원 석사학위논문.

성광수, 김성도(2001). 제1부 몸짓 언어와 기호학: 한국인의 언어 예절과 신체 언어. 기호학연구, 10, 77-105.

성열관(2003). 미국교육개혁 옳은 길로 가고 있나. 우리교육.

손민호, 유재봉, 정기섭(2005). 주요국 대안교육 프로그램 운영 비교 연구. 2005 교육부 정책연구 보고서. 교육인적자원부.

손영숙(1989). 성역할 교육의 재구성을 위한 일 연구. 경남공업전문학교 논문집, 17, 379-388.

손정수 역. A. S. Neill (2003). 서머힐. 서울: 산수야.

손천수(1998). 대안학교의 전인교육 이념 실천에 관한 연구. 공주대학교 대학원 석사학위논문.

송순재(1997). 학교를 위한 삶인가, 삶을 위한 교육인가. 처음처럼, 창간호. 서울: 내일을 여는 책.

송순재(2007). 한국에서 '대안교육'의 전개과정 및 성격과 주요문제. 홀리스틱교육연구 9(2), 33-56 한국홀리스틱교육학회.

송창석(1996. 6). 새로운 성인교육 · 훈련방법. 교육훈련정보. 중앙공무원교육원.

송현정(2003). 사회과교육의 목표로서 시민성의 의미에 대한 연구. 시민교육연구, 35(2).

신현태(1995). 예절과 예절교육. 교육철학, 13, 161-175.

심성보(1996). 한국 대안학교운동의 현황과 과제. 교육사회학연구, 6(2), 한국교육사회학회, 173-198.

심성보(1998). 한국교육의 새로운 모색. 서울: 내일을 여는 책.

안귀덕(1992). 한국 청소년의 여가활동과 일탈 행동: 청소년 문화의 실상과 문제. 한국정신문화연구원.

안세근(2004). 초등학교와 고등학교 사회과 교과서에 나타난 인천의 이미지. 인천학 연구 3.

안정임, 전경란(2003). 미디어교육 교재와 커리큘럼의 방향. 한국언론재단.

안해룡, 안미라 공역. 菅谷明子 (2001). 미디어 리터러시(미국, 영국, 캐나다의 새로운 미디어 교육현장보고). 서울: 커뮤니케이션북스.

양경자(1985). 성교육의 필요성. 월간간호, 9(2).

양흥권(2003). 평생학습도시 조성에 있어서 컴퓨터 통신망과 사이버교육의 역할. e-Learning 학술연구. 한국사이버교육학회.

양흥권(2004). 지역혁신형 학습도시 시스템 구축과정에 관한 연구. 서울대학교 대학원 교육학 박사학위 논문.

양해림, 유성선, 김철운(2001). 성과 사랑의 철학. 서울: 철학과 현실사.

양희규(1997). 사랑과 자발성의 교육. 서울: 내일을 여는 책.

오미경 공역. M. Montessori (1997). 어린이 마음. 도서출판 정신기획.

오욱환(2000). 한국 사회의 교육열: 기원과 심화. 서울: 교육과학사.

오인탁, 양은주, 황성원, 최재정, 박용석, 윤재흥(2006). 대안교육의 뿌리를 찾아서: 새로운 학교 교육문화운동. 서울: 학지사.

오인탁, 정혜영 공역. O. F. Bollnow (1990). 교육의 인간학. 서울: 문음사.

오장근, 박지선(2006). 축제를 활용한 미디어교육의 가능성: 주안미디어문화축제를 중심으로. 한국언론학회 2006 봄철학술대회 자료집.

옥선화(1975). 가족관계에 대한 가치의식의 전통성과 근대성에 관한 연구. 대한가정학회지, 13(4), 439-154.

왕석순(1997). 청소년기 자녀 가족의 가정교육 연구: 가정교육내용에 관한 척도 개발을 중심으로. 한국가정관리학회지, 15(2), 71-85.

원동연(2000). 5차원 전면교육학습법. 서울: 김영사.

원용진(2004). 미디어교육의 이념과 현실정책. 한국언론학회 미디어교육위원회 제1차 미디어교육컨퍼런스 발표집. 한국언론학회 미디어교육위원회.

원용진, 김양은, 양철진, 조준형(2003). 미디어교육의 새로운 패러다임. 한국언론재단.

유상덕(1997). 희망만들기 작업: 제도교육의 문제점과 개선방향. 경향잡지(1997년 5월호).

유성경, 이소래(1998). 중도탈락학생의 사회적응 상담정책 개발연구 II: 잠재적 중도탈락학생에 대한 개입체제 개발 연구. 청소년대화의광장.

유안진(1996). 한국전통사회의 유아교육. 서울: 서울대학교 출판부.

유영주(1991). 건전 가정 육성을 위한 가족복지 프로그램 개발에 관한 연구. 한국가정관리학회지, 9(1), 45-64.

유재근, 수등강일, 정명숙, 박혜경, 황순진, S., Ryuichi (2002). 환경생태공학. 서울: 그루.

유현옥(1996). 현대교육의 주제와 쟁점. 서울: 내일을 여는 책.

윤구병(1995). 실험학교 이야기. 서울: 보리.

윤상욱, 이인순, 윤화영, 심재욱(1998). 숲과 환경과 인간. 서울: 문음사.

윤여각(2002). 학업중단 청소년 정책 및 실태 분석. 학업중단 청소년 종합대책 공청회 자료집.

윤종건(1998). 창조력의 이론과 실제. 서울: 도서출판 원미사.

윤철경(1999). 학교붕괴 실태 및 대책 연구. 한국청소년개발원.

이계학(1997). 인격의 형성과 전통가정교육. 한국범죄방지재단 세미나 발표집, 1-16.

이관춘(1996). 생명가치구현을 위한 영국의 대안교육: Schmacher학회의 '작은 학교'를 중심으로. 교육사회학연구, 6(2). 한국교육사회학회.

이광효(2007). 대안학교와 대학진학: 이우학교에 듣는다. 민들레, 통권49호.

이기숙(1998). 교회의 방과 후 교육 운영 실태와 활성화 방안. 서강대 교육대학원 석사학위논문.

이도원(2001). 경관생태학: 환경계획과 설계, 관리를 위한 공간생리. 서울: 서울대학교출판부.

이두헌(1984). 한국민속학논고. 서울: 학연사.

이명숙(2005). 차터스쿨의 성격. 초등교육연구논총, 21(1), 한국초등교육학회, 23-37.

이무근, 원상봉(2000). 직업교육과정과 평가. 교육과학사.

이병곤(1995). 공동체가 살아야 교육이 큰다. 대안교육을 생각하는 모임. 새로운 학교, 큰 교육 이야기. 서울: 내일을 여는 책.

이병환(1999). 한국 대안학교의 특성 분석. 경북대학교 대학원 박사학위논문.

이병환(2002a). 학업중단 청소년의 사회 적응 방안. 한국교육, 29(1), 175-196. 한국교육개발원.

이병환(2002b). 홈스쿨링의 대두배경과 특성 탐색. 교육학 논총, 22(2), 우리교육학회, 45-67.

이병환(2004). 국내외 대안학교의 운영 특성에 관한 연구. 열린교육연구, 12(2). 31-56. 한국열린교육학회.

이병환(2007a). 대안학교 교육과정 질 관리를 위한 정책 제안. 열린교육연구, 15(3). 75-99. 한국열린교육학회.

이병환(2007b). 대안학교 관련 쟁점 분석: 관련 법령에 대한 대안학교 교원들의 인식을 중심으로. 교육행정학연구, 25(4). 535-563. 한국교육행정학회.

이병환, 김경식(1999). 대안학교로서의 풀무학교 탐색. 중등교육연구, 43. 경북대학교 중등교육연구소.

이병환, 김홍운, 김태연, 최석민(2005). 대안학교 교육과정 평가 및 질 관리 방안 연구. 2005 교육부 정책연구보고서. 교육인적자원부.

이병환, 정영근, 김순남(2004). 대안교육 활성화를 위한 국가수준 교육과정의 운영방안 연구. 2004 교육부정책연구보고서. 교육인적자원부.

이상일(1998). 놀이문화와 축제. 성균관대출판부.

이선숙(2001). 대안학교와 학생들의 생활이야기. 교육과학사.

이수일(1997). 대안교육 어떻게 이해할 것인가. 교육운동의 새로운 전망을 모색하는 1997 정책워크숍 자료집. 서울: 전교조.

이숙영, 남상인, 이재규(1997). 중도탈락생의 사회적응 상담정책연구. 청소년대화의 광장.

이시백, 장영미(1997). 학교 성교육 효과. 보건교육, 14(1), 125-146.

이시재(1998). 한국의 사회운동. 안계춘 편. 광복 50년 한국 사회와 사회학. 서울: 나남.

이연숙(1998). 성인을 위한 가족생활교육론. 서울: 학지사.

이연현, 임영희 공역. 子安美知子(1996). 슈타이너 학교의 참교육 이야기. 서울: 밝은누리.

이영덕 외 3인(1998). 교육과정과 교육평가. 서울: 교육과학사.

이영민, 이우평(1999). 교육과정 지역화와 향토교육의 방향 설정에 관한 연구. 이화여자대학교 교과교육학연구, 3(2).

이영옥(1998). 대안교육과 사회사업실천. 가톨릭대학교 대학원 석사학위논문.

이종각(1997). 교육인류학 탐색. 서울: 도서출판 하우.

이종각(2001). 초·중등단계에서의 대안교육 활성화 방안 연구. 교육정책연구, 2001-일(특)-23. 교육인적자원부.

이종각(2001). 초·중등단계에서의 대안교육 활성화 방안 연구. 2001 교육부 정책연구보고서. 교육 인적자원부.

이종각, 이수광(2002). 대안교육 활성화 조건과 연착륙화 전략. 교육행정학연구, 20(2), 237-258.

이종태(1998a). 미래사회 교육개혁의 방향 모색: 대안교육의 가능성과 한계. 한국교육연구, 5(1), 85-102.

이종태(1998b). 신자유주의 정책과 대안교육의 모색: 대안교육(운동)을 어떻게 볼 것인가. 한국교육연구소 학술발표자료.

이종태(2000). 대안교육은 학교교육의 경직성을 벗어날 수 있는가? 한국교육개발원.

이종태(2001). 대안교육과 대안학교. 서울: 민들레.

이종하(2006). '철학' 으로 읽는 축제. 축제와 문화콘텐츠. 서울: 다할미디어.

이주옥(1986). 성역할 사회화에 있어서의 부모-자녀관계. 포항전문대학 논문집, 10, 101-114.

이주훈(2004). 미디액트를 둘러싼 몇 가지 논점들. 프린지 페스티발 세미나.

이주훈(2005). 강서미디어센터의 파행에서 얻은 교훈. 웹진 ACT!, 18. 미디액트.

이찬갑(1983). 산믿음의 새생활. 충남 홍성: 시골문화사.

이풍길, 김수욱(2001). 특성화고교 대안학교의 운영 현황과 문제점 분석 연구. 한국농업교육학회지, 33(2).

이한음 역. E. O. Wilson (2000). 인간 본성에 대하여. 서울: 사이언스북스.

이해수, 최운실, 권두승(2002). 평생교육 프로그램 개발. 서울: 한국방송통신대학교 출판부.

이현청(1994). 교육사회학. 서울: 양서원.

이형득(1995). 인간이해와 교육. 서울: 중앙적성출판사

이혜영 역. M. Mayberry (1997). 홈스쿨링. 서울: 배우미출판사.

이홍우 역. R. S. Peters (2003). 윤리학과 교육. 서울: 교육과학사

이희수(2000). 평생학습 지원체제 종합 발전 방안 연구(Ⅰ). 한국교육개발원.

임현진(2001). 사회운동의 정치세력화는 가능한가?: 국제경험에 비춘 한국의 현실과 전망. 신사 회운동의 사회학, 세계적 추세와 한국. 서울대학교출판부.

장상희, 양미연(1999). 사이버스페이스에 나타난 성역할 이데올로기. 여성학연구, 9(1), 55-79.

장영란, 황수영, 이혜정, 신지영, 강미라(1999). 성과 사랑, 그리고 욕망에 관한 철학적 성찰. 서울: 서광사.

장원순(2003). 사회적 실천 중심의 사회과교육에 관한 연구. 서울대학교 교육대학원 박사학위논문.

전경원 편역. J. F. Feldhusen & D. J. Treffinger (1998). 교사를 위한 창의적인 문제해결력. 서울: 창지사.

전일균(1995). 케르센슈타이너와 듀이의 노작교육론 비교연구. 고려대학교 대학원 석사학위논문.

전재일(1997). 위기의 청소년 어떻게 도울 것인가? 제2회 한국학교사회사업학회 학술대회 자료집.

전효관, 김희옥, 최수정(2002). 놀자! 하자!: '프로젝트' 로 말하는 하자센터 이야기. 서울: 또 하나의 문화.

정기섭(2005). 독일 대안학교 개념의 이해와 실천적 특징. 비교교육연구, 15(4), 한국비교교육학회, 129-152.

정낙찬, 이동기, 채휘균(2000). 한국의 전통교육. 경산: 영남대학교 출판부.

정유성 외 4인(1999). 대안학교(특성화고등학교)의 교육과정 및 교사양성방안. 1998 교육부 연구보고서.

정유성(1996). 대안교육의 어제, 오늘 그리고 앞날. 한독교육학연구 1(1), 69-95.

정유성(1997). 대안교육이란 무엇인가. 서울: 내일을 여는 책.

정유성(1998). 새로운 교육문화 사회운동론. 서울: 한울아카데미.

정유성(1999). 대안학교(특성화고등학교)의 교육과정 및 교사양성방안. 1998년 교육부 학술연구보고서.

정인수(1998). 청소년 실어현황과 고용촉진 대책. 한국노동연구원 정책토론회 자료집 1.

정주연(2002). 선진국과 한국의 직업교육 훈련제도의 특성과 한계. 서울: 집문당.

정철영(1998). 직업기초능력에 관한 국민공통기본교육과정분석. 농업생명과학연구, 2, 323-326

정현선(2002). 성찰적 문화교육으로서의 미디어 리터러시 교육. 국어교육학연구, 14.

정현선(2004a). 문화교육으로서의 미디어 교육. 지식의 사회 문화의 시대: 경북대학교 출판부.

정현선(2004b). 청소년 대상 미디어교육 현황 및 제도화 논의에 대한 비판적 고찰. 한국청소년연구, 15(1). 한국청소년개발원.

조돈문(1995). 신사회운동의 이론적 이해, 경제와 사회, 28.

조아미(2001). 강남구 청소년의 등교거부와 학교중퇴 현상에 관한 연구: 늘어나는 청소년 등교거부 어떻게 해야 하나. 학원폭력신고센터 개원 5주년 기념식 및 세미나 자료집. 강남청소년회관.

조영승 외(2001). 경기도 지역 중퇴생 선도 · 보호방안 프로그램 개발연구. 경기도.

조용태, 이선숙(2000). 우리나라 대안학교의 이념과 역사. 교육학논총, 21(1).

조한혜정(1996). 학교를 거부하는 아이, 아이를 거부하는 사회. 또 하나의 문화.

조한혜정(1998). 잠재적 중도탈락학생의 의미: 잠재적 중도탈락학생에 대한 개입체제 개발연구, 부록 14. 콜로키움 자료집. 청소년대화의광장.

조홍식(1999). 청소년 고용 프로그램 개발연구. 한국청소년개발원. 277, 37-99

주옥로 선생 회갑문집 간행회(1980). 진리와 교육. 부천: 도서출판 풀무.

주철안, 성병창, 한대동(1999). 교육수요자의 학교선택권 보장을 위한 학교체제 재구조화 연구. 1999 교육부 교육정책연구과제. 교육인적자원부.

지영숙(1990). 가정교육의 현대적 과제(제1보). 인문과학, 20, 151-171.

진대원(2001). 홈스쿨링의 현황과 문제점 보완 방법. 전남대학교 대학원 석사학위논문.

청소년보호위원회(1998). 청소년인권의 현황과 대책.

최돈민(2001). 평생교육 요구분석. 교육유관기관보고서. 한국교육개발원.

최석민(2006). 대안학교의 개념적 준거 탐색. 교육학논총, 27(1). 대경교육학회, 1-19.

최종덕(2003). 함께하는 환경 철학. 서울: 동연

최창섭(1995). 미디어 교육론. 서울: 문장.

하원규(2000). 사이버공간사회의 형성과정과 발전방향. 대한가정학회 제53차 춘계학술대회발표요지, 42-55.

학원폭력신고센터(2004). 청소년의 학업중단, 어떻게 해야 하나. 학원폭력신고센터 세미나 자료집.

한국교육개발원(2000). 학부모교육 프로그램 개발연구, 한국교육개발원.

한상철, 임영식(2000). 청소년심리의 이해. 서울: 학지사.

한유정(1997). 성교육이 중학생의 성지식과 성에 대한 태도에 미치는 효과: 성교육 프로그램 개발을 위한. 전남대학교 대학원 간호학과 석사학위논문.

한주미(1997). 오래된 교육의 새 꿈을 실천하고 있는 현장을 찾아서: 대안교육이란 무엇인가. 서울: 내일을 여는 책.

한준상(1996). 새로운 학교교육을 위한 외국의 실험학교: 21세기 신학교제도의 전망과 과제. 한국교육사회학연구회 학술세미나 자료집.

허영식(2001). 현대사회의 변동과 시민교육. 서울: 원미사.

허영식(2003). 세계화: 정보화 시대의 민주시민교육 어떻게 할 것인가. 서울: 원미사.

현병호(2000). 대안교육의 다양한 흐름들. 시민과 도서관, 11(2).

홍순명(1998). 풀무학교 이야기. 서울: 내일을 여는 책.

홍후조(1999). 국가 수준 교육과정 개발 패러다임의 전환. 교육과정연구, 17(2), 한국교육과정 학회.

황경식(1997). 시민공동체를 향하여. 서울: 민음사.

황성원(1997). 프레네 교육에 대한 사회학적 고찰. 교육사회학연구, 7(3). 한국교육사회학회.

황홍규(2000). 교육기본법에서의 학습권 개념의 도입 배경과 그 의의. 교육법학연구, 12. 대한교육법학회.

Avis, Z. (1991). The Strange Fate of Progressive Education. *Education Limited: Schooling and Training and the New Right Since 1979.* Unwin.

Baacke, D. (1997). Medienpaedagogik. Tuebingen.

Bazalgette, C. (1989). Primary media education: a curriculum statement. BFI National Working Party for Primary Media Education. London: BFI.

Berube, M. R. (1994). *American school reform: Progressive, equity, and excellence movements 1883-1993.* Westport, CT: Praeger Publishers.

Biggs, D., & Porter, G. (1994). Parental Choice in the USA. J. M. Halstead (Ed.), *Parental Choice and Education.* Kogan Page.

Bodily, S. (1996). *Lessons from New American Schools Development Corporation's Demonstration Phase.* Santa Monica, CA: Rand.

Bowman, M. J. (1994). Alternative Schools and Programs. *International Encyclopedia of Education.* Kidington: Elsevier Science Ltd.

Branson, M. (2002). Education for Democratic Citizenship: An American Perspective. 한국민주시민교육학회 편. 한국민주시민교육학회보, 7.

Bridge, R. G., & Blackman, J. (1978). *A study of alternatives in American education, Rand* (R-2170). Santa Monica: Rand.

Bronstein, M. (1995). *Handbook of parenting.* Mahwah, NewJersey: Lawrence Elbaum.

Buckingham D. (2000). *After the Death of Childhood: Growing Up in the Age of Electronic Media*. Cambridge: Polity. [정현선 역(2004). 전자매체 시대의 아이들: 미디어교육과 문화정책에 대한 전망. 서울: 우리교육.]

Buckingham, D. (2003). *Media Education: Literacy, Learning and Contemporary Culture*. Cambridge: Polity. [기선정, 김아미 역(2004). 미디어 교육: 학습, 리터러시, 그리고 현대문화. JNBook.]

Chandes, E. (2004). *Education et Communication*. Pulim.

Clemi (2003). Lecture des programmes scolaires sous l'angle de l'éducation aux médias. dossier établi par la documentation du CLEMI.

Cohen, J., & Arato, A. (1992). *Civil Society and Political Theory*. Cambridge. Mass: MIT Press.

Collectif (2001). Rapport mondial sur l'education 2000: vers l'education pour tou. tout au long de la vie. UNESCO.

Collectif(2002) Education et societe 2001/2002. De boeck universite.

Conger, J., & Petersen, A. (1984). *Adolescence and Youth* (3rd ed.). NY: Harper & Row Publishers.

Conley, D. T. (1997). *Road Map to Restructuring: Charting the Course of Change in American Education* (2nd ed.) Univ of Oregon: ERIC Clearinghouse on Educational Management.

Darling, J. (1994). *Child-Centred Education*. P. C. P.

Dickson, T. (2000). *Mass media education in transition: Preparing for the 21th century*. Lawrence Erlbaum Asso.

Dupper, D. R. (1993). Preventing School Dropouts: Guideline for School Work in Pratice. *Social Work in Education*. The Continuum Publishing Company. New York.

Ekstrom, R. B., Goertz, M. E., Pollack, J. M., & Rock, D. A. (1986). Who drops out of high school and why? Finding from national study. *Teachers College Record, 87*.

Epstein, B. (1990). Rethinking social movement theory. *Socialist Review, 20*, 35-65.

Fantini, M. D. (1971). *The What, Why and Where of the Alternatives Movement*. National Elementary Principal.

Flacks, R. (1988). Making History. New York: Columbia University Press.

Gamoran, R. A. (1996). Student achievement in public magnet, public comprehensive and private city high schools. *Educational Evaluation and policy Analysis, 18,* 1-18.

Gerbode, W. (1999). Kann die Soziale Marktwirtschaft die wirtschaftliche Probleme der Deutschen Einheit loesen?. In Baacke, D., Kornblum, S., Lauffer, J., Mikos, L., Thiele, G. A. (Hrsg.), *Handbuch Medien: Medienkompetenz.* Modelle und Projekte. Bundeszentrale für politische Bildung. http://www.medienpaedagogik-online.de/mk/00372

Glatthorn, A. A. (1975). *Alternatives in Education: Schools and Programs.* Dodd, Mead & Company, Inc.

Goodlad, J. I. et al. (1973). *Alternatives in education: A Typology of educational alternatives.* Jossey-Bass, Inc., Publishers.

Gordon, T. (1976). *P. E. T. in Action.* New York: Bantan Books.

Greimas A. J. (1970). Du sens. Seuil.

Greimas A. J. (1986). Sémantique structurale. P.U.F.

Habermas, J. (1981). *Theorien des kommunikativen Handeln.* Frankfurt Main.

Handbuch Freie Schulen (1993). *Pädagogische Positionen Träger.* Schulformen und Schulen im Überblick Reinbek bei Hamburg.

Hebb, D. O. (1955). Drives and the conceptual nervous system. *Psychological review, 62.*

Ingrid, H., & Mooren, S. (1992). *Medienkpmpetenz: Versuch einer Charakteristilk-Auswertung der Umfrage unter den Experten der Tagung. Bertelsmann Stiftung.* Medienkopetenz als Herausforderung an Schuke und Bildung-Ein deutsch-amerikanischer Dialog. Guetersloh.

Jacobson, R. (1960). *Linguistics and Poetics.* Press Universitaire de Strasbourg.

Johanning, S. (1999). Fernsehen und Werbung. In Baacke, D., Kornblum, S., Lauffer, J., Mikos, L., Thiele, G. A. (Hrsg.), *Handbuch Medien: Medienkompetenz.* Modelle und Projekte. Bundeszentrale für politische Bildung. http://www.medienpaedagogik-online.de/mk/00372

Kearns, D. (1993). *Toward a new generation of American schools.* Phi Delta Kappan.

Kitschelt, H. (1990). New Social Movements and the decline of Party Organization. In R. J. Dalton and M. Kueler (Eds.). *Sociology of Future.*

Oxford University Press.

Klandermans, P. B. (1990). Inking the 'Old' and 'New'?: Movement Networks in the Netherlands. In R. J. Dalton & M. Kueler (Eds.). *Social Movement*. McGraw Hill Press.

Koetzsch, R. (1997). *The Parents' Guide to Alternatives in Education*. SHAMBHALA PUBLICATIONS, INC. Boston.

Kozol, J. (1982). *Alternative Schools*. New York: Continuum.

Kumar, S. (1997). No Destination, Chelsea Green Pub Co.

Leue, M. M. (Eds.) (1994). Challenging the Giant: the best of EKOE. *The Journal of Alternative Education*. Albany: Down-To-Earth Books.

Mappes, T. A. (1992). Sexual Morality and the Concept of Using Another Person. In T. A. Mappes & J. S. Zembaty. *Social Ethics: Morality and Social Policy* (3rd ed.). New York: McGraw-Hill, Inc..

Marlow, S. E. (1992). Home schools, public schools, politics and practice: Superintendents implementation of home education policy in four Western states, Unpublished doctoral dissertation, University of Michigan, Ann Arbor.

Martin, J. L. (2000). *la conquete de l'education nationale 1969-1981*. Vuibert.

Masterman, L. (1985). *Teaching the Media*. London. Comeda..

Mecklenburger, J. A. (1992). *The braking of the 'Break-the-Mold' express*. Phi Delta kappan.

Mellucci, A. (1980). The New Social Movement: A Theoretical Approach. *Social Science Information 24.*, 819-835.

Mills, N. (1971). Free Versus Directed Schools: Benefits for the Disadvantaged? *IRCD Bulletin, 7*(4).

Moor, S. V. (1980). *A Critical Review Career Education Literature as Related to Alternative Environments*. Gutman Education.

Morley, R. (1991). *Alternative education* (Eric document reproduction service No. ED349652). Clemson, SC: National Dropout Prevention Center.

Natascha, B. (1999). Games bis Augen weg. In Baacke, D., Kornblum, S., Lauffer, J., Mikos, L., Thiele, G. A. (Hrsg.), *Handbuch Medien: Medienkompetenz*. Modelle und Projekte. Bundeszentrale für politische Bildung. http://www.medienpaedagogik-online.de/mk/00372

News and World Report (2004, May).

Offe, C. (1990). Reflections on the Institutional Self-transformation of Movement Politics: A Tentative Stage Model. In R. J. Dalton & M. Kueler (eds.). *Sociology of Future*. Oxford University Press.

Olen, J., & Barry, V. (1999). *Applying Ethics*. Belmont: Wadsworth Publishing Company.

Preiss, J. S. (1989). Home schooling: What's That? Paper presented at the Mid-South Educational Research Association Meeting, Little Rock. (ED314 856)

Primoratz, I. (1999). *Ethics and Sex*. London: Routledge.

Punzo, V. C. (1969). *Reflective Naturalism*. New York: Macmillan Company.

Randle, D. (1991). *Teaching Green: A Parent's Guide to Education for Life on Earth*. London: Green Print.

Raywid, M. A. (1994). Alternative schools: The states of the art. *Educational leadership, 52*(1), 26-31.

Rieseberg, R. L. (1995). Home learning: technology and tomorrow's workplace. *TECHNOS, 4*(1).

Romain, J. (1960). Linguistics and Poetics. In T. Sebeok (Ed.). *Style in Language*. Cambridge Mass.

Schulen, H. F. (1993). Pädagogische Positionen Träger, Schulformen und Schulen im Überblick Reinbek bei Hamburg.

Scruton, R. (1986). *Sexual Desire*. New York: Free Press.

Smith, V. B., & Burke, P. (1976). *Alternatives in Education*. Bloomington, Indiana: Phi Delta Kappa.

Sternberg, R. J. (1988). *The Nature of Creativity*. Cambridge University Press.

Tardy, M. (2000). *Education et Sémiotique*. Press Universitaire de Strasbourg.

Touraine, A. (1981). *The Voice and The Eye: An Analysis of Social Movement*. Cambridge: Cambridge University Press.

UNESCO (1984). Media education. Author.

Weinberg, C. (1973). *Alternatives in education: the meaning of alternatives*. Jossey-Bass, Inc., Publishers.

Young, T. W. (1990). *Public alternative education: options and choice for today's schools*. New York, NY: Teachers College Press.

찾아보기

《인　명》

고병헌 51, 58, 147
김경식 169
김교신 228, 232
김부태 19
김정환 235, 236

노평구 228

양희규 240
오욱환 28
유성경 164
유영모 228
윤여각 170
윤철경 170
이소래 164
이수일 221
이숙영 164
이영덕 251
이찬갑 227, 228, 229, 230, 232
이현청 27

전영창 235
정유성 150, 221
주옥로 227, 228, 230, 231

홍순명 253
홍후조 166

Apple, M. W. 69
Arato, A. 140

Bakhtin, M. M. 399, 404
Barthes, R. 476
Bennet, J. 74
Bowles, S. 69, 114

Carnoy, M. 69
Chandes, E. 467
Cireimas, A. J. 469
Cohen, J. 140
Cox, H. 399

Dennison, G. 115
Dewey, J. 112, 113, 114
Dreeben, R. 76
Dumas, A. 468
Dupper, D. R. 164
Duvignaud, J. 399, 404

Feuillet, A. 403
Freinet, C. 208
Freire, F. 65, 69
Freud, S. 88, 400, 404
Fröbel, A. 87

Gandhi, M. K. 242
Gintis, H. 69, 114
Goodman, P. 115
Greimas, A. J 469, 477, 491
Grundtvig, N. F. S. 230

Habermas, J. 140, 142, 466
Harris, K. 69
Hentig, H. v. 105
Herndon, J. 115
Hjelmslev, L. 476
Holmes, E. 87
Holt, J. 115

Illich, I. 65, 70, 269
Inglehart, R. 140

Jakobson, R. 473, 475, 476

Kerschensteiner, G. 254, 261
Key, E. 83
Khun, T. 33
Kitschelt 137
Kohl, H. 115
Kozol, J. 115
Kumar, S. 269

Lane, H. 88, 132
Leach, E. 399
Lengrand, P. 351
Lietz, H. 101

Mann, H. 112
Masterman, L. 468
Melluci, A. 140
Mills, N. 76
Montessori, M. 83, 87, 208

Neill, A. S. 83, 88, 208
Nietzsche, F. W. 401, 404

Offe, C. 136, 140, 141

Pestalozzi, J. H. 87, 273
Perers, R. S. 49
Piajet, J. 77
Preiss, J. S. 187

Randle, D. 74
Reddie, C. 87
Reimer, E. 69
Rousseau, J. J. 83, 268

Sarup, M. 70
Saussure, F. d. 467, 476
Schumacher, E. F. 80, 91, 269
Silberman, C. E. 69
Simon, C. 70
Sizer, T. 123
Steiner, R. 208, 220

Tardy, M. 469
Thomas, A. 188
Toogood, P. 93
Touraine, A. 140, 141
Turner, V. 400, 404

Vovelle, M. 403

Weinberg, C. 126

《내 용》

1인 1학습동아리 운동 380
2차 의미작용 478
5개 층위 분석 479
9개의 현장 123
NGO 355
SWOT 분석 476

가능성의 언어 71
가상공간 457
가이던스 181
가정 · 사회 공동체적 접근 324
가정 영역 교육 프로그램 335
가정 중심의 사설교육 187
가정교육 327, 329, 334, 339, 351
가정문화 계승 338
가정복지사업 171
가정학교 189
가정학교 모임 192
가족구성원의 사회화 327
가족유사성 49
가족윤리 330
가치 81
가치관 혼란 338
가치기준 338
가평 두밀리학교 153
가훈 331, 332, 338
간디교원연수원 243
간디학교 240, 242, 243, 257, 276
간문화교육 452
감성교육 259
강화 고인돌축제 434, 439
개성적 교육 281
개혁교육학 100
개혁교육학운동 100
개혁학교 99
거대 담론 차원 104
거버넌스적 협력 382
거창고등학교 225, 234, 249, 266
건강한 인간 245
건전한 여가 즐기기 389
결손보충교육 183
경제교육 프로그램 384
계발활동 421, 429
계약 · 조종 470
계절학교형 220
고던스토운 89
고등공민학교 234
고등교육 21
고유이념형 220
공공성 284, 293
공교육 63, 279
공교육 문제 115
공교육 체제의 재구조화 35
공교육위기론 311
공교육의 위기 276
공교육제도 320
공급자의 자율성 177
공동유대감 421
공동육아 216
공동육아연구회 153
공동육아운동 205
공동육아협동조합 153
공동체 80
공동체교육 237
공동체교육의 실천 250
공동체운동 151
공동체의식 함양 426
공동체적 삶 240
공동체적 시민육성 250
공동체적 인간 67
공동체적 체험교육 133
공동체정신 242
공동체주의 277
공동체학교 44
공동체학교 모형 272
공동학습 252
공립학교 57, 128
공시 478
과대학교 97
과밀학급 97
과열교육 27
과잉경쟁교육 27
과잉교육 27
과잉보호교육 27
과정중심의 교육내용 148
광역단위 지원센터 396
교과교육 66
교과서 166
교과서 체제 167
교과지도 32
교사운동 209
교사의 협동작업 109
교수법 103, 262
교실붕괴 356
교육 개혁안 61
교육 문제 43
교육 선택 기회 36
교육 엑소더스 22
교육 체제 21
교육 체제의 패러다임 35
교육 출세론 28
교육 콘텐츠 418, 422, 429, 442

교육 패러다임 352
교육 프로그램 321
교육개혁 210
교육개혁운동 67, 183
교육공급자 194
교육공동체 419, 493
교육공동체적 접근 320, 329
교육과정 운영 48
교육과정의 지역화 419
교육기회 174
교육내용 262
교육내용 선정 251
교육내용론 278
교육민주화 운동 210
교육받을 권리 163
교육방법 262, 419
교육방법론 278
교육사적 측면 346
교육선진국 198
교육선택권 56
교육수요자 22, 36, 177, 194, 307
교육수요자의 선택권 177
교육수혜자 352
교육용 콘텐츠 493
교육의 기회균등 115
교육의 논리 154
교육의 대중화 19
교육의 본질 43
교육의 평등성 32
교육적 대안 133
교육혁신 22
교직원노조운동 210, 272
구사회운동 138
구성주의 교육론 77
구소학 242
구토 401
국가 발전 이데올로기 19
국가교육과정 408
국가수준의 커리큘럼 89
국가윤리 330
귀농운동 209
글로벌 마인드 385
글로컬리제이션 387
금산 간디학교 243
급진적 대안학교 84, 95
기관별 특성화 프로그램 371
기능적 학력 25
기독교 정신 239
기본예절 교육 333
기숙사 257
기숙사 제도 257
기술관료제 139
기술적 합리성 74
기술훈련학교 126
기업-교육 원탁회의 프로그램 119
기호학적 능력 469
기호학적 방법 467
기호학적 방법론 470, 492
기호학적 분석도구 491
기회 균등 25
김나지움 99, 458
꿈꾸는 아이들의 학교 203

남구시민대학 376, 378
내부지향형 축제 487
내용소 477
네트워크의 네트워크 138
네트워크형 축제 487
노동 270
노동교육 258, 271
노동운동 138
노동체험 255
노동하는 삶 242
노작 102
노작교육 133, 251, 253, 254, 261
노작실습 255
노작활동 51
놀이 427
능력 470
능력주의 25, 29

다문화교육 427, 436, 452
다문화교육의 장 428
다솜학교 40
다조직적 구조 138
다중문화학교 126
단위학교 297
담론의 제도화 142
대규모 학교 274
대안 60, 61
대안 교과서 294
대안 교과서 개발 290
대안 사회 80
대안경제운동 139
대안교실 176
대안교육 36, 42, 83, 128, 133, 174, 202, 268, 280, 397, 405
대안교육 관련법 56
대안교육 등장 41
대안교육 주체 279
대안교육 특성화고등학교 44
대안교육 특성화학교 213
대안교육 프로그램 147, 214, 336
대안교육 프로그램 모델 176
대안교육 프로그램 운영 123, 128
대안교육기관 175
대안교육센터 94
대안교육운동 46, 72, 139, 148, 269
대안교육운동가 208
대안교육의 개념 43
대안교육의 역사 37
대안교육의 이념 285
대안교육적 사고 133
대안성 265
대안의 이상성 52
대안적 102
대안적 가치 78, 277
대안적 교육론 71
대안적 지역공동체 417
대안적 학교 45, 234
대안정치운동 139
대안학교 40, 72, 84, 95, 128, 147, 211, 266, 270, 291, 318
대안학교 교사 247
대안학교 교사자격 116
대안학교 교육과정 289
대안학교 구성원 297
대안학교 법제화 284, 285, 296
대안학교 연대 283
대안학교 특성 149
대안학교설립 운영위원회 288
대안학교운동 146, 269

대안학교의 개념 43
대안학교의 교육 실천 81
대안학교의 준거 49
대안학급 174
대중의 우민화 38
대체학교 100
대항교육적 노력 222
더불어 사는 삶 80
더불어 사는 평민 231
더불어 사는 협동 공동체 233
도구적 이성 74
도구적 지식 66
도덕적 인간 245
도덕적 인간상 306
도서관 372
도서출판 민들레 192
도시경관 개선 사업 383
도시재생 사업 382
도시형 대안학교 203, 204
도쿄슈레 188
독서교육 257
독일 자유대안학교 연합 98
동아리활동 263
두레마을 공동체 151
두밀리 작은 학교 40
두밀분교 폐교 사태 278
디오니소스적 현실세계 401
디지털 미디어 468
따돌림 405
또 하나의 문화 40
또래관계 168

로봇콤플렉스 384
리미널리티 단계 400

마그넷 127
마그넷스쿨 117, 119
마그넷프로그램 118
맥락 473, 474
멀티미디어 리터러시 483
메시지 473
메시지 담론 476
메시지의 표층구조 477
메타플랜 466
멘토 프로젝트 447
명품도시 391
모니터 보고서 418
모더니즘의 관점 50
모둠 263
모티브 469
몬테소리학교 96, 106
무교회 277
무두무미의 정신 250
무학년제 290
무학년제 학급 편성 183
묵학시간 258
문맹 464
문명 비판적 입장 58
문민정부 247
문자 미디어 468
문자언어 472
문해 463
문화 리터러시 465, 467, 468
문화 리터러시 능력 463
문화 리터러시 프로세스 469
문화권 50
문화기호 467, 490
문화도시 385, 386
문화모델 142
문화산업진흥지구 392
문화시간 253
문화예술교육 408, 450, 451
문화예술교육기관 386
문화예술진흥법 451
문화예술평생교육 388
문화욕구 480
문화유산 431, 434, 465
문화의 달 434
문화의 집 480
문화의식 410
문화적 감수성 확대 409
문화적 범주 449
문화적 소통 465
문화적 지형 399
문화정치 428
문화축제 483
문화코드 479
문화콘텐츠 467, 469, 471
문화텍스트 490, 492
문화해독력 463
문화해득력 463
문화행사형 축제 487
미국 대안학교의 현황 114
미니학교교육 93
미디액트 481
미디어 관련 지식 449
미디어 기술 473
미디어 능력 491
미디어 리터러시 467, 472, 479
미디어 리터러시 실천 475
미디어 범주 473
미디어 불평등 481
미디어 수용자 473
미디어 수행 491
미디어 언어 449, 473
미디어 제작자 473
미디어 축제 488
미디어 커뮤니케이션 473
미디어 텍스트 483
미디어 텍스트 담론 476
미디어 평생학습도시 392
미디어 표상 473
미디어교육 447, 448, 451, 453, 479, 481, 482, 493
미디어교육 프로그램 447
미디어문화교육 475
미디어생태학적 입장 482
미디어센터 481
미래 도시 비전 381
미래세대 396
미인가 대안학교 44
민간 평생학습기관의 기능 371
민족 문화 338
민족사관고등학교 54
민주시민 239, 471
민주시민교육 460, 461, 465, 466
민중교육운동 39

바칼로레아 455
반문화적 신념 186
발도르프학교 54, 105, 132, 290
발문 23

발신자 473
방과 후 교육 317
방과 후 교육활동 315
방과 후 대안교실 176
방과 후 프로그램형 220
방과 후 프로그램형 대안학교 56
배움의 숲 192
법제적 기준 55
벽 없는 학교 126
변산공동체학교 151
보수적 공교육 체제 84
보충 교육과정 125
복지도시 389
복지자본주의 139
본질주의 학교 연합 123
부모교육 335
부모역할 335
부모-자녀 교육 프로그램 341
부평 풍물대축제 433, 438, 442
불복종의 정신 242
비데일스 89
비인가 상설 대안학교 221
비일상적 역동성 410
비판 정신 138
비판력 462
비판적 교육론 71
비판적 토론 465
비형식 교육 36
빈민운동 144
뿌리 찾기 교육 332

사고활동 23
사회 구성 지표 25
사회 영역 교육 343
사회 영역 교육기관 345
사회 영역 교육단체 344
사회 영역 교육실태 346
사회 통합적 대안교육 111
사회경제적 지위배분 경쟁 180
사회과 교육과정 422
사회과 지역학습 421
사회과교육 영역 420
사회교육 342, 351
사회교육 영역 342, 359
사회교육 인프라 구조 359
사회교육법 342, 351
사회문화예술교육 394
사회문화적 자원 482
사회변동 462
사회복지 139
사회복지기관 177
사회복지비용 159
사회성 353
사회성 교육 328
사회운동 68, 135
사회윤리 330
사회적 가치 30
사회적 상호작용 193, 421
사회적 이벤트 138
사회적 인간상 306
사회적 총 비용 180
사회정치적 구성불 24
사회주의적 성향 71
사회화 과정 339
산청 간디학교 243
살기 좋은 도시 만들기 362
삶의 개혁 운동 101
삶의 교육 259
삶의 터 254
상부하향식 교육 361
상징적 학력사회 25
상징전문가 151
상호 공조적 관계개념 305
상호작용 169
상황중심교육 218
새로운 교육문화 52, 155
새로운 교육실천 61
새로운 사회운동 148
새로운 학교유형 48
생명 패러다임 482
생명가치구현운동 89
생명교육 90
생명존중 사상 51
생산자협동조합운동 139
생태마을 269
생태문화교육 391
생태위기 79
생태적 공동체 80
생태적 삶의 가치 246
생태적 인간 248
생태주의 151, 270
생태주의적 바탕 틀 103
생태학교형 220
생태학적 비판 74
생태학적 윤리학 90
생태환경교육 프로그램 356
생활공동체로서의 학교 110
생활세계 142, 461, 465
생활지도 317
생활지도 및 방과 후 교육 프로그램 324
생활지도 실태 315
생활협동운동 139
서머힐 70, 89
서사구조 476
서사도식 469, 490
서사도식 교수학습법 491
서사전략 469, 491
서사행로 490
서울 평화교육센터 68
서해안 음식문화 432
서해안 풍어제 433, 437, 441
성교육 332, 333, 340
성미산 학교 206
성미산학교 295
성역할 변화 333
성역할 이해 332
성적 부진아 32
성정체감 339
성지식 339
세계 이해 프로그램 357
세계시민 357
세계화 143, 357, 423, 462, 493
세계화 교육정책 60
소공동체운동 151
소교사제 271
소규모 교육실천 67
소규모 학교 97
소규모 학급 97
소규모 학급운영 98
소규모 학습공동체 379
소극적 대안교육 303
소극적인 교육과정 운영 294

소비문화 465
소통의 장 408
소통행위 493
수신자 473, 474
수업결손 415
수업활동의 내적 분화 108
수직적 체제 358
수평적 지원체제 358
숲속마을 작은 학교 243
슈레 188
슈타이너학교 96
스터디 서클 379
스트레스 411
스포츠 문화활동 388
습관교육 333
시니피앙 476
시니피에 476
시민 · 문화 단체 347, 348
시민 · 문화 단체 교육 프로그램 355
시민 불복종론 140
시민교육 384
시민교육센터 462
시민권 452
시민사회 재형성 전략 141
시민사회 중심적 접근방식 140
시민사회론 142
시민사회론적 관점 140
시민생활 463
시민성 461
시민의 자각 138
시민적 기능 462
시민적 성향 462
시민적 지식 462
시적 기능 475
신교육 67
신교육운동 86, 87, 89, 100, 111
신마르크스주의 114
신사회운동 135, 136, 141
신사회운동의 특성 145
신성한 인간 399
신앙 266
신의 아동 88
신화 체계 476
실제적 능력 258
실천적 행위 273
실천적인 감성 475
실행 471
실험교육운동 92
실험적 학교 179
실험학교 99, 105
실험학교운동 77
심층구조 477
심화학습형 379
쌍방향 소통성 480
씨앗학교 204

아동권리 조약 446
아동중심주의 83, 268
아름다운 학교운동 207
아름학교 301
애보츠홀름 87, 89
야생성 401
야학 39
양방향성 468
양성 평등 가치관 263
어린이 학교형 218
언어게임적 관점 50
언어교육 333
업적주의 30
업적주의적 신념 30
에듀테인먼트 397
에듀테인먼트 콘텐츠 397
엘리트주의적 관행 32
여가활동 349
여가활용 409
여론 형성 138
여성운동 137
역사문화축제 434
역할회복 333
연희 427
열린 교실 모형 216
열린 교육 237
열린 교육운동 58
열린 사고 444
열린 인간성 405
열린 학교 99
영국의 신교육운동 86
영산성지고등학교 244, 259, 276
영산성지학교 225
영성활동 263
예수공동체학교 278
예술교육 453
예술축제 403
예절교육 333, 340
오래된 교육의 새 꿈 150
오래된 꿈 265
온라인학교 124
왕따 356
외시 478
우리 어린이집 154
우수 학습자 32
웰다잉 교육 390
위대한 평민 231
위탁형 대안학교 212
유기적 통합 73
유기체적 세계관 74
유네스코 446
유러닝 평생교육 체제 392
유러닝평생학습센터 392
유럽 위원회 446
유비쿼터스 평생교육 393
유스 클럽 196
유아학교형 대안교육 216
유토피아적 이상향 399, 401
의무교육기간 163, 195
의무교육정신 56
의무교육제도 163, 195
의미생성 476
의미생성 모델 479
의사소통 461
의사소통 참여자 465
의사소통이론 142
의사소통적 능력 462
의식적 지향점 83
의식화 39
이러닝 488
이미지 읽기 453
이미지교육 451
이벤트 403
이상의 실험 50
이상적 학교 84
이중적 층위경험 401

이촌향도 현상 218
인가형 특성화 대안학교 212
인간교육 132, 256
인간규모 274, 269
인간규모교육운동 92, 94
인간규모운동 89, 93
인간소외 문제 92
인간의 의식 401
인간중심 대안교육 86
인간중심 대안학교 96
인격교육 237
인문주의 교육관 278
인성 · 덕성교육 328
인성교육 256, 259
인지학습 103
인천 중국의 날 문화축제 440
인천음식축제 432
인터렉티비티 449
일리터러시 464
일반학교 112, 291
일반학교화 285
일상의 순환구조 402
일상적 현실세계 401
일탈경험 403

자기제한적 급진주의 140
자기주도적 학습 368
자기주도적 학습력 353, 419
자녀교육 343
자립형사립고등학교 205
자발성의 공동체 242
자발적 참여 379
자생적 학습문화 379
자연과 하나 된 삶 240
자연주의 교육관 278
자연친화적인 삶 273
자유 대안학교 98, 102, 272
자유연대학교 106
자유주의적 대안교육 98
자유학교 99, 115
자유학교 모형 216
자유학교 물꼬 40
자유학교형 대안학교 220
자율 · 민주적인 사고 68
자율성 284, 293, 353
자율적 교육과정 운영 289
자율학교 286
자율학교제도 296
자주적 실천 379
자주적 인간 245
작은 누리 192
작은 학교 53, 54, 93, 132, 148, 153, 215, 269, 272, 274
잠재적 교육 수요자 307
장르와 콘텐츠 449
장애우 이해 교육 389
재량활동 421
재적응형 222
재적응형 대안학교 220, 223
적극적인 대안교육 318
전교조 운동 210
전국교사협의회운동 210
전국교원노동자조합 40, 59
전원기숙사학교 87, 101, 102, 281
전인 92
전인교육 77, 223, 408
전인교육형 222
전인교육형 학교 223
전인적 인간 248
전인적 인간성 53
전인적 인간육성 251
전인적인 삶 240
전일제 대안교실 176
전통 가정교육 333
전통 민속축제 434
전통문화 327, 338, 427
전통문화 교육 332
전통문화의 현대적 계승 427
전통적 교육 75, 268
전환기 교육 패러다인 36
정규 공교육 303
정규 학교 교육기관 345
정규 학교형 220
정규 학교형 대안학교 221, 234
정상과학 33
정적 유대관계 426
정주권 373
정주민 373
정치 행위 73
정치권력 272
제7차 교육과정 492
제도교육 146, 180, 195, 274, 278
제도권 곁 대안교육 312
제도권 공교육 225
제도권 교육 444
제도권 내 대안교육 311
제도권 밖 대안교육 312
제도권적 교육 체제 303, 334
조용한 혁명 140
종교교육 251, 252, 256
종교적 제의 402
종일제 학교 110
종합형 축제 487
좋은 학교 만들기 303
주말학교 218
주민자치센터 372
주안미니어문화축제 445
주입식교육 278
중국문화 체험 435
중국의 날 문화축제 435
중도적 대안학교 95
중도탈락 161, 162
중퇴 사유 178
중퇴 예방 프로그램 176
지구촌사회 462
지방 교육기관 187
지배 규범 401
지속 가능한 가치 77, 270, 273
지속 가능한 가치의 지향 248
지속 가능한 사회 73
지속 가능한 사회발전 포럼 391
지속 가능한 소비 80
지식 81, 267
지식교육 258, 259, 278
지식기반사회 34, 35, 343, 352
지역 263, 422
지역공동체 428, 461
지역공동체 학교 모델 152
지역공동체 형성 426
지역교과서 420
지역네트워크 395
지역문화 423, 424

지역복지관 171
지역사회 375, 421
지역사회 네트워크 341
지역사회 문제 376, 420
지역사회 문화예술교육 거점 396
지역사회 이해교육 428
지역사회교육 493
지역사회기관 347, 348
지역사회복지관 171
지역사회의 네트워크 179
지역사회의 일터 254
지역사회학교 126, 149, 394
지역의 이미지 428
지역정체성 387
지역축제 421, 423, 444
지역평생학습센터 365
지역학 373
지역학교육 373
지역학교육 프로그램 374, 375
지역학습 419
지역학습 단원 420
지역학습 운영 420
지역학습 자료 423
지역학습 프로그램 423
지역화 423, 493
직업 동아리 활성화 프로그램 354
진리 탐구 23
진보주의 교육 52, 76
진보주의 교육 비판 114
진보주의 교육운동 111, 113, 114
집단적 상호작용 426

차터스쿨 117, 120, 121
차터스쿨법 116
참교육 운동 272
참다운 평민 277
참살이 389
참여 프로그램 412
참여적 학교경영 프로그램 323
참여정부 247
참여형 프로그램 489
창의성 353, 385
창의성 계발 409
창의성 교육 프로그램 323
창의성 프로그램 320
창의적 관점 471
창의적 수업 77
창의적 인간상 306
창의적 재량활동 429
창조적 인간 245
채널 473, 474
철학적으로 설명 81
청소년 180, 340, 410
청소년 교육 370
청소년 권리 405
청소년 동아리 417
청소년 로봇교실 384
청소년 문화 형성 349
청소년 문화축제 416
청소년 상담 지원 프로그램 353
청소년 실업 문제 356
청소년 직업교육 357
청소년 직업교육 프로그램 356
청소년 직업체험 354
청소년 학교형 218
청소년 헌장 406
청소년기본법 160
청소년축제 407
체계 142, 461, 465
체험 102
체험교육 395
체험학습 103, 258, 421
초월성 경험 401
축제 397, 400, 402
축제 경험 401
축제 이념화 404
축제와 문명 399
축제의 관광자원화 403
축제의 스펙터클화 404
취업촉진 프로그램 354

커뮤니케이션 446
커뮤니케이션 능력 472
커뮤니케이션 미디어 448
컬처힐 센터 382
컴퓨터 게임 457, 458
코드 엮기 479
코드 풀기 479
코드의 의미체계 476

탄력학교교육 93
탈규제 학교 293
탈물질주의적 가치관 138
탈정치적 맥락 41
탈학교 사회 70
탈학교 실천연대 192
탈학교론 215
탈학교운동 196
텍스트 477
토론문화 358
통합 대안교육 체제 326
통합 문화예술교육 특구 392, 395
통합적 대안교육 301, 321, 361, 386
통합적 대안교육 개념 305
통합적 대안교육 모형 304
통합적 대안교육 목표 체계 302
통합적 대안교육 체제 353
통합적 대안학교 320
통합학교 257
특별활동 398, 408, 413, 429
특성화 고등학교 64, 276, 285, 312
특성화 학교 257
특성화 학교제도 296
팀티칭 183

패러다임 33
퍼블릭 액세스 480
편 가르기 73
평가 471
평민교육 250
평생교육 342, 343, 344, 349, 394
평생교육 네트워크 393
평생교육 체제 361
평생교육 컨설팅 391
평생교육법 343, 350, 351, 460
평생학습 개방존 367
평생학습 마인드 387
평생학습 요구 369
평생학습 참여 장애요인 369
평생학습 체제 334
평생학습 축제의 상례화 387
평생학습 프로그램 366, 369
평생학습공간 372

평생학습국 366
평생학습권역 365
평생학습기관 365
평생학습도시 172, 361, 370
평생학습도시 사업 362, 366, 373
평생학습동아리 378
평생학습문화 378, 380
평생학습센터 364, 365, 366
평생학습센터 조직 364
평생학습의제 366
평화교육 90
평화교육적 시각 60
평화운동 137
폐쇄적 민족주의 461
포스트모더니즘 67, 129, 178
포지셔닝 작업 489
표준 시사 도식 476
표층구조 477
표현의 실질 476
표현의 형식 476
풀무 창업생 254
풀무교육 231
풀무농업고등기술학교 202, 225
풀무학교 151, 227, 254, 266, 276
프레네학교 207
프로그램 대안학교 221
프로그램 중심 대안학교 96
프로그램 학습 183
프로젝트 수업 109
프로젝트법 271
프리스쿨운동 188
플라우덴 보고서 89

학교 31
학교 공동체 409
학교 교육열 27
학교 내의 학교 123
학교 무용론 64
학교 밖 청소년 160
학교 부재론 64
학교 의무 291
학교 재구조화 운동 58
학교 탈락자 75
학교경영 119, 318
학교경영 자율화 35
학교경영 프로그램 321
학교교육 31, 38, 72, 351, 405
학교교육 개혁론자 121
학교교육 한계 352
학교교육 활동 416
학교교육과정 운영계획 416
학교구역 내 학교설치운동 93
학교단위경영 293
학교문화예술교육 강사 395
학교붕괴 192
학교붕괴론 311
학교선택권 47, 117
학교위기론 311
학교의 개념 46
학교의 분배기능 28
학교-일터 파트너십 119
학교제도 163
학교축제 398, 405, 406, 412, 414
학교축제문화 406
학교폭력 356
학교행사 256
학교행사 프로그램 322, 324
학급붕괴 356
학기제 운영 297
학력 24, 25, 30
학력 경쟁 30
학력 불인정 163
학력 획득 25
학력 획득과정 25
학력사회 26
학력사회화 19
학력주의 24
학력주의 사회 25
학력주의 신념 체제 19
학벌 카스트 26
학생문화 409
학생축제기획단 410, 412
학생-학부모 공동 프로그램 322
학습 공동체 62
학습 낙오자 75
학습 네트워크 195
학습 참여 동기 370
학습동아리 지원정책 379
학습망 70
학습법 103, 262
학습사회 중심 교육 체제 35
학습여행 252
학습의 개별화 노력 109
학습의 장 258
학습자 중심 교육과정 290
학습자의 사회화 196
학습지원 서비스 367
학업중단 160, 162
학업중단 청소년 159, 170, 175
학업중단 청소년 지원 협의회 172
학업지도 171
한풀이교육 27
합리적 교육이념 66
해독행위 471, 491
해방교육 39
해방된 삶 405
해방투쟁 126
해변축제 434
핵심적 문화코드 479
행동자 모델 477
현대적 대중교육 체제 77
현실변혁 402
현장 실습제도 254
협동학습 271
협약학교 184
혼합연령의 학급 구성 108
홈스쿨 가정 196
홈스쿨러 196
홈스쿨링 44, 56, 124, 163, 181
홈스쿨링 모임 192
홈스쿨링 운동 198
홈스쿨링 정책 199
홈스쿨링 제도 178
홈스쿨링법 190
홈스쿨법 보호 협회 187
홍익인간 408
환경운동 137
획일적 학교경영 493
획일적인 공교육 제도 63
희망의 교육학 71

저자 소개

▪ 이병환 (leebh@sunchon.ac.kr)

대구교육대학교를 졸업하고 경북대학교 대학원에서 교육학 석사 및 박사 학위를 취득하였다. 일선 학교 교사와 교육인적자원부 교육연구사 및 국가전문행정연수원 교육연구사를 거쳐, 현재 국립순천대학교 사범대학 교직과 및 동 대학원 교육학과 교수로 재직 중이다. 최근에는 미국 피츠버그대학교의 초청으로 미국 대안교육의 최신 동향을 연구하고 있다. 저서로는 『교육사회학』, 『제7차 교육과정 적용을 위한 초등 교과교육론』이 있으며, 이 밖에 대안교육과 제도 개혁에 관한 다수의 논문이 있다.

▪ 김영순 (kimysoon@inha.ac.kr)

중앙대학교를 졸업하고 독일 베를린공과대학교에서 미디어학 석사 학위를, 베를린 자유대학교에서 문화학 박사 학위를 취득하였다. 경북대학교 중등교육연구소 Post-doc. 연구원, 조선대학교 연구교수와 교육인적자원부 학술교수를 거쳐, 현재 인하대학교 사범대학 사회교육과 및 동 대학원 문화경영학과 교수로 재직 중이다. 저서로는 『미디어교육과 사귐』, 『학교로 간 미디어』, 『창의력을 키우는 광고수업』, 『축제와 문화콘텐츠』, 『미디어와 문화교육』, 『미디어교육과 교수법』 등이 있다.

대안교육의 실천과 모색

2008년 5월 30일 1판 1쇄 발행
2009년 9월 25일 1판 2쇄 발행

지은이 • 이병환 · 김영순
펴낸이 • 김진환
펴낸곳 • (주) 학지사
121-837 서울특별시 마포구 서교동 352-29 마인드월드빌딩 5층
대표전화 • 02)330-5114 팩스 • 02)324-2345
등록번호 • 제313-2006-000265호

홈페이지 • http://www.hakjisa.co.kr
커뮤니티 • http://cafe.naver.com/hakjisa

ISBN 978-89-5891-623-9 93370

정가 19,000원